Helix Network Theory

螺网理论

——经济与社会的动力结构及演化图景

甘润远 著

跨学科综合的经济学
创建"微观—中观—宏观"的全新范式

复旦大学出版社

重印版前言

《螺网理论》第一版于2016年9月由复旦大学出版社出版发行,该书出版后不久就产生了良好反响:2017年,中国经济思想界有关专家学者给予好评,《中华读书报》《中国经济导报》《香港经济导报》《新经济》和《科学咨询》等报刊纷纷发表书评予以推介;2017年10月,该书被有关机构选送参加德国法兰克福国际书展;2018年3月和4月,复旦大学和上海社会科学院先后举办《螺网理论》专题研讨会;2018年6月,该书中文繁体字版在台湾地区出版发行;2019年12月,我因这部书对经济学理论创新的积极贡献而荣获国际"艾奇奖"小金人奖。目前,美、英、德、法、日等国30余家世界著名大学的图书馆已收藏了这本书,其中包括哈佛大学、剑桥大学、牛津大学、普林斯顿大学、耶鲁大学、斯坦福大学、哥伦比亚大学等大学的图书馆。最令人高兴的是,国际著名学术出版机构Springer出版集团将向欧美地区公开出版发行这部书的英文版。

很难想象,一部厚重的理论类图书竟然会受到这样的关注和优待,对我而言这是完全出乎预料之外的事。

每当我回想起写作并出版这部书时的种种甘苦,涌入脑海的除了一些欣慰和成就感以外,就是浓浓的感激之情了。我感激经济理论界、文化教育界和学术思想界的许多教授、专家和学者们,是你们的肯定和鼓励让我不断探索创新!我感激图书出版界、新闻传播界和企业界那些社长、主编、编辑、记者和企业家朋友们,感激你们给予我的很多支持和帮助,是你们的认可使这部书得以顺利出版发行!我感激我中学与大学时代的老师和同学们,是你们的关怀和帮助让我不断砥砺前行!我感激那些认识我或者不认识我的读者朋友们,是你们的购买和阅读为这部书插上了飞翔的翅膀,是你们的口碑和传播让这部书逐渐声名远扬!

为不辜负社会各界前辈、学界同仁、老师、同学、朋友和读者们的厚爱,趁这次出版《螺网理论》英文版的机会,我决定对这部书进行必要的补充和修订,以使它以更加完善的面貌出版发行。

与本书第一版相比,这次修订版在三个方面作了增补和修订:一是增加了全新的章节内容。这次修订版新增加了两章内容(即第六章和第九章)和一个附录。二是在原版部分章节中新增补了一些内容。这次修订版新增补的部分包括第一章中的第四节、第二章中的第五节、第三章中的第六节、第四章第四节中的第3小节。三是纠正了第一版中的少量错误,对原书正文个别文句进行了适当修改、增补了少量注释和一些参考文献。例如,对第三章第一节的修订就属于这种情况。在新增加的内容中,第六章"中国农业的长期演化历程"和第九章"中国古代社会发展的主要动力及特征",原本是我用来支持本书理论框架的历史实证事实,但因篇幅所限而未能收入第一版中,这次收入本版将可弥补这一缺憾。附录收入了两篇学者发表的书评,读者可借此了解本书的思想价值所在。

在本书修订版出版之际,我要向以下一些人士表示衷心感谢:

感谢陈工孟、杨春学、黄有光三位教授为本书撰写序言;感谢林建甫、黄春兴、韦森、贾根良、程恩富、颜鹏飞、陆丁、夏斌等教授向学术界推荐本书;感谢牛龙菲、朱敏、姜疆、邱仰林、曹维、陈军昌、梁捷、孙健灵等学者积极撰写书评;感谢张晖明、王朝科、鞠立新、于宏源、陈亚彬、周振华、杨建文、李超民、沈桂龙、李正图、邓立丽、蔡建娜等教授或专家提供的研讨会评论;感谢徐惠平、王联合、陆俊杰、马勇华、陈雯、蔡竞贤、宋政坤、郑伊庭等图书出版界人士的支持;感谢刘升铨、颜安生、杨鉴旻、李占惠、张洽棠、姜海军、王剑锋、王焕祥、许明、段钢、查建国、夏立、王多、赵桑榆等新闻传播界人士的支持;感谢于立福、赵震、吴玉华、韩国刚、孙晓康、沈莉娟、刘方生等朋友在向海外推广图书或推荐版权方面所提供的帮助;感谢赵顺兴、毛凌云、马祥军、马新红、严伟等朋友在举办读书会或发行图书方面所提供的帮助;感谢贾丽军、葛孝成、徐江平、全俊、陈元哲等朋友在扩大《螺网理论》社会影响方面所发挥的积极作用。

尤其需要指出的是,复旦大学经济学院张晖明教授组织了2018年3月30日在复旦大学举办的《螺网理论》专题研讨会,上海社会科学院经济研究所李正图研究员组织了2018年4月13日在上海社会科学院举办的《螺网理论》专题研讨会,国际友人、巴基斯坦商会副会长李龙(Dr Aqeel Ahmed)先生为复旦大学研讨会赞助了有关礼品,中国国际图书贸易集团出口中心市场部总监赵震先生在向海外推广《螺网理论》图书和推荐版权方面提供了重要支持和帮助。在本书修订过程中,物理学家、宇宙学家吕锦华先生仔细审阅了本书第二章第一节中有关物理学思想史和宇宙时空观的内容并提出了少量修正意见,中国科学院院士、气象学家张人禾先生认真审阅了本书第九章第五节中有关气候与自然环境的内容并提出了一些修正意见。在此,我特别向他们表示真挚的谢意!

读者在阅读本书的过程中,如发现有错谬之处或有什么建议,请来信告诉出版社责任编辑,以便本书在重印再版时予以及时纠正!

甘润远

2020年12月于上海

重印版序言

我与本书作者甘润远建立联系始于2017年7月,当时他给我邮寄了他的著作《螺网理论》和刊登有4篇书评的《新经济》杂志。此后,我与他一直保持着书信交流。尽管他不在学术界工作,但他对经济学理论却有很深入的研究。通过阅读他的著作和有关论文,我认为,他在经济学研究方面已经远远超越了一般经济学博士的水平。

2019年7月底我来到上海,在复旦大学经济学院就任特聘讲座教授。在8月下旬的一个中午,甘先生来复旦大学拜访我,我们一见如故、相谈愉悦,那天我们还一起吃了午餐。甘先生是个热爱学习的人,记得我在复旦大学经济学院给博士生们讲课时,他常会抽空前来旁听,还认真地记着笔记。在我上完课之后,我们曾讨论过一些经济学方面的问题,他也向我介绍过他在《螺网理论》一书中提出的一些理论思想。由此,我们日渐熟悉并保持着学术上的相互交流。

在《螺网理论》这部书中,甘先生应用系统论和结构功能主义的基本方法构建了包含"微观—中观—宏观"框架的经济学理论。甘先生在经济学理论方面的基本思想,与我所倡导的综合微观、宏观与全局均衡的综观经济分析,有一些相同的研究旨趣,而且在不少方面也有异曲同工之效。简言之,综观分析结合微观(包括厂商利润极大化的边际分析)、宏观(包括总需求、总产量与平均价格的影响)与基于一个代表性厂商的简单全局均衡分析,而不需要假定完全竞争,得出货币学派(名义总需求不影响实际产量)、凯恩斯学派(名义总需求可能影响实际产量)都是特例,还包括可以部分解释大萧条的累积扩张与紧缩的情形。

当然,我们之间也存在显著的差异。与我的综观经济学框架相比,甘先生的理论框架多了中观经济学框架,还增加了国家与社会系统框架;我的综观经济学框架主要应用数理方法建立了一套相对简洁的数理模型,而甘先生则综合应用多种方法建立了一套复杂的概念模型;我的综观经济学强调对经济体系的均衡分析,而甘先生的理论则突出描述了经济体系的非均衡演化过程。特别需要强调的是,甘先生应用"双层结构"(即"表层结构"与"深层结构")的思想创建了他的整套理论框架。甘先生指出"人类社会的发展动力是由人文、经济、政治、科学、法制和教育等诸要素之间的合力共同决定的",这一观点我完全赞同。在这部书中,甘先生用十个维度绘制了反映社会系统发展演化的轨迹图——螺网图,这个图很独特,也很有意义,作者认为不同社会(或国家)的发展程度可以用十个维度进行综合评价,但是这十个维度如何权衡取舍?它们的衡量指标分别是什么?我认为应该以对整体幸福或快乐的长期影响为依据。这些问题还需要进一步细化和深入研究。

《螺网理论》这部书论述的内容十分丰富,除了经济学以外,还涉及管理学、社会学、政治学、文化学和历史学等学科,而这些方面我所知有限。因此,以上只是我阅读这本书后的粗略印象和简单评价。尽管这部书可能还存在一些不足,这有待于作者以及其他经济学者进一步完善,但其中也包含不少前瞻性的创新思想和研究探索(例如作者所揭示的经济体系"微观—中观—宏观"层次中的分形结构),这些思想和探索值得经济学界关注和继续探讨。

在《螺网理论》一书的修订版和英文版出版之际,我很愿意将这部书推荐给对经济分析有兴趣的读者。如果沿着这本书提出的理论框架进一步深入研究和综合,可能有助于改进经济学分析,使之更加适合分析21世纪及以后人类社会的发展。同时,我也祝愿这部书提出的理论框架能够为世界各国制订公共政策提供有益的参考!

黄有光

(Yew-Kwang Ng)

澳大利亚社会科学院院士
澳大利亚莫纳什大学荣休教授

2021年2月21日于墨尔本

第一版前言

自法国著名哲学家笛卡尔于 1637 年提出还原论分析方法以后,这种认识事物的方法就受到了欧洲社会人们的普遍推崇。此后,完整的世界就被越分越细,人类的知识体系也被划分成物理学、化学、生物学、心理学、经济学、社会学、生态学、地质学和天文学等不同学科。特别是从 1901 年开始颁发诺贝尔科学奖以来,世界各国的科学家们就展开了应用还原论方法从事科学研究的竞赛,还原论方法更是变成了科学研究领域的主流方法。在还原论方法的支配下,现代科学经过三个世纪的发展,不同学科的科学家和学者们长期局限于自己狭窄的专业领域,一天天陷入了"只见树木,不见森林""只见局部,不见整体"的认识误区,因而导致人们对世界的认识越来越片面化、孤立化和偏执化,结果,原本普遍联系的世界在人们的头脑中却反映出四分五裂的、碎片化的、不完整的混乱图景。

1937 年,美国生物学家贝塔朗菲提出了一般系统论原理。此后,在现代科学领域开始兴起了一场思维范式革命。这场思维范式革命以跨学科、互催化和大综合为基本特征,在将众多不同学科联系在一起的同时,也催化了一批新型交叉学科的诞生。这场革命的影响空前广泛而深刻,它不但重塑了人类以往的知识体系,构建了一幅全新的世界图景,而且极大地改变着人们的思维方式。这场思维范式革命所带来的主要成果,就是产生了包括系统论、信息论、控制论、耗散结构论、协同学、超循环论、突变理论和混沌理论等新兴学科在内的系统科学。系统科学为人们认识和改造客观世界提供了很多崭新的思路和方法,它无论是对科技进步还是对社会发展都发挥了非常重要的作用。

本书就是应用系统科学所倡导的系统论方法对传统经济学进行综合研究的一个理论成果。本书倡导以系统的、整体的、联系的观点来看待整个世界和人类社会,致力于构建一个完整、全面、有序的人类社会演化图景。

本书以系统科学的哲学思维和生物进化论的基本范式,结合结构功能主义的基本方法,通过对社会系统结构和功能的整体研究发现:从宏观时空的大尺度来考察,整个人类社会系统的长期演化机制遵循分叉律和协同律这两大基本规律,同时社会系统又体现出了整体的复杂性、运行的周期性、结构的分形性等显著特征;人类社会演化的总体图景是一张多维动力交织、螺旋式发展的"螺网图"。这也是本书取名《螺网理论》的原因所在。

从具体内容来说,本书从现实的企业生产经营过程出发,系统分析了现代社会中社会再生产从微观、中观到宏观各层次不同环节的有机联系和复杂运行过程,阐释了从企业系统、产业系统到国民经济系统、国家与社会系统在结构、功能和运行方面的特征,揭示了社会经济体系的动力结构及演化规律,进而描绘出人类社会系统长期演化的历史轨迹。关于人类社会的发展动力问题，本书反对单纯用经济决定论、政治决定论、科技决定论或者环境决定论等任何一种偏执一端的理论，对人类社会发展过程进行片面化、线性化、简单化的解释。本书的基本观点是，人类社会的发展动力是由人文、经济、政治、科学、法制和教育等诸要素之间的"合力"共同决定的，在社会发展的不同历史阶段，其中的主导因素（或主导力量）并不是固定不变的，而是始终处于动态变换之中。

本书在理论上主要有两个创新：一是在吸纳原有经济学重要思想的基础上，揭示了从企业系统、行业系统、产业系统到国民经济系统在一般结构方面的自相似性、层次性、嵌套性等分形特征，从而将微观经济学、中观经济学和宏观经济学融合在统一的理论框架中；二是在分析人类社会系统结构和功能的基础上，揭示了存在于人文系统、经济系统和政治系统等社会子系统的双层结构和基本因素。

本书提出的经济与社会系统的一般结构框架，能够包容许多传统经济学理论的思想要义，为阐释社会发展的动力问题，本书实际上跃出了单纯经济学的范畴，将论述内容延伸进社会学领域。书中提出的从企业系统、产业系统、国民经济系统直到国家与社会系统的结构框架，能够包容一些典型的动态经济学理论框架（如马克思的社会再生产理论、卡莱斯基的有效需求理论、凯恩斯的货币理论等）。在撰写本书的过程中，作者除了注重各种典型经济和社会理论（如亚当·斯密的分工-市场理论、配第-克拉克要素流动定律、里昂惕夫投入产出理论、钱纳里的产业结构理论、杨小凯等的新兴古典经济学框架、马尔萨斯的人口理论，以及马克思、韦伯、帕森斯和卢曼等人的社会学理论等）的新综合以外，还特别注重社会发展长期变迁的因素分析和历史论述。因此，与其他仅仅从微观、中观或宏观的某个局部、某个侧面或某个层次来分析社会经济的经济学论著相比，本书更加富有综合性、包容性和解释力。

在撰写本书过程中，作者对东西方人文社会科学领域不同学科的有关重要理论思想，或者同一学科不同流派的思想观点进行了有机重组和综合，在吸纳众多思想家有关思想理论的基础上，将文化学、经济学、政治学等人文社会科学整合在统一的理论框架中。正是在这个意义上，本书可谓是一次人文社会科学领域内的理论大综合。所以，如果本书对社会科学有所创新和贡献的话，那么毫无疑问这是作者在前人或同代学者成果的基础上取得的。

为便于读者准确理解本书的思想内涵，作者专门配制了67幅插图和12个表格，以形象化的图示方式阐释了社会经济系统在结构和运行方面的特征，因此，图示形象思维是本书所采用的一种重要叙述方式。为使普通读者更容易理解本书所论述的思想内容，本书放弃了以往经济学惯常采用的公式推导、逻辑推演、数理分析等专业化叙述方式，而使用清晰、简洁、流畅的语言，尽量把各种深奥的思想理论表述得明白、浅显、易懂。但是，人类社会纷繁复杂，社会万象浩如烟海，要想理清影响社会发展的关键因素绝非易事，而要把不同学科的思想要义阐述清楚并有机综合也不是一件简单轻松的事，作者只能站在众多前贤大家的肩膀上登高望远，并在云雾弥漫、荆棘丛生、歧路纷呈的思想森林中跋涉前行！

本书视野宏阔、思想广博、知识丰富、语言流畅、逻辑清晰、图文并茂，不但将系统科学的基本思想应用于社会科学的分析论述中，而且将经济学、社会学、人类学、文化学、政治学等人文社会科学的众多理论要义熔于一炉,从整体上描述了人类社会的长期演化特征和历史发展规律!

本书初稿完成于2013年12月中旬,为减少书稿中可能存在的错误,此后作者在征询有关学者意见、查阅相关文献的基础上,又用近两年时间对整部书稿进行了多次修改和完善。在本书完稿后的修改过程中,上海对外经贸大学政治经济学教授王朝科、上海社会科学院部门经济研究所研究员胡晓鹏、上海师范大学政治经济学教授赵静、浙江大学教授赵可、中国财政经济出版社党海鹏等人曾对书稿提出了许多中肯的意见,作者在此向他们致以诚挚的谢意!

本书适合经济学家、社会学家、高校经济管理学院教师、研究生、大学生,企业界中高层管理者、产业研究机构研究员,政府界高级领导、政策研究机构研究员、公共政策制订者等领域的读者阅读参考。

由于作者专业和学识所限,书中各种错谬在所难免,欢迎广大读者给予批评指正!

甘润远

2016年5月于上海

第 一 版 序 一

我与本书作者甘润远最早是在2002年四五月间相识并开始共事的。记得当时我在深圳刚创建了香港理工大学中国会计与金融研究中心,因研究中心创建不久,需要引入各类人才,甘润远就是当时被招聘进入研究中心的前几批人员之一。到2003年时,在成思危先生的积极支持下,我与同事们又一起创建了中国风险投资研究院。在这期间,甘润远曾做过我的助理,参与过中国会计与金融研究中心和中国风险投资研究院的许多工作。他性格随和、做事认真,给我留下了很深的印象。后来,甘润远离开深圳到上海发展,但他依然与我保持着联系,还多次参加过中国风险投资研究院组织的论坛活动。

今年3月末,甘润远来深圳拜访我,我得知他撰写了一部经济学专著《螺网理论》,他请我为这部书写篇序言。他说,这是他"十年磨一剑"的心血结晶之作。我没有想到,在离开深圳十余年后,他不但阅读了大量经济学、社会学等方面的著作,还耗费几年时间写出了一部四十余万字的经济学专著,这确实是一件可喜可贺的事情!

这本书是一部经济学与社会学交叉的学术著作,是作者应用系统论和结构功能主义等方法对传统经济学和社会学进行综合研究的一项理论成果。从整部书的主题和内容来看,这本书融合了社会科学领域内的一些典型理论,从系统和结构的视角,把社会系统划分为人文、经济、政治、科学、法制和教育等子系统,探讨了这些子系统之间的联系以及它们与社会进化的复杂关系。这本书对社会系统中经济系统的层次、结构、功能和运行过程作了全面论述,阐述了经济与社会的动力结构及其演化规律。作者破除学科藩篱,兼容并包,综合了众多经济学家、社会学家、历史学家、文化学家、人类学家的研究成果,从而得出整个人类社会系统的长期演化机制遵循两大规律——分叉律和协同律。

这本书最显著的创新之处,主要体现在揭示了从企业、行业、产业到国民经济系统在一般结构方面的自相似性、层次性、嵌套性等分形特征;同时这本书也阐明了存在于人文系统、经济系统和政治系统等社会子系统的双层结构和基本因素。作者对企业系统、产业系统和国民经济系统动力结构的论述,是对自亚当·斯密以来西方经济学各主要流派重要经济思想的有机综合,也融合了部分马克思主义政治经济学的基本思想。

读者可以将这本书归入社会经济学的范畴。以往的社会经济学著作更多考察的是工业革命以来的社会经济现象,而这本书将工业革命之前的农业社会也纳入了考察的视野。作者所提出的理论框架可以包容许多典型社会经济理论的基本思想,从这一点来说,这本书所提出的理论框架更加富有包容性和解释力。作者充分吸纳了传统经济学的理论精华,并对这些经济学思想进行了吸纳、提炼和概括,把社会经济学领域的研究推进到了一个更高层次。我个人认为,这部专著的创新价值主要体现在三个方面:一是对经济学思维范式的变革;二是对社会学基本框架的重新划分;三是对公共政策与公共制度的有机协调。

在经济学界,静态均衡思维范式一直主导着传统的主流经济学研究领域,与传统经济学的静态均衡思维范式相比,这本书建立了动态非均衡思维范式的理论框架。正是在这一思维范式的基础上,作者在整体逻辑上将微观经济学、中观经济学和宏观经济学融合在了统一的理论框架中,这对于经济学理论本身的变革与发展具有重要意义!

长期以来,经济学与社会学的研究都处于相互隔离的状态中,而实际上这两个学科是紧密相连的。作者把经济系统作为社会系统的一个子系统来看待,把社会系统划分为由人文系统、经济系统、政治系统等子系统组成的表层结构和由科学系统、法制系统、教育系统等子系统组成的深层结构,这是对现代社会结构的理论概括,这种概括确实是简洁而符合现实的。作者对现代社会系统的结构与功能的这种划分,不但有助于理清社会学本身的基本理论框架,而且对于研究社会学与其他相邻学科的关系也是很有价值的。

这本书所倡导的系统的、整体的、联系的观念,有助于社会科学理论界消除学科隔阂和学派偏见,厘清社会系统中各个子系统之间的相互关系,有助于消除或化解国家在文化、经济、政治等方面的政策冲突和制度矛盾,从而有利于推动整个社会的协同发展和良性运转。这本书中所包含的社会经济思想,对于中国当前开展的社会改革和体制创新也具有重要的启发价值,特别是在公共政策制订和公共制度建设方面具有重要的现实意义。

5月17日,中国国家主席习近平在北京主持召开的哲学社会科学工作座谈会上倡导,哲学社会科学界要鼓励知识创新、大胆探索,要勇于构建具有原创性思想的新理论。在这本书中,作者就构建了一套具有原创思想的新理论,这种创新探索行为是完全符合习主席讲话精神的。尽管这本书还有许多不尽完善之处,但毫无疑问,作者的创新勇气和探索精神是值得我们肯定的!

我相信,这本书的及时出版和发行,无论对消除"经济决定论"的片面认识,促进整个社会在文化、经济、政治方面协同发展,还是对重塑人文系统、建立信仰道德体系、促进社会良性运转等,以及对落实科学发展观、制订科学的政策制度、建设和谐社会等,都具有重要的理论价值和现实意义!

中国教育创新研究院院长
上海交通大学金融学教授、博士生导师
2016年5月24日

第一版序二

本书作者甘润远先生在这部书中探讨的是一个艰难的学术问题。

社会经济体是一种异常复杂的有机体系。具体的经济现象是各种因素共同发挥作用的产物，这类因素包括政治、法律、文化传统等因素。这些因素相互作用的过程，赋予社会经济体一种系统性的特征，即社会经济的各个组成部分是有机地结合在一起的。任何一个社会科学家（包括经济学家）都不会否认这一客观事实。解读这一有机体的奥秘，是学者们的志向和野心。但是，对于如何来理解和解释这一客观事实，学者们之间就出现了很大的分歧。其中的理论难题是：第一，这个有机体的各个组成部分是如何协调和运行的？第二，这个有机体是如何在运行中演进的？

如何解决这些理论难题？就经济学界来说，大致可以分为两种思路：方法论个人主义和方法论整体主义。这两种方法论是在经济思想史上门格尔[①]与德国历史学派之间著名的"方法论争论"中开始清晰化的。关键性的问题是如何理解个人经济行为与社会经济体之间的关系。

方法论个人主义认为，所有真实的经济理论都可以归结为个人行为理论加上阐述个人行为环境的边界条件。为什么要这样做呢？哈耶克给出的经典回答是：在社会科学领域，"市场""社会"这类术语仅仅只是用于形容人类行动的理论概念，它们并不代表我们可以直接观察到的"实体"。要理解这类现象，唯一可行的方法是：通过对个人行为的分析来理解社会的"整体"现象。换言之，经济学家只能以个人经济行为为基点，才能理解整体的市场行为。

方法论整体主义把社会经济视为其内部的各个构成部分相互联系的一个整体来研究。具体的分析方法有各种形态。一种视角是借助于生物学的概念，把社会经济比喻为一种有机体，探讨其发展和演变的规律。德国历史学派是这方面的典型代表。另一种视角是把社会经济视为一种类似于复杂的机器系统。这方面的典型代表是经济控制论。虽然这些类型的研究对我们理解社会经济作出了不同程度的贡献，但总体上它们在经济学中一直处于非主流的地位。

处于经济学主流地位的是方法论个人主义（或曰方法论个体主义）。新古典主义经济学以理性经济人作为分析的基点，逐步拓展到对市场经济的整体分析。其理论的核心是要论证：每个人追求自身利益最大化的行为，受"无形之手"（即价格机制）的引导，会无意识地使

---

① 卡尔·门格尔（Carl Menger，1840—1921）是经济学中奥地利学派的代表和主要奠基者之一。

经济走向一般均衡。在这种均衡中,所有商品的产量与价格形成一种最优组合。进一步地,新古典宏观经济学运用随机动态一般均衡模型,把这种分析方法拓展到对宏观经济现象的解释。当然,这种论证还存在各种争论。

可以肯定,运用经济学的新古典主义及其数学工具是无法解读社会经济的有机体问题的。诚如奥地利经济学家维塞尔(Friedrich von Wieser,1851—1926)所言:"如果把研究局限于一批采用最理想化假设的范围极小的理论问题,那么数理方法将是达到公式化结论的最合适工具。但是对于理论中其他抽象程度较低的问题来讲,在研究中采用数理方法将导致灾难。经济理论中大量的真理及其在重要的伦理和政治领域中的应用,都不是通过数理方法来证明的。"①

虽然经济学对经济现象的具体研究越来越细化,研究领域越来越专门化,但无论从什么方面来看,经济学对整个社会经济的解释仍然处于不能让我们满意的状态。诚如作者在本书开篇部分所形容的那样,有点盲人摸象的味道。既然经济学和其他社会科学已经有了很大的进步,我们为什么就不能利用现有的理论成就对社会经济现象作出综合性的解释呢?

大多数经济学人不敢抱有全面或综合性解读社会经济现象的伟大野心,只是志在解读其中的某一小部分。我不敢妄断这种学术心态,但这肯定与身处分工日益细化的学术环境有直接关系,并固着于这种分工的局限。甘先生热衷于学术研究,但却身处学界之外。这虽然使他的论证似乎不完全符合现代经济学中新古典主义所谓的严格规范,但却可以让他无所顾忌,使他敢于探讨这一宏大的问题。

这部书最独特而令人印象深刻的是:作者力图从企业系统、产业系统到国民经济系统等不同经济层次,论述它们在一般结构方面的自相似性、层次性、嵌套性等分形特征,同时阐明了社会系统中人文、经济和政治等子系统的双层结构和基本因素。作者在借鉴美国社会学家帕森斯和中国系统哲学家闵家胤提出的社会系统结构模型的基础上,把社会系统划分为由人文系统、经济系统、政治系统等子系统组成的表层结构和由科学系统、法制系统、教育系统等子系统组成的深层结构,这显然是对现代社会结构的理论概括,这种概括与当代社会的实际功能划分是非常接近的。如果借用英国经济史学家卡尔·波兰尼(Karl Polanyi,1886—1964)"嵌入"概念来说明的话,本书作者实际上是以层层递进的叙述方式向读者描绘出企业"嵌入"行业结构、行业"嵌入"产业结构、产业"嵌入"经济系统结构、经济系统"嵌入"社会系统结构的经济体系全景图。如果把作者所绘制的从企业系统、产业系统到经济系统、国家系统以及社会系统等各层系统的一般结构图组合起来看,我们将会看到一个类似于"曼德勃罗特集"图案②(参见本书图3-5)一样的几何图形(即所谓的"分形图")。

这组结构匀称、层层嵌套的几何图形就构成了本书的理论架构,实际上这正是作者所揭示的存在于社会系统中的"分形律"。这组"分形图"连同作者在第七章③中所绘制的"社会系

---

① 弗里德里希·维塞尔著,张旭昆等译:《社会经济学》,浙江大学出版社2012年12月第一版,第58页。
② 一种典型的分形图,该图中任何一个相对独立的细微单元,其形状都与整体相似。
③ 这里指第一版中的第七章,在修订版中是第八章。

统发展演化轨迹图"(参见本书图 8-14,也即"螺网图")都透出一种具有独特结构的几何美。尽管作者搭建起的理论框架仅仅是个基本轮廓,但毫无疑问的是,从形式上来说,它的确散发着社会科学的结构之美!

几乎所有的学者都会有一种自负的心态,自认为已基本上解决了自己所选择的问题。我不敢妄断甘先生是否也有这种心态。但就我有限的知识范围之内,我认为,甘先生通过引入系统科学的哲学思维和生物进化论的某些概念,至少有助于我们进一步思考上述问题。至于甘先生的这部书在多大程度上推进了这一问题的研究,留给读者来作出判断。但我相信,无论读者作出什么样的判断,他都可以从本书中得到某些收获。

中国社会科学院经济研究所
副所长、研究员、教授、博士生导师
《经济学动态》杂志主编

杨春学

2016 年 5 月 29 日

目 录

重印版前言/甘润远 ··· 1
重印版序言/黄有光 ··· 3
第一版前言/甘润远 ··· 5
第一版序一/陈工孟 ··· 9
第一版序二/杨春学 ·· 11

第一章 人类认识世界的局限 ·· 1
一、盲人摸象 ·· 1
二、只见树木,不见森林 ··· 2
三、通才与专才 ·· 3
四、社会科学最终会走向统一吗? ································· 6

第二章 思维范式演变及哲学基础 ······································ 9
一、时空观演变及物理学的伟大革命 ····························· 9
二、思维范式革命:系统科学的诞生 ····························· 14
三、生物进化论思想的发展脉络及其影响 ····················· 19
四、从生物进化论获得的一些新认识和哲学启示 ············ 31
五、认识复杂系统演化的三个基本原理 ························ 36

第三章 鸟瞰经济社会的总体图景 ···································· 44
一、从自然系统到社会系统的基本层次 ························ 45
二、人类社会演化发展遵循的四大规律 ························ 49
三、资源的基本分类及其形态 ····································· 57
四、社会再生产过程的组成环节 ·································· 59
五、社会生产中分配关系的长期变迁特征 ····················· 63

六、建立21世纪的全新经济学范式 ………………………………………… 70

第四章 经济系统的微观层次：企业的动力结构及演化图景 ………… 74
一、企业演化及企业生态理论研究简况 …………………………………… 77
二、一个隐喻：苹果树和企业 ……………………………………………… 81
三、企业的本质 ……………………………………………………………… 85
四、企业的环境、要素和结构 ……………………………………………… 86
五、企业的生产经营过程 …………………………………………………… 97
六、企业内部的交换与分配 ………………………………………………… 99
七、企业的生产效率 ………………………………………………………… 107
八、企业的整体能力 ………………………………………………………… 109
九、企业发展的动力 ………………………………………………………… 112
十、企业的演化机制 ………………………………………………………… 118
十一、企业的生命周期 ……………………………………………………… 124
十二、企业发展演化的轨迹 ………………………………………………… 127

第五章 经济系统的中观层次：产业的动力结构及演化图景 ………… 131
一、有关经济增长的经典理论 ……………………………………………… 133
二、行业与产业 ……………………………………………………………… 135
三、产业的内外部环境 ……………………………………………………… 136
四、产业的组成要素和一般结构 …………………………………………… 142
五、产业的分类方法 ………………………………………………………… 144
六、产业的分化过程 ………………………………………………………… 146
七、产业发展的动力 ………………………………………………………… 151
八、产业的演化机制 ………………………………………………………… 158
九、产业系统中的分配 ……………………………………………………… 169
十、产业的整体能力 ………………………………………………………… 178
十一、产业的生命周期 ……………………………………………………… 180
十二、产业发展演化的轨迹 ………………………………………………… 182

第六章　中国农业的长期演化历程 186
一、中国古代农业的长期变迁 187
二、中国近代农业的演变 202
三、中国现代农业的发展 210

第七章　经济系统的宏观层次：国民经济的动力结构及演化图景 219
一、有关产业结构的代表性理论 223
二、经济系统的环境、要素和结构 230
三、经济系统发展的动力结构 237
四、宏观经济中的分配 243
五、产业结构演变趋势及其调节 248
六、本书理论框架的开放性和包容性 267

第八章　国家与社会系统的结构、功能和演化图景 272
一、有关国家的概念 277
二、原始国家的诞生过程 279
三、国家系统的环境、要素和结构 285
四、国家系统中的人文子系统 291
五、从社会变革的视角来考察社会进化 311
六、国家系统中的政治子系统 316
七、社会系统发展的动力结构 325
八、社会系统发展的主要机制 328
九、社会系统发展演化的轨迹 347
十、本书的历史哲学和社会演化观 349

第九章　中国古代社会发展的主要动力及特征 353
一、中国古代人文系统的结构特征 353
二、中国古代市场经济的兴衰变迁 359
三、中国古代科学技术的兴衰变迁 363
四、中国古代社会的主要协同因素 370
五、自然环境对社会历史发展的影响 373

附论：本书理论与马克思理论之间的关系 393

附录：书评选编 399
  为经济理论造新框架："螺网理论"何以引领新经济研究/朱敏　姜疆 399
  十年只写一本书——甘润远先生新著《螺网理论》读后/曹维 403

后　　记 407

图表索引 410

人名分类索引 414

参考文献 429

第一章 人类认识世界的局限

本章从"盲人摸象"的故事开始，揭示人类认识世界的局限性和片面性。由于现代社会过细的专业分工和过度的学科分化，导致人们患上了"只见树木，不见森林"的盲人症。因为现代社会培养出的专才数量远远多于通才，所以，这个世界才更加需要具有跨学科贯通能力的通才！现代社会过度的社会分工和专业教育，实际上已经导致人类文明陷入了深刻危机，解决问题的出路在于把自然科学、社会科学和人文学科统一起来，构建一个完整统一的世界图景！一些学者的研究有力地证明了，不同范式的社会科学理论不仅是相容的，而且它们之间的有机综合也是可行的。本书所构建的理论框架，为迈向更有机综合的社会科学提供了一个初步的路线图。

一、盲 人 摸 象

从前，有六个盲人，他们谁也没有见过大象，他们很想知道大象究竟长什么模样。于是，有人就牵来一头大象让他们触摸。

一个胖盲人先摸到了大象的长牙。于是，他兴奋地说："我知道了，我知道了，大象就像一支又长又硬的长矛。"

一个瘦盲人一把摸到了大象的鼻子。于是，他高兴地叫着："噢，大象原来像一条又软又滑的大蛇啊！"

一个高个子盲人恰好摸到了大象的大耳朵。于是，他争辩说："不对，不对，大象明明像一把薄薄的大蒲扇嘛！"

一个矮个子盲人正好摸到了大象的腿，他抱着象腿大叫起来："你们净瞎说，大象就像一根又粗又大的圆柱子！"

一个高矮适中的盲人摸到了大象的侧腹部，于是，他平静地说："原来大象就像一堵厚实的墙啊！你们都说错啦！"

一个年老的盲人来到大象身后，他一伸手正好抓住了大象的尾巴，他握着象尾巴嘟囔着说："唉，大象哪有那么大，它只不过像一根草绳罢了。"

每个盲人都认为自己摸到的才是真正大象的样子，他们为此争吵不休，无法达成一致意见。

以上就是人们所熟知的《盲人摸象》的故事。看完这则故事后，人们常常会嘲笑这些盲人的行为。

其实,这个故事所反映的现象不仅普遍存在于我们的日常生活中,而且也存在于一些高等学府和科研机构中。很多教授、学者或者科学家所提出的理论学说实际上只反映了整个世界的一个局部或者一个侧面,但人们都只强调自己所看到的部分,而且常常为此争论不休。对照一下《盲人摸象》的故事,人们争论不休的行为与这些盲人又有多大不同呢?

对于一个复杂事物的认识,为什么只能有一种答案呢?为什么一件东西的色彩不能同时既是红的,又是黄的,还是蓝的,甚至也可能是黑的呢?为什么一幢大楼不可以既是方的,又是圆的呢?难道这些不同的表现特征不能同时属于同一个事物吗?

当意识到所有人只存在于历史的一个时段,每个人只能看到世界的一小部分后,我们每个人何尝不是一个"盲人"呢?

二、只见树木,不见森林

自 1776 年英国古典经济学家亚当·斯密(Adam Smith,1723—1790)出版《国富论》并奠定经济学的基础以来,经过 240 多年的发展,人类在经济科学的研究方面取得了大量成果。经过各国学者两个世纪的广泛探索,经济学就像一棵不断分叉的树木一样越来越枝繁叶茂。随着人类社会经济活动的广泛而深入发展,无论是在理论经济学方面,还是在应用经济学方面,今天的经济学都产生了大量分支学科。仅按不太严密的方式分类,经济学就大致包括政治经济学、发展经济学、制度经济学、福利经济学、人口经济学、资源经济学、环境经济学、农业经济学、工业经济学、服务经济学、信息经济学、企业经济学、计划经济学、市场经济学、分配经济学、供给经济学、投资经济学、消费经济学、行为经济学、公共经济学、国民经济学、区域经济学、城市经济学、产业经济学、金融经济学、保险经济学、财政经济学、税收经济学、国际经济学、劳动经济学、统计经济学、数量经济学、军事经济学、安全经济学、产权经济学、技术经济学、教育经济学、文化经济学、创意经济学、传媒经济学、房地产经济学、交通经济学、财务会计学、财务审计学、市场营销学等分支,而且诸如比较经济学、比较金融学、比较财政学、比较税收学、比较审计学、财政金融学、创新经济学、管理经济学、法律经济学、结构经济学、地理经济学、社会经济学、家庭经济学等具有交叉特点的新型经济学分支还在不断产生中。由于关注重心、研究方法和学术理念的不同,世界各地的经济学家们也分成了不同的学术流派。我们仅大致扫视一下经济思想史,就会发现经济学家们自然形成了不同的学派,包括重农学派、重商学派、古典学派、历史学派、奥地利学派、洛桑学派、剑桥学派、瑞典学派、制度学派、芝加哥学派、马克思主义学派、凯恩斯主义学派、货币学派、供给学派等。这仅仅是个粗略的列举,其中还不包括一些更加细小的学派或流派。

社会科学(包括经济学)各个分支学科的不断诞生,这是由人类在知识探索方面社会分工和专业化的不断发展决定的。随着人类社会经济活动范围的不断扩展,就像没有哪一个物理学家能够精通所有的物理学科领域一样,再出色、博学的经济学家也不可能对所有的经济学科都进行深入研究。今天,人类社会经济活动涉及面的宽广性以及个人精力的有限性,决定了每一个具体的经济学家只能是某一个专业领域或者某几个分支学科的经济专家。这样一来,各国的经济学家们往往只专注于某一分支学科领域的知识探索,久而久之,就会极大地限制专家学者们的研究视野、学术思维和学科贯通能力。这种情况就好像在一片森林里,有人只专注于分析一根树枝,有人只专注于研究树枝上的花朵,而有人在用放大镜仔细观察几片树叶,却很少有人去研究整个树木的完整结构和生长机理,关注整个森林生态系统运行原理的人就更少了。在现代社会,过细的专业分工和过度的学科分化实际上已经限制了人们构建完整知识体系的意识和行为,使各国的许多科学家们(包括自然科学家和社会科学家)在不知不觉中患上了"只见树木,不见森林"似的盲人症,造成他们为人们描绘的世界呈现出一片支离破碎的景象!

三、通才与专才

翻开几千年的人类文化史,就会发现,历史上时常会出现一些博学多才、知识渊博,既通人文艺术又具科学智慧的综合型人才,他们为人类文明的进步与发展作出了重要贡献。

例如,古希腊伟大的思想家、科学家和教育家亚里士多德(Aristotle,公元前384—公元前322)所从事的学术研究涉及哲学、逻辑学、修辞学、物理学、生物学、心理学、政治学、经济学、博物学、伦理学、教育学、法律、诗歌、风俗、神学等。中国北宋科学家沈括(1031—1095)博学多才,精通天文、数学、物理、化学、地质、地理、气象、农业、生物和医药,他同时还是出色的水利工程师和外交家。意大利博学家列奥纳多·达·芬奇(Leonardo da Vinci,1452—1519)除了是闻名于世的画家以外,也是雕塑家、建筑师、音乐家和作家,同时还是数学家、解剖学家、地质学家、植物学家、发明家、机械工程师和制图师。中国明代思想家王阳明(1472—1529)不但是精通儒、佛、道的哲学家,也是著名的教育家、诗人和书法家,同时还是一位能够统军征战的军事家。欧洲文艺复兴时期的巨人尼古拉·哥白尼(Mikołaj Kopernik,1473—1543)集天文学家、数学家、法学家和医生于一身,他以"日心说"改变了人类的宇宙观;很多人只知道他是一位波兰的天文学家,却不知道他还是一位重要的经济思想家,他早在16世纪20年代就阐述了"货币数量论"的思想[①]。法国著名哲学家勒内·笛卡尔(René Descartes,1596—1650)同时也是数学家和物理学家。英国著名科学家艾萨克·牛顿(Isaac Newton,1643—1727)同时兼物理学家、数学家、天文学家、自然哲学家于一身。德国科学家戈特弗里德·威廉·莱布尼茨(Gottfried Wilhelm Leibniz,1646—1716)同时是数学家、哲学家、逻辑学家和律师,在物理学、哲学、历史学、语言学、政治学、法学、伦理学、神学诸多方面都留下了著作。美国科学家本杰明·富兰克林(Benjamin Franklin,1706—1790)同时也是美国当时著名的政治家、外交家、哲学家、发明家、作家和出版商。俄罗斯科学家罗蒙诺索夫(Михаил Васильевич Ломоносов,1711—1765)同时也是化学家、物理学家、天文学家、地质学家、教育家、语言学家、哲学家和诗人。法国启蒙思想家让·雅克·卢梭(Jean-Jacques Rousseau,1712—1778)同时是哲学家、政治理论家、教育家、作家、作曲家、植物学家。美国第三任总统托马斯·杰斐逊(Thomas Jefferson,1743—1826)兼政治家、思想家、哲学家、科学家、教育家于一身,他同时是农业学、园艺学、建筑学、词源学、考古学、数学、密码学、测量学和古生物学等学科的专家,又是作家、律师和小提琴手。德国思想家卡尔·马克

---

① 亨利·威廉·斯皮格尔(H.W. Spiegel)著,晏智杰等译:《经济思想的成长》(上册),中国社会科学出版社1999年10月第一版,第75—76页。

思(Karl Heinrich Marx,1818—1883)同时也是哲学家、社会学家、经济学家和政治学家。美国物理学家尼古拉·特斯拉(Nikola Tesla,1856—1943)同时也是发明家、机械工程师和电机工程师。英国著名哲学家伯特兰·罗素(Bertrand Russell,1872—1970)同时也是数学家、逻辑学家、历史学家和作家。中国近代启蒙思想家梁启超(1873—1929)集历史学家、教育家、文学家、政论家和社会活动家于一身,他学贯中西,在历史学、哲学、文学、法学、伦理学、宗教学、新闻传播学等诸多领域都取得了建树。美国数学家、控制论的创始人诺伯特·维纳(Norbert Wiener,1894—1964)不仅通晓十国语言,而且其科学研究先后涉足哲学、数学、物理学、电子工程学和生物学。美国科学家约翰·冯·诺依曼(John von Neumann,1903—1957)一生掌握了七种语言,集数学家、物理学家、计算机专家、经济学家、工程师于一身。美国经济学家赫伯特·西蒙(Herbert Alexander Simon,1916—2001)也是政治学家、管理学家、心理学家和计算机科学家,他的研究成果涉及科学理论、应用数学、统计学、运筹学、经济学和企业管理等诸多方面。

　　在现实中,有关教育要培养"通才"还是"专才"的问题,历来是人们争论的重要话题。所谓通才,通常指学识广博、通晓多种学科、具有多种能力的人才。而专才则是指在某一专门学科领域具有精深知识和能力的专业人才。纵览世界历史,我们发现古代的著名学者往往是文理兼通的通才,他们知识之渊博、涉及专业之多,往往令现代人望尘莫及。在现代社会,因为社会分工和专业化的深入发展,导致现代教育中专业划分越来越细,随着人类知识量的不断积累,一个人要想掌握几门学科的知识已经变得非常困难,因此,现代社会的人才几乎都是某个方面的专才。对于人类探索未知世界来说,我们既需要专才,也需要通才。但由于现代社会培养出的专才数量远远多于通才,从而造成通才变成我们这个时代的稀有人才。正是基于这个原因,我们这个世界才更加需要拥有广博学识、具有跨学科贯通能力的通才。在20世纪80年代,美国曾对一些学者所发表的论文及其研究成果进行过分析,发现这些学者中凡取得重大成就者大多拥有广博的知识,这些人的知识结构往往具有通才型人才的特点,这一发现导致美国的高等教育开始从原来的注重专才培养的教育模式转向通才教育模式,从而倡导实施广博的文理教育①。通才教育模式比较注重培养学生广博的知识面,倾向于培养综合型人才。

　　在人类社会中,科学家的重要作用就是探索发现新知识和新规律,为人类改造现实世界奠定认识基础,从而推进人类文明的不断进步和发展。著名物理学家吴大猷(1907—2000)于1976年发文指出:科学的要义是追求真理,科学的内容不仅包括知识,还包括智慧,科学"是'知识和智慧'不可分的一体。片断个别的知识,如缺乏了各种知识的融会关系,则不构成科学"。针对自然科学和人文学科之间已经存在的鸿沟,他提出了三点意见:第一,人类社会发展到今天,必须"有一个人文与科学合一的文明";第二,在科学界与非科学界之间,必须沟通思想,经常交流;第三,要达到这种沟通与交流,最重要的方式就是教育②。所以,无论是自然科学家,还是社会科学家,都有必要将人文知识和科学知识融会贯通,至少要在两者之间建立起一些联系,而不是相互隔离,不越雷池一步。其实,对于任何一个普通人来说,如果他所接受的教育太过专门化或者知识面太狭窄,他就只能掌握一些片断知识,这种狭窄的知识

---

① 程样国、刘德才主编:《中国特色高等教育发展道路研究》,江西人民出版社2008年12月第一版,第62—63页。
② 智效民:《吴大猷谈通才教育》;夏中义、丁东主编:《大学人文》(第1辑),广西师范大学出版社2004年版。

结构不但会影响他形成完整的世界观,而且也会限制他智慧的增长。正如经济学家孟氧(1923—1997)所指出的:"一个科学家,如果他没有能力横跨几个领域,经常被困在狭小的天地里,必然眼界狭窄,只有那些有能力进入其他领域的科学家,才有可能成为思想上的巨人。"①

人类社会过度的社会分工和专业教育,实际上对培养完整人格的人才已经形成了某种损害或者使人产生了异化。人们发现,现代社会的很多专才往往知识结构狭窄片面,综合能力不强,他们往往只懂技术而没有文化、拥有知识而缺乏智慧,面对复杂的现实问题,他们通常只会分析而不会联想更缺乏综合,只知堆砌材料进行实证而不善于批判,更加缺乏理性思想,特别是他们缺乏人文精神和社会理想,除对本专业倾注一些热情以外,他们对人生的本质问题、对整个人类社会的全局性问题缺乏必要的关注和思考,就仿佛变成了一群群没有灵魂、没有思想、只会机械行动的现代"机器人"。面对现代社会中社会分工和专业教育所产生的诸多不良后果,一些有识之士已经意识到人类文明陷入了深刻危机。例如,早在1945年,哈佛大学的一些教授们在反思两次世界大战、反思人类历史教训的基础上提出了一份以《一个自由社会中的普通教育》为题的研究报告,这份报告指出,过分强调社会分工和专业教育,有抵消人类合作、增加社会冲突的可能,人类社会的阶级斗争乃至法西斯战争都由此而产生,这不仅给人类社会带来了巨大破坏,同时也对民主自由构成了极大威胁②。再如,1982年,作为自然科学家的吴大猷先生也撰文指出,科学和人文学是人类文明的两个方面,针对专业学科界限分明、专业人士"老死不相往来"、科学与人文互相隔绝的社会现状,他认为人类文明出现了严重问题,他强调说人类社会已经到了一个必须将人文学与自然科学沟通起来的时代③。

当前,人文社会科学领域没有形成一个从低到高的递进的知识层次,也没有形成类似于自然科学那样的统一体系。如果我们考察造成当前人文社会科学领域分崩离析的主要原因,正如美国著名社会生物学家爱德华·威尔逊(Edward O.Wilson)所指出的那样:"社会科学家们分裂成一个个独立的小团体,他们将自己那个专业的词汇精雕细琢,但是却无法用专业语汇进行专业与专业之间的沟通。"他还批评说,现在社会科学的研究就像人们在"18岁以前获取知识的方式","在思想上比古希腊哲学家作出的贡献多不了多少"④。如何消除当前人文社会科学领域内存在的这些问题呢?威尔逊认为:"前进的道路只有一条,那就是把人性研究当成自然科学的一部分,把自然科学和社会科学以及人文学科统一起来。"⑤

社会发展到今天,人类已经积累了大量的各种知识。因为每个人生命的有限性决定了我们只可能掌握或者了解整个世界的一部分。也正是因为每个人认识的有限性或者只能是某个领域的专才,我们才更加有必要突破自己的专业壁垒,以通才的眼光来认识世界。只有以宽广的胸襟,跨越学科界限,打破不同流派的门户偏见,我们才有可能描绘出一个完整统一的世界。正是因为这一点,本书才倡导以整体的、系统的、联系的观点来看待人类的知识体系,将人文知识、社会知识和自然知识熔于一炉,从而致力于构建一个完整、和谐、有序的世界图景。

---

① 孟氧:《经济学社会场论》,中国人民大学出版社1999年版,第137页。
② 智效民:《吴大猷谈通才教育》;夏中义、丁东主编:《大学人文》(第1辑),广西师范大学出版社2004年版。
③ 智效民:《吴大猷谈通才教育》;夏中义、丁东主编:《大学人文》(第1辑),广西师范大学出版社2004年版。
④ 爱德华·威尔逊(Edward O.Wilson)著,田洺译:《论契合》,北京生活·读书·新知三联书店2002年版,第260—261页。
⑤ 爱德华·威尔逊(Edward O.Wilson)著,方展画、周丹译:《论人性》,浙江教育出版社2001年版,第6页。

四、社会科学最终会走向统一吗？

为解决当前人类文明面临的深刻危机，我们有必要把自然科学、社会科学和人文学科统一起来。如果要做到这一点，我们首先需要把四分五裂的社会科学统一起来。但是，社会科学最终能实现统一吗？

关于这个问题，一些视野开阔、学识广博并对社会科学具有深刻见解的学者已经进行了有价值的研究。例如，中国社会科学家唐世平研究指出：如果我们把社会科学还原到极致，就会发现整个社会科学其实只有有限种类的基础范式；这些基础范式如手电筒般照亮了人类社会的不同方面或区域；除了社会进化范式之外，每一种基础范式都只能照亮人类社会的某个有限局部；整个社会科学的许多学派都是对这些基础范式的不同却又常常是不完全组合的结果，而它们对基础范式的不同组合决定了这些学派之间的差异；因为社会科学不同学派整合的基础范式数量有限，所以这些学派必定无法充分理解人类社会；尽管更少范式的组合可以充分理解更特定的社会事实，但为了充分理解人类社会，我们必须把所有基础范式有机地综合起来。他的研究有力地证明了，不同范式的社会科学理论确实相容，"它们之间的有机综合确实可行，而不仅仅只是值得期待"。他指出："本体论先于认识论，认识论先于方法论。那种认为社会科学最重要的分歧是认识论上或者甚至是方法论上的分歧的观点是错误的。"他强调说："我们只有从各种基础范式入手，联通它们的本体论和认识论假定，才有可能综合不同学派。"①

一般来说，一个完整的理论体系通常包括本体论、认识论和方法论这三个既相互区别又相互联系的部分。本体论（ontology）是指描述研究对象产生、存在、发展变化的根本依据及其本质的理论，一般包括概念、类别、特征、关系、限制条件等基本元素。认识论（epistemology）是指关于认识发生、认识过程、认识本质及其规律的理论，一般包括主体、客体、信念、信息、知识等基本元素。方法论（methodology）则是以认识和改造世界为目的、为实践活动提供指导方法的知识体系，其内容是人们对客观规律的主观运用，其形式一般表现为理论学说、通用法则、原始模型、思考方法和推理工具等，按不同层次有哲学方法论、一般科学方法论和具体科学方法论之分。本体论、认识论和方法论三者之间的关系是：本体论是认识论的基础，认识论为本体论提供依据，本体论和认识论指导方法论深入实践，实践结果完善认识论，认识论进一步提升本体论。对人类社会来说，这实际上是一个永无止境、反复循环的无限过程。

唐世平根据不同理论本体论和认识论的差异，把社会科学领域不同学派的理论划分为两大类型和 11 种基础范式：两大类型即基石性范式（bedrock paradigms）和整合性范式（integrative paradigms）；其中，基石性范式有 9 种，它们分别是物质主义、观念主义、个体主义、集体主义、生物进化决定论、社会化、反社会化、冲突范式与和谐范式；而整合性范式有 2 种，它们分别是社会系统范式（social system paradigm）和社会进化范式（social evolution paradigm）。他指出，社会系统范式在最完整的状态时，它能够整合 9 种基石性范式，为我们提供了一种理解社会系统内部变动的方法，而社会进化范式在社会系统范式中加入了一个

---

① 唐世平：《社会科学的基础范式》，《国际社会科学》（中文版）2010 年第 1 期，第 5 页、第 84 页、第 86 页、第 98—99 页。

时间维度,从而为我们提供了一种理解社会系统大转换的方法。① 为便于读者理解,现将唐世平先生对社会科学各种理论的分类列表如下(见表 1-1②)。

表 1-1 社会科学理论基本类型一览表

理论类型 维度	基石性范式		整合性范式
	本体论优先性 较多的范式	本体论优先性 较少的范式	综合理论类型 最多的范式
1. 哲学思维维度	物质主义理论	观念主义理论	
2. 人类存在维度	个体主义理论	集体主义理论	
3. 人性演化维度	生物进化决定论	社会化理论,反社会化理论	
4. 利益关系维度	冲突理论	和谐理论	
5. 整体系统维度			社会系统范式 社会进化范式

在表 1-1 中,按照唐世平的解释,"范式"是指基础范式,"学派"或"理论"是指基础范式组合后得出的结果;"本体论上的优先性"是指在广义上哪种力量更加根本,也即"如果力量 B 最终不能够脱离力量 A 而起作用,那么力量 A 相对于力量 B 拥有本体论上的优先性"③。

第一组基石性范式是物质主义(materialism)和观念主义(ideationalism)④,这种二分法实际上是从哲学思维的视角来分类的。例如,马克思创建的历史唯物主义就是典型的物质主义范式,而黑格尔(Georg Wilhelm Friedrich Hegel,1770—1831)的历史哲学理论则是典型的观念主义范式。第二组基石性范式是个体主义(individualism)和集体主义(collectivism),这种二分法实际上是从人类存在方式(即个体和集体)的视角来分类的。例如,新古典经济学理论就是典型的个体主义范式,而制度经济学理论则是典型的集体主义范式。第三组基石性范式是生物进化、社会化和反社会化,这种三分法实际上是从人性演化和行为动力的视角来分类的。每个人的生物特征都来源于其父母的遗传,其人性中的很多成分显然与生物进化紧密相关。当一个人通过学习而接受一个社会群体的语言、信仰、价值观和制度规范,从而逐步适应社会并融入社会公共生活的过程就是社会化。当一个社会因为制度规范僵化、社会阶层固化、贫富分化严重、公平正义缺失时,常常会造成社会集体对个体权利和自由的压抑或侵占,进而导致个体的反社会化行为。反社会化是指个体反抗社会约束、摆脱社会控制、违反社会规范、甚至摧毁社会正常秩序的行为和过程。与此对应,社会化理论是指以个体社会化的起源、过程、内容、方式和机制等为研究对象的理论。反社会化理论则是指以个体反社会化的起源、过程、内容、方式和机制等为研究对象的理论。例如,社会生物学和进化心理学就是典型的生物进化决定论范式;社会学中的结构功能主义是典型的社会化范式;而马克思主义则是典型的反社会化范式。第四组基石性范式是冲突范式与和

---

① 唐世平:《社会科学的基础范式》,《国际社会科学》(中文版)2010 年第 1 期,第 87 页、第 95 页。
② 本表根据唐世平的有关论述并参照其论文中之"表 1"经笔者重新编排而成,表中文字也作了相应调整或修改。原表参见唐世平:《社会科学的基础范式》,《国际社会科学》(中文版)2010 年第 1 期,第 99 页,表 1。
③ 唐世平:《社会科学的基础范式》,《国际社会科学》(中文版)2010 年第 1 期,第 100 页、第 85 页。
④ 关于"materialism"和"ideationalism"这一对术语,中国学术界很长时间都把它们译成"唯物主义"和"唯心主义",这种译法是有问题的。参见闵家胤:《浅议 Materialism 和 Idealism 的汉译》,《世界哲学》2013 年第 1 期。

谐范式,这种二分法实际上是从社会利益关系(即冲突或和谐)的视角来分类的。例如,马克思的阶级冲突理论就是典型的冲突范式,社会共生理论①则是典型的和谐范式。第五组是两种整合范式(即社会系统范式和社会进化范式),这实际上是从社会整体和理论综合的视角来分类的。例如,尼克拉斯·卢曼(Niklas Luhmann,1927—1998)所构建的一般社会系统理论就是典型的社会系统范式,而演化经济学则是典型的社会进化范式。

关于"社会科学最终能否实现统一"这个问题,不同学者所持的观点并不相同。

尽管唐世平认为创建统一的社会科学是不可能的,但他认为迈向更有机综合的社会科学却是可能的;他强调说:"我们面对的是一个复杂系统的不同侧面,因此,系统的方法(特别是社会系统范式)是必需的""对于理解社会变迁,一个运用了社会进化范式的社会进化方法是理所当然的"。②

但是,关于这个问题也存在着其他不同的观点。例如,有些复杂性理论的倡导者相信,存在应用于所有复杂系统的一般原则,而且最终应该证明构建一种统一的复杂性理论是可能的;这已经是美国圣塔菲(Santa Fe)研究所"复杂性科学"研究计划背后的核心思想;圣塔菲研究所的目的是,探寻一个规范的同等适用于自然系统和社会系统的复杂性理论。③ 关于复杂性科学的发展前景,圣塔菲研究所首任所长乔治·考温(George A. Cowan,1920—2012)曾说:"如果这门科学能够发挥作用,就会导致重大事件的发生。我认为,这重大事件就是,过去几个世纪变得像一盘散沙一样的科学事业将获得重新整合,物理学分析的严谨性与社会科学、人文科学的远见将被重新结合起来。"④

这里,需要强调的是,本书理论的本体论秉承中国哲学思想中老子(约公元前571年—约公元前471年)所开创的"进化的多元论",也即老子所说的"道生一,一生二,二生三,三生万物"(老子《道德经》)。这里的"一""二""三"不是自然数,而是哲学范畴,就是说"宇宙是从一元的道,进化到二元,再从二元进化到三元,世界万物是个多元现实"。

本书所构建的理论框架,首先它属于社会系统范式,其次它有机融入了社会进化范式,第三它广泛应用了复杂性理论的哲学思维,因此从理论综合的视野和潜质来说,它具有整合各类社会科学理论的最广包容性和最大可能性,它至少为迈向更有机综合的社会科学提供了一个初步的路线图。在本书的理论框架中,一个社会系统至少包括人文、经济、政治、科学、法制和教育等子系统,尽管本书是以探讨经济系统的层次、结构和功能为主的,但至少在社会系统的各个子系统之间建立了某种有机联系,这些联系就为实现自然科学、社会科学和人文学科之间的统一提供了可能。因此,世界各国的科学家和学者们如果沿着本书所提供的路径继续探索,那么乔治·考温的前瞻性预言就会变成一种现实!

---

① 胡守钧著:《社会共生论》,复旦大学出版社2006年7月第一版,2012年9月第二版。
② 唐世平:《社会科学的基础范式》,《国际社会科学》(中文版)2010年第1期,第84页、第99页。
③ 让·博西玛(Ron Boschma)、让·马丁(Ron Martin)主编,李小建、罗庆等译:《演化经济地理学手册》,商务印书馆2016年11月第一版,第116页。
④ 米歇尔·沃尔德罗普著,陈玲译:《复杂》,北京生活·读书·新知三联书店1997年4月第一版,第502页。

第二章　思维范式演变及哲学基础

世界上任何事物的运动变化都是与一定的时间和空间相联系的,而人类对时间和空间的认识水平决定了人类对事物认识的深度、广度和层次。人类社会的经济活动是在一定的时间和空间中逐步展开的,研究经济现象也不能脱离相应的时间和空间这两个重要因素。本章首先回顾了古往今来人类对时间和空间问题的认识历程,进而介绍了系统的基本概念和系统科学的概况,比较了还原论方法与系统论方法的主要差异,梳理了进化论思想的发展脉络及其广泛影响,总结了从生物进化论获得的一些新认识和哲学启示,最后阐述了认识复杂系统演化的三个基本原理(即系统层级涌现原理、正负反馈耦合原理和循环累积因果原理)。本章的论述表明,现代生物进化论的思维范式不但构成了现代生物学的范式,而且还可以成为哲学社会科学的基本范式。本章所阐述的系统论认识方法和进化论的思维范式,特别是从生物进化论所获得的一些新认识、新思想以及三个原理,形成了本书的认识论基础,其基本思想将贯穿于此后所有章节的论述中。所以,理解这些新思想是理解整部著作的关键。

一、时空观演变及物理学的伟大革命

古往今来,人类对时间和空间问题的认识从未停止过。纵观人类历史上出现过的时空观,我们大致上可以把它们划分为几何学时代、动力学时代和相对论时代这三个时期。其中,影响最大、最具代表性的人物是亚里士多德、牛顿和爱因斯坦(Albert Einstein,1879—1955),这三位代表性科学家的思想观点基本上反映了人类时空观的演变过程[①]。所谓时空观,就是指人们关于时间与空间物理性质本质认识的思想观念。因为任何事物的运动都是在一定的时间和空间中进行的,所以,人类的时空观与自然科学的发展密切相关。科学上的重大变革往往伴随着新时空观的产生。可以说,时空观的变革是科学上大变革的基本标志。

亚里士多德把时间看作描述物体运动的数字尺度,他认为时间不是运动变化,但也不可能脱离运动变化;他把物体的位置定义为包围着该物体的表面,后来又把物体的位置进一步理解为由一系列合理参照物的某种静止边界来定义的空间。他强调说,在谈到运动时必须要说明"什么"在运动,在"哪里"和"何时"运动。亚里士多德实际上提出了物理运动和空间、

---

① 王玉峰:《时间、空间:永无止境的探索》,《江苏科技大学学报(社会科学版)》2005年9月第3期,第8页。

时间的不可分割性。①关于时间的无限性问题,他认为宇宙中一般的时间是无限的,而具体事物的时间则是有限的;他主张用运动来计量时间,即用整齐划一的循环运动作为计量时间长短的单位;关于空间的存在形式,他认为空间不是独立的实体,空间的存在需要依赖于具体的事物及其运动,他否认宇宙中存在虚空②。

在亚里士多德的时空体系中,地球位于整个宇宙的中心,地球的球心就是宇宙的中心,整个宇宙由环绕着地球的七个同心球壳组成,月亮、太阳、行星和恒星分别处在不同的球壳上,它们都做完美的圆运动③。亚里士多德把宇宙空间分为"月上"和"月下"两个完全不同的部分,他认为,"月上"的天体(如星星、太阳等)的天然位置在天球上,因而它们随着天球做圆运动,地球表面的物体的天然位置在地球的中心,因此它们都做落地运动④。由此来看,亚里士多德所说的空间具有各向同性、非均匀的特点,因为空间各点的位置并不是等价的(即还存在着地球球心这样的特殊点)。后来,古希腊天文学家、地理学家托勒密(Ptolemy,约90—168)发展了亚里士多德的宇宙结构学说,提出了历史上著名的托勒密地心说,他排列了日、月、行星距离地球的顺序,创造了所谓的宇宙"九重天"模型⑤。在欧洲,直到16世纪中叶之前,亚里士多德的时空观和托勒密的"地心说"一直占据着主导地位。

1543年,波兰天文学家、数学家哥白尼出版了《天体运行论》一书。在这部书中,哥白尼根据天文观测数据证明地球不是宇宙的中心而是行星之一,并正确地论述了地球绕地轴自转、月亮绕地球运转、地球和其他所有行星都绕太阳运转的事实。哥白尼的发现否定了地球处于宇宙中心的定论,从而推翻了统治西方长达1300余年的"地心说",不但改变了当时人类对宇宙的认识,而且动摇了欧洲中世纪宗教神学的思想基础,使欧洲自然科学从此开始从神学束缚中解放了出来。

1687年,艾萨克·牛顿出版了科学史上的伟大著作《自然哲学的数学原理》。在这部书中,牛顿从力学的基本概念出发,以数学推理为工具,建立了完整而严密的力学体系,从而把地面上的物体力学和太空中的天体力学统一起来,实现了物理学史上的第一次大综合;在书中,他还提出了绝对时间和绝对空间的概念,对此后的科学和哲学发展产生了深远影响。牛顿认为,绝对时间和绝对空间彼此独立,它们都与外界事物无关,与物质运动无关。在牛顿看来,时间就像一条川流不息的河流,无论是否有事件发生,这条河流总是在持续地、均匀地、不变地沿着一个方向流逝着;而空间就像一个无边无际的巨大容器,它为物体运动提供了一个场所,无论是将物体放进去还是取出来,这个空间本身并不会发生什么变化。牛顿所说的绝对时间与绝对空间是独立于物质运动之外的,它们不受物质运动的影响;而具体物体的机械运动是在这种绝对时空背景中进行的。

从牛顿的绝对时空观来看,整个宇宙在时间上无始无终,在空间上无边无际,时间与空间是分离的,因此,整个宇宙没有具体的模型,自然界也是无生无灭、永恒长存的,要想追根寻源,只能借助于上帝。在这种宇宙图景的指导下,人们观察事物的思维往往陷入机械决定论的泥坑,常常误以为只要知道了物体运动的初始条件,就可以准确预测到事物发展的未来状态。

---

① 王玉峰:《时间、空间:永无止境的探索》,《江苏科技大学学报(社会科学版)》2005年9月第3期,第8页。
② 杜红:《亚里士多德的物理学哲学思想研究》,重庆大学《科学技术哲学》硕士学位论文,2011年。
③ 周妍:《从牛顿的绝对时空观到爱因斯坦相对论时空观》,《科技咨询导报》2007年第18期。
④ 冷护基:《牛顿时空观与爱因斯坦相对论》,《科学技术与辩证法》1995年第3期,第59页。
⑤ 许艳、樊兴桥:《时空观在物理学发展过程中的演变》,《保山师专学报》1999年12月第4期,第33页。

牛顿以他的绝对时空观为基础，系统总结了伽利略、开普勒和惠更斯等人的科学成果，得到了著名的运动三定律和万有引力定律，从而构建了经典力学体系。运用牛顿的经典力学体系，既能成功地描述天上的行星、彗星运动，又能圆满地解释地上潮汐和其他物体的运动，甚至还成功地发现了海王星的存在。在牛顿创建经典力学体系以后的两百年中，这一理论体系在物理学的各个领域都取得了令人瞩目的成就，因此，牛顿经典力学体系被长期公认为全部物理学甚至是整个自然科学的统一基础。牛顿经典力学体系的完美和强大，使大多数物理学家深信，古往今来天下万物发生的一切运动现象都能用力学来描述，他们相信，只要给出事物的初始条件，就能够确定地把握事物运动的因果关系链。所以，直到19世纪末，牛顿经典力学的思维范式一直充当着物理学家在各个领域中的指导思想，经典力学也先后被用于声学、热学、电磁学、光学等众多物理研究领域。到19世纪末，一方面，经典物理学已发展到了相当完善的地步；另一方面，由于实验和理论研究的深入而导致电子、X射线、放射性等一系列新现象被发现，这些新现象利用经典物理学理论已无法作出合理解释，因而使经典物理学陷入了空前危机。

19世纪中叶，英国物理学家麦克斯韦(James Clerk Maxwell, 1831—1879)继承和发展了法拉第从实验上发现的连续电磁场概念，总结了当时已发现的各种电磁现象规律，推导出一组电磁场方程(即麦克斯韦方程组)，从而建立了以场相互作用代替牛顿超距作用的电磁场理论。麦克斯韦的电磁场理论不但预言了电磁波的存在，也证明了光是不同波长的电磁波，把原来被认为各自独立的光、电、磁现象统一到一个理论框架内，这一理论的建立是人类认识光和电磁现象的一次大飞跃。1888年，德国物理学家赫兹(Heinrich Rudolf Hertz, 1857—1894)在实验中发现了电磁波，为电磁场理论提供了确实可靠的实验证据，从而使麦克斯韦的电磁场理论被科学界普遍接受，同时也为光学和电磁现象的研究及其广泛技术应用开辟了崭新天地。麦克斯韦电磁场理论的建立，是自牛顿以来对经典物理学公理基础及其概念结构的一次深刻科学革命，也是科学新思想第一次对牛顿绝对时空观的严重冲击和挑战。[1]

在20世纪初，物理学领域相继发生了三次伟大的理论革命，这就是狭义相对论、广义相对论和量子论革命。这三次革命改变了物理学的公理基础和概念性质，开辟了现代物理学的新纪元，为发展现代高科技奠定了理论基础。狭义相对论发现了时间和空间的相对性结构，建立了新的相对时空结构理论及其新的运动学定律，改变了人类对时间和空间的认识。广义相对论则揭示了四维弯曲时空几何结构与引力的关系，建立了新的引力场理论，由此建立了科学地研究宇宙起源、演化及其结构的现代宇宙学。量子论则深化了人们对物质微观结构的认识，建立了研究微观粒子运动规律的量子力学，有力地促进了分子和原子物理学、固体物理学、核物理学和基本粒子物理学以及化学等学科的飞跃发展。[2]

1905年，年仅26岁的阿尔伯特·爱因斯坦在德国《物理学年鉴》上发表了长达30页的论文《论运动物体的电动力学》，这篇文章宣告了狭义相对论的诞生。狭义相对论展现出一种全新的时间、空间、物质和运动之间的关系：表明了时间、空间同物质运动的密切联系，揭示了时间和空间是相互联系、相互制约的统一整体(即"四维时空连续体")，揭示了物体的质

---

[1] 本段整理自周奇：《时间、空间与运动——狭义相对论及其伟大科学意义》，《大学物理》2008年第3期，第49页。
[2] 本段引自周奇：《时间、空间与运动——狭义相对论及其伟大科学意义》，《大学物理》2008年第3期，第47页。

量与能量之间的本质联系,发现了质量与能量相互转化定律(即著名的质能公式 $E=mc^2$)。狭义相对论不但为物理学家探索场和粒子的新动力学提供了强有力的指导,也为哲学家研究时间和空间的本质揭开了新的一页。在经典物理学中,质量与能量是各自独立的,并且分别遵守质量守恒定律和能量守恒定律;而狭义相对论不但将物体的质量与能量联系在一起,而且将这两个独立的守恒定律也统一成不可分开的质能守恒定律。现在,质能转化定律已成为人类利用核能的理论基础,同时也是解开太阳等恒星日夜燃烧、不断释放光热之谜的内在机理。

1915 年,爱因斯坦把他的相对性原理推广为一切运动的广义相对性理论。在广义相对论中,爱因斯坦把相对性原理从匀速运动推广到匀加速运动,发现了四维弯曲时空几何结构与引力的关系,进一步揭示了时间和空间与物质的关系,建立了新的引力场理论,使人们对引力本质有了全新认识[1]。在广义相对论中,时间和空间不但受到宇宙中物质和能量分布及其运动的影响,反过来也影响物质和能量分布及其运动,时间、空间和物质共同构成一个不可分割的统一整体,没有物质也就没有时间和空间,反之亦然。正如爱因斯坦所指出的[2],过去人们认为世界上的所有物质消失了,时间和空间依然存在,但广义相对论则证明:物质消失了,时间和空间也将一起消失。广义相对论揭示了时空同物质的统一关系,时空的结构和性质取决于物质的分布,物质分布越密,时空弯曲越厉害;时间、空间和物质运动是相互作用的,这就更为深刻地揭示出了四维时空同物质运动的统一关系[3]。

1917 年,爱因斯坦根据狭义相对论提出了一个静态的宇宙模型。这个模型指出,宇宙是一个体积有限的静态弯曲封闭体,由此为现代宇宙学奠定了基础。1922 年,俄罗斯物理学家、宇宙学家亚历山大·弗里德曼(Alexander Friedman,1888—1925)在爱因斯坦宇宙模型的基础上建立了一个动态宇宙模型。这个模型指出,整个宇宙是脉动的(即膨胀与收缩交替进行),目前宇宙正处于膨胀过程中,他还证明宇宙的这种膨胀过程会在某一天停止,然后将开始一个收缩过程,直到宇宙中所有物质都重新集中到一个"奇点"上。1929 年,美国天文学家哈勃(Edwin Powell Hubble,1889—1953)在分析 24 个星系光谱的基础上,证实了宇宙正在膨胀的事实。1948 年,美国物理学家、宇宙学家乔治·伽莫夫(George Gamow,1904—1968)等人根据广义相对论和弗里德曼宇宙模型提出了宇宙大爆炸起源学说。该学说指出:宇宙起源于距今 150 多亿年前的大爆炸,宇宙最初处于温度超过几十亿度的高温高密状态,随着宇宙发生大爆炸并不断膨胀,宇宙的温度逐渐下降,进而逐渐形成了现在的星系等各种天体。他们还根据计算预言了宇宙微波背景辐射、原始元素丰度[4]的存在,这两项预言被此后的天文观测和科学探测所证实,宇宙大爆炸理论也因此被人们广泛接受。动态宇宙模型、大爆炸宇宙学以及后来的暴胀宇宙论等构成了现代宇宙学,这一学科的建立,开辟了科学研究宇宙起源、演化及其结构的广阔途径。正是在现代宇宙学的引导下,天文学家们发现了各种前所未知的新天体和新的天文现象,从而极大地推进了人类对宇宙结构的深入认识。广义相对论和现代宇宙学所蕴含的时空观,为人们描绘出一个全新的宇宙演化图景。过去,人们普遍认为宇宙本质上是一成不变的,但现代天文观测和宇宙学研究却清楚

---

[1] 范岱年、赵中立、许良英编译:《爱因斯坦文集:第二卷》,商务印书馆 1977 年版,第 278—334 页。
[2] Frank P. Einstein, *Sein Leben und sein Zeit*. Briaunschweig: Vieweg, 1974: 296-297.
[3] 王玉峰:《时间、空间:永无止境的探索》,《江苏科技大学学报(社会科学版)》2005 年 9 月第 3 期,第 12 页。
[4] 即氢气和氦气在宇宙空间中所占的相对比重。

地显示,宇宙并不是静止不变的,而是有一个诞生和演化的过程,宇宙起源于大爆炸,并在不断膨胀和收缩,宇宙中的各种天体像生物体一样,既有其诞生的开端时刻,也有其终结的一天。1986年,美国思想家欧文·拉兹洛(Ervin Laszlo)提出了广义进化理论。该理论揭示了宇宙从夸克、光子、电子等基本粒子演化到各种元素的原子,从各种原子相互结合演化到分子,从无机小分子演化到有机大分子,从有机大分子演化到原生细胞,从原生细胞演化到生物系统,从生物系统相互结合演化到生态系统,又进一步演化到社会系统和人类文化系统的演化规律;将物质演化、生物演化和社会-文化演化纳入统一的进化体系之中,从而展现了一幅广阔的宇宙演化全景画面[①]。

从爱因斯坦广义相对论的时空观来看,整个宇宙是非均匀的、有始有终的一个闭合的有限宇宙。例如,在宇宙中,黑洞内的时空与黑洞外的时空具有不一致性,这就是广义相对论时空的非均匀性;宇宙大爆炸中物质所形成的边界就是广义相对论时空的边界,这就是时空的有限性;宇宙大爆炸的奇点就是时空的始点,而黑洞形成的"奇点"就是时空的终点。2006年10月,美国国家航空航天局公告称,根据宇宙太空背景辐射各向异性的探测数据,美国和意大利的天体物理学家经计算机模拟得出,我们的宇宙是个椭球体;中国宇宙学家吕锦华推算出了我们所在宇宙的具体尺度,宇宙年龄如按200亿年计,则宇宙尺度大约在138.59亿～150亿光年,美国天文学家根据太空望远镜所拍摄的太空照片,经计算机运算后得出的宇宙尺度约为137亿光年[②]。

经典物理的时空观是绝对的,时间具有永恒性、均匀性和方向性,空间具有无限性、均匀性和静止性,时间和空间之间彼此独立、互不影响,时间、空间与物质无任何联系,而狭义相对论时空观把经典物理时空观中的绝对性变成了相对性,时间和空间均具有无限性、均匀性和方向性,时间和空间彼此相关,而且它们与物体的运动紧密联系[③]。但在狭义相对论的时空观中,时空作用于物质,而物质并没有反作用于时空。广义相对论的时空观比狭义相对论的时空观又前进了一步,在广义相对论中,时空具有物质性、有限性和非均匀性,时空作用于物质,物质又反过来作用于时空,时空的性质与物质更紧密地联系在一起,时间、空间不能脱离物质世界而独立存在[④]。

人类对自然世界的认识是永无止境的,随着科学研究和实践活动的深入发展,即便像爱因斯坦相对论这样曾经取得辉煌成就的科学理论,现在也遇到了诸多新挑战。例如,人们对狭义相对论的"光速不变"[⑤]这一重要前提和基础提出了质疑,并证明光速不但可变,而且光速不是速度的极限、物体相对运动不会导致长度收缩。事实上,一些科学家在实验室内已实现了超光速和亚光速的光子,甚至能够使光子停止运动,这些实验结果已经对爱因斯坦的相对论力学提出了挑战[⑥]。另外,天文观测也发现,有两个星系以远超过每秒30万千米的速度

---

① E.拉兹洛著,闵家胤译:《进化——广义综合理论》,社会科学文献出版社1988年4月第一版,第53—59页。
② 吕锦华:《物理科学理论的发展》;《第十七届全国原子、原子核物理研讨会暨全国近代物理研究会第十届年会论文集》,2008年7月山东泰安,第97—98页。
③ 张太荣:《牛顿的绝对时空观与相对论的时空观》,《六盘水师范高等专科学校学报》1999年6月第2期。
④ 许艳、樊兴桥:《时空观在物理学发展过程中的演变》,《保山师专学报》1999年12月第4期,第40页。
⑤ 中国宇宙学家吕锦华先生指出,爱因斯坦在相对论中的原意是说"真空光速是个常数",并非人们通常所认为的"光速不变"。他还指出,目前科学界所测得的每秒30万千米的光速并不是真空中的光速,他从理论上所推算出的真空光速为80万千米/秒。参见吕锦华著:《大爆炸形成多宇宙时空》,学林出版社2006年3月第一版。
⑥ 华棣:《爱因斯坦相对论的根本性修正——光速可变的相对论力学(上)》,《前沿科学》2009年第4期,第43页、第62页。

分离,这表明一些宇观现象也与相对论发生了矛盾。有鉴于此,各国科学界对爱因斯坦相对论的信念也开始动摇,甚至连美国科学技术委员会也提出:爱因斯坦相对论是否正确,应列为美国21世纪需要重点解决的科研课题之一[①]。与此类似,由玻尔(Niels Henrik David Bohr,1885—1962)、薛定谔(Erwin Schrödinger,1887—1961)和海森堡(Werner Karl Heisenberg,1901—1976)等物理学家创建的量子理论现在也面临着许多新的挑战和困境。例如,20世纪70年代初,英国宇宙学家史蒂芬·霍金(Stephen William Hawking,1942—2018)在研究广义相对论预言的天体黑洞时,提出了著名的霍金辐射理论。霍金通过理论计算确认黑洞具有温度,并指出黑洞能够以能量的形式向外界发出热辐射。沿着霍金的理论思路,人们发现黑洞在辐射过程中存在信息不守恒的问题,这一问题将会破坏轻子数守恒、重子数守恒等量子理论中的许多重要定律;霍金辐射理论带来的黑洞信息疑难问题,使量子场论陷入了重大危机[②]。

当前,各国的物理学家们正尝试建立将经典力学、相对论和量子论整合在一起的统一场理论。

从人类时空观的演变历程来看,人类时空观的每一次重大变革都是人类对自然界认识的一次巨大飞跃,人类社会在认识上的每一次巨大飞跃,实际上都是新思想对传统思想的重大挑战,同时也是新观念对旧观念的巨大突破!

在21世纪的今天,整个人类社会又发展到了一个大转变的时代,在这个时代,无论是自然科学、社会科学还是人文学科,其理论思想都发生着深刻的转变,这种转变主要表现为从还原论到系统论、从机械论到有机论、从确定论到非确定论、从简单性到复杂性、从要素视角到关系视角、从线性关系到非线性关系、从存在主义到演化主义、从封闭系统到开放系统、从分析到新的综合,这些转变的实质是建立人类与自然的新型关系,进而构建一个自然、社会、个人之间和谐相处、协同发展的世界新图景!

二、思维范式革命:系统科学的诞生

从20世纪四五十年代开始,现代科学领域中掀起了一场思维范式革命,这场革命首先起源于生物学领域,又从生物学扩展到物理、数学、化学和生命科学等领域,然后又渗入包括经济、管理、社会、生态、环境、气象、医学、哲学等在内的几乎所有科学门类中。这场思维范式革命以跨学科、互催化和大综合为基本特征,在将众多不同学科联系在一起的同时,也催化了一批新型交叉学科的诞生。世界各国的科学家们已清晰地感受到这场革命的巨浪,并为这场革命所开辟的新景观而兴奋或震惊!这场革命的影响空前广泛而深刻,它不但重塑了人类以往的知识体系、构建了一幅全新的世界图景,同时也极大地改变着人们的思维方式。这场革命所带来的主要理论成果就是系统科学。系统科学为人们认识和改造客观世界提供了很多崭新的思路和方法,它的诞生无论是对科技进步还是对社会发展都发挥了非常重要的作用。

---

① 吕锦华:《物理科学理论的发展》,《第十七届全国原子、原子核物理研讨会暨全国近代物理研究会第十届年会论文集》,2008年7月山东泰安,第96页。
② 赵峥:《黑洞理论的疑难与重要启示》,《自然杂志》2006年第4期,第212—213页。

1. 什么是系统？

"系统"一词来源于古希腊语，是指由部分构成整体的意思。我们把由若干要素以一定结构形式联结构成的具有某种功能的有机整体称为系统。也就是说，系统是由一些相互关联、相互影响、相互作用的组成部分所构成的具有某种功能的整体。系统的整体功能大于各部分功能的总和，它具有各组成部分孤立状态所不具有的整体功能，系统总是与一定的环境发生着各种联系和关系。系统的整体性和功能，是系统内部结构与外部环境综合集成的结果。

在现实世界中，系统是普遍存在的，大至浩瀚的宇宙太空，小至细微的基本粒子，从宇观的银河系、太阳系到地球，到宏观的地球大气圈、水圈和土壤圈，再到微观的细胞、分子和原子，从自然界的一片森林、一个湖泊、一棵树木、一群蜜蜂，到社会体系的一个国家、一个城市、一个企业、一个家庭……都可以构成一个系统，整个世界就是系统的集合。

系统的类型是多种多样的。根据不同的原则和标准，我们可以把系统划分为不同的类型。例如，按照时空尺度的大小，系统可以分为微观系统、中观系统和宏观系统；按照是否存在生命现象，系统可以分为生命系统和非生命系统；按照其中是否有人参与，系统可以分为自然系统和人造系统；按照运动状态的不同，系统可以分为静态系统和动态系统；按照与环境的交换关系不同，系统可以分为封闭系统和开放系统；按照系统各要素间的均衡关系不同，系统可以分为平衡系统、非平衡系统、近平衡系统、远平衡系统等；按照系统结构的复杂程度不同，系统可以分为简单系统和复杂系统；按照系统演化规律的特点，系统可以分为确定系统和随机系统；按照所属学科领域的不同，系统可以分为自然系统、社会系统和思维系统；等等。在各种系统中，最复杂的系统是由人组成的社会系统，这种系统通常又被称为"特殊复杂巨系统"。

2. 系统科学

系统科学是以系统现象或系统问题为研究对象的学科[1]，是通过系统的角度、原则和方法观察客观世界所建立的科学知识体系。系统科学是从事物的部分与整体、局部与全局以及层次关系的角度来研究客观世界的[2]。在现实生活和理论探讨中，凡着眼于部分与整体、差异与统一、结构与功能、对象与环境、有序与无序、合作与竞争、行为与目的、阶段与全过程等相互关系的问题，都属于系统问题[3]。一般认为，系统科学的基本原则包括整体性、综合性、层次性、相关性等；而系统科学的基本方法包括整体方法、综合方法、层次方法、结构方法、功能方法和环境关联法等[4]。在现代科学总体系中，系统科学是与自然科学、社会科学、思维科学等学科并列的一大学科门类。

按照著名科学家钱学森（1911—2009）提出的学科层次划分体系，系统科学也有一个从理论到应用的层次结构，这就是以系统论为代表的基础理论，以运筹学等应用数学为代表的技术科学，以及运用系统思想直接改造客观世界的工程实践技术——系统工程[5]。

从学科的发展历程来看，系统科学的最初理论——一般系统论、控制论和信息论是20

---

[1] 苗东升：《系统科学论》，《系统辩证学学报》1998年10月第4期，第7页。
[2] 钱学森：《创建系统学》，山西科学技术出版社2001年版，第134页。
[3] 苗东升：《系统科学论》，《系统辩证学学报》1998年10月第4期，第7页。
[4] 常绍舜：《浅谈系统方法与系统工程方法的异同》，《系统科学学报》2013年2月第1期，第23—24页。
[5] 乔非、沈荣芳、吴启迪：《系统理论、系统方法、系统工程——发展与展望》，《系统工程》1996年9月第5期，第5页。

世纪40年代逐步建立起来的,而后续的自组织理论——耗散结构论、协同学、突变论和超循环论是20世纪70—80年代建立的,至于分形理论和混沌理论以及复杂性科学的研究则是在20世纪90年代开始发展起来的[①]。1937年,美籍奥地利生物学家贝塔朗菲(Ludwig von Bertalanffy,1901—1972)首次提出了一般系统论原理,这标志着科学界开始明确把系统作为研究对象;1968年,他又出版了专著《一般系统论:基础、发展和应用》,从而奠定了这门科学最初的理论基础。1982年,钱学森提出的"三个层次一座桥梁"的结构框架[②],理清了系统科学的学科体系,这标志着系统科学从此成为一个名副其实的现代科学部门。1984年,美国圣塔菲研究所成立,这标志着人类对生命本质的探索进入了复杂系统的自组织结构、自催化网络的新时代。1994年,美国科学家约翰•霍兰德(John Henry Holland)提出了复杂适应性系统理论,将系统组成成分从无生命的元素转向了能够主动适应环境的生命有机体,这标志着人类在系统科学研究中对生命系统地位的确认。

自20世纪50年代以来,系统思想和方法就开始进入世界各国的科学研究界,并逐渐在现代科学研究中占据重要地位。目前,系统科学已经发展成包括系统科学的哲学、理论学科、技术学科和应用学科在内的较完整的科学体系。在系统科学的创建过程中,来自各国的一大批学者都在不同方面作出了贡献。例如,除了贝塔朗菲、拉波波特(Anatol Rapoport)、克勒(George J. Klir)等提出了一般系统论、申农(Claude Elwood Shannon,1916—2001)提出了信息论以及由维纳、艾什比(W.R. Asbby)和比尔(S. Beer)提出了控制论这些最初的奠基性工作以外,欧文•拉兹洛、马里奥•邦格(Mario Bunge)、闵家胤、金观涛、魏宏森、曾国屏、乌杰等对系统哲学的建设都作出了贡献。此外,还有很多学者在系统科学的不同层次和不同分支方面作出了开创性贡献。例如,普利高津(Ilya Prigogine,1917—2003)提出了耗散结构理论,赫尔曼•哈肯(Hermann Haken)提出了协同学,艾根(Manfred Eigen)提出了超循环理论,米勒(James Grier Miller)提出了一般生命系统理论,雷内•托姆(René Thom,1923—2002)提出了突变理论,庞加莱(Jules Henri Poincaré,1854—1912)开创了混沌理论,曼德勃罗特(Benoit B. Mandelbrot,1924—2010)开创了分形理论,乌约莫夫(А.И.YeMOB)提出了参量型系统论,约翰•霍兰德提出了复杂适应性系统理论,尼克拉斯•卢曼构建了现代社会系统理论,邓聚龙创立了灰色系统理论,吴学谋创立了泛系理论,钱学森提出了综合集成方法论,顾基发和朱志昌提出了"物理-事理-人理"系统方法论,等等。他们都为系统科学的建立和完善作出了一定贡献。可以说,系统科学的思想、理论和方法来源于各国学者对经典科学不同学科中共同规律的提炼和总结,系统科学的思想、理论和方法对各门具体学科的反馈作用又催生了一批系统化的经典科学学科群(如系统生物学、系统经济学、系统社会学、系统生态学等),而这些新型学科的诞生和发展又进一步促进了系统科学的发展和完善,这实际上是一个循环往复的动态运动过程。这种系统化运动的结果,最终将会把人类社会认识世界的知识体系连接成一张立体结构的异常复杂的庞大网络。如果我们把各门具体学科看作这张巨网的结点,那么系统科学就是将不同结点联系在一起的连线。我们看到,自从贝塔朗菲提出系统论思想以来,这张网就一直处于持续不断的衍生和扩展之中。

---

① 吴彤:《中国系统科学哲学三十年:回顾与展望》,《科学技术哲学研究》2010年4月第2期,第2页。
② 钱学森:《系统思想、系统科学和系统论》;《系统理论中的科学方法与哲学问题》,清华大学出版社1984年版,第16—17页。

3. 还原论方法

人类对客观世界的认识一般有两种基本方法，一种是还原论方法，另一种是整体论方法。还原论方法是通过对事物进行分解后，用逻辑思维推理的方式来认识事物的；整体论方法是通过观察事物的不同侧面，用形象思维将不同侧面联系起来的方式来认识事物的。在古代社会，由于受到当时认识水平和科技手段的局限，人们难以对事物进行深入分析并作细部观察，所以，人们一般采用整体论的方法来观察认识事物。

在西方社会，直到欧洲文艺复兴时期，还原论的认识方法才被人们所重视。特别是在法国哲学家勒内·笛卡尔于1637年明确提出还原论分析方法以后，这种认识事物的方法才受到人们的推崇。还原论分析方法一般是把事物分解成若干部分，通过对组成部分的分析，从中抽象出最简单的因素，通过分析这些组成部分或因素来掌握事物的性质，然后再以这些组成部分或因素的性质来说明事物整体的性质。这种方法着眼于对组成事物的局部或要素进行分析，遵循的是简单的、线性的、单向的因果决定论的思维范式。以牛顿力学体系为代表的经典科学就是建立在这种思维范式基础上的。自17世纪中叶以来，在近代自然科学的发展过程中，还原论的认识方法曾长期占据着主导地位。尽管还原论方法曾发挥了重要作用，但是这种认识事物的思维方式并不能真实揭示出事物的整体性质，也不能全面反映出事物之间的联系和相互作用，它只适合认识较为简单的事物，而不能胜任对复杂问题的研究，特别是处理不了复杂系统和复杂巨系统的整体性问题。

按照还原论方法，在物理学领域，人们对物质结构的研究已经深入到夸克层次；在生物学领域，人们对生命现象的研究已经深入到基因层次。但人们发现，尽管认识了组成物质的基本粒子，但却不能完全解释物质的整体性质；尽管知道了生物体的基因，但依然回答不了生命运行的根本机制。在人类认识世界的过程中，这些事实日益明显地暴露出还原论方法的局限性和不足。例如，单一的神经元没有意识，单一的氨基酸没有生命，生物有机体的生命活力并不能用经典物理学所采用的分割、还原和运动等概念来解释和说明。

在现代社会，科学技术的发展呈现出既高度分化又高度综合的两种明显趋势。据统计，目前科学界已有1 000多个研究领域和4 000多个学科①，而且一些新学科还在继续产生。一方面，已有的学科在不断分化、越分越细，从而导致新领域、新科学不断产生；另一方面，不同领域的不同学科又相互交叉、不断结合以至融合，从而导致不同学科向集成化和综合化方向发展。这两种趋势形成了相辅相成、相互促进的格局。在不同学科的集成化和综合化发展趋势中，不仅存在同一领域内不同学科的交叉、结合现象，也存在不同领域（如自然科学、社会科学、人文学科）之间不同学科的相互结合与融合现象，这形成了现代科学知识体系发展的新景观。在这种趋势下，系统科学的出现使人类认识世界的思维方式发生了深刻的变化。

4. 系统论方法

系统论方法是指用系统的视角和原则考察事物的结构与功能、部分与部分、部分与整体、事物与环境等相互联系和相互作用的关系，从而揭示事物本质和规律的方法。这种方法要求人们从整体的观点出发，全面地分析系统中要素与要素、要素与系统、系统与环境、此系统与彼系统之间的关系，从而掌握事物的整体性质。随着系统论的诞生和发展，与此相适应

---

① 经士仁：《复杂科学时代：系统科学与系统工程的发展和现况》，《科技进步与对策》2001年第2期，第18页。

的系统论方法也相伴而生并不断完善。与还原论方法相比,系统论方法使人们将考察重点从关注事物的构成"要素"转向关注事物内外的各种"关系",从对事物局部的孤立分析为中心转向对事物整体进行综合分析。

20世纪70年代末,钱学森提出了把还原论方法和整体论方法结合起来的研究方法①,实际上这是一种适于研究复杂问题的现代系统论方法。用系统论方法研究系统时,也需要对系统进行必要的分解,在分解后研究的基础上再综合集成到系统整体,从而揭示出系统功能"1+1>2"的总体效应,达到从整体上研究和解决问题的目的。20世纪80年代末至90年代初,钱学森又提出从定性到定量的综合集成方法②,建立了一套具体的可操作的系统论方法体系和实践方式。钱学森的"综合集成方法论"是针对开放的复杂巨系统问题而提出的一套方法论,其典型特征就是综合性。这种综合特征的具体表现是:其理论基础是思维科学,其方法基础是系统科学和数学科学,其技术基础是以计算机为主的现代信息技术,其实践基础是系统工程的应用,其哲学基础是辩证唯物主义的实践论和认识论③。在科学研究工作中,无论是对自然科学研究者还是对社会科学研究者来说,钱学森的这种综合集成方法都是很值得借鉴和推广的。

系统论方法吸收了还原论方法和整体论方法各自的长处,也弥补了各自的局限性;既超越了还原论方法,又发展了整体论方法,这就是系统论方法的优势所在。还原论方法、整体论方法、系统论方法都属方法论层次,但不同方法研究问题的视角和路径又各有不同。还原论方法采取由上往下、由整体到部分的研究途径,整体论方法是不分解的,即从整体到整体。而系统论方法既从整体到部分由上而下,又自下而上由部分到整体。④

客观世界是相互联系、相互影响、相互作用的,因此,反映客观世界不同部分规律的自然科学、社会科学和人文学科也是相互联系、相互影响、相互作用的,我们不应把这些学科之间的内在联系人为地加以割裂,而应把它们有机联系起来去研究和解决问题。德国著名物理学家普朗克(Max Planck,1858—1947)早在20世纪30年代就曾指出:"科学是内在的整体,它被分解为单独的整体不是取决于事物的本身,而是取决于人类认识能力的局限性。实际上存在着从物理到化学,通过生物学和人类学到社会学的连续链条,这是任何一处都不能被打断的链条。"⑤普朗克对科学内在整体性的认识和论断,已经被现代科学发展的综合集成化大趋势所证实。

我们知道,社会系统是异常复杂的复杂巨系统,社会系统不仅具有自然属性,而且还有社会属性和人文属性。所以,研究分析社会系统既需要自然科学,也需要社会科学和人文学科,特别是需要把它们有机地综合集成起来,只有把它们有机地综合集成起来,我们才能全面、深入地研究和解决社会系统问题。本书所采用的方法,实际上也是一种综合集成的方法,但所运用的主要是系统科学理论、生物进化理论、结构功能主义和网络理论等理论的思想、原则和方法。当然,本书通篇贯穿了结构功能主义的思想和方法,同时还强调了网络思维在社会科学领域的重要意义。从网络思维来看,系统的结构可以抽象为网络的结构。实

---

① 钱学森:《创建系统学》,山西科学技术出版社2001年版,第134页。
② 钱学森:《创建系统学》,山西科学技术出版社2001年版,第134页。
③ 于景元、刘毅:《复杂性研究与系统科学》,《科学学研究》2002年10月第5期,第452页。
④ 于景元、周晓纪:《系统科学与系统工程的发展》,《复杂系统与复杂性科学》2004年7月第3期,第7页。
⑤ 于景元、周晓纪:《系统科学与系统工程的发展》,《复杂系统与复杂性科学》2004年7月第3期,第5页。

际上,我们可以把一个复杂系统简化成网络来研究,我们可以把系统的每一个子系统(或要素)看成网络的一个结点,而把子系统(或要素)之间的关系看成网络中联结各结点的连线。这样一来,我们研究系统的演化行为,实际上就是分析网络结构的动态变化,研究系统整体与局部的关系,实际上就是分析网络整体与结点、连线之间的关系。当把一个系统看作一个网络之后,我们就可以用描述网络状态的指标来反映系统整体的状态,这对于研究复杂系统(特别是像社会系统这样的特殊复杂巨系统)来说,是比较方便和有效的。

三、生物进化论思想的发展脉络及其影响

在当今世界,只要谈到生物进化,人们就会很自然地联想到查尔斯·达尔文(Charles Robert Darwin,1809—1882)提出的生物进化论以及他那部划时代的著作——《物种起源》。达尔文的生物进化论曾被德国思想家弗里德里希·恩格斯(Friedrich von Engels,1820—1895)誉为19世纪自然科学的三大发现之一,这一理论首次科学地勾画出生命由简单向复杂、由低级向高级的发展图式,它"排除了上帝的存在,突破了目的论和决定论的束缚,在人类的认识规律上开辟了新的方向,提供了新的思维方式"[①],它不但帮助人们确立了进步的历史观,也为生物学和其他许多学科的发展提供了重要的思想基础。

众所周知,生物进化论与相对论、量子力学等理论一起构成了现代科学的重要支柱。因为生物进化论的基本思想是本书的重要思维范式之一,为使读者能够更加清晰地理解本书的哲学基础和逻辑方法,这里需要对有关生物进化论的思想发展脉络进行必要的梳理和介绍。

1. 达尔文之前的进化论思想

在人类社会中,有关自然界演化的思想很早就已产生,而且一直处于发展之中。

古希腊哲学家阿那克西曼德(Anaximander,约公元前610—公元前545)认为,生物是从太阳所蒸发的湿元素中产生的,覆盖地表的泥土里孕育着原始生物,原始生物逐渐发展成动植物,经过漫长的岁月最后演化发展为人类;人的祖先是鱼,人是由鱼衍生而来的,因为人在胚胎的时候很像鱼。他的观念体现了一种原始的生物进化思想。古希腊伟大的思想家和科学家亚里士多德认为,自然界是一个连续体,无机物为其低级阶段,无机物通过变形成为有机物,有机物再转变为生命,生命从原始的柔软物向上演化为完善的形态,甚至可继续发展为更高级的生命形态;自然界从无生命界进化到有生命的动物界,其发展过程是积微而渐进的;植物界中存在着一种延续不绝的等级秩序,这使植物界的进化逐步趋向于动物界。他的思想体现了一种早期渐变论的进化观。[②]

从18世纪起,欧洲出现了一些进化论思想的先驱,如法国博物学家布丰(Georges-Louis Leclerc de Buffon,1707—1788)、拉马克(Jean-Baptiste Lamarck,1744—1829)等,他们先后提出一些物种变异演化的言论,但由于时代的局限,这些言论还没有达到科学的进化理论,直到1859年达尔文出版《物种起源》一书之后,才使生物进化论获得人们的广泛承认。

[①] 王泽椰:《生物进化论的发展及其哲学思考》,《大众科技》2008年第3期,第184页。
[②] 王秋安:《自然进化论与达尔文的生物进化论探析》,《湖北社会科学》2012年第9期,第91页。

法国博物学家布丰于 1749—1788 年间出版了一套 36 册的《自然史》,他在书中描绘了宇宙、太阳系和地球的演化,提出了地球起源和生命进化过程的设想,否定了物种神创论的观点。布丰是以真正科学的精神探讨生物进化的第一人。他认为,地球是从太阳中分离和演化出来的,生物不是以现成的状态一下子被创造出来的,也不是从来就是这样的,而是在地球的历史发展过程中形成的,并随着环境的变化而变异;地球上的物质演变产生了植物和动物,最后演化出人类;生命首先在海洋里产生,以后才发展到陆地上,物种在环境影响下不断发生变化,一些相近的物种可能起源于一个共同祖先;在气候、土壤、营养、栽培和驯化等环境条件的影响下,一个物种可以转变为另一个物种。

1809 年,法国博物学家拉马克出版了《动物学哲学》一书,他在书中提出了环境对生物体形和结构的直接影响、生物自然发生和按等级向上发展等生物演化的学说,由此创立了进化式的自然分类法,建立了第一个比较系统的生物进化学说,从多方面叙述了生物进化的图景。他认为,地球上气候条件是逐渐变化的,生命是连续的,地下的动植物化石是现代生物的祖先;他提出了"用进废退"和"获得性遗传"这两个著名的进化原则,即动物经常使用的器官会变得更加发达,而不经常用的器官就会越来越退化,生物在后天获得的新性状有可能会遗传下去,新获得的结构变化通过遗传会得到进一步强化和发展;物种的变化是有其确定方向的,动物个体为了适应环境变化而发生身体改变,这些新特征能遗传给后代,这样经过一代代的遗传变化就产生了新物种;他按照生物从低级到高级发展的顺序,把动物的分类系列作了重新安排,从而纠正了此前分类学从高级到低级的排列秩序。拉马克把生物进化分为垂直进化和水平进化两个方面,他用生物的自我缓慢进步来说明生物的垂直进化,用环境对生物变化的影响来说明生物的水平进化;他认为,最低等动物的进化动力来自环境的影响,在进化的过程中,生物会获得更多的自主性,这就是"用进废退"与"获得性遗传"机制[①]。当时在欧洲神权观念占绝对统治地位的时代,拉马克的进化学说无疑是一个重大的思想突破,它为达尔文进化论思想的形成奠定了基础。但拉马克的进化学说中包含着浓重的机械决定论和目的论的倾向,他认为环境的影响直接决定了生物的功能和性状的变化,生物由低级到高级的方向性进化是由生物天生具有的向上发展的趋势和要求完善化的意志或愿望决定的[②]。

19 世纪,英国地质学家查尔斯·莱尔(Charles Lyell,1797—1875)将渐变论的思想引入地质学中,强调地球的地形、地貌是经过长时间缓慢变化形成的,他认为风力、雨滴、冰雪等微小力量持续千万年后就可以改变地表的形貌。他的代表作《地质学原理》描绘了地壳运动变化的生动图景,曾启发和影响了达尔文生物进化论思想的形成。在地质变化的认识中,他只承认渐变而否认存在质变和飞跃,所以,他所提出的理论又被称为"均变论"或"渐变论"。

1838—1839 年间,德国生物学家施莱登(Matthias Jacob Schleiden,1804—1881)和施旺(Theodor Schwann,1810—1882)提出了细胞学说。他们指出,植物和动物都是由细胞组成的,细胞是一切有机体共同的组成单位和发育基础,动植物的细胞一般都含有细胞膜、细胞内含物和细胞核这三个部分。细胞学说的提出,在植物界与动物界之间搭起了一座桥梁,从而确立了生物界起源于细胞这一普遍联系的自然观。细胞学说包含着鲜明的生物进化思

---

① 王秋安:《自然进化论与达尔文的生物进化论探析》,《湖北社会科学》2012 年第 9 期,第 92 页。
② 吴晓江:《初探非达尔文主义进化论》,《哲学研究》1981 年第 6 期,第 31 页。

想,从生物起源的统一性上为生物进化论提供了证据。细胞学说的提出,促使生物学的研究进入了细胞水平,直接导致了细胞生理学、细胞遗传学的建立。

1850年,英国社会学家赫伯特·斯宾塞(Herbert Spencer,1820—1903)出版了《社会静力学》一书,他在书中提出了社会有机体论和社会进化论的思想,建立了社会普遍进化的框架。他认为,进化是一个普遍的规律,人类社会同生物一样是一个有机体,在这两种有机体之间存在着许多相似之处;社会的不同部分之间相互联系、相互依存,共同组成了复杂的统一体系;正如生物的不同器官一样,社会的不同组织各有其复杂的功能,不同的组织结构服务于不同的社会功能,从而维持整个社会有机体的运行;人类社会的发展过程伴随着劳动分工与社会组织的复杂化,是一个与生物有机体相似的进化过程,人类社会在从无差别的游牧部落向复杂的文明社会的发展过程中,劳动的不断分化促进了人类社会的进化;社会发展遵循"适者生存""优胜劣汰"的自然法则;社会进化的方向是从结构简单、功能单一的低级社会向结构复杂、功能多样的高级社会发展。尽管斯宾塞在达尔文发表《物种起源》之前就提出了"适者生存"的概念和社会进化的思想,但他把人类社会与自然之间的关系简单化,忽视了人类社会与社会变迁的真实因果机制和过程。

2. 达尔文的进化论思想

1859年,英国博物学家查尔斯·达尔文出版了《物种起源》一书,这部著作为生物进化学说奠定了科学基础。在这部书中,达尔文提出了进化论和自然选择学说这两个紧密相关的学说,重点强调了物种演变和共同起源、生存斗争和自然选择以及生物渐进进化等思想。进化论的主要论点是:世界不是一成不变的,而是处于不断的进化演变之中;生物类型不是一成不变的,而是在生命连续性之中发生着渐变,新物种不断产生,旧物种不断灭绝;生物进化是一个树枝状不断分化的过程,所有的生命都起源于同一个原始细胞,后来逐渐进化演变成鱼类、两栖类动物、哺乳动物等,其中的一些哺乳动物再经过物竞天择演变成古代的类人猿,然后,类人猿又进化成今天的人类。自然选择学说的主要观点是:自然界中的生物是通过生存竞争实现自然选择的,生存竞争是实现生物进化的唯一途径;生物的发展变化是自然选择的过程,在这一过程中,适应环境者生存,不适应环境者会被自然界淘汰;生物进化中只有渐变而没有飞跃,生物对环境所表现出的各种适应是自然选择的产物;自然选择是生物进化的主要动力,而环境影响所产生的变异和器官用进废退及其遗传是进化的辅助因素。达尔文指出,地球上形形色色的生物种类都有或近或远的亲缘关系,现存的各种生物物种都起源于简单的原始祖先,生物界是一个历史连续的整体,在进化过程中,生物通过遗传、变异和选择这三种机制,逐渐演化成现在的各种生物。从达尔文的观点来看,自然选择以变异为原料,以环境为条件,通过生存斗争而进行;选择的结果决定了物种进化的方向,导致生物适应性的发展(所谓适者生存);生存斗争包括物种内部和物种与环境之间的斗争,这是同一类斗争的两种表现形式。在自然选择作用下,生物的进化模式是没有预定方向的,生物进化呈现出树枝状不断分化的过程,而不像以前进化论先驱所理解的那样是从低级到高级的有预定方向的直线式进化过程。

达尔文认为,不同类型的生物和同种生物个体之间都存在着生存竞争,在竞争中,适应环境者生存下来并得到繁衍机会,而不适应者则被淘汰,这就是自然选择;生物之间激烈的生存竞争缘起于生物过度繁殖的倾向和有限的生存条件的矛盾,生物繁殖以几何级数增加,表现为繁殖过剩,为了争夺空间和食物,生物之间必然存在着生存斗争;在生存斗争中,生物有利的变异得到保存并传给后代,有害的变异被淘汰,通过自然选择的历史过程,微小的变异逐渐累积成显著的变异,由此引起生物性状的改变,并最终形成新的物种或亚种;生物正是通过遗传、变异和选择,从低级发展到高级、从简单演变到复杂,在演化过程中,生物的性状发生了分歧,中间类型灭绝,新的物种不断形成,生物的种类也由少到多,生物进化呈现出树状分叉式的演化图景。

正如吴晓江先生所指出的那样:"在进化思想发展史上,人们对生物进化的研究,主要是从进化历史和进化机理这两个方面进行的。在前一个问题上,进化论先驱布丰、拉马克等人早已阐明了生物是演变的而非静止的观点。达尔文作出的高于前人的卓著功绩主要有两点:在研究进化历史方面,提出了一切生物都有亲缘关系,都渊源于共同的祖先的思想;在研究进化机理方面,提出了自然选择的学说,第一次科学地说明了生物进化的原因和动力。"[①]生物进化论是人类对生物界乃至整个自然界认识的一次重要总结,它不但推动了现代生物学的发展,也对哲学思想产生了巨大的影响。达尔文提出生物进化论的划时代意义在于,他不仅指出了生物物种是可变的,而且对生物的适应性和多样性的演化历史进行了科学解释,从而对各种唯心主义的物种不变论、神创论和目的论给予了沉重的打击。

但是,由于时代的局限性,达尔文提出的生物进化论也存在着一些不足。达尔文认定生物进化过程是一个连续的、渐变的过程,这一认识不能解释生物由于随机的突变而导致复杂性递增的结果,而且缓慢的自然选择也很难解释生物在连续进化中出现的急骤变化或突然飞跃。例如,在30多亿年的生命进化史上,地球生物圈曾发生过多次大规模的生物集群灭绝和物种爆发现象,这用达尔文的渐变进化论是难以解释的。达尔文并未正确认识到生物进化背后的遗传机理。现代分子遗传学研究证明,生物内在的某些遗传因素或遗传结构本身就可以推动生物的自我进化。达尔文的进化论过分强调生物之间"生存斗争"这个侧面,而忽略了其他方面的种种联系。实际上,自然界各类生物之间并非仅存在简单的斗争关系,而是既存在冲突也包含和谐,既存在对抗也包含合作。此外,达尔文把繁殖过剩所引起的生存斗争当作生物进化的主要动力,这也是不恰当的。事实上,即使没有繁殖过剩,物种也会变异,旧种也会灭绝,新的、更发达的物种也会取代旧种。

3. 达尔文之后的进化论思想新发展

就像达尔文进化论所阐述的进化思想那样,生物进化论本身也在不断进化和发展之中。在达尔文出版《物种起源》之后,经过各国科学家从不同方面的广泛和深入研究,生物进化论获得了进一步的修正、补充和发展,这主要表现在遗传学、基因论、突变论、综合进化论、分子生物学、分子中性进化学说、系统进化论、社会生物学等新学科或新理论的纷纷创建上。

下面,就以这些新学科或新理论为线索,简要梳理一下生物进化论在各方面的进展情况。

(1) 遗传学

1865年,奥地利植物学家孟德尔(Gregor Johann Mendel,1822—1884)在豌豆杂交试验的基础上发现,控制生物性状的遗传物质是以自成单位的因子形式存在的,他由此提出了"遗传因子"的概念(即后来的"基因"概念);他通过对杂交试验的统计分析总结出两条遗传规律(即分离定律和自由组合定律)。其基本思想是:控制植物不同性状的遗传因子不能混

---

① 吴晓江:《初探非达尔文主义进化论》,《哲学研究》1981年第6期,第27页。

合,而是分别独立地进入不同的配子中,它们或者作为显性因子在下一代配子中表现出来,或者作为隐性因子在隔代配子中表现出来。孟德尔的杂交试验表明,植物的性状从遗传因子来分析是粒子性的,它可以作为自然选择的原料通过选择而定向发展,从而说明支配生物遗传性状的是遗传因子而不是环境。孟德尔的杂交试验和发现,从质量方面弥补了达尔文进化理论的不足,使人们发现存在于遗传因子、变异与性状之间的对应关系,也为现代遗传学奠定了科学基础,并导致粒子遗传理论的兴起。孟德尔的发现曾被科学界忽视长达30余年,直到1900年又重新被人们发现。

德国生物学家海克尔(Ernst Haeckel,1834—1919)把适应和遗传交互作用的概念引进进化论中,他认为,无论是人工选择还是自然选择,它们都是仅仅以有机体的适应和遗传的交互作用为根据的,把物种变异看作适应和遗传交互作用的结果,从而扩大了自然选择的观念,把达尔文的进化论向前推进了一步[①]。

(2) 基因论

1910年,美国细胞遗传学家托马斯·摩尔根(Thomas Hunt Morgan,1866—1946)在果蝇遗传试验的基础上提出了"基因论",并于1926年出版了《基因论》一书。他指出,基因是生物体细胞中染色体的分立单位,是生物个体遗传变异的物质基础,基因在染色体上呈直线排列,从而确立了不同基因与性状之间的对应关系,由此可以根据基因的变化来判断性状的变化;生物的基因重组是按一定的频率必然发生的,基因重组的发生与外界环境没有必然的联系,基因的这种变异一经发生就以新的状态稳定下来,因此,生物的获得性状是不遗传的。托马斯·摩尔根从基因突变视角考察了生物进化,他认为自然选择只是生物进化的外在力量,而随机发生的基因突变才是新物种产生的原因。基因论将生物进化中外部的选择力量与内部的自适应力量统一起来,从而对以往生物进化的定向性思想进行了必要修正。

(3) 突变论

1901年,荷兰植物学家德弗里斯(Hugo de Vries,1848—1935)通过对月见草变异的研究提出了"突变论"思想,并出版了《突变论》一书。他认为,生物进化不一定像达尔文所说的那样通过微小的连续变异而形成,生物变异可以是一种不连续的突变,由此直接产生新的物种。在德弗里斯看来,自然选择在进化中的作用并不重要,选择只对突变起过筛作用。

德裔美国遗传学家戈德施密特(Richard Goldschmidt,1878—1958)在1940年出版了《进化的物质基础》一书。在这部书中,他把生物细胞中由染色体重造引起的、涉及整个染色体系统的突变称为生物的大突变,他认为生物界每一次大进化、每一个新种的产生都来源于跃变,对生物发育具有重大影响的大突变产生了一些"有希望的怪物",这些"怪物"的进一步演化就产生了新的物种和类群。1953年,杜布赞斯基(Theodosius Dobzhansky,1900—1975)、辛普逊(Simpson)、松村清二等人又进一步提出,生物的突变包括基因突变和染色体突变这两种形式,而染色体突变又可以分为染色体数目的突变和染色体结构的突变[②]。

1972年,美国古生物学家艾尔德里奇(Niles Eldredge)和斯蒂芬·古尔德(Stephen Jay Gould,1941—2002)发现,在古生物史上曾发生过多次新物种大爆发和多次物种大灭绝事件,他们由此提出了生物进化的"间断平衡理论",以解释古生物进化中出现的明显不连续性

---

① 钟安环:《进化论的发展与科学实践》,《教学与研究》1979年第1期,第55页。
② 米景九:《评论现代新达尔文主义的突变进化论》,《生物学通报》1960年第1期,第20页。

和跳跃性。他们认为,生物进化是一种间断式的平衡过程,生物的跳跃式进化和物种形成是同时发生的,物种进化是一种不连续的大进化;而基于自然选择作用的物种渐进进化是一种线性的渐变模式,这种进化机制不能够解释物种以上分类单元的起源,他们反对现代达尔文主义的唯渐进进化的观点。[①] 间断平衡论是建立在突变与渐变辩证统一的基础上的,这一理论认为[②]:生物演化有突变与渐变两种过程,大多数物种是在地质上可以忽略不计的短时间内形成的(即突变成种过程),物种形成以后再经历一个长时期的相对稳定阶段,在这一阶段,生物在自然选择的作用下发生十分缓慢的变异(即种系渐变过程);突变成种作用是生物演化的主要力量,种系渐变虽然也可以产生新种,但其产生的变异量(或演化量)很小;对于成种作用过程,该理论强调突变是成种的原动力,突变成种方式最初是随机的,地理隔离是产生成种作用的必要因素,但新种的最终形成也是自然选择的结果。

从古生物学和地质学的研究成果来看,地球 38 亿年以来生物演化的历史变化过程并不像达尔文所认为的那样是匀速渐进演化的,而是既有渐变又有突变,生物物种的长程演化呈现出渐变与突变相继出现的周期性,每次突变都使生物的进化水平跃上一个新的台阶或新的层次。例如,在最近的 5.7 亿年中,地球生物圈曾发生了 5 次生物物种大爆发事件:在寒武纪大爆发事件中,地球上开始出现鱼类动物(如昆明鱼、海口鱼等),生物实现了从无脊椎动物到脊椎动物的飞跃;在泥盆纪大爆发事件中,地球上开始出现两栖类动物(如鱼石螈、中国螈等),生物实现了从鱼类动物到两栖类动物的飞跃;在晚古生代的石炭纪大爆发事件中,动物界实现了从两栖类动物到爬行类动物的飞跃;在三叠纪大爆发事件中,地球上开始出现哺乳类动物(如三列齿兽、摩根兽等),动物界实现了从爬行类动物到哺乳类动物的飞跃;在古近纪大爆发事件中,地球上开始出现灵长类动物(如娇齿兽、中华曙猿等),动物界实现了从原始哺乳类动物到先进灵长类动物(包括人在内)的飞跃。这一系列事件反映了生物界从鱼类到智人的进化历程,反映了生命系统从无到有、从低级到高级、从简单到复杂的演化过程。[③] "间断平衡理论"较好地解释了地壳演化历程中寒武纪、泥盆纪、石炭纪、三叠纪、古近纪这 5 个地质时期发生的物种大爆发现象,而达尔文的渐变演化模式是无法对此作出解释的。

(4) 综合进化论

早在 20 世纪初,哈代(Hardy,1908)、温伯格(Weinberg,1909)就将达尔文的自然选择学说和孟德尔遗传学成功地结合在一起,提出了遗传平衡定律。费希(R. A. Fisher,1929)、霍尔丹(B. S. Haldane,1931)、瑞特(S. Wright,1932)用数学模式研究生物群体的基因频率变化以及影响这种频率变化的自然选择作用,从而建立了群体遗传学。在此基础上,由杜布赞斯基(1937)和朱利安·赫胥黎(Julian Huxley,1942)建立了综合进化论,他们开始用定量的方法从种群水平上研究生物进化,从而进一步发展了达尔文进化论。综合进化论强调种群是生物进化的单位;在选择的压力下,突变、重组、隔离等诸因素相互作用,促使生物种群逐渐分化并发展成为新种。[④]

---

① N. Eldredge, S. J. Gould, Punctuated equilibria: An alternative to phyletic gradualism. In: *Models in Paleobiology* (Ed. by T.J.M. Schopf) 1972, 82-115.
② 胡安娜、金新政:《达尔文主义不是终极的进化理论》,《卫生软科学》2005 年 12 月第 6 期,第 379 页。
③ 徐钦琦:《〈周易〉与达尔文的生物进化论》,《化石》2007 年第 3 期,第 17 页。
④ 蔡德全:《一种新的分子进化学说——中性学说》,《生物学杂志》1986 年第 4 期,第 1 页。

1937年，美国遗传学家杜布赞斯基出版了《遗传学与物种起源》一书，这标志着现代达尔文主义理论的诞生；1970年，他又出版了《进化过程的遗传学》一书，对其理论进行修改完善。杜布赞斯基综合了达尔文的自然选择学说与孟德尔、托马斯·摩尔根的基因论等观点，引入了群体遗传学的原理，从选择、隔离与基因突变等综合因素来阐明物种的进化过程。他用分子生物学和群体遗传学的原理和方法，阐明了生物进化过程中内因（生物的遗传变异）和外因（环境的选择）、偶然性（遗传变异）和必然性（选择）的辩证关系。他的主要观点包括：种群是生物进化的基本单位；进化机制的研究属群体遗传学的范围；突变、选择、隔离是物种形成及生物进化中的三个基本环节；物种的形成必须通过隔离才能实现；在大多数生物中，自然选择都不是单纯地起过筛作用，在物种的杂合状态中，自然选择保留了许多有害的甚至致死的基因，其原因在于自然界存在着各种不同的选择机制。①杜布赞斯基不但丰富和发展了达尔文的自然选择学说，也弥补了基因论的不足，从而使生物进化论研究从生物个体的外部表现形态层次推进到生物细胞的染色体层次。

　　现代达尔文主义理论也被称为现代综合进化论。现代综合进化论将达尔文的自然选择学说与现代遗传学、古生物学以及其他学科结合起来，综合说明生物进化的过程和机理。这一理论认为，遗传物质突变和通过有性杂交实现的基因重组是生物进化的原材料；生物进化的基本单位是群体而非个体，进化缘于群体中基因频率的变化；自然选择是生物进化方向的决定力量，生物适应性的产生是长期选择的结果；隔离导致新物种的形成——地理隔离的持续常使种群分化成亚种，在此基础上因不同的环境条件而累积变异，就可能出现生殖隔离，进而由生殖隔离促成新物种形成。现代综合进化论否定获得性的遗传，强调进化的渐进性，在群体水平上重新肯定自然选择对生物进化的主导作用。②

　　现代综合进化论的新进展指出，在生物演化过程中既存在着偶然性，也存在着必然性，如基因突变是随机的、偶然的，而选择作用是非随机的、定向的；生物新种的形成包括渐变式和爆发式两种形式；③生物不连续的激烈的突变和连续的细微的渐变，都可以用相同的遗传机制来说明，同时强调地理环境因素对新物种的形成具有重要作用④。该学派的新研究还指出，生物种群具有一定的结构组成和遗传性，它作为一个整体与环境发生相互作用和相互影响，它像所有生物个体一样具有生命周期（即其生存活动表现为生长、分化和分工、生存、衰老及死亡的历史过程）⑤。

　　（5）分子生物学

　　1952年，由赫尔希（A. Hershey）和蔡斯（M. Chase）主持的"噬菌体入侵细菌"的著名试验证明：生物遗传基因的物质载体是细胞核内的脱氧核糖核酸（DNA）分子⑥。1953年，美国生物学家沃森（James Dewey Watson）和英国物理学家克里克（Francis Harry Compton Crick，1916—2004）运用X射线衍射技术研究核酸分子，发现了DNA分子的双螺旋结构，这一重要发现标志着分子遗传学的诞生。他们的研究成果指出，DNA分子是由两条长链组成

---

① 马铁山、郝改莲：《达尔文主义·新达尔文主义·现代达尔文主义》，《中学生物教学》2002年第4期，第39—40页。
② 梁前进：《望衡对宇，追求极致——生物进化论在争鸣中发展》，《生命世界》2009年第11期，第12页。
③ 卢浩然、叶永在：《进化论的进化——达尔文主义、现代达尔文主义和非达尔文主义》，《福建农学院学报》1982年第4期，第72页。
④ 张丽娜：《遗传学的发展与现代达尔文主义的产生》，《化石》2005年第2期，第32页。
⑤ 孙毅：《综合进化论的发展现状》，《信阳师范学院学报（自然科学版）》1993年12月第4期，第437—438页。
⑥ 闵家胤：《进化的多元论》，中国社会科学出版社2012年8月修订版，第336页。

的双重螺旋,链与链之间由成对的碱基相连接,碱基的配对是一定的,但排列的次序和比数是变异的,DNA 的双链通过互补原则进行自我复制。在细胞分裂繁殖时,DNA 分子的两条链分开,每条链都可以作为模板并形成新的互补链;生物在进行有性繁殖时,则是精细胞的一条 DNA 链与卵细胞的一条 DNA 链结合,形成受精卵细胞内的 DNA 双链;生物细胞正是通过 DNA 分子的复制机制在亲代与子代之间准确地传递遗传信息。DNA 双螺旋结构的发现,为遗传物质的自我复制、相对稳定性和变异性以及遗传信息的贮存和传递过程进行了合理解释,不仅从分子层次上阐明了遗传信息的复制机制,也革新了遗传概念,使遗传进化的研究发展到又一个新阶段。分子生物学的这一突破性进展,为人们从分子层次研究生物进化的内在机制奠定了科学基础。

DNA 双螺旋结构的发现,推动生物遗传学研究从染色体水平发展到分子水平,也直接催生了分子遗传学。此后,科学家们开始运用分子生物学的技术和方法,对生物进化的内在机制展开深入研究。人们发现,所有生物蛋白质中的氨基酸都是左旋的,生物的遗传密码都使用相同的三联密码子[①],从而在分子水平上证实了物种的共同起源,通过对不同种类生物机体中同类蛋白质与核酸分子顺序的比较,人们可以定量检测出不同物种在进化序列上的相对位置和它们之间的亲缘关系,从而勾画出生物从低级到高级分歧演化的"系统进化树"。分子生物学的进步,使生物进化研究从过去长期形成的定性研究的模式,发展成定性研究与定量研究相结合的新模式,从而推动了生物进化论的快速发展。

(6) 分子中性进化学说

1968 年,日本分子生物学家木村资生(Kimura Motoo,1924—1994)提出了"分子中性进化学说",他在 1983 年出版的《分子进化的中性理论》一书中系统地阐述了这一学说。该学说的主要观点是[②]:生物在分子水平上的大多数突变是中性或近中性的(即这些突变对生物个体来说没有好坏、利害之分);中性突变在生物遗传中的保存或消失是个随机的变动过程(这个过程被称为遗传漂变);生物在分子层次上的进化是随机漂变的结果,而不受自然选择的作用,遗传漂变是生物分子进化的基本动力;中性突变的速率(即生物分子中核苷酸或氨基酸的置换速率)决定了生物进化的速率;生物进化的主导因素是中性突变本身,分子进化的方向具有随机性和偶然性。木村资生指出,在生物机体中,不同种类的蛋白质分子的进化速率不同;在不同种类的生物机体中,同类蛋白质分子的进化速率是大致恒定的,具有重要功能的分子进化速度慢,而功能不重要的分子进化速度快;在生物进化过程中,容易发生不改变分子结构和功能的中性突变,当出现具有新功能的基因时,生物机体往往会先增加原先基因的复本;生物机体分子的中性突变不受自然选择的制约,雌雄个体通过在群体中的随机结合,一些中性突变基因在群体中消失,另一些中性突变基因则在群体中固定下来,从而造成生物基因的多型性和性状的多态性;在分子水平上,生物的大多数进化改变和物种内的大多数变异不受自然选择的支配,而是通过那些在选择上呈中性的突变基因的随机漂变引起的。1969 年,美国学者雅克·金(J.L. King)和托马斯·朱克斯(T.H. Jukes)也引证了许多分子生物学的事实来支持这种分子中性进化学说,并称这个学说是一种非达尔文主义的进化理论[③]。

---

① 张亚平、施立明:《现代生物进化论及其面临的挑战》,《大自然探索》1992 年第 3 期,第 41 页。
② 刘鹤玲、刘奇:《分子进化中性学说对达尔文进化论的冲击和完善》,《广西社会科学》2006 年第 4 期,第 14—15 页。
③ J.L. King, T.H. Jukes, Non-Darwinian Evolution. *Science*,1969, 164(881): 788-798.

分子中性进化学说是对达尔文进化论的微观深入和分子水平上的重要补充,它进一步揭示了分子水平上绝大多数的演变都不是由自然选择引起的,而是由中性突变基因通过随机的遗传漂变所引起的,这揭示出分子进化的途径和方向并不像表现型进化那样主要是由非随机性和必然性决定的,而是在很大程度上由随机性、偶然性决定的。分子中性进化学说的提出,扩充了人们对偶然性在生物进化中作用的认识,在进化思想史上,对于推翻唯心主义的目的论和形而上学的机械决定论具有特殊的意义。①

(7) 系统进化论

1968年,美籍奥地利生物学家、系统论的奠基者贝塔朗菲出版了《一般系统论:基础、发展和应用》一书,这本书从生物与环境的关系考察了生物进化问题。贝塔朗菲提出,生物体是一个与外部环境不断交换物质和能量的开放系统,只有这样的开放系统才能保证生物不断向高度有序的方向发展。比利时物理学家普利高津发展了系统进化的思想,他认为,生物是具有高度自组织能力的耗散结构系统,这一系统在远离平衡态时通过涨落(即动态的扩张或收缩)形成新的有序化,从而达到更高级的有序状态,这种涨落发生在生物演变过程中的不稳定阶段;在生物进化的过程中,这种涨落表现为生物自身的调节能力,生命的起源和生物的进化正是通过这种涨落能力度过不稳定阶段,从而使生物由暂时的无序结构演化出新的有序结构,在这个过程中就自然产生了新的物种和生态类型。②

1973年,美国生物学家万瓦伦(L. van Valen)在研究生物演化时提出了协同演化理论。其主要观点是生物个体与其环境在共同演化,每种生物必须紧跟环境变迁步伐才能保证自己相对竞争地位的稳定。协同演化理论扩展了自然选择的动力范围,强调生物之间由于竞争而相互促进的演化机制,从而阐释了环境中生存竞争存在的长期性和不可消灭性。协同演化是生物不断演化的重要推动力量,由于协同演化规律的存在,环境中的生存竞争成为一种常态,从而使得生物演化成为一个长期持续的过程。③

(8) 社会生物学

1975年,美国社会生物学家爱德华·威尔逊出版了《社会生物学:新的综合》一书,这部书综合了动物行为学、微观进化的基因理论、生态学、群体遗传学以及各个领域的进化论成果,并建立了社会生物学的理论模型,把数十年来生物学家关于动物社会行为的研究推向了高潮。威尔逊在这部书中提出④:"自然选择"不仅决定了动物的生理结构,而且也是动物行为模式形成的必要条件;动物行为和社会结构如同生物的器官一样是可以遗传的;动物的固定行为模式和社会组织的功能是实现本社会群体的繁殖最大化,这些行为模式在基因层次可被解释为基因的表现型,这些基因的表现型通过基因的复制而世代传递;一个群体的特有行为方式,是在它所依赖的生存环境中实现的适应的最大化;动物的社会特征表现为一种普遍的进化优势,生物的社会进化经历了四个典型阶段(这四个阶段的标志性成果分别是珊瑚、管水母类和其他无脊椎动物、社会性昆虫以及社会性脊椎动物和人类);动物的聚集、性行为和领地等群体的社会特征,是由动物个体之间的行为以及群体与生态环境之间的相互

---

① 吴晓江:《初探非达尔文主义进化论》,《哲学研究》1981年第6期,第31页。
② 张美生、金正浩:《学科间的相互作用是生物进化论发展的推动力》,《辽宁教育学院学报(社会科学版)》1987年第3期,第9页。
③ 钱辉、项保华:《企业演化观的理论基础与研究假设》,《自然辩证法通讯》2006年第3期。
④ 赵敦华:《文化与基因有无联系?——现代达尔文主义进军社会领域的思想轨迹》,《文史哲》2004年第4期,第18—19页。

作用造成的。威尔逊企图用社会生物学来综合人文学科和社会科学,在这部书的最后一章中,他提出"人类的行为可以用进化生物学的理论来解释",这引起了很大争议。在此之前,关于动物社会行为的研究被人们严格地限制在生物学领域,威尔逊把社会生物学的研究对象从动物界延伸到人类社会,他由此建立了动物社会行为与人类社会行为之间的联系。正是因为他的这一开风气之先的历史性功绩,把达尔文的进化论范式转变成了社会科学领域中的一个基础性研究范式。

4. 生物进化论思想对其他学科的渗透与影响

由于生物进化论所包含的事物发展变化、相互联系的思想有利于促进不同学科之间的相互渗透和整体综合,因此由达尔文创立的生物进化论被广为传播之后,它对人们的思想观念和思维方式产生了巨大影响。正如控制论的创始人维纳所言:甚至早在19世纪时,达尔文的进步观点所产生的影响就不仅限于生物学领域了,所有的哲学家和社会学家都是从他们那个时代的种种富有价值的源泉中来汲取他们的科学思想的[①]。

自从生物进化论创立以后,它不仅导致了诸如生物化学、生物物理学、光生物学、仿生学、控制论、一般系统论等许多交叉学科和边缘学科的产生,同时它也渗透到一些对社会发展具有重要影响的其他学科中,并直接促进了这些学科的快速发展。仅从粗略的文献综合来看,受到生物进化论思想渗透的学科大致包括哲学、心理学、优生学、人类学、经济学、社会学、政治学、法学、人工智能等众多学科。

下面,简要介绍一下生物进化论对这些学科的渗透与影响。

(1) 哲学

进化论产生后就渗透到哲学领域,主要表现在进化认识论、进化伦理学及进化美学这三个领域。进化认识论认为,人类所拥有的知识或者认识的结果是人类赖以生存和繁衍的重要进化机制,其代表人物包括卡尔·波普(Sir Karl Raimund Popper,1902—1994)、坎贝尔(Donald T. Campbell,1918—1996)和福尔迈(Gehard Vollmer)等哲学家。进化伦理学以进化的观点来解释道德的根源、性质和功能,认为诸如善、正义或公平等伦理学价值是从人的生物本性及其进化中发展而来的,一切有关物种生存和繁衍的生物结构、心理机制或文化传统等都具有伦理学意义,其代表人物包括斯宾塞、托马斯·赫胥黎(Thomas Henry Huxley,1825—1895)、克鲁泡特金(Kropotkin,1842—1921)等。朴素的进化美学的出现应归功于达尔文本人,他在《物种起源》最后一章写道:"我们能够在某种程度上理解整个自然界中怎么会有这么多的美,因为这大部分是由选择作用所致。"[②]

(2) 心理学

近代心理学是建立在达尔文进化论和辩证唯物主义奠定的基础上的。被国际心理学界所推崇的皮亚杰(Jean Piaget,1896—1980)"发生认识论",其理论渊源就是达尔文的进化论。达尔文在其进化论中论述人和动物在心理上具有连续性,他强调人和动物的心理能力只有程度上的差别而没有本质上的差别;他列举证据指出,动物也具有情感、好奇心、模仿性、注意力、记忆力、想象力、理性这些心理能力;他还提出了"本能"这一心理学的概念,并指出一切本能的起源离开了自然选择就无法说明;他从种系演化和个体发展的途径探索了人

[①] 王泽榔:《生物进化论的发展及其哲学思考》,《大众科技》2008年第3期,第172页、第184页。
[②] 刘春兴:《进化论对人文社会科学的影响》,《中国社会科学报》2013年3月4日第A08版。

类心理的起源与发展,对儿童心理学的研究作出了贡献。达尔文于 1872 年出版了《人类和动物的表情》一书,采用历史方法与心理分析相结合的方法,对人类及动物的表情和情绪进行了比较研究,以习惯原理、对立原理和直接作用原理这三个基本原理为依据,确定了动物和人类的各种不同情绪所特有的表情在发生上具有共同的根源。达尔文把生物学的进化论注入心理学中,特别是发展观点和历史方法的运用,日益拓宽心理学的研究范围,从而促使心理学发生了深刻变化。[1]

进化心理学认为,人类的心理机制是进化的产物,人类的过去是理解当前人类心理机制的关键。目前,心理学中的进化论范式已开始尝试以进化为主线,把认知心理学、社会心理学、人格心理学以及发展心理学等心理学的诸多分支学科整合起来。[2]

(3) 优生学

达尔文的表弟高尔顿(Francis Galton,1822—1911)因受进化论的影响开始研究心理遗传和个别差异,他根据对人的智力遗传因素的统计分析发现人的智力有遗传的趋势,并于 1883 年创建了优生学[3]。优生学的建立,对减少人类遗传疾病、保护新生婴儿健康等均具有重要的意义。在第二次世界大战期间,优生学被种族主义者们所滥用,成了希特勒(Adolf Hitler,1889—1945)发动侵略战争及屠杀犹太人的理论依据[4],优生学也因此而背上了恶名。

(4) 人类学

人类学作为一门独立学科一经问世就与进化论紧密联系在一起,爱德华·B.泰勒(Edward Burnett Tylor,1832—1917)、路易斯·摩尔根(Lewis Henry Morgan,1818—1881)等人类学家都是坚定的文化进化论者。第二次世界大战结束后不久,怀特(Leslie Whirt)、埃尔曼·塞维斯(Elman Rogers Service)等人类学家再度复兴了人类学中的进化论范式。[5]

(5) 经济学

在达尔文创建进化论时,曾受到同时代的托马斯·马尔萨斯(Thomas Robert Malthus,1766—1834)的人口论和经济学中"看不见的手"原理的影响[6],当达尔文创立进化论以后,其思想及原理又反过来影响了经济学的发展。将达尔文的进化机制和原理引入经济学的鼻祖是美国经济学家索尔斯坦·凡勃伦(Thorstein B Veblen,1857—1929),他建立了一个基于累积因果的经济制度演进范式;制度经济学在理论渊源上与达尔文的进化思想一脉相承,凡勃伦的制度变迁承袭机制被当代经济学家道格拉斯·诺斯(Douglass C.North,1920—2015)发展成制度经济学中的"路径依赖"思想[7]。诺贝尔经济学奖得主米尔顿·弗里德曼(Milton Friedman,1912—2006)和加里·S.贝克尔(Gary Stanley Becker,1930—2014)等著名经济学家就用自然选择的适者生存理论来证明经济秩序中"看不见的手"的存在与合理性[8]。自然选择的竞争机制如一只"看不见的手",通过一系列的环境变化调节着整个生物圈的演化,而

---

[1] 马文驹:《达尔文进化论对心理科学的历史贡献——纪念达尔文逝世一百周年》,《心理学报》1983 年第 3 期。
[2] 刘春兴:《进化论对人文社会科学的影响》,《中国社会科学报》2013 年 3 月 4 日第 A08 版。
[3] 马文驹:《达尔文进化论对心理科学的历史贡献——纪念达尔文逝世一百周年》,《心理学报》1983 年第 3 期,第 297—298 页。
[4] 江海平等:《复制人》,台湾:汉宇出版有限公司 1998 年版,第 26—28 页。
[5] 刘春兴:《进化论对人文社会科学的影响》,《中国社会科学报》2013 年 3 月 4 日第 A08 版。
[6] 黄裕泉等编:《遗传学》,高等教育出版社 1989 年版,第 376 页。
[7] 许文彬:《经济学中的达尔文主义:背离与复归》,《南开经济研究》2004 年第 4 期,第 4—5 页。
[8] 崔之元:《看不见手的范式——比喻、论证和困境》,士柏咨询网: http://www.pen123.net.cn,2002.3.19。

市场经济中的竞争机制也具有同样强大的协调作用,这两者之间确实具有很大的相似性。目前,演化经济学已逐渐占据西方经济学的主流地位。例如,在《美国经济评论》等美国顶尖经济学杂志上,人们经常能看到涉及进化论范式的经济学论文。

(6) 社会学

早在《物种起源》问世之前,西方在社会学领域就已存在社会进化的思想(主要以英国社会学家斯宾塞为代表)。当达尔文发表《物种起源》以后,生物进化的思想不仅渗入了社会学领域,甚至催生了"社会达尔文主义"理论的诞生。1871 年,达尔文出版了《人类的由来》一书,他在这部书中确认了生物进化法则在人类社会中的适用性,他指出人口的快速增长会诱发严酷的生存竞争,而生存竞争的结果便是"优胜劣汰"和"种族灭绝"。随后,斯宾塞于 1874 年出版了《社会学研究》一书,他将达尔文生物进化论中的生存竞争、自然选择的原则移植到他的社会学理论中;他认为,社会的进化过程同生物进化过程相似,也是一个"生存竞争""优胜劣败""自然选择"的历史,生物界生存竞争的原则在社会里也起着支配作用。斯宾塞认为,社会是一个"超级有机体",在"生存竞争"的驱动下,通过"自然选择"机制,其发展同样经历了多样化、专门化和功能分化的过程[①]。斯宾塞关于社会功能的思想观点,开启了社会学中结构功能理论的先河,直接影响了法国社会学家涂尔干(Emile Durkheim[②], 1858—1917)、英国的拉德克利夫-布朗(Alfred Radcliffe-Brown, 1881—1955)和马林诺夫斯基(Bronislaw Malinowski, 1884—1942)等人的功能主义社会学思想。但是,斯宾塞简单地将社会演进与生物进化相类比,过于简化了社会演化的复杂进程,同时也过分强调了"生存竞争"的作用,错误地认为战争是社会进化的动力。他的某些比较极端的社会思想经德国生物学家海克尔等人发展以后,就演变成所谓的"社会达尔文主义"理论。在 19 世纪末 20 世纪初,作为一种世界观和意识形态,"社会达尔文主义"不仅在欧美思想界拥有极其广泛的影响,而且在当时的社会政治实践中扮演着至关重要的角色[③]。在第二次世界大战期间,"社会达尔文主义"曾被纳粹德国所利用,变成纳粹们疯狂侵略其他国家、屠杀平民的理论依据,第二次世界大战结束以后该理论遭到全世界有识之士的共同唾弃。

(7) 政治学

进化论对政治学的影响目前主要反映在国际政治学层面,国家间战争行为的根源、国际秩序的形成以及国际权力集中的演化过程等都是进化政治学的研究热点[④]。

(8) 法学

19 世纪末以来,法学研究中的进化论范式主要体现为形形色色的法律进化理论。当前,人们已开始重视在具体法律问题研究中运用进化论范式。尽管进化论对法学的影响不可忽视,但至今还没有形成一个可与自然法学、实证法学或社会学法学等相提并论的进化论法学流派。[⑤]

(9) 人工智能数学

在人工智能数学中有一种计算方法被称为"遗传算法",这种计算方法的基本思想以达

---

① 潘德重:《近代工业社会合理性的理论支撑:斯宾塞社会进化思想研究》,华东师范大学博士学位论文,2004 年,第 69—70 页。
② 国内其他书籍也有译作"迪尔凯姆""杜尔凯姆""埃米尔·杜尔克姆"等的,本书统一译作"涂尔干"。
③ 周保巍:《"社会达尔文主义"述评》,《历史教学问题》2011 年第 5 期。
④ 刘春兴:《进化论对人文社会科学的影响》,《中国社会科学报》2013 年 3 月 4 日第 A08 版。
⑤ 刘春兴:《进化论对人文社会科学的影响》,《中国社会科学报》2013 年 3 月 4 日第 A08 版。

尔文进化论和孟德尔遗传学说为基础,它一般是将要求解的问题表示成群体的进化问题,根据"适者生存"的原则,从中选择出适应环境的个体进行复制,通过"交换""变异"两种基本操作产生出新一代更适应环境的群体,最后再收敛到一个最优个体,从而求得问题的最优解。1975年,美国科学家约翰·霍兰德出版了《自然和人工系统的适应性》一书,该书发展了一整套模拟生物自适应系统的理论,详细阐述了遗传算法的原理和方法,并为遗传算法奠定了数学基础。遗传算法不是一种单纯的优化算法,而是一种以进化思想为基础的全新的一般方法论,是解决复杂问题的重要工具;由于具有许多突出的优点,它已经被广泛地应用于工程中的各种优化问题。[①]

尽管达尔文创立的生物进化论影响了众多的科学门类,极大地促进了人类对自然、自身及社会的认识,但生物进化论在总体上只是物种进化论。如要全面理解人类活动,我们至少需要在生物、社会和文化这三个层次上对人类社会展开系统研究。自19世纪末20世纪初以来,遗传学、动物行为学、行为生态学、社会生物学以及进化人类学等学科的建立和发展,对包括人类在内的动物社会结构、社会行为、行为演化以及文化现象等广义生物学主题进行了大量卓有成效的研究,从而弥合了阻隔于人类与其他动物之间的认识鸿沟,这最终为进化论范式在人文社会科学领域的广泛应用奠定了坚实基础。所以,在达尔文发表进化论160余年后的今天,经过众多研究者发展与综合后的现代生物进化论不但构成了现代生物学的范式,而且能够成为自然科学的范式,还可以成为哲学社会科学的范式。也正是立足于现代生物进化论所奠定的这一基础之上,本书才能够在经济的、社会的、政治的乃至于广义文化的视角对人类社会进行全面的阐释。

四、从生物进化论获得的一些新认识和哲学启示

通过对生物进化论思想发展脉络的梳理和分析,结合系统科学的思维,综合生物进化研究的新成果,我们可以获得如下的一些新认识和哲学启示。

1. 生物进化论本身的发展也需要引入系统论方法

从研究生物的层次和方法来说,达尔文主义一般是从生物个体、群体或环境的宏观方面和较高层次来考察生物进化规律的,即是从生物外部的形态、分类和生态等表型特征来研究生物进化的,由此产生了生物解剖学、种群分类学、生态环境学等学科;现代达尔文主义则是从生物个体的中观方面和中微层次来考察生物进化规律的,即是从生物个体内部的细胞、染色体、基因等层次来研究生物进化的,由此产生了细胞学、遗传学、基因学等学科;而非达尔文主义则是从生物个体的微观方面和细微层次来考察生物进化规律的,即是从生物个体细胞内的核酸、蛋白质等大分子这个层次来研究生物进化的,由此产生了生物化学、分子生物学、分子遗传学等学科。由此看来,从达尔文主义、现代达尔文主义到非达尔文主义的研究方法,实际上是还原论方法的层层深入过程。从前述生物进化研究的新成果来看,自然环境由外而内从生态、种群到个体等不同层次对生物施加着选择作用,生物个体则在由内而外从微观、中观到宏观的不同层次上都存在着变异和遗传现象,生物进化是发生于从生态、种群

---

① 刘曙光、费佩燕、侯志敏:《生物进化论与人工智能中的遗传算法》,《自然辩证法研究》1999年第12期。

到个体等各个层次的协同进化过程,它实际上是生物系统内外各种因素共同作用的综合结果。因此,无论从宏观层次、中观层次还是从微观层次的任何一个单一层次来考察生物进化现象时,我们都不可能对生物进化作出科学圆满的解释。真正的出路在于,引入系统论方法而淡化还原论方法,应用系统科学的视角和思维来重新综合来自不同层次的研究成果,从而构建一个将突变论、综合进化论、分子中性进化学说和社会生物学等理论有机整合的、更富包容性和解释力的生物系统进化理论。

2. 生物圈是一组层层嵌套的复杂系统体系,每个层次的生物系统都有其特殊的进化规律

以系统科学的视角来观察,地球的生物圈实际上是一组相互关联、层层嵌套的复杂系统体系,这组系统体系以不同层次或不同等级的形式存在,每一个层次或等级都构成一个相对独立的生物系统,每一个层次或等级的生物系统都有其自身特殊的结构和功能,都存在着有别于其他层次或等级的进化规律。例如,我们可以把哺乳动物系统划分为个体、家族和种群这三个依次上升的基本层次,其中,每一个层次都构成一个相对独立的生物系统,每一个层次都有其特殊的结构、功能和进化规律。动物家族的进化规律有别于动物个体的进化规律,动物种群的进化规律与动物家族的进化规律也不完全相同;存在于个体、家族和种群这三个层次的进化规律都有其各自的特殊性,尽管它们之间相互关联,但却不能简单地相互替代,更不能混为一谈。从系统科学的角度来看,如要全面完整地理解动物界的进化规律,仅研究动物个体(包括身体形态、组织器官、细胞、染色体、基因和分子等层次)的演化规律显然是不够充分的,还需要研究动物家族中成员之间的关系(包括亲代与子代之间的遗传关系、子代与子代之间的相互关系等),还需要研究种群内部各要素之间的关系(如不同亚种之间的竞争、合作关系等),甚至还需要进一步研究种群与生态环境之间的关系。这样一来,需要考察的研究范围实际上就涉及动物界不同层次社会组织、社会行为等内容,而这些内容恰恰是社会生物学理论的研究主题。达尔文提出的进化论实际上是物种进化理论,它不以研究动物的社会行为为主旨,因此,它不能替代对生物社会组织和社会行为的研究。所以,要全面完整地解释生物界的进化规律,还需要从社会生物学的视角来观察问题。也正是由于探索生物演化规律的客观需要,才促使人们提出并创建了社会生物学这门新兴学科。

3. 每一个生物个体都具有基因型和表现型这两层结构

从基因论出发,我们可以获得有关生物个体结构的一些重要认识。

每一个生物个体都包含着一种独特的两重性,这种两重性表现为每一个生物个体都是由基因型和表现型这两方面构成的。基因型可以决定表现型,但并不是任何基因型都能够显现为表现型。从系统的视角来看,生物个体的表现型不是完全由其内在的基因型决定的,而是由生物个体的基因型与环境因素共同作用的结果。在表现型层面,由于生物个体的性状和功能明显会受到外部环境的制约和影响,因此,生物个体在表现型层面的进化步伐就会因生存竞争、自然选择而加快或延缓,因而其进化速率就常常表现为差异性和非恒定性。在基因型层面,生物个体中存在着大量核酸分子,尽管它们也在不断发生变异,但一般不会明显改变生物个体的表现型,由于这些分子不受外部环境的直接影响,它们的进化步伐并不取决于自然选择,所以,生物个体在基因型层面的进化速率就会表现为一致性和恒定性。

4. 生物个体在各个层面之间的进化规律是相互联系、相互作用、相互影响的

从生物个体各个层面来看,都存在着有利、有害和中性这三种不同性质的生物变异。但是,这三种变异之间的关系并不是绝对的、固定不变的,在一定条件下它们的性质是可以转

化的。某种变异形式究竟属哪种性质,它对生物个体到底是有利还是有害,这实际上都是相对于一定的环境条件而言的。在一种环境条件下是有利的变异,在另一种环境条件下可能就会转变为有害的变异,与此类似的是,在一种环境条件下是中性的变异,在另一种环境条件下也可能会变成有利的变异。正是因为这一原因,我们才不能将"分子中性进化学说"所揭示的分子进化规律作绝对化的理解。另外,生物个体各个层面之间是相互联系、相互作用、相互影响的,无论是单从择优淘劣的选择学说来解释,还是单从无利无害的中性学说来解释,都不能全面地反映生物进化的根本机制。实际上,生物个体的进化是由内部结构改变(如基因突变、分子变异等)与外部环境自然选择两种机制共同作用的结果。自然选择在生物个体的表现型、基因层次上,对生物的非中性变异(即有利或有害的变异)发挥着择优淘劣的筛选作用,从而主导着生物个体表现型的进化方向;而遗传漂变则在生物个体的表现型、基因和分子层次上,对生物的中性变异发挥着重要的主导作用。因为生物个体从外部形态、体型结构、组织器官等宏观层面,到细胞、染色体、基因等中观层面,再到细胞内的核苷酸、氨基酸、蛋白质等大分子这一微观层面,其各个层面之间是紧密联系、相互协作的,它们共同组成了一个有机的统一整体,只有将反映生物个体各个层面的进化规律有机地整合在一起并形成新的综合,我们才能比较全面完整地认识生物个体进化的原因、动力、方式和本质,才能科学地说明生物个体进化过程中的变异与适应、偶然与必然、平衡与不平衡、内因与外因等辩证关系,从而把生物进化论的研究推进到一个新的更高水平。

5. 生物个体的进化过程是偶然性与必然性的统一

生物个体在进化过程中,既存在宏观层次形态方面的进化,也存在中观层次细胞、染色体方面的进化,同时还存在微观层次分子方面的进化,这三个层面的进化是有机联系的,我们不应把它们截然分开。在分子层面上,由有利突变或有害突变引起的进化,最终会反映到生物个体形态的表现型上,对于这种非中性的分子进化类型,自然选择依然发挥着主导作用;而由分子中性突变引起的进化,中性突变基因能否遗传下去,这最初是由遗传漂变机制决定的,但当突变基因在生物群体内被固定下来之后,从生物个体的适应过程来看,外部环境的自然选择机制就开始发挥筛选作用。因此,由分子中性突变引起的生物进化,实际上是遗传漂变和自然选择共同作用的结果。在生物个体变异、遗传和适应的过程中,中观层面在连接和传导微观与宏观之间相互作用方面,实际上发挥着重要的枢纽功能。所以,在生物个体的进化过程中,无论是宏观层次形态方面的进化,还是中观层次细胞、染色体方面的进化,还是微观层次分子方面的进化,都会受到自然选择的制约,但不同层次所受影响的程度有所不同,宏观层面所受影响最直接、最显著,而微观层面所受影响则比较间接而细微。综合来看,生物个体的进化是由内部的"变异-遗传"机制与外部的"适应-选择"机制共同作用的结果,而"适应-选择"作用最终决定了生物演化的方向。"变异-遗传"作用反映了生物个体进化过程中的偶然性,而"适应-选择"作用则反映了生物个体进化过程中的必然性。所以,生物个体进化过程既不是单纯的偶然性现象,也不是单纯的必然性现象,而是偶然性与必然性的统一。

6. 生物进化机制不仅仅是生存竞争,还包含着更加丰富的内容

从系统进化论出发,我们可以获得一些有关生物进化机制的重要认识。

从系统科学的视角来看,生物与环境之间的关系并非像达尔文所描述的那样是单纯的生存竞争与自然选择的关系,而是非常复杂的互动关系。这种复杂性关系既表现为环境对

生物物种施加的选择作用、隔离作用和诱变作用而成为其生存进化的制约性条件,又表现为生物对环境的动态适应以及生存活动的反向影响。此外,在生物之间(种内、种间)、生物与非生物环境之间既存在相互竞争的关系,又存在"相互协作""和睦共处"的共生、共栖关系。在生物之间的竞争关系中,既有激烈的竞争,又有不激烈的竞争;既有类似狼和羊一类的直接竞争,又有类似兔子和羊、猫和三叶草之间的间接竞争;既有长期持续的连续性竞争,又有断断续续的间断性竞争。

7. 生物的多样性起源于生物变异与生态环境组合的多样性

从生物系统的组织层次来看,我们可以把一个生物系统划分为个体、家族和种群这三个基本层次。在生物系统的个体层次,存在着分子变异、染色体变异和形态变异等变异现象;在生物系统的家族和种群层次,存在着基因组合、世代遗传等遗传现象。这些变异、遗传因素的无穷组合与无穷变化,造成生物变异和遗传的无穷潜能,这是一个生物系统向多样化和复杂化进化的内部原因。从生物系统的外部环境来看,生态环境中存在着众多的生态因子,这些生态因子在长期进化中自然形成了各具特色的差异性,众多差异化生态因子的无穷组合与无穷变化,造成多种多样的生态环境,这些多样化的生态环境对生物系统所施加的选择、隔离和诱变等作用,是一个生物系统向多样化和复杂化进化的外部原因。在生物系统进化过程中,这种内部原因与外部原因的对立统一,实际上就是现代综合进化论所揭示的"变异-遗传"与"适应-选择"的联合作用机制,这种联合作用机制才是生物系统进化的根本动力。生物系统内部原因与生态环境外部原因的不同组合,导致同一类物种发生分化并向不同的方向演化,向不同方向演化的种群经过长期的变异累积,最终就形成了差异较大的物种。所以,生物的多样性起源于生物变异与生态环境组合的多样性,这种组合的无穷变化是生物进化永不枯竭的源泉。

8. 关于生物系统进化动力机制的一些新认识

根据系统论的基本原理,系统演化的过程是内因与外因相互联系、相互作用、相互影响的过程,系统演化的状态是内因与外因对立统一的结果。在生物系统演化过程中,生物的变异和遗传是内因,生态环境的选择、隔离和诱变等作用是外因,正是内因与外因这对矛盾的对立统一,才推动着生物系统向多样化、复杂化的方向演化。当生物系统的内因与生态环境的外因相互协调时,生物系统就会出现暂时的稳定状态(这时生物演化处于渐变阶段),但随着生物系统中新变异、遗传的发生以及生态环境的变迁,内因与外因这对矛盾又会形成新的对立,生物系统就会出现暂时的不稳定状态(这时生物演化处于骤变阶段),此后又是新环境对新变异进行选择,当生物对环境适应以后,矛盾双方又趋于暂时的统一,这实际上是一个循环往复的动态过程。这个过程就是生物系统演化历程中"稳定-失稳""渐变-骤变"不断交织的间断平衡过程。

9. 从生物进化论获得的关于事物结构和演化的哲学启示

(1) 事物具有双层信息结构

从信息的表现特征来考察,事物一般都具有独特的双层信息结构,即事物内部的信息可分为两个层面,一个是可见的显性层面(表层结构),一个是隐蔽的隐性层面(深层结构);事物的表层结构决定了事物的一般性,其所包含的可见信息对外部环境一般是开放的,它与外部环境互动交流,从而构成事物所处环境的一部分;事物的深层结构决定了事物的特殊性,其所包含的隐蔽信息对外部环境一般是封闭的,它是产生事物多样性的根源;同一层次的同一类事物所包含的信息既有相同成分,也有不同成分,其表层结构所含的可见信息一般是差异性多于一致性,其深层结构所含的隐藏信息一般则是一致性多于差异性。所以,从信息的视角来看,事物与事物之间总会表现出某种程度的相似性,这表现为同类事物之间的相似性多于相异性,而不同类事物之间的相异性多于相似性。

(2) 事物演化的发展趋势

演化是指事物随着时间的延续和空间的展开而发生的各种运动和变化,它一般包括进化、退化和停滞这三种发展趋势。进化是指事物的结构、功能和外部联系从简单到复杂、从无序到有序、由低级到高级的向前的、进步的、扩展的演化过程。与之相对,退化则是指事物的结构、功能和外部联系从复杂到简单、从有序到无序、由高级到低级的向后的、退步的、收缩的演化过程。停滞则是指事物在变化过程中处于中性的、相对静止的发展趋势,这是一种处于进化与退化之间的混沌状态。在事物演化过程的不同阶段或不同层次,事物的发展状态可能会分别呈现出进化、退化或停滞这三种趋势中的某一种,也可能会呈现出三种趋势的某种混合状态(如有些部分进化、有些部分退化、有些部分停滞)。

(3) 事物演化的本质特征

任何一个事物的演化是与时间、空间紧密联系的历史过程,这一过程是在一定时空中发生的进化、退化或停滞的统一。事物在进化的过程中,其内部某些结构或功能可能会发生某种程度的退化或停滞;同样,事物在退化的过程中,其内部某些结构或功能也可能会发生某种程度的进化或停滞。从时间维度来看,事物的演化进程并不是匀速进行的,而是表现为时慢时快,有时渐变,有时突变。从空间维度来看,事物的演化进程并不是均质展开的,而是表现为疏密差异,有些方面扩展,有些方面收缩。因此,事物整体的演化过程是渐变与突变、量变与质变、有序与无序、进化与退化的统一。

在自然界的生物演化中,我们不难找到这种进化与退化相统一的案例。例如,古生物学研究表明,现代鲸类等水栖哺乳动物的祖先,在 5 000 万—6 000 万年前都是凭借四肢在陆地上奔跑的动物,为适应地球自然环境的变迁,它们大约在 4 500 万年前返回到河流和海洋生活,在漫长的水生环境适应过程中,它们在整体的体型结构方面发生了从复杂到简单的退化。通过对古鲸与现代鲸的身体结构相比较,人们发现,鲸的前肢缩短进化成平鳍状,其后肢则大幅退化(尚存骨盆和股骨的遗迹),尾巴末端横向变宽演化成平翼状,它们的整体形态演化成流线型,变得更加适合在水中游泳和生存①。另一种水栖哺乳动物海豹,在长期演化过程中也发生了与古鲸相似的退化现象②。比较古海豹与现代海豹的身体结构就可发现,海豹的外耳已大幅退化(退化成两个小孔),其四肢则进化成鳍状(趾间有蹼)。再如,从人体的生理结构来看,人类个体的演化总趋势是进化的,但人类的盲肠和尾骨等组织器官却发生了显著退化。在自然界,生物的演化不仅表现在生物个体在形态结构方面的进化或退化,也表现在生物群体在物种多样性或适应性上的变化。

(4) 事物演化的动力机制

事物演化的动力机制是内因与外因的对立统一,事物演化分叉的方向取决于内因与外因的相对地位,这是一个内因与外因反复博弈的动态过程。在事物演化的一个阶段或一定

---

① 汤姆·穆勒(Tom Mueller)撰,间佳译:《古鲸之谷》,《华夏地理》2010 年 8 月号。
② 阎锡海、曹娟云:《生物进化论中的若干基本概念探究》,《延安大学学报(自然科学版)》1995 年 12 月第 4 期,第 84 页。

层次,内因可能处于主导地位,外因则处于从属地位,这时,内因决定着事物演变的方向;在事物演化的另一个阶段或另一个层次,内因与外因的地位可能会发生互换,即外因可能处于主导地位,内因则处于从属地位,这时,外因决定着事物演变的方向。

(5) 系统结构与功能之间的关系

一般来说,系统的内部结构决定了它对外输出功能的性质。一方面,内部结构不同的系统,其对外输出的功能一般也不相同。另一方面,对于同一个系统来说,当外部环境改变后,环境会对系统提出新功能的要求,为适应改变后的新环境,系统的内部结构也会发生相应的改变。这种因适应外部环境而改变内部结构的事例,在生物演化过程中也是存在的。例如,生活于印度尼西亚的巴乔(Bajau)族人,他们主要以下海采集海参卖为生。研究人员发现,巴乔族人因长期潜海采集海参导致基因发生了突变,他们的脾脏比常人大五倍,当他们潜水时脾脏可以分泌出一种激素,这种激素可以使人体血液中氧分子的含量增加,从而使人体适应长时间在海中潜水作业[①]。

五、认识复杂系统演化的三个基本原理

本节介绍的三个基本原理,在本书第一版中,有的作为哲学思想已经应用于对经济体系的分析,有的在相关章节作过专门论述,有的则以其他不同表达方式作过表述。为使读者更加容易理解这些基本原理所蕴含的思想,这次修订版把它们提取出来专门加以阐述。

1. 系统层级涌现原理

本书的本体论坚持进化的多元论思想,用这一思想来认识系统的层次结构,就意味着系统由无层次向有层次、从单层次向多层次、从简单结构向复杂结构逐步演化而来,而复杂系统是一个多层级的实体,系统的每一层级都拥有不同于其他层级的特殊结构。

英国演化经济学家杰弗里·霍奇逊(Geoffrey M. Hodgson)在吸收哲学家巴斯卡(Roy Bhaskar,1944—2014)、怀特海(Alfred North Whitehead,1861—1947)和科斯特勒(Arthur Koestler,1905—1983)等人分层本体论(layered ontology)和涌现思想的基础上,将本体论的"层级观"扩展到分析社会制度演化领域[②]。这种层级本体论和涌现思想对于认识社会经济体系的复杂性具有重要价值。

从整体与部分之间的关系来说,系统的每个层级都具有二重性,它既是上一层级的组成元素(或子系统),同时也是下一层级的整体,它包含着下一层级的所有元素(或子系统)。对于有人参与其中的复杂系统来说,尽管系统的高层级由低层级的元素组成,但从解释逻辑上来说,系统在每一层次上都具有不能被还原为其组成部分属性的新特征,更不能将所有层级还原到原子式个人这种单一层级。也就是说,在复杂系统中,没有一个层级可以简化还原到另一个层级,对一个层级的解释不能完全归约到较低层级的现象上。高层级系统包含低层

---

① 杰西卡·斯图尔特(Jessica Stewart):《罕见的基因突变让巴乔人可以在水下待很长时间》,美国《细胞》杂志 2018 年 5 月 7 日。
② 霍奇逊撰,洪福海译:《演化经济学的诸多含义》,《政治经济学评论》,2004 年第 2 辑,第 147—153 页。另见霍奇逊著,任荣华、张林等译:《演化与制度:论演化经济学和经济学的演化》,中国人民大学出版社 2007 年 10 月第一版。英文版 Geoffrey M. Hodgson., *Evolution and Institutions: On Evolutionary Economics and the Evolution of Economics*. Cheltenham, U. K: Edward Elgar Publishing Inc,1999. 参见第 6 章。

级系统并以低层级系统为基础,但低层级系统并不能决定高层级系统的功能和性质,也即低层级系统是高层级系统的必要而非充分条件。例如,在现代社会的经济体系,从企业系统、行业系统、产业系统到国民经济系统这一序列等级中,较低层级的系统并不能决定较高层级系统的功能和性质,但它们通过与有关社会环境和自然环境互动,较低层级的系统相互作用可以生成较高层级的系统。正是因为复杂系统中存在着高低不同的层次,我们才能够对这些层次进行划分,从而使用"微观"、"中观"和"宏观"等术语来界定不同层次之间的关系。

在一个复杂系统中,系统的各层级之间是如何发生联系的?这里,发挥关键作用的是涌现。

在20世纪20年代出现的涌现哲学思想,经过一段时间的沉寂,近年来随着系统科学的发展,这种哲学思想重新获得了科学界的重视。在系统科学中,一个系统的低层级要素之间相互作用,它们会在新的层级上产生出新奇(novelty),但这种新奇的性质本身不能通过低层级要素的性质得到说明。这里的新奇,就是系统各要素在互动中所产生的一种新结构,这种新结构具有全新的性质和特征。例如,个人与个人之间互动形成企业组织,企业组织再与各种资源相结合,从而形成了企业系统;企业系统是由个人、组织和资源这些要素组成的,这些要素之间相互作用,它们会在企业系统这一层级上产生出新结构,但这种新结构的性质本身却不能通过企业系统任何要素的单独性质得到说明。从单纯的数学加法求和观念来看,一个元素加上另一个元素,其结果应该是"1+1=2",但从创造新奇的涌现哲学思想来看,实际却是"1+1>2",这就是涌现思想的本质含义。例如,在化学中,氢元素(H)与氧元素(O)发生化合反应,其结果是生成了水(其化学分子式为H_2O)这种新物质,水这种新物质的结构和性质显然不同于单独的氢元素和氧元素。

从社会整体来看,人类社会的生产活动至少包括人口生产、物质生产和信息生产三个方面,这三个方面是有机联系、不可分割的。如果从物质产品的生产活动这一方面来看,现代社会的经济体系至少可以分为企业系统、行业系统、产业系统和国民经济系统等不同层级。当我们综合考察经济系统的行为时,就会发现在经济体系的各层级之间存在着涌现现象,正是这些系统内外各要素之间的相互联系、相互影响和相互作用,导致经济系统从低层级系统涌现出了高层级系统的新结构。

2. 正负反馈耦合原理[①]

反馈是控制论中的一个基本概念,指在系统与环境相互作用过程中,将系统输出信息的一部分或全部返回到系统的输入端,以调节系统功能的过程。反馈可分为正反馈和负反馈。当反馈信息与输入信息的调节方向相同时,能够促进与增强系统的功能,这一过程就是正反馈。当反馈信息与输入信息的调节方向相反时,能够抑制与减弱系统的功能,这一过程就是负反馈。正反馈的意义在于促使系统内环境发生变化,进而引起系统结构失稳,从而促使系统偏离均衡。负反馈的意义在于维持系统内环境不变,进而保持系统结构稳定,从而促使系统趋于均衡。这里的"正"和"负",并不具有"积极"或"消极"的价值属性。对于社会系统来说,正反馈可能是革命性因素,也可能是破坏性因素。例如,正反馈能够促使系统创新,也会导致系统崩溃或湮灭。负反馈可能是保守性因素,也可能是建设性因素。例如,负反馈能够

---

① 本小节的主要内容最早于2020年11月21日下午在广西桂林市举行的"第12届中国演化经济学年会"分组讨论会中作过演讲,后以《简论经济系统中"正反馈"与"负反馈"的耦合原理》为题,发表于清华大学主办的《演化与创新经济学评论》杂志2021年第一辑。

促使系统保持稳态,也会导致系统停滞或腐朽。系统的良性循环和恶性循环都是正反馈机制在发挥作用的表现;而系统的稳定状态和均衡状态都是负反馈机制在发挥作用的表现。

第一代控制论重点研究了系统的负反馈问题。这时的控制论强调,对于一个开放系统,必须在其内环境中形成一个圆形的负反馈循环回路,这个系统才能维持其稳态。第二代控制论既涉及了负反馈问题,也涉及了正反馈问题,并将两者相结合研究了它们的相互作用机制。这时的控制论指出,在正反馈和负反馈共同作用下,系统运行可以表现为三种状态:动态平衡(稳定状态)、偏离平衡(失稳状态)、突变分叉(处于多种稳态)。对于一个系统来说,正反馈具有放大输入的作用,当负反馈作用衰减时,系统的正反馈作用才得以凸显。[①]

文化哲学家牛龙菲先生在吸收系统科学有关成果的基础上,结合中国古典哲学"周易"和道教的"太极"思想,提炼并总结出了"正反馈——自生"与"负反馈——自稳"耦合原理的哲学思想[②]。

一个系统的演化过程,既包含正反馈作用,也包含负反馈作用,是正反馈与负反馈的有机耦合。正如牛龙菲先生指出:"前者是变易,后者是不易;前者是信息量的增殖,后者是信息量的保持;前者是正反馈自生,后者是负反馈自稳","单是正反馈自生,或者单是负反馈自稳,都不是事物演化的充足条件。二者的往复循环,才能保证异质性新事物的发生和存在"[③]。某种处于稳定状态的系统,它会由于正反馈机制而失稳并进行自组织,自组织的结果就是在新的层次上创生一个新结构的系统,这个具有新结构的系统又会由于负反馈机制而维持相对的稳定状态;这个过程不断循环往复,具有新结构的系统就会不断地从旧结构的系统中产生出来。

在现实的经济活动中既存在正反馈现象,也存在负反馈现象。例如,社会中的"富者越富,贫者越贫"就是财富分配中的正反馈现象;而"供需平衡"就是市场交换中的负反馈现象。人们总结出的经济规律中也存在正反馈法则和负反馈法则。例如,收益递增规律和收益递减规律;其中,收益递增规律与正反馈机制对应,而收益递减规律则与负反馈机制对应。收益递增规律是指,在经济系统中随着投入要素的持续增加,其产出会持续增加,也即"边际收益"呈上升趋势。收益递减规律是指,在经济系统中随着投入要素的持续增加,其产出会先增加再减少,也即"边际收益"呈下降趋势。

收益递增规律和收益递减规律是经济学理论中的两个基础命题,从表面来看,这两者是相互矛盾、相互对立的,由此也导致经济学界的长期纷争。它们之间能否有机综合并达成统一呢?

从命题的前提条件、时间期限和观察方法来说,收益递减规律是对经济领域中局部、短期现象进行静态研究所得出的认识,而收益递增规律则是对经济领域中整体、长期现象进行动态研究所得出的认识。经济学界的各种纷争,更多体现在这两个方面的认识分歧。为从本质上认清经济学界在这两个方面的认识分歧,我们可以从经济思想史和社会经济形态史这两个方面来进行考察。

(1)从经济思想史来考察

当我们将经济思想追溯到古典经济学理论形成时,就会发现在亚当·斯密的《国富论》

[①] 庞元正、李建华编:《系统论、控制论、信息论经典文献选编》,求实出版社1989年1月版,第284—285页。
[②] 牛龙菲著:《人文进化学》,甘肃科学技术出版社1989年9月第一版,第109—110页。
[③] 陇菲:《历史演化与系统结构》,《新经济》2017年第4期,第34页、第35页。

中并不存在这种分歧。自20世纪30年代开始,在以新古典主义经济思想为核心的主流经济学界,静态的均衡框架被不断完善,而动态的经济进步却被长期忽视。直到20世纪80年代,强调非均衡和收益递增规律的经济理论才引起人们的关注。

亚当·斯密在《国富论》中提出了经济均衡和经济进化两种不同的理论,他的均衡理论主要体现在"论商品的自然价格与市场价格"这部分内容中。自从亚当·斯密提出经济均衡理论以后,从瓦尔拉斯(Léon Walras,1834—1910)、马歇尔(Alfred Marshall,1842—1924)到阿罗(Kenneth J.Arrow,1921—2017)和德布鲁(Gerard Debreu,1921—2004)的一般均衡理论,都是与此一脉相承的。一般均衡理论的核心是围绕经济体系中达到各种均衡的条件进行分析,为了建立数理模型的需要,经济学家们不得不对其前提条件作出极其严格的假设,其中有关收益递增和技术、制度变化的性质就被排除在外了。①

1890年,马歇尔在其代表作《经济学原理》②中应用局部均衡分析方法详细阐述了经济体系中存在的收益递增、收益递减情况以及两者间的相互关系;他根据农业和采矿业中的收益递减特征推断,支配经济体系的普遍法则是收益递减规律;他把收益递增的原因归结为企业或行业的规模扩张;当代表性企业规模扩大时,单个企业就会出现规模收益递增,他把这种情况称为"内部经济";当代表性企业规模不变而行业规模扩大时,也会使单个企业产生规模收益递增,他把这种情况称为"外部经济"。

1928年,阿林·杨格(Allyn Abbott Young,1876—1929)在阐述亚当·斯密的经济思想时,他把收益递增的原因归结为产业间分工与市场规模之间的相互作用和相互促进,他同时强调了经济运行过程的非均衡特征③。

马歇尔和阿林·杨格的思想对后人影响很大,自此在经济学理论发展上形成了两条显著不同的思想路线。一条是把外部经济纳入均衡框架之中的新古典主义经济理论;另一条是由阿林·杨格起始,后经缪尔达尔(Karl Gunnar Myrdal,1898—1987)和卡尔多(Nicholas Kaldor,1908—1986)等经济学家发展起来的结构主义经济理论,这一理论强调经济运行过程的非均衡特征和历史条件的重要性,其最近的代表人物是布莱恩·阿瑟(W. Brian Arthur)。

布莱恩·阿瑟在反思新古典主义经济理论基本假设和研究范式的基础上,应用控制论中的正反馈思想和数学中的概率论方法来分析经济系统中的非均衡过程和收益递增现象,从而构建出了一种复杂经济学新框架④。他自20世纪80年代以来发表的一系列论文(1987,1988,1989,1990,等)将收益递增理论推进到了一个新阶段,为经济学理论的发展作出了重要贡献。布莱恩·阿瑟强调,支配现代经济体系的法则是收益递增规律而非收益递减规律,经济系统的演化具有正反馈和路径依赖等特征。他指出,在存在收益递增的前提下,经济系统运行中会出现多重均衡,即收益递增能够导致多种可能的结果,具体会出现哪一种结果并不是确定的,而是与历史上一系列偶然的随机事件有关;受随机事件影响被选中的某种结果可能是无效率的,也即它并不一定是最优的,可能是次优的,也可能是劣等的,但经济系统一旦选中这种结果,经济运行就会步入这种特定路径并被锁定在这个路径上,因收益递增的正反馈效应,使这种结果被放大,最终就会导致"优者更优,劣者更劣"的结果。由

---

① 贾根良:《报酬递增经济学:回顾与展望(一)》,《南开经济研究》1998年第6期,第30—32页。
② 马歇尔著,朱志泰、陈良璧译:《经济学原理》(上卷),商务印书馆1964年版,第8章至第13章。
③ 阿林·杨格撰,贾根良译:《报酬递增与经济进步》,《经济社会体制比较》1996年第2期,第54—55页、第57页。
④ 布莱恩·阿瑟著,贾拥民译:《复杂经济学:经济思想的新框架》,浙江人民出版社2018年5月第一版。

此，他精确解释了欠发达国家"贫困的恶性循环"现象以及"穷国更穷，富国更富"的经济增长差异。布莱恩·阿瑟更多偏重于对技术演化的研究，其框架有待于放在一个更宽广的领域中进行思考。

如果说新古典主义经济理论是强调收益递减规律的代表，那么，结构主义经济理论就是强调收益递增规律的代表。前者强调经济运行过程的均衡特征和收益递减规律，建立在最优的、唯一结果的、可预测的、不依赖历史的均衡观念上，而后者则强调经济运行过程的非均衡特征和收益递增规律，建立在非最优的、多种结果的、不可预测的、依赖历史的演化观念上。很明显，这是两种非常不同的经济学理论。

新古典主义经济理论更多强调经济领域中的静态性、负反馈和均衡性，却忽视了经济领域中整体的、长期的非均衡增长，甚至试图将经济的长期进步融入均衡框架。而结构主义经济理论则更多强调经济领域中的动态性、正反馈和非均衡性，却忽略了经济领域中局部的、短期的经济均衡。经济学界关于经济均衡与经济非均衡的长期争论，这实际上反映出经济学理论界在正反馈与负反馈本质关系上的认识分歧。解决这一分歧的出路是，在认识论上寻求将局部的、静态的均衡思想与整体的、动态的非均衡思想统一起来，而不能将两者相互分割、相互对立，也不能任舍其一。

（2）从社会经济形态史来考察

从社会经济形态的历史来看，人类社会先后经历了采集-狩猎经济时代、农业经济时代、工业经济时代、服务业经济时代和信息业经济时代。在长期的历史过程中，一方面，参与经济系统的生产要素越来越多，经济体系的内涵不断丰富；另一方面，在总生产要素中，有形生产要素的相对比重和收益贡献呈逐渐下降趋势，而无形生产要素的相对比重和收益贡献呈逐渐上升趋势。

在采集-狩猎经济时代，土地上水源、植物和动物等自然资源的地理分布和丰瘠程度，直接影响着人类社会不同族群的经济生活。在农业经济时代，土地和劳动力等生产要素在发展社会生产力方面具有主导作用。在工业经济时代，土地、劳动力和货币资本等生产要素在发展社会生产力方面发挥着主导作用。自20世纪起，人类社会开始进入服务业经济时代，在提高社会生产力方面，土地、劳动力和货币资本等有形生产要素所发挥的作用日益趋近极限，而人力资本、管理知识和生产技术等无形生产要素所发挥的作用日益重要。自20世纪50年代起，人类社会开始进入信息业经济时代，在这一时代，自然资源、土地、劳动力和货币资本等有形生产要素在经济体系中所占比重日趋下降，而人力资本、教育培训、知识、技术、制度、信息等无形生产要素在经济体系中所占比重日趋上升。

对于一个具体的社会或国家来说，在短期内（一年内），自然资源、土地、劳动力和货币资本等有形生产要素的数量是有限的，它们一般具有稀缺性、再生缓慢、难以共享等特征和性质，正是有形生产要素的这些特征和性质，决定了以有形生产要素为主导的经济系统具有收益递减的特征。而在长期（一年以上），人力资本、教育培训、知识、技术、制度、信息等无形生产要素的数量和质量都是在不断增长和提高的，它们一般具有非稀缺性、再生较快、可以共享等特征和性质，正是无形生产要素的这些特征和性质，决定了以无形生产要素为主导的经济系统具有收益递增的特征。当前，人类社会已经进入知识经济时代，作为生产要素的各种知识和技术具有非消耗性，不但容易传播扩散，而且可以实现共享，特别是在使用过程中它们可以与其他知识和技术相融合从而衍生出新的知识和技术，即通过原有知识创造新知识、通过已有技术发明新技术,进而实现经济系统的持续创新和价值增值。因此,我们看到,均衡理论与非均衡理论两者之间并非是绝对对立、相互矛盾的,而是能够相互兼容并达成统一的。也即,对经济系统的分析,短期内适合应用均衡理论,而长期内则适合应用非均衡理论。

关于收益递减规律和收益递增规律之间的关系和相容性,石涛和陶爱萍(2007)给出了一个较好的解释[①]:有形生产要素和无形生产要素在总生产要素中的相对比重的变化直接决定了收益变化的方向,收益递增在传统经济中可能会在某个行业,或行业中的某个环节出现,但在有形生产要素占主导地位的条件下,收益递增作为一种特殊性往往被淹没在众多经济领域中所表现出来的收益递减的普遍性之中;随着经济内涵的不断丰富,无形生产要素在总生产要素中的比重不断提高,从而总边际收益所表现出来的递增趋势日益明朗化,收益递增规律也从一个或某几个领域向其他众多领域延伸,从而普遍性日益显著。

从以上论述可以看出,存在于经济学界的关于均衡理论与非均衡理论、收益递减规律与收益递增规律的长期纷争,他们之间的认识分歧实际上是能够相互兼容并达成统一的。

人类社会系统是一个超级复杂的巨系统,仅从局部和短期进行观察很容易陷入认识误区而得到片面的结论,只有从整体和长期的历史过程来观察和思考,才能帮助我们看清社会发展的趋势并真正把握其本质。在社会系统的长期演化历程中,其中既存在正反馈作用,也存在负反馈作用,正反馈作用与负反馈作用交替处于主导地位,进而使系统既保持相对稳定,又使系统始终处于演化变迁之中。从长期历史来看,一个社会系统经过实践积累,有些个体会在知识、技术和制度等方面产生创新,当这些创新成果经过社会选择被传播扩散时,这个社会系统演化变迁的正反馈机制就被启动了。当正反馈作用发展到一个临界点时,社会系统就会产生突变分叉,它可能会跃迁到一个更高层次,也有可能会跌落到一个较低层次,社会系统的跃迁或跌落取决于临界点时所受偶然因素的影响;社会系统一旦进入某一层次,由于受到负反馈机制的作用,在一定时期内它会保持相对的稳定状态。社会系统的长期演化过程,实际上是正反馈作用与负反馈作用有机耦合、交替主导、往复循环的过程。

应用"正反馈"与"负反馈"的耦合原理,能够理清收益递减规律与收益递增规律之间的本质关系和兼容性,从哲学层面和认识论的意义上,可以弥合经济学中均衡理论与非均衡理论之间的根本分歧,进而有助于实现对经济学理论的创造性综合。

3. 循环累积因果原理

"累积因果"这一概念包含两种含义:一是指一切现象都可往前追根溯源其发生的原因,也即导致事物发生的是一系列原因累积的结果;二是指导致事物发生的原因与结果之间是相互影响的,也即原因与结果之间呈现出作用与反作用、交互影响的动态过程。

"累积因果"(cumulative causation)这一概念最早是由美国经济学家凡勃伦受达尔文进化论思想启发于1898年提出的[②]。与凡勃伦不同,缪尔达尔和卡尔多等经济学家通常使用的则是循环累积因果(circular cumulative causation)这一概念。从文字表述来看,凡勃伦的概念接近第一种含义,而缪尔达尔和卡尔多的概念则是第二种含义。

亚当·斯密在其分工理论中系统论述过劳动分工引致市场规模扩大的思想,其中蕴含的是由"劳动分工"导致"市场规模扩大"这种单向的因果联系。阿林·杨格将亚当·斯密的

---

① 石涛、陶爱萍:《报酬递增:特殊性向普遍性转化的分析》,《中国工业经济》2007年第4期,第10页。
② Thorstein B. Veblen, Review of William H. Mallock, 1898. Aristocracy and evolution: A study of the rights, the origins and the social functions of the wealthier classes. *Journal of Political Economy*.

单向因果联系发展成了双向的因果联系,他强调指出"报酬递增取决于劳动分工的发展""劳动分工取决于市场规模,而市场规模又取决于劳动分工"①,这揭示出在时间进程中"劳动分工"与"市场规模"二者之间的互为因果关系。

实际上,阿林·杨格将"劳动分工"、"市场规模"和"收益增长"这三个方面有机结合,综合论述了经济系统的动态运行过程。这一动态过程就是:"劳动分工"→"市场规模扩大","市场规模扩大"→"收益增长","收益增长"→"劳动分工深化",而"劳动分工深化"→"市场规模进一步扩大",这实际上就是古典经济增长理论的核心要义,它深刻反映了经济系统中存在的循环累积因果联系。如果我们用三个轴(例如 A、B、C)分别表示"市场规模"、"收益增长"和"劳动分工"这三个维度的增长程度(参见图 5-9),就可以清晰地看到,经济发展过程是一个不断扩展的螺旋(图 5-9 是三维轴坐标系中的螺旋图)。

在 1931 年,缪尔达尔将瑞典经济学家维克赛尔(Knut Wicksell,1851—1926)的"累积效应"(cumulative process)概念引入其当年出版的《货币均衡论》一书中②。1944 年,缪尔达尔明确提出了循环累积因果的概念,他已认识到在系统自我增强效应中,这种因果相互作用的触发因素和内在机理③。缪尔达尔倡导用整体性方法对经济、社会、制度现象、社会平等、人口、种族、贫困等问题进行综合研究,注重经济因素与非经济因素之间的联系,强调社会运行中各种因素之间的相互依赖关系,提出社会经济动态运行中诸多因素互相影响、互为因果、循环变动的重要思想。他认为,"在一个动态的社会过程中,社会各种因素之间存在着因果关系,某一社会经济因素的变化,会引起另一种社会因素的变化,后者反过来又加强了第一个因素的变化。所以,社会经济诸因素之间的关系不是趋于均衡,而是以循环的方式运动",他将这种循环累积因果联系的运动区分为"上升的循环累积运动"和"下降的循环累积运动"两种形式④。

卡尔多是阿林·杨格的学生,同时也曾与缪尔达尔共事⑤,卡尔多继承了阿林·杨格的上述思想,可能也吸收了缪尔达尔的有关思想,在此基础上,他对循环累积因果思想作了进一步丰富和发展。卡尔多将需求、投资、生产率、净出口、实际收入等因素纳入循环累积因果关系的分析中,研究了经济体系的良性循环机理。他从需求方面入手分析,认为强劲的国内需求能够形成稳定乐观的市场预期,稳定乐观的市场预期会刺激投资,对新技术的投资会提高生产率从而产生规模经济,生产率的提高一方面会促进净出口增长,另一方面会通过提高实际收入促使需求水平进一步增加,而投资、生产率、净出口、实际收入和国内需求之间的循环累积因果效应推动经济不断增长⑥。

很明显,循环累积因果思想能够清晰反映复杂系统随时间演化的轨迹,当我们使用多维坐标系来描述复杂系统的演化轨迹时,这些轨迹显示出来的图像就表现为各种螺旋图。例

---

① 阿林·杨格撰,贾根良译:《报酬递增与经济进步》,《经济社会体制比较》1996 年第 2 期,第 57 页。
② [美]威廉·巴伯(William J. Barber)著,苏保忠译:《纲纳·缪达尔》,华夏出版社 2009 年 8 月第一版,第 73 页。
③ 杨虎涛、徐慧敏:《演化经济学的循环累积因果理论——凡勃伦、缪尔达尔和卡尔多》,《福建论坛》2014 年第 4 期,第 29—30 页。
④ 马涛编著:《经济思想史教程》,复旦大学出版社 2018 年 3 月第二版,第 316—317 页。
⑤ 卡尔多曾与缪尔达尔在联合国欧洲经济委员会共事。见 *Principle of Circular and Cumulative Causation: Fusing Myrdalian and Kaldorian Growth and Development Dynamics.* 转引自杨虎涛、徐慧敏:《演化经济学的循环累积因果理论——凡勃伦、缪尔达尔和卡尔多》,《福建论坛》2014 年第 4 期,第 29 页。
⑥ Nicholas Kaldor, *Further Essays on Economic Theory*. New York: Holmes and Meier Publishers, 1978, pp.100-139.

如,企业系统的良性循环演化过程表现为不断扩展的螺旋,企业系统的恶性循环演化过程表现为不断收缩的螺旋,而僵化停滞的企业系统就表现为圆周循环。

目前,循环累积因果原理被视为体现演化经济学中整体主义、过程动态演化、非均衡分析等方法论的共有原则[①],但实际上,这种思想并非只在演化经济学界所独有,与此类似的思想在历史学界早就存在。例如,历史哲学家维柯(Giovanni Battista Vico,1668—1744)于1725年出版的《新科学》中将人类历史看作循环复演的过程,揭示出历史演化具有螺旋式上升的特征,实际上其中就蕴含了循环累积因果的思想。此外,循环累积因果的思想也被当代的复杂性思想所吸收。例如,以复杂性思想闻名的法国哲学家埃德加·莫兰(Edgar Morin)就明确指出,存在"线性因果性"、"反馈的环形的因果性"和"循环的因果性"这三种因果关系[②]。本书第四章、第五章、第七章和第八章中的各种螺旋图,实际上就是循环累积因果原理的形象化表述。

[①] 杨虎涛、徐慧敏:《演化经济学的循环累积因果理论——凡勃伦、缪尔达尔和卡尔多》,《福建论坛》2014年第4期,第31页。

[②] 埃德加·莫兰著,陈一壮译:《复杂性思想导论》,华东师范大学出版社2008年4月第一版,第92—93页。

第三章 鸟瞰经济社会的总体图景

本章是全书的纲目,它基本反映了本书的总体面貌和核心思想。本章首先简介了从自然系统到社会系统的基本层次;总结了人类社会演化发展所遵循的四大规律(即分叉律、协同律、分形律和周期律);概述了资源的基本分类及其形态;描述了人类社会再生产过程组成环节的变迁历程,以历史考察的方法分析了社会生产中分配关系的长期变迁特征;最后,通过对"表层结构"与"深层结构"这对范畴的内涵比较,说明本书的理论框架与库尔特·多普菲(Kurt Dopfer)等人所提出的"微观-中观-宏观"理论框架的异同,通过列表方式说明不同层次系统的生态位。本书的理论框架将有助于建立 21 世纪的全新经济学范式。

本章的论述要点如下:

1. 在现代社会,一个完整的国家系统至少包括人文系统、经济系统、政治系统、科学系统、法制系统和教育系统这六个子系统。一个国家内部的经济体系可以分为微观的企业层次、中观的行业层次、中宏观的产业层次、亚宏观的国民经济层次、宏观的国家与社会层次这五个基本层次。

2. 人类社会演化发展普遍遵循分叉律、协同律、分形律和周期律这四大规律。关于分叉律和周期律,各国学者(尤其是经济学家)作过大量研究和论述,本书重点论述了协同律和分形律。本书在理论上的一个重要收获是,揭示出从企业系统、产业系统到国民经济系统在一般结构方面的相似性,同时揭示出社会系统中人文、经济和政治等子系统的双层结构。

3. 人类社会的资源一般可以分为自然资源和社会资源两大类;社会资源又可以分为人力资源、物质资源和知识资源三大类。其中,人力资源是一种重要的可再生资源,是所有可用资源中最有生产力的资源。知识资源是一种具有本源属性的经济资源。

4. 自法国学者让·巴蒂斯特·萨伊(Jean Baptiste Say,1767—1832)把经济学划分为生产、分配、交换和消费这四个部分以来,人们就把这四个部分看作社会再生产总过程的组成环节。本章以图示方式描述了从原始社会、农业社会、工业社会到现代社会中社会再生产过程的长期变迁情况。由此可以看出,随着人类社会的不断发展,社会再生产过程变得越来越复杂。从人类社会的长期历史来看,社会经济系统与生物有机体类似,也有其诞生、成长和演化的历史。所以,人类的社会经济活动更加适合用生物学的眼光进行观察和研究,而不是用物理学的机械力学观进行考察和分析。

5. 就人类的整个社会经济生活来说,"分配"这一环节具有特殊的重要意义。从整个人类社会的历史发展过程来看,人类社会的分配关系大致上经历了一个从原始社会的基本"公平与平等"、到奴隶社会的极端"不公平与不平等"、到封建社会和资本社会的一般"不公平与不平等"、再到现代社会的比较"公平与平等"的演化历程。从长期历史变迁来看,人们对社会生产的认识水平与社会分配结果之间存在着"作用-反作用""反馈-调整"的动态关系;一方面,人类认识的较低水平决定了人们不合理的价值取向,而不合理的价值取向又导致了不公平的社会分配结果;另一方面,不公平的社会分配结果又会导致被剥削阶层的反抗或革命,这种反抗或革命又会迫使剥削阶层调整不合理的分配制度,这些行为又会推动人们对社会生产认识水平的逐步提升。在一个社会的经济系统中,生产要素投入比例结构与生产成果分配比例结构之间也存在着"作用-反作用""反馈-调整"的动态关系,它们之间的这种关系类似于"人类认识水平"与"社会分配结果"之间的互动关系。在人类社会发展过程中,人力(劳动力)、土地、资本、技术和知识等生产要素的相对地位始终处于不断变化中。正是各种生产要素相对地位的不断变化,引起了社会生产要素投入结构的长期演化,而生产要素投入结构的变化又推动了生产分配结构的变化。在一定时期内,生产要素投入关系对生产分配关系的决定作用是由当时的社会生产发展水平决定的,从本质上来说,是由当时人们的认识水平决定的;而生产分配关系对要素投入关系的反作用主要表现在分配制度的不断调整和变革中。

6. 与亚当·斯密、卡尔·马克思和维弗雷多·帕累托(Vilfredo Pareto,1848—1923)分别选取"价值"、"商品"和"经济人"这三个核心概念作为研究经济学的原点不同,本书选取了"系统"这个核心概念,并以"企业系统"作为研究的原点,从而分析了现代社会中社会再生产从微观、中观到宏观各层次不同环节的有机联系和复杂运行过程。

7. 理解本书理论思想的一对重要范畴是"表层结构"与"深层结构"。从这对范畴的内涵比较来看,可以说本书的理论框架是对库尔特·多普菲等人所提出的"微观-中观-宏观"理论框架的进一步深化、细化和完善。如果沿着本书提出的理论框架进一步深入研究和综合,将有助于建立适应 21 世纪社会发展需要的全新经济学范式。

8. 理解本书理论思想的另一个关键概念是"生态位"。本书将"生态位"理解为经济系统生存的特定资源空间,它是经济系统内部环境与外部环境交流接触的部分。从系统论的观点来看,系统与其生态位之间是协同共生的。从社会经济体系的各层次来看,都存在着与之相对应的生态位。

一、从自然系统到社会系统的基本层次

人类是生物界的一个物种,人类社会是自然界长期演化的结果。梳理清楚从自然系统到社会系统的基本层次,有助于人类真正认清自己在整个世界中的位置,而不是依然傲慢地将自己凌驾于大自然之上。

1. 宇宙系统的基本层次

从宇宙太空来观察,如果从地球开始依次向外层延伸,那么宇宙的天体系统可以分为地月系统、太阳系系统、银河系系统、河外星系系统、大宇宙系统等层次。由此,我们可以画出宇宙系统层次图(见图 3-1)。

从影响地球生物的主要因素来看,自然系统可以分为地壳土壤圈、水圈、生物圈、大气层、太阳系这五个层次。

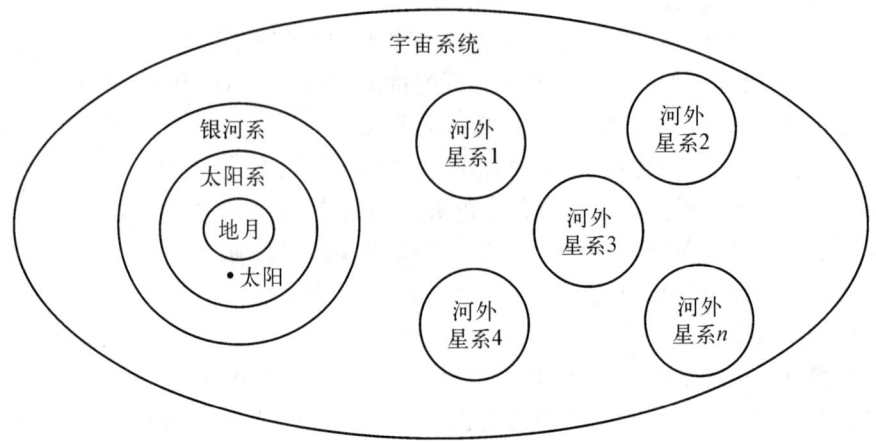

图 3-1 宇宙系统层次图

人类是地球生物圈中众多生物中的一个物种,因此,人类社会系统应该属于生物圈系统的一个子系统。人是自然的一部分。

2. 人类社会系统的基本层次和结构

社会结构是指组成社会的基本要素、要素功能以及这些要素之间相互联系的一般状态。社会结构是人们对社会整体的基本特征和本质属性的抽象认识,它是相对于社会运行动态过程而言的静态概括。从社会发展的长期历史来看,任何开放社会系统的社会结构都是在不断演变的,其演变方向一般呈现出从无层次到有层次、从单层次到多层次、从一元到多元、从简单到复杂的发展趋势。

美国著名社会学家塔尔科特·帕森斯(Talcott Parsons,1902—1979)对社会系统和社会结构作过系统研究。帕森斯把社会系统划分为经济(economy)、政治(polity)、社团(societal community)[①]和文化模式托管系统(fiduciary system)这四个子系统,这些子系统分别执行"适应(adaptation)"、"目标实现(goal attainment)"、"整合(integration)"和"模式维持(latent pattern maintenance)"四项基本功能。其中,经济系统执行适应环境的功能,它涉及人类生活所需消费品的全部生产和流通活动;政治系统执行目标实现的功能,它选择社会的共同目标,确定实现目标的优先次序,动员社会力量去实现这些目标;社团系统执行社会整合的功能,其作用是维持社会持续"团结",使社会成员按一定规范行动而避免相互冲突,它包括司法、军队、社区组织等所有旨在建立和维持社会内部团结的职能机构;文化模式托管系统执行模式维持的功能,其作用是通过亲属制度和教育制度来维持社会公认的基本价值模式,通过社会化过程培养和造就符合社会规范的各类个体。帕森斯认为,在这四个子系统协调一致、充分发挥各自功能的前提下,整个社会系统就能够保持有序运行,而这四个子系统之所以能够充分发挥功能,关键在于社会成员之间拥有共同的价值体系。[②]

中国系统哲学家闵家胤(1999,2004,2006,2012,2016)在分析马克思历史唯物论模型缺

---

① "societal community"这一术语,国内有学者译成"社会性社区""社会共同体""社会系统"等,这些都是对这一术语的直译,这些译法容易与中文里其他社会学概念相混淆,很容易引起读者的误解。笔者认为,将这一术语译为"社团"更能表达出帕森斯理论中"社会团结"的本意。也有学者根据帕森斯对这一术语的内涵说明将其意译为"法律系统"。

② 汪和建:《社会系统分析模型:马克思与帕森斯的比较》,《社会学研究》1992 年第 1 期,第 54—57 页。

憾①的基础上,吸收美国思想家欧文·拉兹洛系统模型和中国科学家钱学森系统模型的优点,提出了一个新的社会系统模型②。这个社会系统模型包含人与文化信息库、人的生产系统、物质生产系统、文化信息生产系统和管理系统这五个子系统,其中人与文化信息库处于核心,周围环绕着其他四个系统,外部环境包括社会环境和自然环境。社会系统的五个子系统各有独立的功能,它们互相适应、互相影响、互相决定、互相改变,共同进化;在每两个子系统之间有人员、物资、信息和资金的双向交流,在社会系统与环境之间有物质、能量和信息交流。闵家胤认为,社会系统是一个自复制-自创生的动态系统,是一个有很大随机性的非决定论的复杂系统;文化信息库中发挥显功能的主流文化决定着社会系统的结构、性状和功能。他强调指出:人是社会系统内一切活动的出发点和归宿;人是社会系统内的认知主体、创造主体、生产主体和享用主体;社会应当以人为本——把人作为目的,而不是手段。③

2000年,中国经济学家贾根良在吸收马克思科学哲学、制度与演化经济学研究成果的基础上,提出了一种由政治体制系统、经济体制系统、文化认知模式(意识形态)系统、技术体制系统和生态地理系统组成的社会结构框架④。这实际上是他构建的一个社会结构系统模型,但作者对这个社会结构框架阐述得很简略,对各系统的组成要素和相互关系等也未展开论述。2001年,英国学者克里斯托弗·弗里曼(Christopher Freeman,1921—2010)和葡萄牙学者弗朗西斯科·卢桑(Francisco Louçã)在分析资本主义社会演化时构建了一种包括政治、经济、文化、科学和技术五个子系统的社会有机系统⑤,这实际上也是他们所提出的一种社会结构系统模型。

笔者在借鉴帕森斯和闵家胤社会系统模型优点的基础上,结合自己对人类历史和社会整体的系统认识,把现代社会系统划分为由"人文系统、经济系统、政治系统"等子系统组成的表层结构和由"科学系统、法制系统、教育系统"等子系统组成的深层结构⑥。从社会发展的长期历史来看,人类社会最先形成的社会子系统是人文系统,其次是经济系统,然后是政治系统,它们都是先后从原始社会组织中逐步分化出来的⑦。从中国古代社会的演化历程来看,当原始国家孕育诞生的时候,法制系统也随之诞生了,到汉武帝(刘彻,公元前156—公元前87)时代成体制的教育系统才出现⑧,而科学系统直到近代时期因受西方社会影响才被创建⑨。

---

① 闵家胤:《社会系统的新模型、三种生产和综合评价标准》,《系统科学学报》2016年第1期,第6页。
② 闵家胤著:《进化的多元论——系统哲学的新体系》,中国社会科学出版社,1999年8月第1版第383页;2012年8月修订版第370页。
③ 闵家胤:《社会系统的新模型》,《系统科学学报》2006年第1期,第31—34页。
④ 贾根良:《马克思经济学研究传统与"中国经济学"的研究纲领》,《天津社会科学》2000年第4期。
⑤ C. Freeman, F. Louçã, *As Time Goes By: From the Industrial Revolutions to the Information Revolution*. Oxford University Press, 2001.
⑥ 甘润远著:《螺网理论——经济与社会的动力结构及演化图景》,复旦大学出版社2016年9月第一版,参见第236页。
⑦ 有关原始国家形成及国家结构演化过程的内容比较复杂,详细阐述请参阅本书第八章。
⑧ 中国古代的教育体制发端于西周时期(公元前11世纪至公元前771年),到春秋时期有较大成长(参见《礼记·学记》和《周礼·地官司徒》等篇,其中以齐国和鲁国相对兴盛,甚至出现了以孔子为代表的私人办学现象。但体系化的规范的教育系统直到汉代时才基本成形。汉武帝元朔五年(公元前124年),汉朝创建了官办最高学府"太学",中国古代社会的官办教育机构和教育制度由此确立;汉武帝时,朝廷还"令天下郡国皆立学校官"(《汉书·循吏传》),各地郡县设立了官办学校和专门负责教育的官吏。从此,汉朝初步建立了从中央到地方的教育体系。
⑨ 1906年,中国近代最早的科研机构"京师农事试验场"在北京成立。直到1928年6月,中国近代最高科学研究机构"中央研究院"才在南京成立。

从系统的角度来看,人类社会系统是一个超级复杂的巨系统,是自然、社会、政治、经济、文化等系统的复合系统。人类社会系统的复杂性主要体现为内部结构复杂、子系统种类数量多、子系统层次多、子系统之间关系复杂、子系统之间具有很强的耦合作用。

从历史发展过程来看,人类社会的产生要先于国家的产生(有关内容参见本书第八章第二节)。从系统的层次来看,国家系统应该包含在人类社会系统之内。人类社会发展到现阶段,几乎所有的人类群体都被纳入了不同的国家中。所以,整个地球人类社会是由全世界所有国家组成的集合。从这个意义上来说,人类社会系统也是国际系统。

从纵向层次来看,国家系统的外部环境包括全球社会系统(国际系统)和自然系统,国家系统的内部环境包括人文、经济、政治、科学、法制、教育等子系统。为便于读者理解,我们可以画出人类社会系统层次图(见图3-2)。

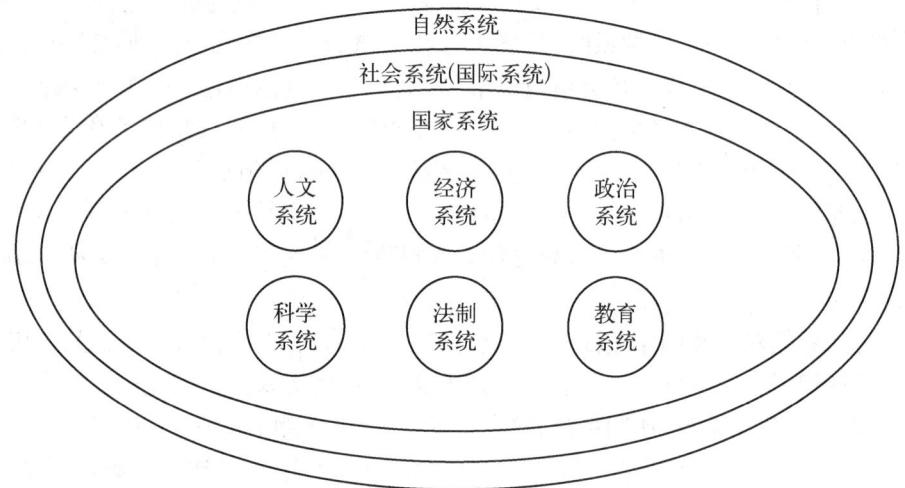

图3-2 人类社会系统层次图

图3-2所示的社会结构和层次,其实也是笔者提出的一种全新的社会系统模型,它是对现代社会结构的理论概括,这种概括与当代社会的实际功能划分是非常接近的。

从系统的角度来看,组成国家系统的要素也是国家系统的子系统,每个子系统都是相对独立的,它们都具有自己独特的功能。其中,人文系统的主要功能是人本身的生育、培养和人文知识的生产创新。这里的"人文"一词是个复合词,包含"人"和由人所创造的"文化"[①]这两方面的含义。经济系统的主要功能是进行物质产品的生产、交换、分配和消费。政治系统的主要功能是提供公共服务、公共产品以及社会公共权利的组织、交换、分配和使用等。科学系统的主要功能是探索、发现、创新和完善有关自然环境、人类社会以及人类自身的科学知识体系。法制系统的主要功能是调节国家系统内外的各种关系,消除社会的各种矛盾、冲突和对抗,维护社会基本的公平、正义和秩序,促进人类社会有序、和谐、健康地持续发展。教育系统的主要功能是积累、传承、复制和传播各类知识,培养满足社会需要的各类人才。

图3-2可以看作对当前人类社会系统组成结构的一个简单素描,尽管它看上去很简单,但通过它我们可以比较清晰地认识人类社会各个子系统之间的相互联系、相互作用、相互影

---

① 关于"文化"一词的内涵探讨和定义,请参阅本书第八章第四节。

响,从而有助于我们从整体上理解人类社会系统的复杂运行过程。

3. 社会经济系统的基本层次

人类社会的生产活动至少包括人口生产、物质生产和精神生产这三个方面。物质产品的生产活动是人类社会赖以生存的最基本的经济活动,这一活动是依靠微观经济主体——人——完成的。在人类社会中,人们从事生产活动通常都是结成一定的社会群体,以分工、协作的形式进行的。在古代社会,从事物质产品生产活动的基本单位一般是家庭组织;而在现代社会,从事物质产品生产活动的基本单位则是企业组织。"企业"这种组织不是从来就有的,而是随着人类社会经济活动的发展逐渐从家庭中分化出来的。在现代社会中,生产同类产品的很多企业组成了某一种行业,由实际供求关系而相互联结起来的不同行业组成了某一种产业,由众多相互联系的产业又组成了某一个地区的产业体系,而相互联系的不同经济组织(包括产业组织、交换组织和分配组织等)又组成了一个国家的经济系统。

在现代社会,一个国家内部的经济体系可以分为微观的企业层次、中观的行业层次、中宏观的产业层次、亚宏观的国民经济层次、宏观的国家与社会层次这五个基本层次。如果超越国界,从纵向层次来看,经济体系又可以分为国家经济层次、国际经济层次、自然生态层次这三个基本层次。

二、人类社会演化发展遵循的四大规律

本书以系统科学的方法和生物进化论的范式,通过对社会系统的结构分析,特别是对国家系统中从企业系统、产业系统到国民经济系统的结构和功能分析,阐述了人类社会演化发展的动力结构和基本特征,进而描绘了人类社会演化发展的总体图景。

从宏观大尺度的范围来看,整个人类社会是在分叉律和协同律这两大基本规律的共同作用下演化发展的,人类社会在发展过程中又体现出分形律和周期律的显著特征,其演化发展的总趋势是从简单到复杂、从无序到有序、从低级到高级,其演化的路径轨迹是一条逐渐展开的螺旋线。一个社会系统的演化过程是与时间、环境紧密联系的历史过程,它既会受到自然环境和其他社会系统的影响,也会反作用于自然环境和其他社会系统。人类社会在演化过程中同时包含着进化、退化和停滞的阶段或成分,在一定历史阶段内,社会系统在进化过程中,其内部某些结构或功能可能会发生某种程度的退化或停滞,另一方面,社会系统在退化阶段内,其内部某些结构或功能也可能会发生某种程度的进化或停滞。从时间维度来看,社会的演化进程并不是匀速进行的,而是表现为有时渐变有时突变,有时发展缓慢有时发展较快。从社会系统的内部结构来看,社会的演化发展呈现出一定的差异性和不均衡性,这主要表现在人文、经济、政治等社会子系统发展的不同步和相对地位的变化上,有些子系统进步较快,有些子系统进步缓慢;有些阶段经济子系统主导着社会的进步,有些阶段则是政治子系统主导着社会的进步。总之,人类社会总体的演化过程是渐变与突变、量变与质变、有序与无序、进化与退化的统一。本书的分析和论述表明,人类社会演化的总体图景是一张多维动力交织、螺旋式发展的"螺网图"(参见图8-14)。

本书综合研究后发现,人类社会演化发展普遍遵循分叉律、协同律、分形律和周期律这四大规律。下面,我们就对这四个规律进行简单阐述。

1. 分叉律

分叉是指事物从一支生长成两支或多支,从一个整体分化成两部分或多个部分,从一种稳定状态分裂成两种或多种稳定状态,从一个演化方向分歧出两个或多个演化方向的现象。分叉是事物演化成长的一个重要机制,在分叉机制的作用下,事物沿着从简单到复杂、从单层到多层、从低级到高级的方向演化,从而展现出日益细分化、专长化、层级化、多样化的发展趋势。无论在无机自然界、有机生物界,还是在人类社会,都包含着分叉式的演化规律。本书将这一规律总结为分叉律。有些文献也把"分叉"称为"分岔",其本质含义是基本相同的。在自然界中,分叉现象是广泛存在的。最常见的分叉现象是树枝的分叉、河水的分流、山脉的分歧和道路的分岔等。

在生物界,分叉现象是非常丰富而多样的,它们的存在为人们研究分叉规律提供了很直观的形象。例如,树木就是通过不断分叉来生长的(见图3-3)。生物物种的演化分歧也是符合分叉律的。根据达尔文的生物进化理论,生物物种的进化历程呈现出树状分叉式的演化图景。现代分子生物学对分子进化特征的研究已经证实,达尔文对物种分叉演化的描述是比较准确的。例如,科学家通过对人类与鲨鱼分子结构的比较发现,人类和鲨鱼是在大约

图3-3 树木的分叉现象

4亿年前由共同祖先原始鱼类分歧进化而成的,在4亿年的漫长演化历程中,一个物种的外表体形仍然保持了鱼的外形,而另一个物种则从鱼类进化到两栖类,由两栖类进化到爬行类,再进化到哺乳类,最终进化发展到具有高度智慧的人类,这两个物种彼此之间的差异已经发展到异常悬殊的程度①。

分叉也是人类社会演化的一个重要机制。根据人类学的研究表明,人类社会从原始人群逐渐演化到原始国家的过程,就伴随着社会组织的分化与社会分工的细化,这一过程实际上也呈现出树状分叉的特征(参见本书第八章第二节)。正是在分叉机制的作用下,人类社会才从原始的游团演化到氏族社会,从氏族社会演化到部落社会,又从部落社会演化到酋邦社会,最后又从酋邦社会发展到原始国家。本书按照社会系统的结构与功能的不同,将人类社会系统划分为人文、经济和政治等子系统,本书综合前人各种研究成果的论述也证明,一个社会的人文系统、经济系统和政治系统是先后从原始社会系统中逐渐分化出来的,也就是说,社会系统的结构与功能,其演化过程也呈现出树状分叉的特征。本书通过对国家系统中经济系统的结构分析也表明,无论是经济系统的组成要素(如组织、资源、产品、知识、技术、制度等),还是经济系统的不同层次(如企业、行业、产业等),还是经济系统运行的各个不同环节(如生产、交换、分配和消费),它们的演化发展都呈现出逐级分叉的特征。社会分工是经济学研究的一类重要现象,本书的一个重要发现就是,社会分工与自然界的分叉现象具有相似的机制,社会分工背后的基本机制就是分叉律(具体阐述参见本书第八章第八节)。

2. 协同律

协同是指事物的不同部分或者不同要素、不同环节、不同阶段、不同层次之间相互联系、协调一致,共同组成事物的有序结构,从而形成事物整体的统一功能。协同是事物演化成长的另一个重要机制,在协同机制的作用下,事物才能够将不同部分或者不同要素联系在一起,将不同环节、不同阶段、不同层次组织成一个有序结构,从而在演化成长过程中保持其整体功能的协调性、一致性、完整性和统一性。在千差万别的自然系统或社会系统中,都存在着各种形式的协同作用。物质世界是普遍联系的,这种普遍联系主要体现在物质世界的系统性和协同性方面。

产生于20世纪70年代的协同学指出,在复杂开放系统中,在一定的外部物质流、能量流和信息流输入的条件下,系统会通过大量子系统之间的相互作用而在时间、空间或功能等方面形成新的有序结构,当外部输入达到某种临界值时,子系统之间就会产生协同作用,这种协同作用能使系统在临界点发生质变,从而使系统的运行状态从无序变为有序,其整体结构也从不稳定结构转变为稳定结构。根据协同作用的强弱或者协调程度的不同,事物就会表现出不同的有序结构和不同的功能效应,这种效应就是协同效应。协同效应是指复杂开放系统中大量子系统相互作用而产生的整体效应或集体效应。协同效应一般分为正效应、合效应和负效应三种情况。当系统的整体功能大于各个独立组成部分(或要素)的功能总和时,系统的协同效应就是正效应,这种情况常被表述为"1+1>2"。当系统的整体功能等于各个独立组成部分(或要素)的功能总和时,系统的协同效应就是合效应,这种情况常被表述为"1+1=2"。当系统的整体功能小于各个独立组成部分(或要素)的功能总和时,系统的协同效应就是负效应,这种情况常被表述为"1+1<2"。

---

① 杨娟芬:《分子进化的中性选择学说》,《生物学教学》1995年第2期,第41—42页。

无论在无机自然界、有机生物界,还是在人类社会,都广泛存在着协同现象。

在无机自然界,随着人们对各种物理现象的深入研究,存在于物质世界的一些协同现象首先被物理学家所发现和认识。例如,在流动液体绕圆柱体流动的过程中就存在着协同现象(见图3-4)。当液体的流速低于某一临界值时,这段流体呈现出均匀层流的流动状态;但当流速高于这一临界值时,在圆柱体后侧就会形成一对静态的漩涡;当进一步提高流速并达到第二个临界值时,在圆柱体后侧就会形成动态震荡的漩涡(这些漩涡是断续产生的,并随流体而移动)。这里,流体所产生的静态漩涡是一种空间上的有序结构,动态漩涡则是一种空间和时间上的有序结构(也可看作一种更复杂的有序结构),它们都是一部分流体分子因发生协同作用而产生了组织形态质变,从而使其整体结构从不稳定结构转变为稳定结构。

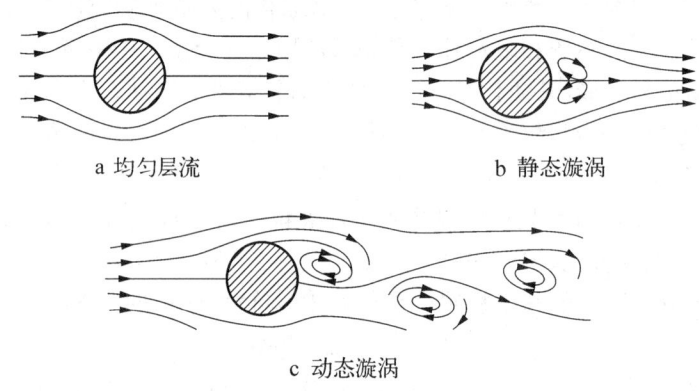

图3-4 流体绕圆柱体流动时的协同现象

另一个典型的实例是晶体物质的激光现象。物理学家发现,当晶体物质受到高能光子的冲击时,将会引发晶体原子核外的电子从高能级跃迁到低能级并辐射出光子。在这个过程中,微观粒子之间也存在着协同现象:当发射光子的能量低于某一临界值时,晶体辐射出的光子,其运动方向是错杂混乱的,这时晶体发射的光线呈现出无序的发散状态;但当发射能量高于这一临界值时,晶体所辐射出的光子,其运动方向就变得统一起来,这时晶体发射的光线是频率、相位和方向均一致的单色光,晶体呈现出发射连续激光的稳定状态;当进一步提高发射能量并达到第二个临界值时,这时晶体就发射出断续的脉冲式激光,这种激光呈现出规则的超短脉冲序列。在这个例子中,晶体受到激发所产生的连续激光是一种空间上的有序结构,而脉冲激光则是一种空间和时间上的有序结构,它们都是晶体内的电子、光子等微观粒子因发生协同作用而产生了组织形态质变,从而使其整体结构从无序结构转变成了有序结构。

在生物界,生物个体在发育、生长的各个层次和不同阶段都普遍存在着协同现象和协同作用。例如,植物在从种子发芽到长成成熟植株的过程中,外部环境始终在向它提供光能、水分和养料等,当温度和湿度达到一定值时,种子中的细胞就开始分裂和分化,当种子发芽后,其组织形态就发生了质变,随着胚芽细胞群的进一步分化,幼芽就分别长出了根、茎和叶等组织器官,这时植物的组织形态再次发生了质变。在这个实例中我们看到,从微观层面来看,植物种子细胞之间的协同作用保持了细胞分裂的有序性。例如,在植物的种子细胞中,有些细胞分裂成了根细胞,有些细胞分裂成了茎细胞,另一些细胞则分裂成了叶细胞,它们之间的分裂方向是有序的,而不是混乱无序的。从中观层面来看,植物胚芽细胞群之间的协同作用保持了组织器官的差异性和协调性。例如,在植物胚芽的细胞群中,根细胞群、茎细胞群和叶细胞群等不同细胞群的自组织方式不同,导致它们形成了不同的有序结构,从而促使它们分别生长成具有不同结构和功能的组织器官,而不同细胞群之间的相互联系和协调一致维持了植物胚芽的整体性和分化生长的有序性。从宏观层面来看,植物组织器官之间的协同作用保持了植物整体结构与功能的完整性和统一性。例如,植物的根、茎、叶等组织器官的结构与功能各不相同,根的主要功能是吸收水分和各种元素,茎的主要功能是运输和分配水分和各种元素,叶的主要功能则是进行呼吸和光合作用,尽管这些组织器官的结构与功能各不相同,但它们之间却协调一致、各司其职、相互支持,从而保持了植物整体的完整性和统一性。在动物的发育生长过程中,其身体各个部分、各个层次在不同阶段中始终都存在着协同作用,这种协同作用比植物的协同机制更紧密、更高级和更复杂。生物发育生长的过程既是一个随着时间延续和空间展开而进行的历史过程,也是一个组织、结构和功能逐渐生长完善的过程。

人类社会也广泛存在着各种不同形式和不同层次的协同现象和协同作用。在原始社会时期,一方面,由于生存的需要,为了共同狩猎和防御猛兽,不同原始人之间相互协作,从而结成一定的社会群体;另一方面,由于种族延续的需要,在同一社会群体内的不同人之间因为婚姻关系而组成氏族公社。不同氏族公社之间因为相互通婚而发生紧密联系,这种联系又导致胞族或部落的产生,不同部落之间因为战争而发生联盟或兼并,这种联盟或兼并又导致酋邦社会的诞生,酋邦社会的进一步复杂演化最终产生了原始国家。人类社会从氏族社会演化到部落社会,再从部落社会演化到酋邦社会,进而由酋邦社会再发展到国家社会,社会系统的组织形态和内部结构都发生了多次质变。在这个过程中,婚姻和战争这两种因素发挥着重要的推动作用。随着社会群体协同范围的扩展和协同层次的提升,社会系统整体的有序化程度不断提高,这是一个从简单到复杂、从低级到高级、从单层次到多层次的历史过程,也是一个社会组织、社会结构和社会功能逐渐分化不断生长的过程。在现代社会,从企业、行业、产业到国民经济系统和国家系统,实际上都存在着不同程度的协同作用(本书后面各章将对此进行较为系统的论述)。一个社会的成长演化过程与生物有机体的发育生长过程相似,也是一个随着时间延续和空间展开而进行的历史过程,在社会成长演化过程的每一阶段,其内部的各个子系统都需要协调一致、相互配合,各个子系统之间一旦出现结构失当、比例失调、速度失衡,就会影响到整个社会系统的健康有序发展。在一个社会系统中,当各个子系统在组织、结构和功能等方面能够相互配合与协调时,它们产生的协同效应就是正效应(或合效应),这种协同效应会推动整个社会健康发展、良性循环并持续进步;反之,当各个子系统在组织、结构和功能等方面相互冲突与对抗时,它们产生的协同效应就是负效应,这种负效应严重时就会导致整个社会畸形发展、恶性循环并停滞不前,如果各种冲突与对抗得不到及时消除和解决,将有可能使社会矛盾激化为社会革命,剧烈的社会革命往往会造成社会有序结构的破坏或崩溃。

3. 分形律

事物的部分与整体之间在某些方面具有相似性,这种现象就是分形现象。分形现象中的相似性是指事物之间有差别的、近似的相似性,或者在统计意义上具有相似性。这些具体相似的方面称为分形维度。分形维度包括时间、空间、质量、速度、能量、信息、结构、功能、周期、运动过程等。分形现象不仅存在于无机自然界、有机生物界,也普遍存在于人类社会中。

典型的分形事物具有自相似性、多重层次、递归嵌套、无穷精细结构等特征。这里的自相似性是指事物的局部与整体在某些方面相似，或者说从整体中分离出来的部分能够体现出整体的基本特征；多重层次是指事物从部分到整体之间，可以划分出很多不同规模、等级或序列的层次；递归嵌套是指事物的结构之中存在着结构，大结构之中嵌套着小结构，小结构之中嵌套着更小的结构；无穷精细结构是指事物具有无穷无尽的细微结构，它在任意小的尺度下都可呈现出更加精致的细节。

为了刻画和描述自然界那些形状复杂的事物（如曲折的海岸线、起伏的山峦等），在20世纪六七十年代，数学家们创建了分形几何学，这种几何学把自然形态描述成部分与整体具有某种相似属性、逻辑上无限嵌套并具有一定层次结构的事物。分形几何学是对传统欧几里得几何学局限的补充和拓展，是一种更加贴近自然界本来面目、更能揭示事物内在结构的几何学。

分形理论是在分形几何学的基础上发展起来的一套思想、方法和理论，它属于系统科学的一个重要分支，主要研究自然界或社会中那些形态不规则、外表不光滑、具有自相似性的复杂事物或现象。分形理论是一种能够横跨诸多学科的理论，通过它可以揭示从自然科学到社会科学乃至人文学科之间的深层联系。目前，人们已将分形理论的思想方法应用到了自然科学、社会科学甚至一些人文学科的研究领域，以分析和认识很多复杂现象的性质和特征。

分形理论研究的核心内容是自相似性。在分形理论中，把具有分形特征的事物整体称为分形体，把分形体内任何一个相对独立的组成部分或要素称为分形元；分形元与分形体相似，它内含并反映分形体的性质和信息，但分形体的复杂性远远大于分形元；在一定的分形维度上，分形元在一定程度上都是分形体的再现和缩影。分形理论所揭示出的这一规律性，与物理学所揭示的全息原理、生物学所揭示出的生物全息律在本质上是一致的。生物全息律指出，生命有机体的整体与部分之间具有相似性和对应性，生物体中具有生命功能而又相对独立的每个局部（又称全息元）都是这个生物体整体的缩影，都贮存着整体的全部信息；生物体的全息元具有层次性，大全息元中又包含着小全息元，全息元的层次越高，它与整体的联系就越密切。例如，从遗传信息这个维度来看，生物个体就是一个分形体，而其内部的细胞就是一个分形元，细胞包含着生物个体的全部遗传信息。

分形理论借助相似性原理来洞察隐藏于复杂现象中的新层次、新结构和新秩序，为人们从局部认识整体、从有限认识无限、从无序认识有序提供了崭新的方法论。如果把分形理论中的有关概念和思想进一步抽象升华为一种方法论，它就可以形成哲学上人们认识事物的思维方法——分形论方法。从方法论的角度来说，分形论方法与系统论方法是不同的。系统论方法是从事物的整体出发来认识各个部分的性质，它一般是沿着从宏观到微观的方向来考察事物整体与部分之间的相关性。而分形论则是从事物的部分出发来认识整体的性质，它一般是沿着从微观到宏观的方向来考察事物部分与整体之间的相似性。"系统论强调了部分依赖于整体的性质，体现了从整体出发认识部分的方法；分形论强调了整体依赖于部分的性质，体现了从部分出发认识整体的方法"[①]。因此，分形论方法与系统论方法两者之间构成了互补关系，综合运用这两种方法将会极大地提高人类认识世界的能力。

本书从"企业"这个基本经济单元入手，系统分析了从企业、行业、到产业直到国民经济

---

① 张越川、张国祺：《分形理论的科学和哲学底蕴》，《社会科学研究》2005年第5期，第86页。

系统的结构、功能和运行规律,揭示出社会经济体系的动力结构及演化规律,并进而描绘出国家系统乃至整个人类社会的发展轨迹。本书在理论上的一个重要收获是,揭示出从企业系统、行业系统、产业系统到国民经济系统在一般结构方面的自相似性、层次性、嵌套性等分形特征,同时揭示出社会系统中人文、经济和政治等子系统的双层结构。如果把本书所绘制的从企业系统、产业系统到国民经济系统、国家系统以及社会系统等各层系统的一般结构图(参见图 4-6、图 5-2、图 7-1、图 8-1、图 8-2 和图 8-10)组合起来看,我们将会看到一个类似于"曼德勃罗特集"①图案(见图 3-5)一样的几何图形,这组结构匀称、层层嵌套的几何图形就构成一组分形图,而这正是本书所揭示的存在于社会系统中的分形律,它形象地反映了社会系统与子系统之间、子系统与子系统之间在内部结构方面的相似性。

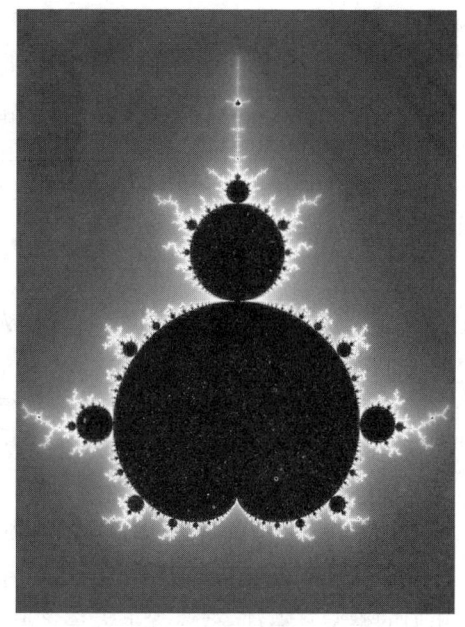

图 3-5 "曼德勃罗特集"图案

4. 周期律

物质世界的运动普遍体现出一定的周期性,这种物质运动的周期性就是事物的周期律。周期性运动是客观世界中事物运动的普遍规律。无论是生物界、人类社会、无机自然界,还是更加广阔的宇宙太空,从生物体、人类个体、社会组织到人类社会,从地球、地月系、太阳系到银河系,整个宇宙世界都存在着周期性运动。

物质世界从宇观、宏观到微观等不同层次,都存在着不同时长的周期性运动。目前,人类已经观测到的物质,从宇观天体到微观粒子都在做周期性运动。例如,太阳及其八大行星围绕银河系中心做周期性运转,地球及其他行星围绕太阳做周期性运转,月球围绕地球做周期性运转,电子围绕原子核做周期性运转,与此同时,太阳、行星(包括地球)、行星的卫星(包括月球)以及电子等基本粒子都在做周期性的自转。生物有机体和人类社会的运行过程中也存在着周期性运动,但这种周期性运动与天体、电子等的直观的周期性运动不同,而是表现为一种节律性的周期运动和新陈代谢活动。就生物有机体来说,在微观层面,生物个体始终进行着细胞的新陈代谢活动,在中观层面,生物个体始终进行着周期性的生命活动。例如,人体内存在着以 23 天为时长的体力盛衰周期和以 28 天为时长的情绪波动周期。再如,人体的不同组织始终都在进行着周期性的新陈代谢活动:人体的味蕾细胞更新周期是 10 天,皮肤表层细胞的更新周期是 2 周,人体血液中红细胞的更新周期是 4 个月,肝脏细胞的更新周期大约是 300—500 天,骨骼细胞的更新周期是 10 年[②]。实际上,生物有机体的节律性周期运动与地球绕太阳运行的周期性运动是相关的。这种相关性主要表现在,地球绕太阳周期性运转导致了地球生物圈在光照、温度、气压、湿度、季风、降水和磁场等气候环境方

---

① 由美国数学家曼德勃罗特于 20 世纪 70 年代发现的一种几何图形,这个图形是利用一个迭代公式通过计算机运算后绘出的,现已被视为典型的分形图。该图的显著特征是,不管把图案放大多少倍,都能够显示出更加复杂的局部,这些局部的形状既与整体图案相似又有所不同。

② 孔会芬:《美国〈读者〉杂志揭示——身体更新时间表》,《生命时报》2012 年 6 月 1 日第二版。

面的周期性变化,而这些气候环境因素的周期性变化又会导致植物生长的枯荣变化、农作物的丰歉变化、动物的休眠和迁徙变化、人体的生理参数变化等节律性变化。农作物的丰歉变化又会影响到人类社会农业收成的变化,进而就会影响到人类的社会生活。近半个世纪以来,人们对地球气候环境影响社会发展的问题作了很多研究,结果表明,地球气候的长期变迁对社会发展具有多方面的重要影响,地球气候的周期性变迁甚至间接导致了中国古代社会的历史循环周期[①]。

从系统的视角来看,处于不同层次的系统具有不同的运行周期,处于同一层次的不同系统,其运行周期也不完全相同。例如,从太阳系这个天体系统来看,木星绕日运行的公转周期是 11.86 年,它的自转周期为 9.84 小时(赤道部分),而地球绕日运行的公转周期为 1 年,它的自转周期为 24 小时;对于地月系统来说,月球绕地球公转的周期是 27.32 日,它的自转周期也是 27.32 日。现代天文学研究表明,月球中心与地球中心之间的距离在逐渐增大,如果以地心为坐标系原点进行观察,月球绕地球的运动实际上是个逐渐扩展的螺旋式运动,当月球中心与地球中心的距离增大到一定程度后,它们之间的距离又开始逐渐缩小,这时,月球绕地球的运动又呈现出逐渐收缩的螺旋式运动。有趣的是,在地球与太阳之间也存在着相似的螺旋式运动,这体现了天体之间在运动过程上的分形特征。从太阳系这些天体的运行规律中,我们可以得到这样的哲学启示:事物的周期性运动并不是在做简单的机械圆周运动,而是在时空中进行着永不重复的螺旋式运动;事物每运行一周并不是重新回到原来的起点,而是上升(或者下降)到一个更新的层次或者演化到一个新结构;事物的整体运行过程是循环往复的,但从时间流逝的不可逆转和空间位置的变化这两方面来看,事物的运行又是时时不同日日常新的。

根据结构和功能的不同,本书将人类社会系统进一步划分成人文系统、经济系统和政治系统等不同子系统。在社会科学各门类中,经济学是目前应用数理分析最多也最为成熟的一门学科,也是进行实证研究较为丰富的一门学科,就这两点来说,经济学是数理化、定量化程度最高的社会科学。自 19 世纪中叶以来,人们就发现经济体系中存在着各种不同长度和类型的周期。例如,为期 3—4 年的短周期(又被称为"基钦周期"),为期 9—10 年的中周期(又被称为"朱格拉周期"),为期 15—25 年、平均时长为 20 年的中长周期(又被称为"库兹涅茨周期""建筑业周期"),为期 50—60 年的长周期(又被称为"康德拉季耶夫周期")。从本书的观点来看,这些经济周期实际上反映了在不同社会条件下的不同历史阶段中,不同经济系统在不同层次上的周期性运动,这些周期性运动实际上表现为永不重复的螺旋式运动。一个社会的经济周期实际上是众多因素共同作用、交互影响的结果,在经济系统的各个层次都存在着大小不同的运行周期,这些周期之间相互联系、相互作用和相互影响,从而形成复杂的超循环结构,这些超循环结构本身又具有自相似性、层次性、结构嵌套性等分形特征。

在一个具体的社会系统中,除了经济系统具有周期性之外,人文系统、政治系统等不同子系统也存在着自身所固有的周期性。例如,英国著名历史学家汤因比(Arnold Joseph Toynbee,1889—1975)发现世界历史存在着大约 600 年的周期[②]。在经济学研究中,有关经济周期的文献可谓是汗牛充栋,相对而言,人们对人文系统、政治系统等其他社会子系统周

[①] 参见本书第九章之"五"《自然环境对社会历史发展的影响》。
[②] 参见本书第九章之"五"中第 4 节《气候脉动对人类文明的冲击》。

期性的研究就显得很不充分。本书对经济系统周期性的形象化描述,将有助于启发人们对人文系统、政治系统等其他社会子系统周期性特征的深入研究。在实际的社会运行过程中,因为人文系统、经济系统和政治系统等不同子系统实际上是相互联系、相互作用和相互影响的,只有充分研究了各个社会子系统的结构、功能和周期,我们才能真正理清它们之间的复杂关系,进而才能更加全面深入地认识人类社会发展的规律性。

三、资源的基本分类及其形态

人类社会的经济活动离不开对各种资源的开发和利用。资源一般可以分为自然资源和社会资源两大类;社会资源又可以分为人力资源、物质资源和知识资源三大类。

自然资源是指自然界已经存在,并且可供人类利用的物质。存在于自然界的阳光、空气、水、土地、矿物、植物、动物等都是自然资源。例如,人类利用太阳光和风力来发电,用水来养殖鱼、虾,用土地来种植粮食等。从人类社会发展的历史来看,人类社会对自然资源的利用是一个从少量到大量、从直接利用到改造利用、从初级加工到多次深度加工的过程。人类是否将一种自然资源纳入生产活动中,主要取决于在一定的历史条件下人们对这种自然资源本身的认识水平和当时的社会生产技术发展水平。人们对自然资源价值的认识,一般是随着人类对事物性质认识水平的提高而不断丰富的。例如,人类对阳光的认识过程就体现了这种丰富性。最初,人类只是把阳光作为一种存在于自然界中的普通现象,对当时的人类来说,阳光除了具有驱散黑暗的照明功能以外,好像并没有什么其他特殊的价值。当人们发现用凹面镜能够把阳光汇聚起来时,可以利用阳光来烧水、煮饭,原来阳光还具有实用热源的价值。后来,人们发现利用 P 型半导体和 N 型半导体可以将太阳光转化为电流,由此又发现阳光还可以被用来发电,于是,阳光又具有了实用电源的价值。从 2000 年开始,太阳能发电技术开始日趋成熟;在 2000—2006 年间,全球太阳能电池的产量增长迅速,每年平均增长率超过 40%[1]。目前,世界各国都很重视对阳光能源价值的开发利用,光伏产业也因此变成一个迅速成长的新兴行业。

社会资源一般是指人类发明创造的产物,具体包括来自社会系统(包括政治系统、经济系统、人文系统、科学系统、教育系统、法制系统等)的各种要素。存在于人类社会中的商品、货币、资本、机器、厂房等都是社会资源。当人类把生产出的各种产品再次投入社会领域,经过流通转换之后,它们又会形成一些新形式的社会资源。因此,人类社会所创造的各种社会资源是随着人类社会生产活动的发展而不断丰富的。在社会生产活动过程中,社会资源一般具有多重属性和功能,主要表现在同一种资源在不同的社会生产环节中往往表现出不同的功能和价值。例如,当人们把自己制作的家具用于自己生活消费时,这时的家具仅是普通的产品,当人们把同样的家具运到市场上销售时,这个家具就变成了一种商品;当他把家具卖掉以后,他就把作为普通商品的家具转换成了特殊商品——货币。货币是人类的一大发明。众所周知,货币作为一种社会资源,它具有价值尺度、流通手段、贮藏手段、支付手段和世界货币等五种功能。当人们将自己积累的一笔钱用来购买自己使用的小轿车时,这笔钱

---

[1] 郎咸平等:《产业链阴谋Ⅰ》,东方出版社 2008 年 9 月第一版,第 52—54 页。

仅是普通的货币,其功能是充当支付手段的一般商品;而当他把同样一笔钱用来创办一家企业时,这笔钱就变成了企业的资本;当他再从企业的资本中拿出一部分资金用来购买生产工具(机器)时,这一部分资本就转化成企业的生产资料。我们在这些实例中可以看到,社会资源的形态和功能实际上是随着它的运动过程而不断发生变化的。

当把人力本身作为一种生产投入要素分析时,我们也可以把它作为一种资源划入社会资源的范畴,但人力资源是一种特殊的、不同于其他物质资源的社会资源(因为人有主体意识并且能够主动创造物质)。人力资源是一种重要的可再生资源,是各种生产要素中最具有活力和主观能动性的部分,具有不断开发的潜力。美国著名管理学家彼得·德鲁克(Peter F. Drucker,1909—2005)在其1954年出版的《管理的实践》一书中指出:"人力资源——完整的人——是所有可用资源中最有生产力、最有用处、最为多产的资源。""人力资源具有一种其他资源所没有的特性:具有协调、整合、判断和想象的能力。"人才资源是指一个国家或地区中掌握较多科学知识或专业技术,具有较强劳动技能,在价值创造过程中起关键或重要作用的那部分人。人才资源是人力资源的一部分,即优质的人力资源。在现代社会中,随着科学技术在生产领域的广泛应用,掌握现代知识和技术的高素质人才资源在社会经济发展中发挥着越来越重要的作用。在一个企业的生存与发展中,人才具有其他资源不可替代的重要作用;而在企业的所有人才中,最重要的人才是企业家类型的人才。

在社会资源中,如果我们把人类本身对世界的认识——"知识"以及为记录和表达"知识"而发明的各种符号(如文字、数字、字母、算式等)也作为一种资源,那么本书提出的整个分析框架就可以用来解释人类社会的文化生产活动了。

实际上,我们只要考察一下人类由类人猿、猿人、原始人、太古人、远古人、古人直到现代人的演化历程,分析一下人类进化历程中每一个重要阶段的特征,将会清晰地看到,随着人类的不断进化,人类对世界的认识水平也在不断提高,人类的生产活动也在发生着从简单到较复杂、从低水平到较高水平的同步演化。自从人类发明语言、文字以后,随着物质生产活动的进行,人类也在同时进行着知识的生产。只要分析一下人类社会的科技进步史,我们就会发现,在人类发展过程中每一阶段的飞跃,实际上都是知识积累到一定程度后发生的人类认识水平的提升。

今天,当我们进入城市的大型书店或者公共图书馆时,我们就会看到各种门类的图书摆满了一排排书架,穿行于书林间常常会让我们感到眼花缭乱,我们每个人即使用一生的时间来阅读这些书籍,也只能读完其中很少的一部分。我们再想象一下在人类刚发明文字的时代,古人用泥板、龟甲、竹简、木片、植物叶等记录文字,那时的书籍非常稀少,一个人用不了多久就可以全部读完。今天,人类社会生产出了如此大量的知识,这显然不是一两代人在短期内创造出来的。实际上,人类社会每一个时代的每一个作者(包括哲学家、思想家、经济学家、社会学家、数学家、物理学家、化学家、生物学家、教授、作家和诗人等)在写作自己的著作时,他们都学习或参考了前人或同代人所创造的知识。人类社会的知识体系正是在不同时代、不同民族、不同学科的人们不断创新中逐渐丰富起来的。因此,从人类社会知识生产的角度来看,知识本身也可以看作一类特殊的资源。作为一种资源,知识资源与物质形态的资源具有不同的形态和功能,其生产过程也具有不同于物质产品的特殊规律。在20世纪早期,美国经济学家凡勃伦就提出人类的知识和能力是一个社会最重要的资产资本。几十年后,威斯利·C.密契尔(Wesley C. Mitchell,1874—1948)将不同意见和主流经济学结合起来,他断言知识是"其他资源之母",它是所有资源中最重要的①。本书完全赞同这一观点。

知识是人类在社会实践中形成的对客观事物运动规律的认识达到理性高度的反映②,是对普遍必然性的本质的把握③。知识与信息既有区别也有联系。知识是客观世界中的信息经由主观意识接收、加工、整理、综合后转化而来,"是人类主观世界对客观世界的反映和认识的结晶"④。信息是知识的客观基础,知识是信息的主观综合。正是由于客观信息与人类的认知能力相结合,才导致知识的产生。知识产生之后,其内容可用语言、文字、数字、图形、手语、旗语或者其他符号来表述,从而获得客观化的存在形式。知识具备有用性和稀缺性。知识是经济系统输入其他经济资源的前导、向导和指导,人们必须对某种资源的自然功能属性和社会经济特征有所认知、熟悉和了解,具备相关的自然知识和社会知识后,才能获取、输入、使用和调配这种资源。事实上,知识从来都是人类社会生产活动的内在核心,而非什么外生变量。知识生产是人类社会生产活动之源,不仅物质资料生产最终依赖于知识创新,而且精神文化产品生产也须借助于知识增长。知识是经济之因,经济是知识之果⑤。知识是一种具有本源属性的经济资源。⑥

四、社会再生产过程的组成环节⑦

1803年,法国学者让·巴蒂斯特·萨伊在其出版的《政治经济学概论》一书中阐述了英国经济学家亚当·斯密的经济学思想,他把经济学划分为生产、分配和消费三部分,后来又加上了流通或交换⑧,这一安排因其著作的广泛流传而被人们普遍接受⑨。正是受这种划分的影响,作为经济学家的卡尔·马克思也把社会再生产总过程看作由生产、分配、交换和消费组成的不同环节。马克思在《政治经济学批判导言》中说:"生产制造出适合需要的对象;分配依照社会规律把它们分配;交换依照个人需要把已经分配的东西再分配;最后,在消费中,产品脱离这种社会运动,直接变成个人需要的对象和仆役,供个人享受而满足个人需要。因而,生产表现为起点,消费表现为终点,分配与交换表现为中间环节,这中间环节又是二重的,分配被规定为从社会出发的要素,交换被规定为从个人出发的要素。分配决定产品归个人的比例(数量)……生产决定于一般的自然规律;分配决定于社会的偶然情况,因此它能够或多或少地对生产起促进作用。"⑩马克思从社会再生产的总过程考察,将分配和交换定义为

---

① 弗兰克·N.马吉尔主编,吴易风主译:《经济学百科全书》,中国人民大学出版社2009年第一版,第1386页。
② 杨岚:《浅谈知识与经济的关系》,《郑州纺织工学院学报》2001年12月增刊,第25—26页。
③ 柏拉图著,严群译:《泰阿泰德智术之师》,商务印书馆1963年版,第159页。
④ 庄善洁:《从情报学角度谈知识地图的应用》,《现代情报》2005年第8期,第198—200页。
⑤ 李宗华:《新资源的开发利用与经济发展》,《桂海论丛》1999年第3期,第35—37页。
⑥ 本段整理自戴天宇:《经济学:范式革命》,清华大学出版社2008年7月第一版,第198—199页。
⑦ 本小节内容最早以《风物长宜放眼量——简论社会再生产过程组成环节的长期变迁》为题,发表于广州《新经济》杂志2015年第16期。
⑧ 英国经济学家詹姆斯·穆勒(James Mill,1773—1836)首先在萨伊"三分法"的基础上进一步把经济学的内容划分为"生产、交换、分配、消费"四个部分。参见马涛编著:《经济思想史教程》,复旦大学出版社2018年3月第二版,第135页。
⑨ 亨利·威廉·斯皮格尔著,晏智杰等译:《经济思想的成长》(上册),中国社会科学出版社1999年10月第一版,第224页。
⑩ 《马克思恩格斯选集(第2卷)》,人民出版社1995年版,第7页。

连接生产与消费的中间环节,但他没有深入分析分配与交换的具体连接形式。

按照萨伊和马克思的论述,社会生产的完整过程由生产、分配、交换、消费这四个环节组成。这实际上是他们对19世纪资本主义社会生产活动的分析和描述。如果从社会演化的视角来考察社会生产过程,我们将不难发现,人类社会再生产过程的组成环节实际上也是在不断演变的。

下面,我们就结合人类社会历史发展的不同阶段,对社会再生产过程组成环节的长期变迁情况进行简要论述。

在原始社会初期,当时的人类生活在原始森林中,以采集野果、嫩叶或者捕捉鱼兽为食,人们之间以血缘关系结成氏族群体。当时的社会结构极为简单,人们以氏族群体为生产和生活单元,人们一起参加劳动,共同分享劳动成果。由于当时的社会规模很小,社会生产还没有出现显著的分工,再加上社会生产力水平极低,所以当时基本上没有什么剩余产品可供交换。

所以,原始社会初期的社会再生产过程应该由如下三个环节组成(见图3-6):

生产 —— 分配 —— 消费

图3-6 原始社会初期的社会再生产过程

在原始社会中期,由于氏族群体之间的合并,人类社会出现了一些分散于各地的部落,随着社会规模的逐渐扩大,社会生产活动也随之出现了分工。随着社会分工的出现,人类社会最初的种植业、畜牧业、渔业等农业活动也随之诞生并逐渐发展起来。人类社会在种植业、畜牧业、渔业等细分行业上的最初分工,很可能是由于各地不同的地理环境所造成的。例如,生活在江河流域附近平原地区的部落,由于当地土质松软、灌溉便利,适宜种植粟、黍、稻等类植物,所以,人们就在这样的环境中开始了植物种植活动。生活在温带草原地区的部落,由于当地青草茂盛、地域广阔,适宜放牧牛、羊等动物,所以,人们就在这样的环境中开始了动物畜牧活动。而生活在海边或湖泊附近地区的部落,由于当地可以方便地捕捞到各种鱼类,人们可以捕鱼为生,所以,这里的人群就在这样的环境中开始了造舟织网的渔业活动。随着社会分工的不断发展,社会生产力有了一定发展,生产中开始有了少量剩余产品,于是,分别从事不同行业的部落之间就开始相互交换剩余产品。

所以,在原始社会中期,当农业出现进一步分化以后,社会再生产过程由如下四个环节组成(见图3-7):

图3-7 原始社会中期的社会再生产过程

在图3-7中,"分配"和"交换"这两个环节应该是同时并存的。当社会生产中的剩余产品较少时,各部落之间所交换产品的种类和数量就比较少,随着社会生产力的不断发展,社会生产中的剩余产品随之增多,各部落之间所交换产品的种类和数量也随之不断扩大。随着人们交换需求的不断增长,人们相互间交换产品的地点和场所也逐渐固定下来,于是,人类社会最初的"市场"就随之诞生了。

当人类社会发展到原始社会末期时,随着社会的分化,阶级和私有制随之诞生,人类社会从部落社会发展到酋邦社会,又从酋邦社会发展到原始国家。在这一时期,随着社会分工和社会生产力的进一步发展,手工业和商业逐渐从农业中分化出来,商品种类和数量的增多直接导致商品交换活动的繁荣,而商品交换活动的繁荣又推动了市场规模的扩大。当社会发展到封建社会时,随着社会分工和社会生产力的进一步发展,更多细分行业不断诞生并成长起来。随着各地交换商品种类和数量的不断增多,市场种类和数量也随之增多。随着各地商业流通的发展,原本各自独立的市场开始逐渐联通,各地市场由此交织成从村镇集市到城市市场、再到地区市场和全国市场的市场交易网络。从中国古代社会的市场经济情况来看,由于受到朝代更迭、战争、动乱的严重影响,社会生产活动时常遭到破坏,因此,整个社会生产的"分配"与"交换"网络表现出时联时断、时扩时缩的特点。

在奴隶社会(或原始国家)时期,社会土地制度开始逐渐私有化,在这一时期,地主阶级向农民征收的地租主要采取劳役地租和实物地租的形式。例如,在中国古代商周时期盛行的"井田制"[①],其地租形式就是一种典型的劳役地租。在封建社会的早期和中期,地主阶级一般以实物地租的形式向农民们征收地租。无论是劳役地租还是实物地租,农民在生产出农产品后,都是先与地主分配产品,然后才将多余的农产品运往市场销售,以交换其他生产或生活资料(如农具和衣服),最后才将交换回来的商品用以家庭消费。直到封建社会后期,随着商品经济的逐渐繁荣,地主阶级向农民征收的地租才从实物形式转变成货币形式。在奴隶社会和封建社会时期,在社会经济系统的所有产业中农业处于主导地位,因此,这一时期也可以被称为农业时代。

总体而言,人类社会在农业时代的社会再生产总过程可以用图3-8来表示。

生产 —— 分配 —— 交换 —— 消费

图 3-8 农业时代的社会再生产过程

到18世纪工业革命后,英国等欧洲主要资本主义国家的社会生产方式从工场手工业逐步转变为机器大工业,随着科学技术的进步和社会分工的深入发展,这些国家的产业中更多细分行业被催生出来并快速成长。机器化大生产向市场推出更多更丰富的各种商品,再加上地理大发现连通了世界各大洲,不断扩展的资本主义市场随之跃出国界形成世界市场。从此,人类社会的生产活动将世界不同地区、不同国家的人们和资源连在一起,在更加广阔的范围内建立了"分配"与"交换"的复杂网络。自资本主义社会初期开始,社会生产首先是为市场交换而进行的,各种商品经过市场交换后又经过多次分配与交换,最后才被不同地区的人们所消费。在资本主义社会的早期和中期,在社会经济系统的所有产业中,工业处于主导地位,因此,这一时期也可以被称为工业时代。

为探讨工业时代社会再生产过程组成环节的具体情况,我们可以通过工厂生产的实例来进行分析。例如,一个生产棉布的工厂主,他的工厂在开始生产前首先需要用货币资本去购买机器、原料等生产资料,还需要雇佣一定数量的工人,当工厂生产出棉布这种商品后,他首先需要将这批棉布通过市场销售出去,当工厂收回成本并实现一定的利润后,这个工厂主

[①] 所谓"井田"是指,当时的统治阶级将一大块土地划分为形似"井"字的九块土地,中间一块为公田,其他八块为私田,由八家自耕农共享一井进行耕种,自耕农们需要先在中间的公田上耕作,然后才能对自家的私田进行耕作。"井田制"形成于商代,盛行于西周,到春秋中后期开始逐渐瓦解,战国时期这一制度被废除。

才能在他本人、其他股东以及工人之间分配利润,他还需要从所获利润中拿出一部分资金用来购买原材料,以便投入下一个生产周期中。这个工厂主在企业内部分配利润的行为,实际上是收入分配中的初次分配活动。当这个工厂主、其他股东以及工人分配到一定的利润或工资后,他们还需要向政府税务部门缴纳一定数额的税收,而这些税收中的一部分将被分配给政府部门的公务人员作为他们的工资收入。在这一过程中,税收的征收和分配活动实际上是收入分配中的再次分配活动。收入分配活动经过初次分配和再次分配以后,无论是工厂主、其他股东、工人们,还是政府部门的公务人员等,此后他们才用自己的分配所得去交换各种生活用品(如轿车、食品或衣物等),最后才开始分别消费他们自己购买的各种商品。通过这个实例,可以清楚地看到,工业时代的社会再生产过程显然要比农业时代的社会再生产过程复杂得多,尤其是在"生产"和"消费"之间,"分配"与"交换"环节的连接方式更加复杂多样。

所以,人类社会在工业时代的社会再生产总过程可以用图3-9来简单表示。

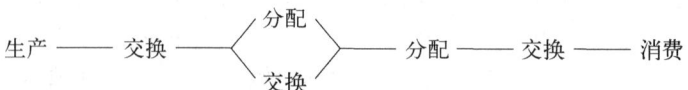

图3-9 工业时代的社会再生产过程

在近现代社会中,由于科学技术的高度发达和社会生产力的空前发展,社会经济系统中各种产业在分工和专业化方面不断深化,促使各种新兴行业不断诞生和发展,从而导致在社会生产中从"生产"到最终"消费"之间的"分配"和"交换"活动也变得更加复杂起来。与资本主义社会初期相比,近现代社会除了生产供私人消费的普通商品外,越来越注重生产供社会集体消费的公共产品。在现代国家的经济系统中,从生产、分配、交换到消费的各个环节之间已经演化成了纵横交错、相互联系、相互影响、结构复杂的庞大网络体系。

所以,现代社会的社会再生产总过程可以用图3-10来简单表示。

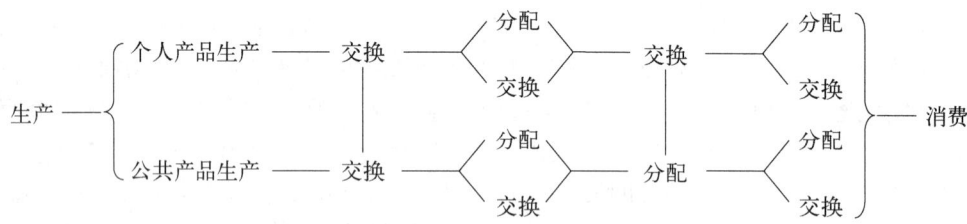

图3-10 现代社会的社会再生产过程

在图3-10中,公共产品是指被社会集体消费而不是被社会成员单独消费的产品或服务。公共产品一般由政府等公共部门来提供,通常难以分割销售,也难以通过市场交易的形式收回成本。例如,道路、港口、机场、国防、公共安全、卫生防疫、优美环境等就是典型的公共产品。个人产品是指能够被社会成员单独消费的普通产品或服务。个人产品一般由企业等生产部门来提供,通常可以分割销售,也可以通过市场交易的形式收回成本。在现代国家的经济系统中,公共产品生产和个人产品生产已经形成社会生产领域的两大基本体系,它们之间紧密联系、相互影响、相互制约。

从上面的几个图示中我们可以清晰地看到,随着人类社会的不断发展,社会分工和产业分化促使越来越多的细分行业加入社会生产体系之中,从而导致整个社会再生产过程变得越来越复杂。从人类社会的长期发展来看,社会再生产过程的演变趋势表现为从单一到多元、从封闭到开放、从简单到复杂。长期以来,静态均衡的机械力学思维模式一直统治着各国主流经济学界,实际上,这种思维模式已经严重阻碍了经济理论的进一步发展,也是造成经济学界思想僵化、教条盛行、理论脱离实践的思想根源。与传统经济学的静态均衡思维模式相比,本书实际上建立了动态非均衡思维模式的理论框架。从人类社会的长期历史来看,人类的社会经济活动更加适合用生物学的眼光进行观察和研究,而不是用物理学的机械力学观进行考察和分析。正如英国著名经济学家马歇尔所说:"经济学应当接近生物学而不是力学。只因生物学难于用数学描写,才借用力学的比方,但经济学家头脑里应当有生物学的观念"[①]。从图3-6到图3-10所揭示出的经济学意义是,社会经济系统与生物有机体类似,它也有其诞生、成长和演化的历史,研究经济现象不能脱离具体的时间和空间。所以,从本质上来说,经济学是一门历史学科。关于经济学的历史性,美国著名经济学家保罗·萨缪尔森(Paul A. Samuelson,1915—2009)就曾强调说"经济学就其本质来说是一种演化式的科学。它改变自己,以便反映社会上和经济上的风尚的改变"[②]。

为了分析清楚现代社会再生产过程中各种纷繁复杂的经济关系,我们将另辟蹊径,应用系统论和结构功能主义等方法来对整个社会经济体系展开综合研究。本书第四章、第五章和第七章将依次从微观层次的企业系统、中观层次的行业与产业系统、宏观层次的国民经济系统这三个层次,来阐述社会再生产总过程中各个环节之间的相互联系、相互作用和相互影响。

五、社会生产中分配关系的长期变迁特征[③]

就人类社会的整个经济生活来说,"分配"这一环节具有特殊的重要意义。但长期以来,很多西方经济学家把大量精力放在对产量增长和市场交换的分析中,而对社会经济系统中的分配环节却很少给予关注,由他们提出的经济理论在某种程度上也导致了西方社会的畸形发展。人类社会从事经济活动的根本目标是提高人类本身的生活质量和促进个人的充分发展;而所有忽视"分配"这一环节的经济学家们却恰恰忘记了这一点。对于人们盲目追求经济增长、不考虑生活质量的行为,英国经济学家约翰·穆勒(John Stuart Mill,1806—1873)早在19世纪中叶就提出了批评,他指出:"世界上只有落后的国家把增加生产当作重要的目标,在那些最先进的国家,需要做的最合算的事是更好地分配。"[④]

就一个具体的社会群体来说,对劳动成果分配的结果是否合理与公平,会直接影响到社会群体中每个个体的生存质量和生活状态。当一个社会出现劳动成果分配(也即收入分配)严重不合理或不公平时,这种分配方式不断累积就会导致社会不同阶层贫富悬殊、两极分化

---

① 转引自陈平:《文明分岔、经济混沌和演化经济动力学》,北京大学出版社2004年9月第一版,第458页。
② 保罗·萨缪尔森、威廉·诺德豪斯著,高鸿业等译:《经济学》(第12版),中国发展出版社1992年版。转引自马涛著:《经济学范式的演变》,高等教育出版社2017年4月第一版,第128页。
③ 本小节主要内容最早以《社会分配关系变迁与分配制度变革》为题,发表于广州《新经济》杂志2015年第25期。
④ 亨利·威廉·斯皮格尔著,晏智杰等译:《经济思想的成长》(上册),中国社会科学出版社1999年10月第一版,第337页。

的必然结果,这样的社会必然是一个充满着剥削、对抗与冲突的社会,在极端情况下往往就容易发生暴力革命,而社会秩序也常常会在革命冲击下崩溃瓦解。关于这一点,已经被人类历史上无数次的社会革命与国家覆亡的事实所一再证明。从这些基本事实出发,我们就会发现,实际上经济学与社会学是紧密相连的,它们之间是不能绝对割裂开的。正是因为这一原因,本书才在最后两章中把对经济学的论述延伸到社会学领域中。正如美国圣塔菲研究所经济学家布莱恩·阿瑟所指出的:"经济学,就像任何历史学家和人类学家可以告诉人们的那样,是与政治和文化紧紧纠缠在一起的。"①

在人类社会的再生产过程中,不但各环节之间的联结方式发生着长期变迁,而且其中的每一个环节也在发生着演化。仅从社会生产中的"分配"这一环节来看,它就经历了一个长期的历史变迁过程。

1. 社会生产中分配关系的长期演化历程

从整个人类社会的历史发展过程来看,人类社会的分配关系大致上经历了一个原始社会的基本"公平与平等"、到奴隶社会的极端"不公平与不平等"、到封建社会和资本社会②的一般"不公平与不平等"、再到现代社会的比较"公平与平等"的演化历程。

在原始社会时期,原始人类组成的氏族或部落实行的是原始共产主义生产方式,人们共同采集野果、共同狩猎,也共同分享劳动成果,这时由于社会生产水平极端低下,人类社会尚未产生阶级分化,可供氏族或部落分配的劳动成果很有限,社会生产体现出的是一种相互平等的生产分配关系。甚至到了原始社会末期,一些原始部落依然将公有土地平均分配给家庭使用,并在部落首领、村寨头人或家族长主持下对集体劳动收获进行平均分配。例如,生活在中国云南的独龙族人,在20世纪初仍然处于原始社会阶段,他们每年大约有200天用来采集食物,在家族内年长妇女的主持下,对集体采集的食物按人头进行平均分配,没有采集到食物者也同样分到一份③。

在奴隶社会时期,由于部落集团之间的相互掠夺和频繁战争,战败被俘者变成战胜者进行奴役的对象,人类社会因而分化成了奴隶主阶级和奴隶阶级两大阶级,统治阶级对被统治阶级的奴役产生了对人本身的严重歧视,统治集团的最高首领往往被神化,而处于社会最底层的奴隶阶级却被非人化(奴隶往往被当作归奴隶主所有的、没有自由的动物);这时奴隶主与奴隶之间是压迫与被压迫、剥削与被剥削的经济关系,社会劳动成果主要被奴隶主阶级所瓜分,社会生产体现出的是一种极端不平等的生产分配关系。古希腊时,在鼎盛时期的雅典,有6万自由的男性公民,却有60万奴隶养活他们;古罗马时,在公元前1世纪的罗马城,有150万人口,其中奴隶就占了90万人;这些奴隶没有自由民的权利,他们是属于奴隶主的财产。例如,古希腊历史学家色诺芬(Xenophon,公元前440—公元前355)主张对奴隶要严加管理,甚至主张用驯服野兽的办法来驯化奴隶;而亚里士多德认为,奴隶不是人,而是属于主人的"一宗有生命的财产"和会说话的工具。④

在封建社会时期,社会进一步分化为农民、地主、手工业者、商人、士兵和封建官吏等

---

① 米歇尔·沃尔德罗普著,陈玲译:《复杂》,北京生活·读书·新知三联书店1997年4月第一版,第20页。
② 资本社会是泛指在社会生产活动中,"资本"这一要素处于主导地位的社会阶段。"资本社会"与"资本主义社会"在概念的内涵上是不同的。
③ 姚顺增:《云南少数民族价值观的历史和发展》,云南美术出版社1997年版,第1—33页。
④ 吴宇晖、张嘉昕编著:《外国经济思想史》,高等教育出版社2014年7月第二版,第17页。

阶级，由于农业在整个社会生产中占据主导地位，这时农民与地主之间的土地租赁和契约关系是生产领域中主要的经济关系；在地主的土地价值长期被高估而农民的劳动力价值长期被低估的社会背景中，地主与农民之间长期存在着剥削与被剥削的经济关系，农民向地主交纳的地租（包括劳役地租、产品地租和货币地租等）是两者之间分配劳动成果的主要形式；在劳动成果分配中，尽管农民获得了一部分劳动成果，但由于土地所有权在整个分配关系中具有绝对的支配力量，所以，社会生产依然体现出很多不公平和不平等的生产分配关系。

在资本社会时期，社会进一步分化为农民、地主、工人、商人、资本家、士兵和官吏等阶级，由于工业在整个社会生产中逐渐占据主导地位，这时产业工人与产业资本家之间的雇佣关系、农民与地主之间的契约关系是生产领域中主要的经济关系；在资本和土地的价值被高估而工人和农民的劳动力价值被低估的社会背景中，资本家与工人、地主与农民之间依然存在着剥削与被剥削的经济关系，工人和农民创造出主要的社会财富，而大部分劳动成果却被资本家和地主所占有；在劳动成果分配中，尽管工人和农民获得了一部分劳动成果，但由于资本在整个分配关系中具有绝对的支配力量，所以，社会生产依然体现出一些欠缺公平和不够平等的生产分配关系。

在工业革命以来的近现代社会中，现代技术对各国社会生产水平的大力提升，使人们认识到技术是推动社会生产力发展的一个重要因素，于是，拥有技术发明专利或掌握新技术的阶层在社会生产分配中的地位随之上升。自19世纪中叶以来，随着企业规模的扩大和生产经营的日益复杂，企业管理随之从生产过程中分离出来，变成企业生产经营中的一个重要因素，这导致以企业家为代表的专业化企业管理阶层的兴起；而随着企业管理阶层力量的增强，在与资本家的反复博弈中，企业管理阶层的管理知识价值才得到人们的逐渐认识。随着人们对企业管理规律研究的不断深入，人们逐渐拨开了笼罩在人力资源上的重重迷雾，并发现人力本身所蕴含的独特价值和多重功能。

通过对社会生产中分配关系演变过程的了解，我们可以从中看到，人类对自身价值的认识也经历了一个从无意识（如把人当作动物来奴役）到有意识、从低价值（如劳动力价值低于土地价值）到高价值、从工具价值（如把人当作创造剩余价值的工具）到资源价值的演变过程。这一过程既反映了人类社会文明的进步和发展，也反映出人类对自身价值认识水平的不断提升。

2. 人类认识水平与社会分配结果之间的关系

在人类社会再生产过程中，人们对社会生产的认识水平与社会分配结果之间是相互联系、相互作用和相互影响的，从长期的历史变迁过程来看，它们之间存在着"作用-反作用""反馈-调整"的动态关系。一方面，人类认识的较低水平决定了人们不合理的价值取向，而不合理的价值取向又导致不公平的社会分配结果，这反映了人类认识水平对社会分配结果的决定作用；另一方面，不公平的社会分配结果又会导致被剥削阶层的反抗或革命，这种反抗或革命又会迫使剥削阶层调整不合理的分配制度，这些行为又会推动人们对社会生产认识水平的逐步提升，这反映了社会分配结果对人类认识水平的反作用。

在社会再生产过程中，人类认识水平与社会分配结果之间的关系可以用图3-11来表示。

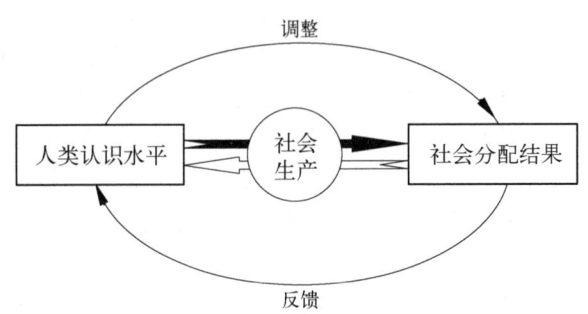

图 3-11　人类认识水平与社会分配结果之间的互动示意图

图 3-11 中,黑色箭头表示人类认识水平对社会分配结果的决定作用,白色箭头表示社会分配结果对人类认识水平的反作用,下边的弧线箭头表示社会分配结果对人类认识水平的反馈,上边的弧线箭头表示人类认识水平对社会分配结果的调整。

从系统的视角来看,我们可以把一个社会的经济系统看作输入资源、输出功能的复杂系统。为便于清晰地阐述上述这个互动过程,我们对从原始社会、奴隶社会、封建社会、资本社会直到现代社会中经济系统的输入与输出关系作纵向比较。

在社会经济系统的输入输出关系中,最重要的关系是生产要素投入关系和生产分配关系,在生产分配关系中关于生产成果的分配关系尤为重要。这里的生产要素是指进行社会生产经营活动时所必须具备的基本因素。生产要素投入关系是指在社会生产过程开始前各投入要素间的相互联系及投入的比例结构关系。生产分配关系是指在社会生产经营过程中进行分配时各分配要素间的相互联系及分配的比例结构关系。在一个具体的社会中,生产成果分配关系具体体现为一系列相互联系的社会分配制度体系;社会生产成果分配(也即收入分配)制度的合理与否直接影响到社会分配的公平和公正程度。

在一个社会的经济系统中,就长期的历史变迁过程来看,生产要素投入比例结构与生产成果分配比例结构之间存在着"作用-反作用""反馈-调整"的动态关系,它们之间的这种关系类似于人类认识水平与社会分配结果之间的互动关系。

在实际的经济分析中,一般只能对投入要素和分配成果的相对价值进行比较。所以,我们就把社会再生产中要素投入价值结构与成果分配价值结构的长期历史演变简况用表 3-1 作简要说明。

表 3-1　要素投入价值结构与成果分配价值结构历史演变简况一览表

社会时代	生产要素	要素所有者	要素价值估值比较	要素价值比例结构	分配主体	分配价值比例结构	分配结果公平性
原始社会	劳动力(L) 土地(T) 简单工具(J)	集体公有	L>T L>J	前期较均等;后期出现差别	氏族或者部落全体成员	前期较均等;后期出现差别	前期较公平;后期不公平
奴隶社会	劳动力(L) 土地(T) 较复杂工具(J)	奴隶主	L≈动物 T>J	极不平等	奴隶主	极不平等;奴隶主占有所有产品	极端不公平

续表

社会时代	生产要素	要素所有者	要素价值估值比较	要素价值比例结构	分配主体	分配价值比例结构	分配结果公平性
封建社会	劳动力(L)	农民	T>L L被低估	T>L+P (不平等)	政府(Z)	Z+D>N 不平等	欠缺公平
	简单机械(P)	农民			地主(D)		
	土地(T)	地主			农民(N)		
资本社会	农业劳动力(L)	农民	T>L M>T M+P>G L、G被低估 (人被异化)	M>T>L M+P>G (不平等)	政府(Z)	Z+D>N 不平等 Z+B>R 不平等	不够公平
	土地(T)	地主			地主(D)		
	工业劳动力(G)	工人			农民(N)		
	资本(M)	资本家			资本家(B)		
	机器设备(P)	资本家			工人(R)		
现代社会	资本(M)	资本家	工业领域： M+P> S+Y+L M↓;P↓ S↑;Y↑ L↓	M+P> S+Y+L 渐趋合理	政府(Z)	Z+B>Q+ F+R; Q≥F+R; F>R; 较平等	渐趋公平
	专业知识(S)	企业家管理阶层			资本家(B)		
	专业技术(Y)	发明家技术阶层			企业家管理阶层(Q)		
	资源(自然资源或社会资源)	政府、企业或社团			发明家技术阶层(F)		
					工人(R)		
	土地(T)	地主(国家)	农业领域： M+P> L+T M↓;P↓ L↑;T↓	M+P> L+T 渐趋合理	资本家(B)	Z+B≥ N+D N≥D 较平等	
	劳动力(L)	工人、农民			地主(D)		
	机器设备(P)	资本家或农民			农民(N)		

说明：① 为使表述更加简洁，生产要素和分配主体分别用不同的字母来表示。
② 表中的">"">""≈"表示价值比较的相对大小，分别表示"大于""大于或等于""约等于"；"↑"表示评估价值渐趋上升，"↓"表示评估价值渐趋下降。
③ 上表中的"要素价值"和"分配价值"都是指比较意义上的相对价值，其含义不同于传统经济学中的"劳动价值"。

在人类社会的发展过程中，人力（劳动力）、土地、资本、技术和知识等生产要素的相对地位始终处于不断变化中。例如，在农业经济时代，土地具有主导地位，劳动力处于被支配的地位；在前工业经济时代，土地的主导地位开始逐步下降，资本的地位开始逐步上升，自工业革命以后，资本取代土地而占据主导地位，专业技术和管理知识的地位开始逐步上升，但在整个工业经济时代，资本都占据着主导地位；在后工业经济时代（也可以说是服务经济时代），随着人力资源的价值得到普遍承认和重视，拥有各种技术和知识的智力劳动者的地位进一步上升；在信息经济时代（也可以说是知识经济时代），知识和技术因素在生产领域中的作用更加重要，拥有各种知识和技术的智力劳动者的地位随之上升并开始占据主导地位，而资本的相对地位则开始逐渐下降。正是各种生产要素相对地位的不断变化,引起了社会生产要素投入结构的长期演化,而生产要素投入结构的变化又推动了生产分配结构的变化。在社会生产过程中,如果人们认为分配结果是公平合理的,就会通过制度的形式把这种投入结构和分配结构确定下来,并在以后的生产分配活动中进一步强化它;如果人们认为分配结果不公平和不合理,就会通过各种途径调整或改变这种投入结构和分配结构,并在以后的生产分配活动中不断完善分配关系。

从人类社会的发展历史来看,在一定时期内,生产要素投入关系对生产分配关系的决定作用是由当时的社会生产发展水平决定的,从本质上来说是由当时人们的认识水平决定的;而生产分配关系对要素投入关系的反作用主要表现在分配制度的不断调整和变革中。这种制度变革的起因,通常是由于社会中被剥削阶级对收入分配结果不满,由此促使人们不断重新调整、改造分配制度中那些不合理、不公平的因素,进而重新评估人力(劳动力)、土地、资本等生产要素的相对价值,在要素价值重估的基础上,通过对投入要素价值比例结构的重新调整,进而实现生产成果分配价值比例结构的调整,从而使社会分配制度逐渐趋于合理化和公平化。在传统农业时代,这个调整过程主要是以阶级对抗、社会革命或国家政权重建等方式被动调整的。在资本主导的工业时代,这个调整过程一般是以周期性的经济危机或国际市场格局重建等方式进行的。在人类社会历史上,世界不同地区曾发生过千万次奴隶对奴隶主的反抗、农民对地主的暴动、工人对资本家的斗争,正是这些阶级对抗或社会革命不断改变着人类社会中那些不公平和不平等的分配制度,从而推动着人类社会不断进步并逐渐走向现代文明!

在现代社会,随着人类社会文明程度的提高和人们对社会生产中经济规律认识的逐步深化,人们一般会采取主动改革各种制度的方式来改善社会中那些不公平和不平等的因素,从而使分配制度日趋合理、公平和完善。例如,在工业经济时代的前期,生产投入要素主要是资本和体力劳动,因为体力劳动者在企业生产中占有重要地位,所以人们就提出了"按劳分配"的收入分配制度,从而使收入分配向体力劳动者倾斜。在工业经济时代的中期,生产投入要素除了资本和体力劳动外,还有管理知识和专业技术,随着市场范围的拓宽和企业规模的扩大,经营管理阶层和专业技术阶层所发挥的作用日益重要,所以人们又提出了"按要素分配"的收入分配制度,从而使收入分配开始向经营管理阶层和专业技术阶层倾斜。在工业经济时代的后期,生产投入要素主要是资本和智力劳动,智力劳动者的创新、创意、知识和技能在企业生产经营中发挥着日益重要的作用,由智力劳动所创造出来的无形资产越来越多、价值越来越大,有些高科技企业的无形资产甚至超过了企业有形资产的价值,如果在收入分配中依然向资本投入者倾斜,这显然是不合理和不公平的。所以,人们又提出了"按贡献分配"的收入分配制度,从而使收入分配开始向智力劳动者倾斜。

1960年,美国经济学家西奥多·舒尔茨(Theodore W. Schultz,1902—1998)指出,人力资本是当代国民财富增长的主要源泉,他认为决定人类未来前景的,在很大程度上是人口质量和知识投资[①]。1993年,美国管理学家彼得·德鲁克在其著作《后资本主义社会》一书中指出[②]:在西方社会,大约从1750年到1880年,知识被用来改良生产工具、工艺流程和产

[①] 汤正仁著:《西方经济演化分析史》,中国经济出版社2014年7月第一版,第165页。
[②] 刘大椿、刘蔚然:《知识经济——中国必须回应》,中国经济出版社1998年版,第137—162页。

品,结果产生了"工业革命";从 1880 年到 1945 年,知识被用于劳动,结果带来了"生产力革命";从 1945 年至今,知识被用于"知识自身",这导致了"管理革命",此后,除了资本和劳动力之外,知识很快成为一项生产要素,而且是其中最重要的一项生产要素。人类社会发展到 20 世纪下半叶,科学知识已成为推动社会经济发展的基本力量。正如美国未来学家约翰·奈斯比特(John Naisbitt)所指出的"知识是我们经济社会的驱动力"①。进入 21 世纪后,人类社会已经迈入了知识经济时代,随着知识要素在社会生产中逐步处于主导地位,知识智力劳动者所创造的社会财富将会越来越多。孙伯良先生分析指出:"到了知识经济时代,资本在社会财富中的贡献率将逐渐降低,社会生产转为以大量使用知识为特征。与此相适应,在社会财富的分配关系上,资本所分配的比例逐渐减少,而技术和知识分配的比例将逐渐增加。知识经济意味着知识劳动成为经济价值的主要来源,知识成为附加值最高的生产资源,生产过程中操作劳动的附加值将不断降低。例如,1920 年一辆汽车成本的 85% 以上支付给从事常规生产的工人和投资者;到 1990 年,这两种人得到的份额不到 60%,其余部分给了设计人员、工程师、经理人员等。"②美国未来学家阿尔文·托夫勒(Alvin Toffler)也指出:"从今以后,体现价值并增殖价值的每一步,都是知识,而不是廉价劳动力,是符号,而不是原料。"③正如知识造就了像比尔·盖茨(Bill Gates)那样的世界巨富一样,在知识经济时代,具有创新精神的知识阶层将会逐步取代传统的资本家而成为社会中最富有的阶层。

*　*　*

以上对社会再生产总过程组成环节和分配关系长期变迁特征的简单分析,实际上采用了历史考察的分析方法,这一分析方法实际上也是马克思历史唯物主义的基本方法。

中国一些研究生产关系的学者,他们不从丰富多彩的历史事实去分析社会生产活动的变迁过程,而是把研究的视野局限于某一个特定的历史断层,他们不去考察社会现实中的生产活动本身,而是在 100 多年前马克思留下的遗稿中穷究词句、反复咀嚼。如此远离历史和现实的"书虫式"研究怎么可能真正理解马克思论述的内涵呢？就好像一些浅薄的基督徒,他们恭敬地反复念诵着《圣经》里的一些段落,却不了解这部经典的来历,也不清楚整部经典到底讲了些什么,他们经常从中寻章摘句来议论现实,却不敢越"雷池"一步提出一些新观点,他们尽管发表了一篇篇所谓的"学术论文",但其中却没有自己独立的观察和思考,更谈不上提出什么创新思想了！如此故步自封的学术研究怎么可能取得观念的进步和理论的突破呢？

从逻辑展开的起点来看,经济学自从诞生以来,在其演化发展过程中曾出现过三种显著不同的研究视角,这三种视角分别选取了"价值"、"商品"和"经济人"这三个核心概念作为研究经济学的原点。这三种研究视角分别是由亚当·斯密、卡尔·马克思和维弗雷多·帕累托在经济学发展的不同历史阶段提出的,并进而成为古典经济学、马克思主义政治经济学、新古典及现代西方主流经济学的研究原点④。"价值"就其本质而言,既有其主观的一面,也有其客观的一面,正如本书前文简单分析的那样,它是随着人类社会实践的发展和认识水平

---

① 约翰·奈斯比特著,孙道章译:《大趋势：改变我们生活的十个新趋向》,新华出版社 1984 年版,第 15 页。
② 孙伯良:《知识经济社会中的价值分配和经济运行》,上海三联书店 2008 年 8 月第一版,第 60 页。
③ 阿尔文·托夫勒著,刘炳章译:《力量转移：临近 21 世纪时的知识、财富和暴力》,新华出版社 1996 年版,第 93 页。
④ 戴天宇:《经济学：范式革命》,清华大学出版社 2008 年 7 月第一版,第 24 页。

的提高而不断演变的。因此,只存在相对的价值,并不存在绝对的价值。"商品"是人类社会发展到一定历史阶段的产物,就其本质而言,它只是生产活动的客体,把生产活动的客体作为经济活动的核心来分析人类的经济生活显然有其局限性。"人"是生产活动的主体,把"人"这一主体作为经济活动的核心来分析人类的经济生活显然有其合理性。但是,现实的"人"是社会的人、是历史的人,是具有复杂"人性"的多元复合的立体的人。把复杂的"人"仅仅简化抽象成所谓收益最大化的"经济人"显然是很片面的。从系统的视角来看,无论是"人",还是"商品"(或者"产品"),实际上都是一个具体经济系统的组成要素,要完整地考察经济系统的运行规律,除了需要分析"人""商品"等组成要素的相互关系以外,还需要同时分析经济系统与其外部环境之间的相互关系。

2008年,青年经济学者戴天宇出版了《经济学:范式革命》一书,他在批判西方主流经济学、分析马克思主义政治经济学缺憾的基础上,提出了"经济元"①这个核心概念作为研究经济学的原点,并由此创建了"经济元-经济流-经济场"的经济分析框架。就经济思维范式而言,戴天宇先生提出的分析框架无疑具有重要的开创价值! 其分析框架的主要不足是,没有把经济系统放在更加广阔的社会环境中进行历史的考察,没有对经济体系作出纵向的层次划分,也没有从结构、功能的角度对不同的"经济元"进行区分。而本书在这些方面作了一些积极的探索。

为分析资本主义社会的社会再生产过程,马克思在《资本论》中选择了"商品"这个最普通、最常见、最基本的经济元素作为研究原点,深刻分析了资本主义社会中生产力与生产关系的矛盾,并进而揭示了资本主义社会乃至整个人类社会的发展规律。本书则选择了"企业"这一"经济元"作为研究原点,从企业现实的生产经营过程出发,分析了现代社会中社会再生产从微观、中观到宏观各层次不同环节的有机联系和复杂运行过程,揭示了从企业、行业、产业直到国民经济系统的结构、功能和动力机制,并在此基础上重新解释了整个人类社会的发展规律。

六、建立21世纪的全新经济学范式

2001年,瑞士经济学家库尔特·多普菲提出了经济学的演化本体论和演化经济学的分析框架;2004年,他与澳大利亚经济学家约翰·福斯特(John Foster)和杰森·波茨(Jason Potts)一起提出了社会经济体系演化的中观概念和"微观-中观-宏观"分析框架②。与传统上经济学的"微观-宏观"二分法不同,他们新增加了中观分析,形成了"微观-中观"和"中观-宏观"两个分析层面;在微观和中观之间存在集合关系,中观和宏观之间存在结构关系,宏观可以通过中观个体群和结构的涌现及自组织得到;他们同时引入了个体主义方法论和个体群主义方法论两种方法论,分别对应"微观-中观"和"中观-宏观"这两个分析领域,对涌现、自组织等演化过程具有较强的解释力。③ 他们认为中观领域是演化的关键和基本单位,微观

---

① 戴天宇著:《经济学:范式革命》,清华大学出版社2008年7月第一版,第20—21页。
② K. Dopfer, J. Foster, J. Potts, Micro-meso-macro. *Journal of Evolutionay Economics*,2004,14:263-279.
③ 冯垚:《库尔特·多普菲、杰森·波特:〈经济演化的一般理论〉》,《公共管理评论》2010年第1期,第213—216页。

领域的基因变化通过中观领域的结构变化,引致整个系统的宏观变化;经济系统中观演化的轨迹包含发源、采用和保留三个阶段①。

特别需要强调的是,库尔特·多普菲等在"微观-中观-宏观"分析框架的宏观领域中引入了"双层结构"的思想,也即"表层结构"(surface structure)与"深层结构"(deep structure)这一对范畴。"表层结构"是指经济体系中有形的相互联结的群体,它体现了经济结构的定量特征;"深层结构"指经济体系中无形的相互联系的规则,它体现了经济结构的定性特征;其中,"群体"是指经济体系中各种行为人的集合,他们是规则的载体;关于"规则"这个概念,多普菲指出"在生物学中,可以是指基因,在经济学中,可以是指技术、认知和行为规则",可以类比为"经济基因"。② 关于"双层结构"的思想,其实也渗透在他们对微观领域和中观领域的阐述中,但具体表述却不够明确和清晰。例如,他们对经济体系"微观-中观-宏观"层次中对"规则"和"载体"的列表(见表 3-2)。

表 3-2　各种领域中的规则和载体

领　域	一般类型	规则"深层"	载体"表层"
微　观		规　则	微观单位*
中　观		规则库种群	群　体
宏　观		多个规则库	多个群体

说明:
① 表格来源:库尔特·多普弗(Kurt Dopfer)主编,锁凌燕译:《经济学的演化基础》,北京大学出版社 2011 年 6 月第 1 版,参见第 36 页的图 1.4。为表述简明,该表略去了原表中的字母及数学集合式。
② *"微观单位"是笔者根据多普菲主编的《经济学的演化基础》一书上下文意思所加,原文为"$a_i = a_i(g_j^i)$",指个人、企业或家庭等。

在本书中,笔者提出了一套包括企业系统、行业与产业系统、国民经济系统、国家与社会系统在内的理论框架,这一理论框架实际上也涵盖了经济体系的"微观-中观-宏观"诸层次,而且整套理论框架都是用"双层结构"思想来创建的,也即从经济体系的微观、中观到宏观各层次均采用了"表层结构"与"深层结构"这一对范畴。需要说明的是,这一"双层结构"思想的灵感,最初并不是来源于上述库尔特·多普菲等人提出的理论思想③,而是来源于生物进化论中生物体的"表现型"和"基因型"这一对概念的哲学概括(参见本书第二章第四节的论述)。

本书以系统科学的哲学思维和生物进化论的基本范式,结合结构功能主义的基本方法,通过对经济学、社会学、管理学、政治学、文化学、历史学和哲学等诸多学科的系统综合,把现代社会系统划分为人文、经济、政治、科学、法制、教育等子系统,探讨了这些子系统之间的联系以及它们与社会进化之间的复杂关系,进而描绘出人类社会系统长期演化的历史轨迹。本书将人类社会演化发展的基本规律概括为分叉律、协同律、分形律和周期律这四大规律。

---

① 汤正仁著:《西方经济演化分析史》,中国经济出版社 2014 年 7 月第一版,第 139 页。
② 库尔特·多普弗(Kurt Dopfer)主编,锁凌燕译:《经济学的演化基础》,北京大学出版社 2011 年 6 月第一版,第 37 页、第 41 页。
③ 2019 年 4 月 20 日,当笔者去北京拜访贾根良教授时,还特别向他请教过经济学思想中"表层结构"与"深层结构"这对范畴的来源问题。直到 2019 年 5 月 18 日在广州参加"第 11 届中国演化经济学年会"时,笔者才得知多普菲主编的《经济学的演化基础》一书,此后才了解了多普菲的有关理论思想。

其中,关于分叉律和周期律这两条规律已有大量学者论述过,笔者主要论述了协同律和分形律这两条规律,特别是关于分形律的论述几乎构成了本书的基本理论框架。本书在理论上的主要创新在于,揭示了从企业系统、行业系统、产业系统、国民经济系统到国家与社会系统在一般结构方面的自相似性、层次性、嵌套性等分形特征,从而将微观经济学、中观经济学和宏观经济学融合在统一的理论框架中。

如果从"表层结构"与"深层结构"这对范畴来看,可以说本书的理论框架是对库尔特·多普菲等人所提出的"微观-中观-宏观"理论框架的进一步深化、细化和完善,但本书的内容实际上已越出了单纯经济学的范围[①],延伸到了社会学和政治学等学科领域。为作个简单比较,下面从"表层结构"与"深层结构"这对范畴来看一下本书理论框架中所使用的类似概念(见表3-3)。

表3-3 社会经济体系各层次中的结构因素一览表

层次领域 \ 结构因素	深层结构(隐性因素)	表层结构(显性因素)
微观(企业系统)	企业知识、企业制度、企业技术	企业家、企业组织、企业资源
中观(行业系统)	行业知识、行业制度、行业技术	企业集群、行业资源、行业市场
中宏观(产业系统)	产业知识、产业制度、产业技术	行业集群、产业资源、产业市场
亚宏观(国民经济系统)	科学技术、经济制度、文化教育	产业体系、交换体系、分配体系
宏观(国家与社会系统)	科学系统、法制系统、教育系统	人文系统、经济系统、政治系统

如果我们将以上表3-2和表3-3中所列的"表层结构"因素与"深层结构"因素进行一一对照,将不难发现,本书的理论框架与库尔特·多普菲等人的"微观-中观-宏观"理论框架基本上是相容的[②],而且本书中所采用的这些概念在现实社会中都有实际的对应物,最重要的是这些概念与传统的经济学、社会学和政治学等学科建立了比较清晰的联系。因此,如果沿着本书提出的理论框架进一步深入研究和综合,将有助于建立适应21世纪社会发展需要的全新经济学范式。

理解本书理论思想的另一个关键概念是"生态位"。"生态位"这一概念来自环境生态学,后来被引入经济学研究中。鲍姆(Baum,1994,1996)提出了企业个体生态位的概念,他从企业生态位的角度对企业演化进行了考证;钱辉(2004)总结了企业生态位的基本构成因子,他把企业生态位定义成一个与空间和时间有关的概念。本书在借鉴钱辉概念的基础上,将"生态位"理解为经济系统生存的特定资源空间,它是经济系统内部环境与外部环境交流接触的部分。从系统论的观点来看,系统与其生态位之间是协同共生的。伴随着系统的诞生和成长,系统的生态位也同时诞生和成长,它随着系统的扩张而扩张,随着系统的收缩而收缩,并随着系统的衰亡而消失。这里体现了一种彻底的动态时空观。从社会经济体系的各层次来看,都存在着与之相对应的生态位(见表3-4)。

---

① 2012年末,当笔者已完成《螺网理论》一书中经济体系从微观、中观到宏观的理论框架以后,发现仅仅考虑经济方面的因素还不足以解释社会发展的动力问题,于是笔者又耗费一年时间补充了国家与社会系统的理论框架,此后又花费两年时间认真修改完善了整套理论框架。

② 一个简洁的比较,参见甘润远:《经济体系"微观-中观-宏观"层次中的分形结构》,清华大学主办《演化与创新经济学评论》杂志2020年第一辑,第45—64页。

表 3-4　社会经济体系各层次中的生态位一览表

领域层次 \ 领域对应系统	行为主体（系统）	生态位（系统）
微观层次	企业系统	企业生态位
中观层次	行业系统	行业生态位
中宏观层次	产业系统	产业生态位
亚宏观层次	国民经济系统	国内经济生态环境
宏观层次	国家系统	国家生态环境系统
国际层次	国际社会系统	地球自然生态系统

在表 3-4 中，越高层次的行为主体，其生态位在经验上越容易被观察到。例如，在国家系统这一层次，国家生态环境系统就很容易观察到，其中的"领土"就是现代主权国家最重要的组成因素之一。在国际社会系统这一层次，人们可以观察到的生态位就是地球自然生态系统。美国著名历史学家威廉·麦克尼尔（William Hardy McNeill，1917—2016）在其成名作《西方的兴起》中所使用的"生存圈"（ecumene）可以视为一个类似的概念，他所说的生存圈是指"人类文明交往联结而成的地域空间，不仅包括陆地，也延伸到广阔的海洋"。①

经济学家们或者研究经济问题的专家学者们，通过阅读本书将会发现，本书将微观经济学、中观经济学和宏观经济学的基本思想融合在了一个统一的分析框架中（至少在整体逻辑上建立了统一的经济学框架），从而为结束经济理论长期以来四分五裂、零碎混乱、矛盾重重的局面奠定了思想基础。当然，本书只是为形成一个统一的经济学理论创建了一个初步框架，就像建筑设计师画好的一张最初蓝图一样，作者只是勾画出了整座经济学大厦的基本轮廓，至于这座大厦的细节描绘和具体建设工作，还有待于世界各国的经济学家和社会学家们的继续艰苦努力才能够最终完成。

自约翰·穆勒、马歇尔和萨缪尔森对经济学的三次综合之后，我相信，一个经济学再次综合的时期已经来临！与此相伴，社会科学各领域迅速发展并获得重大进步的时期也为期不远！

---

① 刘志来：《威廉·麦克尼尔生存圈理论探析》，《第二十二届全国史学理论研讨会会议文集》（下册），2019 年 10 月 18—20 日，上海，第 298 页。

第四章 经济系统的微观层次：企业的动力结构及演化图景

作为本书研究的基础，本章首先介绍企业演化及企业生态理论的研究简况；然后以苹果树作为隐喻，从而展现企业成长的复杂性，由此引出"生态位"的概念；从企业的本质特征入手，在对企业内外环境、构成要素进行分析的基础上，提出了企业的双层结构模型，阐述了企业系统深层结构的特征；在描述企业生产经营过程的基础上，分析企业内部的交换与分配关系；从生产要素组合结构的视角，探讨提高企业生产效率的途径。本章重新定义了"企业整体能力"的概念；从结构的视角，探讨企业发展的动力因素和企业家的作用；从分工与协作、内外因子互动、渐变与突变这三个方面，简要论述了企业演化的基本机制；从多因素关联和互动的视角，描述了企业的生命周期和企业发展演化的轨迹。

本章的论述要点如下：
1. 有关企业演化研究方面的认识成果：

企业演化观的理论基础主要包括拉马克的"用进废退"及"获得性遗传"理论、达尔文的生物进化理论和万瓦伦的协同演化理论。20世纪70年代后发展起来的企业生态理论，是自然生态理论在企业领域的应用，主要研究企业生态与企业演化这两方面内容。

在企业演化的外因方面，许多学者强调资源、技术等因素，另一些学者则强调竞争、法规、政治等因素。在企业演化的内因方面，比较有代表性的研究成果是企业能力理论。不同的企业能力理论强调企业内部能力、资源、知识和技术以及组织学习等因素。达尔文主义者侧重于演化的外因，这类学者倾向于认为外部环境对企业的自然选择推动了企业或种群的演化；而拉马克主义者侧重于演化的内因，这类学者倾向于认为企业自身的变异导致企业能力提高，从而推动企业自身的演化。关于企业组织演化过程，学者们似乎倾向于"间断均衡"的过程特征，即长时间的渐变伴随着短期的突变。综合来看，企业演化过程与物种进化一样呈现出多样性、遗传性和自然选择这三大特征。

从企业内外环境及因子互动角度对企业演化过程进行系统研究的成果较少，其中最有代表性的成果是钱辉和李晓明在这方面所做的创新研究。

本章综合吸收了上述这些学者们的研究成果，特别是在借鉴钱辉和李晓明研究成果的基础上，应用系统论和结构功能主义的基本方法，对企业的内外环境、关键要素进行了阐述和梳理，从而发现企业的一般结构与生物体的表现型和基因型很相似，是由表层要素链和深层要素链组成的双层结构，并在此基础上分析了企业的动力结构及演化规律。

2. 企业在社会经济环境中所占据的支持其生存和发展的特定资源空间形成企业的"生

态位"。伴随着企业的成长壮大,企业的生态位也在同时扩展变大。生态位不同,企业面临的生存空间也不相同。

3. 关于企业的本质,正如彼得·德鲁克所说,企业不同于任何其他组织之处在于企业经营产品和提供服务,任何一个通过经营商品(包括出售服务)来体现自己职能的组织都是企业。本书对企业的定义则是:企业是由人组成的将各种资源加工成产品以满足社会正常需求的组织;从系统的视角来说,企业是具有价值创造功能的人工复杂适应系统。

4. 从企业系统的外部环境来看,影响企业发展的一般性外部因素可以划分为需求因素和供给因素两大类,而这些因素具体包括人、资源、产品、知识、制度、技术等因素。从企业系统的内部环境来看,企业是由人、资源、产品、知识、制度和技术等基本要素组成的。在企业组织的人中,处于中心位置的是企业家。企业是一个人工智能系统,能够在发展过程中不断学习,并不断调整自身组织的层次结构与功能结构。为了能够更好地适应外部环境,企业应该与时俱进地不断调整自己内部的组织结构。

企业深层因素有机联结就形成了企业系统的深层结构,这种深层结构体现了企业系统在创造价值的过程中,从认知到规则,再到技能,其实践性逐级增强的特征;企业系统深层结构的这种特征,可以从企业深层因素的无形(隐性)和有形(显性)这两种典型形态的比较中看出。沿着企业系统深层结构中的关键因素深入研究,将会与认知学和心理学建立必要的联系。

5. 企业的生产经营过程,是以生产为起点、以向顾客提供产品为终点的循环往复的过程。企业内部的生产活动实际上分为"生产→企业家→组织→资源→产品"和"生产→知识→制度→技术→产品"这两条链,由此我们得到企业内部生产环节关系图。从系统与环境的关系来看,一个企业完整的生产关系应该由其内部的生产关系网络和外部的社会关系网络共同组成。企业成长演化的过程,实质就是企业内外两重关系网络互相交织、互相作用、互相影响的动态演化过程,企业内外的两重关系网络构成一个多维的复杂动态图景。

6. 在企业实际的生产经营活动中,在"生产"起点与"消费"终点之间的"分配"和"交换",它们之间并不是简单的前后连接关系,而常常是在一个大的"交换"中内含着一些较小的"分配"和"交换"活动,或者在一个大的"分配"中同时内含着一些较小的"分配"和"交换"活动,而在每一个小的"分配"或"交换"中又包含着一些更小的"分配"和"交换"活动。企业的整个生产经营活动实际上就是由不同层次的"分配"和"交换"互相交织、内外嵌套而成的复杂网络。

7. 在企业内部的"分配"和"交换"活动中,本书侧重于分配关系的论述。本书对"分配"的定义是:分配是用以调节人们之间利益关系、促进社会公平与实现社会和谐的手段和工具;作为社会再生产过程的一个环节,其作用主要是对社会生产成果进行分割;作为分配主体意志的反映,其作用主要是调节资源在社会各部门、各产业、各阶层等不同层面的合理配置。对生产成果中物质产品的分配,按层次可以分为初次分配和再次分配。分配一般由分配主体、分配客体、分配制度、分配标准等要素组成。在企业的生产经营过程中,从企业的表层因素来看,企业内部的"分配"活动主要包括企业家对人力、资源和产品这三类显性因素的分配;从企业的深层因素来看,这实际上是对企业内部知识、技术和价值的分配,具体的分配关系形成了企业相应的制度体系。

8. 从系统的视角来看,企业是一个输入资源、输出功能的人工系统。从输入端来看,输入企业的内容包括人力、资源和生产要素投入关系;从输出端来看,企业输出的内容主要包括组织协同功能、价值创造功能和生产分配关系。在企业的再生产过程中,生产要素投入关系与生产分配关系之间是相互联系、相互作用和相互影响的,从长期来看,它们之间存在着"作用-反作用""反馈-调整"的动态关系;一方面,生产要素投入结构的不同决定了生产成果分配结构的不同;另一方面,不公平的分配结果又会导致企业内部各阶层和外部各利益相关者要求调整不合理的分配制度;正是它们之间的这种动态机制,推动着企业的收入分配关系从"不公平与不平等"逐渐到"比较公平与平等"的长期演变。

9. 传统的生产理论仅从生产投入的成本因素和技术因素这两个方面考虑企业的生产效率问题。根据本书提出的企业一般结构框架,企业的生产效率需要同时考虑"企业家""组织""资源""知识""制度""技术"这六个方面的效率问题。另外,提高企业的生产效率还应该包括提高企业内部的"分配效率"和"交换效率"。本章仅对企业的分配效率进行了简单探讨。

10. 本书没有采纳企业能力理论所提出的企业能力的概念,而是重新定义了更为一般性的企业能力概念。一个企业的整体能力,是指企业有效整合各类资源要素,为社会生产产品或提供服务,满足社会消费需求的综合能力。企业的整体能力一般由生产供给、企业家、组织、资源、知识、制度、技术、产品这八个方面的能力共同组成。一个企业在这八个方面的能力越强,这个企业的整体能力就越强,其在市场上的竞争力就越强。本书由此画出了企业能力"势能图",通过这个图,我们可以形象地描述出企业的成长状态和能力情况。一个企业的整体能力越强,其势能位置越高,其市场竞争力就越强,其对市场的供给能力也就越强。

11. 来自外部环境的需求因素是拉动企业发展的原生动力,来自外部环境的供给因素则是制约企业发展的必要条件。外部环境中的合作因素和竞争因素是影响企业发展的外部次生动力。影响企业发展的关键性内部动力来自企业内部的人、资源、产品、知识、制度、技术这六类因素。其中,最主要的动力因素是企业的人才,而在企业的所有人才中,企业家处于核心位置。本书由此画出了企业发展动力因素关系图。

12. 企业家是那些具有企业家精神特质的企业经营管理者。企业文化在企业经营中具有重要作用,它对企业长期经营绩效影响深远。企业文化的核心是企业精神,而企业精神的主要塑造者是企业家。在推动企业成长发展的过程中,企业家是通过"企业家→组织团队→企业"和"企业家精神→企业精神→企业文化"这两条链来发挥作用的;在企业成长发展中,这六类因素紧密联系、相互配合、协同一致,它们共同成长的轨迹是一条逐渐扩展的螺旋线。在企业外部环境中,人文因素也是影响企业发展的一个不可忽视的重要因素,它对企业家精神、企业精神和企业文化具有深层影响。

13. 在企业成长发展过程中,分工与协作、内外因子互动、渐变与突变是企业进行演化的重要机制。

(1)分工能够使企业向专业化、精细化发展;协作能够使企业各部门相互配合、协同一致。分工实际上是分叉律在企业生产经营中的一个具体表现,协作是协同律在企业生产经营中的具体表现。

(2)企业生态位因子与企业内部关键要素之间的互动,既是企业外部环境与内部环境进行供需交流的重要方式,也是企业之间进行合作、竞争、学习和创新的一般机制,正是企业内外因子的互动过程推动了企业的成长和发展。

(3) 企业的演化过程是一个渐变与突变交替进行的持续过程,这一机制促使企业从一个阶段向另一个阶段跃迁,从一种状态向另一种状态演变。企业演变过程中的突变是通过企业内外因子互动来实现的,引起企业发生突变的因素既可能来自外部环境,也可能来自内部环境。如果突变导致企业向进化方向演变,那么突变的结果就是企业整体能力的提升和生态位的扩张;如果突变导致企业向退化方向演变,那么突变的结果就是企业整体能力的降低和生态位的收缩。

14. 本书认为企业也具有生命周期,但本书所论述的企业生命周期与伊查克·爱迪思(Ichak Adizes)所论述的"组织生命周期"的阶段划分不同。从企业演化的方向和状态来看,本书把企业生命周期划分为成长进化、维持现状、退化衰亡这三个阶段。企业进化的最终决定因素不是来自外部,而是来自企业内部。不管外部环境竞争压力是大还是小,只要企业内部发展动力很强,企业都会沿着持续进化的方向演化。在企业持续进化的过程中,企业能力演化的轨迹是一条逐渐扩展的螺旋线。无论外部环境竞争压力大还是小,只要企业内部发展动力很弱,企业都会沿着持续退化的方向演化。在企业持续退化过程中,企业能力演化的轨迹是一条逐渐收缩的螺旋线。

15. 从企业成长发展角度来看,企业演化过程可以用"资源吸纳→组织成长→交换效率提升→分配水平提高→生产能力增强"和"信息吸纳→知识积累→制度创新→技术创新→顾客价值增长"这两条链来描述,由此可以画出企业发展演化轨迹图;在发展演化过程中,企业沿这两条链的运行轨迹是两条起点相同、逐渐扩展的螺旋线。企业生态位的演化与企业本身的演化是同时进行的,演化过程是通过企业内外因子互动来实现的,企业内外因子互动形成两层(即表层和深层)网络关系,构成了一个多维的复杂动态图景。

一、企业演化及企业生态理论研究简况[①]

人类的所有重要创新几乎都是在前人基础上进行的,本书的理论创新也不例外。因此,这里有必要交代一下企业演化研究方面的有关成果。

企业演化观的理论基础主要包括拉马克的"用进废退"及"获得性遗传"理论、达尔文的生物进化理论和万瓦伦的协同演化理论(又称共同演化理论、红皇后理论)。[②]

受达尔文进化论的影响,演化思想较早就被引入经济理论的研究中。一般认为,马克思、马歇尔和凡勃伦是经济演化思想的先驱者(盛昭瀚、蒋德鹏,2002)。其后,演化思想被米尔顿·弗里德曼、伯恩斯和斯陶克(Burns, Stalker)等经济与管理学者们广泛采用。伯恩斯和斯陶克(1961)认为,组织结构应与环境特性相匹配,他们强调有机的企业组织结构更能适应多变的外部环境,而机械式缺乏灵活性的组织结构更适合稳定的环境。其后,桑普森、劳伦斯和劳斯奇(Thompson, Lawrence, Lorsch, 1967)根据"适者生存"原理提出企业组织结构设计要与变化的外部环境相适应,并通过案例研究论证了环境力量对组织结构形成的中心

---

① 本节文献综合了钱辉博士学位论文第二章文献综述和李晓明博士学位论文绪论的有关内容。钱辉:《生态位、因子互动与企业演化》,浙江大学管理学院博士学位论文,2004年12月,第17—26页。李晓明:《企业环境、环境因子互动与企业演化研究》,天津大学管理学院博士学位论文,2006年6月,第7—13页。
② 钱辉、项保华:《企业演化观的理论基础与研究假设》,《自然辩证法通讯》2006年第3期。

作用。

20世纪70年代以后,西方学术界从社会学发展出一种组织生态学(organizational ecology),这是一种研究企业生态的理论。该理论是自然生态理论在企业领域的应用,主要研究企业生态与企业演化这两方面的内容。

企业生态理论在企业演化方面的研究主要集中在企业演化条件、企业演化动因、企业演化过程和企业演化结果等几个方面。

第一,企业演化的外部条件与动因。达尔文主义者认为,适应外部环境是企业得以演化的条件和动力,外部环境通过自然选择的方式推动企业演化过程的实现。大部分学者认为资源获取是企业生存与发展的关键,而外部环境中影响企业资源获取能力的关键要素是技术的变化。如纳尔逊(Richard Nelson)、温特(Sidney G. Winter)、图斯曼(Tushman)等人认为技术是影响环境变化的关键力量。技术(尤其是技术标准)变迁和技术创新对企业的生死存亡产生决定性影响,企业要保持对外部环境的适应以及自身的不断发展,就需要不断进行"技术搜寻"以保持组织的创新能力。技术创新分为渐进创新与重大创新两类,渐进创新影响企业竞争格局,而重大创新则会改变企业的行业地位及演化路径。

另一些学者(Horwitch,1982;Starbuck,1983;Nobel,1984)认为外部环境的影响是由竞争、法规、政治和技术等因素综合作用的结果,并对它们之间的相互关系与互动作了研究。但相对于环境技术论的充分研究,环境综合因素论没有说清这些因素是如何随时间变化而变化的,以及它们是如何决定外部环境条件的。

伯纳特和海森(Barnett和Hansen,1996)将"红皇后理论"引入企业竞争演化的研究中,他们认为竞争是推动企业演化的重要因素,企业如果想要保持长期良好的演化态势,就必须积极参与竞争。由于"红皇后"效应,竞争对手和环境是不断进步的,每个企业必须不停前进才能保证自己相对竞争地位不落后,虽然企业可以通过特色化、资源垄断战略来避免竞争,但这样就失去了参与"红皇后"演化的机会,从长期来看这对企业是非常不利的。竞争会促使企业更好地演化发展,企业应该勇敢地选择和面对竞争,而不是规避竞争。

第二,企业演化的内部条件与动因。与达尔文主义的自然选择观不同的是,拉马克主义者提出了"用进废退"和"获得性遗传"的企业演化思想,认为企业演化取决于企业自身的适应能力。因为企业会有意识地改变自己以适应环境变化,因此,企业变异并不是无方向和随机的。企业演化依赖其自身的能力情况,企业变异后获得的功能可以遗传下去。

在企业演化的内部条件与动因方面,比较有代表性的研究成果是企业能力理论。企业能力理论包括企业资源论(Wernerfelt,1984)、企业知识论(Conner,1991,1996;Kogut和Zander,1992,1996;Spender,Prahalad,1996)、企业核心能力论(Prahalad和Hamel,1990;Langlois,1992;Teece,Pisano,Shuen和Fosse,1997)等内容。这些理论把企业内部因素作为企业适应环境的重点进行研究,认为企业内部能力、资源和知识的积累是企业得以生存、发展和保持企业竞争优势的关键性要素。

企业资源论是对企业投入的研究,将企业内部资源作为企业竞争优势的根本原因,企业能力的建立即是对资源的最优配置和使用。企业知识论把知识资源作为企业能力的源泉,认为企业间绩效的差异是源于知识的不对称和由此导致的企业能力的差异;企业能力具有知识专有性,形成企业能力的目的是从知识的专有中获得经济租金(Liebeskind,1996)。相比之下,企业核心能力论是一种更加概括和抽象的理论,它的研究载体与"资源论"和"知识论"基本相同,但所关注的范围更加综合和深入。1990年,普拉哈拉德与哈默(Prahalad和Hamel)发表的《公司核心能力》一文被认为是企业能力理论进一步深化研究的起点。

企业能力理论认为,组织适应的发展过程是演进式的,企业竞争力更多地是依靠渐进的创新以更有效利用已有的企业能力,而不是跳跃式的大调整(Nelson和Winter,1982)。企业动态能力反映的是在路径依赖①和现有市场环境条件下,企业争取创新性竞争优势的能力(Leonard-Barton,1992)。企业能力只有基于不断建设性的学习才能避免"创造力破坏(creative destruction)"(Schumpeter,1934),并同时达到组织一致性和企业动态发展的动态均衡。

同时,企业能力理论认为"组织学习"是建立并不断强化企业能力的根本途径。企业能力来自企业组织的集体学习,来自经验规范和价值观的传递。能力的形成要经历企业内部独特资源、知识和技术的积累与整合的过程。通过这一系列有效积累与整合,使企业具备独特的、持久的竞争力。而隐藏在核心能力背后并决定核心能力的是企业掌握的知识,因此,企业核心能力表现为知识和经验,这些知识和经验通过不断的组织学习而得到和更新。知识的共享、经验技能和失败教训的共享是企业组织学习的主要内容,通过知识共享,可以使个人的能力、知识转化为企业集体的组织能力和知识。

综合外因观和内因观,企业演化决定于企业外部环境与企业自身变异这两个基本因素,具体通过如下四个基本规则发生作用:

(1) 变异规则。企业在自身能力与适应性上出现变化。

(2) 选择。外部环境对某些企业变异有利,而对另外一些企业不利。

(3) 遗传。某些有利的变异被企业及种群继承并传承下去。

(4) 竞争。企业均面临生存竞争,可以更好地适应外部环境的企业或种群在竞争中处于上风。

达尔文主义者倾向于外部环境对企业的自然选择过程,从而推动企业或种群的演化;拉马克主义者倾向于企业自身变异导致企业能力提高,从而推动企业自身演化。上述两种观点并不矛盾,而是互补的,它们各自侧重于企业演化的一个方面:达尔文主义者侧重于演化的外部条件与动因;拉马克主义者侧重于演化的内部条件与动因。

第三,企业演化过程与结果。关于企业组织的演化过程,学者们似乎倾向于"间断均衡"的过程特征,即长时间的渐变伴随着短期的突变。

20世纪30年代,约瑟夫·熊彼特(Joseph Alois Schumpeter,1883—1950)以创新为视角对经济演化过程进行了研究。他认为,创新是经济变化过程的实质,经济发展本质上是一种动态演化的过程。他提出了"产业突变"的概念,并认为经济发展的质变既可以是渐进的,也可以是非连续的,创造性毁灭过程是资本主义的基本事实。

1950年,阿门·艾尔奇安(Armen Alchian)发表了其经典论文《不确定性、演化和经济理论》。他运用"自然选择"的生物学理论,论证了经济演化过程可以产生新古典经济学的结果,并强调了环境不确定性对企业发展的重要影响,他用"进化"的竞争力量重新解释了企业利润最大化行为。

米尔顿·弗里德曼(1953)认为,在经济演化过程中,只有那些力图获取最大化收益的行

---

① 路径依赖是指企业演化对其发展道路和适用规则的选择有依赖性,企业一旦选择了某种发展道路,就很难更改。

为主体才能在市场选择中生存下来,因此,企业追求利益最大化的行为是市场选择的结果(As-if理论)。

1977年,汉纳和弗里曼(Hannan和Freeman)在综合有关组织生态学论述的基础上,提出了完整的组织生态学概念和研究框架,建立了可以衡量企业个体发展、变迁和演替的数学模型。他们认为企业变迁(适应)和环境选择是种群演化的主要路径,他们把种群密度作为影响企业生存的关键要素,种群密度的高低与企业死亡率有着直接的正关系或负关系。影响企业分类和种群密度的关键要素则是技术和制度,同时,技术创新和环境制度变化是企业变迁的主要途径。另一些企业种群生态学者(Mckelvey,1978,1982;Mckelvey和Aldrich,1983)也把技术因素当作企业种群形成的重要因素,他们认为拥有类似技术和知识的企业逐渐形成一个种群。

伊查克·爱迪思(1979)从生命现象得到启发,认为如同所有生物和社会系统一样,组织也有其产生、成长、成熟、衰退和死亡的过程。在其1988年的著作《组织生命周期》中,他又把这五个阶段细分为孕育期、婴儿期、学步期、青春期、盛年期、稳定期、贵族期、官僚化早期、官僚期、死亡期这十个时期。

1982年,纳尔逊和温特出版的经典著作《经济变迁的演化理论》被认为是演化经济学形成的重要标志。在这部著作中,他们提出了一个吸收了自然选择理论和企业组织行为的综合分析框架,系统地把演化思想运用到企业管理研究中。他们构建了一个包含企业惯例、战略搜寻、技术创新和环境选择等要素在内的企业演化模型,首次建立了比较系统的企业演化理论分析框架。他们认为企业要接受市场环境的"自然选择",企业在市场中互相竞争,盈利的企业增长扩大,不盈利的企业收缩衰弱,直至被淘汰出局。

此后,企业演化思想得到众多学者的支持和深入探讨。汉纳和弗里曼继续深化了企业生态学模型;伯格曼和保尔(Burgelman和Bower)提出了基于组织内生态互动的战略决策B-B模型;图斯曼和罗曼利(Romanelli)提出了企业演化随着技术不平衡发展而间断均衡的理论模型;鲍姆(Baum)从企业生态位的角度对企业演化进行了考证;肯·巴斯金(Ken Baskin)等对企业DNA的构成和运作机理进行了研究;莫尔(James F. Moore)提出了企业生态系统共同演化理论(business ecosystem coevolution)。企业资源基础论(Wernerfelt,1984)、核心能力理论(Prahalad和Hamel,1990)以及组织学习理论(Peter M. Senge,1990)则被作为企业演化能力的主要来源而加以充分地研究和论证。

图斯曼和罗曼利(1985,1994)进一步研究了企业的演化规律,认为企业变迁的规律是间断均衡的,长期的渐进增长伴随着短期的中断突变,企业能否生存取决于它们能否不断地顺利完成重新定位及业务收敛的循环过程。

伯格曼(1983,1986,1987,1988,1991)从企业内部生态演化的角度对企业战略进行了考察,认为战略决策是企业内不同管理层互动演化推动的结果。他提出了组织内生态(intra-organization ecology)概念,认为组织的战略制定与组织内各生态单元的互动密切相关,组织内部生态过程和不同组织适应模式之间存在特定联系,组织战略制定与生存适应是一种内部的"变革-选择-保留"过程。

1996年,图斯曼提出组织演化有持续增长、间断突变和根本变革三种模式。对于管理者而言,应使组织文化与战略既适应当前所处环境,又能保证组织具有应对将来环境突变的能力。

2000 年,艾森哈特(Eisenhardt)等研究了企业协同演化过程,认为协同演化是新经济时代企业应该采用的非常重要的战略过程。协同演化过程更易发生在结成联盟的企业网络内部。2001 年,他又提出边缘竞争概念,认为传统稳定条件下的企业战略模式常常失灵,企业应该在内部形成一套适应"混沌"的机制,以便在高速变化的环境下持续保持竞争优势。边缘竞争的总体目标是使混沌与秩序在企业内部恰当共存,以便保证企业内部创新变异的余量,建立一系列不同方向的竞争力来彻底改造企业,以达到优势组合。

归纳起来,企业演化过程与物种进化一样呈现出多样性、遗传性和自然选择性三大特征。多样性是指当企业组织进入演化创新过程时,至少会具备一个重要的、能够引发它创新的特质,该特质将明显地区别于其他企业组织;遗传性是指在企业组织内存在某种类似生物基因特征的组织复制机制。在复制过程中,它会同时进行遗传的优化选择,以保证组织能自低向高单向进化;自然选择则强调企业组织在演化竞争中所具有的自适应系统的有效性。一些组织生存而另一些组织消亡,是因为环境对不同组织形式自然选择的结果。自然选择导致了组织变异,组织变异的结果产生了演化变迁,在相互选择的过程中,组织与环境之间建立起新的和谐与平衡。一旦这种平衡被打破,新的选择过程就会重新开始。企业组织演化并不是局部的适应性变化,而是一种组织形式对另一种组织形式的替代。替代过程有时表现为强制性演化,有时表现为渐进性演化。但无论采取哪一种演化方式,都是环境对组织提出变迁要求的结果。

从企业内外环境及因子互动角度对企业演化过程进行系统研究的成果较少,其中最有代表性的成果是钱辉和李晓明在这方面所作的创新研究。

2004 年,钱辉从生态位和因子互动的视角阐释了企业与环境的战略互动关系,总结并论证了企业生态位的基本构成因子,较为系统地阐述了企业生态位的特征及概念,构建了"企业-生态位匹配钻石模型",提出了基于突变论的企业生态位评估方法,从企业生态互动角度归纳了企业演化路径特征,并结合案例进行了实证分析。

2006 年,李晓明梳理了经济学与管理学中关于企业性质的研究成果,提出了基于企业环境的"企业行为过程模型",并以此模型为基础构建了较完整的企业环境理论框架,深入分析了企业内、外因子及其互动机理,提出了企业生态位因子突变模型,对企业环境因子互动的企业演化进行了研究。

二、一个隐喻:苹果树和企业

距今 350 年前,大约在 1666 年的一天,当英国著名科学家牛顿在花园中散步时,因为看到一个苹果从树上落下而引发灵感,他由此发现了万有引力定律[①]。万有引力定律的发现,统一了地面物体运动和天体运动的规律,对此后的物理学和天文学发展产生了深远影响,极大地推动了人类认识自然世界的进程!

苹果树曾开启了人类的智慧,使人类由此进入一个崭新的时代。

这里,我们也借用一棵苹果树的生长来比喻一个企业的成长过程。

---

① 伏尔泰著,高达观等译:《哲学通信》,上海人民出版社 2003 年版。

当我们把一粒苹果种子种入泥土中后,只要光照、温度、水分、养料等适当,苹果种子就会发芽并逐渐长成一棵苹果树苗。再假以时日,这棵苹果树幼苗就会渐渐长成一棵苹果树;几年之后,这棵苹果树就可以开花甚至结果了。

苹果种子能够长成一棵苹果树,既有内因,也有外因。内因和外因都很重要,两者缺一不可。

当我们种下苹果种子后,它之所以没有长成一棵梨树或者一棵桃树,就是因为我们种下的是"苹果种子"。"苹果种子"决定了它只能长成一棵苹果树。这里,"苹果种子"中所含的苹果基因就是内因。

另一方面,如果没有适当的光照、温度、水分、养料等条件,苹果种子同样不能正常发芽、长大成树并开花结果。这些"适当的光照、温度、水分、养料等"条件就是外因。

我们知道,地球的生物圈是所有地球生物的生活环境。每种生物都有自己生存的活动空间和范围。我们把构成生物生存空间的外部环境称为生态环境。把生物个体所占据的那一部分生态环境(或者小生境)称为"生态位"[①]。

对于一棵苹果树来说,它的生态位就是其所占据的那一小块土地、树冠所笼罩的那一方空间以及其中所包含的所有物质。苹果种子在发芽、生长、长大成树过程中所吸收的能量和物质(例如光照、水分、养料等)均来自它所占据的生态位。也就是说,苹果树生长的所有外因都包含于它的生态位中。

那么,构成苹果树生态位的因子有哪些呢?

我们知道,普通植物正常发育生长必须要有适当的光照、温度、空气、水分、无机物、有机营养等。同样,这些内容也构成了苹果树生态位的因子。

那么,这些生态位因子都来自哪里呢?

我们可以列表分析一下这些生态位因子的来源(见表4-1):

表 4-1 苹果树生态位因子来源一览表

系统层次	自然环境	因子来源	因子名称	因子成分
高 层	太阳系	太 阳	阳光	光子
中 层	大气层	云 雾	雨水	H_2O
		空 气	水蒸气→露水	H_2O
			气体(氧气等)	O_2、CO_2
低 层	地 球	河 流	地表水	H_2O
			地下水	H_2O
		土 壤	无机物	K、Ca、Mg、Na 等元素
			有机物	有机肥料等

---

① "生态位"这一概念首先由自然生态学家 Johnson 于 1910 年提出,生态学者 J. Grinnel 于 1917 年首次对生态位作出具体定义,他指出"生态位是生物栖息地的空间范围,称作空间生态位(space niche)或小生境(habitat)"(参见陈天乙编著:《生态学基础教程》,南开大学出版社 1995 年版)。此后,有关生态位的定义在自然生态学领域一直处于争论不休的状态,至今仍没有形成一个统一的结果。

从上表中我们看到,苹果树所需要的光照来自太阳系的太阳,它生长不可缺少的水分来自从土壤、地表到大气层等不同层次的多个环境。这对我们分析企业的外部环境很有启发性。

包括苹果树在内的树木,一般都是通过吸收作用、蒸腾作用、光合作用、呼吸作用、新陈代谢等机制逐渐成长的。

除了具有诞生、成长、衰老和死亡的寿命期外,果树还有温度周期[①]、丰年周期[②]等周期现象。

与苹果树相似的是,一个企业也具有其诞生、成长、衰老和死亡的寿命期;企业在发展过程中也存在着生产周期和资金运转周期等周期现象。

当一个满怀激情和梦想的创业者将自己深思熟虑的创业计划付诸实施时,一颗企业的"种子"就诞生了!一个市场机会、一项新技术、一件新发明、一个新颖的创意……这些企业的"种子",一旦遇到合适的合伙人、投资者,它们就会在市场的土壤中发芽生长。在美国的硅谷,在北京的中关村,在上海的张江,在广州的大学城,在深圳的科技园,在很多城市的创业园,几乎每天都在诞生着各种各样的"企业种子"。它们中的有些得以发芽、生长并开花结果,有些尚未长大就已夭折,而更多的"种子"刚发芽不久就死了,还有成千上万的"种子"因为缺乏适宜的温度、水分和养料而未能发芽。

当一个企业创生后,为了生存和适应环境,它必须不断地从社会环境中学习各种企业生存的知识和技术,就像苹果树一样必须通过吸收作用不断从自然环境中吸收水分和矿物质元素。与此同时,企业也将自己所拥有的各种知识和技术,通过产品和服务等途径传播到社会环境中,就像苹果树一样通过蒸腾作用不断地将自己体内的水分散发到周围的空气中。这里,企业的学习行为和传播行为类似于苹果树的吸收作用和蒸腾作用。

企业在成长过程中需要从社会中招募各类人员,经过培训后把这些人员变成自己组织的一部分;企业还需要吸纳社会环境中的各种资源要素,经过生产加工把它们转换为产品和服务后再返回到社会环境中供人们消费。这就像苹果树一样需要从自然环境中吸收光能,经过光合作用后把光能转化为有机能存储在自己体内;从外界环境中吸收二氧化碳和水,将它们转化为有机物并分解出氧气后再返回到外界环境中。

企业在成长过程中,在创建新部门、扩大组织规模时,需要耗费资金、配置相应的场地、设备等,并淘汰一些陈旧的设备和设施等。这就像苹果树在生长过程中,在进行细胞分裂、植株生长时,需要通过呼吸作用消耗能量、氧气并排出二氧化碳和水等。在成长过程中,苹果树与外界环境之间始终进行着物质和能量的新陈代谢;企业在生长过程中与其环境间也进行着类似的新陈代谢过程。

就像苹果树拥有自己的生态位一样,企业也拥有自己的"生态位"。生态位不同,企业面临的生存空间也不相同。一般来说,环境资源条件和生产能力相似的企业拥有相似的生态位。

---

① 也称温周期,指自然条件中的温度周期性变化对植物的生长具有周期性影响,可以分为温度日周期和温度年周期。

② 又称大小年周期或结果周期,指果树在不同年份结果数量呈现出明显的高低波动,由此引起果园丰收年(即大年)和低产年(即小年)交替出现的现象。不同的果树种类,其大小年的轻重程度差异很大。果树的大小年周期会对果品产量和果园经济收入带来很大的影响。

不同学者对企业生态位的认识不同。汉纳和弗里曼(1989)对企业种群生态位作了探讨,认为企业生态位是由环境资源决定的多维位置空间,一个种群构成一个生态位,而企业种群可以看作由处于多维资源空间上占据相同生态位的企业簇组成。鲍姆(1994,1996)提出了企业个体生态位的概念,他认为一个企业占据一个生态位,企业生态位描述了群落中个体企业对不同资源的需求和生产能力情况。钱辉(2004)认为,企业生态位是企业在环境中形成的多维资源和需求空间的矢量叠加集合,它是一个与空间和时间有关的函数。①

本书认为,企业在社会经济环境中所占据的支持其生存和发展的特定资源空间形成这个企业的"生态位"。在苹果树从幼苗长大成树的过程中,它所占据的生态位空间也在不断扩展。与此相似,伴随着企业的成长壮大,企业的生态位也在同时扩展变大。当成长到一定规模后,企业开始衍生新部门、设立分支机构,以争取更多的市场份额。这就像苹果树一样,当树体长到一定阶段后,树干就开始分叉,经过多次分叉后树木就生出很多树枝和树叶,以争取更多的阳光、雨露和空间。这一不断分叉的过程,其实就是自然界和人类社会普遍存在的分叉律在发生作用。

在自然界中,植物的生长按照四季呈现出春华秋实、繁荣枯萎的周期性变化(见图4-1)。

图 4-1　苹果树的四季

当春天来临时,苹果树开始生出嫩叶,开出芬芳的花朵,一片盎然生机。当夏天来临时,苹果树大量吸纳阳光、水分和养料迅速疯长,仅仅几个月就变得枝繁叶茂。到秋天时,满树苹果挂满枝头,一片丰收景象。而冬天一到,只见疏枝摇曳,树下铺满一层枯叶,又是一片萧瑟景象。

在人类社会中,经济系统也存在着有规律的扩张和收缩的周期性变化。每一个经济周期都包含有繁盛期和衰退期。经济系统由衰退期到繁盛期的过渡阶段,经济由衰转盛,就像春

---

① 钱辉:《生态位、因子互动与企业演化》,浙江大学管理学院博士学位论文,2004年12月,第22页、第47页。

季时气温逐渐由冷变热;经济系统由繁盛期到衰退期的过渡阶段,经济由盛转衰,就像秋季时气温逐渐由热变冷;而经济系统繁盛的顶峰和衰退的谷底,就像炎热的盛夏和寒冷的严冬。

在经济繁盛时期,有无数企业创生,又有大批企业"招兵买马",开始快速扩大规模,这多像盛夏中疯长的苹果树,很短时间就变得"枝繁叶茂"了! 而在经济衰退时期,有无数企业破产、消亡,也有大批企业为度过困境开始大量裁员,这多像寒冬里黄叶飘零的苹果树!

在现实社会的经济系统中,有一类企业组织是连锁性企业,这类企业的所有连锁单元都具有统一的名称、标识和形象,最具代表性的连锁企业就是麦当劳与肯德基了。这类企业每年都按照一定的模式在不同城市创办着一批又一批新企业。这类企业的创办过程与苹果树的批量繁殖活动也很相似。苹果树每年都结出一批苹果,苹果的核中包含了苹果树的种子。当人们将苹果种子种入土壤里后,定期给它们浇水施肥,这批种子就会发芽、生长并最终成长为一棵棵苹果树。

三、企业的本质

在一个国家的经济体系中,微观层次的经济主体(或行为主体)一般是企业系统。企业是现代社会最基本的经济单位。

那么,企业的本质是什么呢?

很多经济学家从不同视角对企业的性质作了研究,但至今为止没有取得明确的共同答案。美国管理学家彼得·德鲁克认为,企业不同于任何其他组织之处在于企业经营产品和提供服务,任何一个通过经营商品(包括出售服务)来体现自己职能的组织都是企业。他指出:"企业只是一种工具,每一个企业都是用以执行某种社会功能的社会机构。"[①]彼得·德鲁克的观点说出了企业的真正本质。

一般来说,企业是由人组成的将各种资源加工成产品以满足社会正常需求的组织。在这里,产品是指广义的产品,它既包括有形的物化的产品,也包括无形的非物化的服务。组织是指按照一定规则结合起来的相互联系的人的集体。资源是指在企业从事生产经营活动中,来自自然系统和社会系统的各种必要的因素,包括自然资源和社会资源。国内外不少企业理论把企业中的人称为"人力资源",也列入企业"资源"的范畴,这样划分作为一种理论的分析视角未尝不可。但在自然界的所有动物中,人是唯一有自我意识并会主动创造工具的动物,人在企业的发展中具有重要的能动作用。因此,为了突出人的主体作用,本书将"人"单独作为企业的构成要素来分析。

"企业"是个历史范畴,在人类社会发展的不同阶段,它有不同的内涵和外延。

在人类历史上,当市场出现的早期,个人和家庭作坊是社会经济的基本单元,这时从事生产经营活动的个人和家庭作坊就是企业的原始形态。根据古典经济学理论,在市场信息充分的条件下,个人和家庭作坊之间可以很顺利地完成商品交易,这时企业仅仅是一个生产单元,如单独从经济个体的角度来看,这时的企业与个人没有多少区别。但随着社会的不断进步和发展,市场越来越多元和复杂,市场调节机制失灵、交易成本不断提高、商贸信息纷繁

---

① 转引自蔡文燕、那国毅:《企业是什么?》,《经理人》2002年第4期。

复杂等情况已使个人及家庭作坊难以承担社会生产经营的任务,于是,企业组织取代个人和家庭作坊,成了社会经济的基本单元,个人则成为企业组织的基本构成要素。企业组织一旦形成,它就随着人类社会的不断进步而逐渐演变发展。例如,在企业的演化历程中,已经产生了科层组织、扁平组织、虚拟组织、网络组织等企业的组织形态。

钱德勒(Alfred Dupont Chandler Jr.,1918—2007)通过对美国企业史的研究,勾画出了企业发展过程。在1840年以前,美国企业通常是由所有者亲自管理的仅经营单一产品的小规模企业。由于规模小,企业的许多交易环节是由市场来协调的。1840年以后,新的交通和通信技术的出现使得远距离的大规模商品交易成为可能,而各种新技术的出现也大大提高了生产能力,于是,现代工商企业产生并蓬勃发展起来。随着社会的不断发展,一些原来由市场调节的交易活动更多地转移到企业内部进行,企业便逐渐演变为能够执行多种经济功能的庞大的经济组织。[1]现代企业的这种演变,目前依然在世界各国持续进行着。

从不同的分析视角,可以对"企业"作出不同的定义。例如,潘罗斯(Edith T. Penrose, 1959,1995)、沃纳菲尔特(Wernerfelt,1984)、巴尼(Barney,1986)等学者从企业资源观的角度考察企业,将关注点集中在资源禀赋和要素市场上,认为企业是"资源的独特集合体";潘罗斯把企业定义为"被一个行政管理框架协调并限定边界的资源集合";科格特和赞德(Kogut和Zander,1992,1996)、斯彭德(Spender,1996)等学者却认为,企业是"知识的独特集合体",企业的核心是知识[2]。李晓明从系统的角度提出:"企业本质上是个具有价值创造功能的人工系统。外部环境为企业提供资源、机会和约束,企业将这些输入进行转换,为外部环境提供产品(或服务),由外部环境评价企业的产出效果并据此决定将来给予企业的输入。""企业系统是个人工复杂适应系统。企业系统除了具有一般系统所具有的整体性、相关性、目的性和环境适应性等特征外,还体现为结构复杂、关系复杂和行为复杂,是动态、开放的系统"[3]。从企业的现实经营情况来看,无论是把企业看作资源集合,还是把企业看作知识集合,都是片面的。因此,本书采用李晓明博士给出的企业定义。从系统的视角来看,企业是具有价值创造功能的人工复杂适应系统。

四、企业的环境、要素和结构

1. 企业的内外部环境

企业存在于一定的社会经济环境之中,它既有外部环境,也有内部环境,无论是其外部环境还是其内部环境,都具有一定的层次性。

目前,学者们对企业环境的研究偏重于对企业外部环境的研究,而缺乏对内部环境的研究,学术界至今尚未形成完整的企业环境理论体系。根据李晓明博士的研究综述来看,学者们对企业内外部环境及因素的分析显得杂乱纷呈,既不够合理,也不够系统[4]。下面,我们通

---

[1] 钱辉:《生态位、因子互动与企业演化》,浙江大学管理学院博士学位论文,2004年12月,第61页。
[2] 钱辉:《生态位、因子互动与企业演化》,浙江大学管理学院博士学位论文,2004年12月,第63—64页。
[3] 李晓明:《企业环境、环境因子互动与企业演化研究》,天津大学管理学院博士学位论文,2006年6月,第24页、第44页。
[4] 李晓明:《企业环境、环境因子互动与企业演化研究》,天津大学管理学院博士学位论文,2006年6月,第14—15页。

过图示的方法对企业内外部环境提出一个全新的框架,以对这一问题作探索性尝试,但因本书的论述重点并不在这里,所以,这里只进行简单分析而不作更深入细致的探讨。

(1) 企业的外部环境

企业的外部环境是指存在于企业组织边界之外,对企业生产经营活动产生影响的所有因素的集合。企业的外部环境包括自然环境和社会环境。社会环境又包括政治、经济、人文、科学、教育、法制等环境。从系统的层次和功能来看,企业属于产业系统和国民经济系统的范畴。

从纵向层次来看,包含企业的外部系统由行业与产业系统、国民经济系统、国家系统这三个基本层次构成。其更外层的两个大系统是社会系统(国际系统)和自然系统,社会系统(国际系统)包含于自然系统之中。

企业外部环境各系统的所属层次关系如图4-2所示。

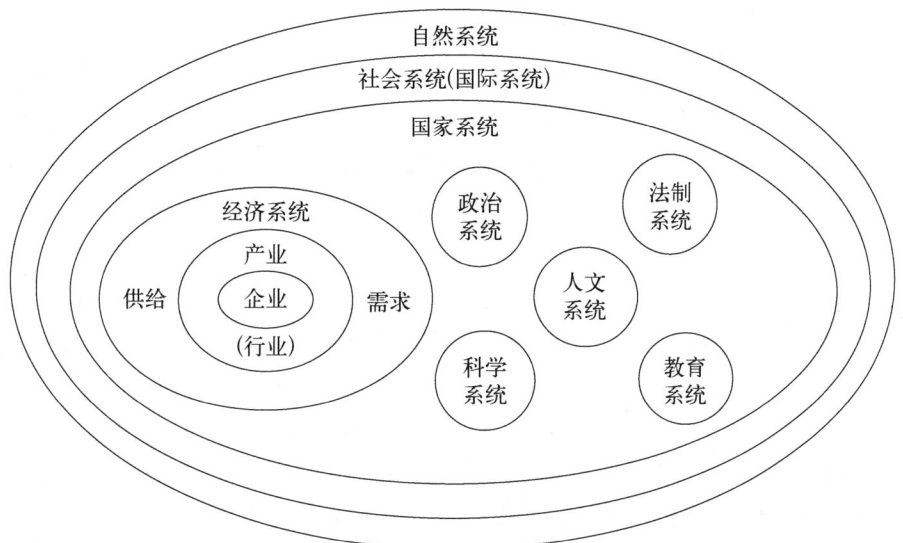

图 4-2 企业外部环境系统层次图

影响企业发展的外部因素都有哪些呢?从图 4-2 中可以看出,影响企业发展的外部因素很多,既有来自社会环境的因素,也有来自自然环境的因素。但来自社会环境的因素最多,具体包括经济、政治、人文、科学、教育、法制等方面的因素。其中,最直接的外部因素是经济系统内的因素。

我们可以列表分析一下这些因素的大致来源和类别(见表 4-2)。

表 4-2 影响企业外部因素一览表

系统层次	系统名称	影响来源	主要影响因素	因素归类	影响方式
最外层	自然系统	太阳、地球	阳光、空气、水、土地、矿物、生物等	资源	供给
外 层	社会系统国际系统	世界各国的政府、企业、家庭、科研机构、大学、国际组织等	人、采购、供货、投资、贷款、管理知识、专业知识、国际公约、贸易协定、国际标准、专利技术	人、产品、资源、知识、制度、技术	需求、供给

续 表

系统层次	系统名称	影响来源	主要影响因素	因素归类	影响方式
中 层	国家系统	政治系统	公共服务、投资、采购、税收等	资源、产品	需求、供给
		法制系统	国家法律、经济制度、产业政策	制度	供给
		人文系统	家庭生活、人口生育、社群组织	人	需求、供给
			人文精神、价值观念、伦理道德	知识(人文)	供给
		科学系统	科学研究、基础知识、技术研发	知识、技术	供给
		教育系统	人才培养、应用知识、知识传授	人、知识	供给
内 层	经济系统产业系统	其他企业	人员交流(进入、离开)	人	需求、供给
			信息交流(流入、流出)	资源	需求、供给
			资本交流(融资、投资)	资源	需求、供给
			采购、供货	资源、产品	需求、供给
			专业知识、管理知识、文化知识	知识	需求、供给
			组织形式、制度规范、流程标准	制度	需求、供给
			生产技术、生产工艺、操作方法	技术	需求、供给

说明：本表只列出了影响企业外部因素中一些常见的主要因素，除了这些因素以外，显然还存在着其他一些影响因素(如国家之间的战争、气候变迁、地理条件、自然灾害等)，为便于分析问题，我们将在第八章和第九章探讨这些因素。

从表4-2中我们看到，影响企业发展的外部因素众多，既有来自经济系统的因素，也有来自国家系统的因素，还有来自社会系统(国际系统)的因素以及来自自然系统的因素。尽管这些因素很多，但经过分类以后，我们都可以把它们划归为人、资源、产品、知识、制度、技术这六大类因素。按照因素流动的方向来看，这些因素影响企业的方式有需求和供给两种。

因此，影响企业发展的一般性外部因素可以划分为需求因素和供给因素两大类，而这些因素具体包括人、资源、产品、知识、制度、技术等因素。

需求是拉动企业发展的直接动力。如果外部环境中没有对企业产品的具体需求，企业就失去了存在的基本依据。需求源于人们日益改善物质与文化生活的需要，它是社会经济发展的必然结果。需求贯穿于社会经济系统运动过程的始终，并伴随社会经济系统的发展而发展，社会经济发展水平越高，需求数量越多，需求种类越丰富。需求是社会经济系统中极其活跃的变革性因素。恩格斯曾指出"社会一旦有技术上的需要，则这种需要就会比十所大学更能把科学推向前进"[1]。需求对企业的生产经营活动具有主导作用。外部环境中的需求是时刻变化的，企业必须随时跟踪这些需求的变化，及时调整生产经营策略、开发适销的产品，企业才能顺利发展。

企业要生产出社会所需要的产品或服务，必然需要外部环境提供各种资源要素。资源要素是企业生存和发展必需的条件，也是企业顺利进行价值创造的前提。资源要素供给是社会经济系统运行的一个必要环节和前提，它也贯穿于社会经济系统运动过程的始终，并伴随社会经济系统的发展而发展，社会经济发展水平越高，供给数量越多，供给种类越丰富。

---

[1] 《马克思恩格斯选集(第四卷)》，人民出版社1972年版，第484页。

资源要素供给也是社会经济系统中极其活跃的变革性因素。资源要素供给对企业内部组成要素具有支配作用。如果外部环境不向企业供给资源要素,企业就无法正常进行生产经营活动,更谈不上企业的发展。资源要素的供给状况支配着企业生态环境与企业内部组成要素的演化水平、速度和方向。

为便于分析问题,下面对影响企业发展的知识、技术和制度等因素的概念作一些必要的定义和说明。

① 知识

知识是人类认识自然和社会的成果或结晶,包括经验知识和理论知识。知识的初级形态是经验知识,知识的高级形态是系统的科学理论。知识按其内容可分为自然科学知识、社会科学知识和思维科学知识等。当然,从不同的分析视角,可以对"知识"作出不同的分类和定义。例如,科学哲学家迈克尔·波兰尼(Michael Polanyi)把知识划分为显性知识(explicit knowledge)和隐性知识(tacit knowledge)两种类型①。经济学者戴天宇则把知识分为固化知识和活化知识,他指出,知识是"包含二者在内的广义体系,前者包括那些印刷在书籍上的、刻录在光盘上的、凝固在建筑上的、定格在机器上的知识,等等;后者活动于人之大脑及其辅助或延伸——自控系统或计算机内存之中""知识,尤其是活化知识,作为生产力增长及生产率提升的主要源泉,是微观经济元系统和宏观经济体系生存发展的支撑基底和最终依托"②。达文波特和普赛克(Davenport 和 Prusak,1998)认为,知识由经验、价值观、情景信息和专业洞察力等元素组成;知识是动态变化的,它随着认识主体的学习而随时更新;在组织中,知识不仅存在于文件与知识库中,也存在于例行的工作、流程、实践与文化中③。

美国经济学家温特(1987)提出了一种对不同类型的知识进行分类的标准,可以更好地帮助我们对知识进行理解。具体见表 4-3。

表 4-3　知识分类的标准④

隐含的	可以用语言表达
无法教授的	可以教授
无法用语言表达的	已经用语言表达过
无法在使用中观察	可以在使用中观察
复杂的	简单的
系统的一个元素	独立的

② 技术

技术的概念分为广义和狭义两种。广义的技术是指人类改变或控制其周围环境的手段或活动,是人类为实现社会需要而创造的手段、方法和技能的总和。作为社会生产力的社会总体技术力量,一般包括工艺技巧、劳动经验、信息知识和实体工具装备以及涵盖整个社会

---

① Michael Polanyi. *The Study of Man*. London: Routledge & Kegan Paul, 1957: 12.
② 戴天宇:《经济学:范式革命》,清华大学出版社 2008 年 7 月第一版,第 199 页。
③ T.H. Davenport, L. Prusak, *Working Knowledge: How Organizations Manage What They Know*. Boston: Harvard Business School Press, 1998.
④ 乔瓦尼·多西(Giovanni Dosi)、路易吉·马伦戈(Luigi Marengo)、乔治·法焦洛(Giorgio Fagiolo):《在演化环境中学习》。原载库尔特·多普弗(Kurt Dopfer)主编,锁凌燕译:《经济学的演化基础》,北京大学出版社 2011 年 6 月第 1 版,第 241 页。

的技术人才、技术设备和技术资料等。狭义的技术是指人类社会根据生产实践经验和自然科学原理而发展出的各种工艺操作方法与技能,是人类日常生活和生产经营中所有工具、设施、装备、数字数据、信息记录等的总和。这里使用的是狭义的技术概念。

人类社会的技术应用史与人类自己的历史一样源远流长。人类每个时代的标志性技术都代表了人类生产力发展水平的高度。例如,根据技术影响来划分的人类历史发展阶段,大致可以分为石器时代、青铜器时代、铁器时代、蒸汽机时代、电气时代和信息时代。技术源于实践活动,又高于实践活动,它随着人们认识的深化而不断发展。随着社会的发展,现代技术已日益向复杂化、多元化、全方位的多学科的技术工程演化。根据不同的功能,技术可分为生产技术和非生产技术。生产技术是技术中最基本的部分;非生产技术包括科学实验技术、文化教育技术、公用技术、军事技术、医疗技术等,是为满足社会生活的多种需要而发展出来的技术。现代技术既可以表现为有形的工具装备、机器设备、实体物质等硬件,也可以表现为无形的工艺、方法、技巧、程序等软件,还可以表现为虽不是实体物质却又有物质载体的信息资料、设计图纸等。

现代社会中,由于科学与技术的联系日益紧密,人们常常将科学与技术两者合在一起使用(即科学技术)。实际上,科学与技术既有显著区别,又有密切联系。科学是人类认识世界的方式和途径,而技术是人类改造世界的方式和途径。技术是从科学到生产的中间环节,是把科学理论转化为生产力的桥梁,技术来源于实践经验的总结和科学原理的指导。一般地,技术的发明是科学知识和经验知识的物化,使可供应用的理论和知识变成现实。一方面,现代技术的发展离不开科学理论的指导,现代技术已在很大程度上变成了"科学的应用";另一方面,现代科学的发展同样离不开技术,技术的现实需要往往成为科学研究的目的,而技术的发展又为科学研究提供了必要的技术手段。科学与技术之间是一种互相联系、互相促进、互相制约的关系。科学和技术在任务、目的、形式等方面均有比较显著的区别。科学和技术在任务和目的方面的主要区别是:科学的基本任务是认识世界,从事科学研究要有所发现,从而增加人类的知识财富;技术的基本任务是改造世界,从事技术研究要有所发明,以创造人类的物质财富。科学和技术的成果在形式上也有所不同:科学成果一般表现为概念、定律、理论、论文等形式;技术成果一般则以工艺流程、设计图、操作方法等形式出现。科学成果一般不具有商业性,而技术成果有较强的商业性,往往可以直接转化为现实的商品。

③ 制度

制度的概念也分为广义和狭义两种。广义的制度,一般是指人类社会在特定历史阶段和在特定范围内,为调节个人与个人之间、个人与组织之间或组织与组织之间在政治、经济、社会、文化、科学、教育等方面的关系,而建立的公约、法律、法规、政策、规章等行为规范体系的总和,它一般由社会认可的非正式约束、国家规定的正式约束和实施机制三个部分组成。狭义的制度,是指组织为维持正常的运行秩序而制定并要求组织成员共同遵守的行为规范、规章或准则。制度具有规范性、程序性、指导性和约束性等特点,其内容要能够为组织成员的行为提供可供遵循的依据。广义的制度概念适用于社会、国家等较为宏观的层面,而狭义的制度概念适用于社团、企业等较为微观的层面。一般来说,微观层面的制度要受到宏观层面制度的制约。例如,企业制定的劳动制度、工资制度、保险制度等规章制度,必须遵守所在地国家的法律、法规的规定,否则将会受到一定的制裁。

从不同的分析视角,可以对"制度"作出不同的定义。例如,美国制度经济学家凡勃伦指出,制度是社会关系的固化形式,制度映射到人们的主观意识上,它往往表现为"个人或社会对有关的某些关系或某些作用的一般思想习惯"[①]。当代制度经济学家诺斯(1990)认为"制度是社会的游戏规则,它们是为人们的相互关系而人为设定的一些制约",他将制度分为三种类型,即正式规则、非正式规则和这些规则的执行机制。正式规则又称正式制度,是指政府、国家或统治者等按照一定的目的和程序有意识创造的一系列政治、经济规则及契约等法律法规,以及由这些规则构成的社会的等级结构,包括从宪法到成文法与普通法,再到明细的规则和个别契约等,它们共同构成人们行为的激励和约束;非正式规则是人们在长期实践中无意识形成的,具有持久的生命力,并构成世代相传的文化的一部分,包括价值信念、伦理规范、道德观念、风俗习惯及意识形态等因素;实施机制是为了确保上述规则得以执行的相关制度安排,它是制度安排中的关键一环。这三部分构成完整的制度内涵,是一个不可分割的整体[②]。中国演化经济学家贾根良把制度理解为"管束人们经济行为的规则",他把制度分为有形制度和无形制度两大类;有形制度包括"产权、金融制度等形式化规则",而无形制度则是指"作为文化外在形式的意识形态、价值观、习俗和习惯等非正式规则";在制度结构中,这两类制度安排是互补的,有形制度可以立即改变,而无形制度却变迁缓慢[③]。

诺斯定义的"制度"概念比较严密和完整,但其内涵有些宽泛。例如,其中的非正式规则所涵盖的内容其实属于社会文化的内容。一个概念的内涵如果过于宽泛,往往不利于人们深入细致地研究这一概念所描述的问题。例如,当我们使用诺斯定义的"制度"概念来考察企业等微观主体的生产经营活动时,往往会给研究者带来一定的认识混乱。一般来说,一个企业的企业文化包含了企业制度,而不是企业制度包含了企业文化。但如果从诺斯定义的"制度"概念来看,人们就会得出相反的结论。

企业文化是指企业在生产经营活动中所创造的具有自身特色的企业精神、价值观念、经营理念、道德规范、行为准则的总和。其中,企业精神是企业文化的核心,在整个企业文化中具有支配地位。企业精神是指企业基于自身特定的性质、目标、定位和发展方向,并经过有意塑造而形成的企业成员群体的精神风貌。企业精神以价值观念为基础,以企业目标为动力,对企业的经营理念、管理制度、道德风尚、团体意识和企业形象等起着决定性作用。企业精神是企业的灵魂,是企业成员观念意识和群体心理的外化。

企业文化是一个内涵比较宽泛的概念,它不但包括人文知识的成分(如人文精神、价值观念、伦理道德等),也包含制度规范的成分(如行为准则、管理制度等),还包含意识形态的内容。所以,企业文化实际上是一个复合概念,它适合描述企业的整体状况,而不适合分析企业的构成要素。这也是本书未将其列入影响企业发展独立因素的原因所在。

(2) 企业的内部环境

企业内部环境是一个由人、资源和产品等要素组成的有机系统,系统内部各要素之间相互联系、相互作用、相互影响,构成了复杂的网络关系。企业的内部环境具有一定的层次结构和功能结构,它将随着企业的动态变化而不断变化。

我们知道,一个完整的企业一般至少要包括人、资源和产品这三个要素,否则,就不是一个完整的企业了。此外,企业要进行正常的生产经营活动,还必须要有基本的知识、制度和

---

① 索尔斯坦·凡勃伦著,蔡受百译:《有闲阶级论——关于制度的经济分析》,商务印书馆1983年版,第139页。
② 道格拉斯·诺思著,杭行译:《制度、制度变迁与经济绩效》,格致出版社、上海人民出版社2008年版。
③ 贾根良:《经济转轨中的文化传统》,《经济社会体制比较》2000年第2期,第70页。

技术这些因素,否则,这个企业也是难以顺利完成其生产经营活动的。除了这些最基本的要素以外,从不同的视角来看,人们还可以列举出一些构成企业的其他重要因素,如企业家、企业团队、企业文化、企业战略、企业管理、组织结构、顾客价值等。经过仔细分析后,我们将不难发现,构成企业的这些因素实际上并不是处在相同层次上的,它们之中有些处于企业的核心位置(如企业家),有些处于企业的外层位置(如产品)。企业的核心要素与非核心要素具有不同的特征和功能,核心要素规定着企业的价值导向和发展方向,提供了企业的稳定性与内在一致性;非核心要素则成为企业利润导向的必要基础,提供了企业的变化性和多样性。

根据这些因素在企业内部所处的不同层次,我们可以画出一张企业内部环境圈层结构图,如图4-3所示。

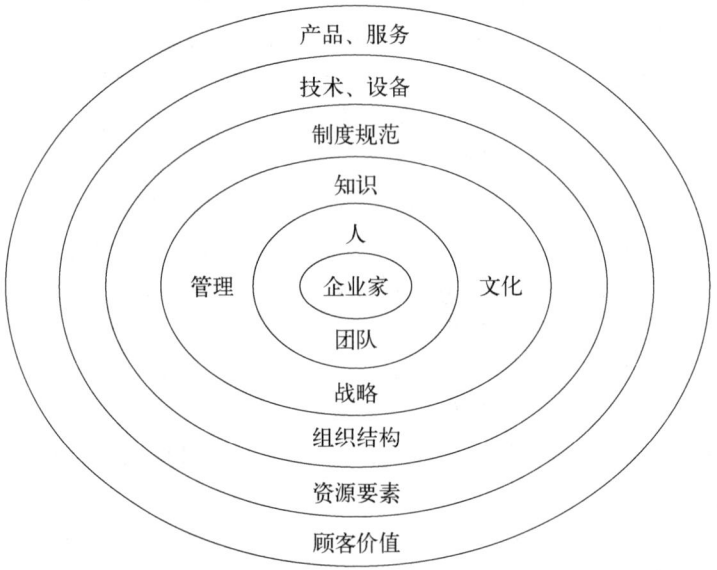

图 4-3 企业内部环境圈层结构图

这里所探讨的企业内部环境圈层结构只是一个大致的划分,根据分析的不同需要,我们可以对其中的有些因素或层次作进一步的细分和归类。例如,对"企业文化"的具体层次,我们可以细分为"企业家精神、企业精神和企业文化"三个层次。对其中的有些因素,也可以根据其性质重新进行归类。例如,把"制度规范"和"组织结构"划到"制度体系"这一范畴中;把"资源要素"、"技术"、"设备"、"产品"以及硬件场所等统一划入"物质环境"这一范畴中。因为企业是由人形成的组织,所以,人必然是企业的核心要素。而在企业组织的人中,处于中心位置的是企业家。在企业家外围依次是企业团队、企业文化、制度体系、物质环境等。

在企业日常的生产经营活动中,企业家与其团队的互动,伴随着企业家精神与企业精神的互动,并塑造了企业文化的形成。在企业成长演化过程中,企业家与其团队也在共同成长,与此同时,企业家精神、企业精神和企业文化也在共同成长。

需要指出的是,图4-3中各因素的层次只是为便于分析而作的大致划分,实际上,企业家与企业家精神是一体的,企业团队与企业精神是一体的,企业整体与企业文化是一体的,这三者是高度耦合的;企业文化和制度体系也是高度耦合的,而物质环境是企业文化和制度体系的载体,这三者将随着企业的成长和演化而从低级向高级、从简单向复杂不断演化。

企业是一个人工智能系统,企业中的人能够从经验中学习以不断适应外部环境。所以,随着时间的推移,企业内部环境的结构、功能、行为能够不断自我完善,并向更高级的有序化方向进化。企业内部环境演化的特征表现为在不协调中协调,在组织中自组织,在适应中耦合。正如生物体要生存必须要适应外部环境一样,一个企业在成长和发展的过程中也需要不断适应外部环境。当外部环境发生变化时,企业内部环境必须作出相应的调整,直至内外部环境相互耦合。企业内外部环境耦合程度越高,企业的生存和发展环境就越好。企业内外部环境的耦合过程,就是企业成长演化的过程。

2. 企业的构成要素和组织结构

(1) 企业的构成要素

一般来说,一个完整的企业除了必须具备人、资源和产品这三个基本要素外,还必须要有基本的知识、制度和技术这些因素,这六类因素是构成企业最基本的关键性要素。这六类关键要素可以分为以下两类:

A. 显性因素(表层因素):人、资源和产品

B. 隐性因素(深层因素):知识、制度和技术

结合前文的分析,我们知道在企业外部环境中也存在着以上六类因素。

企业中的人本身就拥有一定的知识。要进行生产经营,就必须将企业中的人按照一定的规则组织起来,企业的这些生产经营规则就是企业制度。同时,企业要生产出一定的产品,还需要使用一定的技术手段把有关资源加工成相应的产品。企业在成长过程中,需要不断地从外部环境中吸纳人员、资源、知识、制度、技术等因素,然后再把这些因素内化为自己的组成因素,企业通过向市场提供产品和服务等,不断地向外部环境传播企业内部的知识和技术等。

(2) 企业的组织结构

企业是由许多人组成的集体。每个人都是一个有思想、能够独立行为的个体,如果企业中的人不按照一定的制度规则形成有一定结构的组织,企业就无法顺利完成生产经营活动。因此,一个正常的企业,在开始生产经营活动之前,其人员必然要按照一定的分工形成有机的组织。

企业的组织结构是指企业内部各组成要素按照一定的制度规则所确定的相互联系、相互协调、相互制约的秩序和形式。企业组织结构是企业制度的具体表现,又是企业制度得以形成、确立并正常运转的基础。

企业是一个人工智能系统,它具有自学习、自适应、自组织的特性和能力,能够在发展过程中不断学习,并不断调整、重组和完善自身组织的层次结构与功能结构。为了适应日益复杂和动态的外部环境,企业需要不断调整组织结构,使之与外部环境相协调。

企业生态理论在研究企业生态与演化时,都强调企业要适应外部环境,企业组织结构应该与所处的外部环境条件相适应,并强调只有当组织结构符合外部环境要求时,企业才能得到持续发展。当外部环境比较稳定时,要求企业内部组织结构采取正规的组织形式;当外部环境动荡多变时,要求企业内部组织结构采取灵活的组织形式。外部环境的复杂性要求企业组织结构也趋于复杂化;而相对简单的外部环境,也要求企业以相对简单的组织结构相对应。

如何科学地构建合理的组织结构,对一个企业未来的发展至关重要。因为组织的性质和功能主要取决于其内在结构。

关于结构与功能之间的关系,让我们来看两个比较典型的实例。

① 金刚石与石墨

在自然界中,石墨和金刚石都是由碳元素组成的物质,但两者的性状却相差巨大。

从外形看,石墨是黑色不透明的;而金刚石是无色透明的。从硬度看,石墨很柔软,常被用作润滑剂和铅笔芯;金刚石却很坚硬,常被用作钻头和玻璃刀。

人们研究后发现,导致石墨和金刚石性质不同的根本原因在于它们内部的结构不同,也即它们内部碳原子的空间排列结构不同(见图4-4和图4-5)。石墨内部的碳原子间以正六边形排列,呈平面层状结构,其层与层之间可以移动,造成石墨很柔软。金刚石内部的碳原子间以正四面体排列,呈金字塔形网状结构,这种结构具有高度稳定性,导致金刚石很坚硬。

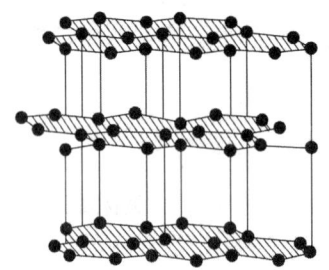 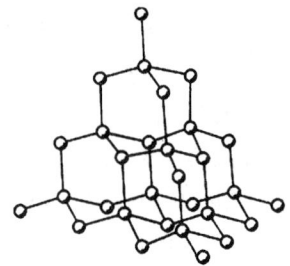

图4-4　石墨的内部结构　　　　图4-5　金刚石的内部结构

这是事物因组成单元空间排列结构不同造成事物性质不同的一个实例。

② 田忌赛马的策略

《史记》卷六十五中记载了一则田忌与齐王赛马的故事。

战国时期,齐威王与其大将田忌赛马,两人各出上等马、中等马、下等马三匹马进行比赛。比赛中,田忌以自己的上等马、中等马、下等马分别与齐威王的上等马、中等马、下等马对抗。由于齐威王三个等级的马都比田忌的马优良,比赛结局总是田忌三战三败。后来,军师孙膑给田忌出了个策略:以下等马对齐威王的上等马,以上等马对齐威王的中等马,以中等马对齐威王的下等马。田忌按照这种策略再与齐威王赛马,三场比赛结束后,田忌一败二胜,最终赢得了赛马比赛的总体胜利。

在赛马过程中,田忌和齐威王前后使用的还是原来的马匹,由于田忌调换了一下比赛中马匹出场的时间次序,从而实现了转败为胜的结果。

这个故事生动地表明,事物内部的组成单元因时间排列结构不同,往往会造成事物内部矛盾双方力量的变化,最终导致事物整体性质的改变。

不同的企业有不同的组织结构。同一个企业在发展的不同阶段,其组织结构也有不同的特点。从短期来看,一个企业的组织结构是相对稳定的。但从长时段来看(如以十年为单位),任何一个企业的组织结构都是在不断发展变化的。为了能够更好地适应外部环境,企业应该与时俱进不断调整自己的内部组织结构。

3. 企业系统的深层结构

根据前面对知识、制度和技术的有关定义和说明,企业深层因素有机联结就形成了企业系统的深层结构,这种深层结构体现了企业系统在创造价值的过程中,从认知到规则、再到技能,其实践性逐级增强的特征。企业系统深层结构的这种特征,可以从企业深层因素的无形(隐性)和有形(显性)这两种典型形态的比较中看出(见表4-4)。沿着企业系统深层结构中的关键因素深入研究,将会与认知学和心理学建立必要的联系。

表 4-4 企业深层因素中的两种典型形态

深层因素＼形态	无形(隐性)	有形(显性)	说　明
企业知识	无形知识	有形知识	体现了认知从暗默到明晰、从意会到言传的特征
企业制度	无形制度	有形制度	体现了规则从习惯到惯例、从偶发到规范的特征
企业技术	无形技术	有形技术	体现了技能从观念到实践、从潜在到现实的特征

在表 4-4 中,需要对"习惯"(habit)和"惯例"(routine)这两个术语进行必要的解释和说明。习惯与惯例的主要区别是:习惯呈现个人的行为模式;惯例呈现组织成员间的互动模式。习惯被视为惯例的微观基础,它们的相互联结(interlinking)构成惯例。① 制度是一个比惯例更为广义的概念,包含基于显性知识的正式规则和基于默会知识的非正式规则;惯例通常属于非正式规则部分。②

习惯是指人长期逐渐形成的稳定的自动的行为倾向;在心理学中,则是指人在特定刺激或暗示下产生的重复性行为。黄凯南将"习惯"定义为"在特定刺激和暗示下,一种能够自动产生重复行为的个体内在反应机制"。他指出:"重复性的行为既包括显性可观察的行为活动,也包括隐性不可观察的认知和心理活动。习惯具有以下一些特征:(1)习惯是个体对重复场景一种适应性的反应机制,包含着如何应对相应场景或环境的知识,具有相对的稳定性。(2)在时间顺序上,本能先于习惯,习惯先于理性。理性选择并非人类的行为起点,理性行为所凭借的推理和信念依赖于思维习惯(habits of thought)。③ (3)与先天给定的本能不同,习惯会发生变化。习惯的演化速度和方向取决于自身对所处环境的适应度(fitness),以及环境的选择压力。"④

"惯例"是由纳尔逊和温特最早引入组织和经济演化分析中的一个概念。这里,综合一些学者(G. M. Hodgson 和 T. Knudsen,2004;E. Cacciatori,2012;S. G. Winter,2013;黄凯南,2016)的研究成果,对这个概念给出一个较为清晰的概括。惯例是指在环境激发下能够重复出现的相对稳定的组织行为倾向,是协调组织内部成员之间互动行为的非正式规则,它包含组织为适应环境而积累的有关知识和记忆。惯例一般具有以下特征⑤:① 惯例是组织或群体层面的反应规则,具有一定的惯性和稳定性;② 惯例通常为自动实施,不需要深思熟虑,能够节约组织内部成员的认知资源;③ 与其他正式、标准化或通用的规则相比,惯例的形成和实施更具有场景依赖性和专用性,它往往为储存于组织内部的默会知识;④ 惯例的形成和演变是一个多层级和多主体的互动过程,既包括组织与环境的互动,也包括组织内部

---

① M. D. Cohen, D. A. Levinthal, M. Warglien, Collective performance: Modeling the interaction of habit-based actions. *Industrial and Corporate Change*, vol.23, no.2, 2014, pp.329-360.
② 黄凯南:《制度演化经济学的理论发展与建构》,《中国社会科学》2016 年第 5 期,第 70 页。
③ D. M. Wegner, *The Illusion of Conscious Will*. Cambridge: Massachusetts Institute of Technology Press, 2002, pp.121-137;G. M. Hodgson, Choice, habit and evolution. *Journal of Evolutionary Economics*, vol.20, no.1, 2010, pp.1-18.
④ 黄凯南:《制度演化经济学的理论发展与建构》,《中国社会科学》2016 年第 5 期,第 68—69 页。
⑤ 黄凯南:《制度演化经济学的理论发展与建构》,《中国社会科学》2016 年第 5 期,第 69 页。

成员间的互动,惯例的变化内生于组织的学习过程中。

对于企业深层因素的两种典型形态,我们该如何理解其实践性逐级增强的特征呢?这里以制度和技术为例来说明。

首先以初创企业的决策制度形成为例。一种创业机会(如一项新技术)刚诞生时,其未来前景具有很大不确定性。它也许具有大量社会需求而让新创企业迅速发展壮大,甚至催生一个新行业;它也许只有少量、短暂的社会需求(或者只是一种过渡性技术,可能很快会被其他技术所代替)。面对现实中的同一创业机会,不同的创业者往往会采取不同的态度和决策。对于风险爱好型的创业者,他可能会把它当作一次好机会而迅速抓住。而对于风险厌恶型的创业者,他可能会持等待观望的态度。这种对把握机会的不同态度和决策,显然与不同创业者的个人经验、知识结构和思维习惯是紧密相关的。对于有些创业者,因为敢于冒风险,他们往往决策和行动迅速,也因此抓住了一些商业机会,进而取得了创业成功。对于另一些创业者,因为等待观望,他们常常决策和行动迟缓,也因此错失了一些商业机会,进而导致创业失败。对于那些初创企业的企业家来说,他们往往会把个人的决策习惯引入企业组织中,从而形成企业组织的决策惯例;这种组织惯例的形成,在企业发展的初期往往是偶发性的、非常规的,如果这些惯例的连续应用导致企业能够及时抓住商业机会而发展壮大,这些惯例就会被企业组织所选择,进而就形成了企业组织常规性的、比较规范的规则,这些规则一旦形成文字并被列入企业管理规范,实际上就形成了企业的决策制度。1978年以来,中国一些民营企业的创立者中,有一些人早期是依靠向地方政府官员行贿而获得一些社会资源(例如土地或矿产资源),进而才抓住某些商业机会并发财致富的。于是,他们就将向政府官员行贿这种行为习惯引入企业组织中,从而形成了他们所掌控企业的组织惯例,这些组织惯例进一步演变就形成了企业规则(例如,企业年终晚宴中邀请政府官员参加,企业财务支出中专门列支公关费、招待费和礼品费等)。直到今天,在中国一些民营企业家的经营行为和企业规则中,我们依然可以看到这种行为习惯的持久影响。在这些例子中我们看到,企业制度存在"无形形态"和"有形形态"这两种典型形态,同时也体现出企业规则从个人习惯到组织惯例,从偶发性到常规性的演化特征。

再以车辆技术的长期演化为例。人类最初发明的车辆是独轮车,这种车辆使用人力来推动前行。此后,人们又发明了一轴双轮车,这种车辆使用牛、马等大型动物来拉动前行。后来,人们又发明了两轴四轮马车,这种车辆装有车厢,人们乘坐在车厢中可以遮蔽风雨。1769年法国陆军工程师库格诺(Nicolas-Joseph Cugnot,1725—1804)发明了世界上第一辆蒸汽机驱动的三轮汽车;但直到1803年,蒸汽机汽车才开始在法国被实际应用。此后,内燃机点火装置、橡胶轮胎、陶瓷电点火装置、铅酸蓄电池、电火花点燃式煤气机、往复活塞式煤气发动机等有关汽车的各种重要技术相继被发明。1885年,德国发明家卡尔·本茨(Karl Friedrich Benz,1844—1929)发明了世界上第一辆汽油机驱动的三轮汽车。1886年,德国发明家戈特利布·戴姆勒(Gottlieb Daimler,1834—1900)将自己发明的汽油发动机装在一辆四轮马车上从而制成了世界上第一辆四轮汽车。[①] 汽油机四轮汽车是现代汽车的基本形式,这种汽车使用石油燃烧后产生的机械能驱动前行。我们看到,车辆形态从马车发展到汽车的过程中,车辆技术出现了重大创新,主要是其驱动力出现了突变。人们在发明汽车时,除

---

① 百度百科:《世界汽车百年历史》。网址:https://baike.baidu.com;查阅日期:2020年4月10日。

了继承四轮马车的车轮、车轴、车架、车厢等人类以前的技术以外,又增加了汽油发动机、转向机构和动力传动装置等新技术。汽车发明家们在设计汽车时,他们首先在头脑中产生了将马车技术与汽油发动机技术结合在一起的构想,随后再画出具体的设计图纸,然后根据设计图纸制造出汽车的各种零部件,最后再将各种零部件组装成一部汽车。在这个过程中,发明家的汽车构想和设计图纸都处于观念的状态,还不具备实际的运输能力。等发明家把汽车制造出来并在道路上正常行驶时,这时候汽车就具备了实际的运输能力。我们看到,汽车技术从构想、设计、再到制造的过程中,就存在"无形形态"和"有形形态"这两种典型形态,同时也体现了人类运输技能从观念到实践、从潜在到现实的特征。

在汽车技术发明史上,蒸汽动力汽车技术比汽油动力汽车技术先发明,由于蒸汽动力汽车装有笨重的蒸汽锅炉,用煤炭做燃料,行驶缓慢,操作困难,而汽油动力汽车则克服了这些缺陷。因此,当1887年卡尔·本茨创建世界上第一家汽车制造公司以后,汽油机四轮汽车就被人们广泛接受,以汽油机为动力的汽车技术也成了世界汽车行业的主导技术。这一点充分反映出技术演化过程中具有明显的路径依赖特性。

五、企业的生产经营过程

一个企业的日常运营是以生产为起点,以向顾客提供产品满足他们的消费需求为终点的循环往复的过程。在企业中,一次简单的生产经营过程如下:

社会需求→企业生产→产品销售→顾客消费

其中,企业进行产品销售的过程,实际上是用企业的产品来交换顾客的货币的过程,其本质是交换。所以,上面的企业生产经营过程可以简单表示如下:

需求→生产(要素组合→产品)→交换→消费

上面,括号中的过程就是企业内部的生产组织过程。如果结合企业的构成要素,将这个内部的生产过程作进一步的分解后,我们不难得到企业内部的生产环节关系图(见图4-6),从系统的视角来看,这个关系图实际上反映了企业系统运行的一般结构。

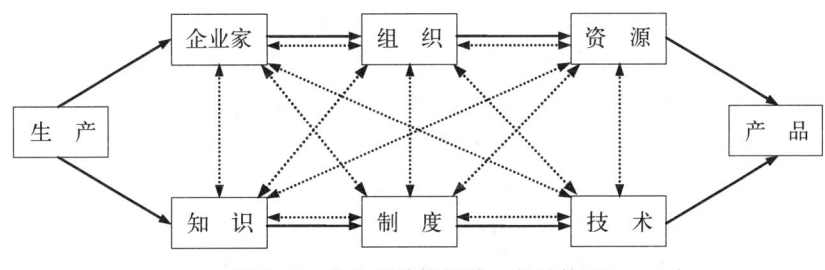

图4-6 企业系统运行的一般结构图

企业系统的一般结构,是指在企业系统动态演化过程中,企业内部各组成要素之间所形成的相互联系、相互作用、相互影响、相互制约的一般秩序和形式。企业系统的一般结构反映了企业系统内部各要素在功能方面互相支撑的结构性特征,是外部环境系统与企业系统、企业系统与其内部各要素协同演化的基础。

从图 4-6 中可以看到,企业系统实际的生产过程可以分为两条链(即图中的实线箭头):

A 链(表层因素生产链):生产→企业家→组织→资源→产品

B 链(深层因素生产链):生产→知识→制度→技术→产品

通过 A 链的生产过程,企业为顾客生产出了产品的"有形价值",也即"实物价值";通过 B 链的生产过程,企业为顾客生产出了产品的"无形价值",也即"抽象价值";这两个价值是合二为一的,它们共同组成了产品的"商业价值",也即"顾客价值"。

在企业的生产经营过程中,A 链所反映的过程是产品实物价值的生产过程,同时也是企业显性要素内化、整合、加工的过程;B 链所反映的过程是产品抽象价值的生产过程,同时也是企业隐性要素内化、整合、运用的过程;这两个生产过程是合二为一同时进行的,它们共同生产出具有完整顾客价值的产品。

在企业整个生产经营过程中,企业中的人(即企业家和组织)是行为主体,其中企业家发挥着重要的主导作用。这里的人主要是指按照一定的制度规则形成的组织化的人。在将个体的人整合为组织的过程中,企业制度发挥着关键作用。在将不同的生产要素整合、加工成产品的过程中,企业技术发挥着关键作用。只有在所有生产要素协同一致、相互配合的条件下,企业才能顺利实现产品的生产。

在现代社会经济条件下,一个企业组织生产经营活动的过程是相当复杂的。为便于分析问题,我们可以对企业完整的生产经营过程作简单的概要梳理。企业家首先根据自己所掌握的有关市场、企业、产品等方面的知识确定企业的性质、目标、定位和发展方向。随后,企业家根据自己所掌握的管理知识,确定企业的组织结构和管理方式,并依此来创建企业组织。然后,企业开始招聘各类人员,选择合适的原料供应商。与此同时,企业组织根据自己所掌握的专业知识,从外部环境中选择某项技术作为企业的主导技术,这项技术再被企业吸收内化为企业自己可以自由使用的企业技术。企业组织在企业家的推动和制度规则的协调下,将企业技术与资源要素深度结合,通过一定的整合、加工等过程生产出企业产品。最后,企业将所生产的产品销售给顾客。至此,企业完成一次生产经营过程。此后,企业在顾客新需求的刺激下,又开始了生产、销售的新一轮生产经营过程。企业在进行再生产过程中,对所采用的主导技术不断进行改进性创新,企业的生产能力随之逐渐提升,直到该项技术的潜力用尽时,企业又开始在外部环境中搜寻新的技术。在企业成长发展的过程中,企业的生产经营过程就是这样一个周而复始、循环往复、连续不断的动态过程。

在企业的整个生产经营过程中,企业家、组织、资源、知识、制度、技术、产品等要素并不是各自单独地、孤立地发挥作用的,而是需要相互协调、相互配合共同发挥作用的,也即每两个要素之间都是相互联系、相互作用、相互影响的,它们共同组成了企业内部的生产关系网络。在图 4-6 中,用虚线双箭头来表示它们之间的这种关系。

在经济学界,不同学者关注和强调企业系统不同要素的重要性。例如,熊彼特突出企业家的重要作用,诺斯强调制度规则的重要性,而布莱恩·阿瑟则注重对技术演化的分析。企业系统既然是一个人工系统,人的因素显然是最重要的因素。正如诺斯所指出的:"作为组织的一部分,个人能够作出决策,从而改变博弈规则;知识的变化是经济演化的关键,个人和组织的学习是制度演化的主要动力"。[①]

---

① 汤正仁著:《西方经济演化分析史》,中国经济出版社 2014 年 7 月第一版,第 114 页。

一个企业在成长发展中,除了需要处理好企业内部的生产关系网络以外,还需要处理好其外部的社会关系网络。企业系统与其外部环境中的自然环境因素、社会环境因素(如国家、政府、法律、企业、市场、家庭、科研机构、教育组织等,特别是供应商、销售商、顾客、合作者、竞争者等利益相关者)所结成的各种关系,就组成了企业外部的社会关系网络。从社会经济关系的角度来看,一个企业完整的生产关系应该由其内部的生产关系网络和外部的社会关系网络共同组成。企业成长演化的过程,实质就是企业内外两重关系网络互相交织、互相作用、互相影响的动态演化过程,企业内外的两重关系网络构成了一个多维的复杂动态图景。在经济学界,一些学者在研究生产关系时,仅仅注意到企业内部的生产关系,却忽视了企业外部的社会关系,这就割裂了企业与外部环境之间的必然联系,从系统的视角来看,他们的观点显然是有失偏颇的。

六、企业内部的交换与分配

中小型企业内部的组织机构一般包括企业管理部、人力资源部、财务部、市场调查部、产品研究部、原料采购部、生产部、销售部等部门。在企业成长过程中,不同部门需要协同一致、相互配合,企业才能开展正常的生产经营活动。

在企业的生产经营过程中,企业内部存在着广泛的交换活动。在小型企业中,由于不同部门之间的分工,每个部门往往只负责完成一项复杂任务的一部分,不同部门之间需要相互交换工作成果,整个企业最后才能协作完成这项复杂任务。例如,人力资源部为企业各个部门招聘合适的人员;财务部为各个部门处理财务会计事务;市场调查部负责收集和分析顾客的需求信息;产品研究部根据市场调查部提供的需求报告设计产品,然后再把设计图纸交给生产部进行加工制造;采购部根据生产需要去购买各种原材料;生产部根据产品研究部的设计图纸,使用采购部买回的原材料加工制造产品,再把生产出的产品交由销售部去销售;在这个过程中,企业管理部负责整个生产流程的协调、沟通、管理和监控,以提高整个组织的运行效率。在一些较大的企业中,企业本身就由一些较小的企业组成,这些企业之间也存在着分工,它们之间也需要相互交换产品或服务。例如,在汽车工厂中,其下属单位中有的负责生产发动机,有的负责生产车架等,它们之间需要交换劳动成果,最终才能完成汽车的生产。

在企业的生产经营过程中,还广泛存在着对人力、资源和产品的分配过程。

在现实的经济环境中,为了适应快速变化的环境并取得比同业更多的竞争优势,一些大型企业甚至在企业内部构造了复杂的"分配"和"交换"体制。例如,中国的海尔集团在经营层面用平行的市场机制代替了传统的金字塔型科层机制,以市场关系取代了传统的权威关系和行政关系,从而在整个企业内部构建了市场链(market chain)。他们将外部市场订单分解为一系列的内部市场订单,直至分解到每个人;把上下级关系和部门关系变为市场交换关系,使不同单位、不同部门甚至个人之间形成以利益为纽带的市场契约关系;把企业目标从利润最大化改为用户满意度最大化,使相邻工序上的单位或个人直接面对"客户";把低能激励变为高能激励,根据每个人每天完成订单的情况和表现给予不同的报酬;自1999年开始,整个集团全部取消了原有的岗位工资,实行全员市场工资制,他们施行的收入分配制度,不是按劳分配,也不是按资分配,而是按市场结果分配。在实施这种体制后,企业不但增强了活力、提高了效率、降低了成本，同时还加快了对市场的反应速度。①由此可见，在企业实际的生产经营活动中，在"生产"起点与"消费"终点之间的"分配"和"交换"，它们之间并不是简单的前后连接关系，而常常是在一个大的"交换"中内含着一些较小的"分配"和"交换"活动，或者在一个大的"分配"中也同时内含着一些较小的"分配"和"交换"活动，而在每一个小的"分配"或"交换"中又包含着一些更小的"分配"和"交换"活动。企业的整个生产经营活动，实际上就是由不同层次的"分配"和"交换"环节互相交织、内外嵌套而成的复杂网络。

自经济学诞生以来，人们对基于市场的交换关系给予了充分重视，因此，学者们对经济体系中的交换关系进行了广泛而深入的分析研究，相对而言，人们对经济体系中分配关系的分析研究却不够充分和深入。鉴于这一原因，本书决定在分配关系方面作一些较为系统的论述。

1. 分配的含义及有关理论

作为人类社会关系中的重要内容之一，分配在社会经济中具有非常重要的作用。自经济学诞生至今，"分配"问题一直是经济学研究中的一个重要主题。

在经济学中，人们一般把"分配"一词理解为对劳动成果的分割、对产品的分配，或者是对收入的分配。就像对任何事物的认识一样，人们对"分配"的认识也是不断发展和逐步深化的。从亚当·斯密、大卫·李嘉图（David Ricardo,1772—1823）直到马克思，他们基本上是沿着价值决定的思路来研究和分析分配问题的。

在亚当·斯密的分配理论中，他揭示出劳动（雇佣劳动者）、资本（资本所有者）和土地（土地所有者）之间的关系，他认为商品的价格和交换价值是由劳动的价值-工资、资本的价值-利润、土地的价值-地租构成的，这是一个国家所有收入的来源，也是国家税收的来源，在一定时期内，一国的收入是在工人、资本家和地主这三个阶级之间分配的；他指出："构成一国劳动全部年产的所有商品的价格，合起来看，也必然分成同样的三个部分，作为劳动的工资、资本的利润和土地的地租，分给该国不同的居民。……工资、利润和地租是所有收入和所有交换价值的最初来源，所有其他收入最后都是来自这三种来源中的某一种。"②在解释分配问题时，亚当·斯密认为，经济因素在短期发挥重要作用，但长期的影响因素主要是历史和文化因素。

大卫·李嘉图在继承亚当·斯密分配思想的基础上，提出分配应该遵循"剩余原则"和"边际原则"这两项原则；他揭示出在工人、资本家和地主这三个阶级分配社会总产品背后的支配力量是各不相同的，他认为劳动者的工资由最低生存工资水平决定，资本家的利润由平均利润率决定，土地的地租由土地的供求关系和不同土地的边际生产率决定③。

马克思继承了亚当·斯密和大卫·李嘉图分配思想的合理成分，将分配与生产过程联系起来考察，阐明了工资、利润、利息、地租的性质、来源及内在关系；他把分配看作由生产、分配、交换和消费组成的社会再生产总过程的一个环节，认为分配不仅是对劳动成果"产品"的分配，同时也是对生产工具、劳动力等社会资源的分配。他指出："按照最浅薄的理解，分配表现为产品的分配，因此它离开生产很远，似乎对生产是独立的。但是，在分配是产品的分配之前，它是（1）生产工具的分配，（2）社会成员在各类生产之间的分配（个人从属于一

---

① 苏慧文：《海尔管理变革：市场链与流程再造》，《南开管理评论》2001年第1期。
② 亚当·斯密著，杨敬年译：《国富论》（上卷），陕西人民出版社2001年版，第66页。
③ 大卫·李嘉图著，周洁译：《政治经济学及赋税原理》，华夏出版社2005年版，第43—89页。

定的生产关系)——这是同一关系的进一步规定。这种分配包含在生产过程本身中并且决定生产的结构,产品的分配显然只是这种分配的结果。如果在考察生产时把包含在其中的这种分配撇开,生产显然是一个空洞的抽象;相反,有了这种本来构成生产的一个要素的分配,产品的分配自然也就确定了。"[①] 马克思的分配思想体现了综合考察事物运动的系统思维,对人们全面分析分配问题很有启发。例如,他所说的"有了这种本来构成生产的一个要素的分配,产品的分配自然也就确定了"这句话,提醒我们"分配"本身就构成了生产的一个要素,其含义是在生产活动开始前、生产过程中、直到产品生产完成后,都存在分配问题;他所说的对"生产工具的分配"和"社会成员在各类生产之间的分配",提醒我们不能忽视经济资源在各部门、各产业和各行业的分配。尽管马克思表述的语意有些令人费解,但其文字间透露出的这些思想却是较为明晰的。

新古典经济学的分配理论以边际生产力分配理论和一般均衡分配理论最具代表性。边际生产力分配理论认为,社会总收入是由劳动、资本、土地等生产要素共同创造的,各要素在分配中的份额是由它们对社会总收入的边际贡献决定的,即工资等于劳动的边际生产力,利息等于资本的边际生产力,地租等于土地的边际生产力,利润则是企业家劳动的工资,这样就把收入分配问题转化为生产要素的价格决定问题。马歇尔在均衡价格理论的基础上建立了他的分配理论,他认为社会总收入是由劳动、资本、土地和组织(资本家对企业的管理和监督)这四个要素共同创造的,社会总收入相应地分为劳动-工资、资本-利息、土地-地租、组织-利润,它们各自的数量规定就是各要素的价格,其中,工资由劳动的供给价格和需求价格共同决定,利息由资本的供给价格和需求价格共同决定,他认为土地没有生产成本,因而没有供给价格,地租仅受需求影响,从而由它的边际生产率决定;他认为利润是企业家管理企业应得的劳动报酬,资本家得到的利润是资本家天赋才能的回报[②]。

如何通过收入分配来增进社会的经济福利? 这是福利经济学研究的主题。通过对这类主题的研究,福利经济学极大地拓展了分配理论的研究空间。以英国经济学家庇古(Arthur Cecil Pigou,1877—1959)为代表的福利经济学家将分配的功能从以往的收入分配转向了社会公平和社会公正领域。他们认为,社会经济福利的增减变化与国民所得的多少、收入分配活动的合理与否直接相关;如果分配与再分配活动增进了社会总的经济福利,那么这种分配就是合理的,反之就是不合理的;社会总的经济福利可以用一定时期的国民收入来表示,当国民收入增加时,如果不存在收入分配不公,那么社会总的经济福利就会增加;如果存在收入分配不公,国家可以通过税收、转移支付等方式将高收入阶层的货币向低收入阶层转移,这样同样能够提高社会总的经济福利;要增加社会总的经济福利,一方面要增加社会总产品(国民收入),另一方面要使收入分配更加合理。[③]

波兰经济学家米哈尔·卡莱斯基(Michal Kalecki,1899—1970)提出了存在阶级斗争的分配理论,他把资本主义社会划分为资本家阶级和工人阶级,他认为这两大阶级之间的对立关系影响着国民收入的分配和商品价格的决定等,资本家阶级内部的对立关系则影响到资本主义的竞争方式和社会再生产运动规律;他认为,决定收入分配的因素包括阶级差别、垄

---

① 《马克思恩格斯全集》(第30卷),人民出版社1995年版,第37页。
② 马歇尔著,陈良璧译:《经济学原理》(下),商务印书馆1965年版,第179—316页。
③ 以上三段有关分配的文献资料整理自:王朝科、程恩富,《经济力系统研究》,上海财经大学出版社2011年12月第一版,参见第205—212页、第236—239页。

断程度、产业结构、产品成本和价格决定等①。

各国对分配问题作过专门研究的学者很多,除了上面提到的亚当·斯密、大卫·李嘉图、马克思、马歇尔、庇古和卡莱斯基等以外,还有约翰·贝茨·克拉克(John Bates Clark,1847—1938,著有《财富的分配》)、约翰·霍布森(John Atkinson Hobson,1858—1940,著有《分配经济学》),中国学者有孙洛平(著有《收入分配原理》)、何传启(著有《分配革命——按贡献分配》)、于国安和曲永义(著有《收入分配问题研究》)等,这里不再一一列举。很多学者基本都是从产品分配或收入分配的角度考察分配问题的,较少从系统论的综合视角来分析分配问题。王朝科和程恩富应用系统论的分析方法从经济范畴、社会再生产环节、经济政策工具和经济制度四个层面分析了分配问题,他们赋予分配更加宽泛的内涵,突出了分配所具有的经济政策工具和经济制度等特质,分析了分配在配置经济资源、分割生产成果、调节社会关系、实现社会公平与和谐等方面的效力②。他们的这些研究成果,对本书有关分配方面的阐述提供了很有价值的借鉴。

综合上面的有关观点,我们可以对分配作出一般性的定义。分配是人类社会在一定社会生产力水平基础上形成的用以调节人们之间利益关系、促进社会公平与实现社会和谐的手段和工具,作为社会再生产过程的一个环节,其作用主要是对社会生产成果进行分割,作为分配主体意志的反映,其作用主要是调节资源在社会各部门、各产业、各阶层等不同层面的合理配置。对生产成果中物质产品的分配,按层次可以分为初次分配和再次分配。分配一般由分配主体、分配客体、分配制度、分配标准等要素组成。这里,分配主体是指进行分配活动的个人或组织(包括企业、社团或政府等)。分配客体是指被分配主体用来进行分配的各类资源或产品(包括物质产品、精神产品或服务)。分配制度是指人们根据经济运行的内在规律和社会发展的现实要求,以调节人们之间利益关系、促进社会公平、实现社会和谐为目的,而制定的用来实现规范分配主体行为、划分分配主体权利、调节社会分配关系、调整资源流向、评价分配成效等目标的一系列规则。分配标准是指用来衡量分配客体数量或测量分配成效的具体尺度,包括价值标准、时间标准、公平标准和效率标准等,而效率标准又可以分为政治效率标准、社会效率标准和经济效率标准等。对不同的分配主体或分配客体,通常需要采取不同的分配标准。例如,对企业中的普通劳动者,人们一般是采用时间标准来衡量其劳动量并向其支付工资的。对社会生产成果的再次分配,人们一般是采用公平标准来作为最基本的分配尺度的。

2. 企业系统中的分配活动

下面,我们首先从微观经济的企业层面来考察一下分配的情况。为使考察更加直观,我们可以结合前文中的企业系统运行的一般结构图(即图4-6)来进行分析。

(1) 企业系统中的三类分配活动

我们知道,人、资源和产品是构成一个企业的基本因素。在企业生产经营过程中,始终存在着对这三类因素的分配活动。

从企业家开始创办一家企业开始,他就首先需要考虑这三类因素的分配问题。如果企业家拥有足够的创业启动资金,他就可以设立一家由他本人投资的独资企业,这时,企业所

---

① 来源:MBA智库百科,《米哈尔·卡莱斯基》,参见:http://wiki.mbalib.com/wiki。
② 参见:王朝科、程恩富,《经济力系统研究》,上海财经大学出版社2011年12月第一版,第204—222页。

需要的人力和设备等要素,可以分别通过人力市场和商品市场以购买方式获得。当具体的人员和设备等要素进入企业后,企业家需要对企业内部的人员作出具体的分工安排(如有人做会计工作、有人做采购工作、有人做技术工作、有人从事具体的生产工作、有人从事销售工作等),这实际上是对人力资源的一种分配;与此同时,企业家还需要对各种生产设备等物质资源进行必要的分配,有些物质资源公用(如复印机),有些物质资源专用(如每个员工使用的计算机),这实际上是对物质资源的一种分配。这里,人力资源是指在一定时间和空间内人所具有的能够被组织所利用的对创造价值具有贡献作用的体力和脑力的总和。当企业生产出具体的产品后,企业首先需要将产品销售出去并收回现金,企业家才能对这些实现价值的产品(即销售收入)进行分配。在实际生产经营中,企业家一般是将销售收入中的一部分拿来给员工发工资,一部分用于纳税,一部分投入企业进行再生产(如采购原材料等),一部分(工资或利润)给自己,这个分配活动就是人们通常所理解的产品分配(或收入分配),实际上这是对产品(或收入)的初次分配。如果扣除投入企业的固定投资及各种支出以后,企业的销售收入还有剩余,企业就创造出了利润。如果企业经营发生了亏损,企业就没有剩余价值可供分配。企业家作为企业的投资者,他所分得的真正收入只能来源于企业产生的利润。如果企业没有产生利润,那么企业家也就无从获得收入。

对照图 4-6 来看,上面描述的企业内部的分配活动,反映了企业家分别对人、资源和产品这三类显性因素的分配,这三类分配活动既相对独立,又组合成一个紧密联系的整体,它们共同包含于企业的生产经营过程中。在对企业人员的分配活动中,企业家是分配主体,企业员工是分配客体,分配制度是企业内部制定的有关人力资源方面的组织规则,分配标准是员工个人的专业才能和企业内部的分工需要。在对企业物质资源的分配活动中,企业家或者其代理人(如企业内部专门负责分管生产设备的管理者)是分配主体,企业的物质资源(如计算机)是分配客体,分配制度是企业内部制定的有关物质资源方面的管理规则,分配标准是物质资源的专有功能和企业内部的分工需要。

与前两类分配活动相比,企业内部的产品分配问题要复杂一些。

当企业家本人是企业的唯一投资者时,这时参与企业产品分配的主体有企业家、企业员工、政府(税务部门是代表政府收税的专门机构);如果企业利润中还要提取一部分作为企业积累,则分配主体中还应包括企业本身。当企业家不是企业唯一的投资者时,这时的分配主体除了企业家、企业员工、政府之外,还有企业的其他投资者(即企业股东),他们将与企业家一起分配企业利润。当企业家不是投资者,而仅仅是企业所聘请的经营管理者时,这时企业家的实际角色是企业经理人(也即他实际上是企业所有者的代理人),这时企业家参与企业产品分配的方式(是否参与利润分配)一般由企业分配制度规定。而分配客体是在一定时期内企业的所有产品,实际上参与分配的只是被企业销售出去的那一部分产品的价值。分配制度是企业内部的薪酬制度、奖励制度、财务制度、企业章程等企业制度以及企业与员工个人所签订的有关雇佣协议等。这里,企业内部的薪酬制度、奖励制度、财务制度等收入分配制度,尽管是由企业内部的人员制定的,但其内容并不是随意设计的,而是根据企业自身发展需要、企业实际支付能力、政府相关法律规定并结合市场工资水平等因素制定的。

企业的收入分配标准显然是个多元化的体系,对不同的分配主体有不同的分配标准。对企业投资者(股东)来说,一般在正式创办企业之前,他们就会协商好每个人所占的股份比例,并签署相应的投资协议,当企业运营产生利润之后,他们将按照协议约定的股份比例分配企业利润。对企业家来说,如果他不是投资者,而仅仅是被聘用的企业经理人,他可能参加利润分配,也可能不参加利润分配(仅拿薪酬),这取决于企业家与企业所有者之间达成的协议,实际上是个双方谈判的结果。优秀的企业经理人是市场中的稀缺资源,其经营管理能力是否能得到充分发挥,这对一个企业的生存发展来说具有很重要的作用。如果企业所有者与企业家之间所达成的协议和企业设计的分配制度,既能够维护企业所有者的收益权利,又能够最大限度地调动企业家的积极性,则将会有效地激励企业家努力经营,从而带动整个企业迅速成长壮大;反之,则可能抑制企业的迅速成长。因此,企业分配制度中对企业家能力和经营积极性的激励将是一项很重要的内容。正是为了调动企业家的能力和经营积极性,现代企业的分配制度中往往将企业的经营绩效与企业家的收入联系起来,并给予企业家一定比例的企业股份作为激励手段。对企业的普通员工来说,当他们与企业签订聘用协议时,他们的工资、奖金等收入分配内容就被确定下来了;他们具体收入多少的分配标准,一般是由企业分配制度、个人专业能力、人力市场供求状况等因素共同决定的。在现代企业中,一些企业为了留住具有特殊专长的人员,除了正常的工资以外,常常也会分给他们一定比例的企业股份,以调动他们的工作积极性。此外,政府作为分配主体向企业收取税收,这是国家意志的具体体现,具体税款的征收方式、比例和办法等标准,每个国家都有相应的税收法规作出明确规定。这里,无论是企业投资者(企业股东)、企业家、普通员工,在他们创办企业之前或者进入企业之前,还是企业在创建时向政府税务部门办理纳税登记之前,实际上这些分配主体参与企业产品分配(收入分配)的方式、比例和办法等分配标准都已经确定了,到企业生产出产品并将产品销售出去获得利润时,这些产品分配主体只是在实施具体的分配行为罢了。

  在整个生产经营过程中,企业同时存在着对人力资源、物质资源和企业产品的分配活动,这是我们从企业的表层因素考察看到的结果。如果从企业的深层因素来考察,又是怎样的情形呢?

  企业家在对人力资源进行分配时,他所分配的实际上是内含在人力资源个体中的专业知识、专业技术和劳动能力。因为每个员工身上所拥有的专业知识、专业技术和劳动能力各不相同,从而决定了不同的员工拥有不同的劳动技能。在分配人力资源时,企业家的作用主要表现在两个方面:一是依据企业内部分工的需要,结合企业员工专业能力的特点,将不同员工分配到最能发挥其个人特长的部门和岗位中去,以发挥出员工个人的专业分工效应;二是依据企业整体发展的需要,结合企业各部门专业能力的特点,将企业的各种专业能力调配、组合、凝聚成一定的能力结构,从而形成企业的综合能力,以发挥出组织整体的协同效应。企业家在对物质资源进行分配时,他所分配的实际上是内含在物质资源中的技术手段、专有功能和使用价值等。与企业的员工类似,不同的物质资源具有不同的形态、性质、功能和价值。例如,阳光、土地和湖泊同样是自然资源,但三者在形态、性质、功能和价值等方面具有显著的区别。如果说企业家分配人力资源的基本原则是"人尽其才",那么企业家分配物质资源的基本原则就是"物尽其用",对生产工具的分配主要是将其中的技术手段与人力劳动相结合,以提高劳动生产效率。

  在企业的生产活动中,人力资源所内含的专业知识、专业技术和劳动能力一起创造出了产品的劳动价值。也就是说,人力资源的价值可以分为专业知识价值、专业技术价值和一般劳动价值三个部分,在企业生产过程中,这三部分价值通常是分期转移到最终产品中去的。

企业的物质资源可以分为自然资源和社会资源。自然资源通常是被作为原材料纳入企业生产中的。在产品生产过程中，人们一般是把自然资源加工成一定的形态而将其所含的价值转移到最终产品中去的。企业的社会资源一般包括资本、技术、生产工具(机器)、厂房等形态；其中，企业的资本作为购买各种生产要素的手段本身就具有价值，企业的生产工具(机器)、厂房等资产一般是通过资本购入企业的，它们是具有一定价值的企业财产。生产工具(机器)作为企业开展生产活动的技术手段，本身也包含着相应的知识和技术。企业的这些社会资源，尽管它们的形态、性质和功能各异，但都可以将它们划分为知识、技术或价值这三类要素。在企业生产活动中，企业的物质资源与一定的组织形式相结合，一起创造出了企业产品的功能价值。由人力资源创造出的劳动价值与由物质资源创造出的功能价值一起组成了企业产品的"有形价值"(即"实物价值")。

这样分析以后，我们就会发现，企业家对人力资源和物质资源的分配，从企业的深层因素来看，这实际上是对企业内部知识、技术和价值的分配，具体的分配关系就形成了企业相应的制度体系(如人力资源方面的组织规则、物质资源方面的管理规则等)。从企业的深层因素生产链来看，这两类分配活动实际上是对企业内部知识和技术的分解、组合和应用过程，同时也是企业内部生产关系的建立、完善和调整过程，正是这一过程生产出企业最终产品的"无形价值"(即"抽象价值")。结合图4-6，我们将会更加清晰地看到这两类分配活动所包含的复杂过程。

我们知道，企业产品的有形价值(实物价值)和无形价值(抽象价值)是合二为一的，它们共同构成了产品的"商业价值"(即"顾客价值")。企业内部的产品分配，实际上是分配主体针对产品有形价值和无形价值的双重分割。

在企业内部，人力资源分配、物质资源分配和企业产品分配这三类分配活动有什么本质区别呢？从上面的分析中可以看出，它们最本质的区别在于分配客体的所有权(或产权)是否发生了转移。在人力资源分配和物质资源分配中，分配客体的所有权(或产权)最终都没有发生转移；而在企业产品分配中，分配客体的所有权(或产权)最终发生了转移。在企业内部的产品分配中，分配客体是企业在一定时期内生产的产品，其所有权(或产权)属企业，当这些产品被分配以后，它们的所有权按一定比例分别转移到政府、企业股东、企业家和企业员工等分配主体。因此，在三类分配活动中，只有产品分配(收入分配)是真正意义上的分配。

在现代企业中，对人力资源、物质资源和企业产品的分配活动实际上已经被独立出来，变成了企业管理工作的三个重要方面。由于现代企业管理的内容日趋复杂，所以，企业家的部分职能也被分解成相对独立的不同部分，转移到企业内部不同层次管理人员身上。例如，对人力资源的管理工作就被划分成人力资源战略与规划、组织设计与职能分工、人员招聘与配置、培训与职业规划、绩效考核与评价、薪酬福利管理、员工关系管理、人事档案管理等一些既相对独立又紧密联系的不同部分。

(2) 企业系统中的输入输出关系

从企业系统的角度来考察，我们可以把企业视为一个输入资源、输出功能的系统。

从企业系统的输入端来看，输入企业的内容包括三个方面，即人力、资源和生产要素投入关系；从企业系统的输出端来看，企业系统输出的内容也包括三个方面，即组织协同功能、价值创造功能和生产分配关系。这里，组织协同功能是指企业系统按生产经营活动的内在要求将分散无序的个体的人力组合成一个有机整体的功能。价值创造功能是指企业系统吸纳资源、生产产品并创造价值的功能。生产要素投入关系是指在企业生产过程开始前各投入要素间的相互联系及投入的比例结构关系。生产分配关系是指在企业生产经营过程中进行分配时各分配要素间的相互联系及分配的比例结构关系。

从企业再生产循环过程来看,企业系统的输入与输出之间有什么规律可循呢?

从企业系统的输入、输出端来看,输入企业系统的关系是生产要素投入关系,企业系统输出的关系则是生产分配关系。

本书第三章已对社会生产分配关系长期变迁特征进行过简单分析,从中我们看到,在生产要素投入关系与生产分配关系之间存在着内在的联系,生产要素投入结构的不同决定了生产成果分配结构的不同。在社会再生产过程中,人力(劳动力)、土地、资本、技术和知识等生产要素的不同组合,形成了不同的投入价值比例结构,而不同的投入价值比例结构决定了不同的生产分配价值比例结构,进而又决定了社会最终的生产成果分配结果。在社会生产总过程中,这种分配关系是以一定的制度形式固定下来的,并在一定时期内调节着社会各阶层的经济利益关系。这其中涉及人们对各种资源要素的价值评估问题,而人们对某种资源相对价值高低的判断,显然是由人们对这种资源的总体认识水平决定的。在现实的各种企业中,人们采用不同的分配制度是由人们的认识水平和实践活动动态决定的。当一个企业引入一套新的分配制度以后,如果这套制度能够调动企业内外各种因素推动企业迅速成长发展,那么人们就会在生产经营活动中进一步强化这些制度;反之,人们就会调整、修改或者放弃这些制度。在促进企业制度改进完善的过程中,除了企业投资者(股东)、企业家、管理者和各级员工等企业内部人员发挥着直接的作用之外,供应商、销售商、顾客、合作者、竞争者等利益相关者也发挥着重要的作用。如果人们认为分配结果不公平或不合理,他们就会通过各种途径要求调整或改变这些不公平或不合理的分配制度,从而推动企业生产分配关系演变。

在企业生产经营过程中,要素投入关系与生产分配关系之间的关系可以用图4-7来表示。

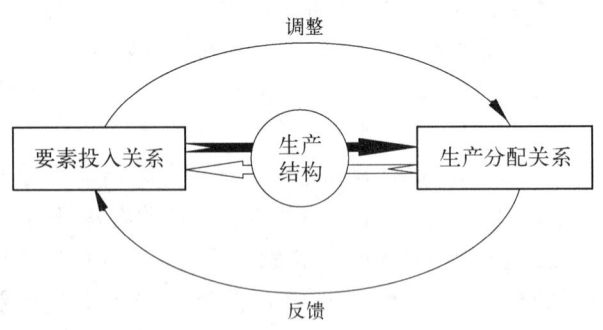

图4-7 要素投入关系与生产分配关系之间的互动示意图

图4-7中,黑色箭头表示要素投入关系对生产分配关系的决定作用,白色箭头表示生产分配关系对要素投入关系的反作用,下边的弧线箭头表示生产分配比例结构对要素投入比例结构的反馈,上边的弧线箭头表示要素投入比例结构对生产分配比例结构的调整。

在企业系统的再生产过程中,生产要素投入关系与生产分配关系之间是相互联系、相互作用和相互影响的,从长期的历史变迁过程来看,它们之间存在着"作用-反作用""反馈-调整"的动态关系:一方面,生产要素投入结构的不同决定了生产成果分配结构的不同,这反映了生产要素投入关系对生产分配关系的决定作用;另一方面,不公平的分配结果又会导致企业内部各阶层和外部各利益相关者要求调整不合理的分配制度,这反映了生产分配关系对要素投入关系的反作用。生产要素投入关系与生产分配关系的互动过程是一个长期的历史演变过程,正是它们之间的这种"作用-反作用""反馈-调整"的动态机制,推动着企业系统内部各阶层和外部各利益相关者的收入分配关系,从"极端不公平与不平等"演变到"一般不公平与不平等",再从"一般不公平与不平等"演变到"比较公平与平等"。

七、企业的生产效率

企业在进行产品生产的过程中需要投入相应的要素和一定的费用,企业的这些支出就是企业在生产过程中的成本。企业的销售收入扣除成本后所剩的部分就是企业的利润。企业在生产经营中能够获得利润,这是企业进行扩大再生产的一个必要条件。在一定时期内和一定的条件约束下,如果一个企业要想积累更多的利润,这个企业就需要进行更有效率的生产经营。如果一个企业的生产经营效率比另一个企业更高,这个企业在市场中就更具有竞争力。

按照传统的生产理论,企业的生产效率一般定义为:在成本水平一定时,企业实现产出最大化,或者在产出水平一定时,企业实现成本最小化。

对一个企业来说,实现一定的产出水平通常可以有多种途径。例如,生产一定数量的农产品,既可以投入较多的劳动力和较少的农业机械(劳动密集型方法),也可以投入较少的劳动力和较多的农业机械(资本密集型方法),这两种方法的成本是不同的。在产量一定时,企业要提高生产效率,就要选择成本最低的投入组合。在传统的生产理论中,已经考虑了技术因素对提高企业生产效率的作用,其中,技术效率体现在作为生产理论基本构成的生产函数中。生产函数是对企业生产中"投入-产出"关系的一种精确量化或数学表达,它反映了企业在一定投入组合下的最大产量。

参照前文的图4-6,我们可以看到,一个企业要顺利完成产品的生产过程,从企业的表层因素来看,需要通过"企业家"、"组织"和"资源"这三类因素的共同参与、协同配合才能实现;从企业的深层因素来看,需要通过"知识"、"制度"和"技术"这三类因素的共同参与、协同配合才能实现。在现实的生产经营活动中,这六类因素显然都会不同程度地影响到一个企业的生产效率。传统的生产理论仅从生产投入的成本因素和技术因素这两个方面考虑了企业的生产效率问题。根据本书提出的分析框架,企业的生产效率需要同时考虑这六类因素的效率问题,也即需要考虑企业在"企业家""组织""资源""知识""制度""技术"这些方面的效率。

从社会再生产过程来看,生产活动一般包括"生产""分配""交换""消费"这四个环节。这些环节显然也会不同程度地影响到一个企业的生产效率。因为"分配"和"交换"这两个环节一般是内含在企业生产经营过程中的,所以,提高企业的生产效率实际上也包括提高企业的"分配效率"和"交换效率"。这两个环节的效率问题也是被传统的生产理论所忽视的问题。但在具体的企业经营实践中,一些企业家并没有忽视这两个问题。例如,前文中所提到的海尔集团在企业内部构造"市场链"的行为就是证明。

这里,我们以企业内部的分配效率为主题作一些简单探讨。

(1) 关于资源分配的问题

在企业的生产经营活动中,企业家经常需要将一些工作任务安排给企业员工去做,这里就以企业内部的员工分配为例分析一下企业内部的分配效率问题。

假设有三项任务需要同时分配给三个员工来完成。因为不同员工所拥有的专业知识、专业技术和劳动能力不同,所以,不同员工完成同一项工作任务所花费的时间不同。假设三个员工分别用 A、B、C 来表示,三项任务分别用 1、2、3 来表示,具体的任务组合用这两者来表示。我们将每个员工完成不同任务所需花费的时间列表如下(见表4-5):

表 4-5 每个员工完成不同任务所需时间

员工\任务	任务 1	任务 2	任务 3
A 员工	5 小时	6 小时	7 小时
B 员工	4 小时	4 小时	8 小时
C 员工	3 小时	2 小时	5 小时

根据排列组合,我们知道共有六种分配任务的方案可供选择:

方案一:$A_1=5, B_2=4, C_3=5$;总时间为 14 小时;
方案二:$A_2=6, B_1=4, C_3=5$;总时间为 15 小时;
方案三:$A_3=7, B_1=4, C_2=2$;总时间为 13 小时;
方案四:$A_1=5, B_3=8, C_2=2$;总时间为 15 小时;
方案五:$A_2=6, B_3=8, C_1=3$;总时间为 17 小时;
方案六:$A_3=7, B_2=4, C_1=3$;总时间为 14 小时。

在上面六种方案中,方案三所花费的总时间最少(只需要 13 小时)。

对一个企业来说,利用有限的资源(如员工)花费最少时间完成同样多的任务,这就是有效率的生产经营。因此,在上面六种方案中,企业家应该选择的最优方案是方案三。

对一个具体企业来说,如果 A、B、C 是三种生产要素(如人力、技术和资本),这三种要素不同比例的组合就形成了企业投入的生产结构。从上面的分析来看,不同比例的要素组合代表着不同的生产结构,而不同的生产结构具有不同的生产效率。同样,如果 A、B、C 代表企业内部的三个不同部门,这三者不同比例的组合就代表着不同的组织结构,不同的组织结构可以聚合成企业不同的能力结构,企业不同的能力结构也会形成不同的生产效率。因此,企业家在配置企业的内外资源时,最重要的是要体现出这种分配效率和协同功能,从而实现企业的综合性生产效率。实际上,企业家的这类决策和选择工作已经成了现代管理科学的重要内容之一。

(2) 关于收入分配的问题

在企业的生产经营活动中,劳动成果分配(即收入分配)显然是一个很重要的问题。一个企业的收入分配问题,直接关系到政府部门、投资人、企业家、管理阶层、技术阶层、普通员工、供应商和销售商等利益相关者的利益。

从企业的外部环境来看,一个企业要顺利实现生产经营活动,就需要调节好与其上下游供应商和销售商的利益分配问题。如果一个企业只顾自己的利益而不考虑供应商和销售商的利益，那么这些供应商和销售商就不会和这家企业维持良好的合作关系，这对企业的长期发展显然是不利的。但如果企业过多满足供应商和销售商的利益要求，又会降低自己的利润空间，这对企业的生存发展同样也是不利的。所以，企业需要在自身利益与供应商和销售商的利益之间保持一种合理的分配关系。

从企业的内部环境来看，一个企业要实现有效率的生产经营，就需要调节好企业发展与投资人、企业家、管理阶层、技术阶层、普通员工之间的利益分配问题。企业内部的收入分配大致可以分为政府税收、投资人利润分成、企业家报酬、员工工资这四个部分。政府税收是由国家的税收政策决定的，对企业来说是一个相对稳定的分配因素。在企业利润分配中，如果投资人仅考虑自己的利益最大化而把企业的大部分利润拿走（这就是工业革命初期资本家所做的），那么企业家和企业员工就会缺乏为企业发展而努力工作的积极性，企业就会因为缺乏内在动力而衰落。所以，由这样的收入分配结构所决定的分配制度显然是缺乏效率的。同样，在企业家与企业员工的收入分配中，也存在着类似的情况。但另一方面，在企业利润分配中，如果过多地满足企业家报酬和员工工资要求，又会直接提高企业的生产成本，减少企业利润，从而降低投资人的投资回报率，从长期来看，这会影响投资人再投资和扩大生产规模的积极性，这对企业的成长发展也是不利的。所以，由这样的收入分配结构所决定的分配制度也是缺乏效率的。由此看来，企业如何分配收入这会影响到企业后续的生产效率和成长发展。为使企业能够不断地成长发展，就需要设计出一种能够有效激励投资人、企业家、管理阶层、技术阶层、普通员工等分配主体的收入分配制度，这种制度要在兼顾效率和公平的基础上平衡企业发展与分配主体之间的利益关系。

从前文中分析过的要素投入关系与生产分配关系之间的动态关系来看，企业的分配制度需要根据企业内外环境的变化不断进行动态调整，而不是一种分配制度一旦制定后就长期保持不变。从现实社会的实践来看，这也是人们突破"按资分配"的旧制度，而先后提出"按劳分配""按要素分配""按贡献分配"等收入分配制度的内在原因。从企业长期发展的角度来看，企业家对包括分配制度在内的制度体系不断进行调整和变革，也是企业实现持续进化、基业长青的内在动力之一！

八、企业的整体能力

随着"生产→消费→再生产→再消费"循环过程的进行，企业家和企业团队也在不断学习和进步，从而不断地改进企业的经营管理水平，不断地吸纳新资源、引进新技术、调整组织结构、完善制度规范，使企业各部门与各生产要素协调一致，同时与企业外部各利益相关者协同一致，最终实现企业整体能力的提高和企业的成长。

有关企业能力的思想，最早可以追溯到亚当·斯密的劳动分工理论，亚当·斯密在劳动分工理论中隐含的结论是，通过劳动分工，企业可以更好地培育和提升生产能力。马歇尔在1925年提出了企业内部成长理论，他认为企业各职能部门存在着差异分工，这种分工会产生一系列不同的知识和技能；伴随生产进程中知识和技能的不断积累，企业内部会发生可感知的进化。乔治·理查德森（George Richardson）进一步指出，能力反映了企业积累的知识、技能和经验,并蕴涵在生产、营销、研发等企业具体活动中。① 杰弗里·霍奇逊指出②,基于能力的企业理论将战略重点放在企业内部知识的增长和学习上,它与科斯(Ronald Harry Coase,1910—2013)等人发展起来的基于契约的企业理论具有本质的差异;企业中个体或团队的能力是通过学习而获得的;在组织内部,学习包括对世界的认知框架和心智模型的变更,它是个既包括建构也包括解构的过程。

由潘罗斯(1959)开辟,经由纳尔逊和温特(1982)、沃纳菲尔特(1984)、普拉哈拉德和哈默(1990)、兰格路斯(Langlois,1992)、福斯(Foss,1993)、哈默和贺尼(Heene,1994)以及其他学者加以拓展的企业能力理论认为,企业本质上是一个能力集合体,从表面来看,企业由有形的物质资源与无形的规则构成,但从深层次来看,物质资源与规则资源存在的意义和价值在于它们各自背后的能力③。这些学者的观点值得借鉴,但本书没有采纳他们所提出的企业能力的具体概念,而是重新定义了更为一般性的企业能力的概念。

一个企业的整体能力是指企业有效整合各类资源要素,为社会生产产品或提供服务,满足社会消费需求的综合能力。企业的整体能力一般是由生产供给、企业家、组织、资源、知识、制度、技术、产品这八个方面的能力共同组成的。一个企业在这八个方面的能力越强,这个企业的整体能力就越强,其在市场上的竞争力就越强。

如果用生产供给、企业家、组织、资源、知识、制度、技术、产品这八个方面作为八个维度来描述企业的整体能力,则可以画出企业的能力"势能图",见图 4-8。

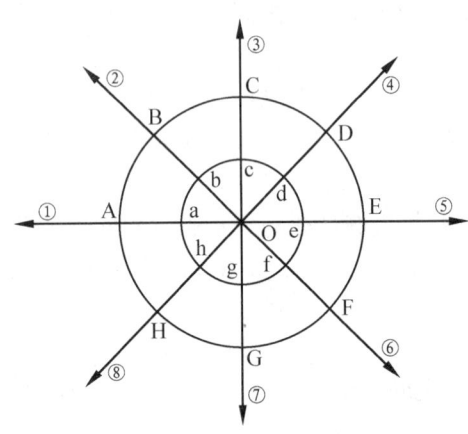

图 4-8 企业能力"势能图"

在图 4-8 中,八个维度分别是:

① 生产供给;② 企业家;③ 知识;④ 组织;⑤ 制度;⑥ 资源;⑦ 技术;⑧ 产品。

在第①维中,企业由 Oa→OA,表示企业整体的生产供给能力从 a 点提高到了 A 点;
在第②维中,企业由 Ob→OB,表示企业中企业家的经营能力从 b 点提高到了 B 点;
在第③维中,企业由 Oc→OC,表示企业知识的学习创新能力从 c 点提高到了 C 点;
在第④维中,企业由 Od→OD,表示企业组织的管理协调能力从 d 点提高到了 D 点;
在第⑤维中,企业由 Oe→OE,表示企业制度的构建完善能力从 e 点提高到了 E 点;
在第⑥维中,企业由 Of→OF,表示企业资源的吸纳整合能力从 f 点提高到了 F 点;
在第⑦维中,企业由 Og→OG,表示企业技术的创新应用能力从 g 点提高到了 G 点;
在第⑧维中,企业由 Oh→OH,表示企业产品的研发更新能力从 h 点提高到了 H 点。

上述八个维度的能力划分,是从企业生产经营的全过程进行考察所作的大致划分。实际上,企业的每一项能力还可以再作更具体深入的细分。例如,企业家的经营能力可以细分

---

① 转引自徐飞:《企业发展理论之十:核心能力理论》,中国管理传播网,2007 年 1 月 29 日;参见 http://manage.org.cn/Article/200701/42845.html。
② 霍奇逊著,任荣华、张林等译:《演化与制度:论演化经济学和经济学的演化》,中国人民大学出版社 2007 年 10 月第一版,第 243—269 页。
③ 李晓明:《企业环境、环境因子互动与企业演化研究》,天津大学管理学院博士学位论文,2006 年 6 月,第 22 页。

为战略制定、团队激励、管理创新、资产运营、资本运营等能力。企业在知识方面的能力，除了包括组织在专业知识、管理知识、文化知识等方面的学习、积累和创新能力以外，还包括建设品牌、商标和专利等知识产权以及企业文化等能力。企业在资源方面的能力包括发现、吸纳、内化、整合、调度和优化各种资源的能力。企业在技术方面的能力，除了包括发现、吸纳、内化和应用产业环境中新技术的能力外，还包括不断改进、完善和创新企业现有生产技术的能力。企业在产品方面的能力包括企业在产品研发、设计、制造、包装、营销、配送等与产品紧密联系的所有环节上不断改进、完善和创新的能力。

在图4-8中，由abcdefgha围成的小圆代表企业处于较低的势能位置，此时，企业的整体能力较低，表示其市场竞争力较弱；由ABCDEFGHA围成的大圆代表企业处于较高的势能位置，此时，企业的整体能力较强，表示其市场竞争力较强。企业从abcdefgha状态发展到ABCDEFGHA状态，就是企业由小到大、从弱到强的成长过程。通过企业能力"势能图"，我们可以形象地描述出企业的成长状态和能力情况。

企业对市场的供给是企业为满足社会需求而向市场提供产品或服务的行为。企业正是通过生产经营活动来实现向社会供给产品这一行为的。企业向市场提供产品的种类、数量和质量，必须能够满足市场的真实需求，只有满足了市场的实际需求，企业才能实现利润。一个企业的整体能力，主要是通过对市场的及时供给来体现的，具体衡量指标是市场占有率。一个企业的整体能力越强，其势能位置越高，其市场竞争力就越强，其对市场的供给能力也就越强。

钱辉（2004）在论述企业永续经营问题时提到："有关企业的持续竞争优势问题，企业理论已经作了大量的研究，其核心是围绕需求、资源、技术、制度四个维度构建企业可以长期保持的竞争优势。而实践也表明，需求、资源、技术、制度因素均可为企业带来或长或短的竞争优势。"[①]从企业的"势能图"来看，这些企业持续竞争优势的研究者们仅仅强调了其中的四个因素，而忽视了其他因素的影响。

当然，在企业实际的成长中，企业以上八个方面的能力一般是不可能同比例均匀提高的，可能有些能力提高很快，有些能力提高缓慢，甚至可能会出现波动。因此，企业实际的"势能图"一般不会形成规则的圆形。

事实上，一些学者已经注意到了企业能力是动态变化的。例如，1992年，大卫·蒂斯（David J. Teece）、加里·皮萨诺（Gary Pisano）和艾米·舒恩（Amy Shuen）联合出版了《动态能力和战略管理》一书，提出了基于动态能力的企业发展战略。动态能力理论强调，具有有限动态能力的公司不能培养持久的竞争优势，随着时间的推移，其优势将会消失殆尽，并最终被竞争对手替代。具有强的动态能力的公司能使它们的资源和能力随时间的变化而不断积累增强，并能够有效利用市场上新的机会来创造竞争优势[②]。近代核心能力理论和动态能力理论视企业能力为企业竞争力的来源与基础，但这些理论都没有从企业生产经营的全过程来进行系统分析，也就难免陷入以偏概全的认识误区，这是企业能力理论的重大缺陷与不足。

---

① 钱辉：《生态位、因子互动与企业演化》，浙江大学管理学院博士学位论文，2004年12月，第104页。
② 李晓明：《企业环境、环境因子互动与企业演化研究》，天津大学管理学院博士学位论文，2006年6月，第6页。

九、企业发展的动力

一般来说,一个系统的演化动力主要来自两个方面:一是系统本身的内部结构;二是系统与其环境之间的相互作用。从辩证唯物主义的观点来看,事物的发展都是由内因和外因共同作用决定的,外因是条件,内因是根源,外因通过内因而发生作用。从系统的视角来看,这里的内因是指系统内部诸因素之间的相互作用,这里的外因是指系统与其环境中诸因素之间的相互作用。

那么影响企业发展的内因和外因都有哪些呢?

1. 企业发展的动力因素

从外部环境来看,消费需求是拉动企业发展的外部原动力;如果市场中没有消费需求,企业就失去了存在的依据。资源要素是企业生存和发展必需的条件,也是企业顺利进行价值创造的前提;如果外部环境不向企业供给资源要素,企业就无法正常进行生产经营活动,更谈不上企业的发展。

这里借用李晓明博士提出的企业行为过程理论模型(见图 4-9)来分析一下企业的发展动力问题。

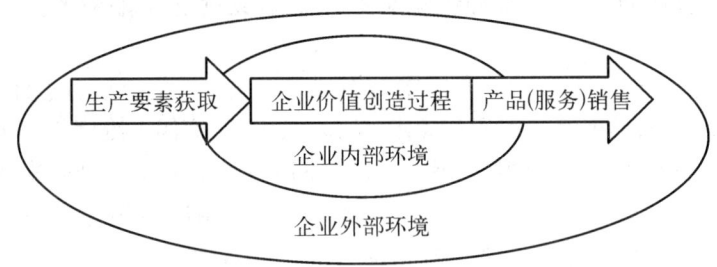

图 4-9 企业行为过程理论模型图①

企业的生产经营过程是:从外部环境中获取各种资源要素,再将各种资源要素整合加工成产品,然后再把产品销售给外部环境。

从企业外部来看,外部环境向企业提供资源要素的过程是外部供给;外部环境购买企业产品的过程是外部需求。

从企业内部来看,企业从外部环境吸纳各种资源要素的过程是企业需求;企业向外部环境销售产品的过程是企业供给。

企业内外的供给和需求是相互对应的,它们之间的对应关系如下:

外部供给 ⟷ 企业需求
外部需求 ⟷ 企业供给

所以,企业实际的生产经营过程可以表示如下:

外部供给 → 企业需求 →(要素组合 → 产品)→ 企业供给 → 外部需求

---

① 来源:李晓明,《企业环境、环境因子互动与企业演化研究》,天津大学管理学院博士学位论文,2006 年 6 月,第 24 页。

上面,括号中表示的是企业内部的生产过程,也就是企业价值创造的过程。

以上过程可以用企业内外供需关系图(见图 4-10)来描述,其中的实线椭圆表示企业的组织边界。

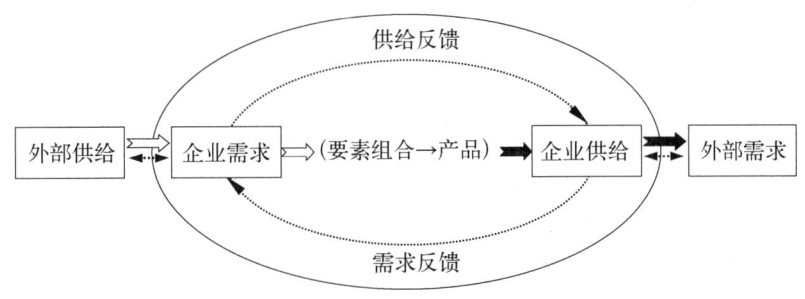

图 4-10　企业内外供需关系图

在图 4-10 中,实线白色箭头表示资源要素移动方向,实线黑色箭头表示产品移动方向,而虚线箭头表示供需信息在企业内外的传递过程。

供需信息的传递过程是这样的:在企业与外部市场的互动交流中,市场中的需求信息(如所需产品的品种、数量和质量等)从企业外部传到企业内部(一般是市场调查部或销售部),企业内部人员再将需求信息转给企业决策者,企业决策者依据市场需求信息决定资源要素的需求数量(如需招聘多少人员、购买多少原料等),由此形成企业内部的需求信息,企业相关部门(如人力资源部、采购部等)依据决策形成的企业内部需求信息开始从外部环境引进所需的资源要素。这里,外部市场的实际需求直接拉动了企业的内部需求。

通常来说,企业所需的资源要素并不一定能够完全得到满足。例如,企业只能从人力市场中招聘到部分所需的人员,只能采购到比预期价格要高的原材料。外部市场中资源要素的实际供给信息(如原料的价格、数量和质量等)传到企业内部(如采购部等)后,企业只能根据现有的能力引入相应数量和质量的资源要素,由此形成了企业内部的供给信息,企业生产部门只能依据实际获得的资源要素来生产产品。这里,外部环境的实际供给直接制约了企业的内部供给。

所以,来自外部环境的需求因素是拉动企业发展的原生动力,而来自外部环境的供给因素则是制约企业发展的必要条件。

此外,在外部环境中,企业的供应商、销售商、合作者、竞争者等利益相关者的共同作用,直接影响了市场对企业的需求和供给。企业与经营同类产品的其他企业之间形成了竞争关系,而与上游供应商和下游销售商之间形成了合作关系。合作有利于企业获取市场中更多的需求和供给机会,而竞争往往会减少企业获取市场中需求和供给的机会。因此,市场中的合作因素和竞争因素是影响企业发展的另一对矛盾。因为,合作因素和竞争因素是通过影响市场中需求和供给机会而发生作用的,所以也可以说它们是影响企业发展的外部次生动力。

前面在分析企业外部环境时,我们已经知道,在企业外部社会经济环境中广泛存在着人、资源、产品、知识、制度、技术等因素。从企业系统内部环境来看,企业系统本身就包含着人、资源、产品、知识、制度、技术这六大类因素。实际上,组成企业系统的最基本的关键性要素,与外部生态位中影响企业系统发展的具体因素是基本对应的,但外部环境因素更加复杂和多元。企业与企业之间展开的合作关系和竞争关系也大致可以划归到这六类因素方面。但企业实际可以直接使用和配置的资源要素一般只有企业内部的这六类因素。从长期来看,一个企业系统成长演化的过程,实际上就是不断从外部生态位中搜寻、吸纳、内化、整合这些要素的过程。因此,能够影响企业系统生产经营的内部动因只可能来自企业系统内部的这六类要素。

所以,我们由此得出,影响企业发展的关键性内部动力来自企业内部的人、资源、产品、知识、制度、技术这六类因素。其中,最主要的动力因素是企业的人才,而在企业的所有人才中,企业家处于核心位置。

通过上面的分析我们得到,影响企业发展的关键性动力因素主要有以下八个:

外部因素:需求和供给;

内部因素:人才、资源、产品、知识、制度和技术。

为便于分析,我们将影响企业发展的关键性内部动力因素分为两类:

A. 显性因素(表层因素):人才、资源和产品

B. 隐性因素(深层因素):知识、制度和技术

如果将推动企业发展的外部动力因素、内部动力因素与企业生产经营过程相结合,就可以画出企业发展的动力因素关系图(见图 4-11)。

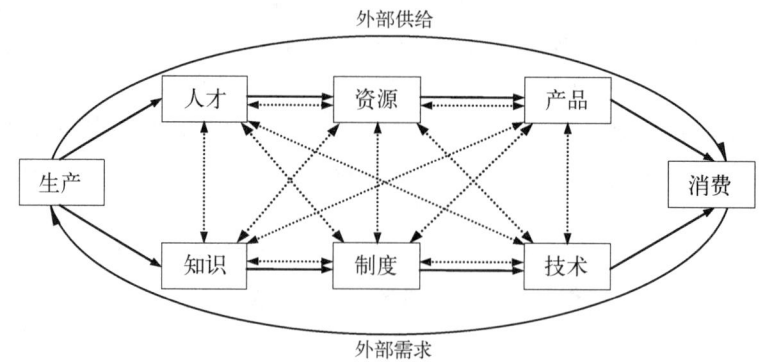

图 4-11 企业发展动力因素关系图

从社会经济环境来看,除极端情况(如战争、政治动乱、自然灾害等)外,企业外部环境中的需求因素和供给因素是相对稳定的,但从长期来看是不断变迁的。一个人要正常生活就必须吃、穿、住、行,而要实现吃、穿、住、行这些行为,他就产生了对食物、衣服、住房和交通工具等的需要;当他购买食物、衣服、住房和交通工具时,他的这些购买行为就是消费行为,他对这些物品(或商品)的实际需要就是消费需求。所以,这里的消费需求是指个人的消费需求,也就是社会对最终产品的消费需求。个人消费需求是人与生俱来的欲望和需要,当原来的消费需求得到满足后,随着时间的推移,人们又会产生新的更多的欲望和需要。人类欲望的无限性决定了人类消费需求的无限性。因此,个人消费需求是绵延不绝、不断变化的。在需求的拉动下,企业就为市场提供了种类和层次更多、更丰富的商品和服务。市场中的商品和服务越多、越丰富,就意味着外部环境能够为企业的生产经营活动提供越多、越丰富的资源要素。这实际上是一个生产与消费、需求与供给相互联系、相互作用、相互影响的动态过程。正是生产与消费、需求与供给的这种反复循环的动态过程,推动了企业的成长和演化。

另一方面,为了生产出最终的个人消费产品,人们还需要生产中间产品。例如,为了生产衣服,人们还需要生产纺织机,而为了生产纺织机,人们又需要生产钢铁,这里纺织机和钢铁都是中间产品。对于生产中间产品的企业来说,它们所面对的消费者就是那些需要它们产品的其他企业。例如,对于生产纺织机的企业来说,纺纱厂就是它们产品的消费者。纺纱厂购买纺织机的行为就是消费行为,纺纱厂对纺织机的实际需要就形成了纺纱厂对纺织机生产企业的消费需求。这里的消费需求是指企业的消费需求,也就是社会对中间产品的消费需求。人类对最终产品的消费需求带动了对中间产品的消费需求。因此,企业消费需求也是绵延不绝、不断变化的。从上面的分析过程来看,对于生产中间产品的企业来说,它们的成长演化原理也是符合企业发展动力因素关系图的。

企业在成长演化过程中,在外部环境中的需求因素和供给因素的共同推动下,企业始终进行着"生产→消费→再生产→再消费"的生产循环过程。从企业内部来看,企业同时在人才、资源、产品、知识、制度、技术这六个方面不断进行着搜寻、吸纳、内化、整合的过程。在这个过程中,企业生态位及企业内部的这六类因素在企业家的协调和配置下共同推动了企业的成长和发展。在企业成长演化过程中,企业内部的这六类因素并不是各自单独地、孤立地发挥作用的,而是相互协调、相互配合共同发挥作用的,也即每两个要素之间都是相互联系、相互作用、相互影响的,它们共同组成了企业内部的动力关系网络。在图 4-11 中,我们用虚线双箭头来表示它们之间的这种相互关系。

企业是由人组成的组织,作为企业中的人,在生产经营过程中必然要将其掌握的知识运用到企业的日常运营中。因此,知识对于企业的成长发展必然具有重要的价值和作用。科格特和赞德(1992,1996)、斯彭德(1996)等学者认为:企业是"知识的独特集合体",蕴藏在企业或组织层次的社会知识和集体知识构成了企业成功的关键要素;企业的核心是知识,这不仅是因为企业具有的隐性知识是企业本身所特有的,而且还在于企业当前的知识存量所形成的知识结构决定了企业发现未来机会和配置资源的方法,企业内各种资源效能发挥程度的差别也都是由企业现有的知识所决定的;知识的获取比使用更需要专业化,因此,企业生产的关键任务是对许多具有不同类型知识的个体专家进行协调[①]。

从宏观层面来看,企业成长发展必然要受到整个经济环境变迁的影响。现今大部分学者把技术变迁和制度变迁看作众多经济现象背后的根本力量,并把技术变迁和制度变迁看作环境突变的主要形式;如刘汉民(2003)即认为经济变迁包括技术变迁和制度变迁[②]。制度环境的变迁不仅影响社会经济的运行,也决定着企业演化的路径特征。郑江绥、何炼成(2003)认为社会经济演化可以看作多种制度进行选择的过程;纳尔逊认为,在发达工业国家,正是制度促使技术演化、企业组织的演变朝着有利于经济可持续发展的方向发展[③]。

企业内部的制度体系规定了企业的决策形式与运行模式,从而规范了企业的日常行为,指导着企业的发展路径。当企业建立一套制度并正常运转后,企业就会对这套制度形成惯性化的接受与传递。在企业生产经营过程中,当这些制度能够有效地促进企业成长时,企业内部各部门就会对这些制度产生普遍的认同和预期心理,从而导致企业在一定时期内对某些制度的锁定。随着外部条件的变化,企业需要对这些制度作相应的调整和修订。企业制

---

① 钱辉:《生态位、因子互动与企业演化》,浙江大学管理学院博士学位论文,2004 年 12 月,第 64 页。
② 钱辉:《生态位、因子互动与企业演化》,浙江大学管理学院博士学位论文,2004 年 12 月,第 140 页。
③ 钱辉:《生态位、因子互动与企业演化》,浙江大学管理学院博士学位论文,2004 年 12 月,第 145 页。

度体系的完善程度直接影响着企业成长的快慢和演化路径。从企业外部环境来看,产业经济系统中的制度因素往往有利于某些企业的制度模式,而不利于另一些企业的制度模式,适应环境的制度模式将会被企业界广泛采用而不断扩散,而那些不适应环境的制度模式将会逐渐消失。

企业的生产经营活动,必然与一定的技术条件紧密相连。技术对企业的生产经营活动具有重要作用,企业掌握具体行业中主导技术的程度,很大程度上决定了企业的生产水平和生产效率。企业一旦选择了某种主导技术,也就基本确定了企业的主导性价值创造模式。而企业主导性价值创造模式的确立,又决定了企业资源要素的需求种类、数量和质量,从而使企业与上游供应商、下游销售商共同构建起一个利益紧密联系的价值链,进而演化成一个相互支撑、相互促进、相互制约、协同演化的生态系统。因此,企业如何选择主导技术直接关系到企业的生存与发展前景。从企业外部环境来看,产业经济系统中的技术因素往往是企业模仿学习的对象,同时也是导致企业进行技术创新的前提和基础。从更广的范围来看,一个社会的技术发展程度还决定了整个社会中分工与协作的深度和广度。

2. 企业家的作用

企业是由人组成的经济组织,企业的核心是人。在企业发展内部动力的所有因素中,毫无疑问人才是最重要的因素。而在企业的所有人才中,最关键的人是企业家。

世界著名管理咨询公司埃森哲(Accenture)曾在 26 个国家和地区与几十万名企业家交谈,其中,有 79% 的企业领导认为,企业家精神对于企业的成功非常重要;埃森哲的研究报告同时指出,在全球高级主管心目中,企业家精神是组织健康长寿的基因和要穴[①]。而企业家精神的承载者是企业家。企业家对企业的成长、发展和壮大具有举足轻重的作用。

企业家是怎样的人呢?他们一般具有哪些特质?

所谓企业家,就是那些具有创新精神、冒险精神、合作精神、敬业精神、学习精神、诚信精神、富有行动力、强烈使命感和责任感、积极追求卓越和成功等特质的企业经营管理者。这里的创新精神、冒险精神、合作精神、敬业精神、学习精神、诚信精神、富有行动力、强烈使命感和责任感、积极追求卓越和成功等特质,就是许多学者所强调的企业家精神。因此,并不是所有的企业经营管理者都是企业家,只有那些具备企业家精神的企业经营管理者才有资格被称为企业家。

富有创新精神和经营才能的企业家是社会经济领域的稀缺资源。在经济领域中,更常见的是普通的企业主、管理者和经理人,或者是发了财的富商。而像微软公司的比尔·盖茨、通用公司的杰克·韦尔奇(Jack Welch)、英特尔公司的安迪·葛洛夫(Andy Grove,1936—2016)、松下公司的松下幸之助(Konosuke Matsushita,1894—1989)、索尼公司的盛田昭夫(Akio Morita,1921—1999)、宏碁公司的施振荣、联想公司的柳传志、海尔公司的张瑞敏等,这些具有企业家精神的真正的企业家却比较稀少。

在现实的经济领域中,每一个成功的企业都拥有一位优秀的企业家,而每一位优秀的企业家背后都有一个拼搏奋进的团队。成功的企业往往都有自己优秀的企业文化,优秀的企业文化源自独特的企业精神,而企业精神是企业家精神的组织体现。

---

① 引自徐飞:《企业发展理论(九):企业家理论》,中国管理传播网,2007 年 1 月 12 日;参见 http://manage.org.cn/Article/ShowArticle.asp?ArticleID=42258。

企业文化在企业经营中具有重要作用,它无论对企业的生存发展,还是对企业长期竞争力的形成都很关键。约翰·科特(John P. Kotter)和詹姆斯·赫斯克特(James Heskett)经过近20年的研究得出结论:企业文化对企业长期经营绩效影响深远,它决定着企业未来十年的兴衰成败[①]。良好的企业文化能够促使企业各部门与各生产要素紧密配合、协同一致,从而使企业能够顺利地实现预定的目标。企业文化的核心是企业精神,而企业精神的主要塑造者是企业家。企业文化中核心价值观的取向,决定了企业发展战略的制定,而企业的发展战略又对企业的市场定位、内部制度构建、专业知识学习、主导技术选择等各个方面产生直接而重要的影响,并最终与这些因素一起决定着企业的发展方向与发展路径。

在现实经济领域中,一个企业的成长和发展同时伴随着企业家与其团队的共同成长和发展。企业家的成长和发展,除了其个人在知识、经验、经营能力方面的积累之外,更主要在于其精神境界、社会责任感的提升,或者说是企业家精神的成长。企业家精神的提升,又重塑了企业精神,而企业精神的更新又促进了企业文化的发展。

因此,在推动企业成长和发展的过程中,企业家是通过如下两条链来发挥作用的:

A. 表层因素链:企业家→组织团队→企业

B. 深层因素链:企业家精神→企业精神→企业文化

在企业成长过程中,这些因素紧密联系、协同一致,共同推动着企业发展。

如用以上六个因素作为六个维度来描述企业成长的过程,则可以画出企业成长的轨迹图(见图4-12)。

在图4-12中,六个维度分别是:① 企业家;② 企业家精神;③ 组织团队;④ 企业精神;⑤ 企业;⑥ 企业文化。

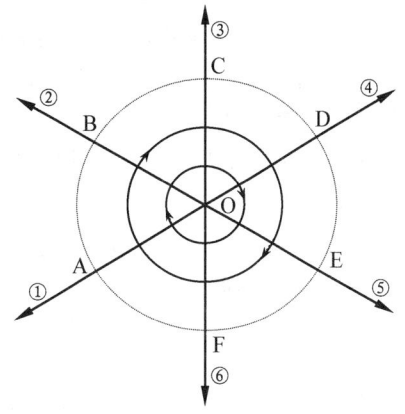

图4-12 企业家与组织团队、企业良性互动图

从静态的角度来看,A链的因素形成了互相推动的良性循环,即图4-12中的实线大圆。

这个过程可以描述为:企业家的成长→组织团队成长→企业成长,而成长后的企业又推动了企业家的成长。

同时,B链的因素也形成了互相促进的良性循环,即图4-12中的实线小圆。

这个过程可以描述为:企业家精神的发展→企业精神的发展→企业文化的发展,而发展后的企业文化又促进了企业家精神的发展。

在企业成长发展中,以上六类因素是紧密联系、相互配合、协同一致的。所以,实际上A链和B链是相互交织在一起共同发展的。

从动态的角度来看,一个正常发展的企业在这六个方面是不断成长的,也即在六个维度上不断向外扩展。我们不难发现,在企业由小到大、从弱到强的演化过程中,企业家与组织团队、企业共同成长的轨迹实际上是一条逐渐扩展的螺旋线。与此同时,企业家精神、企业精神、企业文化共同成长的轨迹也是一条逐渐扩展的螺旋线。在企业成长演化过程中,这两条螺旋线实际上是交织缠绕在一起的(见图4-13)。

---

① 李晓明:《企业环境、环境因子互动与企业演化研究》,天津大学管理学院博士学位论文,2006年6月,第41页。

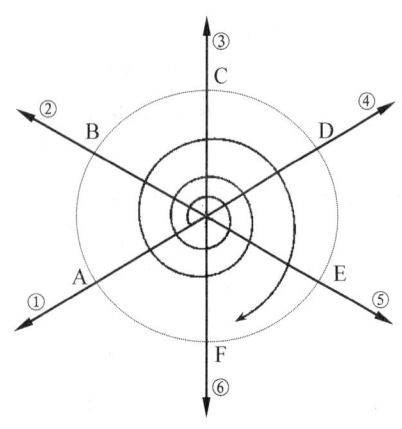

图 4-13 企业家与组织团队、企业共同成长演化轨迹图

在现实中,企业家的行为是由企业家的人文精神、价值观、伦理道德等人文知识调控的,企业家的人文知识主导着企业家精神的价值观取向,而企业家精神塑造了企业精神,企业精神又主导了企业文化中的核心价值观取向。"三鹿奶粉事件"[①]说明,企业家的人文精神、价值观和伦理道德等人文知识的不完善或缺失将会极大地制约一个企业的发展。一个现代企业如果仅仅执迷于追求利润而忽视伦理道德和社会责任问题,那么这家企业势必会陷入发展的困境。由此,我们也可以看到,企业家的人文知识与企业精神和企业文化紧密联系,它们对一个企业的发展起着多么重要的作用!

那么,企业家的人文知识来自哪里呢?人们可能会说来自企业家接受的教育,而教育系统中的人文知识又来自哪里呢?追根溯源,人文知识只能来自社会的人文系统(有关人文系统的阐述参见本书第八章第四节的内容)。因此,在企业外部环境中,人文因素也是影响企业发展的一个不可忽视的重要因素,它对企业家精神、企业精神和企业文化具有深层影响。人文因素的重要性主要在于,它塑造了人的精神内核和思想境界,对社会的价值观和伦理道德具有导向作用。目前,世界各地针对企业经营管理者开设的工商管理教育课程(MBA 或 EMBA 教育)往往只注重经济管理知识的教育,而不重视人文知识的教育,这对培养健全的企业家精神显然是个重大疏忽和缺失。

十、企业的演化机制

企业由小到大、从弱到强的成长发展过程,是企业随着时间进程不断演化的过程。在这个过程中,分工与协作、内外因子互动、渐变与突变是企业进行演化的重要机制。

1. 分工与协作

在企业生产经营中,分工与协作是两个最基本的必要机制。

分工能够使企业向专业化、精细化发展;协作能够使企业各部门相互配合、协同一致。如果没有分工与协作,任何一个企业都无法顺利实现产品的生产和正常的经营活动。

分工实际上是分叉律在企业生产经营中的一个具体表现,而协作是协同律在企业生产经营中的具体表现。

从长时段来看,企业的组织、资源、产品、知识、技术、制度等都在分叉律和协同律的共同作用下,不断发生着从单一到多元、从低级到高级、从简单到复杂的演变。

在经济学研究中,人们很早就注意到了分工的作用,自亚当·斯密以来的古典经济学以及后来的新古典经济学理论,一直都把分工现象作为研究分析的重点。相比之下,人们对协

[①] 2008 年,河北省石家庄三鹿集团生产的奶粉中被发现含有对人体有毒害作用的三聚氰胺,这一事件被媒体曝光后,不仅直接导致这家企业的破产,同时也重创了中国制造商品的信誉,导致多个国家开始禁止中国乳制品的进口。总结这一事件的根源,除了政府对于食品安全监管失职以外,主要原因在于该企业的领导及管理团队唯利是图、道德沦丧。

作机制的认识显得重视不够。很多关于企业的微观经济学理论往往偏执一端的情况,就是这一现状的具体反映。

在企业生产经营过程中,企业的组织、资源、产品、知识、技术、制度等因素之间实际上是相互联系、相互作用、相互影响、相互制约的,每一个因素都是在与其他因素的影响和制约中发挥作用的,其中任何一个因素的变化都会在不同程度上引起其他因素的变化。例如,技术的变化必然会引起组织、资源和产品乃至制度等不同程度的改变,反之亦然。当然,在企业发展的不同阶段,这些因素的相对地位并不是固定不变的,而是经常处于交替变换中。例如,在某一段时间,技术对企业发展起着主导作用,而在另一段时间,制度对企业发展起着主导作用。因此,在企业经营管理实践中,从企业内部因素来看,需要同时注意六个方面的动态协同管理,而不是仅仅关注其中的某个方面。

2. 内外因子互动

企业生态位是企业在社会经济环境中所占据的支持其生存和发展的特定资源空间。企业生态位是企业与社会经济系统的交接点。企业生态位的形成、变化与扩展,是企业与外部环境互动的结果,也是企业间竞争与合作的结果。

企业生态位由众多因子构成,其中哪些因子是影响企业生存和演化的关键要素呢?

根据前文对企业内外环境影响因素的分析,我们知道影响企业发展的一般性外部因素是需求因素和供给因素,而具体的因素包括人、资源、产品、知识、制度、技术这六大类因素。同时,这六种因素也是构成企业的最基本的关键性要素。我们知道,企业的成长发展过程,实际上是不断搜寻、吸纳、内化和整合这六种因素的过程。

因此可以判断,企业生态位中的人、资源、产品、知识、制度、技术这六种因素是影响企业生存和演化的重要因子,而需求因素和供给因素是另外两个重要因子。钱辉(2004)论证并提出企业生态位由需求、资源、技术和制度这四个因子共同描述与决定①。本书认为他只注意到了八个因素中的四个因素,对企业成长演化来说,这显然是不够完整和充分的。

那么,这些企业生态位因子是如何影响企业生存和演化的呢?

本书立论认为,企业生态位因子与企业内部关键要素(因子)之间的互动,既是企业外部环境与内部环境进行供需交流的重要方式,也是企业之间进行合作、竞争、学习和创新的一般机制,正是企业内外因子的互动过程推动了企业的成长和发展。

我们用人、资源、产品、知识、制度、技术这六种因子,再加上需求和供给这两种因子共八类因素,来描述企业内外因子的互动过程。

为更加直观形象一些,我们依然用八个维度来反映八类因子的变动状态,从而画出企业内外因子互动图(见图 4-14)。在图中,八个维度分别是:① 需求;② 人;③ 知识;④ 资源;⑤ 制度;⑥ 产品;⑦ 技术;⑧ 供给。

实线大圆圈代表企业的生态位边界,实线小圆圈代表企业的组织边界;

虚线大圆圈代表企业当前的生态位,其中,虚线大圆圈与八个轴的交点 A、B、C、D、E、F、G 和 H 分别代表企业外部的需求、人、知识、资源、制度、产品、技术、供给这八个生态位因子;

虚线小圆圈代表企业当前的组织边界,其中,虚线小圆圈与八个轴的交点 a、b、c、d、e、f、

---

① 钱辉:《生态位、因子互动与企业演化》,浙江大学管理学院博士学位论文,2004 年 12 月,第 72—87 页。

g 和 h 分别代表企业内部的供给、人、知识、资源、制度、产品、技术、需求[①]这八个关键因子。

通过前文对企业生产经营过程的分析,我们知道,当外部环境将需求(A)传递给企业后,企业很快会作出供给(a)的响应,这就形成外部环境与企业之间需求(A)和供给(a)之间的互动。这一互动过程,在图 4-14 中标示为"A←→a"。

另一方面,企业在进行生产经营中,也需要外部环境提供的各种资源要素,这时,企业对外部环境就会产生需求(h)。当企业将需求(h)传递给外部环境后,外部环境很快会作出供给(H)的响应,这就形成了外部环境与企业之间供给(H)和需求(h)之间的互动。这一互动过程,在图 4-14 中标示为"H←→h"。

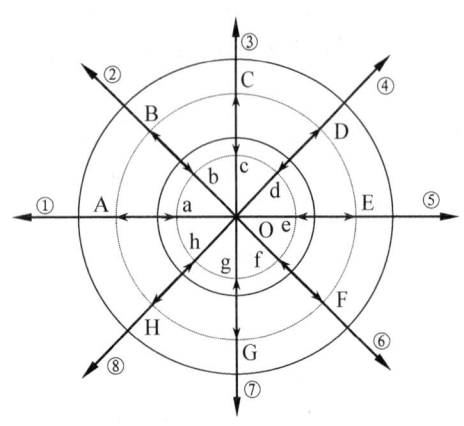

图 4-14 企业内外因子互动图

当企业与外部环境之间进行外部需求与内部供给(A←→a)或者外部供给与内部需求(H←→h)的互动时,首先必须要通过企业内外的人进行交流和互动,如询价、谈判、签约、下订单等。当然,企业与外部环境之间的人的互动,还包括人与人之间关于思想、文化和知识的相互交流和相互学习,也包括各种人才的交流等。这些互动过程,在图中均标示为"B←→b"。

同样,企业与外部环境之间进行资金、原料等资源要素的互动过程,在图中标示为"D←→d"。企业与外部环境之间进行产品或服务的互动过程,在图中标示为"F←→f"。

当企业与外部环境之间进行人、资源和产品的互动时,必然同时伴随着知识的互动、制度的互动和技术的互动等过程。这些互动过程在图中分别标示为"C←→c"、"E←→e"和"G←→g"。

我们知道,企业生产经营过程是"需求-供给""生产-消费"的循环往复过程,在这个过程中,企业与外部环境之间在需求、人、知识、资源、制度、产品、技术、供给这八个方面始终进行着互动。正是这些企业内外因子的不断互动,推动了企业由小到大、由弱到强地成长演化。在企业成长的不同阶段,这些因子影响企业发展的强度和相对地位并不是固定不变的,而是处于动态的循环替换中。例如,在某一段时间,需求对企业发展起着主导作用,而在另一段时间,技术对企业发展起着主导作用。主导因子的改变会使企业的生存演化发生明显变化,同时也引起其他因子发生明显变化,这是一个协同一致的过程。

一个企业的最基本功能是为社会提供产品或服务,以满足社会的消费需求。消费需求是拉动企业发展的直接动力,如果没有社会的消费需求,企业就失去了发展的原动力。同时,一个企业要生产出社会所需要的产品或服务,还需要外部环境为它提供各种资源要素。因此,在企业生态位的诸多因子中,产品服务需求因子和资源要素供给因子显然是影响企业生存和发展的两个关键因子。

任何一个企业都生存于一定的经济系统中,它与外部环境中的其他企业必然存在着各种各样的关系。在企业之间的诸多关系中,最常见的关系是竞争关系与合作关系。

---

① 这里,外部需求与企业内部供给相对应,外部供给与企业内部需求相对应。它们之间的内在联系参见前文中的"图 4-10 企业内外供需关系图"。

在产业系统中,提供同类产品的企业在人才、资源和顾客方面存在着竞争,相互之间经常处于竞争状态。提供不同类产品的企业在人才、资源和顾客方面很少有竞争,但可能存在互补,相互之间存在互补的企业常常会建立合作关系。企业之间的竞争关系与合作关系并不是绝对的,这两种关系在一定条件下是可以相互转化的。

例如,企业 N 生产面粉,企业 M 生产面包,当企业 N 为企业 M 提供面粉时,它们之间就形成了合作关系;但当企业 N 也开始生产并向市场销售面包时,或者当企业 M 也开始生产并向市场销售面粉时,它们之间的关系就变成了竞争关系。

在现实经济中,企业之间除了竞争关系与合作关系之外,有时还存在"竞争+合作"的关系,也即"竞合关系"。例如,两家生产经营同类产品的企业,它们之间原本是竞争关系,但当它们联合开发某种新产品并共享市场时,它们之间的关系就是"竞合关系"。

一个企业在成长发展中,会经常与市场中的其他企业在人才、资源和产品等方面展开竞争。例如,同类企业往往会提出高薪、优厚待遇等条件竞相延揽行业内优秀的管理人才、技术人才和营销人才等。为在竞争中占据优势,企业之间还会在知识、制度和技术等方面展开竞争。

企业间竞争的手段和途径之一是创新。要进行创新,企业就需要向外部环境中的其他优秀企业学习。企业间的合作、竞争、学习和创新,正是通过企业内外因子的互动来进行的。企业内外因子的互动推动了企业的演化。企业的创新一般包括企业在文化、组织、资源、产品、知识、制度、技术等方面的创新。

企业间竞争的一个重要方面是产品竞争。企业在产品方面的竞争一般是通过产品创新进行的。而企业在产品方面的创新,往往是与行业中的资源、技术、知识、制度等方面的创新相互交织在一起的。例如,在市场中,当一家企业向市场推出一种新产品 f_1 并因此获得可观利润时,其他竞争性企业不久就会研发出比产品 f_1 功能更强或质量更优的升级产品 F_1。此时,生产 f_1 产品的企业,其产品优势就被替代,从而其竞争优势就随之减弱。为重新获得新的竞争优势,企业将会再次进行产品创新,研发推出一种比 F_1 功能更强或质量更优的升级产品 f_2。而市场中的其他竞争性企业不久又会研发出比产品 f_2 功能更强或质量更优的新产品 F_2。这一产品创新过程将会通过企业内外因子的反复互动持续进行。企业的产品创新活动是推动市场中产品种类日益丰富的重要原因。在企业产品创新的背后,同时也伴随着行业中各种知识和技术的不断进步。各种知识和技术的进步又催生了各种新发明的诞生。而各种新发明的诞生反过来又推动了企业产品的创新。

与以上过程相类似,产业系统中的不同企业正是通过内外因子的互动实现了企业在文化、组织、资源、产品、技术、知识、制度等各方面的创新。

任何企业都是由人组成的组织,人是企业所有要素中最能动的因素。一个企业经营的好坏、是否能够在市场竞争中脱颖而出,关键在于企业中的人才,特别是创新型人才。因为一个企业在各个方面的创新,最终都是由人才来完成的。所以,企业之间的竞争归根结底是人才的竞争。在企业成长过程中,企业家及其组织团队也在不断进步,其进步主要表现在企业知识、精神文化、管理水平、经营技能等方面的日益丰富和不断提升。通过前文对企业发展动力的分析我们知道,企业家对一个企业的成长和发展具有举足轻重的作用。而企业生态位系统中的人文因子,对企业家精神、企业精神和企业文化具有重要影响。因此,在企业生态位的诸多因子中,人文因子也是影响企业生存和发展的一个不容忽视的重要因子。

通过上述分析，我们可以清晰地看到，正是通过内外因子的互动机制，使企业吸纳整合了外部环境的资源供给，及时响应并满足外部环境的产品需求，实现了企业间的合作、竞争、学习和创新，从而推动企业在文化、组织、资源、产品、知识、制度、技术等方面获得进步和成长。在这一过程中，企业的整体能力获得了提升，企业的组织边界和生态位边界也得到了相应扩展。

3. 渐变与突变

自人类创造企业这种组织以来，企业就在不停地演化发展中。企业的演化经历了一个从单一到多元、从低级到高级、从简单到复杂的过程。

企业的演化过程可分为渐变阶段和突变阶段，渐变是突变的基础，突变是渐变的结果。企业的演化过程表现为渐变阶段与突变阶段交替进行，这种机制促使企业从一个阶段向另一个阶段跃迁、从一种状态向另一种状态演变，从而使企业实现了从单一到多元、从低级到高级、从简单到复杂的演化过程。引起企业发生突变的因素，既可能来自外部环境，也可能来自企业内部环境。企业演变过程中的突变是通过企业内外因子互动来实现的。

一个企业在演化过程中，除了其内部各要素之间发生互动以外，企业内部各要素与其外部环境生态位中的各种因素也在发生互动。这些互动导致企业在组织、资源、产品、技术、知识、制度等各方面发生缓慢的变化，这些缓慢变化就是企业演变过程中的渐变；当各种缓慢变化积累到一定程度时，企业内部各要素的性质就会发生质变，从而导致企业在结构、功能和行为等方面发生显著改变，这些显著改变就是企业演变过程中的突变。

通过前文对企业内外因子互动机理的分析，我们知道，正是企业内外环境中的创新因素在企业变革中发挥着重要作用。企业正是通过内外因子的互动实现了在文化、组织、资源、产品、技术、知识、制度等各方面的创新。企业在这些方面的创新，就导致企业内部诸要素逐渐发生变化，当变化量积累到一定程度时就会发生质变，从而导致企业演化过程中的突变。而突变将导致企业的整体能力和生态位状况发生显著改变。如果突变导致企业向进化方向演变，那么突变的结果就是企业整体能力的提升和生态位的扩张；反之，则会导致企业向退化方向演变，那么企业整体能力就会降低，生态位就会收缩。

企业的成长和发展与企业的创新能力直接相关。艾伯纳西和厄特拜克（Abernathy & Utterback,1978）、苏亚雷斯（Suarez,1993）、图斯曼（1996）等从创新的角度指出，企业演化过程是一个"间断均衡"过程，即一个相对较长的渐进创新过程被短期的突变所打断，突变往往是一次根本性的技术创新[①]。熊彼特把企业的创新形式分为五种：一是引入新产品或提供产品新质量；二是采用新的生产工艺；三是开辟新的市场；四是获得新的资源供给来源；五是采用新的组织形式[②]。他提到的这五种创新形式，可以归类为企业分别在产品、技术、市场、资源和组织方面的创新。其中，企业开辟新的市场这一过程，可以理解为企业外部生态位扩展的结果。从企业自身的内部因素来看，熊彼特可能忽视了企业在企业文化、知识、制度等其他方面的创新。

从企业外部环境来看，社会经济环境在一定时期内是相对稳定的，但从长期来看却一直处于变化中。企业外部环境变化分为渐变与突变，这决定了企业生态位的变化也分为渐变

[①] 李晓明：《企业环境、环境因子互动与企业演化研究》，天津大学管理学院博士学位论文，2006年6月，第88页。
[②] 李晓明：《企业环境、环境因子互动与企业演化研究》，天津大学管理学院博士学位论文，2006年6月，第65页。

与突变。企业生态位的突变往往是由企业生态位中某一因子的突变引起的。当外部环境缓慢地渐变时,企业生态位相对稳定,企业通过自身局部调整就可以适应外部环境的变化。当外部环境发生剧烈的突变时,企业生态位将因受到剧烈冲击而迅速变化,这时企业往往需要作出快速反应或进行全局性调整才能适应外部环境的变化。如果企业调整缓慢或者应对稍有不当,其发展乃至生存都将受到严重威胁。

通过前文分析我们知道,在企业生态位的诸多因子中,产品服务需求因子、资源要素供给因子是影响企业生存和发展的两个关键因子。当顾客对企业产品需求突然发生变化时,或者企业所需某一资源要素的供给突然发生变化时,都会引起企业生态位的突变。例如,当彩色电视机出现后,人们对黑白电视机的需求量急剧减少;当数字信号手机出现后,人们对模拟信号手机的需求量急剧减少。那些生产黑白电视机和模拟信号手机的企业,都面临着生态位急剧收缩的严重威胁,如果不及时作出适应性调整,它们只能得到破产的命运。

由法国数学家雷内·托姆于1972年正式提出、后经英国数学家齐曼(E.C. Zeeman)等人完善的突变理论,可以用来很好地解释事物发展的不连续性或突变现象。突变理论的核心思想为[①]:稳定性是事物的普通特性,稳定态与非稳定态是事物运动的两种基本状态,是对立统一的两个方面;渐变和突变都是事物实现质变的途径,质变所经历的中间过渡态是判断事物质变的方式;事物渐变和突变与事物所处状态密切相关,渐变和突变的区分以转化过程中诸中间状态是否稳定为依据,如果质变经历的中间过渡态是不稳定的,则它是突变;如果中间过渡态是稳定的,则它是渐变;事物在一种结构稳定态中的变化是量变,在两种结构稳定态之间或不稳定态之间的变化是质变。

下面利用突变理论的核心思想来解释企业成长中的渐变与突变过程。

通过前文的分析,我们已经得到影响企业发展的重要因素主要有以下一些:

内部因素:人、资源、产品、知识、制度和技术;

外部因素:一般性因素有供给和需求,具体因素包括人、资源、产品、知识、制度和技术等。

我们用人、资源、产品、知识、制度、技术这六个因素,再加上需求和供给这两个因素,共八个因素来描述企业渐变与突变的过程。

我们用八个维度来反映八种因素的变动状态,从而画出企业渐变与突变的过程图(见图4-15)。

在图 4-15 中,八个维度分别是:① 需求;② 人;③ 知识;④ 资源;⑤ 制度;⑥ 产品;⑦ 技术;⑧ 供给。

图中的虚线同心圆环表示企业的生态位,小圆圈表示企业处于较低势能状态的生态位,较大圆圈表示企业处于较高势能状态的生态位。随着企业的不断成长和发展,企业的组织边界和生态位边界都在逐渐由小变大。在这个过程中,影响企业发展的八种因素也发生着由小到大的变化。

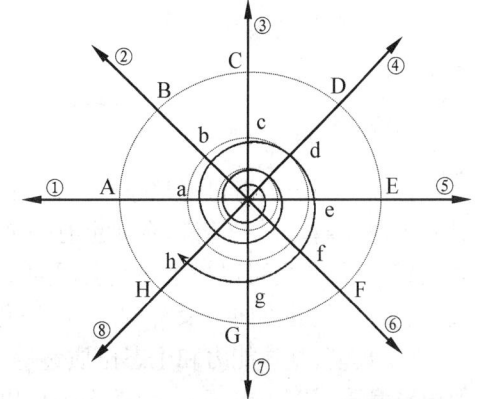

图 4-15 企业渐变与突变过程图

---

① 李晓明:《企业环境、环境因子互动与企业演化研究》,天津大学管理学院博士学位论文,2006年6月,第69页。

从企业成长发展的动态过程来看,在企业从小到大、由弱到强的演化过程中,企业在八个维度方向的演化轨迹实际上是一条逐渐扩展的螺旋线(如图4-15的实线螺线所示)。

企业从①轴演变到⑧轴、再回到①轴的一个完整过程称为企业演化的一个周期。在企业演化的一个周期内,螺线与八个轴的交点分别以a、b、c、d、e、f、g、h来表示。

在企业演化的一个周期内,在外部需求的拉动下,企业由a状态演变到b状态,首先是企业中企业家及团队的经营管理水平得到了提升;企业由b状态演变到c状态,反映的是企业组织学习和应用各种知识(管理知识、专业知识等)的程度得到了提升;企业由c状态演变到d状态,反映的是企业整合利用各种资源的程度得到了提升;企业由d状态演变到e状态,反映的是企业制度建设创新的程度得到了提升;企业由e状态演变到f状态,反映的是企业产品研发创新的程度得到了提升;企业由f状态演变到g状态,反映的是企业技术研发创新的程度得到了提升;企业由g状态演变到h状态,反映的是企业生态位对企业供给资源要素的程度得到了提升。

从突变理论来看,企业由"a→b""b→c""c→d""d→e""e→f""f→g""g→h"演变过程的中间阶段,企业处于稳定态,这中间的过渡态是稳定的,所以企业发生的变化是渐变;而企业在a、b、c、d、e、f、g、h这八个点及附近的演变阶段时,企业处于非稳定态,这中间的过渡态是不稳定的,所以企业发生的变化是突变。当企业完成一个周期的演化后,在外部新需求的拉动下,企业又开始进入下一个周期的演化过程,企业的演变又开始了新一轮渐变与突变的交替过程。如此循环往复下去,企业的整体能力就获得了提升,企业的组织边界和生态位边界也得到了相应扩展。

总之,企业的演化过程是一个渐变与突变交替进行的持续过程,这一机制促使企业从一种状态向另一种状态演变。企业演变过程中的突变是通过企业内外因子互动来实现的,引起企业发生突变的因素,既可能来自外部环境(如市场需求的突然变化、产业政策的突然改变等),也可能来自企业内部环境(如企业管理制度的重大变革、企业技术或产品的重大创新等)。如果突变导致企业向进化方向演变,那么突变的结果就是企业整体能力的提升和生态位的扩张;如果突变导致企业向退化方向演变,那么突变的结果就是企业整体能力的降低和生态位的收缩。

十一、企业的生命周期

世界上的任何有机物都具有生命周期。由人组成的企业是个有机的组织,所以企业也具有生命周期。形象地说,企业也有一个诞生、成长、衰老、死亡的过程。从企业演化的方向和状态来看,我们可以把企业生命周期划分为成长进化、维持现状、退化衰亡这三个阶段。

企业演化的方向一般有两个,即进化与退化。企业进化是指企业在内在素质、管理水平、组织规模、整体能力和生态位质量等方面向有益于企业发展的方向演化,具体表现为企业内在素质比以前更好了,管理水平比以前提高了,企业规模比以前更大了,企业整体能力比以前更强了,企业生态位质量达到了一个更加良好的状况。退化与进化正好相反,即企业退化是指企业在内在素质、管理水平、组织规模、整体能力和生态位质量等方面向不利于企业发展的方向演化,具体表现为企业内在素质比以前更差了,管理水平比以前降低了,企业规模比以前更小了,企业整体能力比以前更弱了,企业生态位质量跌到了一个更低、更糟的水平。

在外部压力与内部动力的交互作用下,企业最终可能演化的结果只有三种,即持续进化、维持现状、退化衰亡。在现实的经济系统中,与这三种演化结果对应的企业状态如下:

1. 成长壮大的企业

企业进化的最终决定因素不是来自外部,而是来自企业内部。不管外部环境竞争压力大还是小,只要企业内部发展动力很强,企业都会沿着持续进化的方向演化。当外部环境变化很快,同时企业内部发展动力很强时,在企业家积极进取、自强不息精神的驱使下,企业将通过学习和创新来应对外部环境的挑战,随着时间的推移,企业自身素质和能力将获得提高,企业演化的结果将是市场竞争力提高、企业规模将会相应扩大、企业生态位将会扩张。

如果从企业能力的"势能图"来分析,我们可以清楚地看到一个不断成长壮大的企业是如何成长进化的。

在企业能力成长"势能图"(图 4-16)中,八个维度分别是:① 生产供给;② 企业家;③ 知识;④ 组织;⑤ 制度;⑥ 资源;⑦ 技术;⑧ 产品。

在图 4-16 中,我们看到,起初企业的生产供给能力较弱,但在企业内部发展动力的驱动下,企业的各项能力都在不断提高。从企业生产经营的表层因素来看,企业家积极进取,不断克服外部环境的竞争压力,其经营能力逐渐提高,企业组织的管理协调能力也随之逐渐提高,进而促使企业资源的

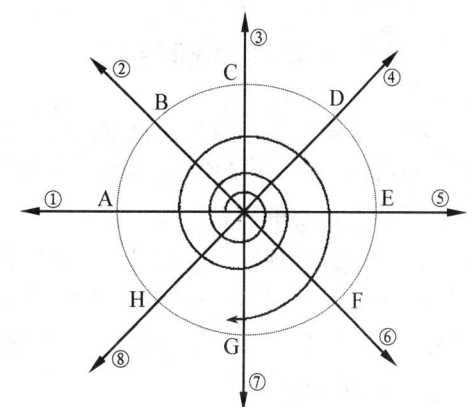

图 4-16 企业能力成长"势能图"

吸纳整合能力逐渐提高。从企业生产经营的深层因素来看,企业家、企业组织和资源这三方面能力的提高,同时也推动企业在知识学习创新能力、制度构建完善能力和技术创新应用能力这三方面能力的提高,进而又推动企业产品研发创新能力的提高。而企业产品研发创新能力的提高,又增强了企业的生产供给能力。随着生产循环的进行,企业的整体能力获得了提高,企业市场竞争力随之提高,企业规模不断扩大,同时企业生态位也在不断扩张。

我们不难发现,在企业成长进化过程中,企业能力经历了一个由弱到强的演化过程,企业能力成长演化的轨迹实际上是一条逐渐扩展的螺旋线。

2. 保持稳定的企业

当外部环境竞争压力较小,同时企业内部发展动力又较弱时,在一定时期内企业将保持相对稳定的状态。当外部环境变化缓慢时,企业将面临一个相对稳定的外部环境,与此同时,如果企业又没有进一步发展的动力,那么企业就可以维持原来的经营状况,并一直延续到外部环境发生剧烈变化为止。这期间,企业就表现为市场竞争力相对稳定,企业规模不变,企业生态位稳定。但在经济全球化、技术革新日益加快、顾客需求迅速变化的今天,这种稳定的外部环境已变得越来越少见,企业将面临迅速变化的外部环境和日益激烈的竞争压力。因此,维持现状只是企业发展过程中一个相对短期的现象。

如果从企业能力演化"势能图"来看,一个保持相对稳定的企业,在一定时期内,企业各方面的能力也是基本维持现状的。这时,企业能力演化的轨迹实际上是一个封闭的圆形(见图 4-17)。

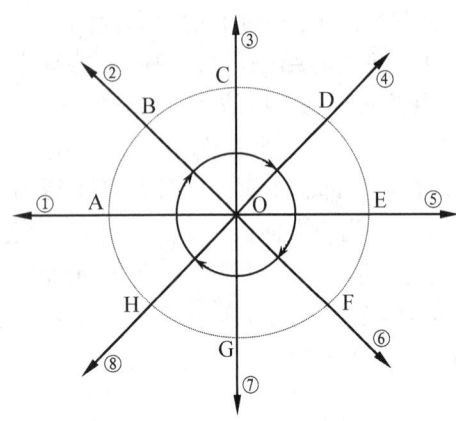

图 4-17 企业能力演化"势能图"

在企业能力演化"势能图"(图 4-17)中,八个维度分别是:① 生产供给;② 企业家;③ 知识;④ 组织;⑤ 制度;⑥ 资源;⑦ 技术;⑧ 产品。

在这种情况下,由于企业缺乏进一步发展的动力,从企业生产经营的表层因素来看,企业家的经营能力、企业组织的管理协调能力和企业的资源吸纳整合能力都基本维持在原来的状态。从企业生产经营的深层因素来看,企业在知识学习创新能力、制度构建完善能力和技术创新应用能力这三方面也都基本维持在原来的水平。在一定时期内,企业产品研发创新能力和企业的生产供给能力也都基本维持在原来的状态。就总体而言,企业在整体能力、组织规模和企业生态位方面也都维持在原来的水平。

在现实经济系统中,那些维持现状保持稳定的企业,其经营管理者一般都是那些思想僵化、缺乏进取心的人。这类企业的经营者,其认知模式类似于"刻舟求剑",外部环境在不断发生着变化,而他们却依然以过时的经营思路和策略应对变化了的外部环境。事实上,企业发展如同逆水行舟,不进则退。随着外部环境的变化,企业将无法继续维持现状,如果企业经营管理者继续不思进取,那么企业最终将会沿着退化的方向演化。

3. 停滞衰退的企业

无论外部环境竞争压力大还是小,只要企业内部发展动力很弱,企业都会沿着持续退化的方向演化。当外部环境变化很快,同时企业内部发展动力又不足时,企业将不能主动适应外部环境的变化,随着时间的推移,企业自身素质和能力将会逐渐下降,企业演化的结果将是市场竞争力下降、企业规模将被迫缩小、企业生态位将会收缩。如果企业经营者不能有效遏止这种退化趋势,那么企业面临的最终命运将是破产或解体。

如果从企业能力的"势能图"来看,一个停滞衰退的企业,随着时间的推移,企业能力在不断减弱,企业能力演化的轨迹实际上是一条逐渐收缩的螺旋线(见图 4-18)。

在企业能力衰退"势能图"(图 4-18)中,八个维度分别是:① 生产供给;② 企业家;③ 知识;④ 组织;⑤ 制度;⑥ 资源;⑦ 技术;⑧ 产品。

在图 4-18 中,我们看到,起初企业的生产供给能力较强,由于企业内部发展动力很弱,在外部环境竞争压力下,企业的各项能力都在不断降低。从企业生产经营的表层因素来看,企业家的经营能力在逐渐降低,企业组织的管理协调能力也随之降

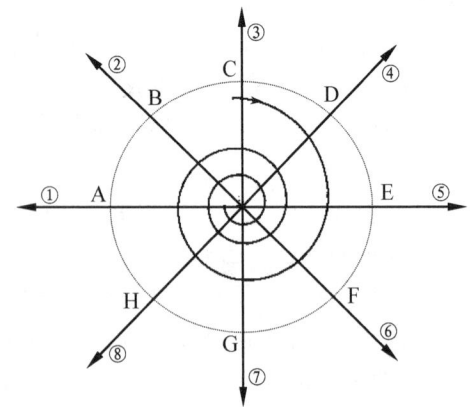

图 4-18 企业能力衰退"势能图"

低,进而促使企业资源的吸纳整合能力逐渐降低。从企业生产经营的深层因素来看,企业家、企业组织和资源这三方面能力的降低,促使企业在知识学习创新能力、制度构建完善能力和技术创新应用能力这三方面的能力降低,进而又导致企业产品研发创新能力的降低。

企业产品研发创新能力的降低,又减弱了企业的生产供给能力。随着生产循环的进行,企业的整体能力在不断降低,这导致企业市场竞争力下降、企业规模被迫缩小、企业生态位不断收缩。

李晓明博士以企业所从事的特定产业为标准来考察企业生命周期,把企业分为幼年夭折型、寿终正寝型、得道成仙型这三种类型。他指出,从事不同产业的企业其生命周期长短不一样,有的产业生命周期很长,从事该产业的企业其生命周期自然就长;有的产业生命周期短,从事该产业的企业其生命周期就短;不分所从事的产业类型而绝对地比较企业生命周期长短是不科学的。在现实中,大多数企业的寿命是很短暂的。据统计,10 年前的《财富》500 强中,将近 40% 的企业已经销声匿迹;30 年前的《财富》500 强中,60% 的企业已经被收购或破产。在 1900 年入围道琼斯指数的 12 家企业中,现在仅存留通用电气(GE)一家。欧洲及日本的企业,平均寿命仅为 12.5 年。美国商务部调查报告显示,美国每年有 50 万户企业诞生,一年内就有 40% 倒闭,10 年内倒闭的达到 96%。中国的资料也显示,中国中小企业的平均寿命只有 3.5 年,集团的平均寿命是 7—8 年。由此可见,大部分企业无法做到持续发展,究其原因是在激烈的市场竞争环境下,大部分企业都无法度过其幼年的生存危险期,有一部分企业能够做到"寿终正寝",只有极少数企业可以"得道成仙"。而企业能够"得道成仙"的根本原因在于企业实现了持续进化。[①]

在现实经济环境中,凡是那些能够实现持续进化的企业都是基业长青的企业。例如,法国的人头马白兰地酒业公司,德国的施坦威钢琴公司,美国的通用电器公司、可口可乐公司、吉利安全剃刀公司等著名的百年企业就属于这样的企业。

十二、企业发展演化的轨迹

随着时间的推进,企业的形态特征也会不断变化,这些变化的历史过程就是企业演化的轨迹。企业演化是外在压力与内在动力综合作用的结果。当外部压力大于内部动力时,企业将不能主动适应外部环境变化,企业相对竞争力将下降,企业规模将被迫缩小,企业生态位将收缩。当外部压力小于内部动力时,企业将能够主动适应外部环境变化,企业相对竞争力将提升,企业规模也会相应扩大,企业生态位将会逐步扩展。在两者对企业演化的影响中,企业内部动力的影响要大于外部压力的影响,企业最后的演化结果是进化还是退化,最终取决于来自企业内部的动力。

企业面临的直接外部压力来自企业的生态位系统,主要包括产品服务需求方面的压力和资源要素供给方面的压力。如果企业妥善处理好这两方面的压力,企业就能够把外部压力转化成动力,企业能力将会日益提高,企业将会获得持续竞争的优势;反之,如果企业不能妥善处理好这两方面的压力,企业的正常生产经营将会受到严重影响,企业能力将会降低,最终将会削弱企业的竞争力。此外,企业生态位系统中的人文因素也是影响企业演化的一个重要因素,其重要性主要在于它对企业家精神、企业精神和企业文化具有深层影响。

---

① 李晓明:《企业环境、环境因子互动与企业演化研究》,天津大学管理学院博士学位论文,2006 年 6 月,第 91—92 页。

企业演化的内在动力来自企业内部的人才、资源、产品、知识、制度、技术这六类因素。其中,最主要的动力因素是人才因素,而在人才因素中起主导作用的是企业家。前文已经分析过,企业家对一个企业的成长与发展具有非常重要的作用。企业家通过自身的企业家精神塑造了企业精神和企业文化,同时也影响着企业组织团队的成长。企业家的学习精神和创新精神会激励企业组织团队的学习行为和创新行为。而不断学习和创新是企业内部人才提高自身能力的重要手段,是企业组织不断提高自身素质和整体能力、持续获得竞争优势的重要途径。通过不断学习,能够使企业组织与时俱进,持续适应外部环境的变化。通过不断创新,能够不断优化企业的内部环境,不断推动企业在人才、文化、组织、资源、产品、知识、制度、技术等方面获得进步和成长。

从"企业发展动力因素关系图"(图 4-11)中可以清楚地看到,企业的生产经营活动以"生产"为起点、以"消费"为终点,在这个过程中,企业的发展动力因素由两条链贯穿而成:

A 链(表层因素链):生产→人才→资源→产品→消费

B 链(深层因素链):生产→知识→制度→技术→消费

从企业一次生产活动的起点和终点来看,一方面,企业开始"生产"前首先是受到了生态位中消费者"需求"的诱导,正是这个"需求"诱导使企业作出开始生产某种产品的决策;另一方面,当企业生产出产品并销售给顾客供他们"消费"时,企业的一次完整生产过程才结束。因此,企业的生产过程实际上是企业对生态位中"消费需求"的响应,也是企业向生态位进行"生产供给"的过程。从企业运行的现实过程来看,企业的再生产过程是一个不断满足生态位中消费者"消费需求"、为其创造"生产供给"的循环过程;从企业运行的深层因素来看,这实际上是一个不断吸纳消费者"消费需求"信息、为其创造"顾客价值"的循环过程。

从"交换"这个环节来看,在企业内部各部门之间不断进行着各种信息和工作的"交换",此外,企业与其生态位之间在人员、信息、物质和"能量"等方面也进行着交换。这里所说的信息,包括企业内外的需求信息、供给信息、技术信息、产品信息等生产经营信息。这里所说的物质,包括外部环境对企业提供的各种资源和企业对外部环境供给的产品;其中,企业对外部环境的产品供给实际上就是企业销售产品的行为。企业能否顺利地将产品销售出去,这直接决定着企业能否顺利实现顾客价值并获得相应利润;而企业能否获得利润,又决定着企业的生死存亡。另外,一个企业在短期内还是在长期内实现利润,这对企业的再生产循环和扩大规模具有不同的意义。一个企业如果能够在短期内实现利润,企业家就可以更早地将所获利润用来扩大生产规模,使企业在与其他企业的竞争中取得有利地位,从而使该企业争取到更多的生态位空间。"能量"一词原本是物理学中的概念,在经济系统中与"能量"对应的事物是"货币",它可以表现为一定数量的金融资本,也可以表现为一定数额的流动资金。在现代社会,一个企业如果能够顺利筹集到所需的货币资本,这对于企业的成长壮大是非常有利的。一个企业通过生产经营活动所积累的货币越多,它就拥有越多的投资机会,从而使它获得更多的发展空间。因此,企业与外部环境之间交换水平和交换效率的提高,对企业的生存发展具有重要的价值和作用。

从"分配"这个环节来看,分配过程是否有效率、分配结果是否合理,决定着企业组织运行是否有效率,这直接影响企业生产经营效率的高低,而企业生产经营效率的高低又关系到企业竞争力的强弱。竞争力强的企业显然要比竞争力弱的企业能够争取到更多的生态位空间,从而能够在较短的时间内快速成长壮大。从收入分配的结果来看,收入分配调节着企业投资人、企业家和企业员工之间的利益关系,分配结果是否合理影响着企业后续的生产经营效率和成长发展进程。一方面,分配结果能否激励企业家和企业员工,这与他们所获收入是否合理直接相关;另一方面,企业投资人能否获得足够的投资激励(或资本积累),这又会影响企业再投资、扩大生产规模的能力。在企业的收入分配中,如果企业利润分配过多地倾向于企业投资人,企业家和企业员工所获得的收入就会相对较少,这对调动企业家的创新精神和企业员工的工作积极性不利。同样,如果企业利润分配过多地倾向于企业家和企业员工,企业投资人所获得的收益就会相对较少,这对激励企业投资人进行再投资、扩大生产规模也是不利的。因此,企业中分配效率和分配合理化水平的提高,对企业的生存发展同样具有重要的价值和作用。

所以,从"交换"和"分配"这两个环节来看,交换和分配构成了企业发展演化中的两个关键环节。

从企业的内部环境来看,企业进行生产前必须要从生态位中获取各种资源要素,企业能否获得所需的资源要素,这决定于企业本身的资源吸纳能力;企业将生态位中的资源要素纳入企业内部,这实际上也是企业顺利开展生产经营活动的必要前提。而从企业发展的角度来看,企业在"人才"方面的吸纳、培养和成长,主要表现为企业组织团队的成长。

综合以上分析,图4-11所表示的企业发展动力因素两条链的运行过程就可以描述如下:

A链:资源吸纳→组织成长→交换效率提升→分配水平提高→生产供给能力增强

B链:信息吸纳→知识积累→制度创新→技术创新→顾客价值增长

A链反映了企业表象特征的成长过程,而B链反映了企业本质特征的成长过程。

在企业演化过程中,以上十个方面紧密联系,共同推动企业成长壮大。如用这十个方面作为十个维度来反映企业发展演化的情况,则可以画出企业的发展演化轨迹图(见图4-19)。

在图4-19中,十个维度分别是:① 资源吸纳;② 信息吸纳;③ 组织成长;④ 知识积累;⑤ 交换效率;⑥ 制度创新;⑦ 分配水平;⑧ 技术创新;⑨ 生产供给;⑩ 顾客价值。

在发展演化过程中,企业在这十个方面是不断增长的,也即在十个维度上不断向外扩展。我们不难发现,随着时间进程的延续,企业在A链和B链的运行轨迹是两条起点相同、逐渐扩展的螺旋线(在图4-19中,已将A链和B链的运行轨迹合在了一起)。

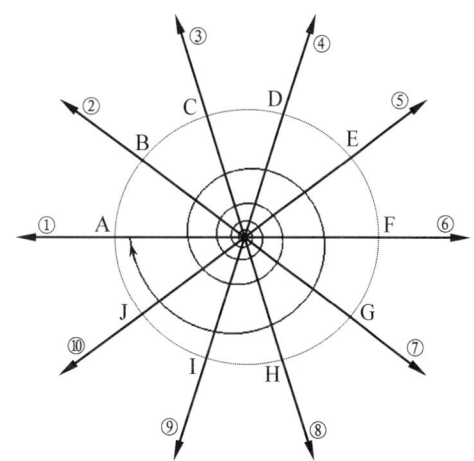

图4-19 企业发展演化轨迹图

在企业生产经营活动中,因为这十个方面是紧密联系、相互配合、协同一致的,所以,实际上A链和B链是相互交织在一起呈螺旋状不断发展演化的,其形态类似于生物的DNA双螺旋结构。

企业的成长发展过程是一个随时间不断演化的历史过程,企业从诞生、成长到发展壮大经历着由单一到多元、由低级到高级、从简单到复杂的过程。随着企业规模和年龄的不断增长,企业内部的部门日益增多,组织结构也日益庞杂,其内部各组成因素之间的相互关联和相互作用也越来越复杂,因而其管理驾驭难度也越来越高。

在现实的经济系统中,企业在这十个维度的发展往往并不是均匀同步的,可能有些因素(如技术)变化较快,而有些因素(如制度)变化较慢,甚至常常会有所波动。所以,实际上企业发展演化轨迹图并不一定是平滑规则的螺旋线。

通过图4-19,我们也可以分析企业生态位因子的变化过程。如果我们用"螺旋线上的点与坐标原点相连形成的线段,围绕坐标原点随时间旋转扫过的面积"来表示企业生态位的变化情况,那么在企业由小到大、由弱到强的成长演化过程中,企业生态位也同样经历了一个由单一到多元、由低级到高级、从简单到复杂的演化过程。企业生态位的演化与企业本身的演化是同时进行的,演化过程是通过企业内外因子互动来实现的,企业内外因子互动形成两层(即表层和深层)网络关系,构成了一个多维的复杂动态图景。从图4-19我们看到,企业生态位演化过程的轨迹实际上也是一条逐渐扩展的螺旋线。

企业生存于一定的经济系统中,企业生态位的演化只是其外部环境演变的一部分。实际上,企业的外部环境也处于不断的演化过程中。企业的内部演化和外部环境演化是同时进行的,两者之间互相联系、互相作用、互相影响,外部演化是内部演化的条件和前提,内部演化是外部演化的体现和载体。因此,企业演化过程的实质是企业内部因素与企业外部生态位因素在互动中随时间不断耦合的过程。

第五章 经济系统的中观层次：产业的动力结构及演化图景

本章首先简述了有关经济增长理论的核心思想；然后区分了行业和产业的基本概念；在对产业内外环境、组成要素进行分析的基础上，提出了产业的双层结构模型；介绍了产业的基本分类方法；简析了产业的分化过程；从结构的视角探讨了产业发展的动力因素，阐述了人类需求对产业的作用过程、需求的长期演变趋势以及产业发展中核心企业的重要作用；从分工与协作、内外因子互动、竞争与合作、产业间互动这四个方面简要论述了产业演化的基本机制；以实际的产业链为例，论述了产业间的关联效应和产业内部的要素分配；提出了产业整体能力的概念；从多因素关联和互动的视角，描述了产业的生命周期和产业发展演化的轨迹。

本章的论述要点如下：

1. 古典经济增长理论最早阐述了分工、市场交易与经济增长的关系。古典经济增长理论指出，劳动分工和专业化协作的深化是经济长期增长的持续源泉。本书继承了这一重要思想。

2. 行业是指在一定时空范围内，从事同类产品生产或提供同类服务的企业群体。产业是指在一定时期和一定地域范围内，由相互关联的不同行业组成的企业群体系统。"行业"和"产业"都是描述企业群体的概念，两者都具有时间和地域的规定性，但"产业"的外延要大于"行业"的外延。

3. 从产业系统的外部环境来看，影响产业发展的一般性外部因素是需求和供给，具体因素包括企业、资源、市场、知识、制度、技术等。从产业系统的内部环境来看，产业是由企业、资源、市场、知识、制度和技术等基本要素组成的。市场是商品流通领域一切商品交易（交换）活动和关系的总和，一般由交易主体、交易对象、交易媒介、交易场所和交易规则等要素组成。"市场"是组成行业和产业的一个必不可少的要素，这是本书与其他产业经济学对"产业"理解的重大不同之处，明白这一点有助于理解本章的论述逻辑。

4. 从产业运行的过程来看，产业成长演化的过程是一个投入产出循环往复的过程。产业内部实际的运行过程可以分为"投入→企业→资源→市场→产出"和"投入→知识→制度→技术→产出"这两条链，本书由此得到产业运行的一般结构图。从社会经济关系的角度来看，一个产业系统完整的生产关系应该由其内部的生产关系网络和其外部的社会关系网络共同组成。

5. 按照不同的划分标准，人们可以对产业作出不同的分类。主要的产业分类方法包括两大部类分类法、三次产业分类法、四大产业分类法、标准产业分类法和要素密集度分类法等。本书在论述中基本采用了四大产业分类法。

6. 人类社会的产业分化过程实际上是一个逐渐分叉的过程，首先是手工业从农业中分化出来，其次是服务业从手工业和农业中分化出来，然后是信息业从服务业中分化出来。人类社会的产业分化过程是完全符合分叉律的，实际上也是分叉律在产业演化中的具体体现。

7. 从产业系统外部环境来看，外部环境的需求是拉动产业发展的原始动力，外部环境对产业供给资源要素是产业成长演化的必要条件。影响产业发展的一般性外部因素是需求和供给，具体因素包括企业、资源、市场、知识、制度、技术等。影响产业发展的内部动力来自产业内部的企业、资源、市场、知识、制度、技术这六类因素；其中，最主要的动力因素来自产业中的企业，而在产业中的所有企业中，核心企业对产业的成长演化具有重要的示范和带动作用。本书由此画出了产业发展动力因素关系图。

8. 人类需求对经济系统的作用过程是一个动态过程，这个过程是通过"物质需求-农业-工业-服务业-信息业"和"精神需求-知识-技术-制度-文化教育"这两条链来传递的。由此，本书画出了社会需求作用互动图和社会需求演化图。从历史的长时段来看，人类社会物质需求和精神需求的演化轨迹都是一条逐渐扩展的螺旋线；在人类社会发展过程中，这两条螺旋线实际上是交织缠绕在一起的。

9. 行业中的核心企业是指在一个行业中市场份额位居同行前列，同时在行业价格、行业技术、行业制度等方面处于主导和支配地位的企业。每个细分行业中的核心企业，对这个行业的发展具有重要的引领作用；在引领行业成长演化的过程中，核心企业主要是通过"核心企业→关联企业→整个行业"和"行业知识→行业制度→行业技术"这两条链来发挥作用的；在行业成长演化过程中，这六类因素是相互联系、相互作用、相互影响的，它们共同成长演化的轨迹是一条逐渐扩展的螺旋线。

10. 在产业成长发展过程中，分工与协作、内外因子互动、竞争与合作、产业间互动是产业进行演化的重要机制。

(1) 分工能够使产业内部各个行业向专业化、纵深化、精细化方向发展；协作能够使产业内部各个行业之间相互衔接、相互配套、协同发展。产业分工实际上是分叉律在产业运行中的具体表现，产业协作是协同律在产业运行中的具体表现。从长时段来看，组成产业的企业、资源、市场、知识、技术、制度等因素都在分叉律和协同律的共同作用下，不断发生着从单一到多元、从低级到高级、从简单到复杂的演变。从经济系统整体来看，交换（或交易）网络实际是经济系统内部各子系统之间协同演化的基本形式。

(2) 产业生态位因素与产业内部关键要素的互动和交流，既是产业外部环境与内部环境进行供需交流的重要方式，也是产业内外企业之间进行合作、竞争、学习和创新的一般机制，正是产业内外因素的互动和交流过程推动了产业的成长演化。

(3) 在社会经济系统中，正是产业之间的竞争与合作，导致人力、企业、资源、市场、知识、制度、技术等在产业间的交流与互动，进而又导致产业间的此消彼长。在产业系统内部，各行业之间的竞争与合作，也导致行业间的此消彼长。

(4) 从人类社会主导产业的发生次序来看，主导产业依次是农业、工业、服务业和信息业。这些产业之间的互动关系，一方面表现为新型主导产业对原有产业的渗透、改造和提升作用，从而推动原有产业发展到更高水平；另一方面，原有产业对新型主导产业在资源、产品、市场等方面也发挥着必要的支撑作用。

11. 从系统的视角来看,产业是一个输入资源、输出功能的复杂系统。从输入端来看,输入产业的内容包括资源、企业、市场和产业投入关系;从输出端来看,产业输出的内容包括协同功能、增值功能、交换功能和产业产出关系。

12. 产业关联是指产业之间在生产、交换和分配上所形成的客观联系,其实质是各产业相互之间的供给与需求的关系。产业之间客观存在的关联效应,反映出产业发展过程的协同功能。各个产业之间实际存在的关联效应,要求相关产业之间提供的产品(或服务)在数量比例方面达到一定的动态均衡,在技术与质量方面达到相互适应和匹配。

13. 在经济系统内部,中观层面的分配活动分为行业系统内部的分配和产业系统内部的分配这两个层次。行业系统内部的分配主要包括对资源、企业和市场等行业要素的分配;产业系统内部的分配主要包括对行业资源、关联行业和市场体系等产业要素的分配。在产业系统运行过程中,从产业的表层因素来看,产业系统中的分配活动体现为外部环境对"资源""企业""市场"这三类因素在不同行业之间的供给和配置;而从产业的深层因素来看,实际上表现为产业中的不同行业在"知识""制度""技术"这三个方面的吸纳、融合、应用和创新的动态过程。在产业系统内部,各种产业要素的分配活动一般是通过市场机制与政府部门相互协调、共同配置资源的。政府部门的分配组织一般包括税务组织、财政组织、金融监管组织等。

14. 本书提出了产业整体能力的概念。产业的整体能力,是指一个产业中所有企业有效整合各类资源,为社会提供产品或服务,满足社会需求的总能力。产业的整体能力一般是由投入、企业、资源、市场、知识、制度、技术、产出这八个方面共同组成的。一个产业在这八个方面的能力越强,这个产业的整体能力就越强,其综合竞争力就越强。本书由此画出了产业能力"势能图",通过这个图,我们可以形象地描述出产业的成长状态和发展水平。

15. 本书认为产业也具有生命周期。从产业演化的方向和状态来看,产业生命周期可以划分为成长进化、保持稳定、退化衰亡这三个阶段。产业进化的决定力量主要来自外部环境的社会需求。只要存在人类需求,产业都会沿着持续进化的方向演化。在产业成长进化过程中,产业能力演化的轨迹是一条逐渐扩展的螺旋线。当外部环境的需求不断减弱甚至消失时,产业就会沿着持续退化的方向演化。在产业持续退化过程中,产业能力演化的轨迹是一条逐渐收缩的螺旋线。

16. 从产业成长发展角度来看,产业演化过程可以用"资源吸纳→产业组织成长→市场交换效率提升→产业分配水平提高→产业能力增强"和"信息吸纳→行业知识积累→行业制度创新→行业技术创新→产业链价值增长"这两条链来描述,由此可以画出产业发展演化轨迹图;在发展演化过程中,产业沿这两条链的运行轨迹是两条起点相同、逐渐扩展的螺旋线。产业生态位系统的演化与产业系统本身的演化是同时进行的,演化过程是通过产业系统内外的企业、资源和市场等因素的互动交流来实现的,产业系统内外因素互动交流形成两层(即表层和深层)网络关系,构成了一个多维的复杂动态图景。

一、有关经济增长的经典理论

在18世纪,亚当·斯密时代的古典经济增长理论最早阐述了分工、市场交易与经济增长的关系。古典经济增长理论指出,劳动分工和专业化协作的深化不仅促进生产制度的创新,而且推动交易制度的规范与完善,由此带来收益递增,从而构成长期经济增长的持续源泉。1776年,亚当·斯密出版了其代表作《国富论》,在这部经典著作中,他提出了系统的分工理论,论证了分工提高劳动生产率的效应,揭示了分工对促进发明创造、扩大交易规模与市场范围、改善社会福利的作用。马克思与恩格斯合著,于1846年完成的书稿《德意志意识形态》中提出了较系统的社会分工理论,后又在《哲学的贫困》和《资本论》等著作中进一步发展了其理论;马克思从生产劳动出发考察了社会分工,阐述了社会分工对生产力的促进作用、对各种社会关系形成和发展的制约作用、对人的发展造成的双重影响等问题,通过分析资本主义社会内部分工与工厂内部分工的矛盾,深刻揭示了资本主义社会的基本矛盾,批判了资本主义生产方式①。阿林·杨格在1928年发表的论文《收益递增与经济进步》中把亚当·斯密提出的"分工受市场范围限制"的思想总结为"斯密定理",并指出这是"经济学中所能发现的最辉煌和最有成果的概括之一";他把分工作为一个累积的自我扩张的过程,从中推演出了收益递增②。阿林·杨格的研究思路成了启发当代经济增长理论的最重要的思想来源。1937年,科斯根据企业制度与市场制度的运作成本,分析了个别企业的专业化选择与经济增长之间的联系。1951年,施蒂格勒(George J.Stigler)综合了厂商理论、竞争产业理论和科斯的企业性质论,进一步讨论了收益递增的产生机制,揭示出收益递增是与产业成长、市场规模扩大和专业化分工不断加深相伴随的动态过程③。1986年,罗默(Paul M. Romer)结合外部性、产品生产和新知识生产这三个要素,解释了专业化知识积累与企业技术进步、长期经济增长的联系④。1988年,卢卡斯(Robert E. Lucas)分析了专业化人力资本积累机制与经济增长间的关系⑤。1991年,杨小凯(1948—2004)和博兰德(Jeff Borland)从生产消费的微观层面分析了分工机制与经济增长间的关系;他们指出,一方面,在生产过程中,劳动力分工越细密,专业化协作程度就越高,劳动生产率也就越高;另一方面,在消费过程中,随着劳动分工越深化,劳动者对市场交易的依赖程度越高,并且市场交易范围越大,交易成本就越高;分工在交易中的负面效用会抵消分工在生产中的正面效用,从而使经济增长达到一个稳定均衡⑥。⑦ 1993年,杨小凯和黄有光运用序贯均衡模型⑧,通过对内生交易成本与瓦尔拉价格机制关系的探讨,厘清了分工传导机制的真正内涵,即"分工—信息分散—价格协调(瓦尔拉机制)—降低内生交易成本—生产力提高—分工进化"⑨。他们用数学方法分析了分工、专业化促进经济增长的微观经济机理,证明了市场规模将随着分工的演进而扩大,为亚当·斯密提出的分工与市场的互动关系奠定了形式基础;阐述了市场不仅具有配置资源的功能,还能减少交易费用,发现有效率的经济组织结构,而且能甄选有效率的分工水平、制度安排、产品种类、竞争程度、剩余权结构、生产迂回程度、交易分层结构等;他们同时

---

① 杨芳:《马克思的社会分工理论及其当代意义》,武汉大学博士学位论文,2010年10月,第49—65页。
② 阿林·杨格:《收益递增与经济进步》,[英]《经济杂志》1928年12月号。
③ 施蒂格勒著,潘振民译:《产业组织和政府管制》,上海三联书店1989年版,第22—37页。
④ 罗默:《收益递增与长期增长》,[美]《政治经济学杂志》1986年第5期。
⑤ 卢卡斯:《论经济增长的机制》,[美]《货币经济学杂志》1988年总第22期。
⑥ 杨小凯、博兰德:《经济增长的一个微观机制》,[美]《政治经济学杂志》1991年第3期。
⑦ 本段中有关文献资料整理自:邹薇、庄子银,《分工、交易与经济增长》,《中国社会科学》1996年第3期,第4—12页。
⑧ 由赛尔坦恩和克雷普斯创建的一种在信息不对称条件下让对策双方按时间先后顺序选择策略的动态模型。
⑨ 转引自:胡晓鹏《从分工到模块化:经济系统演进的思考》,《中国工业经济》2004年第9期,第7页。

还揭示了"社会分工水平决定专业知识累积的速度和人类社会获得技术知识的能力,而人们对最优分工水平的知识决定均衡分工水平""人类对分工组织的知识决定分工水平,而分工水平决定人类获取技术知识的能力及生产率"等经济原理①。

以上这些有关经济增长认识的经典理论,是不同经济学家在不同时代对不同时空经济体系进行观察分析的结果,可以说,他们在不同侧面揭示出了人类社会经济系统运行的部分真理。从社会发展与经济系统演化的动态观点来看,这些经济学家的发现只反映了他们所观察时间阶段内特定地区的经济增长规律。因为研究对象所处时间和空间的不同,这使他们所获得的认识具有一定的相对性和特殊性;由于他们进行研究时的基本假设和前提条件不同,从而使我们不能对他们所获得的结论进行简单叠加和整合。尽管如此,这些经济学家所研究的对象毕竟是人类社会的经济活动,这就决定了这些特殊认识中必然含有一般性规律的成分。要总结出人类社会经济发展的一般性规律,就需要我们从系统的角度对他们所发现的部分真理进行更高层次的综合与概括。

二、行业与产业

在一个国家的经济体系中,中观层次和中宏观层次是两个紧密联系而又有区别的层次。中观层次的行为主体是行业系统,而中宏观层次的行为主体是产业系统。

行业是指在一定时空范围内,从事同类产品生产或提供同类服务的企业群体。产业是指在一定时期和一定地域范围内,由相互关联的不同行业组成的企业群体系统。行业和产业都是描述企业群体的概念,两者都具有时间和地域的规定性,但产业的外延要大于行业的外延。在不少经济学论著中,都把行业和产业两个概念混用,这很容易引起人们认识上的混乱。这里,有必要对这两个概念作一些区分。如果用生物学中的相似概念类比,那么,行业就是企业"种群",而产业则是企业"群落"。

为便于理解,我们可以把一个产业系统比喻成一个果园,这个果园中生长着不同的果树,每棵果树代表一个企业,不同的果树代表不同行业的企业。整个果园中,同一种类的果树形成一个果树种群,不同的果树种群共同组成一个果树群落。例如,果园中所有的苹果树就形成一个苹果树种群,我们可以把苹果树种群形象地看作一个行业;同样,果园中所有的桃树就形成一个桃树种群,我们也可以把桃树种群形象地看作另一个行业。这样,由苹果树、桃树、梨树、杏树和李子树等不同的果树种群就共同组成一个果树群落。因此,一个产业系统实际上就是由在一定地域内的不同企业种群组成的企业群落。

事实上,一些学者已经将生物学中的相关概念引入企业和产业的研究中。

企业种群是指由同一地域同行业企业或者产品具有类似功能的企业所组成的企业群集(Hannan 和 Freeman,1977;Mckelvey 1978、1982;Mckelvey 和 Aldrich,1983)。企业种群概念包含两个特征:① 处在同一地域;② 产品功能相同或相近的企业群。企业种群也可以由一组类似的生态位构成,每个生态位上存在一个或多个企业(Baum 和 Singh,1994)。种群

---

① 杨小凯、黄有光:《专业化与经济组织——一种新兴古典微观经济学框架》,经济科学出版社1999年版,参见该书中第134、189、190、340、358、477页的有关评述性内容。

内企业存在着既合作又竞争的关系。企业群落是指一个连续地域空间内由若干不同类型企业或企业种群在一定的生境条件下所形成的并与环境相互作用的企业群体（陆玲，2001）。企业群落概念包含三个特征：① 处在一个连续地域；② 两个以上的不同类型企业或企业种群；③ 企业或企业种群之间联系紧密。企业群落成员一般包括同一地域不同行业的企业或者产品具有替代性、互补性、独立性功能的企业集群。①

从概念的外延来看，行业属于产业的子集。行业和产业的划分是相对的，根据研究的需要，还可以对它们作更细的划分。例如，一个国家的产业可以分为农业、工业和服务业三大类产业，其中，农业这一产业又可以分为种植业、畜牧业、水产业、林业等行业。

产业和行业是处于宏观经济与微观经济之间的经济组织，它们之间既有区别又有联系。产业更多是从生产组织方式上来描述企业群体，而行业主要是从产品种类和产品功能上来描述企业群体。一个产业可以利用多个行业的产品（中间件）按照规模和范围经济的原则合理组织生产活动②。例如，汽车制造过程是由发动机、底盘、车身、转向机构、电子设备和仪表、轮胎等部件的生产组成的，汽车生产过程中需要使用众多相关行业的产品并以一定的方式组织生产形成汽车产业；汽车产业与钢铁、橡胶、玻璃、电子等众多行业紧密联系。

产业是一个历史范畴，它是伴随社会生产力的进步和社会分工的深化而产生和不断扩展的，人们对产业的认识也是随着社会经济的发展不断深入的。在人类社会的不同发展阶段，随着社会分工的不断深化，产业逐渐形成了相互关联的、多层次的、复杂的经济系统。

社会分工通常被划分为一般分工、特殊分工和个别分工。一般分工是指按其性质，把社会生产划分为农业、工业、商业等产业大类的分工；特殊分工是指按其性质，把每个产业大类进一步划分成若干小产业的分工；个别分工就是在企业内部的分工。从历史上看，人类社会第一批产业是通过一般分工形成的，现在的新产业主要是通过特殊分工形成的。③

三、产业的内外部环境

产业存在于一定的社会经济环境之中，它既有外部环境，也有内部环境，无论是其外部环境，还是其内部环境，都具有一定的层次性。

1. 产业的外部环境

产业的外部环境是指存在于产业组织边界之外，对产业的投入产出具有影响的所有因素的集合。产业的外部环境包括自然环境和社会环境。社会环境又包括政治、经济、人文、科学、教育、法制等环境。从系统的角度来看，产业属于经济系统的范畴。

从纵向层次来看，包含产业的外部系统由经济系统、国家系统、社会系统（国际系统）和自然系统四个层次构成。产业外部环境各系统的所属层次关系，具体可参看第四章的图 4-2。

产业是由企业组成的企业群落，产业的成长演化表现为具体企业群落的成长演化。所以，我们可以通过分析企业群落的经济行为来分析产业活动。

从第四章对企业系统的分析中我们知道，影响企业发展的外部因素，既有来自经济系统

---

① 钱辉：《生态位、因子互动与企业演化》，浙江大学管理学院博士学位论文，2004 年 12 月，第 7 页。
② 章帆：《分工协同网络与产业组织演进》，科学出版社 2010 年 8 月第一版，第 7 页。
③ 陈晓涛：《产业演进论》，四川大学政治经济学博士学位论文，2007 年 3 月，第 11 页。

的因素,也有来自国家系统的因素,还有来自社会系统(国际系统)和自然系统的因素。在影响企业系统发展的外部因素中,最直接的影响因素来自一个国家中经济系统的各种因素,特别是来自产业系统内部其他企业的影响。具体影响因素包括人、资源、产品、知识、制度、技术六类因素。从行业的角度来看,这六类因素无论是在一个行业内部流动,还是在不同行业之间流动,都是通过具体企业的互动(合作或竞争)来实现的。企业之间在资源或产品方面的交流,一般是通过市场交易实现的。

来自国家系统的影响因素,主要来源于一个国家内部的政治系统、经济系统、人文系统、法制系统、科学系统、教育系统六大系统。这些因素之间相互交织、相互联系、相互作用、相互影响,形成了立体网络结构的复杂巨系统。一个国家的政治系统,其主要功能是提供公共服务、公共产品以及公共权利的组织、分配和使用等。一个国家的经济系统,其主要功能是物质产品的生产、交换、分配和消费;经济系统本身又可以划分为企业、行业和产业等不同层次。一个国家的人文系统,其主要功能是人本身的培育和精神文化的创造;人文系统不但为企业提供了劳动力和消费需求,同时还为企业家精神提供了人文精神、价值观、伦理道德等人文知识的原始内核。一个国家的法制系统,其主要功能是调节国家内部个人之间、个人与组织之间或组织与组织之间的各种关系,维护社会基本的秩序、公平和正义等;法制系统中的经济法律、产业政策等对企业的发展具有重要影响。科学系统开展的科学研究、科学试验等活动,对人类认识世界、探索新知识具有日益重要的作用;来自科学系统的基础知识为企业的生产经营和技术创新奠定了科学基础。教育系统对企业所需各类人才的培养和输送具有不可替代的重要作用;来自教育系统的应用知识组成企业生产经营的重要因素。

来自国家系统的具体影响因素也可以划分为人、资源、产品、知识、制度、技术六类因素,这些因素都是企业外部的因素。这其中,企业所需要的人力资源一般是通过人力市场招聘获得的,而人力资源本身就拥有企业所需要的各种知识;政府部门所提供的公共服务、投资等可以划入企业外部公共资源的范畴,而企业向政府部门缴纳的税收,可以看作企业因消费公共资源而支付的必要成本;政府部门和家庭对企业产品的需求,一般是通过商品市场交易来实现的;来自法制系统的法律制度、产业政策、地方法规等,都可以划入制度的范畴;来自科学系统的各种实用技术成果、技术专利等,都可以划入技术的范畴。

来自社会系统(国际系统)的影响因素来源于世界上的其他国家和国际性组织,来自每一个国家的影响实际上都包括这个国家内部的政治系统、经济系统、人文系统、法制系统、科学系统、教育系统六个方面的影响。来自国际系统的影响因素,远远要比来自一个国家系统内部的影响因素要庞杂和复杂得多,这些因素之间相互交织、相互联系、相互作用、相互影响,形成立体网络结构的超级复杂巨系统。尽管来自国际系统的影响因素非常纷杂,但对产业作分析研究时,我们可以从国家系统层面的六个方面作分析,一般只重点关注各国的政府、政策、企业、家庭、科研机构、大学以及国际性组织等因素对企业的影响。例如,对跨国企业的分析,我们可以分别对其设立分支机构的国家系统作重点分析,然后再对所有被跨驻的国家系统作综合研究。这样,来自国际系统的主要影响因素也可以划分为人、资源、产品、知识、制度、技术六类因素。对一家跨国企业来说,这些因素是分布于世界不同国家的。在当今全球化时代,跨国企业集团是在全球范围内配置各种资源的,他们可以聘用世界不同国家的人才,整合不同国家的各种资源,面向世界不同地区的市场销售自己的产品。这些因素中,世界各国的政府、企业、家庭等组织对企业产品的采购以及各国企业的供货,一般都是通过商品市场交易来实现的(如先是国际贸易,再是国内贸易,然后是批发和零售);世界各国的政府、企业以及国际性组织等对企业的投资、贷款等因素,可以划入企业外部资源的范畴;来自国际系统的各种国际公约、贸易协定、国际标准等,都可以划入制度的范畴;此外,一家企业与外国的企业、科研机构、大学等组织之间的交流,主要体现在知识和技术方面的合作与竞争。

来自自然系统的影响因素主要来源于太阳和地球。具体影响因素主要是阳光、空气、水、土地、矿物、生物等自然资源。自然环境是人类社会赖以生存的基础,它对人类的生存空间和活动范围具有制约作用。自然资源的丰裕程度和人类对自然资源的开发、利用和保护程度,直接影响人类社会的经济活动。自工业革命以来,人类社会对自然资源无节制地开发和利用,已造成许多自然资源面临枯竭的危险,人类生产活动所排放的各种废弃物质已经严重污染了自然生态环境。现代天文学的研究表明,在整个太阳系中地球是唯一适合人类生存的星球。来自地球科学的研究已经证实,人类生产活动排放的废气已经污染了大气层,酸雨日益增多,湖泊的污染、土质的沙化、森林的减少以及一些物种的消失等,众多因素的共同作用已导致地球生态系统正在恶化。地球生态系统恶化的直接结果,首先是洁净空气、清洁水源和无污染食物的减少,然后是引起地球气候的大变迁。洁净空气、清洁水源和无污染食物的减少,将会直接威胁到人类本身的健康和生存。地球气候的变迁又会影响地表生物的生长,这将会直接影响人类社会的农业生产收益(主要是粮食的生产)。如果没有粮食等食物,人类何以为生?人类不可能拿黄金、白银或钱币来充饥吧?!因此,人类的经济活动必须考虑自然系统的影响因素,必须将人类的生产经营活动控制在自然生态环境能够承载和再生的范围以内。如果人类社会依然毫无节制地大肆掠夺性开发自然资源,依然任凭地球生态环境不断恶化下去,那么,侏罗纪时代恐龙大灭绝的命运也将是地球人类社会的未来!

综合以上分析,尽管影响产业发展的外部因素很多,但经过分类以后,我们都可以把它们划归为企业、资源、市场、知识、制度、技术这六大类因素。按照因素流动的方向来看,这些因素影响产业的方式有需求和供给两种。

我们知道,影响企业系统发展的一般性外部因素是需求和供给。外部环境对一个行业(或产业)内所有企业的需求的总和,就形成了这个行业(或产业)的外部总需求。外部环境对一个行业(或产业)内所有企业提供的各种条件和资源的总和,就是对这个行业(或产业)的外部总供给。外部环境的需求是拉动企业发展的最终动力;外部环境对企业所需资源要素的供给是企业正常开展生产经营活动的必要条件。因为行业和产业是由企业组成的群体,所以,外部环境的需求也是拉动行业(或产业)发展的动力;外部环境对行业(或产业)所需资源要素的供给也是行业(或产业)成长演化的必要条件。

因此,影响产业发展的一般性外部因素是需求和供给,具体因素包括企业、资源、市场、知识、制度、技术等因素。

2. 产业的内部环境

产业内部环境是由企业、资源和市场等要素组成的有机系统,系统内部各要素之间相互联系、相互作用、相互影响,构成了复杂的网络关系。产业内部环境具有一定的层次结构和功能结构,它将随着产业的动态变化而不断变化。

市场是商品流通领域一切商品交易(交换)活动和关系的总和,一般由交易主体、交易对象、交易媒介、交易场所和交易规则等要素组成。市场体系是由各类专业市场(如商品市场、劳务市场、资本市场、技术市场、信息市场、产权市场等)组成的交易(交换)体系。在市场体系中的各专业市场均具有其特殊功能,它们之间相互联系、相互依存、相互制约,共同推动着产业系统的演化发展。这里,交易主体是指进行交易的个人或组织(包括企业、社团或政府等)。交易对象是指被交易主体用来进行交换的商品,包括产品、劳务、资本、技术、信息、产权等。人类社会的交易媒介,最初是贝壳、金属和普通商品等,后来逐渐固定在金、银等贵金属上,现代社会的交易媒介包括货币和信用这两大媒介。交易规则是指交易主体在进行交易活动时,共同遵守的各种正式的或非正式的规章制度。在市场形成和发展过程中,市场从无到有,交易场所从不固定到逐渐固定,而且交易规模不断扩大,种类越来越多样化。随着信息时代的来临,各种市场具有向网络化、虚拟化方向发展的趋势。今天,许多商品的买卖都可以通过互联网来实现,所以,现代的很多市场不一定具备有形的交易场所。如中国的电子商务网站天猫、京东商城等,其实都是提供商品交易的虚拟市场。按照不同的分类方式,我们可以对市场作出不同的分类。例如,按交易对象的最终用途来分类,市场可以分为生产资料市场和生活资料市场;按交易对象是否具有物质实体来分类,市场可以分为有形产品市场和无形产品市场;按交易对象的时间属性不同来分类,市场可以分为商品现货市场和商品期货市场;等等。

　　需要强调的是,"市场"是组成行业和产业的一个必不可少的要素。这是笔者从系统论出发得到的一个重要认识,这也是本书与传统经济学对"产业"理解的重大不同之处。关于这一点,美国经济学家阿林·杨格于1928年曾发表过类似的观点。杨格曾写道:"用一种包容的观点来看,考虑到市场不是作为某种产业产品的输出口,因此不是外在于那个产业的,而是作为总产品的输出口,市场规模是由生产的数量决定和确定的。"[1]因为杨格表述得很简略,所以长期被经济学界所忽视。

　　企业的主要功能是生产产品,而市场的主要功能则是交换产品。从人类社会历史发展过程来看,市场的诞生时间要早于企业的诞生时间,在现代企业组织形式出现之前,人类社会的物质生产功能主要是由家庭组织来承担的(如古代社会中普通家庭的"男耕女织"活动)。从本书的基本观点来看,企业组织形式的出现是社会分工的必然结果,这是一个自然的历史过程。自英国经济学家科斯于1937年发表了《企业的性质》论文(他由此发现:市场经济中企业不仅具有生产功能,而且具有交易功能;市场交易是有成本的,即交易成本)以来,一批承传科斯衣钵的新制度经济学家们就坚持认为"企业的出现是对市场的替代"[2],好像"企业"与"市场"是两个可以相互替代的经济组织,这种观点是很荒谬的!他们撇开企业的生产功能而仅从交易成本这一维度去理解企业与市场之间的关系,却忘记了企业的主要功能是生产,而生产功能是市场无法替代的。

　　一个完整的行业一般至少要包括企业、资源和市场三个要素,否则就不是一个完整的行业了。此外,行业中的企业要进行正常的生产经营活动,还必须要有基本的知识、制度和技术这些因素,否则,行业中的企业也是难以顺利完成其生产经营活动的。在一个行业内,不

---

[1] 阿林·杨格撰,贾根良译:《报酬递增与经济进步》,《经济社会体制比较》1996年第2期,第54页。
[2] 杨瑞龙、胡琴:《企业存在原因的重新思考》,《江苏社会科学》2000年第1期,第1—7页。

同企业共同拥有的各种专业知识的集合,就形成这个行业的行业知识。同样,在一个行业内,不同企业共同拥有的各种专业技术的集合,就形成这个行业的行业技术。在一个国家的产业系统内,一个行业为了规范行业内企业的生产经营行为,常常会制定一些在行业内具有一定约束力的行业规范或行业标准(如饮料行业所制定的"卫生标准"等),这里的行业规范或行业标准其实就是中观层面的制度因素,可以称为行业制度。因此,行业知识、行业技术和行业制度也是构成行业的重要因素。例如,在中国图书出版行业中,出版企业是各类出版社或出版公司,出版企业从业人员所掌握的传播学、编辑学、发行学等学科知识就是这个行业的行业知识,《著作权法》《出版管理条例》等法律规章就是这个行业基本的行业制度,微型计算机、文本编辑软件(Word、WPS等)、排版设计软件(InDesign、CorelDRAW 和PageMaker 等)、校对软件(黑马、啄木鸟、Grammarly等)等各类配套技术就是这个行业的行业技术。把出版企业的产品——图书——汇聚起来进行销售就形成了图书市场;不同类别的图书形成了不同的细分市场,如儿童图书市场、成人小说图书市场和建筑图书市场。这里所说的"市场",是指同一行业系统内部的市场。

　　行业的资源既有来自自然系统的因素(如土地、水等),也有来自社会系统的因素(如人员、资金等),还有来自国家系统的因素(如公共服务、基础设施等),但更多资源来自经济系统内部(如其他行业的产品、技术等)。在经济系统内部,不同行业的企业形成相互联系、相互作用、相互影响的网络,一个行业的产品往往形成其他行业的资源要素。例如,面包行业属轻工业的产业范围,这个行业所使用的厂房是建筑行业的产品,所使用的加工机械设备是机械行业的产品,所使用的主要原料小麦是农业的产品,其生产的面包又需要通过商场、超市等商业企业进行销售。机械行业的主要原料钢材又需要冶金行业的产品。冶金行业的矿石原料又需要采掘行业的产品。

　　一个行业在其成长过程中,它所需要的各种资源中,除了来自政府部门的政务服务、投资、特许条件等以外,其他资源一般是通过市场交易获得的。例如,面包行业所使用的加工机械设备、主要原料小麦等资源要素,都可以在商品市场中向其他行业的相关企业购买。面包行业用来采购这些资源要素的货币资金,既可以来自该行业本身的积累,也可以来自行业外的金融服务行业。例如,可以向金融企业(银行)贷款,也可以通过多种方式向其他企业融资(企业可以通过产权交易市场出售部分股权从而获得所需的资金)。无论是向银行贷款,还是向其他企业融资,企业这些行为的本质都是市场交易行为,其区别仅在于交易方式、交易效率和交易费用不同。因此,市场交易也是组成产业系统的一个必不可少的要素。在一个国家的经济系统中,市场已经形成了包括商品市场、人力市场、资本市场、技术市场、信息市场、产权市场等在内的多层次、多元化的市场体系。

　　上面所论述的"市场",是指不同行业之间的交换市场。我们还是以图书出版行业为例来说明这一点。在图书出版行业,一部纸质图书从作者到读者通常要经过如下一些环节:① 作者→② 作品(版权)→③ 版权公司→④ 版权市场→⑤ 出版社→⑥ 印刷厂→⑦ 书店→⑧ 读者。其中,在③这一环节,版权公司也以独立的版权经纪人形式出现,主要经营版权代理、版权中介和版权贸易等业务,他们在国际版权贸易中常常发挥重要作用。这里,版权公司、版权资源和版权市场一起组成了版权行业。在⑤这一环节,出版社主要从事选择、编辑、排版、校对、印制和发行图书等业务,他们所使用的微型计算机来自计算机行业(通过计算机市场购买),所使用的基础软件(如 Windows、Linux、Netware 等)和专业软件(如编辑软件、排版软件、校对软件等)等各类软件则来自软件行业(通过软件市场购买)。在⑥这一环节，印刷厂将出版社编辑、排版后的书稿用油墨印刷在纸张上，经过裁剪、折页、涂胶等工艺，最后装订成图书。这里，印刷企业、印刷资源(纸张、油墨等)、印刷市场一起组成了印刷行业。在⑦这一环节，出版社的图书被书店体系发行、展示和销售。这里，书店企业、书店资源(图书、售卖场所等)和图书市场一起组成了书店行业。我们看到，在整个图书出版行业中，以出版社为中心，其上游涉及版权行业，其下游涉及印刷行业和书店行业，其中所涉及的版权市场、印刷市场和图书市场就属于图书出版行业内的市场。但是，图书出版行业所使用的微型计算机和基础软件，其中所涉及的计算机市场和软件市场却难以被划入这个行业内部。从产业大类来看，图书出版行业、计算机行业和软件行业都属于信息产业领域。因此，这里所涉及的计算机市场和软件市场就属于不同行业之间的交换市场，它们都属于信息产业内部的市场。

通过上述简单分析，我们可以画出一个国家经济系统的产业内部环境组成图(见图 5-1)。

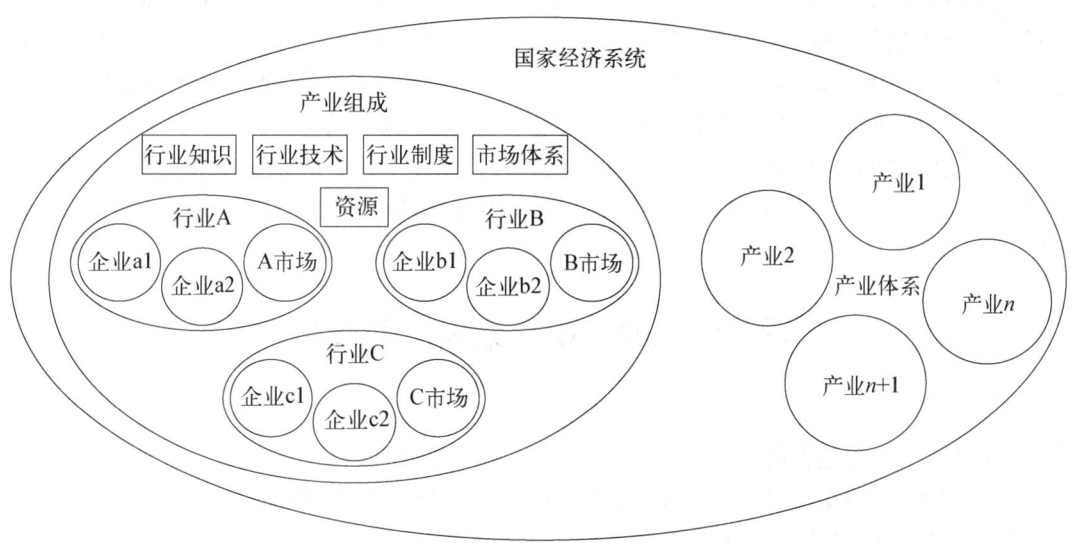

图 5-1　产业内部环境组成图

一个国家的经济系统是由众多不同产业组成的有机系统，不同产业之间相互联系、相互作用、相互影响，形成了具有复杂网络结构的产业体系。在每个产业系统内部，从纵向层次来看又可以分为企业、行业和产业这三个基本层次。从历史发展过程来看，一个国家经济系统的成长演化是通过企业系统、行业系统、产业系统的共同演化实现的，是一个从单一到多元、从低级向高级、从简单到复杂的历史过程。

在现代社会，组成产业系统的基本要素是行业集群、产业资源和产业市场；组成行业系统的基本要素是企业集群、行业资源和行业市场，而组成企业系统的基本要素则是企业家、企业组织和企业资源。在现实的经济体系中，这些要素都是可以从经验上进行观察的因素，因此可以把它们列入产业体系的"表层结构(显性因素)"之列。相应地，与这三个层次对应的"知识"、"技术"和"制度"则可以列入"深层结构(隐性因素)"之列(见表 5-1)。

表 5-1　产业体系的基本层次和深层因素一览表

基本层次＼要素	知识	技术	制度	说　　明
产业系统	产业知识	产业技术	产业制度	包含同一产业不同行业的通用知识、技术和制度
行业系统	行业知识	行业技术	行业制度	包含同一行业不同企业的共有知识、技术和制度
企业系统	企业知识	企业技术	企业制度	包含各种有形和无形的知识、技术和制度

正如在一个生态环境中,一个生物种群或生物群落要生存和发展必须适应外部环境一样,一个行业或产业在成长和发展过程中,也需要不断适应外部环境。当外部环境发生变化时,行业或产业内部环境必须作出相应的调整,直至内外部环境相互耦合。行业或产业内外部环境耦合程度越高,行业或产业的生存和发展环境就越好。行业或产业内外部环境的耦合过程,就是行业或产业成长演化的过程。

随着科技的不断进步,人类社会将会不断诞生一些新行业,在新行业诞生的初期,从事新行业的企业数量极少,其生产规模还未能形成一个行业,随着市场的逐渐成熟,从事新行业的企业数量越来越多,当这些企业的总产出达到一定规模后就形成了一个新的行业。因此,富有创新精神的企业是创生新行业的母体。当一个新行业诞生以后,这个行业内所有企业协同演化的过程,就推动了这个行业的演化进程。在一个行业的成长发展过程中,行业中的核心企业对这个行业的演化速度和演化方向具有重要的示范和带动作用。

四、产业的组成要素和一般结构

1. 产业的组成要素

一般来说,一个完整的产业除了必须具备企业、资源和市场三个基本要素外,还包括产业内基本的知识、制度和技术等因素,这六类因素是组成一个产业的最基本的关键性要素。这六类关键要素可以分为以下两类:

A. 显性因素(表层因素):企业、资源和市场
B. 隐性因素(深层因素):知识、制度和技术

结合前文的分析,我们知道,在产业外部环境中也同样存在着以上六类因素。

一个行业(或产业)在成长演化过程中,需要不断地从外部环境中吸纳各种资源要素,然后再把这些资源要素内化为自己的组成部分。如果外部环境不向这个行业(或产业)供给资源要素,那么这个行业(或产业)是无法成长发展的。在一个产业系统内,资源要素无论是在一个行业内部流动,还是在不同行业之间流动,一般是通过具体企业的互动(合作或竞争)来实现的,而企业之间在资源或产品方面的交流,一般需要通过市场交易来实现。如果没有市场的中介作用,企业之间将难以顺利实现资源要素的交易过程,这也会阻碍一个行业(或产业)的成长和发展。因此,资源和市场是组成产业的两个必要因素。

任何企业要开展正常的生产经营活动,它都是在一定的知识、制度和技术的基础上进行的,这也就决定了一个行业(或产业)的成长发展也必然是在一定的知识、制度和技术的基础

上进行的。在这里,行业制度要比企业内部的企业制度高一个层次,而比国家制定的经济法律、产业政策等要低一个层次,其内容既要能够促进行业内企业的发展,又要受到国家法律、产业政策的制约。例如,一个国家食品行业的行业制度,其内容必须符合国家食品卫生法的规定。关于制度对经济发展的重要影响,道格拉斯·诺斯的研究最为人们熟知。诺斯在1968年发表的一篇重要论文中指出[①]:在1600—1860年间,世界海洋运输业中并未发生诸如轮船取代帆船这样的重大技术变革,但海洋运输业的生产率却大幅度提高了,其原因是航运制度与市场发生了重大变化,从而大幅度降低了海洋运输的成本;他指出,在没有发生技术变化的情况下,通过制度创新也能提高生产效率和实现经济增长。

2. 产业的一般结构

产业系统的一般结构,是指在产业系统动态演化过程中,产业系统内部各组成要素之间所形成的相互联系、相互作用、相互影响、相互制约的一般秩序和形式。产业系统的一般结构反映了一个产业系统内部各要素在功能方面互相支撑的结构性特征,是外部环境系统与产业系统、产业系统与其内部各要素协同演化的基础。

产业是由企业组成的企业群落。企业是具有自学习、自适应、自组织特性和能力的人工智能系统,能够在发展中不断调整自身组织以适应外部环境的变化。产业的成长演化是通过产业内部企业之间、产业内外部企业之间进行互动交流来实现的,这就决定了产业本身也是个自适应、自组织的系统。

从产业系统运行的过程来看,一个产业成长演化的过程,其实是一个不断投入、不断产出的循环往复的过程。结合产业系统的组成要素,我们可以画出产业系统运行的一般结构图(见图5-2)。

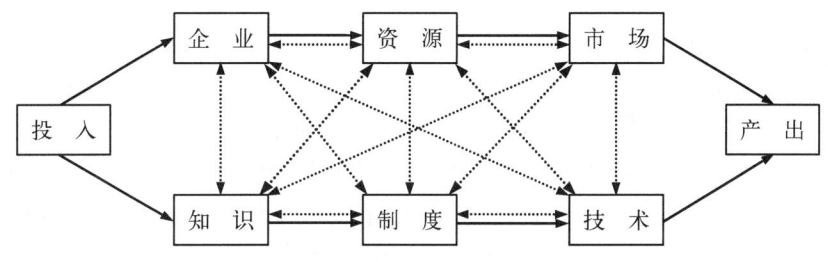

图 5-2　产业系统运行的一般结构图

从图5-2中可以看到,产业系统实际的运行过程可以分为两条链(即图中的实线箭头):

A 链(表层因素运行链):投入→企业→资源→市场→产出

B 链(深层因素运行链):投入→知识→制度→技术→产出

在产业系统运行过程中,A链反映的是产业内的企业通过市场交易不断吸纳、内化、整合各种资源的过程,也是企业数量不断增加、市场体系不断完善的过程;B链反映的是产业内的企业不断学习、内化、整合各种行业知识和行业技术的过程,也是企业制度不断调整、行业制度不断完善的过程;A链和B链这两个过程是合二为一同时进行的,它们共同实现了产业运行的投入产出过程。在产业系统运行过程中,核心企业具有重要的示范和带动作用。

在产业系统实际运行过程中,上述两条链上的所有因素并不是各自单独地、孤立地发挥

---

① 徐建龙:《科技革命条件下社会发展动力系统的思考》,《系统辩证学学报》2001年第2期。

作用的,而是需要协同一致、相互配合共同发挥作用的,也即每两个因素之间都是相互联系、相互作用、相互影响的,它们共同形成了产业系统内部的生产关系网络。在图 5-2 中,我们用虚线双箭头来表示它们之间的这种关系。

一个产业在成长演化过程中,还与其外部环境之间始终进行着各种人员、物质、货币、商品、知识、制度、技术和信息的交流。一个产业系统与其外部环境中的自然系统、社会系统(包括国家系统中的人文、经济、政治、科学、法制和教育等系统)所结成的各种关系,就形成了这个产业系统外部的社会关系网络。从社会经济关系的角度来看,一个产业系统完整的生产关系应该由其内部的生产关系网络和其外部的社会关系网络共同组成。一个产业系统成长演化的过程,实质就是产业系统内外两重关系网络互相交织、互相作用、互相影响的动态演化过程,产业系统内外的两重关系网络构成了一个多维的复杂动态图景。

五、产业的分类方法

在一个国家的经济系统中,产业门类众多,产业之间的关系错综复杂。随着人类社会的不断发展和科学技术的不断进步,各种新兴产业和新兴行业还会不断诞生。要对不同产业进行分析研究,首先必须对产业进行一定的分类。因此,这里有必要介绍一下产业的分类方法。

目前,经济学界对产业的分类方法很多,不同国家对本国产业的分类方法也不尽一致。按照不同的划分标准,人们可以对产业作出不同的分类。下面介绍几种主要的产业分类方法[①]。

1. 两大部类分类法

两大部类分类法是由马克思提出来的。马克思把全社会的物质生产部门分为两大部类:生产资料生产部门(即第Ⅰ部类)和消费资料生产部门(即第Ⅱ部类)。第Ⅰ部类包括生产各种生产工具、设备、原料、材料的生产部门,其产品用于生产消费;第Ⅱ部类指生产各种个人消费品的生产部门,其产品用于个人生活的消费[②]。马克思的两大部类分类法简洁明了,比较容易理解。但这种分类法没有把一切物质生产领域包括进去,只关注物质产品的生产,而没有把精神文化产品的生产包括进去。按照这种分类法,很难对现实中的有些生产部门进行归类和划分。

2. 三次产业分类法

三次产业分类法最初由费希尔(A. G. D. Fisher)提出,经过科林·克拉克(Colin. G. Clark,1905—1989)完善发展后广为传播。三次产业分类法是按产业发生时序和劳动对象的特征,把人类社会全部经济活动划分为三次产业。1935 年,英国经济学家费希尔在《安全与进步的冲突》一书中把人类经济活动的历史分为三个阶段:第一阶段是以农牧业为主的初级生产阶段,对应的生产部门(活动)为第一产业;第二阶段是以工业大规模发展为标志的生产阶段,对应的生产部门(活动)为第二产业;第三阶段是以服务业为主导的生产阶段,对

[①] 产业分类方法引用了陈晓涛博士论文的部分内容,参见陈晓涛:《产业演进论》,四川大学政治经济学博士学位论文,2007 年 3 月,第 12—14 页。
[②] 马克思、恩格斯著,郭大力、王亚南译:《资本论(第二卷):资本的流通过程》,人民出版社 1953 年版,第 486 页。

应的生产部门(活动)为第三产业。1940年,英国经济学家科林·克拉克在《经济进步的条件》一书中明确提出:第一次产业指广义的农业,主要包括农业、畜牧业、游牧业、渔业及林业等;第二次产业指广义的工业,主要包括制造业、建筑业、通讯业、煤矿业等;第三次产业指广义的服务业,主要包括商业、金融、饮食等服务业,以及科学、教育、医疗卫生和政府等公共行政事业等。此后,美国经济学家西蒙·库兹涅茨(Simon Smith Kuznets,1901—1985)又对三次产业分类法进行了补充和完善,他在1971年出版的《各国经济增长》一书中把国民经济明确划分为农业、工业和服务业三大产业。三次产业分类法适用于对经济发展过程中三次产业相关变动的内在联系作分析研究,能够较好地反映一个国家一定时期内的产业发展水平。

中国所采用的产业分类法基本上也属于三次产业分类法,但又具有一些与其他国家不完全相同的特点。1985年,中国国家统计局对中国三次产业的划分是:

第一次产业:农业(包括种植业、林业、牧业和渔业等)。

第二次产业:工业(包括采掘业、制造业、自来水、电力、蒸气、热水、煤气)和建筑业。

第三次产业:除上述第一、第二次产业以外的其他各产业,具体分为四个层次:第一层次为流通部门;第二层次为生产和生活服务的部门;第三层次为提高科学文化水平和居民素质服务的部门;第四层次为社会公共需要服务的部门。

3. 四大产业分类法

四大产业分类法是在三次产业分类法的基础上,由弗里兹·马克卢普(Fritz Machlup,1902—1983)提出,经过马克·波拉特(Mac Uri Porat)完善而形成的一种产业分类法。1962年,美国经济学家弗里兹·马克卢普在他的《美国的知识生产与分配》一书中提出了"知识产业论",在三次产业之外又增加了"知识产业"部门。在此基础上,1977年,美国经济学家马克·波拉特在其《信息经济》一书中提出了以农业、工业、服务业、信息业来对产业进行分类的四大产业分类法。四大产业分类法突出了信息业在人类经济活动中的重要作用,更加准确地描述了当前人类社会信息化程度不断提高的现实状况。

4. 标准产业分类法

标准产业分类法是联合国为了统一世界各国的产业分类标准而颁布的产业分类法。1971年,联合国颁布了《全部经济活动的国际标准产业分类索引》,把人类社会"全部经济活动"分为十大项,每一项包括大、中、小、细四级,并且对每一级都规定了统一的编码。标准产业分类法与三次产业分类法之间保持着密切联系,标准产业分类的大部门可以很容易地组合为三个部分而与三次产业相对应,三次产业分类的三个部分也可以再细分为不同的产业分支而与标准产业分类相对应。标准产业分类法对产业的划分比较完整,具有广泛的适应性。

5. 要素密集度分类法

要素密集度分类法是根据生产过程中产业对不同资源要素依赖程度的差异对产业进行分类的一种方法。按照这种分类法,可将产业划分为劳动密集型产业、资本密集型产业和技术密集型产业等。在劳动密集型产业中,企业对劳动力的依赖比重较高,而货币资本的有机构成较低。例如,食品工业、纺织工业、服装工业和各类生活服务业等都属于比较典型的劳动密集型产业。在资本密集型产业中,企业对货币资本的依赖比重较高,货币资本的有机构成较高。例如,钢铁工业、石油化学工业等产业就属于资本密集型产业。在技术密集型产业中,企业对技术的依赖比重较高,其产品一般物耗小而附加价值较高。例如,电子计算机、精密仪器、航天工程和生物工程等产业就属于技术密集型产业。要素密集度分类法能够比较客观地反映一个国家的经济发展水平和产业中不同资源要素的相对比重情况。

六、产业的分化过程

根据马克卢普和波拉特提出的四大产业分类法，一个国家经济系统中的产业至少可以划分为农业、工业、服务业和信息业这四大产业门类。下面，我们对每一个产业门类作进一步的细分，并对其分化过程进行简单分析。

1. 农业的分化

农业是利用植物、动物等生物的生长发育规律，通过人工培育来获得产品的产业。农业是人类衣食之源、生存之本，是人类赖以为生的基础生产活动。在国民经济中，农业属第一产业。农业生产的主要对象是有生命的动植物，获得的产品是动植物本身。广义的农业包括种植业、畜牧业、水产业（渔业）、林业等细分行业；狭义的农业仅指种植业，包括生产粮食作物、经济作物、饲料作物和绿肥等农作物的生产活动。根据生产力的性质和发展水平，农业可分为原始农业、古代农业、近代农业和现代农业。近代农业是指劳动工具由人畜力农具向机械化农具转变、生产活动由直接经验向近代实验科学转变的农业。现代农业是指广泛应用现代科学技术、现代机械化工具和生产资料、采用现代生产管理方法的社会化农业。

随着农业分工的深入发展，农业中不断分化出一些细分行业。例如，因为人们对水果的需要，在林业中分化出了果园行业；而随着商品经济的专业化发展，果园行业又被分为专门的苹果果园、荔枝果园、樱桃果园、葡萄果园等；甚至每一种水果又可以进一步细分成不同的品型，如葡萄就被分为食用葡萄、酿酒葡萄、制葡萄干的葡萄等不同品型。随着人类社会城市化的发展，人们对牛奶、奶酪、黄油等各种乳制品的消费需求不断增加，农业的畜牧业中又分化出乳品农业，世界各地的奶牛农场随之诞生。随着人们对农耕文化体验需求和农业休闲观光需求的增加，观光休闲农业由此悄然兴起。

此外，随着人类社会科学技术的不断进步，各种现代技术推动着农业生产向更高水平发展。例如，以卫星定位系统为核心的技术应用于农业生产，导致了精准农业的产生；这种技术是在播种机、施肥机或联合收割机上安装卫星定位仪，定位仪可以将信息随时传递给控制中心的计算机，从而实现农业生产的精确播种、精确施肥和精确收获，这大大提高了农业的生产水平。再如，以基因工程为核心的现代生物技术应用于农业领域，导致基因农业的产生，这将使农业领域能够培育出更多质量更优、产量更高、适应性更强的新品种，从而使农业的自然生产越来越多地受到人类的直接控制。

2. 工业的分化

工业是指将自然资源和原材料经过人类生产加工后转化为产品的产业。工业是一个国家经济系统中最重要的物质生产部门之一，它为工业本身和经济系统中其他各部门提供原材料、燃料、动力以及生产技术手段。在一个国家的经济系统中，工业属第二产业。人类社会的工业经过了手工业、机器工业、现代工业等发展阶段。在古代社会，手工业原来是农业的副业，随着社会分工的发展，直到原始社会晚期，手工业才逐渐脱离农业，形成独立的生产部门。到18世纪英国发生工业革命，使原来以手工技术为基础的工场手工业逐步转变为机器大工业;随着科学技术的进步,19世纪末到20世纪初,工业进入了现代工业的发展阶段。根据产品最终使用对象的不同,现代工业大致可以分为轻工业和重工业两大类。

按照中国国家统计局对轻重工业的划分标准,轻工业主要是指为人类提供生活消费品和制作手工工具的工业。按其所使用的原料不同,又可以将轻工业划分为两大类:(1)以农产品为原料的轻工业,主要包括食品制造、饮料制造、烟草加工、纺织、缝纫、皮革和毛皮制作、造纸以及印刷等工业;(2)以工业品为原料的轻工业,主要包括文教体育用品、化学药品制造、合成纤维制造、日用化学制品、日用玻璃制品、日用金属制品、手工工具制造、医疗器械制造、文化和办公用机械制造等工业。重工业主要是指为国民经济各部门提供物质技术基础和主要生产资料的工业。按其生产性质和产品用途的不同,又可以将重工业划分为三大类:(1)采掘工业,主要包括石油开采、天然气开采、煤炭开采、金属矿开采、非金属矿开采和木材采伐等工业;(2)原材料工业,指向国民经济各部门提供基本材料、动力和燃料的工业,主要包括金属冶炼及加工、炼焦及焦炭、化学、化工原料、水泥、人造板以及电力、石油和煤炭加工等工业;(3)加工工业,包括装备国民经济各部门的机械设备制造工业、金属结构、水泥制品等工业,以及为农业提供生产资料(如化肥、农药)等工业。

随着工业分工的广泛和深入发展,工业中将会不断分化出一些细分行业。上面对工业的划分只是一个粗略的划分,实际上每一个工业类别还可以作出进一步的细分。例如,机械工业按服务对象不同,可进一步分为工业设备机械制造行业、农业机械制造行业、交通运输机械制造行业等。交通运输机械制造业又可以进一步细分为铁路机车车辆制造业、汽车制造业、船舶制造业和飞机制造业等。再如,电力工业可以划分为火电工业、水电工业和核电工业等。

随着人类社会科学技术的不断进步,各种技术集群推动着现代工业向更高水平发展,同时一些新兴行业也由此产生。例如,电子控制技术在工业领域的广泛应用,使工业生产实现了以机器自动化为基础的生产过程自动化;以微电子技术为中心的技术集群,催生了包括生物工程、光导纤维、新能源、新材料和机器人等新兴工业的兴起。在新能源领域,随着人类对风力发电、太阳能发电和生物能发电技术的掌握,风电工业、太阳能工业和生物质能工业等随之诞生。在交通运输机械方面,随着人类对新型动力和航天技术的掌握,太空运载火箭、人造地球卫星和载人航天飞船等航天工业随之诞生。

3. 服务业的分化

服务业是指提供和销售服务性商品,为社会提供各种服务的产业。与其他产业的产品相比,服务性商品一般具有非实物性、不可储存性和生产与消费同时性等特征。服务业在一国经济系统中各个部门之间发挥着连接作用和协调作用。服务业从为商品流通服务到为人类生活服务,进一步发展到为生产经营服务,经历了一个很长的历史过程。

商业是人类社会最早的服务业。商业是通过商品买卖等交换行为而实现商品流通的经济活动。一般认为,人类社会的商业活动起源于原始社会以物易物的交换行为。为了分析服务业逐渐分化的过程,让我们先了解一下中国古代商业的发展简况。

中国古代社会很早就出现了商业交易活动。在商代,当时就出现了许多牵着牛车或乘船从事长途贩运的商贾,到商代后期,都城里已出现了专门从事商品交易的商人,姜子牙[①]就

[①] 又称姜太公,姓姜,名尚,字子牙,他是中国商周之际杰出的政治家、军事家,是西周文王、武王、成王三代的主要政治、军事宰辅,史称其"佐天子为圣臣,治邦国为圣",为西周王朝的建立和巩固立下了卓著功勋。

曾在朝歌以宰牛为业,又曾在孟津以卖饭为生。到西周时,商业已成了社会的一个经济部门,商业由政府垄断,市场上的商品主要包括农作物、丝帛、珠宝、兵器、牛马、奴隶等;西周时的货币除贝壳以外,已开始使用铜币。春秋战国时期,各地出现了许多商品市场和大商人,范蠡(公元前536—公元前448)、弦高、白圭、吕不韦(公元前292—公元前235)等都是当时著名的大商人。秦始皇(公元前259—公元前210)统一中国后,他统一了度量衡,还统一了货币的形制,修建了驰道,这些都促进了商业的发展。两汉时期,伴随着农业(种植业)、畜牧业、手工业的发展,商业获得了进一步发展;当时的都城长安和洛阳,以及邯郸、临淄、宛(南阳)、成都等大城市都发展成了著名的商业中心,每个城市都设有专供商品交易的"市",由政府设置的专职官员进行管理;这期间,汉朝开通了陆上和海上两条"丝绸之路",从而推动了中外贸易的发展。隋朝时,开凿了贯通南北的大运河,航运交通的发展促进了商品流通范围的扩大。公元713年,唐代出现了专营货币存放和借贷业务的"柜坊"(这其实是中国最早的银行雏形),后来又出现了"飞钱"①,"柜坊"和"飞钱"的出现为商业交易活动带来了更多便利。唐朝政府允许外商在境内自由贸易,一时间西域、波斯、大食等地的商人汇聚集市,使长安城的商业呈现出一片繁荣景象。唐代时,农村集市也获得了进一步发展,特别是在水陆交通要道附近,集市不断增多,有些还发展成了重要的市镇。宋代时,农业、手工业的高度发展,为商业的兴盛提供了坚实的物质基础,政府逐渐放松了对商品交易的限制,从而使国内贸易、边境贸易和对外贸易齐头并进,北宋时已开始发行纸币"交子"(这是世界上最早的纸币),这些都使全国商业出现了空前繁荣。北宋的都城东京(今开封)当时已发展成人口超过百万的特大城市,城内既有繁华的商业街区,又有专业的交易场所。北宋画家张择端的《清明上河图》就形象地描绘了当时东京城内商业的繁华景象。南宋的都城临安(今杭州),全盛时期的人口也达百万,是当时世界上最大的都市,城内店铺林立,商业兴隆,早市、夜市昼夜相连,酒楼、茶馆随处可见。当时,粮食、竹木器等农产品和手工业品都进入市场成了重要的商品。随着商品种类增多,各种类型的集市随之出现。城市中出现了定期和不定期、专业性和节令性的各种不同类型的集市,与此同时,商税收入也逐渐成了政府的重要财源。北宋时,东南亚、南亚、阿拉伯半岛以至非洲的几十个国家与中国进行贸易。南宋时,海外贸易更加发展,外贸税收已成了国库财富的重要来源之一。元代时,重新疏浚的大运河连通了从杭州到元大都的航运,同时开辟了从长江口经黄海、渤海抵达直沽(天津)的海运交通;元政府还在各地遍设驿站,横跨欧亚的陆上丝绸之路又再度开始繁荣,这些都促使元代商业继续发展。当时,元大都是繁华的国际商业大都会,城内各种集市三十多处,从日本、朝鲜、东欧、中亚、南洋各地甚至非洲海岸都有商队来到这里,国内外各种商品川流不息地汇聚于此进行着繁忙的交易。明清时期,小农经济与市场的联系日益紧密,农产品商品化得到了发展;城镇经济空前繁荣,许多大城市和农村市场都很繁盛。其中北京和南京是全国性的商贸城市,汇集了四面八方的特产。当时,在全国各地涌现出许多地域性的商人群体,其中,人数最多、实力最强的是徽商和晋商。徽商经营盐业积累起商业资本之后,又开始经营茶叶、木材、粮食等行业,活动范围遍及全国各地;他们除了经营大宗商品交易和从事长途贩运以外,还经营典当等金融行业。晋商也以经营盐业致富,当积累起巨额商业资本之后,他们开始逐渐经营

---

① "飞钱"又称"便换",出现于唐宪宗元和年间(公元806年),是一种在异地间移转汇兑钱币的凭证,类似于今天的汇票,是中国最早的汇票,也是世界上最早的汇票。参见《新唐书(卷54)·食货志》。

贩卖丝绸、铁器、茶叶、棉花、木材等商品。到清代乾隆年间,晋商开始兴办经营存款、放贷、汇兑等业务的金融机构"票号"。晋商的活动范围很广,许多人甚至到日本、东南亚、俄罗斯等地去做生意。

1882年,上海股票平准公司成立,这是中国最早的证券交易机构。1897年,中国通商银行在上海成立,这是中国第一家银行。从1897年至1911年,中国人共开设过各类银行20家,这些银行都采用股份有限公司的形式。1904年1月,清政府颁布《商律》,这是中国历史上第一部现代性商业法。1906年,清政府颁布《破产律》。《商律》和《破产律》合称《大清商律》。至此,中国有了独立体系的商业法律。在1904—1908年间,中国私人企业数量增长迅速,其间共注册公司272家。晚清时期,中国的经济体系发生急剧变化,由于新行业大量涌现,导致行会组织迅速增加。在1840—1903年间,上海、苏州、汉口和北京四个城市共设立行会166个;1902年,上海商业会议公所成立,这是中国第一个商会组织;从1902年至1912年,除了蒙古、西藏以外,中国各省区已有商会998家[1]。[2]

通过从西周(公元前1046年建立)到清朝结束(1911年)的近3 000年的中国古代商业简史的粗略了解,我们可以看到,商业和市场是随着商品交换的发展而逐渐产生的,随着社会分工的发展和专业商人的产生,商业随之从农业和手工业中分化出来形成了独立的行业;随着商业和市场的进一步发展,交通运输业、餐饮业、旅馆业、金融业等服务行业随之陆续产生并逐渐发展起来。伴随着市场交易从简单到复杂、从低级到高级、从内贸到外贸的演进和扩展,越来越多的商品和行业被卷入商业流通和市场交易中,从而催生了越来越多服务行业的诞生,而这些服务行业对农业、手工业的生产、经营、管理、销售等不同方面的各个环节进行渗透、改造和完善,从而推动着农业、手工业不断向纵深化、专业化、精细化方向发展,使更多的细分行业从农业和手工业中分化出来。正是这样一个正反馈循环过程,不断催生了越来越多服务行业的诞生,从而推动着市场交易规模和范围的不断扩张,并进而推动整个社会经济系统的成长和发展。

在经济系统的产业体系中,服务业是一个包含众多细分行业的产业门类。在中国现行的国民经济核算实际工作中,将服务业视同为第三产业,即将服务业定义为除农业、工业之外的其他所有产业部门。根据中国2012年印发的《三次产业划分规定》及《国民经济行业分类》(GB/T4754—2011)等标准,中国将服务业划分为15个门类和3个大类:(1) 批发和零售业;(2) 交通运输、仓储和邮政业;(3) 住宿和餐饮业;(4) 信息传输、软件和信息技术服务业;(5) 金融业;(6) 房地产业;(7) 租赁和商务服务业;(8) 科学研究和技术服务业;(9) 水利、环境和公共设施管理业;(10) 居民服务、修理和其他服务业;(11) 教育;(12) 卫生和社会工作;(13) 文化、体育和娱乐业;(14) 公共管理、社会保障和社会组织;(15) 国际组织;以及农、林、牧、渔业中的服务业;采矿业中的开采辅助活动;制造业中的金属制品、机械和设备修理业。按照联合国和世界贸易组织的分类方法,服务业主要包括11大类:A. 商务服务(其中又分为专业服务、计算机服务、租赁服务等类别);B. 通讯服务(其中又分为邮政服务、速递服务、电信服务、视听服务等类别);C. 建筑和相关工程服务;D. 分销服务(其中又分为佣金代理服务、批发服务、零售服务、特许经营服务等类别);E. 教育服务;F. 环境

---

[1] 虞和平著:《商会与中国早期现代化》,上海人民出版社1993年6月第一版,第134页、第76页。
[2] 本段文献整理自赵德馨原著,瞿商、张连辉改编:《中国近现代经济史》,高等教育出版社2016年2月第一版,参见第67页、第65—66页、第62—63页、第64页。

服务；G. 金融服务（其中又分为保险和保险相关服务、银行和其他金融服务、证券服务等类别）；H. 与健康相关的服务和社会服务；I. 旅游和与旅行相关的服务；J. 娱乐、文化和体育服务；K. 运输服务（其中又分为海运服务、内河运输服务、航空运输服务、航天运输服务、铁路运输服务、公路运输服务、管道运输服务、运输辅助服务等类型）。

随着社会进步、社会分工的专业化发展，具有智力要素密集度高、产出附加值高、资源消耗少、环境污染少等特点的现代服务业获得了迅速发展。现代服务业有别于商贸、住宿、餐饮、仓储、交通运输等传统服务业，以教育培训业、金融保险业、会计咨询业、法律服务业、信息传输和计算机软件业、租赁和商务服务业、科研技术服务和地质勘查业、文化体育和娱乐业、房地产业及居民社区服务业等为代表。

随着服务业分工的广泛和深入发展，服务业中将会不断分化出一些细分行业。随着互联网应用的普及，传统服务业纷纷与网络相结合，从而产生了许多新业态和新行业，如网络金融、网络票务、网络招聘、网络婚介、电子商务等。例如，从零售业中分化出网络零售业，网络零售业与快递服务业相结合，为人们带来了更加便捷的购物服务。以往，人们购买书籍和生活用品等需要前往书店和商店去购买，而现在只需要坐在家里通过浏览网页、轻点鼠标就可以实现购物了。更方便的是，在挑选商品时，人们不仅可以"货比三家"，甚至可以实现"货比十家"，而且不用出门就有人会将你所订购的商品送到你家里。例如，当我们在亚马逊网站上购买书籍的时候，可以很方便地选择世界各地不同语言的书籍，可以很方便地比较同类书籍的价格、内容等信息，然后再作出是否购买的决策。

4. 信息业的分化

信息业又称信息产业、知识产业，是指为社会提供各种信息产品和信息服务的产业。狭义的信息产业是指信息服务业，即与信息生产、采集、转换、存储、传输、交换、分配、检索、使用以及与信息系统建设有关的各行业，包括新闻、出版、广播、影视、网络、通讯、广告、情报、图书、音像、数据库、档案、印刷等部门。广义的信息产业是指一切有关信息生产、存贮、流通、利用等方面的产业部门，包括信息服务业、软件技术业和信息设备（如计算机、通信设备、电视机、摄像机、放映机、照相机、收录机等）制造业等。信息业是从服务业中逐渐分化出来的一类知识、技术和信息密集的产业部门。在一国的经济系统中，信息业属于第四产业。自马克卢普首次提出知识产业的概念以来，各国学者都先后对信息产业的概念和范围等问题进行了广泛探讨。但由于人们基于不同的研究目的和视角，关于信息产业的概念目前仍然是众说纷纭。

美国商务部按照该国 1987 年《标准产业分类》，在其发布的《数字经济 2000 年》中，把信息产业分为硬件业、软件业和服务业、通讯设备制造业以及通讯服务业。北美自由贸易区（美国、加拿大、墨西哥三国）在他们于 1997 年联合制定的《北美产业分类体系》中，把信息产业分为出版业、电影和音像业、广播电视和电讯业、信息和数据处理服务业等四种行业。欧洲信息提供者协会（EURIPA）对信息产业的定义是：信息产业是提供信息产品和信息服务的电子信息工业。日本科学技术与经济协会把信息产业分为软件产业、数据库业、通讯产业和相应的信息服务业。尽管不同国家和地区对信息产业有不同的划分标准，但总体而言，信息产业包括信息内容服务业、信息软件技术业和信息硬件设备业三大部分。信息产业作为一个新兴的产业门类，其内涵和外延将会随着该产业的不断成熟而发展变化。

随着信息业的分工和专业化发展，信息业中将会不断分化出一些细分行业，而且每一个信息业类别还可以作出进一步的细分。例如，新闻业按照信息载体的不同，可分为纸质报刊新闻业、广播新闻业、电视新闻业等。当互联网兴起以后,又产生了网络报刊、网络广播和网络电视等。仅新闻类网站又可以进一步细分为综合性新闻网站(如新浪网、搜狐网)和专业性新闻网站(如化工新闻网、建材新闻网)等。再如,图书出版业可以划分为纸质出版业、电子出版业、网络出版业和手机出版业等。

现代通信技术、数字技术和网络技术等各种技术集群的不断进步,有力地推动着信息业向更多领域渗透并向更高水平发展,同时也催生了一些新兴行业。例如,互联网与商业交易活动相结合产生了电子商务,互联网与政务管理相结合产生了电子政务,互联网与医疗服务相结合产生了远程诊疗,互联网与教育培训相结合产生了远程教育。再如,随着互联网与电话网和电视网的融合,互联网与物联网的连接,智能建筑、智能家居、智能医疗、智能物流等将会进入人们的生活,这些将会极大地延伸人类的感知能力,给人们的生活带来更多便捷。现代信息业正在迅速改变着人们的学习、工作和生活方式,对人类社会发挥着深远的影响!

* * *

通过以上对农业、工业、服务业和信息业的进一步细分和分化过程的简单分析,我们会惊奇地发现,从长期的历史演化过程来看,人类社会的产业演化很像是一棵不断分叉成长的巨大树木:农业是这棵大树最初的树根和基干,工业、服务业和信息业是从基干上长出的较大分支,几大产业中的细分行业是大树上更细的枝条,而各类企业等微观经济组织就是附着在不同枝条上的树叶。农业不断从自然界中吸纳和转化着自然资源,从而支撑了工业、服务业和信息业的成长,这些产业反过来又提升着农业的生产水平和发展层次。这就好像树根不断地从土壤中吸收着水分和养料,从而支持了树干和枝条的生长,而枝条上的树叶通过光合作用和呼吸作用等也为树根和树干提供了能量和动力。

从世界范围来看,每一个国家的经济系统中都包含农业、工业、服务业和信息业四大产业,由于不同国家这四大产业的产业结构、成长阶段、发展水平等各不相同,因此形成了各国经济发展情况的差异。这就好像生长在不同地区的同种树木,由于不同地区土壤、水质和气候等条件的差异,因而生长成各具特色的形体一样。德国哲学家莱布尼茨曾说:"世界上没有完全相同的两片树叶。"其实,世界上也没有完全相同的两棵树木。对不同国家来说,世界上也没有完全相同的两个经济系统。从这个意义上来说,每个国家都应该根据本国特殊的国情来选择适合自己经济发展的路径!

综上所述,我们可以得到,人类社会的产业分化过程实际上是一个逐渐分叉的过程,首先是手工业从农业中分化出来,其次是服务业从手工业和农业中分化出来,然后是信息业从服务业中分化出来。而农业、工业、服务业和信息业这四大产业中每一个产业的细分行业,也是从原产业的分叉中逐渐诞生的。人类社会的产业分化过程是完全符合分叉律的,实际上也是分叉律在产业演化中的具体体现。正是在分叉机制的作用下,人类社会的四大产业实现了从单一到多元、从简单到复杂、从低级到高级的成长演化。

七、产业发展的动力

影响产业成长发展的因素众多,但总体来看可以把它们划分为内部因素和外部因素两大类。

1. 产业发展的动力因素

从产业系统外部环境来看,外部环境的需求是拉动产业发展的原始动力,外部环境对产业供给资源要素是产业成长演化的必要条件。影响产业发展的一般性外部因素是需求和供给,具体因素包括企业、资源、市场、知识、制度、技术等。

从产业系统内部环境来看,产业系统本身就包含着企业、资源、市场、知识、制度、技术这六大类因素。实际上,组成产业系统的最基本的关键性要素,与影响产业系统发展的外部具体因素是基本对应的,但外部环境因素更加复杂和多元。从长时段来看,一个产业系统成长演化的过程,实际上就是不断从外部环境中吸纳、内化、整合这些要素的过程。因此,能够影响产业系统投入产出运行的内部动因,也只可能来自产业系统内部的这六类要素。

所以,我们由此得出,影响产业系统发展的内部动力来自产业内部的企业、资源、市场、知识、制度、技术这六类因素。其中,最主要的动力因素来自产业中的企业,而在产业中的所有企业中,核心企业对产业的成长演化具有重要的示范和带动作用。

通过上面的简要分析可以得到,影响产业系统发展的关键性动力因素主要有以下八类:

外部因素:需求和供给;

内部因素:企业、资源、市场、知识、制度和技术。

为便于分析,我们将影响产业系统发展的内部动力因素分为两类:

A. 显性因素(表层因素):企业、资源和市场

B. 隐性因素(深层因素):知识、制度和技术

如果将推动产业系统发展的内部动力因素、外部动力因素与产业投入产出循环过程相结合,就可以画出产业发展的动力因素关系图(见图 5-3)。

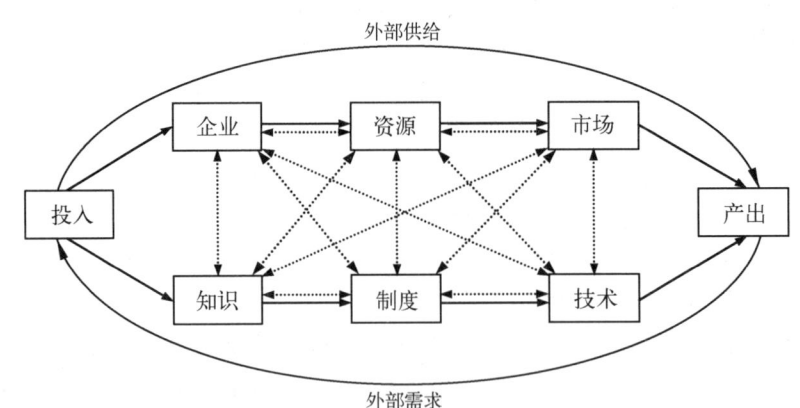

图 5-3 产业发展动力因素关系图

在成长演化过程中,产业系统在外部环境中需求因素和供给因素的共同推动下,始终进行着"投入→产出→再投入→再产出"的循环运行过程。从产业系统内部环境来看,产业同时在企业、资源、市场、知识、制度、技术这六个方面不断进行着吸纳、内化、整合的过程。在这个过程中,产业生态位中的这六类因素与产业内部的这六类因素之间互动交流,共同推动了产业的成长和发展。在产业系统成长演化过程中,产业内部的这六类因素并不是各自单独地、孤立地发挥作用的,而是相互协同、相互配合共同发挥作用的,也即每两个要素之间都是相互联系、相互作用、相互影响的,它们共同组成了产业内部的动力关系网络。在图 5-3

中,我们用虚线双箭头来表示它们之间的这种相互关系。

2. 产业发展的原始动力

人类的社会生产活动首先是为人类本身的生活需要服务的,而且最终也是围绕人类本身的生存发展需要进行的。人类的需求是拉动产业发展的原始动力。

按照马克思的观点,在人类社会生产活动中,消费资料生产和生产资料生产这两大部门的比例应该相互协调,只有这两大部门的生产比例实现了协调,整个社会大生产才能实现良性循环。从系统的观点来看,马克思的这一思想是很有见地的。

人类社会发展到现阶段,社会经济系统的产业门类至少可以分为农业、工业、服务业和信息业这四大产业。从系统的观点来看,这四大产业部门的比例也应该相互协调,只有这四大产业部门的生产比例实现了协调,整个社会大生产才能实现良性循环。

人类社会各大产业部门比例相互协调的基本依据是,所有产业部门生产的产品既不过多也不过少,而是在一定时期内刚好能够满足人类社会的需求。在一个国家系统中,各大产业部门比例相互协调的依据就是,所有产业部门生产的产品在一定时期内能够满足全体国民的实际需要。因此,我们有必要分析一下人类需求在各大产业部门的作用和传递过程。

社会经济系统发展的外部动力来自人类的需求,这种需求首先是作用于消费资料生产部门,再传递到生产资料生产部门,然后又回到消费资料生产部门,从而实现社会大生产的一次完整循环。随着社会分工的发展,产业部门不断增多,人类的需求又贯穿了更多的产业部门。从产业主导地位的先后顺序来看,这种需求首先是作用于农业部门,其次传递到工业部门,再次传递到服务业部门,然后传递到信息业部门,最后又回到农业部门,从而实现社会大生产的一次完整循环。在这一过程中,随着人类的知识不断增加和丰富,人类的生产技术也在不断增加和进步,与此同时,人类社会的经济制度也在不断更新和发展。在社会大生产的循环过程中,人类的需求同时也在不断增加和丰富,并且随着人类社会的不断进步而由低层次需求向高层次需求发展,而发展后的人类需求又拉动生产经济活动向更高层次发展。

因此,人类需求对经济系统的作用过程实际上是一个动态过程,这个过程可以通过如下两条线来分析:

A. 需求→物质需求→物质生产→物质产品

B. 需求→精神需求→精神生产→精神产品

人类社会精神产品中最核心的部分是知识,知识与生产活动相结合产生了技术,在协调组织社会生产的过程中又产生了制度。此外,人类社会在进行精神生产的过程中离不开对以往文化知识的学习和继承,所以,文化教育就构成社会精神生产过程中的一个重要环节。因此,结合各主导产业出现的先后顺序,可以把人类需求对经济系统的作用过程描述为如下两条链:

A. 表层因素链:物质需求-农业-工业-服务业-信息业

B. 深层因素链:精神需求-知识-技术-制度-文化教育

如用以上十个因素作为十个维度来描述需求对经济系统作用的过程,则可以画出社会需求作用互动图(见图5-4)和社会需求演化图(见图5-5)。在图中,十个维度分别是:① 物质需求;② 精神需求;③ 农业;④ 知识;⑤ 工业;⑥ 技术;⑦ 服务业;⑧ 制度;⑨ 信息业;⑩ 文化教育。

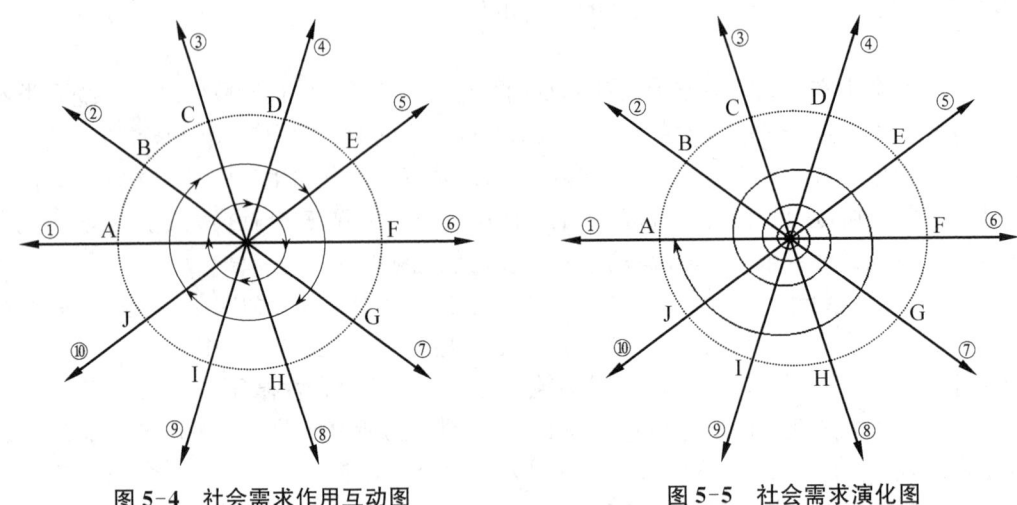

图 5-4　社会需求作用互动图　　　　图 5-5　社会需求演化图

从经济系统的表层因素链来看,A 链中需求的作用过程形成了一个循环,即图 5-4 中的实线大圆。

这个过程可以描述为:人类物质需求→农业发展→工业发展→服务业发展→信息业发展→物质生产发展,而物质生产的发展又推动人类物质需求的发展。这个过程是一个循环往复的过程。

从经济系统的深层因素链来看,B 链中需求的作用过程也形成了一个循环,即图 5-4 中的实线小圆。

这个过程可以描述为:人类精神需求→知识增长→技术进步→制度更新→文化教育发展,而文化教育的发展又推动人类精神需求的发展。这个过程也是一个循环往复的过程。

在需求作用和传递过程中,农业、工业、服务业、信息业等产业是相互联系、相互作用、相互影响的,其中每一个产业的成长演化都同时伴随着人类社会在知识、技术、制度和文化教育四个方面的发展和进步;知识、技术、制度和文化教育的发展和进步推动了产业的成长演化,而产业的成长演化反过来又促进了知识、技术、制度和文化教育的发展和进步,这个过程是一个循环往复的过程。所以,实际上 A 链和 B 链是相互交织在一起共同演化发展的。

从历史的长时段来看,人类社会的农业、工业、服务业、信息业四大产业是不断成长演化的,同时人类社会在知识、技术、制度和文化教育四个方面也是不断发展进步的,人类社会的需求也是不断丰富和提高的。所以,从动态的角度来看,人类社会在以上十个维度上是不断向外扩展的。我们不难发现,随着时间的推移,人类社会物质需求演化的轨迹实际上是一条逐渐扩展的螺旋线。与此同时,人类社会精神需求的演化轨迹也是一条逐渐扩展的螺旋线。在人类社会发展过程中,这两条螺旋线实际上是交织缠绕在一起的(见图 5-5)。

随着人类社会的发展,人类本身的需求也在不断增多和扩展。美国心理学家亚伯拉罕·马斯洛(Abraham Harold Maslow,1908—1970)于 1943 年提出的需求层次理论认为,人类的需求由低到高依次分为生理需求、安全需求、社交需求、尊重需求、自我实现需求五个层次。马斯洛的需求层次理论是从个人发展的角度来谈人的需求的。从人类社会历史的长时段来看,人类的需求在每个时代都有那个时代的特色。总体来说,人类需求的种类是在不断增多的,人类需求的层次也是在不断上升的。例如,工业时代人们的需求要比农业时代人们的需求更多,信息时代人们的需求要比工业时代人们的需求更多。因为不断分工的各种产业,生产出越来越丰富多样的商品,从而为人们提供了越来越多的消费选择。如一个生活在17世纪的人,他不可能想要购买一辆汽车,因为那时汽车还没有在这个世界上诞生。人类社会每一次新型主导产业的出现,都会催生出一批全新的行业,这些全新的行业总会为人类社会带来一些全新的产品和服务,从而刺激出人们新的消费需求。当人们的这些消费需求再次传递到产业领域时,就转化成了拉动产业发展的原始动力。现代经济学原理和世界发达国家经济发展的历史已证明,社会总需求不断上升的变动趋势是人类社会经济发展的客观规律,它反映了人类社会的不断进步和社会经济发展水平的不断提高。

3. 核心企业的作用

产业是由企业组成的企业群落,企业是组成产业的基本单元。在产业发展内部动力因素的所有因素中,企业是最能动、最重要的因素。在一个产业的所有企业中,最关键的企业是核心企业。核心企业对一个产业的成长和发展往往起着非常重要的引领和带动作用。

在现实的产业系统中,几乎每一个细分行业都存在几个规模较大、占据重要市场地位的核心企业。而在每一个核心企业中,都有一位优秀的企业家。

行业中的核心企业是指在一个行业中市场份额位居同行前列,同时在行业价格、行业技术、行业制度等方面处于主导和支配地位的企业。从产业发展的地理范围来看,我们可以把核心企业分为地区性、全国性、跨国性三个层次。例如,微软公司就是全球软件行业中的跨国性核心企业。随着全球经济一体化进程的广泛和深入发展,跨国性核心企业一般是以跨国企业集团的形式出现的,这些跨国企业集团往往包含许多细分行业,它们主导和支配着这些行业在全球市场的布局和发展。

每个细分行业中的核心企业,对这个行业的发展具有重要的引领作用。核心企业往往代表了该行业在一个产业中的主导地位,常常拥有该行业最先进的知识、技术、制度和组织结构。核心企业的组织结构、企业文化和管理制度乃至企业行为等,常常被行业内的其他企业所仿效,核心企业所拥有的先进知识和技术在行业内的不断扩散,直接带动了行业知识和行业技术的更新与发展。同时,核心企业也常常是行业标准、行业规范等行业制度的制定者。

核心企业一般是在市场竞争中自然产生的,它与行业中其他企业以及整个行业共同演化成长。从行业演化的表层因素来看,核心企业首先带动行业中与之业务联系紧密的关联企业的成长演化,进而引领整个行业的成长演化。从行业演化的深层因素来看,核心企业首先是因为拥有先进的行业知识才占据行业的领先地位,又利用自身优越的市场地位制定了行业制度,同时利用行业制度把自己的企业技术变成行业中的主导技术,从知识、制度和技术等方面影响着行业中其他企业的成长演化,从而引领整个行业的成长演化。

因此,在引领行业成长演化的过程中,核心企业是通过如下两条链来发挥作用的:

A. 表层因素链:核心企业→关联企业→整个行业

B. 深层因素链:行业知识→行业制度→行业技术

在一个行业成长过程中,以上这些因素是相互联系、相互作用、相互影响的,从而共同推动该行业的成长演化。如用这六个因素作为六个维度来描述一个行业成长的过程,则可以画出核心企业与关联企业、整个行业良性互动图(见图5-6)和它们共同成长演化的轨迹图(见图5-7)。

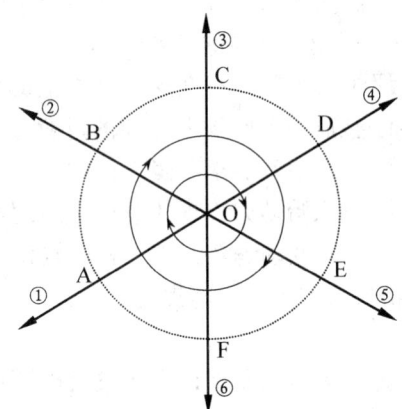 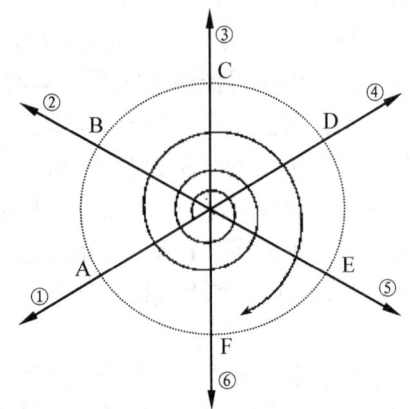

图 5-6　核心企业与关联企业、整个行业良性互动图　　　图 5-7　核心企业与关联企业、整个行业共同成长演化轨迹图

在图中,六个维度分别是:① 核心企业;② 行业知识;③ 关联企业;④ 行业制度;⑤ 整个行业;⑥ 行业技术。

从静态的角度来看,A 链上的因素形成了互相推动的良性循环,即图 5-6 中的实线大圆。

这个过程可以描述为:核心企业的成长→关联企业的成长→整个行业的成长,而成长后的行业又推动了核心企业的成长。

同时,B 链上的因素也形成了互相促进的良性循环,即图 5-6 中的实线小圆。

这个过程可以描述为:行业知识的进步→行业制度的进步→行业技术的进步,而进步后的行业技术又促进了行业知识的进步。

在行业成长演化过程中,因为以上这六类因素是相互联系、相互作用、相互影响的,所以,A 链和 B 链是相互交织在一起协同演化的。

从动态的角度来看,一个正常发展的行业在这六个方面是不断成长的,也即在六个维度上不断向外扩展。我们不难发现,在一个行业从小到大、从弱到强的成长演化过程中,核心企业与关联企业、整个行业共同成长演化的轨迹实际上是一条逐渐扩展的螺旋线。与此同时,行业知识、行业制度和行业技术共同成长演化的轨迹也是一条逐渐扩展的螺旋线。在行业成长演化的过程中,这两条螺旋线实际上是交织缠绕在一起的(见图 5-7)。

一个产业系统的成长演化,同时伴随着企业、市场和行业的协同成长演化。在这个过程中,企业演化、市场演化和行业演化是互相耦合的,三者之间形成了相互耦合的协同演化。任何一个行业的成长都必然伴随着行业市场的成长,随着行业逐渐成长,行业内的企业数量不断增多,该行业产出的产品数量也不断增加,从而推动行业市场的形成和扩大。因此,行业市场的成长演化是内含于行业的成长演化中的。

在企业、市场和行业的协同演化中,核心企业发挥着重要的引领作用。从产业系统演化的表层因素来看,核心企业首先带动了行业中其他关联企业的成长演化,核心企业与关联企业之间的分工与协作带动了整个行业内部企业之间的分工与协作行为,这在提高整个行业运行效率的同时,也推动整个行业生产出品种更丰富、数量更多的各种产品投入市场,这直接推动了行业市场的成长和规模的扩大。从产业系统演化的深层因素来看,核心企业通过自身拥有的先进知识、技术和制度,首先影响了关联企业的知识、技术和制度,进而影响了行业市场的知识、技术和制度,最终影响了整个行业的知识、技术和制度;在这个过程中,实际上包含了核心企业、关联企业、行业市场与整个行业之间在知识、制度、技术等方面的互动过程。这个互动过程可以用图 5-8 简单表述。

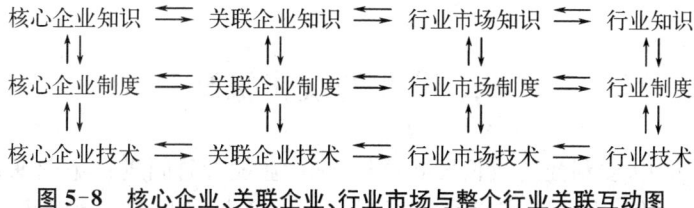

图 5-8　核心企业、关联企业、行业市场与整个行业关联互动图

以上三个方面的互动过程并不是彼此分离、孤立进行的,而是相互联系、相互作用、相互影响的。在现代社会,行业市场就其本质而言,也可以看作一类特殊的企业,它们的产品是为其他企业提供交易服务。所以,有关核心企业、关联企业、行业市场之间的互动过程,具体参见第四章企业演化机制中的"内外因子互动"过程。

当然,行业市场在成长演化过程中,除了受到行业内部核心企业、关联企业和整个行业的影响外,还会受到行业外部其他因素的影响,特别是外部环境中其他市场的影响。

因此,在推动行业市场成长演化的过程中,核心企业是通过如下两个方面来发挥作用的:

C. 表层因素链:核心企业→关联企业→行业市场

D. 深层因素链:{知识}→{制度}→{技术}

其中,{知识}包括核心企业知识、关联企业知识和行业市场知识,{制度}包括核心企业制度、关联企业制度和行业市场制度,{技术}包括核心企业技术、关联企业技术和行业市场技术。

从静态的角度来看,C 链和 D 链上的因素互动过程与图 5-6 类似,我们可以分别用图中的实线大圆和实线小圆来表示。

C 链上的因素形成了互相推动的良性循环。这个过程可以描述为:核心企业的成长→关联企业的成长→行业市场的成长,而成长后的行业市场又推动了核心企业的成长。

同时,D 链上的因素也形成了互相促进的良性循环。这个过程可以描述为:{知识}的进步→{制度}的进步→{技术}的进步,而进步后的{技术}又促进了{知识}的进步。

在行业市场成长演化的过程中,以上六个方面是相互联系、相互作用、相互影响的。所以,实际上 C 链和 D 链是相互交织在一起协同演化的。

从动态的角度来看,这一演化过程的轨迹与图 5-7 类似,也是逐渐扩展的螺旋线。也即在一个行业从小到大、从弱到强的成长演化过程中,核心企业与关联企业、行业市场共同成长演化的轨迹是一条逐渐扩展的螺旋线。与此同时,这个行业的行业知识、行业制度和行业技术共同成长演化的轨迹也是一条逐渐扩展的螺旋线。在行业成长演化的过程中,这两条螺旋线实际上是交织缠绕在一起的。

一个产业是由许多行业组成的,每个行业都形成具有自身行业特色的市场,不同的行业市场共同组成了这个产业的市场体系。一个产业系统的演化,包含着产业中企业、市场和行业的共同演化。第四章的分析表明,企业的演化过程是一个螺旋循环过程,而产业的演化过程实际上是个超级螺旋循环过程。也就是说,一个产业的演化过程包含着众多的企业螺旋循环、市场螺旋循环和行业螺旋循环,即在一个大螺旋循环过程中包含着小螺旋循环过程,而在小螺旋循环过程中又包含着微小螺旋循环过程。由此我们可以看到,影响一个产业成长发展的因素实际上形成了多层次、多种类、多结构而又错综交织的复杂巨系统。

八、产业的演化机制

产业由小到大、从弱到强的成长发展过程,是产业随着时间进程不断演化的过程。在这个过程中,分工与协作、内外因子互动、竞争与合作、产业间互动等是产业进行演化的重要机制。

1. 分工与协作

在产业投入产出运行中,分工与协作是两个最基本的必要机制。在一个经济系统内,产业的分工与协作中,同时还包含着行业的进一步分工与协作。

分工能够使产业内部的各个行业向专业化、纵深化、精细化方向发展;协作能够使产业内部的各个行业之间相互衔接、相互配套、协同发展。如果没有分工与协作,任何一个产业都无法顺利实现从弱小到强大的成长演化过程。

产业分工实际上是分叉律在产业运行中的具体表现,产业协作是协同律在产业运行中的具体表现。

在经济领域中,人们很早就注意到了产业不断分叉的现象,这从经济学家对产业所作的分类随着社会的发展而不断增多的事实中也可以得到印证。例如,19世纪60年代,人类社会的产业比较初级和简单,因此马克思把社会的生产部门分为生产资料和消费资料两大部类;到20世纪三四十年代时,人类社会的产业开始趋于复杂,服务业已得到较大发展,因此费希尔和科林·克拉克把社会经济活动分为农业、工业和服务业三大产业;到20世纪六七十年代时,人类社会的产业进一步趋于复杂,信息业得到较大发展,因此马克卢普和波拉特又进一步把产业划分为农业、工业、服务业、信息业四大产业。与分叉机制相比,人们对经济活动中协同机制的认识显得重视不够。例如,在经济学研究中,人们长期将微观经济学理论与宏观经济学理论相互分离的情况,其实就是这一现状的具体反映。

从历史发展过程来看,人类社会的农业、工业、服务业和信息业这四大产业部门都是随着社会分工的发展,相继从原来的产业中分化出来并逐渐发展起来的。在人类社会的不同发展阶段,这四大产业相继主导着人类社会的经济活动。实际上,在分叉律的作用下,四大产业中每一个产业都进一步分化成了更细的行业。例如,原始农业就从最初的采集-狩猎活动分化成了种植业、畜牧业、渔业、手工业等。手工业又分化成了陶土手工业、竹木手工业、石器手工业、编织手工业(材料最初是树枝、藤蔓,后来是葛、麻,再后来是蚕丝等)。

从长时段来看,组成产业的企业、资源、市场、知识、技术、制度等因素都在分叉律和协同律的共同作用下,不断发生着从单一到多元、从低级到高级、从简单到复杂的演变。例如,西方发达国家从19世纪中期到20世纪中后期的工业化过程中,产业组织、技术和制度就发生了这样的变迁。在19世纪中叶前,产业组织是简单的作坊形式,生产技术形式是水平分工的简单生产,制度形式是以作坊主与雇员之间形成的学徒制,代表行业是简单工具制造业;

在 19 世纪中叶到 20 世纪初,产业组织演变为以直线制组织(U 型组织)为主的机械化工厂,生产技术形式是垂直分工的大规模生产,制度形式是集中式等级管理制,代表行业是纺织业和机械设备制造业;在 20 世纪初至中叶,产业组织演变为分权事业部制组织(M 型组织)为主的大型现代企业,生产技术形式是垂直分工与空间分工相结合的大规模定制生产(福特制生产),制度形式是分散式等级管理制,代表行业是钢铁业和汽车制造业;在 20 世纪中后期,产业组织演变为网络型组织(如企业集群、企业联盟、产业区等产业网络),生产技术形式是垂直分工、空间分工和模块分工相结合的柔性生产和外包生产,制度形式是等级制与市场制相结合的网络化管理制,代表行业是汽车制造业和计算机制造业[①]。

在本章第一节中,我们简要介绍了有关经济增长的经典理论。在此基础上,我们从分工、市场和产业发展的相互联系来阐述经济发展的一般性规律。

为便于说明问题,我们首先需要引入"产业链"的概念。产业链是指从资源(包括自然资源和社会资源)到最终消费品之间的,以企业链为载体,以价值链为基础,相互之间通过需求链、供应链、技术链、信息链等结成的一组生产经营性网络组织。这里,企业链是指在生产经营活动中,由于实际供需关系而形成的企业间的连接关系。价值链是指企业在生产经营活动中创造价值的动态环节;在企业内部各业务单元的价值联系构成了企业的价值链,在行业内部上下游关联企业之间的价值联系构成了行业价值链,在产业内部各关联行业之间的价值联系就构成了产业价值链(网络)。需求链是指因对企业产品(或服务)的需求而形成的需求关系链条,包括消费者需求链和生产者需求链。供应链是指在企业生产经营过程中,为企业提供资源要素而实际形成的供应关系链条。技术链是指在同一个产业链中企业与其上下游环节之间所形成的技术连接关系,包括技术标准链、产品技术链和技术服务链等。信息链是指在企业与消费者、企业与企业、企业与政府以及企业与其他社会组织之间的信息交流关系,包括需求信息链、供应信息链、知识信息链、制度信息链、技术信息链等。在现实的经济系统中,产业链的发育、成长和完善程度反映了一个产业系统的发展程度。一般来说,一个产业系统的产业链越长,产业层次越完善,生产环节联系越紧密,其内部的企业链、需求链、供应链、技术链、信息链等组成部分之间的分工协作越和谐,产业内外的人员、资源、商品、资金和信息等交流越顺畅,则这个产业系统的发展程度就越高。

这里借用吴金明和邵昶提出的产业链形成的蛛网模型(见图 5-9)来说明经济系统中产业成长演化的一般过程。

在图 5-9 中,A 轴表示市场交易完善的程度,其中,$A_3 > A_2 > A_1$ 表示市场交易完善程度的不断提高;B 轴表示产业链发展的程度,其中,$B_3 > B_2 > B_1$ 表示产业链发展程度的不断提高;C 轴表示社会分工专业化的程度,其中,$C_3 > C_2 > C_1$ 表示社会分工专业化程度的不断加深。三个坐标轴相交的原点 O,表示既无社会分工也无市场交易更无产业链诞生的初始状态。

社会分工 C_1 的存在促进了市场交易程度 A_1 的产生,在 A_1 作用下,需要 B_1 的产业链形式与它对接。B_1 这种产业链形式的产生,又促进了社会分工专业化的进一步发展,社会分工专业化就从 C_1 演化到 C_2。相应地,在 C_2 的作用下,市场交易程度从 A_1 发展到 A_2,A_2 又促进了产业链形式从 B_1 发展到 B_2。按照同样的原理,B_2 促使 C_2 发展到 C_3,C_3 又促使 A_2

---

① 邓智团:《产业网络化的系统经济学解读:以计算机全球生产网络为例》,《上海经济研究》2009 年第 9 期,第 45 页。

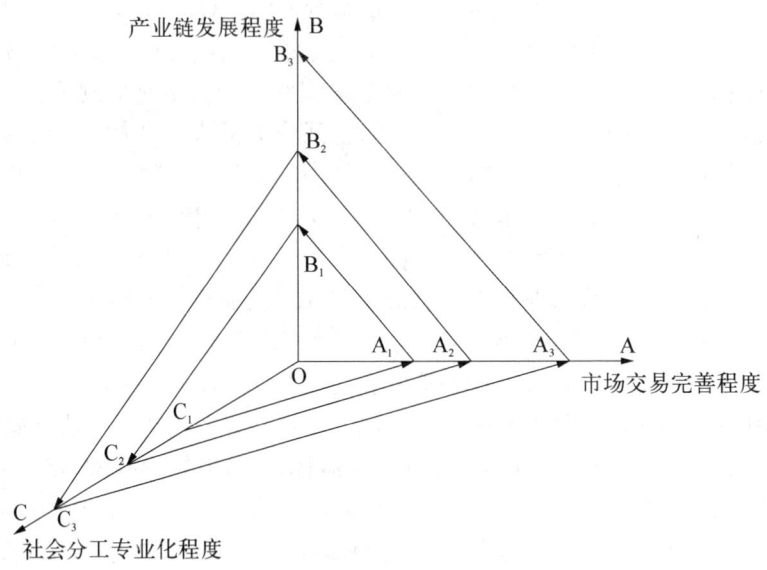

图 5-9 产业链形成的蛛网模型①

发展到 A_3，A_3 又促使产业链从 B_2 发展到 B_3……这一过程循环往复地进行下去，从而实现了市场交易制度不断完善、市场交易规模不断扩大，产业链不断延伸、产业发展水平不断提高。这一模型所反映的产业运行机制，实际上就是对从亚当·斯密到杨小凯等经济学家所阐述的分工、市场交易与经济增长思想的形象化描述。

从产业系统的成长演化过程来看，分工专业化首先在经济单元内部开始，随后在经济组织之间开始，当市场和行业产生以后，最后又在行业与产业之间展开，这是一个分工专业化层次不断提高的过程。分工专业化的发展在提高生产效率的同时，也促使产品种类不断增多，人们为了满足多样化的消费需求，就产生了相互间交换产品的需要。随着产品交换的发展，市场随之诞生并不断发展。市场交换的发展又促进了个人之间、个人与社会群体之间、不同社会群体之间的分工专业化，从而促进了产业链的形成和成长。产业链的成长延伸包含着产业内部价值链的增值过程，因此产业的成长就产生了收益递增的经济增长。

早在新石器时代，人类社会的生产活动就出现了以性别为基础的自然分工。例如，人类学家通过对陕西省境内华县元君庙和宝鸡北首岭墓葬（属仰韶文化前期，约在公元前 5000 年—公元前 4000 年）的研究表明，当时男子主要从事工具制造、狩猎及部分农业活动，而妇女主要从事农业、纺织及缝纫活动②。从经济史上看，人类社会在最原始的部落中就已经存在某种按照性别和年龄划分的分工专业化活动，但这种分工专业化很粗浅③。在原始社会晚期，随着社会分工的发展，手工业逐渐脱离农业形成独立的生产部门。大约在公元前 3500 年—公元前 3000 年时，在中国一些社会群体的手工业生产中，石器和陶器已经有了专业化生产。例如，湖北省宜都红花套和河南省淅川下王岗的石器作坊、甘肃省兰州白道沟坪的陶

---

① 来源吴金明、邵昶：《产业链形成机制研究——"4+4+4"模型》，《中国工业经济》2006 年第 4 期，第 38 页。吴金明和邵昶所绘的这个"蛛网模型"图非常具有想象力，正是这个图启发了本书作者关于产业发展的很多形象思维。爱因斯坦曾说过"想象力比知识更重要，想象力是知识进化的源泉""想象力是科学研究中的实在因素"，此言甚确！
② 苏秉琪主编，张忠培、严文明撰：《中国远古时代》，上海人民出版社 2014 年 5 月第一版，第 77—78 页。
③ 邹薇、庄子银：《分工、交易与经济增长》，《中国社会科学》1996 年第 3 期，第 7 页。

器作坊,都是当时规模很大的手工业基地,这些石器和陶器都是为交换而进行生产的①。再如,大约在公元前 3500 年稍后,在中国东部地区已从石匠中分化出了专门制造玉器的玉匠;约在公元前 3500 年—公元前 2700 年时,中国社会已经出现了制铜业以及掌握炼铜技术的铜匠②。当国家出现后,社会分工专业化进一步深入发展,社会分化成了农民、工匠、商人、士兵和官吏等不同阶层。大约成书于春秋末至战国初期的《考工记》一书,记述了陶工、木工、玉工、金工、皮革、染色等六大类 30 个工种的内容,反映了当时齐国官营手工业的分工和技术情况;其中的"郑之刀,宋之斤,鲁之削,吴粤之剑,迁乎其地而不能为良,地气然也"一句,实际上指出了当时各诸侯国在一些手工产品上的区域分工和比较优势。随着农业、手工业的专业化发展,商业开始兴起,市场交易活动随之逐渐繁荣。在传统农业时代,一个家庭组织就是一个生产单元,当时已产生了"男耕女织"的分工形态,后来出现地主庄园之后,分工专业化有了进一步发展。据东汉时的农家月令书《四民月令》记载,当时洛阳的地主农庄除了从事农业耕作(从耕地、播种、分栽、耘锄到灌溉、收获等)、蚕桑(从种桑、养蚕到纺、织、染和制丝绵等)、酿造(酒、酱)等家庭手工业以外,同时还把农作物、纺织品、丝绵等当作商品来进行商业交易;在地主农庄中,已经产生了女红(以纺、绩、织、染等为专职的女工)、典馈(专管饮食制备烹调)、蚕妾(专管养蚕)、缝人(专管缝纫拆洗)等劳动分工③。这里的地主农庄其实就相当于一个集农、工、商一体化的小型家庭农场。在封建王朝时代,由政府设立的官营工场和官营商业其实就是古代社会的企业,只不过其服务的主要对象是封建统治集团。

为了解释市场交易的演化过程,这里借用杨小凯和黄有光的图例(见图 5-10)来说明这个过程。

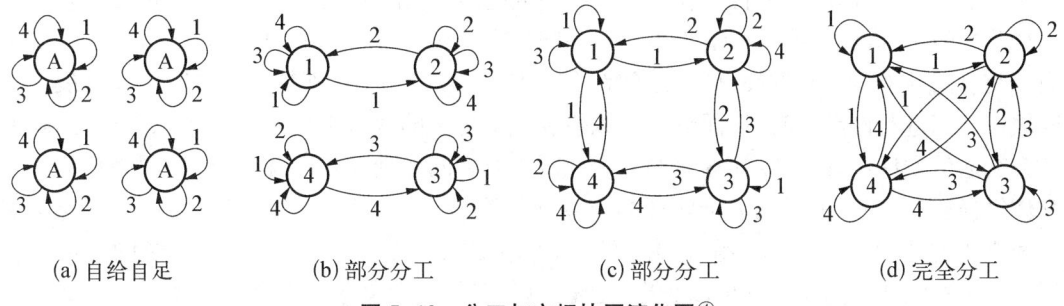

(a) 自给自足　　　(b) 部分分工　　　(c) 部分分工　　　(d) 完全分工

图 5-10　分工与市场协同演化图④

图 5-10 描绘了随着分工的发展,个人从自给自足状态发展到交换四种产品的市场交易演化过程。在图中,细线表示产品流,箭头表示产品流动方向,细线旁的数字表示涉及的产品,带数字 i 的圆圈表示卖产品 i 的个人。

在图(a)中,每个人都自己生产所需要的产品供自己消费(即自给自足);在图(b)中,每个人卖一种产品,买一种产品,自己生产三种产品;在图(c)中,每个人卖一种产品,买两种产品,自己生产两种产品;在图(d)中,每个人卖并自给一种产品,买三种产品,买卖四种产品。

---

① 苏秉琦主编,张忠培、严文明撰:《中国远古时代》,上海人民出版社 2014 年 5 月第一版,第 489—491 页。
② 苏秉琦主编,张忠培、严文明撰:《中国远古时代》,上海人民出版社 2014 年 5 月第一版,第 407—409 页。
③ 石声汉:《中国古代农书评介》,农业出版社 1980 年 5 月版。
④ 杨小凯、黄有光:《专业化与经济组织——一种新兴古典微观经济学框架》,经济科学出版社 1999 年版,参见该书中第 185 页的"分工演进"图示。

从图(a)到图(d)描述了人们从自给自足、部分分工到完全分工等不同分工状态下的市场交易演化过程。从图(d)中可以看到,在完全的社会分工状态下,市场形成了一个相互联系的交易网络。

在上面的分工与市场协同演化过程中,我们其实也可以把参与产品买卖的主体从"个人"置换成"家庭组织""地主庄园""自然村落""集镇"甚至"城市",以考察传统农业时代的市场演化过程。

分工与市场之间的协同演化是一个互动过程。一方面,社会分工推动了市场的形成和演化,市场是社会分工和商品交换发展的必然产物;另一方面,市场在其发育和成长过程中,也推动着社会分工和商品交换的进一步发展。在人类社会早期,人们生产和消费的产品都很少,当时社会分工程度和商品交换水平都很低,人们的商品交换活动既没有固定场所和固定时间,也没有共同的交易惯例和准则。随着商品交换种类的丰富和交换频率的增加,交易活动逐渐由不定点、不定期向固定地点和固定时间发展,市场逐渐由无组织到有组织、由简单到多元、由低级向高级方向演化。人们通过市场中的交换活动了解到商品供需信息,这些供需信息直接影响着人们生产什么、生产多少、什么时间上市、怎样销售等。市场联结了商品经济发展过程中的生产者、销售者和消费者,为产、供、销各方提供了交换场所、交换时间和其他交换条件。随着专业商人产生以后,商业从农业和手工业中分化出来并不断发展。商业将一个个原本自给自足的"自然村落""集镇"和"城市"联系起来,推动着市场规模的不断发展壮大,从而形成了纵横交错的市场交易网络。

从地域空间来看,随着社会分工和商业流通业的发展,市场交易的规模和范围在不断扩大。在农业时代,商品交易首先在自然村落内部进行,从而形成了村落集市;商品交易在自然村落之间进行,就形成了村镇集市。商品交易在一定区域内的村镇之间进行,促进了城市商品交易网络的诞生和发展,城乡之间商品交易的发展推动了城市市场的形成和发展。不同城市之间进行商品交易,从而形成了规模和范围更大的地区市场。在一个国家内部,随着道路交通的发展,从而使相互隔离的各个地区市场之间实现了互联互通,市场网络从局部到整体纵横相连,最后就形成了全国性的市场交易网络。当商品交易跨出国界在国家与国家之间进行时就诞生了国际贸易,国际贸易的不断成长和发展,推动了世界市场的形成和发展。从市场演化的这一过程可以看出,正是道路交通、航运交通的发展和新型运输工具的发明,对推动人类社会区域市场之间互联互通、促进市场交易范围不断扩大发挥了重要作用。从市场发展的过程来看,推动市场范围扩大的内在因素主要包括市场交易的知识、制度和技术这三个方面。人类社会在道路交通、航运交通和新型运输工具等方面的进步,我们首先可以把它们看作人类社会在商业流通领域的技术进步,从更广泛的范围来看,我们也可以把它们划入市场交易技术进步的范畴之内。

在现代社会,从产业划分的角度来看,一个国家的经济系统包含着农业系统、工业系统、服务业系统和信息业系统等子系统,每个产业系统内部都存在着三个层次的产业组织,每个层次产业组织的内部都形成了网络形式的协同关系,这三个层次由低到高依次是企业内协作网络、行业内协作网络和产业内协作网络。从企业内部来看,一个企业内部各部门(或各分公司)之间存在着分工、协作的交换网络,其中发挥协同作用的主导者是企业家。从企业外部来看,存在着三个层次的市场交易网络,由低到高依次是企业间市场交易网络、行业间市场交易网络(体系)和产业间市场交易网络(体系),在这三个层次的市场交易网络中,发挥协同作用的主导者分别是企业组织、行业核心企业、产业核心企业集团。因此,从经济系统整体来看,交换(或交易)网络实际是经济系统内部各子系统之间协同演化的基本形式。

综上所述,我们将经济系统分叉协同机制的层次结构总结如下(见表5-2):

表5-2 经济系统分叉协同机制层次结构简表

大系统	大系统分叉后形成较小系统	每个产业系统内部的协同层次和协同形式	每个产业内部子系统之间的协同层次和协同形式	协同主导者
经济系统	信息业系统	产业内协作网络 ↑ 行业内协作网络 ↑ 企业内协作网络	产业间市场交易网络(体系)	产业核心企业集团
	服务业系统		行业间市场交易网络(体系)	行业核心企业
	工业系统		企业间市场交易网络	企业组织
	农业系统		企业内部交换网络	企业家

在分叉与协同机制的作用下,一个国家经济系统中的新行业与新行业、新行业与老行业之间会相互交叉、相互融合,从而催生出一批新行业,这些新行业又与其他新老行业交叉融合,又会催生出一批更新的行业。众多相互关联的行业组成一个产业,而产业之间会相互交叉、相互融合,从而催生出一批新产业,这些新产业在更广的范围和更深的程度上又与其他国家或地区的产业交叉融合,又会催生出一批更新的产业。这一交叉、融合、创新的过程会不断循环往复地进行下去,类似于自然界动物的交配、孕育、繁殖的过程。在这一过程中,在不同企业、行业和产业之间始终进行着各种人员、资源、商品、资金和信息等的交流,从而促使企业、行业和产业内部环境的自我调整和自我适应,并向更高级的有序化方向演化。随着时间的推移,一个国家的经济系统就逐渐实现了从单一到多元、从简单到复杂、从低级到高级的演化历程。

在产业系统运行过程中,产业中的企业、资源、市场、知识、技术、制度等因素之间实际上是相互联系、相互作用、相互影响、相互制约的,每一个因素都是在与其他因素的影响和制约中发挥作用的,其中任何一个因素的变化都会在不同程度上引起其他因素的变化。例如,人类在基础知识方面的新发现,往往会导致新技术的诞生(如人类对原子结构的认识导致核能技术的诞生)。而新技术的诞生必然会引起企业、行业、资源、市场和制度等各方面不同程度的变化,反之亦然。当然,在产业发展的不同阶段,这些因素的相对地位并不是固定不变的,而是经常处于交替变换中。例如,在某一段时间,技术对产业发展起着主导作用,而在另一段时间,制度对产业发展起着主导作用。因此,在研究产业发展问题时,必须要以动态的视角来分析产业,从产业内部因素来看,我们至少需要同时注意这六个方面的问题,而不是仅仅关注其中的某个方面。

2. 内外因子互动

产业生态位是一个产业在社会经济环境中所占据的支持其生存发展的特定资源集合。一个行业的生态位可以看作由组成这个行业的众多企业的生态位的总和。同样,一个产业的生态位可以看作由组成这个产业的众多行业的生态位的总和。产业生态位的形成、变化与扩展,是产业与外部环境互动的结果,也是产业内外诸多因素互相竞争与合作的结果。

根据前文对产业内外环境影响因素的分析,我们知道影响产业成长演化的一般性外部因素是需求和供给,而具体的因素包括企业、资源、市场、知识、制度、技术六大类因素。同时,这六种因素也是组成产业的最基本的关键性要素。我们知道,产业的成长演化过程实际上是不断吸纳、内化和整合这六种要素的过程。

因此可以判断,在产业生态位中,除了需求和供给这两类一般性因素之外,包括企业、资源、市场、知识、制度、技术这六类具体因素是影响产业成长演化的重要因子。

那么,这些产业生态位因子是如何影响产业成长演化的呢?

产业生态位因子与产业内部关键要素(因子)的互动和交流,既是产业外部环境与内部环境进行供需交流的重要方式,也是产业内外企业之间进行合作、竞争、学习和创新的一般机制,正是产业内外因子的互动和交流过程推动了产业的成长演化。

第四章中已经分析了企业之间进行合作、竞争、学习和创新的一般机制,这里不再重复。产业外部环境与内部环境进行供需交流的过程与企业内外环境进行供需交流的过程类似,但在企业中交流活动的主体是人,而在产业中交流活动的主体是企业等经济组织。产业内外供需交流过程要比企业内外供需交流过程更复杂。在产业成长演化过程中,除了产业内外企业之间展开合作、竞争、学习和创新的互动以外,在产业内部各行业之间、在行业内部各企业之间都在进行着这样的互动。与此同时,在产业内外的市场之间也在进行着各种交流与互动,主要包括在资源和产品方面的交流以及在市场交易知识、制度和技术等方面的相互学习和创新。此外,在产业内外所进行的知识、制度和技术方面的交流与互动,也要比企业内外的交流与互动更为复杂,既有产业和行业层面的交流与互动,也有企业层面的交流与互动。

在产业系统运行过程中,产业与外部环境之间在需求、供给、企业、资源、市场、知识、制度、技术八个方面始终进行着交流和互动。正是这些产业内外因子的不断互动,推动了产业由小到大、由弱到强的成长演化。在产业成长演化的不同阶段,这些因子影响产业成长演化的强度和相对地位并不是固定不变的,而是处于动态的循环替换中。例如,在某一段时间,制度因素对产业成长演化起着主导作用,而在另一段时间,技术因素对产业成长演化起着主导作用。主导因素的改变会使产业成长演化发生明显变化,同时也会引起其他因素发生明显变化,这是一个协同互动的过程。

外部环境中的社会需求是拉动产业发展的原始动力,如果没有社会需求,产业就失去了发展的动力。同时,一个产业要成长和发展还需要外部环境为它提供各种资源要素。因此,在产业生态位的诸多因子中,需求因子和供给因子显然是影响产业成长和发展的两个关键因子。

3. 竞争与合作

任何一个产业都生存于一定的社会经济系统中,它与经济系统中的其他产业必然存在着各种各样的关系。在产业之间的诸多关系中,最基本的关系是竞争关系与合作关系。

产业之间的竞争与合作关系也要比企业之间的竞争与合作关系复杂,既有产业和行业层面的竞争与合作,也有企业层面的竞争与合作,既有在同一国家或地区内部产业间的竞争与合作,也有在不同国家或地区产业间的竞争与合作。

在产业系统中,同种行业之间和不同行业之间普遍存在着竞争关系与合作关系。同种行业之间的竞争关系要多于合作关系,行业内部的企业在人才、资源、产品和市场等方面存在着直接竞争。不同行业之间的合作关系要多于竞争关系,行业内部的企业在人才、资源等方面存在着间接竞争。产业之间的竞争关系与合作关系并不是绝对的,这两种关系在一定条件下可以相互转化。

产业之间的竞争与合作具体是通过产业内外的企业展开的。产业内外企业间的合作、竞争、学习和创新,是通过产业内外因子的交流与互动来进行的。在一个经济系统内,正是产业内外因子的交流与互动,推动了企业、市场、行业与产业的协同演化。

在社会经济系统中,正是产业之间的竞争与合作,导致了企业、资源、市场、知识、制度、技术等在产业间的交流与互动,进而又导致产业间的此消彼长。从长期来看,人类社会三大产业主导地位的变迁历程,实际上就是各产业此消彼长的过程。在人类社会经济活动中,首先是农业处于主导地位,而工业革命后,社会中的人力、资金等资源要素开始从农业领域向工业领域流动,农业的就业人口和投入不断下降,农业产出占一国总产值的比重也随之下降,而工业的就业人口和投入不断上升,工业产出占一国总产值的比重也随之上升,最终导致工业处于主导地位,而农业退居其次;随着社会的进一步发展,服务业逐渐处于主导地位,而工业又退居其次。在产业系统内部,各行业之间的竞争与合作也导致行业间的此消彼长。

在经济系统中,产业内部的适度竞争对保持一个产业的整体活力,促进其内部企业、市场、行业与整个产业的协同演化具有积极的作用。产业中的竞争因素往往有利于产业中行业或者企业的健康成长。一般来说,长期处于竞争环境中的企业,竞争压力可以促使企业提高学习与适应能力,可以促使企业不断提高自身素质和整体能力,从而使企业获得生存和发展。

关于竞争的积极作用,可以用生物界的"鳗鱼效应"来说明。日本北海道出产一种鳗鱼,这种鱼的生命力很脆弱,只要一离开深海区,不到半天就会全部死去。由于鲜活的鳗鱼比死亡的鳗鱼售价要高,当地渔民希望能够尽量延长鳗鱼的鲜活期,但渔民们想尽办法都无济于事。后来有人发现,在一仓鳗鱼群中放进几条鳗鱼的天敌——狗鱼以后,原本死气沉沉的一仓鳗鱼就变得活蹦乱跳起来,鳗鱼群的整体活力由此大增,死亡率也显著下降。原来,狗鱼一见鳗鱼就会追逐猎食,鳗鱼怕被凶猛的狗鱼吃掉,就会四处游动、拼命逃脱,这反而激发了鳗鱼的生命力,所以这些鳗鱼就存活了下来。这就是所谓的"鳗鱼效应"。"鳗鱼效应"说明,一个生物群体如果没有竞争对手,其个体往往会因为相互依赖而养成生存惰性,群体也会因为安于现状而陷入懈怠,从而导致整个群体丧失生机与活力;而引入竞争对手之后,反而会激发个体和群体的生命活力。

"鳗鱼效应"对现实经济活动的启示是:竞争有利于激发产业活力、提高产业的整体能力,产业只有生存于充满竞争的环境中才更容易发展壮大,而处在保护性环境(如政策壁垒、市场隔离等)中的产业反而成长缓慢。中国的出版业为何规模总做不大、国际竞争力很弱?其主要原因就是受到政策的长期保护,行业中缺乏必要的竞争因素,从而导致大多数出版社缺乏危机感,长期安于现状养成了生存惰性。

1973年,万瓦伦在研究生物演化时提出的协同演化理论(又称"红皇后理论")认为,生物个体与其环境在共同演化,生物之间由于竞争而相互促进,协同演化是生物不断演化的重要推动力量,由于协同演化规律的存在,环境中的生存竞争成为一种常态,从而使生物演化成为一个长期持续的过程[①]。伯纳特和海森(1996)将该理论引入企业竞争演化的研究中,他

---

① 钱辉、项保华:《企业演化观的理论基础与研究假设》,《自然辩证法通讯》2006年第3期。

们认为,"竞争是推动企业演化的重要因素,企业如果想要保持长期良好的演化态势,就必须积极参与竞争。由于竞争对手是不断进步的,外部环境是不断变化的,每个企业都必须不断前进才能保证自己相对竞争地位的稳定或不落后。虽然企业可以通过特色化、资源垄断战略来避免竞争,但这样一来就失去了参与'红皇后'演化的机会,从长期来讲对企业发展非常不利;而经常在竞争中接受洗礼的企业,其失败率则会大大降低。因此,竞争会促进企业更好地演化,企业应该勇敢地选择和面对竞争,而不是规避竞争"[1]。

协同演化理论的上述观点与传统企业战略理论主张避免竞争或消除竞争的思想恰好相反。从企业长期发展考虑,企业在战略上要敢于投身到激烈的竞争环境中去,在竞争中不断提高自身素质和增强自身整体能力,并随同环境一起实现协同演化,以保证自身不被淘汰并有所发展。当前,随着信息技术的广泛和深化发展,企业生态环境的变迁速度越来越快,这对企业不断增强环境适应能力提出了新的要求,而企业为适应环境和取得竞争优势也加快了变革和创新的步伐,这反过来又促进了企业生态环境的变迁速度,这就使企业与其生态环境间形成了一个协同演化的正反馈循环。

4. 产业间互动[2]

根据产业主导地位的不同,我们可以把人类社会的发展阶段分为原始时代、农业时代、工业时代、服务业时代和信息业时代五个历史阶段。在每一个时代,人类社会在知识、技术和制度等方面都取得了一定的发展和进步。从人类社会的经济活动来看,这些知识、技术和制度都是与主导产业相对应的。与主导产业对应的知识、技术和制度具体见表5-3。

表 5-3 与主导产业对应的知识、技术和制度一览表

主导产业 \ 要素	知识	技术	制度	说明
农业	农业知识	农业技术	农业制度	包含了原始时代的知识、技术、制度等成分
工业	工业知识	工业技术	工业制度	包含了农业时代的知识、技术、制度等成分
服务业	服务业知识	服务业技术	服务业制度	包含了工业时代的知识、技术、制度等成分
信息业	信息业知识	信息业技术	信息业制度	包含了服务业时代的知识、技术、制度等成分

从经济发展史来看,人类社会主导产业从低级阶段向高级阶段的发展过程,一般是沿着波浪形曲线向前推进的,即在原来的主导产业还没有进入发展高峰前,新的主导产业就已经产生了,而当原来的主导产业发展高峰过去后还没有完全进入衰退前,新的主导产业就逐步增强,直到占据绝对优势地位。例如,在世界很多国家,在农业还没有进入发展高峰前,工业就已经产生了,而当农业发展高峰过去后还没有完全进入衰退前,就迎来了工业革命,工业在国民经济中的比重逐步增强,直到占据主导地位。

---

[1] 李晓明:《企业环境、环境因子互动与企业演化研究》,天津大学管理学院博士学位论文,2006年6月,第11页。
[2] 本小节主要内容最早以《简论经济系统中产业部门之间的相互关系》为题,发表于广州《新经济》杂志2015年第28期。

人类社会每一次新型主导产业的出现,都会对原来主导产业的生产方式造成一定冲击,并以更新的技术手段和产业制度对原有产业的技术手段和经济制度进行替代、改造和提升,从而推动原有产业达到一个更高的发展水平。另一方面,原有产业对新型主导产业在资源、产品、市场等方面也发挥着必要的支撑作用。例如,农业为工业提供了粮食、原料、劳动力和市场等,从而支撑了工业的发展。

在原始时代,人类社会的经济活动主要是采集和狩猎活动,人们主要使用简单加工的竹木或石块等作为采集和狩猎的工具,那时,人类所积累的与原始经济活动有关的知识、技术和制度还很简单、很原始。

大约在距今1万—1.2万年前的新石器时期,由于人类发明了植物种植和动物驯养技术,包括种植业和畜牧业在内的原始农业随之诞生并逐步发展起来[1]。在农业生产活动中,人们逐渐积累了各种与农业有关的知识、技术和制度。在农业时代,人类对原始经济的技术手段和经济制度进行替代、改造和提升,从而使人类社会从原始时代向农业时代转化和过渡。

约1750—1880年间,由于人类在炼钢、铁路、蒸汽机、电动力、石油能源、机器制造等方面大量技术的发明和广泛应用,由此引发了工业革命,从而使人类社会生产活动进入工业主导的时代。在工业时代,人类对农业经济的技术手段和经济制度进行着替代、改造和提升,从而推动人类社会从农业时代向工业时代转化和过渡。与此同时,人类的工业活动也对社会残余的原始经济活动进行着改造和提升。例如,采集野果、捕鱼等原始经济活动,在工业时代就被现代果园、池塘养鱼等生产方式所取代。

与农业时代和工业时代相比,人类社会进入服务业时代并没有一个非常显著的时刻或标志。在一个国家的经济系统中,当服务业的产值在整个国民经济总产值中占据主导地位时,我们就可以说这个国家跨入了服务业时代。人类社会在服务业领域的重要发明包括货币(如贝壳、金属币、纸币等)、汇票、股票、电话、运输工具(如车辆、船舶、飞机等)等。

在服务业时代,人类对工业经济的技术手段和经济制度进行着替代、改造和提升,从而推动人类社会从工业时代向服务业时代转化和过渡。与此同时,服务业也对农业经济活动进行着改造和提升。例如,选种、育种、农产品销售等农业经济活动,在服务业时代就被专业化的选种机构、育种机构、农产品销售企业等经济组织所取代。

自20世纪中叶起,人类社会就逐渐进入了信息业时代。1946年2月,世界上第一台电子计算机诞生,这是现代信息技术产生的重要标志;此后,1969年计算机连接技术的发明、1973年网络信息传输技术的发明以及1989年万维网技术的发明,都是互联网信息技术发展的重要事件。

在信息业时代,人类对服务业经济的技术手段和经济制度进行着替代、改造和提升,从而推动人类社会从服务业时代向信息业时代转化和过渡。与此同时,信息业也对工业经济和农业经济活动进行着改造和提升。

实际上,人类社会每一次新型主导产业产生后都会对以前的所有产业发生重要影响,这种影响是全方位的,具体表现为从知识、技术、制度、组织、产业结构等方面对原有产业进行渗透、改造和提升。例如,在现代社会,工业的发展推动了农业的商品化发展,而农业

---

[1] 彼得·考克莱尼斯撰,苏天旺译:《世界农业制度的历史变迁与功效》,北京《世界历史》2009年第6期。

的商品化发展又带动了农业本身的发展和农业技术进步;现代工业知识和工业技术在农业生产领域中的广泛应用,直接推动了农业工具的机械化进步,同时也促进了农产品在生产、运输、加工、营销和金融服务等方面的各种创新;现代工业为农业生产提供了各种先进高效的农业机械、农业设备等农业工具,这极大地提高了农业的生产效率和生产水平。又如,现代服务业对农业的影响表现为对农业生产、经营、管理等不同方面各个环节的渗透、改造和完善,同时进一步推动农业的分工和专业化发展,促使农业不断向纵深化、精细化、现代化方向演化,从而提升了农业的生产水平和发展层次。再如,信息业对农业的影响主要表现在信息技术对农业生产活动的广泛渗透和作用,并在工业、服务业对农业现代化影响的基础上,进一步提升了农业的现代化水平、质量和层次;现代信息技术对农业的推动作用表现为对农业生产、经营、管理、服务等不同方面各个环节的渗透、改造和完善,推动现代农业向自动化、智能化、信息化等方向发展。①

从人类社会主导产业的发生次序来看,主导产业依次是农业、工业、服务业和信息业。如果我们用圆圈来表示每个主导产业,以箭头表示主导产业之间的相互影响关系,那么,这四大主导产业之间的相互关系就可用图 5-11 来表示。

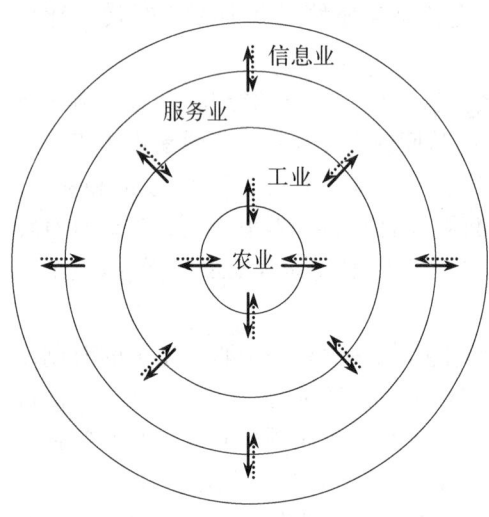

图 5-11 主导产业相互影响示意图

在图 5-11 中,实线箭头表示原有产业对新产业的支撑作用(主要包括在资源、产品、市场等方面的支撑),虚线箭头表示新产业对原有产业的渗透、改造和提升作用。

从图 5-11 中,我们可以看到,信息业目前处于人类社会经济系统的最高层次,它拥有巨大的产业"势能",能够对农业、工业、服务业这些原有产业进行全面渗透、改造和提升。信息业对原有产业的影响可以分为以下三个层面:

第一层面:[信息业]→服务业;
第二层面:[信息业+服务业]→工业;
第三层面:[信息业+服务业+工业]→农业。

在第一层面,信息业对服务业直接进行全面渗透、改造和提升;在第二层面,信息业通过与服务业融合共同对工业进行全面渗透、改造和提升;在第三层面,信息业通过与服务业、工业融合共同对农业进行全面渗透、改造和提升。

农业是人类社会赖以生存的最古老、最基础的一个产业。以往,不少经济学论著认为农业是一个不断衰退的产业,认为农业已没有多少发展潜力。事实果真如此吗?这种论调的坚持者显然只注意到历史发展的某些阶段,而忽视了人类社会发展的长期趋势和人类的伟大创造力!实际上,工业、服务业和信息业都可以对农业进行全面渗透、改造和提升,因此,农业领域依然存在着巨大的发展潜力!

关于原有产业对新产业的支撑作用,国内外已有学者进行了相关研究。例如,早在 20

---

① 有关这方面的详细阐述,参见本书第六章第三节"中国现代农业的发展"。

世纪40年代,中国经济学家张培刚(1913—2011)就在《农业与工业化》[①]一书中,从粮食、原料、劳动力、市场、资金五个方面论述了农业对工业化的重要作用。1961年,美国经济学家库兹涅茨在《经济增长与农业的贡献》一书中提出,农业部门对经济增长具有产品贡献、市场贡献、劳动力要素贡献以及外汇贡献等。20世纪60年代以前,在西方经济主流思想的影响下,许多发展中国家实施了重视工业、忽视农业的工业化战略,导致农业的衰败和工业化进程的中断,最终造成了难以估量的经济损失[②],这一事实也从反面证实了农业对工业具有支撑作用。工业对服务业的支撑作用,主要表现在工业为服务业提供了大量现代化的机器设备和技术手段,从而提高了服务业的运行效率、服务水平和发展层次。例如,船舶工业、铁道工业、汽车工业和航空工业的发展,不仅极大地提升了现代运输服务业的运作效率,同时也扩展了运输服务业的规模和范围。再如,冰箱及冷柜工业为现代大型商场和超市等商业企业提供了保鲜储藏的技术手段,这使大型商场和超市能够储存和销售更多易腐商品。服务业对信息业的支撑作用,主要表现在服务业为信息业提供了人力、资本等社会资源以及在运输、商业、市场等方面的支持。例如,教育服务业为信息业的发展提供了专业化的人力资源;风险投资等金融服务业提供的创业资本直接推动了早期互联网业的兴起。如果没有运输业、仓储业等服务业的支持,戴尔、惠普等计算机销售企业要想在全球不同地区销售其计算机商品,这是令人难以想象的!

当前,人类社会已经发展到信息时代。在社会经济系统中,信息产业已逐渐处于主导地位,它将对人类社会的政治、经济、人文、科学、教育、法制等系统产生广泛而深刻的影响。今天,包括互联网信息技术、数字通信技术、卫星遥感技术、物联网技术、传感网技术、机器人技术等在内的现代信息技术集群,对推动传统农业向现代农业转型、促进传统工业向新型工业升级、引领传统服务业向现代服务业发展,正在发挥着日益重要的作用。

九、产业系统中的分配

在这一部分,我们从中观经济的产业层面来考察一下分配问题。

在经济系统内部,中观层面的分配活动分为行业系统内部的分配和产业系统内部的分配两个层次。行业系统内部的分配主要包括对资源、企业和市场等行业要素的分配;产业系统内部的分配主要包括对行业资源、关联行业和市场体系等产业要素的分配。在产业系统运行过程中,从产业的表层因素来看,产业系统中的分配活动体现为外部环境对"资源"、"企业"和"市场"这三类因素在不同行业之间的供给和配置;从产业的深层因素来看,实际上表现为产业中的不同行业在"知识"、"制度"和"技术"这三个方面的吸纳、融合、应用和创新的动态过程。在产业系统内部,各种产业要素的分配活动一般是通过市场机制与政府部门相互协调、共同配置资源的。政府部门的分配组织一般包括税务组织、财政组织、金融监管组

[①] 《农业与工业化》一书最初为英文,是张培刚先生于1945年在美国哈佛大学攻读经济学博士时撰写的博士学位论文,这篇论文奠定了农业国工业化的发展理论基础,1947年,该文获得1946—1947年度哈佛大学经济学专业最佳论文奖"大卫·威尔士奖";该书英文版最初由哈佛大学出版社于1949年出版,1969年再版;中文版由华中工学院出版社于1984年出版,1988年再版。

[②] 毕艳峰:《近代中国农业工业化道路的探索与争鸣》,"中国经济思想史学会第13届年会"论文,2008年11月15日—11月17日。

织等。

产业系统内部的分配活动,从系统的纵向层次来看可以分为企业、行业和产业三个层次。在第四章中,我们已经分析了企业系统内部的分配问题。这里我们着重探讨一下行业和产业这两个层次上的分配问题。行业是由生产同类产品的不同企业组成的集合,产业是由相互关联的不同行业组成的集合,所以,行业或产业之间的交换过程实际上是由具体的企业来进行的。不同行业(或产业)之间的交换,从其结果来看实际上也是产出分配的过程,这个分配过程是初次分配活动。

我们知道,在企业系统内部的分配中,有一部分是政府部门征收的税收。政府向企业征收税收的行为,并不是通过市场交换实现的,而是依靠实施税收政策等国家的强制手段来实现的。一国内部各级政府将所征集的税收集中起来就形成了国家的财政收入。政府部门把所获得的财政收入在国家内部进行分配的过程,这实际上是再次分配活动。从组成国家系统的子系统来看,国家内部的再次分配活动包括政府部门在政治、经济、人文、法制、科学和教育等系统的财政支出。有关税收和财政方面的经济问题是财政经济学(或公共经济学)研究的主题。政府部门的再次分配行为已经超出了产业系统的功能范围,实际上属于产业系统外部分配的范围。关于产业系统外部的分配,从更高层次的系统来看,可以分为国民经济系统、国家系统、国际系统和自然生态系统等层次上的交换与分配。在现代社会,因为世界各国的经济系统实际上都已融入了全球经济体系中,所以这些不同层次的交换与分配,它们之间相互联系、相互作用、相互影响、相互制约,从而形成了一个异常庞大、结构复杂的交换与分配网络体系。

为使我们的考察更加直观,这里需要结合前文的产业系统运行的一般结构图(即图5-2)和产业发展动力因素关系图(即图5-3)来进行分析。我们知道,企业、资源和市场是构成一个行业(或产业)的必备因素。通过前文对产业成长演化的分析我们知道,一个产业的成长壮大实际上是对环境中这三类因素的吸纳、融合过程。这其中,企业是最活跃的因素,在企业家的带动下,一个企业可以从一个行业转移到另一个行业,甚至同时进入几个不同的行业发展。正是大量企业在不同行业的转移,带动了人力、资本、物质等资源在不同行业之间的流动和分配,而不同行业之间的相互关联又带动了各种专业市场的兴衰和变迁。

一个产业成长发展的必要条件是,其外部环境必须要向它提供各种资源要素。在一个国家的经济系统中包含着许多不同的产业,不同的资源配置方式会造成不同的产出效果,从而引起不同产业(或行业)的此消彼长。对一个产业系统来说,通过什么手段或方式分配资源,才能在不同行业间合理配置资源,从而实现经济系统产出收益最优呢?西方古典经济学给出的答案是依靠自由市场的"无形之手"来配置资源,而以马克思和凯恩斯(John Maynard Keynes,1883—1946)等为代表的经济学家则主张依靠政府部门的"有形之手"来配置资源。本书的基本观点是通过市场机制与政府部门相互协调来共同配置资源。

1. 产业系统中的输入输出关系

从图5-2中我们知道,从产业系统的表层因素来看,一个产业系统的运行链是"投入→企业→资源→市场→产出"。

从系统的角度来考察,我们可以把一个产业系统视为一个输入资源、输出功能的系统来看。

从产业系统的输入端来看,输入产业的内容包括四个方面,即资源、企业、市场和产业投入关系;从产业系统的输出端来看,产业输出的内容也包括四个方面,即协同功能、增值功能、交换功能和产业产出关系。这里,协同功能是指产业系统按生产经营的供需关系将分散无序的上下游企业连接成一个相互联系的企业网络的功能。增值功能是指产业系统内所有企业分工、协作共同创造价值的功能。交换功能是指产业系统内所有市场相互联系共同促进商品交换的功能。产业投入关系是指在产业成长过程中各投入要素间的相互联系及投入的比例结构关系。产业产出关系是指在产业运行过程中各行业产出成果间的相互联系及其在不同行业间分配的比例结构关系,它反映了产业系统中不同行业的分配关系。

从产业投入产出再循环过程来看,产业系统的输入与输出之间有什么规律可循呢?

我们先从产业系统的输入端进行分析。

从产业系统的外部环境来看,其外部环境包括自然环境和社会环境(国际环境)。从社会环境中的国家系统来看,国家系统包括人文系统、经济系统、政治系统、法制系统、科学系统和教育系统等。从产业系统成长演化的角度来看,存在于外部环境中能够被产业所吸纳、整合的因素都可以看作产业的资源。所以,产业系统的资源可以分为自然资源和社会资源两大类,社会资源又可以分为人文、经济、政治、法制、科学、教育等资源。

不同产业所依赖的资源要素不完全相同。例如,对农业来说,土地是其核心资源要素;对采掘业来说,煤、铁等矿藏是其核心资源要素;对金融业来说,货币是其核心资源要素;对出版业来说,知识是其核心资源要素。除了核心资源以外,所有产业的正常发展还必须有其他一些共同的资源,例如人力、资本、场地、法律、政策、公共服务、公共安全、公共秩序、基础设施等。

按环境系统的分类来看,产业发展需要的所有资源都可以划分到自然、经济、政治、法制、人文、科学和教育等资源分类中。例如,土地和矿藏属于自然资源,商品和资本属于经济资源,法律和政策属于法制资源,人力属于人文资源,基础知识和技术属于科学资源,应用知识属于教育资源。而像公共服务、公共安全、公共秩序、公共基础设施等属于公共产品的范畴,一般应由政府组织负责提供,政府组织是政治系统的核心要素,所以,公共产品可以划入广义政治资源的范畴内。

对一个具体的行业来说,我们也可以把存在于这个行业外部环境中的企业和市场看作这个行业的特殊要素资源。当一个新兴行业诞生以后,除了行业内新创建的企业以外,行业外部环境中的企业也会不断转移到这个行业内部,随着行业内企业数量的不断增多,这个行业随之成长壮大起来。随着行业内企业与环境中其他企业在产品和服务方面交换的增长,行业内部的市场也随之创建并成长壮大起来。一个行业要正常、顺利、健康地发展,投入这个行业的资源、企业和市场这些要素之间就需要保持一种适当的比例关系。任何一个行业在发展的不同阶段,这些要素之间的比例关系是不同的,它们之间的这种比例结构关系就形成了这个行业的投入结构关系。

从产业系统的深层因素来看,一个产业的运行链是"投入→知识→制度→技术→产出"。其中,"知识"实际上包括资源、企业和市场这三个方面的知识,同样,"制度"实际上也包括资源、企业和市场这三个方面的制度,"技术"实际上也包括资源、企业和市场这三个方面的技术。因为所谓"行业"其实是同一类企业的集合,所以,这里关于企业的知识、制度和技术,实际上是关于行业的知识、制度和技术。一个行业要正常、顺利、健康地发展,投入这个行业的知识、制度和技术这些要素之间就需要保持一种适当的比例关系。任何一个行业在发展的不同阶段,这些要素之间的比例关系是不同的,它们之间的这种比例结构关系实际上就是这个行业投入关系的深层结构。

在以往的经济学中,一般都将资源的配置问题作为研究的中心问题,而忽略了对"企业"和"市场"本身的配置问题。实际上,对一个行业的正常、健康发展来说,对企业和市场本身的配置同样很重要。在一个行业中,如果上、下游企业配套比较齐全,环境所提供的基础设施和法律制度又比较完善,这个行业就会迅速成长壮大。同时,一个行业的成长壮大也离不开各类行业市场的配套。配套齐全的行业市场会促进行业之间的商品(或服务)交易,交易规模的扩大能够促进行业的发展,行业的发展又会进一步推动市场交易的繁荣。在实行市场经济的国家,配置资源的方式一般包括市场配置和政府配置两种方式,市场配置资源是通过市场供需、价格机制等"无形之手"发挥作用的,而政府配置资源则是通过政策工具、财税手段等"有形之手"发挥作用的。与此类似,对企业和市场本身的配置,也可以采取这两种方式。当人们还没有意识到合理配置企业和市场有利于促进行业发展时,人们往往任由行业中的企业和市场自发成长,这实际上是依靠市场的供需机制在发挥调节作用。当人们意识到合理配置企业和市场有利于促进行业发展时,人们就可以通过实施一定的产业政策、行政手段等来主动配置行业中的企业和市场。

我们再从产业系统的输出端进行分析。

在产业系统输出的协同功能、增值功能、交换功能和产业产出关系这四个方面,以往的经济学对其中的增值功能和交换功能已经有很多研究和论述,而对协同功能和产业产出关系的研究却不足。对于产业系统的增值功能,我们可以从企业整合资源从而创造价值的过程中得到很直观的理解。对于产业系统的交换功能,我们也可以从市场交换商品从而实现价值的过程中得到很直观的理解。对于产业系统的协同功能,我们可以从企业在生产经营中所结成的供需关系链(产业链)中得到一些比较直观的认识。实际上,产业系统中各种行业的产业链相互连接、纵横交错,最终形成了一个复杂的企业网络。产业系统的协同功能主要体现在其内部各行业之间的关联效应上。正因为产业系统中各行业之间存在着关联效应,所以使得产业投入和产出关系变得异常复杂。

由于产业系统实际运行过程的复杂性,要理清产业系统中的输入输出关系,我们还需要对产业间关联效应、产业要素分配等问题展开论述。为使叙述更加清晰,我们将在下文中分别对这些问题进行阐述。有关产业系统中的输入输出关系问题,由于还涉及许多宏观经济层面的问题,所以要到第七章第五节的论述中才可以获得比较完整的解决。因为产业系统的各个方面是相互联系的,所以读者在阅读这些内容的时候要注意将前后文联系起来阅读,而不能作片面化、断章取义式的理解。

由于现代学科体系分工过细,世界各国不同流派的不同经济学家都分别从资源、企业、市场、知识、制度和技术等不同角度研究了行业(或产业)运行的规律或特点,却很少有人将这些因素整合在一个统一的框架中进行系统研究,这就造成今天的经济学呈现出支离破碎的图景。我们只有将这些因素有机结合、综合考虑和统一研究,才能避免得出片面化的结论。

2. 产业之间的关联效应

产业关联又称产业联系,是指产业之间在生产、交换和分配上所形成的客观联系。产业关联反映了经济活动中各产业之间广泛存在的复杂而密切的经济技术联系。产业关联的实质是各产业相互之间的供给与需求的关系①。

下面以面包生产中所涉及的产业关联问题为例,对各行业之间的产品供需链进行分析。

图 5-12 是面包生产中行业间主要产品供需链示意图,其中,箭头方向表示资源或产品流动方向,椭圆表示不同的行业市场。

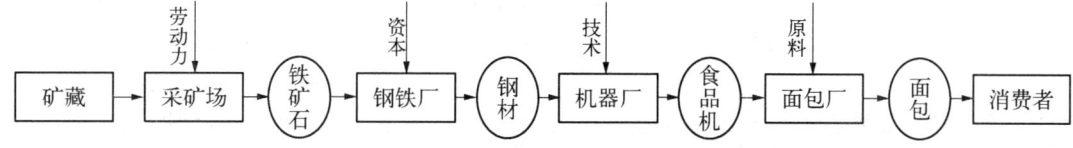

图 5-12　面包生产中行业间主要产品供需链示意图

我们知道,面包厂在生产面包时,除了需要投入人力、资本、原料和场地等生产要素以外,还需要使用一定的生产工具(如面粉机、面包机、烘烤机等机器设备)。在现代社会分工条件下,面包厂要顺利实现面包的整个生产过程,必须使用其他企业(或组织)提供的有关产品或服务,否则,要顺利实现整个生产过程是难以想象的。在整个生产过程中,面包厂需要很多行业所提供的产品或服务。例如,面包厂需要的人力资源涉及人力培训和教育行业,所需要的资本来自金融行业(向银行贷款),所需要的小麦、玉米等原料来自农业,所用的厂房、仓库等建筑房屋来自建筑行业,工厂所占据的土地来自土地所有者(政府或其他组织),所使用的公共服务、道路设施等公共产品来自政府部门。面包厂所使用的面粉机、面包机、烘烤机等食品加工机器来自机器制造厂。如果我们沿着所有的产品、资源供需链分别上溯或下溯,将会发现,由此构成的供需链纵横交错,相互连接成了一个结构复杂的庞大网络。如要完全梳理清楚其中涉及的所有行业或企业之间的关系,这将是很困难的。

这里,我们只重点分析一下沿着食品加工机器生产交换过程展开的产品供需链(如图 5-12 所示)。为使分析显得简明,这里对每个环节所涉及的其他生产要素进行大幅简化。例如,采矿场生产中显然也需要资本、采矿机械等其他资源,钢铁厂在生产钢材时还需要人力、机器、焦炭、石灰、燃油等资源,机器制造厂在生产机器时还需要人力、资本、电力等资源,在图中我们仅分别标示出了"劳动力"、"资本"和"技术"等关键性要素。

从图 5-12 中我们看到,在面包生产过程中至少涉及采掘业、冶金业、机器制造业、食品工业和农业等五个行业。涉及的自然资源包括铁矿藏、土地等,社会资源包括人力、资本、技术、机器和公共产品等。涉及的企业种类包括采矿场、钢铁厂、机器厂、面包厂等。涉及的行业市场包括矿石市场、钢材市场、食品机器市场、面包市场等。这些行业之间形成了密切的经济技术联系,一个行业的产出为其他行业提供了要素投入,不同行业之间通过行业市场联系在一起。一个行业的规模过小或产出不足,将会影响到另一个行业的要素投入,从而会影响到这个行业的成长壮大。同样,一个核心行业的成长壮大,也会带动与它联系紧密的其他行业的发展。在经济系统中,不同产业之间这种兴衰相关、互相联系的现象,就是产业之间的关联效应。

产业关联有很多种类型,按照产业之间相互依托的方式不同,可以将产业关联分为产品(或服务)关联、技术关联、价格关联、投资关联、就业关联等②。例如,采掘业的产品是铁矿

---

① 杨公朴、夏大慰主编:《产业经济学教程》,上海财经大学出版社 1998 年版,第 110 页。
② 简新华主编:《产业经济学》,武汉大学出版社 2001 年 11 月第一版,第 68—69 页。

石,采掘业为冶金业提供了铁矿石这种原料(即要素投入),采掘业与冶金业之间就形成了产品关联。再如,在机器制造业和食品工业之间,机器制造业为食品工业提供了各种食品加工机械,食品加工机械是生产工具,实际上体现了生产的技术手段,所以,机器制造业与食品工业之间就形成了技术关联。不同行业之间通过行业市场联系在一起,一个行业产品的价格波动会直接引起相邻行业产品的价格波动,这实际上就是行业之间的价格关联。在图 5-12 中,在采掘业、冶金业、机器制造业、食品工业等行业的市场之间实际上就存在着一定程度的价格关联。再例如,在电力行业和冶金业之间,电力行业为冶金业提供了电力能源,当冶金业扩大规模后,如果电力行业不相应提高电力的供应能力,这将会直接影响到冶金业的正常生产活动。所以,当冶金业扩大投资规模后,也需要扩大对电力行业的投资,因此,电力行业与冶金业之间实际上存在着投资关联。产业之间的就业关联是普遍存在的,一个产业的发展会带动另一个产业的发展,当这个产业发展时,就会相应地带动劳动就业的增加。当然,也存在相反的情况,即一个产业的发展也可能会导致另一个产业劳动就业的减少。

在产业关联的多种类型中,产业之间的产品(或服务)关联是最基本的联系,其他方面的关联都是在这一联系的基础上派生出来的联系。加快一个国家的经济发展,不可能仅仅通过加快某一产业的发展来实现,而必须通过相关产业体系的协同发展来实现。各个产业之间实际存在的各种关联效应,要求相关产业之间提供的产品(或服务)在数量比例方面达到一定的动态均衡,在技术与质量方面达到相互适应和匹配。否则,一个国家的产业系统是难以保持长期、稳定、健康发展的。产业之间客观存在的关联效应,实际上反映出产业发展过程的协同功能。当政府部门实施的产业政策或行政手段能够促进产业系统的协同功能时,一个国家的产业体系就会进入良性发展轨道;反之,则会阻碍产业体系的健康发展。

3. 产业系统的要素分配

在这一小节,我们结合前文的产业发展动力因素关系图(即图 5-3)对产业系统的要素分配情况展开简要分析。从产业系统的"投入"端来看,一个产业在开始运行前,必须要有"外部供给"作为必要条件,否则,即使有强大的"外部需求"存在,这个产业也是不可能生存发展下去的。

这些"外部供给"具体包括哪些内容呢?

从产业系统发展动力的表层因素来看,我们可以从组成产业系统的"资源"、"企业"和"市场"这三个方面来分别对产业进行"外部供给"。"外部供给"的过程也可以看成外部环境对产业系统进行要素分配的过程。为便于理解,下面我们依然以上面提到的面包生产过程为例来展开探讨。

(1) 在资源方面的分配

在面包生产过程中,从资源方面来看,土地、铁矿藏、人力、资本、技术、机器和公共产品等资源中的任何一项短缺或不足,都会影响到最终面包的生产和供应。这其中,对土地、矿藏这类不可再生自然资源的分配往往会产生比较长远的影响。

在世界上,像土地、矿藏这些自然资源,在有些国家它们是归国家所有的,而在另一些国家它们是归私人所有的。即使是在土地公有制国家,如果法律法规不够健全,或者实施分配的政府官员违法乱纪,那么在最初分配这些自然资源的过程中,同样可能会造成资源分配的不公。

那么,资源最初的分配不公会产生什么样的后果呢?我们可以作个简单分析。

例如，如果一个国家的铁矿藏被少数私人企业所垄断，同时铁矿石的进口贸易又被限制，这将会直接导致该国矿石市场中铁矿石的价格被人为操纵，在获得更多利润的驱使下，这些垄断企业一般会倾向于提高铁矿石的价格。因为相关行业之间存在着价格关联效应，铁矿石价格的提升，将会通过"铁矿石→钢材→食品机械→面包"这个产品供需链的传导，最终导致面包价格也上升。人们原本只需要花费3元钱就可以买到1块面包，可现在却需要花费5元钱才能买到同样质量的1块面包。在面包消费中，每个购买者为此多花费了2元钱，消费者的利益显然受到了侵害。可是，在现实生活中，很少有消费者真正清楚，他们多花费的2元钱是因为国内铁矿藏被少数企业垄断所造成的后果之一！也许有人会认为才多花了2元钱，这只是微不足道的损失。实际上，一个看似微小的分配不公，通过一定的市场传导后往往会被放大成一系列的分配不公。

这里，我们可以进一步算一笔账。每个人每天多花2元钱买面包，经过上溯四个环节后，假设铁矿场仅仅分得其中的0.5元钱，则每人每年就向铁矿场多付了182.5元钱。如果全国有2亿人全年每天都消费1块面包（这个数字是完全有可能的），则铁矿场每年就多收入365亿元。如果铁矿场主把365亿元中的1/3拿出来进行房地产投机，那么120亿元资金在经过金融信贷市场放大后，再被铁矿场主投入房地产市场，就足以引发一股不小的投机热浪。在暴利的诱惑和驱使下，其他行业的人们就会把更多资金抽取出来投入房地产市场中，最终就会导致该国的房地产行业畸形膨胀。当各类投机者和大批炒房客们把从房地产市场中获得的千百亿资金再次投入房地产市场之后，该国的房价怎么可能不节节攀升呢①？如果政府部门不通过再分配政策（如征收房产税、对低收入家庭进行补贴等）缩小国民贫富差距，市场传导的结果就会导致社会不同阶层的收入差距进一步拉大，最终就会出现少数人依靠垄断和投机大发横财、大多数普通百姓被巧取豪夺而日益贫困的社会怪现象！这个例子说明，资源最初的不合理分配往往会导致国民收入贫富悬殊的结果，这实际上是一个把公众分散的小钱逐级汇集、最终转移至少数人钱包的过程。这就是中国社会收入分配中的一个微小差距，经过一系列中间市场的不断放大后所造成的巨大差距！

上面的简单分析说明，对资源最初的分配不公，可能会造成一些企业（或行业）的垄断行为，而垄断行为不但会使公众利益遭受损失，甚至可能导致收入分配的巨大差异。所以，在资源初始配置不公平的情况下，单靠市场的自发调节不仅不能缩小国民收入的分配差距，相反，还会通过市场关联效应将不同阶层间微小的收入分配差距不断扩大。自改革开放以来，中国在城市与农村之间资源配置的差异，在市场机制的作用下使城乡居民收入分配差距不断扩大的事实也证明了这一点。

再如，当国内小麦种植因天灾影响而歉收时，政府如果不通过各种手段（如进口小麦、开仓调出储备小麦等）及时供给国内市场需求，在一定时期内面包价格也会上涨，消费者的利益同样也会受到侵害。再比如，在"铁矿石→钢材→食品机械→面包"这个产品供需链的诸多环节中，如果其中的某一个环节发生中断（如因地区市场割据造成"钢材→食品机械"环节中断），如果政府不及时采取措施消除地区市场割据、疏通商品流通环节，那么缺乏食品机械地区的人们可能就会长期买不到面包或者因此消费着高价面包。这样，这些地区的消费者

---

① 中国房地产市场价格不断攀升是由多种因素造成的，其中最主要的原因是各地政府依靠拍卖土地维持财政收入从而不断拉高土地价格。

的利益也会遭到侵害。在这个过程中,从表面看是因资源供给链发生中断而造成地区民众利益的损失,从深层次来看则是因为政府没有尽到为社会提供公平环境的职责(至少是政府所提供的商业政策等公共产品欠缺或不足造成的)。

从以上这几个例子来看,无论是对资源源头(如土地、矿藏等)的配置,还是对资源供给链条(或通道)的调控,如果政府部门不能够统筹兼顾、科学合理地配置资源并主持社会公平,往往就会造成资源分配的不公平,进而就会损害社会公众的利益,甚至可能导致收入分配的不公平。

根据资源配置理论,一般把资源配置分为两个层次,即资源Ⅰ次配置和资源Ⅱ次配置。资源Ⅰ次配置是指在一定时期内,社会资源在产业部门之间、地区之间、企业之间的配置;资源Ⅱ次配置是指资源在Ⅰ次配置后,各种资源在产业部门之间、地区之间、企业之间的流动及其重组所形成的再一次配置。通过资源Ⅰ次配置,在一定时期内形成了生产要素配置比例的初期状态;通过资源Ⅱ次配置,则调整了后续期的生产要素配置比例,从而形成了新的产业结构。资源的Ⅰ次配置和Ⅱ次配置都存在着政府配置和市场配置两种机制。政府配置资源机制,是指通过政府的行政权力、行政手段来配置人力、物力、财力等资源,一般通过财政拨款来实现增加投资的目的。市场配置资源机制,是指通过供求关系形成的价格信号来促使市场主体配置人力、物力、财力等资源。政府配置和市场配置这两种机制互为补充,都发挥着不可替代的资源配置功能。[①]

(2) 在企业方面的分配

企业在各行业中的分配(分布)往往是由企业家的个人偏好和主观判断决定的。不同的企业家由于个人偏好的不同,他就会选择进入不同的行业进行创业。当一些企业家判断进入另一个行业将会获得更高的利润回报时,他们就会向这些领域进行投资,或者将原来所经营的企业转移到这个新行业中。一般来说,进入一个行业中的企业数量越多,这个行业的成长将会越快。

在面包生产过程中,从企业方面来看,采矿场、钢铁厂、机器厂、面包厂等企业中的任何一类企业短缺或不足,都会影响到最终面包的生产和供应。

例如,在一个国家范围之内,如果某一地区的机械制造行业不够发达,各类专业化机器制造企业数量不足,它们所提供的食品加工机械种类和数量也将会很有限,如果全国的食品机械商业流通和市场网络又比较落后,就会制约当地食品加工行业的发展。这样一来,就会造成两个结果:一方面,当地的食品加工企业数量就会比较少,它们生产的食品(包括面包)种类和数量将会很有限;另一方面,当地的食品加工企业(包括面包厂)提高技术水平和扩大生产规模的步伐就会比较缓慢。比如,当地的面包厂如要提高技术水平,就往往需要从其他地区购买甚至从国外进口所需要的食品加工机械,这样就增加了面包厂的实际生产成本(至少增加了一定的长途运输成本)。这两个方面都会导致当地生产的面包价格较高,进而使当地的消费者利益遭受侵害。在生产工具供应链中,机械厂为面包厂提供食品加工机械,所以,机械制造行业位于食品加工行业的上游。这个例子反映出,上游行业的发展程度将会制约下游行业的发展。

如果再沿着食品加工企业的原料供应链往上溯,我们将会发现,一个地区的食品加工行

[①] 夏兴园、李洪斌:《经济结构理论及其在中国的发展》,《广西经济管理干部学院学报》1999年第4期,第8页。

业如果不发达,同样也会制约或限制该地区农产品的商业化发展。因为瓜果、蔬菜、粮食等农产品都比较容易腐烂,一般不易长期保存。如果某一年当地的农产品获得大丰收,当地又不能够在短期内完全销售掉这些农产品,一种解决办法是把当地多余的农产品运往其他地区销售[①],较好的解决方法是把多余的农产品就地深加工成各类保存期更长的食品(如腌制品、罐头、饮料、果干、饼干等),以供给更广泛的市场需求。如果当地的食品加工行业不够发达,那么当地的食品加工企业对农产品的需求种类和数量也将会是很有限的,这样就直接制约了当地农业的发展。在生产原料供应链中,农业为食品加工企业提供瓜果、蔬菜、粮食等农产品原料,所以,食品加工行业位于农业的下游。这个例子反映出,下游行业的发展程度同样会制约上游行业的发展。

实际上,这里得出的行业上下游之间的这种相互联系、相互影响、相互制约的关系,同样存在于采掘业(采矿场)与冶金业(钢铁厂)之间、冶金业(钢铁厂)与机械制造行业(机械厂)之间。所以,从产品供需链来看,上游行业的发展将会影响和制约下游行业的发展;同样,下游行业的发展也会反过来影响和制约上游行业的发展。从深层次来看,这实际上涉及一国之内产业(或行业)之间的比例结构和地理布局问题。

(3) 在市场方面的分配

市场作为行业本身的组成要素,它本身的交换功能对一个行业(或产业)的发展具有不可缺少的作用。在面包生产过程中,从市场方面来看,矿石市场、钢材市场、食品机械市场、面包市场等行业市场中的任何一类市场短缺或不足,都会影响到最终面包的生产和供应。

例如,在一个国家的范围内,如果铁矿石市场网络不够发达或商业流通渠道比较落后,首先会影响钢铁企业的原料供给,铁矿石市场网络不够发达,往往会增加钢铁企业寻找原料的成本,而商业流通渠道落后往往会导致钢铁企业运输成本的上升,这样就会导致钢材市场中钢材商品价格的上升;而钢材商品价格的上升,将会通过"钢材市场→食品机械市场→面包市场"传导给最终端的面包零售市场,从而使消费者的利益遭到侵害。同样,在商品供需链条中,如果钢材市场或食品机械市场的市场网络不够发达或商业流通渠道比较落后,最后也会影响到终端面包零售市场。

从行业市场是每个行业的构成要素这一点来看,任何一类市场的短缺或不足,都会直接影响和制约这个行业本身的成长和发展。这里,"市场"本身所具有的交换功能发挥着重要的商品分配作用。例如,在1978年以前,中国经济系统中普遍推行的是计划经济模式,各行业之间的产品通过国家统购统销来分配,这种分配方法由于缺乏自由灵活的价格调节机制,所以常常不能真实反映出每类商品的综合成本,分配中往往会造成商品价格扭曲,从而造成需求和供给之间的经常脱节,致使经济系统中整个产业体系效率低下、发展缓慢,最终导致社会中各类商品普遍短缺。而自1978年后中国政府实行改革开放政策以来,特别是自1992年中国正式建立市场经济体制以后,中国大地上各类市场如雨后春笋般纷纷涌现,各类商业流通渠道联通了原来相互隔绝的地区,不同的大小市场纵横交错相互交织成呈立体结构的复杂网络,各地的商品借助市场网络的"无形之手"实现了高效而广泛的交换,长期被压抑的市场力量终于被唤醒了。从此,中国逐渐走出短缺经济时代,不同地区的人们都能够有机会

[①] 这样做的实际结果往往是,农产品的销售收入还抵不上运输费用的花费,农民们感觉得不偿失,通常,他们就会让这些销售不掉的农产品烂在田里,或者拿它们来喂家畜。

购买到种类更多、更丰富的各类商品。

在市场经济条件下，各类行业中的企业发挥着主体作用，但这并不意味着政府对"市场"本身的配置就无所作为。在一个国家的经济系统中，只有当各类产业之间保持合理的比例结构时，才有利于整个产业体系的协同发展。而每个产业由众多细分行业组成，每个行业中都内含着一个行业市场，这也就决定了在一个产业内部，所有的行业市场需要保持一定的比例结构，才能维持整个产业的协同发展。更进一步来说，在一个国家的经济系统内部，所有的产业市场需要保持一定的比例结构，才能维持这个国家经济系统内部整个产业体系的协同发展。具体来说就是，在一个国家的经济系统内部，当农业市场、工业市场、服务业市场和信息业市场等产业市场之间保持合理的比例结构时，才更加有利于这个国家产业体系的协同发展。同时，在每个产业门类内部的各个细分行业市场之间也需要保持合理的比例结构。例如，在一个国家农业系统的内部，当种植业、畜牧业、水产业（渔业）、林业等细分行业的行业市场之间保持合理的比例结构时，才更加有利于整个农业的协同发展。因此，在对"市场"本身的配置中，政府部门可以在促进市场本身的要素完善、合理布局、比例结构调整中发挥重要的调节作用。

外部环境对产业系统在"资源"、"企业"和"市场"这三个方面进行供给，从产业系统发展动力的深层因素来看，实际上表现为产业系统在"知识"、"制度"和"技术"这三个方面的吸纳、融合、应用和创新的动态过程。这里不再展开论述。

十、产业的整体能力

随着"投入→产出→再投入→再产出"产业运行循环过程的进行，产业内部的企业通过市场交易不断吸纳、内化、整合各种资源，不断增加的交易需求推动了市场的成长演化，而成长壮大后的市场又吸引更多的企业进入产业，企业数量的不断增加推动了产业的成长壮大。在这个过程中，产业内的企业也在同时成长演化，也在不断搜寻、学习、内化、整合各种知识和技术，也在不断调整更新企业制度；行业内大量企业的持续创新活动，直接推动行业知识和行业技术的不断进步以及行业制度的不断完善。企业知识和企业技术的不断进步，直接推动了市场交易知识和技术的进步，而市场交易知识和技术的进步又推动了市场交易制度的发展，这一过程与市场本身的成长演化是协同一致的。在一个产业系统内，正是众多企业、市场与行业的协同演化实现了产业的成长演化。在一个产业从弱小到强大的成长过程中，产业的整体能力也是不断提高和成长的。

在产业系统成长演化过程中，产业除了其内部企业、市场与行业的协同演化以外，它同时还与其外部环境中的政府、企业、家庭、科研机构、大学等社会组织之间始终进行着各种人员、物质、货币、商品、知识、制度、技术和信息的交流。一个国家的政府部门对产业的发展常常发挥着重要的作用，主要包括建设公共基础设施、建立产业创新体制、制定实施相关产业政策、引导调整产业比例结构、培育完善市场交易体系等内容。产业成长演化的过程实际上也是产业不断适应外部环境、不断实现内外环境耦合的动态过程。

一个产业的整体能力是指这个产业中所有企业有效整合各类资源，为社会提供产品或服务，满足社会需求的总能力。产业的整体能力一般是由投入、企业、资源、市场、知识、制度、技术、产出这八个方面共同组成的。一个产业在这八个方面的能力越强,这个产业的整体能力就越强,其综合竞争力就越强。

如果用投入、企业、资源、市场、知识、制度、技术、产出这八个方面作为八个维度来描述一个产业的整体能力,则可以画出这个产业的能力"势能图"(见图5-13)。

在图5-13中,八个维度分别是:① 投入; ② 企业;③ 知识;④ 资源;⑤ 制度;⑥ 市场; ⑦ 技术;⑧ 产出。

在第①维中,产业由 Oa→OA,表示外部环境对产业的整体投入从 a 点提高到了 A 点;

在第②维中,产业由 Ob→OB,表示产业中企业的数量、规模和生产能力从 b 点提高到了 B 点;

在第③维中,产业由 Oc→OC,表示产业学习、整合和应用知识的能力从 c 点提高到了 C 点;

在第④维中,产业由 Od→OD,表示产业吸纳、转化和利用资源的能力从 d 点提高到了 D 点;

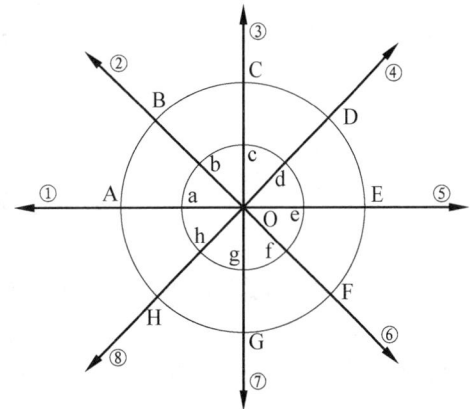

图5-13 产业能力"势能图"

在第⑤维中,产业由 Oe→OE,表示产业构建、调整和完善制度的能力从 e 点提高到了 E 点;

在第⑥维中,产业由 Of→OF,表示产业中市场的数量、规模和交易能力从 f 点提高到了 F 点;

在第⑦维中,产业由 Og→OG,表示产业学习、应用和创新技术的能力从 g 点提高到了 G 点;

在第⑧维中,产业由 Oh→OH,表示产业对外部环境的整体产出水平和能力从 h 点提高到了 H 点。

上述八个维度的能力划分,是从产业运行的投入产出全过程进行考察所作的大致划分。实际上,产业每一方面的能力还可以再作更具体深入的细分。例如,外部环境对产业的投入包括人力资源投入、产业资本投入、产业政策投入、科研创新投入、基础设施建设等。产业在市场方面能力的提高,不单指商品市场数量的增多、规模的扩大、交易效率和交易水平的提高,而是指包括商品市场、人力市场、资本市场、技术市场、信息市场、产权市场等在内的多层次、多元化市场体系在数量、规模、效率和水平等各方面的增多、提高和完善。其中的每一种市场又可以再作进一步的细分,如资本市场又可以分为信贷市场、债券市场、股票市场等。产业中的知识和技术除了包括行业知识和行业技术以外,也包括市场交易的知识和市场交易的技术,而市场交易知识和市场交易技术又可以根据产业、市场和商品种类的不同进行更细的划分。产业中的制度除了包括行业制度以外,也包括市场交易的制度,例如市场准入规则、市场交易规则、交易竞价规则、交易仲裁规则等。

在图5-13中,由 abcdefgha 围成的小圆代表产业处于较低的势能位置,此时,产业的整体能力较低,表示其发展水平较低、综合竞争力较弱;由 ABCDEFGHA 围成的大圆代表产业处于较高的势能位置,此时,产业的整体能力较强,表示其发展水平较高、综合竞争力较强。产业从 abcdefgha 状态发展到 ABCDEFGHA 状态,就是产业由小到大、从弱到强的成长演化过程。通过产业能力"势能图",我们可以形象地描述出产业的成长状态和发展水平。

在产业实际的成长演化中,产业在以上八个方面的能力一般是不可能同比例均匀提高的,可能有些能力增长提高得较快,而有些能力增长提高得缓慢,甚至可能会出现起伏波动。因此,产业实际的"势能图"一般不会形成规则的圆形。

产业整体能力的概念和产业能力"势能图"的提出,为不同经济系统中同一类产业的横向对比提供了一套相对全面的比较尺度,也为政府扶持有关产业的发展提供了一个比较全面的思维框架。当然,这里对产业整体能力的探讨比较粗浅,有关这方面的研究还有待于进一步深入。

十一、产业的生命周期

产业是由企业组成的企业群落。企业具有生命周期,这决定了产业也具有生命周期。一般来说,产业都有其诞生、成长、衰老、消亡的生命周期过程。在现实的经济系统中,有些产业的生命周期很长(如种植农业),而有些产业的生命周期比较短(如采掘业)。从产业演化的方向和状态来看,我们可以把产业生命周期划分为成长进化、保持稳定、退化衰亡这三个阶段。

产业演化的方向一般有两个,即进化与退化。产业进化是指产业在企业数量、资源转化、市场规模、整体产出和生态位质量等方面向有利于产业发展的方向演化,具体表现为产业中企业数量不断增加、资源转化能力增强、市场规模不断扩大、整体产出能力提高,产业生态位质量达到更好状况。产业退化是指产业在企业数量、资源转化、市场规模、整体产出和生态位质量等方面向不利于产业发展的方向演化,具体表现为产业中企业数量不断减少、资源转化能力减弱、市场规模不断缩小、整体产出能力降低,产业生态位质量跌到了更差的状况。

在外部动力与内部动力的共同作用下,产业最终可能演化的结果只有三种,即持续进化、维持现状、退化衰亡。在现实的经济系统中,与这三种演化结果对应的产业状态如下。

1. 成长壮大的产业

产业进化的决定力量主要来自外部环境的社会需求。只要存在人类需求,产业都会沿着持续进化的方向演化。人类社会的需求越强烈,产业进化的动力就越充足。在一个国家的经济系统中,除了发生战争、社会动乱、自然灾害等特殊情况以外,这个国家的农业、工业、服务业等产业一般都会不断成长壮大。

如果通过产业能力的"势能图"来观察,我们可以清楚地看到一个不断成长壮大的产业是如何成长进化的。

在产业能力成长"势能图"(见图 5-14)中,八个维度分别是:① 投入;② 企业;③ 知识;④ 资源;⑤ 制度;⑥ 市场;⑦ 技术;⑧ 产出。

在图 5-14 中,我们看到,起初产业的产出能力很小(图中所示的起点为零),但在产业外部需求的拉动下,产业的各项能力不断提高,产业不断

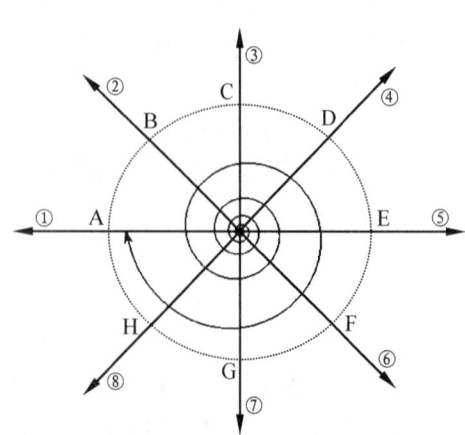

图 5-14 产业能力成长"势能图"

成长壮大。

从产业运行的表层因素（企业、资源和市场）来看，当代表一个新兴行业的企业诞生以后，在社会需求的拉动下，不断有新企业进入该行业，各种人才、资本等资源要素不断进入该行业，从而促使一个新行业诞生并逐渐成长。行业内企业之间的分工与协作，推动整个行业生产出品种更丰富、数量更多的各种产品投入市场，这直接推动了行业市场的成长和扩大。而市场的扩大又吸引更多企业进入该行业，从而推动该行业进一步成长壮大。从产业运行的深层因素（知识、制度和技术）来看，随着该行业在企业、资源和市场这三方面能力的提高，同时也推动这个行业在知识学习创新能力、制度构建完善能力和技术创新应用能力这三方面能力的提高，进而又推动整个行业产出能力的提高。而行业产出能力的提高，又增强了行业的再生产投入能力。

在分叉与协同机制的作用下，从该行业不断分化出新的细分行业，新旧行业相互交叉与融合又催生出一批更新的行业，从而使产业中的行业数量不断增多。随着投入产出循环的进行，产业的整体能力不断提高，产业的规模不断扩大，产业竞争力随之提高，同时产业生态位也在不断扩张。

由此，我们不难发现，在产业的成长进化过程中，产业能力经历了一个由弱到强的演化过程，产业能力成长演化的轨迹实际上是一条逐渐扩展的螺旋线（见图5-14）。

2. 停滞不前的产业

当外部环境的需求较弱，同时产业内部又缺乏竞争性因素时，在一定时期内产业将保持相对稳定的状态。当外部环境变化缓慢时，产业将面临一个相对稳定的外部环境，产业就可以保持在一个相对平稳的运行状况，并一直延续到外部环境发生剧烈变化为止。在这一时期，产业就表现为产业规模保持不变、竞争力相对稳定、产业生态位稳定等。

在古代社会，当一个王朝发展到一定阶段后，由于社会制度变革的滞后严重阻碍了社会生产力的发展，同一时期如果没有出现重大技术创新，那么社会经济系统常常就会处于停滞状态。在中国古代历史上，几乎每个封建王朝的中后期，社会经济系统就处于这样的停滞状态。最典型的是中国清朝后期的农业。在从1800—1900年的一个世纪中，中国的农业生产几乎没有什么发展，基本上处于停滞不前的状态。

当前，在经济全球化、知识和技术创新日益加快的条件下，产业的外部环境变化一日千里。在激烈变化的外部环境中，任何产业都无法长期维持现状。因此，保持稳定只可能是产业发展过程中一个相对短期的现象。

3. 衰败退化的产业

当外部环境的需求不断减弱甚至消失时，产业就会沿着持续退化的方向演化。当外部环境变化很快，同时产业内部发展动力又不足时，产业将不能主动适应外部环境的变化，随着时间的推移，产业的整体能力将会逐渐下降，产业演化的结果将是产业规模不断缩小、竞争力不断下降、产业生态位不断收缩。对于像煤矿、铁矿等资源性行业来说，当这个行业的资源被用尽后，这个行业将会自然衰退消亡，而该行业中的原有企业就需要转换到新的行业中发展。大量企业转换行业，就形成了产业转移现象。

如果通过产业能力的"势能图"来观察，一个衰败退化的产业，随着时间的推移，产业能力经历了一个由强到弱的演化过程，产业能力衰退演化的轨迹实际上是一条逐渐收缩的螺旋线。

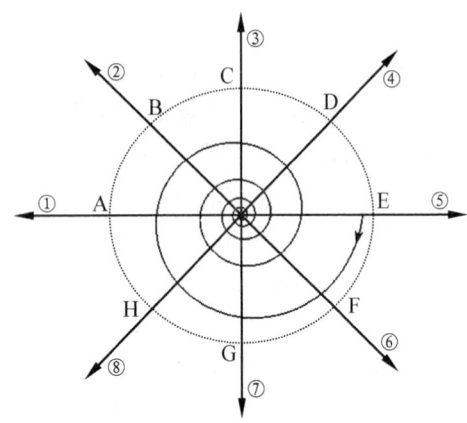

图 5-15 产业能力衰退"势能图"

在产业能力衰退"势能图"(见图 5-15)中,八个维度分别是:① 投入;② 企业;③ 知识;④ 资源;⑤ 制度;⑥ 市场;⑦ 技术;⑧ 产出。

在图 5-15 中,我们看到,起初产业的产出能力较强,由于产业外部需求动力逐渐减弱,产业的各项能力都在不断降低,产业不断衰退缩小。

从产业运行的表层因素来看,在社会需求逐渐减弱的情况下,由于企业利润不断减少,不断有企业会退出该产业,各种人才、资本等资源要素随之转移到其他产业,从而使该产业规模逐步缩小,这直接导致行业市场的收缩。而行业市场的缩小又迫使更多企业退出各细分行业,从而导致各细分行业收缩。产业中各细分行业的收缩,又进一步加剧了该产业的收缩衰退。从产业运行的深层因素来看,随着该产业在企业、资源和市场这三方面能力的降低,同时也导致产业在知识学习创新能力、制度构建完善能力和技术创新应用能力这三方面能力的不断降低,进而又导致整个产业产出能力的降低。而产业产出能力的降低,又削弱了产业的再生产投入能力。随着投入产出循环的进行,产业的整体能力不断降低,产业的规模不断缩小,产业竞争力随之降低,同时产业生态位也在不断收缩。

十二、产业发展演化的轨迹

随着时间的延续,产业的形态特征也会不断变化,这些变化的历史过程就是产业演化的轨迹。产业演化是外部动力与内部动力综合作用的结果。当外部的需求和供给强劲时,产业将向进化方面演化,产业规模将会不断扩大,产业生态位将会逐步扩展。当外部的需求和供给减弱时,产业将向退化方面演化,产业规模将会不断缩小,产业生态位也将会逐步收缩。对于像煤矿、铁矿等资源性行业的衰退现象,一般直接表现为由于矿藏资源的逐渐枯竭而导致外部供给的逐渐减少,从而导致该行业的自然衰退。与微观层次的企业系统演化不同,在影响产业系统演化的内外动力中,外部动力的影响要大于内部动力的影响,一个产业系统最后的演化结果是进化还是退化,最终取决于来自产业系统外部的动力因素。

产业系统演化的外部动力来自产业外部环境的生态位系统。在产业的生态位系统中,产品服务需求因素、资源要素供给因素、政治因素、法制因素、人文因素、科学因素和教育因素等是影响产业系统的主要因素。其中,最直接的影响因素是产品服务需求因素和资源要素供给因素,它们对产业系统中企业的成长发展具有重要影响。产业生态位系统中的人文因素是影响产业演化的一个核心因素,因为是人本身的生存发展需要引起了对产品服务的需求,人类对世界的认识水平制约着资源要素的供给程度。此外,人文因素也从企业深层影响着产业系统中各类企业的演化和发展。

产业系统演化的内部动力来自产业内部的企业、资源、市场、知识、制度、技术这六类因素。其中,最主要的动力因素是企业因素,而在企业因素中起主导作用的是行业的核心企业。前文已经分析过,核心企业对一个行业的成长发展具有重要的引领作用。正是核心企业带动关联企业发展,从而带动各个细分行业成长壮大,进而推动了整个产业的发展。

从产业发展动力因素关系图(图5-3)中我们可以清楚地看到,产业运行过程以"投入"为起点,以"产出"为终点,在这个过程中,产业的发展动力因素由两条链贯穿而成:

A链(表层因素链):投入→企业→资源→市场→产出

B链(深层因素链):投入→知识→制度→技术→产出

从产业投入产出过程来看,一方面,一个产业在开始"投入"前首先是受到产业生态位系统中其他组织(如政府、企业或家庭)"需求"的诱导,正是这个"需求"诱导使产业中的具体企业作出开始生产某种产品的决策,从而将有关资源投入生产过程;另一方面,当企业生产出产品并通过市场交换将产品提供给顾客时,产业的一次运行过程才结束。因此,产业的运行过程实际上是产业对生态位中"消费需求"的响应,也是产业向生态位进行"生产供给"的过程。产业的投入产出再循环过程,实际上是一个不断满足生态位中其他组织"消费需求"、为其创造"生产供给"的循环过程;从产业运行的深层因素来看,这实际上是一个不断吸纳生态位中"消费需求"信息、为其创造"顾客价值"的循环过程,同时也是产业链价值不断增长的过程。

从"交换"环节来看,除了产业内部各行业之间、各行业内部不同企业之间的交换以外,产业与其生态位系统之间也进行着各种人员、物质、商品、资金、知识、制度、技术和信息的交换,这种交换是通过产业内的企业与环境中的其他组织实现的。这里所说的交换,包括外部环境对产业的资源供给和产业对外部环境的产品供给这两个方面。产业系统内外的交换过程是否通畅,直接影响着一个产业能否顺利成长壮大。另外,一个产业中不同行业的先后发展顺序(也即时序结构),对这个产业的规模扩张和发展速度具有不同的价值和意义。如果产业中的核心行业能够得到优先发展,那么这个核心行业就可以拉动其他关联行业共同成长,从而带动整个产业快速成长。相反,如果产业中的核心行业得不到优先发展,那么该产业中核心行业的关联效应就得不到发挥,从而就会延缓整个产业的快速成长。我们知道,产业中不同行业间的关联是通过企业之间的产品供需链相互连接的,而企业之间的产品供需一般是通过市场交换实现的,市场交换水平和交换效率的高低直接影响产业的发展程度。因此,产业与其外部环境之间、产业内不同行业之间交换水平和交换效率的提高,对一个产业的规模扩张和发展速度具有重要的价值和作用。

从"分配"环节来看,分配过程是否有效率、分配结果是否科学,直接影响着整个产业运行效率的高低,而产业运行效率的高低又关系到产业竞争力的强弱。竞争力强的产业显然要比竞争力弱的产业能够争取到更多的生态位空间,从而能够在较短时间内快速成长壮大。从资源分配过程来看,如果资源分配过多倾向于公共产品行业,个人产品行业的投入就会受到抑制;同样,如果资源分配过多倾向于个人产品行业,公共产品行业的投入也会受到抑制。而公共产品行业和个人产品行业是相互联系、相互影响、相互作用、相互制约的,如果不能统筹兼顾、协调好两者间的分配关系,将会影响到整个国民经济的健康发展。从产业分配的结果来看,收入分配调节着产业中不同行业、行业中不同企业、企业中不同阶层之间的利益关系,分配结果是否科学合理将会影响到产业后续的运行效率和成长发展。另外,在社会经济系统中,各种资源是有限的,如果有限的资源被非核心行业过多占用,也就意味着核心行业所需要的资源会相对减少,这样就会出现非核心行业挤压核心行业成长的情况,这对整个产业的规模扩张和快速发展是很不利的。因为非核心行业比核心行业的关联效应要小,它所产生的产业规模扩张和行业带动作用也就比较有限。因此,产业系统中分配效率和分配合理化水平的提高,对产业的成长发展同样具有重要的价值和作用。

所以,从"交换"和"分配"这两个环节来看,交换和分配就构成了产业发展演化中的两个关键环节。

从产业系统的内部环境来看,产业进行生产前必须从生态位中获取各种资源要素,产业能否获得所需的资源要素,这取决于产业本身的资源吸纳能力;产业将生态位中的资源要素纳入产业内部,这实际上也是产业顺利成长演化的必要前提。从产业系统成长演化的角度来看,产业在资源要素方面的吸纳、整合过程,实际上也表现为产业内部具体的企业、行业和行业市场等产业组织的成长发展过程。

综合以上分析,图5-3所表示的产业发展动力因素两条链的运行过程就可以描述如下:

A链:资源吸纳→产业组织成长→市场交换效率提升→产业分配水平提高→产业能力增强

B链:信息吸纳→行业知识积累→行业制度创新→行业技术创新→产业链价值增长

A链反映了产业系统表象特征的成长过程,B链反映了产业系统本质特征的成长过程。

在产业系统演化过程中,以上十个因素紧密联系,共同推动了产业成长壮大。如用这十个因素作为十个维度来反映产业系统发展演化的情况,则可以画出产业的发展演化轨迹图(该图形态与图4-19相似,这里从略)。在图中,十个维度分别是:① 资源吸纳;② 信息吸纳;③ 产业组织;④ 知识积累;⑤ 市场交换;⑥ 制度创新;⑦ 产业分配;⑧ 技术创新;⑨ 产业能力;⑩ 产业价值。

在发展演化过程中,产业系统在这十个方面是不断增长的,也即在十个维度上不断向外扩展。我们不难发现,随着时间进程的延续,产业系统在A链和B链的运行轨迹是两条起点相同、逐渐扩展的螺旋线。

在产业系统运行过程中,这十个方面是紧密联系、相互配合、协同一致的。所以,实际上A链和B链是相互交织在一起呈螺旋状不断成长演化的,其形态类似于生物的DNA双螺旋结构。该图的具体形状与第四章中企业发展演化轨迹图(即图4-19)相似,这里不再重复绘制。

产业的成长发展过程是一个随时间不断演化的历史过程,产业从诞生、成长到发展壮大,经历着由单一到多元、由低级到高级、从简单到复杂的过程。随着产业规模的不断扩大,产业内部的细分行业和行业市场不断增多,产业结构和市场网络也日益庞杂,产业内部各行业和市场之间的相互关联、相互作用和相互影响也越来越复杂。

在现实的经济系统中,产业系统在这十个维度的发展往往并不是均匀同步的,可能有些因素(如企业和市场)变化较快,而有些因素(如分配体制)变化较慢,甚至常常会有所波动。所以,实际上产业发展演化的轨迹图并不一定是平滑规则的螺旋线。

在产业系统由小到大的发展演化过程中,产业生态位系统也同样经历了一个由单一到多元、由低级到高级、从简单到复杂的演化过程。产业生态位系统的演化与产业系统本身的演化是同时进行的,演化过程是通过产业系统内外的企业、资源和市场等因素的互动交流来实现的,产业系统内外因素互动交流形成了两层(即表层和深层)网络关系,构成了一个多维的复杂动态图景。

产业系统存在于一定的社会经济环境中,产业生态位系统的演化只是其外部环境演变的一部分。实际上,产业系统的外部环境,无论是自然环境还是社会环境(如国家系统中的人文、经济、政治、科学、法制和教育等系统),均处于不断的演化过程中。产业系统的内部演化和外部环境演化是同时进行的,两者之间互相联系、互相作用、互相影响。因此,产业系统演化过程的实质是产业内部因素与产业外部生态位因素在互动交流中随时间不断耦合的过程。

第六章 中国农业的长期演化历程

本章接续第五章,以中国农业的长期演化历程为案例,为产业系统的理论框架提供历史事实方面的实证。本章按照历史过程把中国农业划分为古代农业、近代农业和现代农业三个阶段。在古代农业部分,阐述了中国古代农业的历史分期及主要特点,论述了中国古代种植业和畜牧业间的关系,描述了中国古代社会的市场交易网,然后阐述了与农业系统深层结构相对应的农业知识、农业制度和农业技术。在近代农业部分,首先通过中国与日本近代改革的比较,论述制度变革对经济发展具有重要影响,随后简述了中国近代工业化历程、近代工业对农业商品化的影响,最后叙述了中国近代农业机械化的成绩。在现代农业部分,阐述了现代农业的产业化趋势,陈述了现代农业的主要技术,然后分别论述了现代工业、现代服务业和现代信息业对农业的影响。

著名经济学家熊彼特指出:"经济学的内容,实质上是历史长河中的一个独特的过程。如果一个人不掌握历史事实,不具备适当的历史感或所谓历史经验,他就不可能指望理解任何时代(包括当前)的经济现象。"[①]任何没有历史内容和割断历史的经济理论都是无源之水和无本之木。[②]

为从历史事实的角度来理解本书提出的产业结构框架,在这一章我们以历史考察的方法,对中国农业的长期变迁历程以及市场网络、农业书籍、农业制度、农业工具、近代工业化的演变情况进行简要阐述。

按照人类社会农业发展的历史阶段不同,我们可以把农业分为原始农业、传统农业、近现代农业这三个时期。通常来说,人们一般把人类进入阶级社会之前的农业阶段划入原始农业时期;把原始农业之后、人类进入工业时代之前的农业阶段划入传统农业时期;而把人类进入工业时代之后的农业阶段划入近现代农业时期。

在世界不同地区,人类社会农业发展的进程并不完全一致,因此,不同国家对本国农业的历史分期也不尽一致。综合一些农业史学家的观点,本书将中国农业发展的历史作出如下分期(见表6-1):

表6-1 中国农业发展历史分期简表

发展时期	起止年代	时间跨度	部分标志性事件
原始农业	距今10 000年前—距今约4 100年	约6 000年	★约在公元前2070年,夏朝建立[③],中国古代进入阶级社会

---

① 约瑟夫·熊彼特著,朱泱译:《经济分析史》第1卷,商务印书馆1991年版,第29页。
② 吴宇晖、张嘉昕编著:《外国经济思想史》,高等教育出版社2014年7月第二版,第6页。
③ 关于夏朝创建年代的推算有多种说法;由中国夏商周断代工程发布的《夏商周年表》中拟定为约公元前2070年—约公元前1600年,存在约470年。

续　表

发展时期	起止年代	时间跨度	部分标志性事件
传统农业	公元前2070年—公元1861年	3 930年	★ 公元前1世纪,汉代产生了《氾胜之书》 ★ 公元6世纪,北魏贾思勰撰写了《齐民要术》 ★ 1149年,南宋陈旉写成了《陈旉农书》 ★ 14世纪初,元代王祯撰写了《王祯农书》 ★ 1639年,明代徐光启编撰的《农政全书》出版 ★ 1861年,清朝政府开展洋务运动,中国工业化历程开始
近代农业	1861年—1949年	88年	★ 1896年,罗振玉等在上海创立"农务会",该会1897年创办《农学报》 ★ 1897年,中国近代最早的农业学校"浙江蚕学馆"成立 ★ 1906年,清朝政府在北京设立"农事试验场" ★ 1911年清朝灭亡;1912年1月,中华民国建立 ★ 1915年,中国农业领域开始引进现代机械
现代农业	1949年至今	70多年	★ 1949年10月,中华人民共和国建立 ★ 1958年,中国造出第一台拖拉机,中国农业机械化开始 ★ 1976年,中国开始推广籼型杂交水稻种植技术,现代服务业开始进入中国农业领域 ★ 1996年,中国公用互联网全国骨干网建成并开通,中国开始进入信息化时代

一、中国古代农业的长期变迁

人类社会的农业大约产生于距今10 000~12 000年前的"新石器时期"。根据大多数学者的权威研究,农业最早是在世界上5~9个地区大致同时并且独立地出现,随后农耕和畜牧才逐渐传遍了整个世界①。

中国是世界农业起源中心之一,中国的种植农业出现于距今9 000至10 000年前后的新石器时代②。在中国大陆已发现了成千上万处新石器时代原始农业的遗址,最早的农业遗址在10 000年以前③。中国农业发生最早的地区是长江流域和黄河流域,其他地区农业的出现时间相对较晚。最新的考古研究表明,大概在距今8 200年到13 500年前,中国长江流域就出现了最早的人工栽培水稻;浙江省浦江县上山遗址是目前世界上最早的稻作遗存,约在10 000年前先民们就在这里开始栽培水稻④。人们在洞庭湖区域发现距今8 000至9 000年前的人工栽培水稻,在浙江河姆渡遗址出土距今7 000年前的人工栽培水稻,在湖南城头山遗址出土距今6 000年前的古城和祭坛、6 500年前的水稻田,这些遗存表明长江流域文明因素的出现早于黄河流域⑤。中国地理条件复杂,不同地区的农业具有不同的特点。在新石

---

① 彼得·考克莱尼斯撰,苏天旺译:《世界农业制度的历史变迁与功效》,北京《世界历史》2009年第6期。
② 赵德馨原著,瞿商、张连辉改编:《中国近现代经济史》,高等教育出版社2016年2月第一版,第17页。
③ 彭金山:《农耕文化的内涵及对现代农业之意义》,《西北民族研究》2011年第1期。
④ 冯源、李牧鸣:《中华稻香,万年前飘起一条大河边》,参见《新华每日电讯》2020年12月4日第10版。
⑤ 赵德馨原著,瞿商、张连辉改编:《中国近现代经济史》,高等教育出版社2016年2月第一版,第3页。

器时代,中国的农业活动大致可以分为四个区域①:黄河流域及其北部发展出了以种植粟、黍为主的旱地农业;长城以北和西部地区狩猎经济较发达,逐渐发展出了以蓄养牛、羊等牲畜为主的游牧业;长江流域广大地区发展出了以水稻种植为主的水田农业;南方和海滨地区的农业中采集和渔猎成分占有很大比重。

1. 中国古代农业的历史分期及主要特点

我们把原始农业和传统农业合并划入古代农业的范围。与世界上其他国家的古代农业相比,中国古代农业生产最典型的特征是精耕细作。所以,根据农业经济史学家李根蟠(1940—2019)于1983年提出的分期方法②,这里把中国古代农业史划分为原始农业时期、沟洫农业时期、精耕细作农业成型时期、精耕细作农业扩展时期、精耕细作农业持续发展时期这五个发展阶段,其中第一阶段属原始农业范畴,其他四个阶段属传统农业范畴。与这五个阶段对应的社会时代如下。

(1) 原始农业时期:10 000年以前农业诞生至距今约4 000年前,中国远古人类进入阶级社会;

(2) 沟洫农业时期:从虞夏至商、西周、春秋,是从原始农业到精耕细作农业的过渡时期;

(3) 精耕细作农业成型时期:从战国至秦、汉、魏晋南北朝,主要是以北方旱田精耕细作技术体系为代表的形成时期;

(4) 精耕细作农业扩展时期:从隋、唐至宋、辽、金、元,主要是以南方水田精耕细作技术体系为代表的形成时期;

(5) 精耕细作农业持续发展时期:包括明、清这两个时期,主要是多熟种植方法的推广和耕作技术的精细化时期。

中国古代农业五个阶段在耕作制度、作物构成、农业技术和农业工具等方面的情况,其演变历程大致如下。

第一阶段:原始农业时期

这一时期从距今10 000年以前农业发明开始,至距今约4 000年前阶级社会形成为止,相当于中国原始社会后期。这一时期的时间跨度大约是6 000年。

这一时期的耕作制度主要实行撂荒耕作制③,最初是生荒耕作制,继之是熟荒耕作制。这一时期耕作技术的特点是刀耕火种④,生产技术的重点逐步由林木砍烧转移到土地加工。

这一时期人们栽培和利用的植物比后世多而杂,包括粟、黍、稻、麦、菽等"五谷"在内。在各种栽培作物中,北方以粟(稷)为主,南方以稻为主,主要的衣着原料则是麻葛和蚕丝。这种作物构成一直延续到唐宋以前仍未根本改变。

---

① 翟虎渠主编:《农业概论》,高等教育出版社2006年5月第二版,第107页。
② 李根蟠:《试论中国古代农业史的分期和特点》,参见中国社会科学院历史研究所经济史研究组编:《中国古代社会经济史诸问题》,福建人民出版社1990年3月版。
③ 人类农耕初期的一种最古老而原始的耕作制度,指荒地开垦种植几年后,较长时间弃而不种,待土地肥力恢复后再进行垦殖的一种土地利用方式。
④ 刀耕火种是一种从新石器时代遗留下来的农业生产方式,是一种古老原始的生荒耕作形式。目前,在南美洲、非洲和东南亚的热带森林地区与丘陵地区的土著部族中还存在这种耕作方式。采用这种方式种地时,人们先用刀或斧砍伐地面上的杂草树木,再对它们点火焚烧,烧荒后不翻地而直接挖坑下种,一般土地种一年后再易地而种。人们焚烧草木的作用在于,一是草木灰为碱性,可以改良酸性土壤,有利于作物生长;二是草木灰可以增加土地的肥力,起到增产的效应;三是用火把草籽和虫卵烧熟,从而避免了除草、治虫的劳作。

这一时期的绝大多数农业遗址呈现出以种植业为主,农、牧、采集、渔猎相结合的经济面貌。在长城以北和南方沿江、河、湖、海的某些地方,狩猎或捕捞长期保持着重要地位。畜牧业随着种植业的发展而发展,在北方的某些地区逐步出现了以畜牧为主的趋势。人们蓄养的牲畜,早期以猪为主,到后期猪、牛、羊、狗、马、鸡等"六畜"已经齐全。

这一时期的农业工具以石器为主,并广泛使用木竹器、骨角器和蚌器等。考古发现的农业工具包括:石斧、石锛一类的砍伐工具;播种用的竹木棒;收获用的石刀、石镰;石锄、石铲、石犁一类的翻土工具等。这些用具完全靠手工操作。

第二阶段:沟洫农业时期

这一时期从虞夏朝代起,经商、西周到春秋时止,包括了中国奴隶社会和封建领主制社会。这一时期的时间跨度大约是 1 594 年。

这一时期是由原始农业向精耕细作传统农业的过渡时期,与耒耜、耦耕、井田制密切相连的沟洫农业是这一时期农业的主要特征。

这一时期在华北平原地区主要采用开沟排水的沟洫农业,在南方的水田则实行比较粗放的火耕水耨法①。与沟洫农业相适应,耕作制度已由撂荒制改为休闲制。在广大地区内种植业的主导地位进一步确立,水产养殖、人工植树、专业园艺相继出现。畜牧业也有较大发展,舍饲、阉割、相畜、孕畜保护、牧场管理等畜牧技术都已出现。

这一时期青铜工具占主导地位,但木石工具仍在广泛使用。与原始农业时期相比,农具的类型变化不大,耕犁获得进一步发展,耒耜和锄镬是当时的主要农具,后期铁农具和牛耕均已出现。

第三阶段:精耕细作农业的成型期

这一时期从战国开始,经秦、汉、魏、晋到南北朝,是中国封建地主经济制度形成和向上发展的时期。这一时期的时间跨度是 1 064 年。

这一时期,在南方,水田获得进一步的开发,一批大规模水利灌溉工程相继兴建。在北方,旱地农业仍占主要地位。耕作制度则由休闲制转为连作制。农业以种植业为主,农桑并重,多种经营,畜牧业也有较大发展。

这一时期,农业技术有了很大发展,北方旱地农业精耕细作的技术体系形成并臻成熟,形成了以抗旱保墒为中心的"耕-耙-耢-压-锄"相结合的整套耕作措施;人工施肥受到普遍重视;选种技术有了较大进步,培育出众多的作物品种;病虫害防治和其他自然灾害的防治技术有了可观的成就。出现了像《齐民要术》这样代表当时世界农学最高水平的名著。

这一时期,铁农具获得普遍使用,不但有铁锸、铁镬,而且有铁铧犁、耙、耱、耧车等各种工具;铁犁和牛耕获得推广,农业动力则由人力发展到畜力以至水力和风力。

第四阶段:精耕细作农业的扩展时期

这一时期包括隋、唐、宋、辽、夏、金、元诸朝代,是中国封建地主经济制度走向成熟的时期。这一时期的时间跨度是 778 年。

这一时期,由北魏开始的均田制度在隋唐时继续实行,到宋代租佃制度全面确立。与此同时,中国的经济重心开始从黄河流域转移到长江以南地区,这一转移过程从魏晋南北朝开

---

① 火耕水耨法是一种比较原始的稻作技术,适合于地广人稀、劳力缺乏的地区使用。所谓"火耕水耨",就是先用火把田地中的杂草烧掉,然后再种上水稻,当苗长出后再将水放入田中,在淹水条件下,稻苗能够正常生长而杂草却难以生存,从而达到了除草的目的。

始,到宋代时最后完成。

这一时期,在耕作制度方面,轮作复种制有所发展,最突出的是南方以稻麦复种为主的一年两熟制已相当普遍。这一时期在作物构成上,北方小麦种植面积继续上升,并向江南地区推广,南方的水稻种植进一步发展,并向北方扩展,由此使麦、稻取代了粟而居于粮食作物的首位。同时,西北的草棉和南方的木棉传至黄河流域和长江流域,取代了蚕丝和麻类成为主要的衣着原料。在农区的牲畜构成上,马的比重由大而小,耕牛进一步受到重视,养猪继续占据重要地位。

这一时期,在农业技术方面,南方水田精耕细作技术体系已经形成,在土壤耕作方面形成了"耕-耙-耖-耘-耥"相结合的整套水田耕作的完整措施。北方旱地农业技术继续有所发展,但发展缓慢。

这一时期,农业工具向结构复杂化、功能更趋完善方向发展,用于旱地和水田的农具均已配套齐全。例如,包括十一个部件的结构完整、使用轻便的曲辕犁,用于深耕的铁搭,适应南方水田作业的秒、耘荡、龙骨车、秧马和联合作业的高效农具如粪楼、推镰、水转连磨等,这些农具在传统农业范围内已达到了接近完善的地步。

第五阶段:精耕细作农业持续发展时期

这一时期包括明代和清代(到 1861 年为止)。这一时期的时间跨度是 493 年。

这一时期,定额租成为主导的地租形式,人口的急剧增长导致全国性人多地少格局形成。精耕细作农业进一步发展,东北开辟成重要农业区,传统牧区面积缩小,畜牧业的比重进一步下降,出现了某种农林牧比例失调的趋向。

这一时期,在耕作制度方面,多熟种植获得了迅速发展。在北方,二年三熟制获得了发展;在江南地区,双季稻开始推广;在华南和台湾部分地区,出现了一年三熟的种植制度。有些地方甚至出现了粮菜间套作一年三熟和二年三熟的最大限度利用土地的方式。这一时期,新大陆作物的引进显著影响了中国农作物的构成。玉米、甘薯、马铃薯等耐旱耐瘠高产作物获得迅速推广,适应了人口激增对食物的需要。烟草、花生、番茄、向日葵等经济作物的引进,丰富了人们的经济生活。

这一时期,精耕细作的农业技术又获得了进一步发展。深耕被进一步强调,耕法更为细致,出现了套耕、转耕等方法。肥料的种类、酿造、施用持续进步,接近了传统农业所能达到的极限。作物品种的选育有很大发展,地方品种大量涌现。各种作物的栽培方法也有不少创新。在传统农业技术继续发展的同时,西方农业科学技术开始传进。这一时期不但出现了像《农政全书》这样集传统农业科学技术大成的著作,而且出现了一些高水平的地方性农书。

这一时期,农业生产工具几乎没有重大的发展。在江南地区虽然出现过代耕架,但并没有获得推广。这一方面是由于在封建地主制和小农经营条件下,农具改进已临近当时中国的技术水平极限,另一方面由于人多地少、劳力充裕的情况又抑制了高效新式农业工具的产生。

综观中国古代农业的发展历程,可以看出它和世界其他国家古代农业的发展有着共同的规律。例如,都是从使用木石工具、实行刀耕火种和撂荒制的原始农业开始;进入阶级社会以后,逐步使用和推广了金属农具;农业动力是人力和畜力,并以牛耕铁犁为典型形态,形成了一套建立在直观经验基础上的农业技术;由撂荒制逐步过渡到轮作制,小农经营为主;

等等。

中国古代农业的生产结构是以种植业为中心、农牧结合、综合经营的经济结构,这种生产结构自原始农业时代即开始酝酿,至战国时期正式形成,并一直延续至明清时期。

中国古代农业生产的典型特征是精耕细作。中国的精耕细作农业,是以精耕、细管、良种、重肥等综合措施和土地高效利用为手段,以提高单位面积产量为主攻方向的劳动集约型农业。无论是在农业技术水平、耕作方法措施方面,还是在土地利用率和土地生产率方面,中国古代的精耕细作传统农业都曾达到了世界古代农业的最高水平。①

2. 中国古代种植业和畜牧业间的关系

自新石器时期以来,农业就构成了人类社会的经济基础。种植业和畜牧业是农业中的两个主要行业,两者之间的比例、布局和结合方式组成的农业生产结构,对整个社会的经济和政治的发展具有巨大的影响。

中国古代农业中种植业和畜牧业之间的关系是怎样的呢?

李根蟠先生准确地概括了中国古代种植业和畜牧业关系的主要特点,他指出:"农耕民族占统治地位的、以种植业为主的地区和游牧民族占统治地位的、以畜牧业为主的地区同时并存并明显地分隔开来;在以农为主的地区内部,则是以养马业为基干、主要用于军事目的、规模较大的国营牧场和以养猪为主、主要服务于农业生产的、规模较小的民营(农民和地主经营)牧业同时并存。"②

早在旧石器时代晚期,当时采集和狩猎仍然是人们主要的生产活动。在广西桂林甑皮岩发现的距今9 000年以前的人类洞穴遗址中,考古学家发现了家猪的遗骨。这表明,当时家畜饲养已在中国出现。从新石器时代的人类遗址来看,绝大多数遗址都呈现出以种植业为主,农(种植业)、牧(畜牧业)、采(采集)、猎(渔猎)相结合的经济面貌。从地域上看,大体上北方以种粟、黍为主,南方以种水稻为主;南北都养猪、狗、牛、羊、鸡,但北方有马,南方则以水牛饲养较突出,饲养马的情况较少见。考古研究表明,中国种植业的发展要早于畜牧业,虽然种植业和畜牧业都萌芽于旧石器时代晚期,但畜牧经济的真正发展,尤其是游牧部落的形成,是在种植经济有了相当发展之后逐步发展起来的。

原始种植业和原始畜牧业都萌芽于原始采猎经济之中。为便于狩猎活动,人们首先驯化饲养了狗这种动物。进入原始农业时代以后,牲畜最初是作为种植业的补充而被饲养的,牲畜的用途首先是供食用,人们吃牲畜的肉以改善营养,其次是利用动物的毛皮做衣物以御寒,用动物的筋骨做生产工具等。随后,人们又驯化饲养了牛、马等大牲畜用于骑乘、驾车等。此后,牛、马逐步成为农业上的役畜,主要用于农产品运输、挽犁耕地等。当原始国家出现以后,由于战争的需要,由国家掌握一些用于军事战争的大牲畜成为必要。③

从行业特征和地理分布来看,中国古代农业可以分为农耕区和游牧区两大经济区,这两大经济区大体以秦长城为地理分界,形成了明显不同的土地利用方式、生产结构和生产技术。在长城以南、甘肃青海以东地区,气温温润,降雨充沛,比较适合农耕生产的要求。在这

---

① 以上有关中国古代农业史的分期和特点的内容引用了李根蟠先生的研究成果。李根蟠:《试论中国古代农业史的分期和特点》,参见《中国古代社会经济史诸问题》,福建人民出版社1990年3月版。
② 李根蟠:《中国古代的农牧关系》,参见"中国农业历史与文化"网站:http://www.agri-history.net/scholars/lgp/lgp15.htm。
③ 以上有关中国古代农牧关系的考古事实和主要观点,引用了李根蟠先生的研究成果。李根蟠:《中国古代的农牧关系》,参见"中国农业历史与文化"网站:http://www.agri-history.net/scholars/lgp/lgp15.htm。

些地区,定居民族建立了以农耕文化为核心的政权,主要从事以种植业为主、以粮食生产为中心的多种经营的农业。而在长城以北的蒙新高原地区,沙漠草原相间,气候干燥寒冷,比较适合发展畜牧业。在这些地区,游牧民族建立了以游牧文化为核心的政权,主要从事以畜牧业为主、以牲畜生产为中心与游猎相结合的游牧业。

在中国历史上,当黄河中下游地区由原始社会向阶级社会过渡的同时或稍后,游牧部落也从西部、北部和东部的某些地区陆续出现。在这些地区,匈奴、柔然、鲜卑、突厥、契丹、女真、蒙古等游牧、半游牧民族相继兴起。他们驱赶着数以万计的庞大畜群,游牧在茫茫草原上。畜群是他们主要的生活资料,也是他们的生产资料。他们的畜群以羊为主体,马占重要地位,还有驴、骡、骆驼等。

农耕区和游牧区的划分并不是绝对的,在农耕区内部存在着畜牧业的成分,在游牧区内部也存在着种植业的成分,只是相对比重较小。例如,在甘肃民乐东灰山遗址发现了距今5 000年的小麦,在新疆孔雀河畔的古墓沟出土了距今近4 000年的栽培小麦遗存,这说明中国西部地区早在远古时期就开始了种植小麦的历史。

此外,在农耕区内部也存在着不同类型的农业。如在滨邻湖海江河的某些地区形成了以捕鱼为主的渔业,在林木丰茂的某些山区形成了以采伐为主的林业。例如,在东北地区的新石器时代农耕遗址中,普遍包含有石镞、小型刮削器和切割器等用于渔猎的细石器,说明这里先民的生活中具有较多渔猎经济的成分。而即使到了近代,东北地区的一些少数民族(如赫哲族、鄂伦春族等民族)仍然过着以渔猎为主的生活。再如,在南方两广和闽、赣等省不同类型的新石器时代农业遗址中,采捕鱼类和贝类在当地先民的经济生活中占据着重要地位。但从全局来看,农耕区最主要的农业类型则是旱田农业和水田农业,并大体以秦岭淮河为界形成了北方旱农区和南方泽农区。中唐以前,黄河流域旱田农业处于领先地位,中唐以后,南方水田农业逐渐处于领先地位。

在游牧民族统治的地区内部也存在着不同类型的农业。东北和新疆都分布有以种植业和渔猎业为生的民族。新疆实际上是个农牧交错的地区,区内既有广阔的草原和沙漠,又有内陆河流和绿洲;汉魏时代,天山以北是匈奴、乌孙、丁零等民族的游牧区,天山以南则多为半游牧民族的小"城国"。甘肃、青海地区的氐、羌各族以游牧为主,同时也种植小麦;羌族经济偏于游牧业,氐族经济偏于种植业。中国西南部地区(包括四川、云南、贵州、西藏等省区),原是游牧民族与农耕民族错杂并存的地区。如果从地理分布来看,从东北到西南形成了一条两头大、中间小的农牧交错地带。[①]

在中国古代历史上,尽管农耕民族和游牧民族经常处于分立对峙状态,但在经济上农耕区和游牧区却是相互依存的。偏重于种植业的农耕区需要从游牧区取得牲畜和畜产品,作为其经济的补充。游牧区的种植业基础薄弱,所需要的农产品和手工业品需要从农耕区输入,其富余的畜产品也需要向农耕区输出。

中国古代农耕区和游牧区之间的交流,对于促进双方经济、文化的发展都具有积极的作用。游牧民族的牲畜和畜产品通过边关的市场大量输入中原,支持了中原地区的畜牧业和种植业的发展。例如,汉代张骞出使西域后,使西域的良马、葡萄、石榴、胡桃、苜蓿、胡麻等

---

① 以上有关中国古代农耕区和游牧区的内容引用了李根蟠先生的研究成果。李根蟠:《中国农业史上的"多元交汇"》,《中国经济史研究》1993年第1期。

传入了中原。中原地区的粮食、铁器、棉帛等产品和生产技术也不断输入北方游牧地区,极大地支持丰富了这些地区人民的物质文化生活。例如,公元697年,唐朝女皇武则天(624—705)曾送给东突厥默啜可汗(？—716)一批物资,包括谷种四万斛、杂彩五万段、农具三千件、铁四万斤,以帮助他们开展农业生产(《唐书·突厥传》)。农耕区和游牧区这两大经济区在经济与文化方面的交流,是当时封建社会农牧业结合的一种特殊形式。

农耕区与游牧区之间的正常经济联系,一般是通过官方和民间的交往、边疆的互市等方式实现的。当双方正常的经济联系因受到阻碍或不能畅通进行时,常常会通过战争的方式来解决。在中国历史上,北方游牧民族与中原地区的汉族政权之间曾发生过无数次战争,游牧民族还几度进入中原地区,甚至建立了由少数民族统治的政权或朝代。这些民族争战的背后,除了各民族统治者之间的矛盾之外,其深层原因是两大经济区之间的内在经济需求。一个典型事例是,蒙古瓦剌部首领也先于公元1449年发动的对明战争,他们曾向明朝政府要求贸易、开展互市却遭到了拒绝,由此引起了双方的战争,而在多次战争中,他们始终没有放弃互市的要求,并通过战争最终实现了互市。战争为两大经济区之间的经济交往扫除了障碍。[①]

3. 中国古代社会的市场交易网

原始手工业出现于原始农业时期,最初属原始农业的一部分,直到原始社会晚期,手工业随着社会分工逐渐脱离农业,形成了独立的生产部门。中国的黄河流域和长江流域都有不短的霜冻期,在霜冻期间不能进行农业耕种,古代先民就可以利用这段农闲时节从事手工业生产活动。长期以来,人们既从事农业耕作,也从事手工业劳动。随着产品的不断增多,人们就会将剩余的产品拿去交换,以实现互通有无的目的。据战国《孟子》一书中的记载,冶铁的人需要换陶器,而生产陶器的人需要换铁,其中还提到有个叫许行的人,专门靠编席子、打草鞋为生。不同产品生产者之间相互交换产品,这自然而然就出现了市场。

东汉《四民月令》中记载,农庄也生产酒酤、浆醋、药物、腌渍食物及丝帛织物等,既供自家消费,也供应给市场。可见,东汉时农业经济活动中已出现了市场经济的成分。《史记·货殖列传》中列出了不少各地的农产品,例如安邑的枣、燕秦的栗、蜀汉江陵的橘、陈夏的漆、齐鲁的桑麻、渭川的竹等,这在一定程度上反映了当时农业内部的专业化分工情况。东汉时已出现了专门以种蓝为业的专业户,在居延及敦煌的汉简中也记载了织物的地域性专业化情况。汉朝时驻守西陲边塞的军人,他们所使用的纺织品竟来自河内、广汉及任城一带,说明当时的市场网络已比较广泛。汉代已有二三十个较有规模的城市,坐落于联通各地区的大小干道上,这些城市对各地区之间的商贸往来、市场交易发挥着重要作用。历史学家许倬云据此提出了"市场交易网把农业社会中的个别成员结合于一个巨大的经济网之中"的观点[②],这种观点是很有见地的。

在同一地区内,不同农户的农产品和手工制品运到村镇进行交易就形成了村镇集市;而村镇集市的商品,借助于城乡间的贩运而流向城市,使农村的产品与城市的产品相汇聚交易,从而形成了规模较大的城市市场。而城市市场之间的商业交易,又借助于各地城市商人

[①] 有关中国古代农牧关系的内容,引用了李根蟠先生的研究成果。李根蟠:《中国古代的农牧关系》,参见"中国农业历史与文化"网站:http://www.agri-history.net/scholars/lgp/lgp15.htm。

[②] 本段中有关汉代的历史资料转引自许倬云先生的论述。许倬云:《汉代的精耕农业与市场经济》,《中国农村科技》2011年第9期。

相互交流贩运,从而形成了规模更大的地区市场。从村镇集市到城市市场,从城市市场再到地区市场,从局部到整体纵横相连,最后就形成了全国性的市场交易网络。在这一过程中,农业的分工专业化发展促进了市场的形成和发展,城乡间的商业流通扩大了市场交易规模,不同地区之间的商贸网络扩大了市场交易的范围,伴随着各地商人的商贸贩运,各地的农业产品和手工业产品的交易种类和品种也不断丰富,不断丰富的商品种类又刺激了各地人们更多的需求,这些需求进而又推动了市场规模的进一步扩大,而市场规模的扩大反过来又推动了农业和手工业的发展。

一个国家的经济发展是与国家的政治环境、经济政策等紧密相连的。对汉代农业深有研究的许倬云先生指出,"汉代的生产力,足可产生繁荣的工商业",但汉代的重农政策及强大的皇权压力,导致汉朝的工商业刚一发芽就被摧折了[①]。从中国古代市场经济的历史变迁来看,汉代工商业未能发展的这一原因,其实也是中国古代社会工商业始终未能全面发展的主要原因。在中国古代历史上,当一个封建王朝政权统一华夏大地之初,统治者往往采取休养生息的政策,使农业生产获得了恢复和发展,农业的发展又促进了手工业的发展,随着各种产品的日益丰富,各地区之间自然就会产生商业交易的内在需求。在这种内在需求的推动下,商业交易活动的规模和范围不断扩大,最终就会形成一个相互联系、相互支撑、相互影响的市场交易网络。当国家统一时,各地交通顺畅,商旅来往无阻,各地市场就比较容易相互交流,并由局部性经济网络整合为全国性经济网络。在封建王朝中后期,各种社会矛盾激化,各路豪强纷争,最终导致国家分裂,地方割据使各地交通中断、商旅隔绝,从而使全国性经济网络破裂成局部性经济网络,进而导致各地商业交易活动的规模和范围不断缩小。市场规模的缩小,首先表现为地区性经济割据,市场网络的进一步缩小就会形成自给自足的封闭性经济体系。在这种情况下,各地农村经济往往就会形成一个个自给自足的小村落。中国古代历史上发生过无数朝代的更迭,当下一个封建王朝政权再度统一全国以后,这些一个个自给自足的封闭体系又会打破相互隔离的局面,在内在需求的推动下由交易而逐步整合,并再度发展成一个全国性的经济网络。

如果从中国传统农业小农经济制度形成的战国时期开始(公元前475年)算起到1911年清王朝结束,在长达2 386年的传统农业社会中,华夏大地上曾反复上演着经济网络的整合、扩大、破裂、缩小然后再重新整合的历史剧。

以往的经济学界,一般认为中国传统农业社会是由许多自给自足的村落组成的封闭体系,并认为各个村落之间彼此孤立、相互之间缺乏经济联系。实际上,中国传统农业社会中这种村落间相互隔离自给自足的状态,从长时段来看,这只是一定时期内的暂时现象。

4. 中国古代的农业书籍[②]

中国是一个以农业立国的历史悠久的文明古国,曾为人类社会积累了丰富的农业知识。中国自古至今的各种农业典籍堪称浩如烟海,仅在公元前475年战国时期到1911年清朝结束的2 386年间,中国产生的农书(讲述广义的农业生产技术以及与农业生产直接有关的知识著作)其数量就相当可观。据农业史学家王毓瑚(1907—1980)在《中国农学书录》(1964

[①] 许倬云:《汉代的精耕农业与市场经济》,《中国农村科技》2011年第9期。
[②] 本小节中有关中国古代农书的资料,综合了《中国科学技术史·农学卷》和《中国古代农书评介》两书中的评介材料。参见:董恺忱、范楚玉主编《中国科学技术史·农学卷》(科学出版社2000年出版)一书的"导言";石声汉著《中国古代农书评介》(农业出版社1980年5月出版)的有关内容。

年修订版)中著录的中国古代农书有542种,其中包括佚书200多种;1959年北京图书馆主编的《中国古农书联合目录》中著录现存和已佚的农书共计643种;1975年日本学者天野元之助(1901—1980)撰著的《中国古农书考》共计评考了现存243种农书,所附索引开列的农书和有关书籍名目约600种[1]。有学者仅对明、清两代的农书进行较深入的调查后认为,中国明、清两代约有830多种(其中大多为清代后期的)农书,未被《中国农学书录》和《中国古农书考》收录的有500种以上,其中包括现存的约390种,存亡未知的约100余种[2]。

中国古代农书一般是指在没有受到近现代农业科学技术及农业经营管理科学影响以前,中国人自己总结传统农业生产技术和经营管理经验的论著。从编撰形式划分,中国古代农书大体可分为综合性农书和专业性农书两大类。综合性农书从体裁看,有按生产项目编排的知识大全类农书,有按季节编排的农家月令类农书,也有兼有两者特点的通书类农书;从内容所涉及范围看,有全国性大型农书,有地方性小型农书。按广义农业来看,中国古代农书包括粮食生产、作物种植(如茶叶、油料、麻类、棉花、染料、药材等)、蔬菜、花卉、园艺、果树、蚕桑、畜牧、兽医、治蝗、水产、农具、耕作方法、农田水利、农副产品加工与贮藏等众多门类,不但内容丰富,涵盖面广,而且农书数量之多,在世界各国绝无仅有。

中国早在战国时期的诸子百家学说中即有农家及农家的著作,如《神农》《野老》等,但早已失传。战国时期《吕氏春秋》一书中的《上农》《任地》《辨土》《审时》四篇农学著作,反映了中国精耕细作农业传统的发端,为先秦农耕技术的基本观念作了理论性综合,内容涉及土地利用、农田布局、土壤改良、耕作保墒、种子选择、种植行距、中耕除草、掌握农时、防止虫害、肥料使用、水源供输等,包含了许多精耕细作的农业技术内容;《管子》中《地员》篇论述了地下水位高低、土壤性质和植物的关系,这些都是当时很重要的综合性农学论文。

从秦、汉到魏晋南北朝时期,中国北方旱田精耕细作技术体系逐渐形成,这时期的农业重心在黄河流域。这一时期,农书的数量和种类开始增多,农书数量已有30多种,主要类型已经出现,既有综合性农书,也有专业性农书。专业性农书的内容覆盖面有所拓宽,已涉及畜牧、蚕桑、园艺、养鱼、天时和耕作等。这期间,最重要的农书有《氾胜之书》、《四民月令》和《齐民要术》。

汉代产生了《氾胜之书》《四民月令》之类的综合性农书,还有关于畜牧、蚕桑、园艺、种树、养鱼等方面的专书或专篇。《氾胜之书》写于公元前1世纪,现仅存3 500多字。书中提出了"趣时、和土、务粪泽、早锄早获"这一旱地耕作的总原则,不仅总结了作物栽培的综合因素,还针对不同作物的特性和要求提出了不同的栽培方法和措施;书中总结出了一种在小面积土地上深耕细管集中施肥以求高产的"区田法"的耕作方法,还介绍了"穗选法""浸种法"等选种方法和育种方法。公元2世纪崔寔著的《四民月令》是中国一部很有代表性的农家月令书,反映了东汉黄河流域地主生产经营的各项活动。书中对每月的农业生产安排有耕地、播种、催芽、分栽、耘锄、灌溉、收获、储藏以及蚕桑、纺织、漂练、染色、制衣、食品加工、酿造等,甚至涉及农田水利、果树林木、修治住宅等方面,但对生产技术记述很简单。

公元6世纪,北魏末年贾思勰所撰的《齐民要术》,是中国现存最早最完整的一部综合性农书,是中国古代农学著作的杰出代表,对其后中国农学的发展产生了很大影响。这部书内

---

[1] 来源董恺忱、范楚玉主编:《中国科学技术史·农学卷》,科学出版社2000年版,参见"导言"。
[2] 王达:《试论明清农书及其特点与成就》,参见华南农业大学农业历史遗产研究室主编:《农史研究——第八辑》,农业出版社1989年5月版。

容包括谷类、蔬菜、豆类、瓜类、药材、油料作物、纤维作物、染料作物、饲料作物等的种植及管理,果树和材用树木的栽培,蚕桑、畜禽、养鱼、酿造以及农产品的加工等。它系统总结了黄河流域中下游地区农业生产的经验,对北方旱地精耕细作技术体系作了精辟的理论概括,提出了"顺天时,量地利,则用力少而成功多"的指导思想。全书贯穿了集约利用土地的思想,强调在遵循客观规律的前提下充分发挥人的主观能动性,如怎样按照不同季节、气候、土壤特性来进行不同作物的布局、栽培和管理,以达到提高生产效益的目的等。

从隋、唐至宋、辽、金、元时期,中国南方水田精耕细作技术体系逐渐形成,这时期的农业重心逐渐转移到了长江流域。这一时期农书数量空前增多,农书总数已有130多种,是战国至隋朝之前1064年间农书总和的4.5倍以上。综合性农书从体系到内容继续有所发展,专业性农书中新出现了蚕桑、茶、花卉、蔬菜、果树、农具、作物品种等方面的专著。专业性农书数量占这一时期农书总数的一大半,这表明农业知识进一步向专业化、精细化方向发展。这一时期,最重要的农书有韩鄂《四时纂要》、陈旉《农书》、王祯《农书》等,比较重要的农书有唐代陆龟蒙的《耒耜经》、陆羽的《茶经》和北宋秦观的《蚕书》等。此外,唐代的《司牧安骥集》,宋代的韩彦直《橘录》、蔡襄《荔枝谱》、欧阳修《洛阳牡丹记》、周师厚《洛阳花木记》、陈仁玉《菌谱》、王灼《糖霜谱》等,也是具有代表性的重要著作。元代司农司编的《农桑辑要》是这一时期重要的综合性农书。而元代鲁明善编的《农桑衣食撮要》则是这一时期最好的农家月令书之一。

韩鄂的《四时纂要》成书于唐末或五代初,是一部农村日用百科全书,曾对后世农家历的编纂产生了较大影响。这部书按月详细开列了农村居民的农事及其他活动项目,记载了种茶技术及菌子、苜蓿和麦的间作方法,还收录了不少兽医方剂。南宋时期,陈旉于1149年写成的《农书》,主要总结了长江下游地区种植水稻、养蚕、栽桑、养牛等丰富的农业生产经验,是中国南方水田精耕细作技术体系形成的重要标志。书中提出通过合理施肥、改良土壤可使地力"常新壮"的观点,主张集约经营,"量力而为";论述了秧田、耕耨等水田作业的具体措施,还记载了水田地区耕畜水牛的饲养、医治方法等。在14世纪初,元代王祯撰写的《农书》,综合了北方旱地和南方水田的农业生产技术,并对南北方农事活动作了比较分析;记述了谷、稻、麦等粮食,瓜、菜、药材、纤维、竹木、果树的栽培、保护、收获、贮藏、利用等技术与方法;书中重点收录了20门类农器和300余幅插图,反映出宋、元时期各种耕作工具、收获用具、灌溉器械、运输工具、纺织工具等工具、炊具及盛器的形状,每一项图均附有说明,记述了其来源、构造和用法等。

唐代陆龟蒙的《耒耜经》,记述了以犁为主的五种南方水田地区常用农具。唐时陆羽的《茶经》,系统总结了唐代以前种茶、制茶和饮茶的经验,是一部对国内外很有影响的茶书。晚唐时《司牧安骥集》是中国现存的最古老的一部兽病方药专集,重点记载了各种马病,选录了9世纪以前治疗马病的经验效方。北宋秦观的《蚕书》,详细记载了养蚕、浴种、缫丝的实际生产过程,还述了缫车的结构及用法等。南宋时韩彦直的《橘录》,是中国也是世界上第一部总结柑橘栽培技术的书,记载了许多柑橘品种及其性状、名称,对橘树的种植、移栽、嫁接、管理、治虫以及果实的收藏及加工制作等,都作了详细叙述。南宋陈仁玉撰写的《菌谱》是中国第一部有关菇类的专书,书中论述了浙江所产11种菇的产区、性味、形状、品级、生长及采摘时间等。成书于元初的《农桑辑要》其内容主要是辑录前代文献,但对蚕桑给予了特别重视;对于引入中原不久的作物或是当时较为特异的农业技艺,如苎麻、棉花、西瓜、胡萝卜、茼蒿、人苋、莙荙、甘蔗、养蜂等也作了记述。

在明、清时期,中国精耕细作技术体系继续发展,同时多熟种植方法得到推广,各种农业技术进一步向精细化发展。这一时期,农书撰述活动空前活跃,诞生了一大批各类农书,农书的数量和种类是历史上最多的,农业知识进一步向专业化、精细化方向发展。专业性农书不仅数量大,而且种类增加很多,如新出现了野菜专书和治蝗专书,谱录类农书中又新出现了一系列专门只阐述某种动植物的专书。在已有专业性农书类别中,蚕桑、水产和气象专书数量比以前有所增加。此外,具有较强地区特点的地方性农书广泛出现。这一时期的各类农书,对农业领域的实用操作技术记述得更加丰富、内容覆盖面更加广泛,有的农书中还出现了近代农学的萌芽,如采纳收录了西方农学著作的内容,提出生产技术措施中的数量关系、认识到品种培育选择上的杂交优势,认为农业产量与环境条件有相关性等。这一时期,比较重要且有价值的农学著作较多,比较突出的农书有《农政全书》、《天工开物·乃粒》、《便民图纂》、《沈氏农书》和《补农书》、《知本提纲·农则》、《三农纪》、《元亨疗马集》、《学圃杂疏》、《花镜》、《吴兴蚕书》、《广蚕桑说辑补》、《闽中海错疏》等。其中,最重要的综合性农书是明代徐光启编撰的《农政全书》。

这一时期,地方性小型农书显著增多,著名的有浙江的《沈氏农书》和《补农书》、四川的《三农纪》、山东的《农圃便览》、陕西的《农言著实》等。明末的《沈氏农书》是私人小型农书中的典型代表,反映了太湖区域栽桑、种稻的小田庄自给自足的经营经验。总结单项生产的农书大量涌现,有的内容很专,如专门记载水稻品种的《理生玉镜稻品》,提倡在江南地区推广双季稻的《江南催耕课稻编》等。反映传播较快的食用作物和经济作物的专著也已出现,如《烟草谱》《金薯传习录》《木棉谱》等。蚕桑方面有《豳风广义》,畜牧兽医方面有《元亨疗马集》等。杨屾的《豳风广义》这部专书,记载他自己养蚕、缫丝的经验,书后还附有养猪、羊、鸡、鸭等的办法。其他如园艺、花卉、种茶、养鱼等方面的农书也不少,以至养蜂、种菌、治蝗、放养柞蚕等都有专书。还有一些着重阐述农业生产技术原理的农书,如明代马一龙的《农说》,清代杨屾的《知本提纲》,这标志着中国传统农学发展到了一个更新的水平。

明代徐光启编撰的《农政全书》刊刻于 1639 年,是一部集中国传统农学之大成的综合性农书。全书 70 多万字,包括农本、田制、农事(以屯垦为中心)、水利、农器、树艺(谷物、蔬菜、果树)、蚕桑、蚕桑广类(木棉、苎麻)、种植(经济作物)、牧养、制造、荒政等 12 大类,广泛吸收了历代的农事成就,对中国传统农业体系进行了高度概括,总结了宋元以来的棉花及明代后期甘薯等植物的栽培经验,并提出了治蝗的设想;书中提出了发展北方水利、改变南粮北调局面的主张,还收录了反映欧洲科学技术成就的"泰西水法"。这部巨著在中国农学发展中取得了多方面的进步:首次系统论述了屯垦、水利、备荒三项农政方面的措施,增补了前代农书的薄弱环节;书中除汇集了前人积累的科学技术知识外,还吸收了西方传教士带来的西方农学知识;第一次将"数象之学"应用于农学研究上,是中国农学研究在指导思想和方法上的一大突破。

此外,清政府乾隆年间主持编纂成书于 1742 年的《授时通考》,也是一部大型综合性农书,这部书体裁严整,征引周详,插图丰富,主要为此前农学资料的汇编,内容少有创新,不过它汇集保存了大量宝贵的历史资料,征引文献数量多达 420 余种,是中国古代农书中征引历史文献最多的一部农书。

中国古代农书所反映的传统农业知识,来源于长期农业生产活动的经验总结,尽管这些知识建立于直观经验的基础上,但并非完全局限于单纯经验范围,而是很早就形成了具有特色的农学思想,最具代表性的是"三才"理论与集约经营思想。

"三才"是指"天""地""人"这三类事物。农业生产中"三才"理论的明确表述始见于《吕氏春秋》中的《审时》篇:"夫稼,为之者人也,生之者地也,养之者天也。"其中,"稼"是指农作物,这是农业生产的对象;"天"是指自然界的气候、雨水等,"地"是指自然界的土壤、地形等,"天"和"地"构成了农业生产的外部环境;"人"则是农业生产的主体。这一表述,反映了农业生产是由农业生物、自然环境和人组成的相互联系、相互依存、相互制约的生态系统和经济系统这一本质。"三才"理论是中国古代农业生产的核心指导思想,它是中国历代农学著作的主要立论依据。中国传统农业的"二十四节气、地力常新和精耕细作"就是对应于天、地、人的"三才"思想的产物[①]。"三才"理论把农业生产看成稼、天、地、人诸因素组成的整体,它所包含的整体观、联系观、动态观贯穿于中国传统农业生产技术的各个方面;在"三才"理论系中,人不是以自然主宰者的身份出现的,而是自然过程的参与者,人和自然不是对抗的关系,而是协调的关系;"三才"理论是中国传统农业精耕细作技术的重要指导思想,它是中国古代农业长期生产实践经验的升华[②]。

通过对中国古代农书发展脉络的大致梳理,我们不难看到,人们对自然界和农业生产活动的认识程度,是随着时间进程而不断扩展和深化的。随着时代的不断前进,农业生产分工越来越细,随之产生的专业性农书越来越多。就总体而言,中国古代的农业知识是沿着从表面到深入、从现象到本质、从低级到高级的方向不断发展进步的。中国古代农学尽管达到了古代世界传统农业的顶峰,但它在农业基础理论方面没有能够上升到普遍的理论认识水平。与建立在实验基础上的近代农学相比,中国古代农学显然具有很大的局限性。

5. 中国古代的农业制度

中国古代农业制度包括农业耕作制度与农业土地制度等多种制度。农业耕作制度,是指农作物栽培中土地利用方式和保证农作物高产、稳产的有关农业规范,其核心内容是如何正确处理用地和养地的矛盾,从而使土地保持肥沃。在这里,农业土地制度主要是指有关土地所有权归属关系的制度。

在原始农业时期,中国古人一般采用撂荒耕作制。在实行刀耕火种时,一般是土地砍种一年后撂荒,实行年年易地的粗放经营。在锄耕农业阶段,人们发明了锄、铲、耙之类松翻土壤的工具,这一时期古人已改变了年年易地的办法,转而采用连种若干年后撂荒若干年的办法。在犁耕农业阶段,古人发明并使用了石犁、耘田器等耕具,在土地利用上采取了连种几年和撂荒几年的办法,在养地上采用半靠自然力和半靠人工的措施。在湖南澧县彭头山发现了距今9 000年的稻作遗存,浙江余姚河姆渡发现了距今近7 000年的稻作遗存[③],这说明中国南方地区当时已经出现了水稻种植农业。在河南裴李岗文化遗址出土的农业生产工具和粮食加工工具表明,距今八九千年左右,在黄河流域已经有人类从事农业耕作。河南仰韶文化遗址发现的大型村落和家畜饲养设施表明,距今6 000年左右这里的农业已进入了锄耕阶段。在上海松江区广富林文化遗址的考古发现,在距今6 000~5 400年的崧泽文化晚期,生活于长江三角洲地区的先民就发明了石犁和石镰等石质生产工具,这说明这里的农业从

---

① 引自:《农耕文化:农业发展的历史支撑》,《河南日报》,2007年3月14日,参见该文游修龄教授的言论。
② 引自:《农耕文化:农业发展的历史支撑》,《河南日报》,2007年3月14日,参见该文李根蟠先生的言论。
③ 李根蟠:《中国农业史上的"多元交汇"》,《中国经济史研究》1993年第1期。

原始农业时期就进入了犁耕阶段。在原始农业时代，人类使用木石农具、刀耕火种，采用撂荒耕作制，这是原始农业生产的主要特点[①]。中国古代中原地区的农业耕作制度大体上经历了西周至战国时期的熟荒耕作制与休闲耕作制、秦汉至隋唐时期的轮作复种制、宋元至明清时期的轮作复种制和间作套种制这三个发展阶段；轮作复种制和间作套种制等耕作制度，仍然延续至今[②]。

土地所有权制度一般可以分为公有制、私有制和公私混合制这三种基本制度类型。在中国古代历史上的不同时期，具体的土地所有权制度具有不同的特点。在原始社会时期，氏族公社实行土地公有制度。从夏代到清朝的近 4 000 年间，中国的土地所有权制度经历了井田制、名田制、王田制、屯田制、占田制、均田制、租佃制等不同形式的演变历程。

在夏商周时期，中国社会实行奴隶主国家土地所有制——井田制，这实际上是一种从公有制向私有制过渡的土地制度。井田制形成于商代，盛行于西周，到春秋中后期开始逐渐瓦解，战国时期这一制度被废除。在这种制度下，土地的所有权归原始邦国的国王所有，国王将一些土地按爵位高低赐封给诸侯及卿大夫，对于这些赐封的土地，受封者只有使用权而无私有权，而且不能转让或买卖。当时的诸侯贵族们一般将一大块土地划分为形似"井"字的九块土地，中间一块为公田，其他八块为私田，由八家自耕农共享一井进行耕种，八家须先在公田上耕作，然后才能对自家的私田进行耕作，这就是所谓的"井田"。自耕农们在公田中劳作，实际上相当于缴纳一定的劳役地租。秦国自商鞅（约公元前 395—公元前 338）变法以后，古老的井田制被彻底废除，取代它的是封建土地制度——名田制。名田制最突出的特征是在按户籍计口授田的同时，又按军功大小分封不同的爵位和不同数量的土地；国家授出的土地即成为私人的田地，国家不再收回，并且这些土地可以自由买卖。之后的汉朝，基本上承袭了秦国所开创的名田制。至汉武帝时，土地兼并日益严重，几乎到了"富者连阡陌，贫者无立锥之地"的程度，加之后来国家开始以金银实物赏赐军功，于是名田制终至消亡。西汉末期，在王莽（公元前 45—公元 23）建立的"新"王朝（8—23）时期，王莽曾推行过以抑制土地兼并为目的的"王田制"，但这一土地制度仅实行了三年就被废除了。王田制的主要内容是将土地收归国有、禁止私人买卖土地，将男丁不超过八口之家所占土地的面积限制在一"井"（即古制的九百亩）之内，超过部分分给乡邻宗族耕种，无地农户可按一夫一妇受田百亩的标准由国家授予土地。三国时期，战乱频繁，人民四处逃难，大量土地被荒弃，为了应付战事需要，曹魏政权实行了屯田制度，吴、蜀政权也紧随其后。屯田制可分为军屯制和民屯制两种。军屯制是指组织军人士兵开垦荒田以向军队供给军粮，而民屯制是指召集无地农民或流民耕种荒田为军队或国家生产粮食。屯田土地为国家所有，士兵、农民在其上耕种要向国家和军队上交一定数量的粮食，剩余的粮食归耕者所有，屯田的兵、民不得随意离开所耕种的田地，否则将会罪及妻子。西晋太康元年（公元 280 年）时，为加强对自耕农的控制，并限制土地兼并活动，晋武帝司马炎（236—290）颁布了占田制。占田制规定了不同等级的贵族与官吏所占田地数量的最高限额，对世族所占用的劳动力数量也加以限制，规定了普通百姓按照劳动力强弱不同所占用土地和征课租税的田亩数，还规定了以实物缴纳税赋的具体数额。北魏太和九年（公元 485 年），为增加国家的财政收入，魏孝文帝拓跋宏（467—499）颁布实行

[①]《农耕文化：农业发展的历史支撑》，《河南日报》，2007 年 3 月 14 日；参见：http://www.ha.xinhuanet.com/add/2007-03/14/content_9510657.htm。

[②]《农耕文化：农业发展的历史支撑》，《河南日报》，2007 年 3 月 14 日。

了均田制,其后的北齐、北周以及隋、唐都沿袭了这一制度。根据这一制度,国家将所掌握的土地划分为露田、麻田、桑田和宅地四种,按照劳动力的不同种类和数量进行限量分配,受田者所分得的土地不得买卖,年老或死亡者,露田须归还官府,桑田则可传给后代;地方官吏按官职高低授给多少不等的公田,官吏所授田地不得买卖;此外,还有一些对老、小、残疾、寡妇守志者的特殊优惠规定以及其他一些较详细的规定。均田制是一种国有制与私有制并存的土地制度,其中,有授有还的露田,其所有权属于国家,而不必归还的桑田,其所有权则属农民。均田制比之前的占田制更加可行和完善,是中国古代历史上一种最有效和周密的土地制度。唐朝中叶以后,由于人口增加、土地兼并日益严重,均田制实行的基础——土地国有制遭到严重破坏,最后随着"安史之乱"的爆发而彻底崩溃。此后的宋、元、明、清各代,土地私有制越来越强化,但国家和皇室贵族仍保有大量土地。宋朝时,政府对土地采取了不抑兼并的政策,土地兼并现象愈发严重,从而导致土地租佃制度有了较大发展,契约佃租和定租制度逐渐普及。根据租佃制度,租佃契约期满后,佃农可以自行决定离开或继续续约,从而减少了农民对地主的人身依附关系;固定地租刺激了佃农的生产积极性,进而促进了农业的发展。在明、清两代,土地租佃制度进一步发展,在南方商品经济发达地区开始流行土地永佃权制度。永佃权是指永久租种某块土地的权利,它实际上是土地的永久使用权(这种权利是土地权利的田面权,它和属田底权的土地所有权相分离)。在永佃权制度下,租佃土地的佃农不仅可以长期使用这块土地,还可以将田面权出卖、抵押、典当;这一制度进一步提高了佃农的生产积极性,从而促进了当时的农业生产活动。① 清代土地所有制主要包括国家土地所有制(如官田)、集体土地所有制(如族田和寺观田等)和私人土地所有制(如地主私田、自耕农土地等)等形式,在清朝初年时自耕农所占土地比重较大,到 1840 年时地主阶级所占土地比重较大②。

纵观中国古代历史上实行的各种土地制度,我们可以看到,每种制度都不是僵化不变的,它们都需要随着社会的发展而不断改变和调整以适应社会的发展和变化。关于土地所有权的问题,从原始社会的氏族公有制,到上古时期从公有制向私有制过渡的井田制,再到商鞅变法使土地私有制合法化所实行的名田制,之后历朝历代虽有各种形式的国有土地,但私有土地均占主体,除了短暂的王田制之外,自北魏太和九年到唐德宗建中元年(公元 780 年)实行了近 300 年的均田制,曾一度使私有制为主体的土地制度发生了变化,但此后的 1 100 多年土地制度又恢复了以私有制为主,直到新中国建立、农村土地改革完成,在中国大地上土地私有制才真正结束。

6. 中国古代农业工具的演变

古代农业技术的发展主要表现在生物驯化、品种选育、饲养繁殖、作物栽培、田地耕作、水利灌溉、肥料施用、农业工具等众多方面的不断进步上。在古代农业技术的发展中,最有代表性的变化主要反映在农业工具的演变上。从考古证据和文献记载来看,中国古代农业工具大致经历了材质从木器、石器、铜器到铁器的更替,结构从简单到复杂,功能从低级到高级,种类从少到多的发展历程。

在原始农业时代,古人曾采用石、骨、蚌、角等材料制作农业工具。在中国,早在新石器

---

① 本段文献主要参考整理自:贾春泽,《中国古代土地制度浅析》,《沧桑》2005 年第 6 期。
② 赵德馨原著,瞿商、张连辉改编:《中国近现代经济史》,高等教育出版社 2016 年 2 月第一版,第 39 页。

时代早期和中期,就已出现了石铲、石磨盘、石磨棒、石镰等形制规范的成套农具①。到新石器时代末期,在距今6 000～5 400年时,长江三角洲地区的先民发明了三角形石犁,这使土壤深耕和大面积开发耕地成为可能。在公元前2000多年的虞夏之际,中国已出现了金属工具,商代开始用铜镢开垦荒地、挖除草根,周代中耕农具"钱"(铲)和"镈"(锄)、收割农具镰和銍也开始用青铜制作②。商、周时代的青铜农具,种类有锛、臿、斧、斨、镈、铲、耨、镰、犁形器等。青铜农具的出现是人类生产技术上的一个重大进步。春秋战国之际,出现了生铁冶铸、炼钢和生铁柔化三项技术,使铁器被广泛用于锐利农具的生产,加快了铁制农具代替木、石、青铜农具的进程。铁锄、铁耙和铁镰出现于战国;战国中期,铁犁农业在黄河中下游地区已较普遍,土地深耕方法逐渐普及③。铁制农具的使用是农业生产技术上的一个转折点,它能清除大片森林,使之变为耕地、牧场等,也使大面积的田野耕作成为可能,甚至使农业生产关系、土地耕作制度和作物栽培技术等也发生了一系列的变化。从春秋战国开始,使用耕畜牵引的耕犁逐渐在中国一些地区普及使用。在甘肃磨咀子出土的西汉末年的木牛犁模型,说明在汉代时期耕犁就已基本定型。两汉时期,铁制农具广泛应用,垦耕工具包括铁犁、铁齿耙、铁镢等,还有新型的覆土工具、田间管理工具、灌溉工具、收割脱粒收藏和运输工具、加工工具等,到东汉时又出现了水磨④。汉武帝时,已开始推广使用播种农具耧车,耧车能同时完成开沟、下种、覆土三道工序,大大提高了播种效率和质量。在东汉、三国之际,出现了用于提水灌溉田地的水车(也叫"翻车""龙骨车""水蜈蚣"等)。魏晋时,南方水田已普遍使用碎土的农具耖。晚唐时,南方水田已普遍使用了较先进的曲辕犁(又叫"江东犁")。宋以前,出现了拨镰、艾、劐镰、推镰、钩镰等收获农具。宋、元之际,出现了一种用畜力牵引的中耕除草和培土的农具耧锄。⑤元代时,发明了用于中耕的农具耘荡(后又称为"耥")⑥。

农业工具在演变过程中,同时也受到了农业制度的强烈影响。中国传统农业的小农经济制度,起源于原始社会末期,成形于战国时期。在中国传统农业小农经济制度下,土地只能被分割成一小块一小块的田地来耕作。为了适应小块田地的耕作需要,农业工具逐步向小型、轻便化方向发展。例如,从西汉中期耦犁推广以来,我们看到农业工具不是继续向大型、高效方向发展,而是逐步被改造得更加适合小农经济的需要。耕犁从"二牛三人"到"二牛二人",再到"一牛一人",最后比较轻便灵巧的曲辕犁得到了普及。农业工具的这种发展,促使唐宋以后小农经济重新得到了加强,自耕农再度开始活跃,隶属性佃农转化为契约性佃农⑦。

在17世纪之前,中国的农业工具在世界上处于先进行列,但进入18世纪以后就长期处于停滞状态,基本上没有多大发展。

而在近二三个世纪中,欧美各国的农业工具却有很大发展,随着自然科学的日益昌明,

---

① 苏秉琪主编,张忠培、严文明撰:《中国远古时代》,上海人民出版社2014年5月第一版,第484页。
② 董恺忱、范楚玉主编:《中国科学技术史·农学卷》,科学出版社2000年版,参见"导言"。
③ 董恺忱、范楚玉主编:《中国科学技术史·农学卷》,科学出版社2000年版,参见"导言"。
④ 《农耕文化:农业发展的历史支撑》,《河南日报》,2007年3月14日;参见:http://www.ha.xinhuanet.com/add/2007-03/14/content_9510657.htm。
⑤ 本段中有关中国古代农业工具的材料,来源:"中华五千年"网,《农业生产工具》,2007年9月15日;参见:http://www.zh5000.com/ZHJD/ctwh/2007-09-15/1148102435.html。
⑥ 董恺忱、范楚玉主编:《中国科学技术史·农学卷》,科学出版社2000年版,参见"导言"。
⑦ 李根蟠:《精耕细作、小农经济与传统农业的改造散论》,1999年11月;参见"中国农业历史与文化"网站:http://www.agri-history.net/scholars/lgp/lgp11.htm。

人们发明创制了不少新型的农业机具。例如,美国自19世纪初开始使用畜力机械,耕田机、播种机、刈草机、收割机、脱谷机等相继问世;自19世纪30年代起,铁犁迅速代替木犁并被普遍采用,到19世纪50年代时已普遍使用马拉农具,1850年时开始使用蒸汽机;20世纪初,内燃机获得较快发展。1910年,美国已开始实行农业机械化,成为世界上推行农业机械化最早的国家。[1] 1930年,尽管美国农业相对处于萧条状态,但美国农场有近100万辆拖拉机在作业[2]。

二、中国近代农业的演变

清末民初,近代农业的传播与引进主要表现在创办农学报刊、翻译西方农书、建立农业学校及农业科研机构等方面。1896年,罗振玉(1866—1940)等一批热衷于改良中国农业的社会贤达在上海创立了"农务会",该组织主办的《农学报》系统地向中国社会传播近代农业知识,对促进中国农业向近代发展产生了广泛影响。1897年和1898年,中国近代最早的两所农业学校浙江蚕学馆和湖北农务学堂先后成立。1898年,中国最早的农科大学京师大学堂农科也在北京建立。在农业科研方面,1906年清朝政府在北京设立了"农事试验场",1931年民国政府建立了"中央农业实验所";此后,全国各省的地方性农事研究机构也纷纷成立,到1933年中国已有各类农业机构691个,在职人员7 600多人,其中试验研究机构278所。[3]

1861年,清朝政府开展了洋务运动,同年12月清朝政府第一家兵器工厂安庆内军械所创办,中国近代工业由此拉开序幕。近代工业的发展必然会对传统农业产生一定的影响(主要在于产业之间的关联性),从而带动传统农业向近代农业转化。再加上,中国近代教育开始于1862年(这一年洋务派在北京创办了"京师同文馆",这是中国近代第一所新式学校),教育的进步也会在一定程度上促进传统农业向近代农业发展。因此,本书将1861年作为中国近代农业的起点[4],从1861年到1949年的88年属中国近代农业时期。就总体来说,这一时期是中国农业由传统农业向现代农业转变的过渡时期。

1840年鸦片战争爆发后,中国逐渐沦为半殖民地和半封建社会。中国农业经济随之发生了深刻变化,传统农业中"男耕女织"的自然经济结构开始解体。鸦片战争前夕,中国国内商品流通主要以粮食为主,但到20世纪初期已被棉布、棉纱等工业品取代。西方列强一方面对中国农副产品原料进行掠夺,另一方面又在中国市场倾销他们的工业品,这使中国城乡手工业和传统家庭纺织业陷入了困境,同时也促使中国农业的商品化生产有了长足发展。这期间,中国以出口为目的的经济作物的种植及蚕桑业迅速扩张,在一些口岸和交通发达的地方甚至出现了不少专业化的产区。[5]

---

[1] 本段资料来源:沈志忠,《近代美国农业科技的引进及其影响评述》,《安徽史学》2003年第3期。
[2] 克里斯·弗里曼、弗朗西斯科·卢桑著,沈宏亮主译:《光阴似箭:从工业革命到信息革命》,中国人民大学出版社2007年10月第一版,第297页。
[3] 资料来源:翟虎渠主编,《农业概论》,高等教育出版社2006年5月第二版,第115页。
[4] 有些学者将1840年鸦片战争爆发这一年作为中国近代农业的起点,这实际上是从社会学的角度所确定的大致时间点,从经济学的角度来看这样划分并不准确,而且也没有多少道理。
[5] 翟虎渠主编:《农业概论》,高等教育出版社2006年5月第二版,第115页。

在中国近代,农业耕地增长趋势与人口增长趋势基本相符,在 1840—1949 年间人口平均年增长率为 6.7‰,而在 1812—1949 年间耕地面积平均年增长率只有 3.4‰,人多地少、人口压力问题日益严重。在 19 世纪,中国农业生产中最重要的是粮食,常占种植(播种)总面积的 80%左右。1840—1910 年间,中国粮食单产量在 204~223 斤/亩区间内波动①;与乾隆、嘉庆时期(1736—1820)相比,近代中国粮食的单产量呈逐年下降趋势。1914—1949 年间,无论是粮食,还是油料和棉花作物,其单产量均呈现出下降趋势,这其中除了战乱、天灾的影响以外,传统农业生产本身已开始显露出其内在的危机。20 世纪以来,从总体来看,中国粮食总产量仍在不断增长,并于 1936 年达到近代史上最好水平;因农业生产结构稍有改进,经济作物的增长率快于粮食的增长率,受进口棉货影响,棉花产量增长很慢。②其后,国共内战、抗日战争和解放战争的相继爆发,使中国经济进入战时状态,国民经济遭受严重破坏。

1. 中日比较:制度变革对经济发展的影响

在 1894—1895 年间的中日甲午战争中,清军的战败加速了封建清王朝政权的衰落;1898 年由康有为(1858—1927)、梁启超等推动的资产阶级政治改革运动"戊戌变法"的失败,大大延缓了中国经济近代化的进程。

在中日甲午战争中,日本军队战胜了清朝军队,表面上看来这是日本军事的胜利,而如果深入分析两国军事背后的支撑力量,我们不难发现,这次战争其实是日本在政治、经济、制度等方面对清朝的胜利。日本于 1868—1890 年开展的"明治维新"运动,首先使日本取得了政治制度改革的成功,政治制度改革的成功又使日本经济获得了飞速发展,而经济的发展又为日本军事的强盛提供了坚实的物质基础。在"明治维新"过程中,日本在各个方面向西方学习,除了注重引进西方先进科学技术、实现工业化和军事现代化以外,还很注重借鉴西方的政治制度(如颁布宪法、设立国会、实施内阁制度、废除身份制度、建立文官考试制度等);日本政府在政治体制、法律制度、财政、金融、教育、军事等方面都广泛向西方国家学习,并从这些方面对日本社会开展了较彻底的改革,这些改革使日本经济飞速发展,国家实力迅速崛起,经过半个世纪就完成了追赶西方国家的现代化,并成长为称雄一时的亚洲强国。而反观中国的"洋务运动",清朝封建势力为了保有既得利益,只提倡学习西方的技术和军事,而极力避免触及政治改革,洋务派的行动实际上仅主导了部分经济和军事上的改革,其后的"戊戌变法"虽涉及了制度层面的改革,但最终却被封建守旧势力所扼杀,由此使中国迈向现代化的道路充满了艰辛与坎坷!

从经济发展的角度来看,"明治维新"运动可以说是日本的工业革命,正是这一运动促使日本从一个传统的封建落后国家转变成了一个资本主义的工业化强国。

从 19 世纪 80 年代开始,中日两国几乎同时开始了经济近代化进程。当时,两国在历史背景、起始条件、国际环境和发展过程等方面都有许多相似之处,尤其是两国在近代化初始时期的经济发展水平都不高。1883—1887 年,日本国民收入为 6 亿日元,人均国民收入仅为 15.6 日元(用 1883—1887 年间平均价格表示),按照当时的汇率兑换约合 13.2 美元。而同期(1887 年)中国的国民收入为 32.14 亿两,人均国民收入为 8.5 两(均为当年价格),按照当年的汇率折算约合 10.88 美元,为日本人均收入的 82.4%。在经济近代化起步之初,中日两

---

① 吴慧著:《中国历代粮食亩产研究》,农业出版社 1985 年 2 月第一版,第 198 页。
② 本段中有关中国近代农业的情况,引用了吴承明的研究成果;吴承明:《中国近代农业生产力的考察》,《中国经济史研究》1989 年第 2 期。

国经济发展水平相差无几,但在19世纪80年代至20世纪30年代的50年间,日本经济取得了令人瞩目的发展,而中国经济则远远落后于日本。1887年至1936年的49年间,日本国民收入和人均国民收入呈现大幅度的增长态势:实际国民收入由1887年的43.42亿日元增加至1936年的207.14亿日元,49年中增加3.8倍,年均增长3.16%;实际人均国民收入由112日元增加到292日元,其间增加1.6倍,年均递增1.94%。而在同一时期,中国实际国民收入由1887年的143.43亿元增至1936年的309.40亿元,49年中仅增加1.2倍,年均增长1.58%;实际人均国民收入由37.98元增至60.57元,仅增加59.48%,年均增长率仅为0.96%。由此可见,这期间中国经济的发展速度已大大落后于日本。到20世纪30年代,日本已经成功地实现了国家工业化,并步入了近代化国家的行列,而中国却没有进入工业化国家之列。

在19世纪80年代至20世纪30年代,日本的近代工业迅速发展,经济实力显著增强,取得了举世公认的经济发展成就。1881—1937年,日本工业生产指数的增长率为5.4%,远远超过同时期的欧美各国。欧美各国的增长率,美国为3.7%,意大利为3.1%,德国为2.9%,英国为1.6%。日本工业总产值在世界各国工业总产值中的比重,由1890年的不足1%上升到1937年的4%,令西方国家不得不刮目相看。而在同一时期,中国经济的增长速度不仅大大低于同期的日本,甚至也低于西方发达国家经济起飞阶段,如美国1834—1843年和1869—1878年期间国民收入年均增长5.2%,人均国民收入年均增长率为1.4%,英国1801—1811年和1831—1841年期间分别为3.2%和1.5%,均高于中国1.58%和0.96%的年均增长率。①

2. 中国近代的工业化

自1840年鸦片战争以后,中国开始了由传统社会向现代社会转变的过程。19世纪60—90年代,在西方资本主义和外商企业的刺激下,清政府中的洋务派在各地掀起了一场"师夷长技以自强"的洋务运动,在洋务派军用工业尤其是民用工业的示范下,一些官僚、地主、商人开始投资兴办新式工业,由此开始了近代中国艰难的工业化历程。

1861年初,清政府设立总理衙门以及北洋与南洋两位通商大臣,然后派员到海外采购外国的船炮并自行仿造,随之在各地建起了一批军用工厂。从1861年至1890年,清政府创建了24个军工厂和船厂,其中规模较大的军工厂包括江南制造总局、福州船政局、金陵制造局、天津机器局和湖北枪炮厂等②。1861年12月,曾国藩(1811—1872)创建了清政府第一家兵器工厂安庆内军械所,由此拉开了中国近代工业的序幕。1865年,李鸿章(1823—1901)在上海创办了江南制造局,是清政府最大的军工企业。1866年,左宗棠(1812—1885)创办的福州船政局,是清政府设备最齐全的新式造船工厂。除创办军用工厂以外,洋务派还采取官办、官督商办和官商合办等方式,在采矿、炼铁、纺织、轮船、电信、铁路等部门创办了一批民用企业,这些企业包括轮船招商局、开平矿务局、天津电报局、唐山胥各庄铁路、上海机器织布局、兰州织呢局等。1894年之前,共办民用企业27家,其中,采矿冶炼业16家,纺织业6家,交通运输业5家;到1894年,电信业共设立电报线路39条(共长约23 296千米),到1895年,共修建铁路477千米③。其中,1872年李鸿章在上海创办的轮船招商局,是中国

---

① 以上两段中有关中日两国近代经济发展的情况,引用了张东刚的研究成果;张东刚:《近代中国总需求变动的宏观分析》,《浙江大学学报(人文社科版)》2007年第6期,第36—45页。
② 赵德馨原著,瞿商、张连辉改编:《中国近现代经济史》,高等教育出版社2016年2月第一版,第47页。
③ 赵德馨原著,瞿商、张连辉改编:《中国近现代经济史》,高等教育出版社2016年2月第一版,第48页。

最早设立的轮船航运企业,也是中国第一家发行股票、采用股份公司形式经营的现代企业。1879年成立的上海机器织布局,是中国第一家现代棉纺织工厂。洋务派创办的这些企业培养了一批新式技术人才和工人,客观上刺激了中国资本主义的发展,为近代中国工业化奠定了一定基础。

从19世纪60年代至1894年期间,一些华侨、商人、地主和手工业者投资兴办了171家工矿企业,其中,机器制造业145家,机器采矿业22家,机器运输业3家,电灯厂1家。这些企业中,包括中国第一家玻璃厂、第一家造纸厂、第一家扎花厂、第一家机器碾米厂、第一家火柴厂、第一家缫丝厂等。与外国资本和清政府官方资本相比,民间私人资本的实力相对较弱,只及同期清政府投资民用企业的40%,外国在华产业资本的20%。[①]

自1861年至1894年持续30余年的洋务运动,尽管没有使当时的中国变得富强,但这次运动从西方引进了先进技术和机器生产,促使中国工业生产从手工业转向了机器工业,可以说它是中国工业革命的起点。因为洋务派的根本目的在于维护清朝政府统治,他们只注重引进西方的技术和机器而不引进西方的先进制度,更未触及国家的政体改革,而且他们利用西方先进生产技术主要是采取"移植"的方式,这就决定了洋务运动必然失败的结局。

中国国内生产总值在世界国内生产总值中所占的比重,按安格斯·麦迪逊(Angus Maddison,1926—2010)的估算,1820年为32%,比整个欧洲(27%)多5个百分点;1890年为13%,是欧洲(40%)的1/3弱。到1900年时,英国、美国、德国、法国、俄国的国内生产总值都超过了中国,按人口计算的1900年的工业化水平,以英国为100计算,美、德、法、意、俄、日、中分别为69、52、39、17、15、12、3[②]。[③]

1894年至1911年间,中国民族资本快速增长,平均年增长率达15.1%。自1911年辛亥革命爆发到1920年,外国在华产业投资因欧战陷入颓势,增长率仅有4.5%;官僚资本的增长率更跌为3.8%;而民族产业资本的增长率依然很快,为10.5%。据经济史学家吴承明(1917—2011)先生研究,到1920年时,中国绝大部分手工行业都在发展,手工业总产值也在增长;并且机制工业发展最快的时候,也是手工业发展最快的时候,乃至在同一行业中也有这种情况。1920年,中国制造业总产值中,手工业占82.8%,机制工业占17.2%。此后,情况略变。机制工业加速取代手工业,但手工业产值仍有增长,到1936年,在制造业总产值中,手工业占69.4%,机制工业占30.6%。当时,中国最大的两项民族机制工业是棉纺行业和面粉行业。起初,棉纺行业是先以纺粗支纱供应手工织布为主,到1920年粗支纱已占有52%的纱市场;然后又转向生产织机布,到1936年时织机布占有57%的布市场。到1936年时,中国的棉纺行业已战胜了进口洋纱,洋布进口日益减少。机制棉纺行业之所以能够顺利发展,主要得力于手工纺织户的支持以及定县、高阳、潍县、宝坻、郁林、平遥等新的手织区的兴起,机制企业与手工织户之间实际上结成了一种共生互补的关系。中国的机制面粉行业兴起于20世纪初。最初,机制面粉厂采用的是一种土洋结合的机器磨坊形式,然后又改用全机器化的新式滚筒制粉法。机器磨坊实际上是由以畜力为动力的土磨坊,向以电力为动力的机制面粉厂过渡的一种中间形态。在1931年至1936年,机制面粉厂的产量由0.47亿包增长到1.23亿包;土磨坊的产量也由1.66亿包增至1.72亿包,呈现出土洋并行发展的局

---

① 赵德馨原著,瞿商、张连辉改编:《中国近现代经济史》,高等教育出版社2016年2月第一版,第49—50页。
② 保罗·肯尼迪著,王保存等译:《大国的兴衰》,中信出版社2013年版,第181—182页。
③ 赵德馨原著,瞿商、张连辉改编:《中国近现代经济史》,高等教育出版社2016年2月第一版,第56页。

面。在同一时期,机器磨坊的产量也由 90 万包增长到 1 476 万包。三者并进,形成了一种水平式互补关系。1913 年时,中国进口洋面粉 260 万担,而到 1936 年时仅进口了 51 万担[①]。这表明,这期间中国的面粉加工行业得到了快速发展,并有效抑制了洋面粉的进口。此外,像火柴、针织、电器、日用化工等轻工业,刚从国外引进中国后,大都是先采用手工制作或利用家庭散工制生产,待市场需求扩大后,然后再实行机械化大生产。

当时,在中国传统手工业工场中,不少手工业工场是通过不断改进生产工具来提高生产力的。例如,在丝织行业,最初使用的投梭机是手拉机,后来改用足踏铁轮机,再后来又改用电力铁轮机。到 1936 年时,全国丝织行业的丝织机中,已有 20.3% 采用了电力织机,按行业生产力统计,已经占到了 38.3%;即有 1/3 以上的丝织工场已过渡为现代化丝绸工厂。在缫丝行业,由最初的手摇丝车改进到足踏丝车,此后又采用汽喉(煮茧用)足踏丝车,再后来又使用蒸汽动力丝车。在制棉行业,由最初的手摇轧花车改进到足踏皮棍轧花车,再到蒸汽动力齿轮轧花车。对手工业工场来说,这种生产工具的不断改进,当改进到一定程度后就很容易过渡为全机器化的工厂。[②]

中国传统的面粉加工业使用的主要工具是石磨,主要用于加工小麦、玉米、小米、高粱等粮食作物。1878 年天津贻来牟磨坊的设立,标志着中国传统磨粉业技术变革的开始,这家磨坊的石磨以蒸汽机带动,其他工作仍靠人力完成;在 1878—1913 年间,全国开办的以蒸汽机带动石磨的机器磨坊约 26 家[③]。1914 年后,随着民族机器工业仿制引擎和电力技术的普及,中国的机器磨坊业得到了进一步发展。例如,在 1925—1930 年间,天津以磨杂粮为主的磨坊有 208 家,磨坊中以畜力为动力的碾磨,其数量占所有碾磨的比例,1925 年时为 43.9%,而到 1930 年时已下降到 3.5%,该年使用畜力的碾磨仅有 22 盘。从 1878 年至 1936 年,中国民营的机器磨坊和简易小型面粉厂共 136 家,加上天津以磨杂粮为主的电动磨坊,总数达到 368 家,这些机器磨坊在技术上介于土磨坊和机制面粉厂之间,处于从土磨坊向全机器化生产过渡的中间阶段。

中国传统手工业的技术变革和生产工具的不断改良,在为民族机器工业的诞生提供市场空间的同时,也推动了民族机器工业的专业化发展。中国传统手工业所使用的轧花车、棉织机、丝织机、缫丝机等,一般是木质结构的简陋工具,生产效率异常低下。1897 年,上海戴聚源铁铺最早开始仿制轧花车,随着仿制种类的增多,戴聚源铁铺也逐步扩大发展成为一家铁器工厂;1900 年前后,由中国工厂生产的轧花机年产量约二三百部,到 1913 年时产量已达到 2 000 多部[④]。轧花机器市场的扩大,促进了民族机器工业中轧花车制造专业的形成,在 1913 年时仅上海一地就有 17 家轧花机制造厂。同样,民族机器工业对针织机的仿造,也带动了针织机制造专业的出现。针织业是 20 世纪初从国外传入中国的新兴手工业,最初使用自德国进口的手摇针织机(主要用于生产袜子),第一次世界大战后民族机器工业开始大批仿造手摇针织机,到 1924 年时,全国针织机制造厂已增加到 39 家。

在经过一定时期的资金积累和技术积累之后,中国近代手工业和民族机器工业开始由

[①] 上海市粮食局等编:《中国近代面粉工业史》,中华书局 1987 年版,第 101 页、第 106 页。
[②] 以上两段中有关 1894—1936 年的中国经济情况,引用了吴承明的研究成果;吴承明:《近代中国工业化的道路》,《文史哲》1991 年第 6 期。
[③] 上海市粮食局等编:《中国近代面粉工业史》,中华书局 1987 年版,第 8 页、第 14—15 页。
[④] 上海市工商行政管理局等编:《上海民族机器工业》(上册),中华书局 1979 年版,第 171 页。

较低层次向较高层次发展。20世纪20年代前后,中国的机器修造、手工棉织、丝织、针织等行业便开始了向大机器工业过渡。例如,上海民族机器修造业中有一批场坊,在经历一段手摇车床时期后开始使用电力或引擎等原动力,到1920年时,在114家机器修造厂中改用原动力的企业有81家,占总数的71%①。1929年,天津以制造织布机为主要业务的15家机器修造工场中已有8家使用了电力②。据南京国民政府1934年对上海、江苏、浙江、安徽、江西、山东、河北、山西等七省一市小规模染织厂的调查结果显示,在415家染织厂中,共使用电力织布机11 208台,手工织布机11 886台③。

在1920年前后,杭州等手工丝织业集中的地区开始向机器化生产过渡。1912年设立的杭州纬成公司,1920年时有手拉机300台,1926年时购置电力丝织机13台,开始向电力丝织厂转化;1914年设立的虎林公司,在1920年有手拉机200台,1924年开始购置电力丝织机24台④。这些丝织厂尚未完全过渡到机器化工厂,他们的工具设备大多是手拉机和电力丝织机并存。1927年,杭州丝织行业中共有木制机1 000余台,手拉机6 000多台,电力丝织机3 000多台,而到1936年时,木制机减少至500台,手拉机下降到800台,电力丝织机已增长到6 200台⑤。在这一时期,苏州丝织行业也出现了手工丝织向机器丝织的过渡。此外,湖州、盛泽、宁波、安东等手工丝织业较为发达的其他城镇也开始了向机器生产的转化。这说明,到1936年时,电力丝织机在中国丝织行业设备中已经占据了主导地位,但尚未完全取代手工丝织机,中国丝织行业依然处于由旧到新的过渡状态。⑥

在中国近代的工业化时期,一部分传统手工业开始衰落,另一部分传统手工业因采用新技术、新设备而向现代化工业转型。从区域分布来看,现代化工业主要集中在沿海、沿江的少数城市。1937年,全国登记注册的工厂有3 935家;其中,长江三角洲的苏、浙、沪地区占61.91%(上海一地占31.39%),山东占6%,湖北占5.2%,青岛占3.8%,其他省市极少⑦。就整体而言,现代化工业所占比重比传统手工业小得多。1913年,在调查的21 713家工厂中,使用机械动力的占1.60%,不使用机械动力的占98.40%;1916年,在调查的16 957家工厂中,使用机械动力的占2.89%,不使用机械动力的占97.11%;1920年,在制造业中,手工业产值约为80亿元,占比为90.05%,到1936年时,手工业产值为100亿元,占比为77.96%,手工业产值相对比重在下降,但其绝对数量仍然在继续增长(16年增长25%)⑧。⑨

3. 近代工业对农业商品化的影响⑩

中国近代工业的发展推动了农业的商品化发展,而农业的商品化发展又带动了农业本身的发展和农业技术进步。例如,在20世纪30年代以前,广东的甘蔗种植技术仍然处在传

---

① 上海市工商行政管理局等编:《上海民族机器工业》(上册),中华书局1979年版,第304页。
② 方显廷著:《天津织布工业》,南开大学经济研究所,1930年版,第47页。
③ 严中平著:《中国棉纺织史稿》,科学出版社1955年版,第301页。
④ 徐新吾主编:《近代江南丝绸工业史》,上海人民出版社1991年版,第143—146页。
⑤ 朱新予等著:《浙江丝绸史》,浙江人民出版社1985年版,第186页。
⑥ 以上三段中有关中国近代工业化的情况,引用了彭南生的研究成果:彭南生:《传统工业的发展与中国近代工业化道路选择》,《华中师范大学学报(人文社会科学版)》2002年第2期。
⑦ 刘国良著:《中国工业史》(近代卷),江苏科学技术出版社1992年8月第一版,第270页。
⑧ 吴承明著:《中国的现代化:市场与社会》,北京生活·读书·新知三联书店2001年9月第一版,第110页。
⑨ 本段文献来源:赵德馨原著,瞿商、张连辉改编:《中国近现代经济史》,高等教育出版社2016年2月第一版,第74—75页。
⑩ 本小节引用了吴建新的研究成果,参见吴建新:《试析近代工业和近代农业的关系》,见"中国农业历史与文化"网站: http://agri-history.net/scholars/wujianxin1.htm。

统农业的水平,30年代广东的工业化运动,推动了广东机器糖加工业的迅速发展,加快了制糖业的商品化步伐,扩大了商品糖的市场规模,制糖业对原料需求的迅速增长直接带动了甘蔗种植业的发展,从而推动了甘蔗栽培技术的进步。在1930年前后,广东省已经具备了一定的工业基础。自晚清发展起来的广州民营机器工业,到20世纪30年代已有了一定规模,在1932—1935年间,广州的民营机器修造企业从177家增加到了250家以上;这一行业可以制造多种类型的机械,产品销售以广东省为主,由这些企业制造的缫丝机、抽水机、碾谷机、碾米机、榨油机、发动机等与农村工业相关的机械,对当时广东农村经济的发展发挥了重要影响[1]。

从明清到近代时期,广东地区的制糖手工业采取的是与种植业紧密结合的糖寮作坊形式。关于广东糖寮作坊的经营方式,《广东新语》卷二十七《草语》中记载:"榨时,上农一人一寮,中农五之,下农八之十之。"糖寮作坊使用的生产工具主要是以牲畜牵引的木制辊轴式榨糖机。在民国时期,糖寮由蔗农按所出的牛或其他生产资料或劳动力进行组合,一间糖寮需要组合大约80~100亩蔗地作为原料基地才能够开始榨糖[2]。蔗糖加工好后,蔗农需要将蔗糖挑到集市去出卖,或者将蔗糖卖给糖户、糖栈,由糖户、糖栈再进行销售。由此可以看到,中国传统的制糖手工业,生产规模小,经营方式落后,流通环节多,商品化程度很低。

1933—1936年间,当时的广东省政府分别在广州和顺德建立了第一蔗糖营造场和第二蔗糖营造场这两家大型糖厂;糖厂从美国、捷克采购了压榨机、压滤机和蒸发罐等制糖机器,配备了发电厂、锅炉及酒精生产设备等,堪称是当时中国大陆最现代化的机器糖厂,到1936年12月糖厂总榨蔗量达到每天6 000吨[3]。糖厂除了加工生产蔗糖以外,同时还自设规模很大的甘蔗繁育场,负责管理甘蔗良种和栽培技术的试验推广工作。糖厂在主要蔗区以农业贷款方式向农民供应良种和化肥,加快了农业新技术的推广应用,从而促使广东甘蔗种植业从传统向近代转型。糖厂直接面向蔗农收购甘蔗,使大批蔗农脱离了糖寮作坊制糖的落后手工业生产方式,参与到了工业化的分工体系中。根据记载,两家糖厂1934年贷出款项39.8万元,订约收购甘蔗的蔗田有3.6万亩;而1935年1月至9月间贷出款项100.8万元,订约收购甘蔗的蔗田有4.9万亩[4]。随着新型糖厂的建立,适应工业加工需求的甘蔗新品种和先进栽培技术迅速得到了推广应用。在新会还出现了专门进行甘蔗良种培育和推广的民营农场,其销售网络分布在东江和西江平原,甚至远达广东和广西交界的梧州[5]。由于1933年广东省政府实施的有关政策限制民营资本进入机器制糖业(未限制手工制糖业)[6],所以直到1937年以前,广东省还没有一家民营性质的加工精制白糖的新式蔗糖厂。公营机器制糖业的发展间接推动了广东手工制糖业的发展和技术进步。在1937年以后发展起来的小型糖厂,榨糖机已由木制改为铁制,动力由牲畜牵引改为机器牵引,制糖方法也由漏糖改用分蜜机,这些技术进步提高了生产效率、改善了产品质量;到1950年时,广东全省的民营蔗糖

---

① 伍锦:《解放前广州市私营工业》;参见中国人民政治协商会议广东省广州市委员会文史资料研究委员会编:《广州文史资料》(第23辑),广东人民出版社1981年6月版,第84页、第102页。
② 饶宗颐总纂:《潮州志·实业志·农业》,潮州修志馆,民国。
③ 冼子恩:《陈济棠办糖厂经过及其真相》;参见中国人民政治协商会议广东省委员会文史资料研究委员会、广东省工商业联合会合编:《广东文史资料》(第56辑),广东人民出版社1988年7月第一版。
④ 《广州第一甘蔗营造场》,参见:《甘蔗种植浅说》,广州第一甘蔗营造场1935年印,第71—73页。
⑤ 《新会民生农场》,参见:《爪哇蔗种植法》,广东新会天成印刷馆1935年印。
⑥ 广东省政府农林局:《广东省民营糖厂监督暂行规程》,1933年9月;广东省政府第六届委员会第216次会议录。参见:《民国时期广东省政府档案史料选编》(第3册),广东省档案馆1987版,第463页。

厂已发展到了150家①。

4. 中国近代的农业机械化

中国近代农业使用机器的时间较晚,使用机器的数量和地区也很少。中国农业生产使用现代机器开垦荒地最早始于1880年。1897—1911年间,江苏、浙江、湖南、福建、河北、山东、东北等地开展过改良农具和新式灌溉机器的尝试。②自晚清时期开始,中国就开始陆续从外国引进各种农业机具。如1906年,山东农事试验场从美国购进农机具20余种;1907年前后,奉天农事试验场从美国、日本等购买各种犁耙、刈麦器、刈草器、玉米播种机等多种农机具③。1912年,浙江省政府从美国购回2台铁轮水田用拖拉机及配套犁耙等农机具,后交给浙江大学农学院实习农场;1915年,黑龙江呼玛的三大公司,从美国万国农具公司海参崴支店购入5台拖拉机和其他机械农具进行大农田经营;其后,绥滨、泰来等地的农垦公司又陆续购进3台拖拉机和其他一些大型农具④。1929年,山西农事试验场从美国农具公司购买了新式拖车、二行犁、三行犁、双行四盘耙、条播机、割捆机等。⑤这些都是中国近代农业进行机械化的具体尝试。1912—1931年,外国机器和工具输入较多,但农机具的进口值所占比重极少,多数年份不到1%,最高的年份仅为2%⑥。国内创办的农业机器厂,只有常州厚生机器厂、上海中华新农具推广所、江苏省农具制造所,以及上海几家生产抽水机的工厂⑦。农业生产使用的机器,主要是少量的拖拉机、抽水机、轧稻机、刈草机、播种机等。

尽管早在1915年中国农业领域就引进了现代机械进行耕地,但农业机械化进展一直很迟缓,到1949年时只有拖拉机401台,主要在东北地区(东北最多时有拖拉机489台),在苏南和上海也有几部。民国时期,中国农业领域的机器灌溉在长江下游地区有一定的发展。例如,在武进一带,1924年开始电力灌溉,到1929年时电力灌溉面积已有4.3万亩;机器灌溉发展最快的无锡,到1937年时机灌面积已占耕地总面积的62%~77%⑧。1930年,中国进口农机149万辆,进口化肥约380万担⑨。在民国时期,割草机、脱粒机、碾米磨面等机械已开始进入一些农户。⑩ 1930年,全国使用电力灌溉农田的面积仅有4.9万亩⑪。

在中国近代,尽管农业机械化有所发展,但发展很缓慢,所取得的进步很有限。1920年,在中国工农业和交通运输业的总产值中,使用机器的现代产业占7.84%,不使用机器的传统产业占92.16%。1920年,新式产业占工农业总产值的比重为7.37%,到1936年时,这一比重提高到13.37%(16年仅增长了6%)。⑫

---

① 《广东糖业公司》,参见:《广东糖业概况》,华南农业大学农史室藏本1950年油印本。
② 赵德馨原著,瞿商、张连辉改编:《中国近现代经济史》,高等教育出版社2016年2月第一版,第79页。
③ 《奉天农事试验场报告》第一、二册,光绪三十四(1908)年。
④ 章有义编:《中国近代农业史资料》(第二辑),北京生活•读书•新知三联书店1957年12月第一版,第359—360页。
⑤ 本段资料来源:沈志忠,《近代美国农业科技的引进及其影响评述》,《安徽史学》2003年第3期。
⑥ 章有义编著:《明清及近代农业史论集》,中国农业出版社1997年10月第一版,第44页。
⑦ 李文治编:《中国近代农业史资料》(第一辑),北京生活•读书•新知三联书店1957年12月第一版,第410页。
⑧ 王方中:《旧中国农业中使用机器的若干情况》,《江海学刊》1963年第9期;东北财经委员会调查统计处编:《伪满时期东北经济统计》,1949年出版,第1—15页。
⑨ 章有义编:《中国近代农业史资料》(第三辑),北京生活•读书•新知三联书店1957年10月第一版,第876页、第878页。
⑩ 本段数据资料来源:吴承明,《中国近代农业生产力的考察》,《中国经济史研究》1989年第2期。
⑪ 赵德馨原著,瞿商、张连辉改编:《中国近现代经济史》,高等教育出版社2016年2月第一版,第79页。
⑫ 本段数据资料来源:赵德馨原著,瞿商、张连辉改编:《中国近现代经济史》,高等教育出版社2016年2月第一版,第83页。

三、中国现代农业的发展

1949年10月中华人民共和国成立,中国农村经济得到迅速的恢复和发展,中国农业进入现代农业发展阶段。1952年,中国农业生产已恢复到历史最好水平;1965年全国农业总产值达589.6亿元。从1952年到1965年,中国完成了农业合作化和人民公社化,建立了与计划经济体制相适应的统购制度。这一时期,中国的农业教育、科学研究与技术推广体系已普遍建立,并形成了相当规模。此后,长达十年的"文化大革命"使农村经济与农业生产秩序遭到了严重破坏,农业生产处于停滞状态。直到1978年中国政府实施改革开放政策以后,中国经济才真正迎来了飞速发展的时期。1988年,中国农村社会总产值实现12 535亿元,按可比价格计算,较1978年增长了2.43倍,平均年递增13.1%,快于同期社会总产值增长1.9倍和平均年递增11.2%的速度;当年农业总产值(不含村办工业)达5 865亿元,较1978年增长82.6%,平均年递增6.2%。1988年,全国乡镇企业总数1 888.16万个,总产值6 495.7亿元,占农村社会总产值的56%和全国社会总产值的23.5%,在国民经济中已占有举足轻重的地位。[①]到20世纪90年代中期,中国已成功实现了农产品从长期短缺到供求基本平衡、丰年有余的历史性转变。

自1978年以来中国主要农产品的生产情况,具体见表6-2。1984年,中国首次出现了粮食和棉花的销售难现象,中国农业开始了部分农产品过剩背景下的结构调整。20世纪90年代初,随着中国农业综合生产能力的提高,导致多数农产品供过于求,农产品价格普遍下降,这迫使各地加大农业产业结构调整以适应市场的变化。经过不断调整,中国的农业产业结构和农村经济结构得到了不断优化,具体表现为:农业内部的产业结构由以种植业为主转变为种植业和林牧渔业共同发展,种植业结构由以粮食为主转变为粮食作物与经济作物、饲料作物全面发展,农村经济结构由以农业为主转变为农业与非农业协调发展,从而使农业的区域比较优势和规模优势逐步得到了发挥。改革开放以来,中国农业产业结构发生了明显变化,从各行业产品的比重来看,种植业产值的比重有较大下降,由1978年的80%下降到2004年的50%;畜牧业和渔业的产值比重大幅度上升,分别从1978年的15%和1.6%上升到2004年的33.6%和9.9%;林业产值的比重基本保持稳定。中国农业主要行业产值结构的比重变化情况,具体见表6-3。[②]

表6-2 中国主要农产品的产量[③]

单位:万吨

年份	粮 食	棉 花	肉 类	奶 类	禽 蛋	水产品
1978	30 476.5	216.7	856.3	97.1	199.1	465.3
1983	38 728.0	463.7	1 402.1	221.9	334.9	545.8
1988	39 408.0	414.9	2 479.5	418.9	695.5	1 060.9

---

① 本段数据资料来源:翟虎渠主编,《农业概论》,高等教育出版社1999年9月第一版;参见本书"中国近现代农业的发展"一节的内容。
② 本段资料来源:翟虎渠主编,《农业概论》,高等教育出版社2006年5月第二版,第117页、第145页。
③ 来源:翟虎渠主编,《农业概论》,高等教育出版社2006年5月第二版,第117页;参见表8-2。

续 表

年份	粮食	棉花	肉类	奶类	禽蛋	水产品
1993	45 648.8	373.9	3 841.5	563.7	1 179.8	1 823.0
1998	51 229.5	450.1	5 723.8	745.4	2 021.3	3 906.5
2003	43 069.5	486.0	6 932.9	1 848.6	2 606.7	4 704.6
2004	46 946.9	632.4	7 244.8	2 368.4	2 723.7	4 901.8

表 6-3　中国农业主要行业产值结构的比重变化情况①

单位：%

年份	1978	1980	1985	1990	1995	2000	2001	2002	2003	2004
种植业	80	75.6	69.2	64.7	58.4	55.7	55.2	54.5	50.1	50.1
畜牧业	15	18.4	22.1	25.7	29.7	29.7	30.4	30.9	32.1	33.6
渔业	1.6	1.7	3.5	5.4	8.4	10.9	10.8	10.8	10.6	9.9
林业	3.4	4.2	5.2	4.3	3.5	3.8	3.6	3.8	4.2	3.7

数据来源：《中国统计年鉴——2005》，中国统计出版社 2005 年 9 月第一版；按当年价格计算。

中国政府自 1952—1956 年实行的农业合作化政策，具有扩大农业经营规模的作用，这一政策在一定时期内取得了明显效果，但由于在执行过程中的一系列失误，取消了农民的经营自主权，扼杀了农民生产的积极性和主动性，从而使新中国改造小农经济的行动进入了死胡同。1978 年 12 月中共十一届三中全会后，中国农村普遍实行了以包产到户为基本特征的"家庭联产承包责任制"，这一政策恢复了家庭经营形式和农民的经营自主权，极大地调动了广大农民生产的积极性和主动性，一段时期内使农业生产获得了高速增长，但农业经营规模细小而分散的问题始终没有得到根本解决。当前，中国的人口数量超过了历史上任何时期，"均田"式的包产到户实际上加剧了农业经济规模细小、经营分散、再生产能力薄弱的问题。这种情况，对大型高效农机农具的推广使用十分不利，阻碍了农业现代化的发展，制约了农业劳动生产率的进一步提高。

解决中国农业问题的根本出路在于，以市场为纽带把农业再生产各环节按照其内在联系重新连接起来，引导分散的小农户参与到社会经济系统的分工协作网络中，具体措施包括建立农业市场体系、盘活土地使用权利、实行股份合作制、提高农业科技水平、实行农业产业化发展等。

1. 现代农业的产业化②

正如美国农业历史学会主席彼得·考克莱尼斯（Peter A. Coclanis）所说："农业的产业化在 18 世纪里已像一艘'聚满蒸汽'的蒸汽轮，从此便一直加速航行。"大约从 1800 年开始，世界农业制度的变迁逐渐转向了产业化（industrialization）。

农业的产业化进程，从狭义方面来说是指农业从传统的农耕、畜牧、渔猎和采集等为主

---

① 来源：翟虎渠主编，《农业概论》，高等教育出版社 2006 年 5 月第二版，第 145 页；参见表 10-4。
② 本节资料来源：彼得·考克莱尼斯撰，苏天旺译，《世界农业制度的历史变迁与功效》，北京《世界历史》2009 年第 6 期。

导的生产活动向以农产品加工、商业经营等为主导的生产活动相对转移的过程,从广义方面来说是指在农业生产经营活动中系统地利用科学知识从而提高农业生产率的过程。

从现代科学知识在农业领域的应用和传播来看,在世界农业的产业化进程中出现了三个重要的转折点。

第一个转折点是在1900年前后,植物学家们"重新发现"了孟德尔于1865年就发现的生物遗传定律,由此导致现代遗传学的兴起。在20世纪30年代,现代遗传学在农作物培育领域中带动了品种杂交。人们发现,不同植物品种或品系按规划杂交后所产生的后代通常能够提高活力和产量。农作物的杂交优势能够使农业在减少土地占用的同时增加产量,于是杂交品种迅速被美国及世界各国的农民所采用。农作物杂交品种一旦被世界各国广泛引进和传播,就促进了科学知识在农业生产活动中的广泛应用,由此也促成了农业产业化制度的形成。科学知识在农业生产活动中的广泛应用,直接推动了农业工具的机械化进步,同时也促进了农产品在生产、加工、运输、营销和金融服务等方面的各种创新。到20世纪中叶,在发达国家里农业产业化的新发展已迅速改造了农业的生产方式,以至于这些国家很容易就可以养活其全部人口而无需很多农民。例如,在1950年,全美国的劳动力中农民仅占11.6%,而1930年时农民比例却占到21%,1900年时农民比例则占到40%之多。

第二个转折点是在20世纪六七十年代,现代产业化生物农业从发达国家迅速传播到世界欠发达地区。这其中,美国政府和墨西哥政府始于20世纪40年代所做的努力,以及洛克菲勒基金会和福特基金会等机构的支持发挥了重要作用。一批富有才华的植物学家、土壤学家、农艺学家和农业经济学家前往亚洲和拉丁美洲的一些欠发达国家,在这些国家启动了新一轮农业制度的变迁。

第三个转折点是在20世纪80年代中期,转基因技术和转基因农作物被引入现代农业中。转基因技术已被证明能够改变作物的成熟期,能够增强作物的抗病虫害能力和环境适应性,能够进一步提高农作物的产量,转基因农作物具有改善人类膳食的巨大潜力。目前,转基因技术已开始在大豆、玉米、棉花和油菜等重要经济作物生产领域中占据主导地位。

世界农业产业化进程中的这三个转折点改变了农业发展的轨迹,每次转折都极大地提高了农业的产量和生产率,导致农业的结构与组织发生了巨大变化。在20世纪里,正是这些变化推动了农业领域中全新产业制度的日益成形。

2. 现代农业技术

自19世纪中叶以后,自然科学(如化学、生物学、生理学、遗传学、昆虫学、微生物学、土壤学和气象学等)的研究成果及其实验方法,在世界不同国家逐渐被应用于农业技术研究及实践中,促使农业技术从经验阶段发展到现代农业科学阶段。1840年,德国化学家尤斯图斯·李比希(Justus von Liebig,1803—1873)出版了《化学在农业和生理学上的应用》[1]一书,这标志着现代农业科学发展的开始。从此,以实验为基础的各门农业科学先后形成。1883年,俄国地理学家、土壤学家道库恰耶夫(Василий Васильевич Докучаев,1846—1903)出版了《俄罗斯黑钙土》一书,这部书奠定了土壤学的基础。19世纪中后期,李比希在农业化学和植物营养元素等方面的研究和发现直接导致化学肥料工业的出现,在农业种植中施用化学肥料的做法逐渐普及,从而使传统农业耕作技术发生了巨变。其后,由于合成化学的发

---

[1] 尤·李比希著,刘更另译:《化学在农业和生理学上的应用》,农业出版社1983年12月第一版。

展,一些国家研制出了各种农药和除草剂,人们将这些化学合成药剂大量用于农作物的病虫害防治上,从而极大地提高了农作物的产量。1953年,生物DNA双螺旋结构的发现揭开了生物科学研究的新纪元。在此基础上发展起来的分子生物学,直接导致20世纪70年代生物工程技术的出现,包括基因技术、细胞技术、杂交育种、微生物农药等各种生物工程技术在农业中的广泛应用,不断推动着现代农业技术的快速发展。

现代农业科学研究在中国的发展要晚于欧美发达国家。19世纪末,少数农、林和蚕桑学堂的创办及随后一些高等农业学校的建立,在传播现代农业科学技术方面起了带头作用。20世纪初,以作物、蚕桑和家畜品种改良、病虫防治为开端的现代农业科学研究逐渐在中国发展起来。

新中国成立后,特别是1978年以来,中国农业领域引进了一大批农作物和畜禽、水产新品种,引进了一大批种子加工、栽培、养殖、施肥、贮藏保鲜、能源环保、节水灌溉等技术,并加快了在农业生产中的应用;引进了一批农业发展前沿技术(如分子生物技术、DNA芯片技术、3S技术等),从而加快了中国农业技术从传统农业向现代农业的转化。现代农业技术的推广应用,有力促进了中国农业经济的发展。例如,1975年,中国杂交水稻育种专家袁隆平在籼型杂交水稻种植技术方面取得了突破,中国从1976年开始推广这种杂交水稻种植技术,至1999年累计推广面积近30亿亩,增产稻谷2 000亿千克,从而实现了水稻种植历史上的一个新飞跃。[①]

自新中国成立以来,中国农业科技在杂交水稻、杂交玉米、转基因抗虫棉、杂交油菜等一系列核心技术方面,培育并推广农作物新品种、新组合6 000多个,在全国范围内对粮、棉、油等主要作物品种进行了5至6次更换,每次更换品种都使这些农作物实现增产10%以上。此外,中国在优良品种改良、重大栽培技术和病虫害综合防治等一大批自主创新技术成果的推广运用,支撑全国粮食单产由1949年的每亩68.6千克大幅度提高到2005年的每亩310千克,粮食总产量从1亿吨增加到4.8亿吨;中国在畜牧、水产等方面建立了良种繁育体系,研究出了优质配合饲料和集约化养殖技术,这些技术对畜牧业、水产养殖业的科技进步贡献率达到50%以上,从而使中国在肉类、禽蛋和水产品总产量上跃居世界首位。[②] 2010年,中国农业技术进步对农业增长的贡献率达到52%,良种覆盖率达到96%以上,种子统供率达到66%,耕种收综合机械化水平达到52%[③]。

目前,生物细胞技术、转基因技术、无土栽培技术、组织培养技术、动物胚胎移植技术等高新技术已开始综合应用于农业领域的品种改良、畜禽育种等方面,推动着现代农业向高新技术化和农业产业化方向发展,从而使人类古老的农业再度焕发出了勃勃生机。

3. 现代工业对农业的影响

在传统农业时代,人们使用的农业工具是锄、镰刀和单铧犁等比较简陋的农具,使用的动力是牛、马等畜力或者人力;到工业时代,人们使用的农业工具是拖拉机、收割机、多铧机械犁等大型高效机械设备,使用的动力是石油能源、机械力、电力等。传统农业的生产规模狭小、资本投入较少、科技含量很低,农产品加工较初级,整体生产水平较低;而现代农业的

[①] 卢良恕、王东阳:《近现代中国农业科学技术发展回顾与展望》,《科技和产业》2002年第4期。
[②] 陈钢、刘林:《科技进步对我国农业贡献率大幅提升》,2006年11月5日,参见"新华网":http://news.sina.com.cn/c/2006-11-05/212410419726s.shtml。
[③] 束洪福:《去年我国农业科技进步贡献率达52%》,《科技日报》,2011年4月20日。

生产规模较大、资本投入较多、科技含量较高,农产品加工很深入,整体生产水平较高。

现代工业对农业的直接影响主要表现在工业技术对农业工具的影响上,工业为农业生产提供了各种先进高效的农业机械、农业设备等农业工具。现代农业机械种类多样,除了拖拉机、收获机、插秧机等较大机械外,还包括耕耘种植机械、植保机械、林业机械、渔业机械、河道清淤机械、喷滴灌机械、温室机械及设备等。

1956 年,世界首台实用水稻插秧机在中国研制成功[①];1958 年,新中国生产的第一台拖拉机在洛阳开出厂房,这标志着新中国迈开了农业机械化的第一步[②]。随后,中国的农机制造业不断成长,经过半个世纪的发展,现已形成了一个年产值达千亿元的细分行业。自 2002 年以来的八年间,中国农机行业年增长率保持在 20% 以上,2007 年产值已超过 1 500 亿元[③];2011 年实现产值 2 898 亿元[④]。2019 年,中国农业综合机械化率为 69%,机耕率、机播率、机收率分别为 84%、56% 和 61%,其中小麦、水稻、玉米三大粮食作物机械化率为 95%、81%、88%[⑤]。

各种高效农业机械和先进技术的采用,对传统农业生产方式、农业技术进行了更新、改造甚至替代,极大地提高了农业生产效率和生产水平。例如,拥有 160 万亩耕地的黑龙江省友谊农场,目前综合机械化率已达到 98%,农场应用 GPS 定位的现代化农机,播种时可以不用人工操控,能够昼夜不间断播种,1 天能够完成 10 万亩的播种面积;农场依靠现代化农机,不但提高了作业效率,而且通过精量播种还提高了作物产量,如今该农场的水稻平均亩产已达 600 千克,而玉米平均亩产 750 千克[⑥]。

4. 现代服务业对农业的影响

现代服务业对农业的影响表现为对农业生产、经营、管理等不同方面各个环节的渗透、改造和完善,同时进一步推动农业的分工专业化发展,提升农业的发展水平。在这个过程中,随着农业对服务业知识、技术和制度的吸收、融合和应用,服务业推动农业不断向纵深化、专业化、精细化方向发展,从而使更多的细分行业从农业中分化出来。这些新诞生的细分行业往往融合了农业和服务业的双重特征,很难严格把它们划分到某一个产业中去。例如,现代服务业向农业渗透后就诞生了现代农业服务业。1976 年,中国开始推广籼型杂交水稻种植技术,这标志着现代服务业开始进入中国农业领域。

现代农业服务业作为现代农业的重要内容,在推动现代农业发展中发挥着重要作用。现代农业服务业包括良种服务(为农民提供粮食、畜禽、水产、苗木等优质种子种苗等服务)、农资服务(为农民提供化肥、农药等农业生产物资服务)、流通服务(通过发展农产品批发市场、农产品超市等为农民提供农产品交流平台和服务)、保险服务(对农民的种养产品提供政

---

① 王玉琪:《一位百岁老人的"三农"情怀》,《农民日报》;参见:http://finance.china.com.cn/roll/20120525/750483.shtml。
② 《机械 60 年之农机:新中国第一台东方红拖拉机》,洛阳网,2009 年 9 月 2 日;参见:http://info.machine.hc360.com/2009/09/02102560421.shtml。
③ 《2009 年全国农机行业利润预计超过 100 亿元》,《中国工业报》,2009 年 12 月 29 日;参见:http://www.nongjitong.com/blog/2010/27783.html。
④ 《农业机械行业 2012 年发展前景广阔》,中华机械网,2012 年 5 月 25 日;参见:http://news.jc001.cn/12/0525/660913.html。
⑤ 肖丽洒:《2020 年中国农机行业发展现状和市场前景分析,机械化率有望达到 70%》,前瞻网,2020 年 3 月 4 日。参见:https://xw.qianzhan.com/analyst/detail/220/200303-bf950e32.html。
⑥ 刘斐、管建涛:《中国第一农场:农机 GPS 全覆盖,可无人操控作业》,新华网,2012 年 5 月 25 日;参见:http://www.qianhuaweb.com/content/2012-05/25/content_2993485.htm。

策性及商业性保险服务)、农技服务(为农民提供高效种养模式和农业技术的服务)以及农业培训服务等。

休闲服务行业对农业渗透后又产业了农业休闲服务业——开发农业的生态、旅游、观光、休闲等功能,满足人们回归自然、休闲娱乐和体验农耕文化的需求,从而促进了农业发展,提高了农业的综合效益。

信息服务行业对农业渗透后又产业了农业信息服务业——为农民及时提供政策信息、农技信息、农产品价格行情、供求信息等信息服务。

5. 现代信息业对农业的影响

当前,人类社会已经发展到了信息时代。在人类经济活动中,信息产业已逐渐处于主导地位,它将对人类社会的政治、经济、人文、科学、教育、法制等系统产生广泛而深刻的影响。

在支撑信息产业发展的诸多技术中,互联网信息技术首先获得了迅猛发展,并在世界不同国家和地区之间传播和扩散。1994年4月20日,在中国科学院计算机网络信息中心,中国实现了与国际互联网的全功能连接,这标志着中国迈开了信息网络化的关键一步[①]。1996年1月,中国公用计算机互联网(CHINANET)全国骨干网建成并正式开通[②]。此后,互联网开始进入公众生活,并在中国得到迅速发展。1997年10月底,中国共有上网计算机29.9万台,上网用户数62万[③]。到2011年12月底,中国网民规模已达到5.13亿,互联网普及率达到38.3%[④]。截至2020年3月,中国网民规模为9.04亿,互联网普及率达64.5%,手机网民规模达8.97亿[⑤]。信息网络的迅速发展与广泛应用,有力促进了整个社会在经济、文化、科学、教育和制度等方面的不断进步。

如果说工业和服务业推动农业发展使其实现了从传统农业向现代农业的转型,那么信息产业就在此基础上进一步提升着农业的现代化发展水平。信息产业对农业的影响主要表现在信息技术对农业生产活动的广泛渗透和作用,并在工业、服务业对农业现代化的基础上,在提升农业的现代化水平、质量和层次的同时,也进一步推动着农业的专业化发展。

当前,包括现代通信技术、卫星遥感技术、物联网技术、传感网技术、机器人技术等现代信息技术,对促进农业从传统农业向现代农业的转型、升级和发展具有直接的推动作用。现代信息技术对农业的推动作用表现为对农业生产、经营、管理、服务等不同方面各个环节的渗透、改造和完善,推动现代农业向自动化、智能化、信息化等方向发展。在这个过程中,随着农业对信息产业知识、技术和制度的吸收、融合和应用,信息产业推动农业不断向更高水平和更高层次演化发展,同时也推动农业的各个细分行业不断成长壮大。

在农业生产方面,现代信息技术已经渗透到农业的不同细分行业及各个环节。例如,在种植业领域,信息技术已经应用在农情监测、精准施肥、智能灌溉、智能监控、病虫害监测与防治等方面。在畜牧业领域,信息技术已经应用在畜禽育种及养殖、肉蛋奶生产、饲料生产、

---

① 《互联网元老共庆中国互联网诞生十周年》,新浪网,2004年4月19日;参见:http://tech.sina.com.cn/i/w/2004-04-19/2244351242.shtml。
② 来源:腾讯网,2009年7月27日;参见:http://news.qq.com/a/20090727/000766.htm。
③ 来源:中国互联网络信息中心,1997年10月;参见:http://news.xinhuanet.com/ziliao/2003-01/21/content_699043.htm。
④ 来源:腾讯网,2012年1月16日;参见:http://tech.qq.com/a/20120116/000266.htm。
⑤ 《中国网民超9亿》,新浪网,2020年4月28日;参见:http://finance.sina.com.cn/wm/2020-04-28/doc-iircuyvi0229128.shtml。

养殖场管理、畜禽舍环境控制等方面以及各个环节的自动化、智能化、数字化。在草原领域，信息技术已经应用在草原遥感监测、灾害预警、草种保护、防火应急指挥等方面。在渔业领域，信息技术已经应用在水体环境监测、渔船实时监测、海洋灾害性事件监测等方面。

在农业经营方面，现代信息技术直接推动了农业电子商务、农产品市场信息化建设以及休闲农业信息服务等的发展。在农业管理方面，现代信息技术直接推动了农业电子政务、农业资源信息化、农机跨区调度作业、各地农业市场协同管理等。在农业服务方面，现代信息技术直接催生了农业信息服务业的诞生和发展等。

今天，拥有上万年历史的中国农业正在从传统农业向现代农业演进。这种演进，突出的表现就是现代信息技术在农业生产领域中的广泛应用，信息化对现代农业的发展发挥着越来越重要的作用。

目前，中国已有农业网站3万多家，很多网站涉及农业电子商务。其中，致力于为农民和企业提供网上营销服务的农业部"一站通"服务平台，注册会员已超过36万人，年信息发布量超过10万条，日均点击量在18万次以上。部分省区围绕本地重点农产品，扶持和建立了一批专业化的特色网站和交易网络。中国农业系统先后搭建了19个省级、78个地级和346个县级的"三农"综合信息服务平台。中国农业部的"农机跨区作业服务直通车系统"免费为农机跨区作业服务双方提供供需信息和配对平台，及时发布跨区作业信息，可为10万农机手提供供需对接服务。全国大部分批发市场建立了以"信息中心、检测中心和结算中心"为主的信息化系统，不少批发市场建设了先进的农产品质量检测中心、现代电子监控系统、智能IC卡管理系统，基本实现了市场管理信息化和收费电子化。与批发市场信息化匹配的现代物流体系快速发展，订单农业、连锁经营、物流配送成为新型流通业态发展的重要方式。[①]

近年来，在中国各地所建立的农业信息网站将乡镇级政府、农技站、农业龙头企业、农产品批发市场、农民合作经济组织、农业中介组织、种养大户等连接在了一起，从而构建了一个广泛的跨地区的新型农业市场网络，打破了地区市场之间相互分割的状态，极大地促进了农业信息的传播与交流，不但扩大了农业市场的范围和规模，同时也提高了农业市场的交易效率。

* * *

通过对中国农业长期发展历程的了解，我们知道，直到15世纪以前中国农业还一直领先于世界，而到了19世纪和20世纪初，欧洲和北美都经历了农业革命和商业革命，而中国社会的农业生产却停滞不前。在晚清及近代，中国农业停滞不前的根本原因是什么呢？

20世纪30年代，美国农业经济学家卜凯（John Lossing Buck，1890—1975）在调查分析的基础上出版了《中国农场经济》和《中国土地利用》两部书，他从农业投资、经营、管理、产出、收入等范畴来分析中国农业经济，认为中国近代农业经济的主要问题是广义技术上的落后。卜凯为此曾向国民党政府提出了一整套、共108条改进农业经济的建议，其中包括建立农村金融设施、使用良种与化肥、改善交通运输条件等[②]。美国学者马若孟（Ramon H.

[①] 资料来源：郭作玉，《信息化与现代农业发展》，《中国信息界》，2011年10月24日。参见"CIO时代网"：http://www.ciotimes.com/industry/ny/55974.html。

[②] Randall Stross, *The Stubborn Earth: American Agriculturalists on Chinese Soil*, 1898-1937. Berkeley: University of California Press, 1986, pp.162-165, 181-183.

Myers)在1970年出版的《中国农民经济》一书中研究了1890—1949年间中国河北和山东的农业经济,他得出了与卜凯一样的结论:近代中国农业经济的问题是广义上的技术落后[①]。英国历史学家马克·艾雯(Mark Elvin)[②]在1973年出版的《中国历史的范型》一书中指出,中国农业经济在近代以前就达到了所谓"高度均衡陷阱",即农业的传统技术已发展到了顶点,资源的使用也发展到了顶点,人口的增长也达到了农业耕作所能支撑的顶点,而跳出这个陷阱需要依靠工业革命[③]。社会学家黄宗智在1985年和1990年以英文先后出版了《华北的小农经济与社会变迁》和《长江三角洲小农家庭与乡村发展》两部书[④],在第一部书中他分析了明清以来华北农业生产总量增长但人均生产率和人均收入递减的"没有发展的增长"现象,他同时还注意到了商业对农业的影响以及由此引起的专业化生产、贫富悬殊和社会分化;在第二部书中他提出,从明清开始江南出现了高度的商业化,但商业化并未导致小农经济的瓦解,反而巩固增强了小农经济。[⑤]

这些学者的研究,从不同侧面反映了近代中国农业存在的问题。从历史发展的角度来看,清朝"洋务运动"掀起的工业化对农业技术的影响甚微,"辛亥革命"的制度变革没有改变传统小农经济制度,近代时期尽管农业商品化有所发展,但农业技术本身进步很有限,再加上战火频繁几度破坏了农业的市场网络,这些因素其实都是造成近代中国农业停滞不前的原因。

如果对照第五章的产业发展动力因素关系图(参见图5-3),我们可以清楚地看到,近代中国农业之所以停滞不前,这是由各种因素综合造成的。一方面,从产业发展的内部因素来看,包括企业组织(缺乏农场化规模化经营)、资源(土地资源相对减少)、市场(市场网络不发达并屡遭破坏)、知识(农业实验科学知识引进迟缓)、制度(包括从宏观到微观层次的农业制度缺乏变革)和技术(农业技术落后)等因素,正是这些产业内部动力因素的停滞造成了近代中国农业的停滞不前。另一方面,从产业发展的外部因素来看,来自产业外部的需求和供给动力不足,这是造成近代中国农业停滞的主要原因。从生产结构来看,自1644年清朝入主中原之后,由于结束了北方游牧民族与南方农耕民族之间长期对立的局面,这在客观上减少了国家对马匹这种战备资源的大量需要,随着满族统治者的生活方式被农耕文化所逐步同化,以养马为核心的畜牧业逐渐衰退,这造成农业系统中种植业和畜牧业的比例结构开始失调,从而导致畜牧业对种植业的需求降低。从分配结构来看,从清朝中后期开始,由于皇权贵族、官僚、地主等阶级的巧取豪夺,使社会财富分配日益两极分化,从而导致占社会大多数的农民、城市居民日益贫困化,这直接制约了整个社会消费能力的增长;消费水平的停滞又导致消费需求的停滞,而消费需求的停滞又导致生产需求的停滞。从市场交换来看,由于统治阶级的没落、社会制度的腐朽、苛捐杂税的盘剥等激化了各种社会矛盾,从而引起农民起义、战争动乱和地方势力割据等,这些因素又阻断了城乡之间、城市之间、地区之间原本联通的市场交易网络,从而抑制了商品流通和市场需求。在1800—1900年间,从农业知识、农业

---

① Ramon Myers, *The Chinese Peasant Economy: Agricultural Development in Hopei and Shantung, 1890-1949*. Cambridge: Harvard University Press, 1970, pp.292.
② 国内有些译者也有译作"伊懋可"、"马克·尔文"或"马克·埃尔温"的。
③ Mark Elvin, *The Pattern of the Chinese Past*. Stanford: Stanford University Press, 1973, pp.310-319.
④ 中文翻译版参见:黄宗智著:《华北的小农经济与社会变迁》,中华书局1986年4月第一版;黄宗智著:《长江三角洲小农家庭与乡村发展》,中华书局1992年9月第一版。
⑤ 本段资料来源:陈意新,《美国学者对中国近代农业经济的研究》,《中国经济史研究》2001年第1期。

制度和农业技术这三个方面来看,晚清社会基本上没有多少创新和发明,更多只是在汇集和重复以往的各种经验。正是这些众多因素的共同作用,造成了晚清及近代中国农业的长期停滞。

而1949年新中国建立后,正是农业领域的制度变革、知识进步和技术发展,推动中国农业进入了快速增长阶段,随后的工业化、市场化和信息化对农业进行了全面渗透、改造和提升,从而进一步推动了农业的生产水平和发展层次。

第七章 经济系统的宏观层次：国民经济的动力结构及演化图景

本章首先简述了有关产业结构代表性理论的主要思想，对所涉及的关键词汇进行了列表归类；在对国民经济系统内外环境、组成要素进行分析的基础上，提出了经济系统的双层结构模型；然后从结构的视角，探讨了经济系统发展的动力因素，阐述了经济系统中社会需求的传导过程、市场和政府的作用；从国民经济的宏观层次，简要阐述了国民经济系统内部的分配和国家系统内部的分配，回顾了市场经济和计划经济两种体制对资源配置的社会实践历史；分析了影响产业结构演变的主要因素，阐述了产业结构演变的一般趋势，论述了产业投入结构与产出结构之间的关系以及调节产业结构的方向；最后阐述了本书理论框架的开放性和包容性。

本章的论述要点如下：

1. 从威廉·配第（William Petty，1623—1687）、弗朗斯瓦·魁奈（Francois Quesnay，1694—1774）、亚当·斯密等的古典经济思想，到霍夫曼（W.G. Hoffmann）的工业结构经验法则、赤松要（Kaname Akamatsu，1896—1974）的"雁行形态理论"，再到费希尔和科林·克拉克指出的劳动力流动规律以及让·富拉斯蒂埃（Jean Fourastié，1907—1990）所作的经济学解释，从库兹涅茨对产业结构研究的实证分析及其"人均收入影响论"、瓦西里·里昂惕夫（Wassily Leontief，1905—1999）首创的投入产出分析法，到威廉·阿瑟·刘易斯（William Arthur Lewis，1915—1991）提出的"二元经济论"和经济增长理论，再到筱原三代平提出的"产业-贸易结构论"，从阿尔伯特·赫希曼（Albert Otto Hirschman，1915—2012）提出的经济发展战略、瓦尔特·罗斯托（Walt Whitman Rostow，1916—2003）提出的"经济成长阶段理论"和"主导产业扩散效应理论"，到霍利斯·钱纳里（Hollis Burley Chenery，1918—1993）提出的产业发展"标准结构"和"工业化阶段理论"，再到林毅夫提出的"新结构经济学"理论框架，等等，各国经济学家们运用不同方法从不同角度研究探讨了国民经济系统的结构特征和运行规律。

尽管这些思想和理论所涉及的各种因素纷繁复杂，但经过对其关键词汇进行分类列表之后，本书发现它们大致可以分为经济系统结构因素、经济运行动态因素、外部环境需求因素、外部环境供给资源因素、社会生产因素、产业体系因素、交换体系因素、分配体系因素、社会消费因素、科学技术因素、经济制度因素、文化教育因素和其他社会因素等13类因素。这些因素分别反映了国民经济系统的基本结构、运行特征、外部供求、组成环节和动力因素。

以上经济学家所提出的各种思想和理论，是他们在不同时代对不同时空的经济体系进行观察、分析和总结的结果。从系统的、整体的、联系的观点来看,他们观察到的只是人类社会经济运行整个过程的某些阶段、某个方面或者某些局部,不同之处在于各有侧重、各有详略、各有发现!正像本书开篇所谈到的"盲人摸象"一样,他们所揭示的仅是社会经济系统运行的部分真理。因为本书的要旨在于系统综合(而不是比较分析),所以,他们的思想和研究成果都为本书的理论框架建构提供了有益的借鉴和参考。

2. 从国民经济系统的外部环境来看,影响经济系统发展的一般性外部因素是需求和供给,具体因素包括自然资源、人文、经济、政治、科学、法制和教育等方面的因素。从国民经济系统的内部环境来看,国民经济系统是一个由生产、产业、市场、分配、消费等表层因素与知识、技术、制度、文化、教育等深层因素组成的有机系统;其中,生产因素是指社会的物质生产活动,它又包括个人产品生产和公共产品生产两大部分。需要强调的是,人类社会的生产体系至少包括人口生产、精神生产和物质生产这三个方面,本书将社会生产体系中的人口生产和精神生产放入人文系统和科学系统中进行探讨(参见第八章第四节)。

3. 从国民经济系统运行的过程来看,经济系统成长演化的过程是一个不断生产、不断消费的循环往复过程。经济系统内部实际的运行过程可以分为"社会生产→产业体系→交换体系→分配体系→社会消费"和"社会生产→科学技术→经济制度→文化教育→社会消费"两条链,本书由此得到经济系统运行的一般结构图。从社会经济关系的角度来看,一个经济系统完整的生产关系应该由其内部的生产关系网络和其外部的社会关系网络共同组成。

4. 从国家系统内部环境来看,一国经济系统演化的直接外部动因,主要来自其国内环境中的人文、政治、科学、法制、教育等因素。从国际环境来看,一国经济系统演化的间接外部动因,主要来自国际环境中的人文、经济、政治、科学、法制、教育等因素。影响经济系统发展的一般性外部因素是需求和供给,具体因素包括人文、经济、政治、科学、法制和教育等方面的因素,其中,经济方面的影响因素又可以进一步划分为社会生产、产业体系、交换体系、分配体系、社会消费等因素。外部环境的需求因素是拉动经济系统发展的原始动力,外部环境的资源要素供给是经济系统发展的必要条件。

影响一国经济系统发展的内部动因,来自经济系统内部的生产、产业、市场、分配、消费、知识、技术、制度、文化、教育等因素。其中,最主要的动力因素来自经济系统中的产业体系和消费体系,而在产业体系中的所有产业中,主导产业对经济系统的成长演化具有重要的带动作用。

结合经济系统发展的外部动因、内部动因与生产消费循环过程,本书由此画出经济系统发展动力因素关系图。这个图是本书的精华所在,它以极简洁的形式形象地概括了人类社会经济系统的一般结构、基本动力及运行原理。

5. 人类需求对国民经济系统的作用过程是一个动态过程,这个过程是通过"人类需求-产业体系-交换体系-分配体系-消费体系"和"人类需求-科学技术-经济制度-文化教育-消费体系"这两条链来传递的。由此,本书画出了经济系统中人类需求作用过程图和经济系统中人类需求传导演化图。从历史的长时段来看,在需求作用和传递过程中,人类社会在产业体系、交换体系、分配体系、消费体系这四个方面的演化轨迹是一条逐渐扩展的螺旋线;与此同时,人类社会在科学技术、经济制度和文化教育等方面进步成长的轨迹也是一条逐渐扩展的螺旋线;在人类社会的发展过程中,这两条螺旋线实际上是交织缠绕在一起的。从长期来看,人类社会需求的演化轨迹也是一条逐渐扩展的螺旋线。

6. 对于经济系统中市场和政府的关系问题,本书认为它们之间并不是互相对立、非此即彼的关系,而是各有功能、相互补充、相互协同的关系。也即,在经济系统运行中,既要重视市场体系的交换功能,让"市场"这只"看不见的手"发挥其应有的作用,同时也要重视分配体系的调节功能,让"政府"这只"看得见的手"发挥其应有的作用。只有做到"市场"与"政府"的有机协调,才能够避免经济运行中出现"市场失灵"或"政府失灵"的现象。

7. 在国家系统内部,宏观层面的分配活动分为国民经济系统内部的分配和国家系统内部的分配这两个层次。国民经济系统内部的分配,主要包括各类资源在产业体系、交换体系、分配体系、科学技术、经济制度和文化教育等经济系统各子系统之间的分配。国家系统内部的分配,主要包括各类资源在人文系统、经济系统、政治系统、科学系统、法制系统和教育系统等国家系统各子系统之间的分配。

在一个具体国家的内部,个人产品的分配活动一般是通过经济系统中交换体系的市场组织来实施的;经济系统内部的公共产品,其分配活动一般是通过经济系统中分配体系的分配组织来实施的;而经济系统外部的公共产品,其分配活动一般是通过政治系统中的政权组织来实施的;对于混合产品的分配,一般可以通过市场机制与政府调控相结合的方式进行分配。在公共产品分配方面,能否做到统筹兼顾、科学合理、效率最优,这直接关系到一国整体能否持续、稳定、健康地发展。世界各国的经济实践证明,无论是实行高度市场经济,还是实行高度计划经济,都是不利于一国经济长期、稳定、健康发展的。

8. 从经济系统内部来看,影响产业结构演变的主要因素包括需求、供给、知识、制度、技术、企业、行业和市场等因素。

影响产业发展的外部需求因素包括个人消费需求和企业消费需求这两大类基本需求。在产业需求结构中,个人消费需求结构的变化首先影响了企业消费需求结构的变化,企业消费需求结构的变化又引起具体行业消费需求结构的变化,许多相关行业消费需求结构的变化又引起具体产业消费需求结构的变化,而企业、行业和产业这三个层次消费需求结构的变化又引起了相应层次资源要素供给结构的变化,资源要素供给结构的变化导致产业内各种要素相对数量的此消彼长,从而导致产业组成结构的变化,而产业组成结构的变化最终决定了产业产出结构的变化。在产业消费需求结构中,个人消费需求与企业消费需求之间的比例处于不断变化之中,这两者之间的比例关系直接决定了消费资料产业与生产资料产业之间的比例关系。

从人类社会的长期历史来看,人类投入生产领域的各种资源要素体现出由简单到复杂、从有形到无形、从低级到高级的演变规律。从资源要素供给因素来看,产业资源结构的演变趋势是"劳动密集型→资本密集型→技术密集型→知识密集型",这是一个产业结构依次升级和不断高级化的过程。从现实世界来看,把投资或货币资本作为影响产业结构的一个重要因素来分析依然具有现实意义。

9. 经济增长的动力传导机制是"消费结构→需求结构→供给结构→生产结构→交换结构→分配结构→新消费结构",而新消费结构又带动需求结构发生变化,这是一个循环往复的动态过程。在这一过程中,生产结构、交换结构和分配结构始终发生着从简单到复杂、从粗放到精细、从低级到高级的演变,这是经济系统内部产业结构演变的过程,同时也是经济系统内部主导产业不断更替的过程。在产业从简单到复杂、从低级向高级演化的过程中,始终伴随着人类科学的进步、制度的完善和技术的创新。与此同时,经济系统中的消费结构、需求结构和资源供给结构也发生着从单一到多元、从简单到复杂、从低层次到高层次的演变升级。采用本书提出的经济系统结构框架，能够比较清晰地解释库兹涅茨与罗斯托之间争论的"产业结构演变与经济增长关系"的问题。

10. 如果用消费结构、需求结构、供给结构、生产结构、交换结构、分配结构这些经济结构因素，再加上产业成长和国民收入这两个因素，以这八个因素作为不同维度来描述产业系统的运行过程，则可以画出产业结构演化的轨迹图。在一个产业从小到大、从弱到强的成长演化过程中，产业结构演化的轨迹也是一条逐渐扩展的螺旋线。

11. 从工业化发展的阶段来看，世界各国产业结构演进的总体趋势是沿着以第一产业为主导、到以第二产业为主导、再到以第三产业为主导的方向依次发展的。从农业、工业和服务业三大产业内部来看，世界各国的产业结构、资源结构和市场层次的演变，体现了从简单到复杂、从粗放到精细、从低级向高级的发展规律。

12. 从产业系统运行的过程来看，产业结构包括产业在投入结构、生产结构、交换结构、分配结构和产出结构等方面的结构，产业结构的演变过程实际上是一个长期的动态调整过程。通过分析，本书画出了产业结构演变的动态机制图。通过这一图示，我们可以比较清晰地理解国民经济系统中产业结构长期变迁的动态过程。

在人类社会的再生产过程中，产业之间的分配是通过具体的企业生产、市场交换和政府再分配的形式实现的，其中既包含市场的自发调节作用，又包含政府的主动调节作用。在产业的投入产出运行过程中，产业投入关系与产业分配关系之间是相互联系、相互作用、相互影响、相互制约的互动关系，从长期来看，它们之间存在着"作用-反作用""反馈-调整"的动态关系。一方面，产业投入结构的不同决定了不同的生产结构，不同的生产结构决定了不同的产业交换结构，不同的产业交换结构进而又决定了不同的产业分配结构，这反映了产业投入关系对产业分配关系的决定作用；另一方面，不均衡和不合理的分配结果又会导致资源、企业和市场等产业要素在不同产业之间的流动和重新分配（或分布），同时，产业系统内部不同阶层和外部各利益相关者也会要求调整不合理的分配制度，这反映了产业分配关系对产业投入关系的反作用。存在于产业结构变迁之中的这种"作用-反作用"过程，其中还包含着生产结构与交换结构、交换结构与分配结构、分配结构与消费结构、消费结构与生产结构之间的"作用-反作用"过程，这是一个连锁互动的复杂的非线性过程。

在一个国家的经济系统中，产业投入关系与产业产出关系的互动过程是一个长期的历史演变过程，这个过程的作用机制是"产业投入结构→产业生产结构→产业交换结构→产业分配结构→产业产出结构→新的产业投入结构"，这是个循环往复的动态过程。正是社会再生产过程中的这种"作用-反作用""反馈-调整"的动态机制，推动着世界各国的产业结构和社会分配制度从"不合理与不公平"逐渐演变到"比较合理与公平"的长期变迁。

13. 在产业发展过程中，除了需要市场进行自发调节以外，同时还需要政府进行主动调节。政府主动调节产业结构的根本目的在于合理配置资源、优化产业结构、促进社会分配公平。

政府部门调节产业结构的总体方向是，保持产业成长的动力沿着"消费结构→需求结构→供给结构→生产结构→交换结构→分配结构→国民收入增长→新消费结构"的路径良性循环、畅通无阻。

为优化产业结构，政府应该从资源、行业和市场这三个方面来调节产业结构，特别是从这三个方面的法律制度、基础设施等公共产品的投入来着手促进产业体系的协调发展。在调整产业结构的过程中,政府的主导作用是在全社会范围内公平合理地分配资源,为各类行业或产业的协同发展提供良好的外部环境;政府部门主要应在产业的中观层面或宏观层面发挥作用,而不应干预微观层面企业的经营活动。

14. 本书所构建的理论框架是一个开放的系统,它具有较强的综合性和包容性。本书提出的从企业系统、产业系统、国民经济系统直到国家与社会系统的结构框架,不但能够很好地包容林毅夫先生提出的"新结构经济学"的理论框架,而且还能包容一些典型的宏观动态经济学理论框架。本书从整体的思想逻辑上,将微观经济学、中观经济学和宏观经济学统一在一个完整的理论框架之中! 当然,这一理论框架还显得很粗糙,还有待于各国学者的修正完善。

一、有关产业结构的代表性理论[①]

产业结构理论是人们将经济分析深入到产业结构层次,在进行"产业结构"分析和"产业结构政策"实践的探索过程中逐步产生、发展起来的[②]。不同国家的经济学家结合各国的经济实践,对产业结构和经济发展问题展开了多层次、多角度、多领域的研究,从而形成了不同的产业结构理论。下面,我们根据不同理论的内在联系和提出时间的先后顺序,对有关产业结构的代表性理论进行简要的梳理。把握这些理论的实质性内容,将会有助于对本书立论的全面理解。

人们对产业结构的研究经历了一个较长的历史过程,关于产业结构的思想渊源可以追溯到17世纪。英国古典政治经济学创始人威廉·配第早在17世纪就已经发现了农业、工业和商业这三个产业之间的收入差距,他指出"工业的收益比农业多得多,而商业的收益又比工业多得多"[③],这种产业间的相对"收入差"推动着劳动力从低收入产业向高收入产业流动;为促进经济发展,他主张国家应该减少非生产性支出,增加生产性支出;他指出,世界各国国民收入水平的差异和经济发展阶段的不同,其关键原因是各国产业结构和职业人口结构的不同;反映他产业经济思想的重要著作包括《赋税论》(1662)、《政治算术》(1672)等。法国古典政治经济学的主要代表、重农学派的创始人弗朗斯瓦·魁奈分别于1758年和1766年发表了他的重要论著《经济表》和《经济表分析》,他把一国的国民划分为"土地所有者阶级"、耕种土地的"生产阶级"和从事工商业的"不生产阶级"这三大阶级,他通过图表的形式说明一国每年的总产品怎样在这三大阶级间流通和分配、怎样为每年的社会再生产服务,从而揭示出资本主义社会财富的生产、交换、分配的运行过程。魁奈的这些经济思想对其后政治经济学的发展产生了很大影响,其经济表的基本原理甚至是后来投入产出经济分析的最早思想起源。

[①] 本节有关产业结构理论的内容主要参考了以下三部书籍的相关叙述:苏东水主编《产业经济学》,高等教育出版社 2000 年 2 月第一版,第 226—230 页、第 237—239 页;刘志迎主编《现代产业经济学教程》,科学出版社 2007 年 4 月第一版,第 158—165 页;杨建文主编《产业经济学》,上海社会科学院出版社 2008 年 8 月第一版,第 162—174 页。这些书籍的叙述中存在一些矛盾和错谬之处,本书参照其他有关文献对这些内容进行了必要的纠正(如霍夫曼比值等)。

[②] 苏东水主编:《产业经济学》,高等教育出版社 2000 年 2 月第一版,第 224 页。

[③] 威廉·配第著,陈冬野译:《政治算术》,商务印书馆 1978 年版,第 19—20 页。

其后,英国经济学家亚当·斯密在 1776 年出版的《国富论》一书中提出他的价值学说、分工学说和交换学说,从而为经济整体性思想(即以后发展起来的经济结构理论)奠定了基础;他从资本要素投向的角度指出社会资本"首先是大部分投在农业上,其次投在工业上,最后投在国际贸易上",他认为,随着社会的进步,资本投向从农业→工业→贸易业的顺序变更是一个自然规律,他指出引发这一变更顺序的基本动因是社会需求的有序变动[①];针对当时盛行的重商主义阻碍工业进步的情况,他提出各国应该按照绝对成本的高低进行国际分工,从而就会实现合理配置资源和优化产业结构的目的。

德国学者霍夫曼在对 20 多个国家从 1770 年到 20 世纪前期的工业历史和统计资料研究的基础上,指出了各国在工业化前期工业结构演变的"重工业化"趋势;他在 1931 年出版的《工业化的阶段和类型》一书中提出工业结构演变的经验性法则(又称为"霍夫曼定理"),即在一国工业化过程中,消费资料工业的比重在持续下降,而生产资料工业的比重在持续上升,两部门工业净产值的比值(即"霍夫曼比值")逐渐趋于下降,从而使工业结构由轻工业占主导逐渐演变为由重工业占主导;根据霍夫曼比值的变化趋势,他把工业化过程划分为四个阶段:第一阶段(霍夫曼比值为 5 ± 1.5),消费资料工业占主导地位;第二阶段(霍夫曼比值为 2.5 ± 1),生产资料工业增长快于消费资料工业增长,但其规模仍小于消费资料工业的规模;第三阶段(霍夫曼比值为 1 ± 0.5),生产资料工业继续快速增长,最终达到与消费资料工业相平衡的状态;第四阶段(霍夫曼比值小于 1),生产资料工业的规模超越消费资料工业的规模并占主导地位[②]。霍夫曼于 1958 年又出版了《工业经济的成长》一书,进一步阐述了工业部门之间结构变动的一般类型。他认为,工业化过程中各工业部门的成长率并不相同,因而形成工业部门之间特定的结构变化;各工业部门不同的成长率是由以下因素相互作用引起的:① 生产要素(自然资源、资本、劳动力)的相对数量;② 国内市场与国际市场资源配置;③ 技术进步;④ 劳动者的技术熟练程度、消费者的兴趣爱好等[③]。

日本经济学家赤松要于 1932 年提出产业发展的"雁行形态理论",他指出一国的经济发展需要有完善的内贸与外贸相结合的全方位的产业结构,他主张将本国的产业发展与国际市场相结合,使产业结构国际化[④];他发现产业在国际间转移时,先行国(地区)与后起国(地区)之间是依照一定的产业梯度进行传递和吸纳的动态过程,即在一定时期内,后起国(地区)的贸易结构一般会经历产品进口、替代生产、产品出口三个阶段,与此相联系的产业结构依次为劳动及资源密集型、资本密集型和技术密集型这三个梯度,国际间(或地区间)的产业循环和连锁变化机制,促进了先行国(地区)与后起国(地区)产业结构不断向更高层次转换,产业结构层次的转换一般是由消费资料产业转向生产资料产业,或由轻工业转向重化工业,进而转向技术密集型产业。其后,日本经济学家山泽逸平在 1984 年出版的《日本的经济发展和国际分工》一书中对赤松要提出的"雁行形态理论"进行了扩展,他提出产业发展一般要经历"引进→进口替代→出口成长→成熟→逆进口"这五个阶段,从而更加详尽地揭示出后进国家如何通过引进先进国家的产品和技术、先自己生产满足国内需求、再进行出口、最终

---

① 亚当·斯密著,郭大力、王亚南译:《国民财富的性质和原因的研究》(上卷),商务印书馆 1972 年版,第 349 页、第 331 页。
② 纪玉山、代栓平:《霍夫曼理论适合中国的工业化模式吗?》,《吉林大学社会科学学报》2007 年第 2 期,第 94—97 页。
③ 杨建文主编:《产业经济学》,上海社会科学院出版社 2008 年 8 月第一版,第 168 页。
④ 苏东水主编:《产业经济学》,高等教育出版社 2000 年 2 月第一版,第 239 页。

实现经济起飞的过程①。"雁行形态理论"侧重描述了由产业转移引起产业结构的国际性变动情况。

1935年,英国经济学家费希尔指出,产业中生产结构的变化表现为各种人力、物力资源将不断地从第一产业转向第二产业,再从第二产业转向第三产业,即使政府进行干预也无法阻止这一进程②。英国经济学家科林·克拉克在威廉·配第的研究成果基础上,通过整理和比较40多个国家和地区不同时期三次产业劳动投入和总产出的统计资料,总结出劳动力在三次产业中的结构变化规律;他在1940年出版的《经济进步的条件》一书中提出,随着国民人均实际收入的提高,劳动力将首先从第一产业流向第二产业,然后再从第二产业流向第三产业(这个规律被后人称为"配第-克拉克定律"),他认为劳动力在产业间移动是由经济发展中各产业间的收入相对差异造成的。法国经济学家让·富拉斯蒂埃指出,劳动力在产业间转移和在产业内转移同时并存,他认为技术进步是引起劳动力产业分布结构演变的主要原因。一方面,技术进步提高了生产总量;另一方面,技术进步也改变了生产结构,生产结构的改变又会相伴产生需求结构的改变,因而技术进步丰富了供给,而富足的供给在满足人类需求后又会刺激人类产生新的需要。这种情况造成,一方面技术进步支配着一个不断成长的生产结构,另一方面人类日益增长的需求愿望又决定着日益增长的消费结构,这两者间的不协调迫使生产结构适应强烈的消费需求,并促使劳动力从需求已饱和的产业部门转向那些需求旺盛的产业部门③。

美国经济学家库兹涅茨以人均国民收入作为"基准点",把劳动力在产业间的分布与国民收入结合起来,对经济结构的演进与经济发展的关系作了实证分析,使产业结构研究从投入结构(劳动力结构)发展到产出结构(国民收入结构),从而大大推进了经济结构理论的发展④。他在经济结构方面的重要著作包括《现代经济增长》(1966)和《各国的经济增长》(1972)等。他在分析欧美主要国家长期统计数据的基础上,考察了各国经济总产值变动与就业人口结构变动之间的关系,揭示了产业结构变动的总方向,从而进一步验证了"配第-克拉克定律",说明了产业结构演变过程是一种阶段发展的有序过程,产业结构的变动受人均国民收入变动的影响(他的这一理论也被人们称为"库兹涅茨人均收入影响论")⑤。库兹涅茨分析了农业、工业、服务业这三大产业结构变化的趋势,他指出,随着经济的发展和人均国民收入的不断提高,社会中各产业不论是产值结构还是劳动力结构都在发生着变化,它们的结构变化趋势为:农业部门的产值份额和劳动力份额都趋于下降,而工业部门和服务业部门的产值份额与劳动力份额都趋于上升;其中,工业部门在产值份额持续上升的同时,其劳动力份额大体不变或略有上升,服务业部门在产值份额大体不变或略有上升的同时,其劳动力份额则呈现大幅上升的趋势;在工业部门内部,制造业的份额上升幅度最大,大约占工业部门份额上升的三分之二,而在制造业内部,与现代技术密切联系的新兴部门增长最快,它们在整个制造业总产值和劳动力中所占的相对份额都呈上升趋势,相反,一些较老的生产部门(如纺织、服装、木材、皮革加工等),它们在整个制造业总产值和劳动力中所占的相对份额

---

① 杨建文主编:《产业经济学》,上海社会科学院出版社2008年8月第一版,第173页。
② 于刃刚:《配第-克拉克定理评述》,《经济学动态》1996年第8期,第63页。
③ 于刃刚:《配第-克拉克定理评述》,《经济学动态》1996年第8期,第63—64页。
④ 冯海发:《结构变革的历史顺序》,《当代经济科学》1989年第3期,第46—47页。
⑤ 苏东水主编:《产业经济学》,高等教育出版社2000年2月第一版,第237页。

则呈下降趋势;在服务业部门内部,教育、科研及政府行政部门的相对份额趋于上升[①]。他认为,促成产业结构变化的基本动因有三个:一是需求诱导;二是对外贸易;三是技术革新[②]。库兹涅茨揭示出发达国家在进入现代经济增长阶段后产业结构所出现的新变化,他的研究深化了"配第-克拉克定律",进一步明晰了产业结构演变与经济发展之间的关系。

美国经济学家、投入产出分析法的创始人瓦西里·里昂惕夫在继承魁奈经济表基本原理的基础上,结合马克思的两大部类再生产理论和瓦尔拉斯的一般均衡理论首创了投入产出分析法[③]。里昂惕夫早在1931年就采用投入产出分析法对美国的经济结构进行了分析,他于1941年出版的《美国经济的结构,1919—1929》一书阐述了投入产出分析法的基本原理和应用,他于1966年出版的《投入产出经济学》一书建立了比较完整的投入产出分析体系,包括投入产出分析法、投入产出模型和投入产出表等;他创建的投入产出分析法为研究社会生产各部门之间的相互依赖关系,特别是系统地分析经济体系内部各产业之间错综复杂的交易提供了一种实用的经济分析方法,这种方法在经济领域中发挥了重大作用,他也因此荣获了1973年的诺贝尔经济学奖。目前,投入产出分析法已成为世界各国进行产业结构分析运用得最普遍的经济分析工具。

美国经济学家威廉·阿瑟·刘易斯分别于1954年、1958年和1979年发表了《劳动无限供给条件下的经济发展》、《无限的劳动力:进一步说明》和《再论二元经济》等论文[④],提出并创建了著名的"二元经济论"。刘易斯指出,发展中国家的经济结构是典型的二元经济结构,即发展中国家的经济由强大的传统农业经济部门和弱小的现代经济部门两个部门组成,传统农业经济部门劳动生产率很低、人口过剩,存在大量的剩余劳动力,而现代经济部门包括现代工业和少量的高效农业、现代商业,这一部门劳动生产率较高,就业人数较少,所需劳动力从传统农业经济部门逐渐转移过来;他认为在发展中国家,发展经济的战略就是要扩大现代经济部门,缩小传统农业经济部门,应通过扩张工业部门来吸收农业中的过剩劳动力,促进工业的增长与发展,消除工农之间、工农业内部的结构失衡;随着经济的进一步发展,劳动力由传统农业经济部门向现代经济部门逐步转移,二元经济结构将逐步向一元经济结构转变。他于1958年出版了《经济增长理论》一书,全面分析了影响经济发展的经济因素和非经济因素,包括资本积累、技术进步、人口增长、社会结构、经济制度、宗教、文化、历史传统、政治、心理等[⑤],对经济结构特别是产业结构进行了更加深入的分析和论述。

日本经济学家筱原三代平在1955年提出了"产业-贸易结构论"(又被称为"动态比较成本论"),指出产业结构和贸易结构的相互适应及其动态合理化是增强一国比较优势的重要途径,强调后起国的幼稚产业经过扶持可以由劣势转化为优势,即形成动态比较优势;他把产业结构调整与贸易政策相联系,强调优化产业结构和贸易结构合理化相互协调,主张国家对幼稚产业实行适当的保护政策,以扶持其形成比较优势从而取得贸易优势;他指出一国经济的发展不仅取决于资源的丰裕程度,同时还取决于政府的支持,一国的国际贸易优势应与合理的产业结构保持一致,政府应以增强国际竞争力为目的,扶植和促进国内重点产业的发

[①] 西蒙·库兹涅茨著,常勋译:《各国的经济增长:总产值和生产结构》,商务印书馆1985年版,第330—332页。
[②] 西蒙·库兹涅茨著,常勋译:《各国的经济增长:总产值和生产结构》,商务印书馆1985年版,第344—347页。
[③] 杨建文主编:《产业经济学》,上海社会科学院出版社2008年8月第一版,第165页。
[④] 原文分别刊于《曼彻斯特学报》第22卷第2期、第26卷第1期和第47卷第3期。参见:阿瑟·刘易斯编著,施伟、谢兵、苏玉宏译:《二元经济论》,北京经济学院出版社1989年版。
[⑤] 李善明、周成启、赵崇龄主编:《外国经济学家辞典》,海天出版社1993年2月第一版。

展。1957年,他又提出规划产业结构的"收入弹性基准"和"生产率上升基准"这两个基本准则。收入弹性基准是指以需求收入弹性的高低作为选择战略性产业的基本准则。需求收入弹性(也称收入弹性)指人们对某一产业产品需求量的变化对收入变化的敏感程度。一般来说,只有需求收入弹性大的产业才能在未来的发展中占据较高的市场份额,获得较大的成长空间。生产率上升基准是指优先选择发展生产率上升快、技术进步率高的产业作为受保护的幼稚产业,提高其在整个产业结构中的比重。一般来说,生产率上升快的产业,技术进步较快,相应地,生产成本下降也快,产业的增长速度较快、经济效益较好,这类产业在短时期内就能够创造出更多的国民收入,向这些产业优先配置资源就可以提高整个社会的经济效益。"筱原基准"的实质在于从供求两方面反映产业结构演进的内在根源,主张把这两类产业作为主导产业予以重点发展,使之上升为一国的支柱产业。他在产业结构方面的重要研究成果包括《产业构成论》《现代产业论(产业构造)》等著作。

美国经济学家阿尔伯特·赫希曼在其1958年出版的《经济发展的战略》一书中为发展中国家设计了非平衡增长的经济发展战略,他提出发展中国家应集中有限的资源和资本优先发展少数主导产业和部门,通过部门间的关联效应带动其他部门的发展,从而解决发展中国家的贫困问题;他将产业之间的关联方式分为前向关联关系、后向关联关系和环向关联关系,并将产业关联效应最大作为主导产业选择的基准之一;他认为凡有关联效应的产业,都能通过主导产业的扩张和优先增长,逐步带动后向联系部门、前向联系部门和整个产业部门的发展,从而在总体上实现经济增长;他指出发展中国家在制定国民经济计划时要注重"关联效应"和"最有效秩序",同时强调在经济发展的初期阶段必须重点实施非平衡发展战略,而在经济发展的高级阶段就要开始实施国民经济各部门的协调和平衡发展战略。

美国经济史学家瓦尔特·罗斯托结合历史阶段分析法、主导部门分析法和心理欲望分析法提出了著名的"经济成长阶段理论"和"主导产业扩散效应理论",他指出产业结构的变化对经济增长具有重大影响,在经济发展中要重视发挥主导产业的扩散效应,他认为决定社会经济发展的最终动因是人的主观倾向[①]。在他1960年出版的《经济成长的阶段》一书中,他把经济社会的发展划分为传统社会阶段、起飞准备阶段、起飞阶段、成熟阶段、大众消费阶段五个阶段(1971年他又补充了第六个阶段,即追求生活质量阶段),解释了西方各国经历过的工业化历程,通过分析他得出其中每个阶段的经济演进都是以主导产业部门的更替为特征的结论,他认为人类欲望更替是经济成长阶段依次更替的动力之一。他在《主导部门和起飞》(中译本,1998)一书中提出了"产业扩散效应理论"和主导产业的选择基准(即"罗斯托基准"),他认为经济增长之所以能够保持是因为少数主导产业迅速扩大及其对其他产业部门进行扩散的结果,他指出一个国家应该选择那些具有较强扩散效应(包括前瞻效应、回顾效应和旁侧效应)的产业作为主导产业,将主导产业的产业优势辐射传递到关联产业链上的各产业中,以带动整个产业结构的升级,促进区域经济的全面发展[②]。主导产业的扩散效应主要表现在三个方面:① 前瞻效应,指主导产业能够诱发新兴行业、新技术、新质量、新能源或新的经济活动的出现;② 回顾效应,指主导产业高速增长,对各种要素产生新的投入要

---

① 苏东水主编:《产业经济学》,高等教育出版社2000年2月第一版,第228页。
② 曹芳萍、朱满华:《区域主导产业选择的基准研究》,《煤炭经济研究》2007年第7期。

求,从而刺激这些生产投入品的行业发展;③ 旁侧效应,指主导产业的兴起会影响当地经济、社会的发展,如制度建设、国民经济结构、基础设施、人口素质等。

美国经济学家霍利斯·钱纳里提出了产业发展的"标准结构"和"工业化阶段理论",对产业结构理论的发展作出了很大贡献,其重要著作包括《工业化进程》(1969)、《发展型式,1950—1970》(1975,钱纳里与赛尔昆合著)、《工业化和经济增长的比较研究》(1986)等。他通过对发展中国家工业化进程的比较研究,分析了各国经济发展与产业结构变动的不同特点,归纳出一些产业发展的基本模式,并揭示了经济发展和产业结构变动的"标准形式",从而为不同国家或地区根据经济发展目标制定产业结构转换政策提供了理论依据;通过对经济长期发展中工业内部各产业部门地位和作用的考察,揭示了工业内部产业结构转换的原因在于产业间存在着关联效应,他指出工业发展受人均国民生产总值、需求规模和投资率的影响大,而受初级产品和工业制成品输出率的影响小。他认为要保持经济增长,就必须不断调整生产结构,要使生产结构适应需求结构的变化,同时还要有效利用各种技术;他还指出劳动和资本从生产率较低的部门向生产率较高的部门转移能够加速经济增长。他把工业化阶段划分为初级产品生产阶段、工业化阶段和发达经济阶段这三个依次提高的阶段,又将这三个阶段进一步细分为六个时期:第一时期,产业结构以农业为主;第二时期,产业结构由传统的农业结构向现代工业化结构转变,工业以初级产品生产为主;第三时期,制造业由轻工业向重工业迅速转变,非农劳动力开始占主体,第三产业开始迅速发展;第四时期,在第一、第二产业协调发展的同时,第三产业由平稳转入持续高速增长;第五时期,制造业内部结构由资本密集型产业向以技术密集型产业为主导转换,同时社会生活方式开始现代化,高档耐用消费品逐步普及;第六时期,第三产业开始分化,智能密集型和知识密集型产业从服务业中分离出来并开始占据主导地位,同时人们的消费欲望呈现出多样性和多变性,社会生活消费趋向追求个性化。

中国经济学家林毅夫于2009年提出了"新结构经济学"的理论框架。该理论强调经济发展中的要素禀赋(即各种生产要素的相对丰裕程度)和基础设置①、不同发展水平下产业结构的差异,注重分析政府与市场在经济发展过程中的不同作用;该理论指出,经济发展本质上是一个技术、产业不断创新、结构不断变化的过程,在经济发展过程中不仅要求现有产业必须持续引入新的更好技术,而且还要求现有产业必须不断地从劳动力(或自然资源)密集型产业向新的资本密集型产业升级,要实现这样的产业升级,发展中国家首先需要升级其要素禀赋结构(即自然资源、劳动力、人力资本和物质资本的相对丰裕程度),随着要素禀赋结构和产业结构的升级,相应的基础设置也需要同时升级;在经济发展过程中,必须同时发挥政府和市场的协同作用,因为经济增长会不断地改变对制度服务的需求,这造成现有的制度安排逐渐变得过时,因此,政府的政策和各种制度安排必须考虑不同发展水平的经济结构特征。该理论的主要思想可以概括为以下三点:第一,包括产业、技术、金融、法律和其他结构在内的最优经济结构随经济发展的不同阶段而不同。一个经济体的要素禀赋及其结构在每一个特定的发展阶段是给定的,它将随经济发展阶段的不同而不同,因而经济体的最优产业结构也会随经济发展阶段的不同而不同;不同的产业结构不仅意味着不同的产业资本密集

---

① 按林毅夫的原注,"基础设置"包括"硬性"和"软性"两类,"硬性基础设置"包括能源、交通和通信系统等;"软性基础设置"包括金融体系、管制、教育体系、司法体系、社会网络、价值体系及经济体中其他无形的结构。

度,还意味着不同的最优企业规模、生产规模、市场范围、交易复杂程度以及不同的风险种类。因此,每个特定的产业结构都要求与之相适应的基础设置来尽可能地降低经济的运行和交易费用。第二,经济发展是一个连续过程,不同国家或地区的经济发展阶段并非仅有"穷"与"富"或者"发展中"与"发达"这两点式分布,而是一个从低收入的传统农业阶段、到中等收入的工业化阶段、再到高收入的后工业化阶段的发展过程。因此,传统的对经济发展阶段的"两分法"并不适用。对于发展中国家或地区来说,处于任何发展阶段的经济体,其产业和基础设置的升级目标,并不必然是比自己所处阶段更高的发达经济体的产业和基础设置。第三,在经济发展的每个确定阶段,市场都是配置资源最有效率的根本机制,但在经济向更高阶段转变的过程中,同时也需要政府发挥积极的因势利导的作用。作为一个连续变化过程,经济发展阶段的变化要求产业多样化、产业升级和基础设置的相应改进。产业多样化和产业升级的本质是一个创新过程,在这个过程中,尽管一些先驱企业会为其他企业创造公共知识,但仅靠个体企业的投资无法完全改进经济发展所需要的基础设置。因此,在经济发展过程中,除了市场机制以外,政府还必须发挥积极的协调和补偿作用,以改进基础设置、促进产业多样化和产业升级。①

以上所介绍的有关理论只是产业结构理论中一些比较有代表性的基本理论,它们基本反映了产业结构理论发展的大致脉络。实际上,从事这方面研究并对产业结构理论作出贡献的经济学家还有许多(如 J.丁伯根、G.拉尼斯、费景汉、B.希金斯、马场正雄、宫泽健一等②),这里不再一一介绍。

以上这些经济学家们所提出的各种思想和理论,是他们在不同时代对不同时空的经济体系进行观察、分析和总结的结果。从这些思想和理论所表述的内容来看,人类社会经济系统和经济增长所涉及的各种因素可谓是纷繁复杂。当我们对这些思想和理论所表述内容的关键词汇进行仔细归类后就会发现,从经济系统的基本结构、组成环节与其外部环境的视角来看,这些关键词汇大致可以分为经济系统结构因素、经济运行动态因素、外部环境需求因素、外部环境供给资源因素、社会生产因素、产业体系因素、交换体系因素、分配体系因素、社会消费因素、科学技术因素、经济制度因素、文化教育因素和其他社会因素等 13 类因素。为表述简洁、直观,我们用表 7-1 列表说明。

表 7-1　国民经济系统和经济增长涉及因素分类表

序号	因素类别	产业结构代表性理论表述内容所涉及的关键词汇
1	经济系统结构因素	需求结构、生产结构、消费结构、产业结构、工业结构、贸易结构、劳动力结构、产值结构、国民收入结构、投入结构、产出结构、职业人口结构、就业人口结构、要素禀赋结构
2	经济运行动态因素	劳动力流动、产业成长率、产业梯度传递、产业转移、产业关联效应、主导产业更替、产业创新、产业升级、产业多样化
3	外部环境需求因素	社会需求、需求规模、需求愿望、需求诱导、消费需求、人的主观倾向

---

① 林毅夫:《新结构经济学——重构发展经济学的框架》,《经济学(季刊)》2010 年 10 月第 1 期,参见第 1—3 页、第 12 页、第 14 页、第 17 页。
② 苏东水主编:《产业经济学》,高等教育出版社 2000 年 2 月第一版,第 229—230 页。

续 表

序号	因素类别	产业结构代表性理论表述内容所涉及的关键词汇
4	外部环境供给资源因素	人力资源、物力资源、生产要素、消费资料、生产资料、资源丰裕程度、要素禀赋、人力资本、物质资本、社会资本、资本密集度、硬性基础设置①
5	社会生产因素	财富生产、绝对成本、国际分工、替代生产、资本要素投向、投资率、资本积累、产业劳动投入、总产出、生产总量、经济总产值、人均国民生产总值、劳动生产率、最优企业规模、生产规模
6	产业体系因素	农业、工业(轻工业、重工业)、商业、服务业、第一产业、第二产业、第三产业、消费资料产业、生产资料产业、劳动及资源密集型产业、资本密集型产业、技术密集型产业、智能和知识密集型产业
7	交换体系因素	市场、财富交换、产品进口、产品出口、国际贸易、对外贸易、国内市场与国际市场的资源配置、进出口贸易与国际市场、金融体系中的金融市场、市场范围、交易复杂程度、交易费用
8	分配体系因素	产业间收入分配、财富分配、总产品分配、人均国民收入、财政支出、金融体系中的金融监管组织
9	社会消费因素	人口增长、人口过剩、消费欲望、消费者的兴趣爱好、心理
10	科学技术因素	科研、公共知识、技术、技术进步、技术革新、技术创新
11	经济制度因素	经济制度、制度安排、政府政策、产业政策、贸易政策、管制、财政政策、货币政策、资源管理政策
12	文化教育因素	文化、宗教、历史传统、价值观体系、教育、劳动者技术熟练程度、教育体系
13	其他社会因素	政治系统因素(政治、政府作用、政府支持等)、法制系统因素(国家法律、司法体系等)、社会结构、社会网络

在表 7-1 中,第 1 类因素反映国民经济系统的基本结构,第 2 类因素反映国民经济系统运行的动态特征,第 3 类和第 4 类因素反映外部环境对国民经济系统的供求因素,第 5—12 类因素反映国民经济系统的组成环节和动力因素。

通过表 7-1,我们可以看到,尽管人类社会经济系统和经济增长所涉及的各种因素纷繁复杂,但从系统的、整体的、联系的观点来看,国民经济系统的整体结构还是很清晰的。本书正是在综合以上这些经济学家思想和理论的基础上,获得了经济系统发展动力因素关系图(见图 7-2)。所以,以上有关产业结构的代表性理论为本书的理论框架建构提供了有益的借鉴和参考。

二、经济系统的环境、要素和结构

在一个国家的经济体系中,亚宏观层次的行为主体是国民经济系统。国民经济系统的主要功能是进行物质产品的生产、交换、分配和消费,它一般包括产业体系、交换体系、分配

---

① 本表对林毅夫先生提出的"软性基础设置"各因素已作了分解处理,所以,这里不再列入"软性基础设置"词汇。具体分解内容参见本章第六节的阐述。

体系和消费体系等。

1. 经济系统的内外部环境

在现代社会中，一个具体的经济系统存在于一定的国家系统之中，它既有外部环境，也有内部环境。

(1) 经济系统的外部环境

经济系统的外部环境是指存在于经济组织（包括产业组织、交换组织和分配组织等）边界之外，对经济系统的生产、交换、分配、消费等活动具有影响的所有因素的集合。经济系统的外部环境包括自然环境和社会环境。从纵向层次来看，包含经济系统的外部系统由国家系统、社会系统（国际系统）和自然系统三个层次构成。经济系统外部环境各系统的所属层次关系，具体可参看本书第三章的图 3-2。在国家系统中，与经济系统并存的系统至少包括人文、政治、科学、法制和教育等系统。存在于外部环境的这些系统，或多或少、或直接或间接地都会对经济系统的成长演化发生一定的影响。对于一个具体国家的经济系统而言，就影响的直接性和强度来说，无疑来自国家系统内部的因素是最直接和最强烈的。与此同时，来自国际系统和自然系统的某些因素也会对一国经济系统的成长演化发生一定的影响。自15世纪地理大发现以来，随着经济全球化趋势的展开，世界不同国家或地区之间的经济贸易联系不断增加，各国的经济系统日益融入全球经济网络中。

从国家系统这个层次来看，在一个具体的国家内部，来自人文、政治、科学、法制和教育等系统的有关因素都会对该国经济系统的成长演化发生影响。这些影响主要是通过对经济系统中的企业和市场所施加的需求和供给来发挥作用的，具体影响因素参见本书第四章的表 4-2。例如，人文系统中的家庭组织既为企业提供消费需求，又为企业提供一般劳动力；另一方面，人文系统中的人文知识对企业家精神、企业精神和企业文化具有深层影响，特别是塑造了企业家的精神内核，从而对企业组织的价值观和伦理道德具有导向作用。政治系统对经济系统的直接影响是通过经济系统中的分配组织（如税务部门、财政部门和金融部门等）发挥作用的，特别是通过税收征管、财政分配和货币管控这三种基本方式；此外，政治系统中的行政组织（政府部门）也通过制定实施有关产业政策等对产业体系中的资源、企业和市场进行配置（参见第五章第九节的有关内容）。科学系统中的科学研究、基础知识为企业与行业提供基本的知识和技术基础，特别是科学研究中的重大发现往往会引发产业领域的技术革命，而重大技术革命可能会导致某些行业迅速衰亡，又会催生另外一些新兴行业。法制系统为经济系统的正常运行提供基本的秩序环境和各种法律制度支持。教育系统为企业与行业培养了各种人力资源，从而支持了经济系统的持续发展。

从社会系统（国际系统）这个层次来看，对一国经济系统具有影响的因素，既有来自其他国家内部的各种因素，也有来自国际组织的各种因素。无论是来自其他国家内部的因素，还是来自国际组织的因素，大致上都可以分为人文、经济、政治、科学、法制和教育等方面的因素；其中，在经济方面的影响因素又可以进一步划分为社会生产、产业体系、交换体系、分配体系、社会消费等因素（参见本章第一节的列表分析）。在现代社会，由于经济全球化的广泛影响，几乎所有国家的经济系统都已融入了国际经济体系中。一国经济系统与国际经济体系是通过国际贸易、国际投资、国际信贷和技术交流等形式发生紧密联系的。

从自然系统这一层次来看，影响一国经济系统的因素主要是自然资源供给、气候和地理环境。自然资源主要包括阳光、空气、水、土地、矿物、生物等。不同的气候和地理条件影响各国在水、土地、矿物、生物等自然资源的类型、分布和数量,各种自然资源的丰裕程度又会影响到不同国家的比较优势,从而影响不同国家在国际市场中的产业分工。

通过以上简单分析我们就得到,影响一国经济系统发展的一般性外部因素是需求和供给,具体因素包括自然资源、人文、经济、政治、科学、法制和教育等方面的因素,其中,经济方面的影响因素又可以进一步划分为社会生产、产业体系、交换体系、分配体系、社会消费等因素。从经济系统成长演化的视角来看,外部环境对经济系统的需求和供给具有重要的意义。外部环境的需求是拉动经济系统发展的最终动力;外部环境对经济系统供给资源要素是经济系统成长演化的必要条件。这里,外部环境对一个经济系统内所有经济组织需求的总和,就形成外部环境对这个经济系统的总需求;外部环境对一个经济系统内所有经济组织供给资源的总和,就形成外部环境对这个经济系统的资源总供给。

(2) 经济系统的内部环境

人类社会物质产品的完整生产过程是一个包括生产、交换、分配和消费等各个环节组成的整体,在这个整体内部,"生产表现为起点,消费表现为终点"①。因此,一个经济系统的运行过程应该包含人类社会完整的生产过程。

经济系统内部环境是一个由生产、交换、分配和消费等要素组成的有机系统,系统内部各要素之间相互联系、相互作用、相互影响,构成了复杂的网络关系。经济系统内部环境具有一定的层次结构和功能结构,它将随着经济系统的动态变化而不断变化。

经济系统内部环境中的生产、交换、分配这三个要素,已经在第四章和第五章分析企业和产业的运行过程中作过详细分析,这里的"生产"这一要素对应着产业体系,"交换"这一要素对应着交换体系(或市场体系),"分配"这一要素对应着分配体系。"消费"这一要素在第四章的企业生产活动中曾作过一些分析,但主要是从微观层次上分析的;实际上,在一个国家系统中,"消费"这一要素本身也是由许多因素组成的系统,其内部各因素之间相互联系、相互交织,形成了具有复杂网络结构的消费体系。在具体的社会经济系统中,产业体系、交换体系、分配体系和消费体系都形成了具有一定层次和功能的系统,从系统的层次来看,它们属于经济系统的子系统。

这里,对经济系统内部的"消费"这一要素作一些说明和分析。

作为人类社会完整生产过程的终点,消费在社会经济中具有十分重要的意义。自经济学诞生至今,"消费"就一直是经济学研究中一个重要的主题。亚当·斯密在批判重商主义的"工商业的目的是生产而不是消费"这一论点时指出:"消费是所有生产的唯一目的,只是在为了促进消费者的利益时才应当去注意生产者的利益。这个原则完全是自明之理,试图去证明它倒是荒谬的。"②古典经济学家萨伊以效用价值论为基础,认为消费意味着效用的消灭,而不是物质或产品的消灭;他明确把消费细分为生产消费与非生产消费、个人消费与公共消费、公共消费中的国家消费与私人消费。马歇尔继承并发展了萨伊的思想,认为人类所能生产和消费的只是效用,而不是物质本身。马克思则是从生产和消费的对立统一中来认识消费的,他不仅把消费看成社会生产过程的终点和最后目的的结束,而且把消费作为社会再生产中的一个既反作用于再生产过程的起点又重新引起再生产过程开始的环节;他指出:

---

① 《马克思恩格斯全集》(第30卷),人民出版社1995年版,第30页。
② 亚当·斯密著,杨敬年译:《国富论》(下卷),陕西人民出版社2001年版,第725页。

"生产直接是消费,消费直接是生产。每一方直接是它的对方。可是同时在两者之间存在着一种中介运动。生产中介着消费,它创造出消费的材料,没有生产,消费就没有对象。但是消费也中介着生产,因为正是消费创造替产品创造了主体,产品对这个主体才是产品。产品在最后消费中才得到最后完成。""消费在观念上提出生产的对象,把它作为内心的图像、作为需要、作为动力和目的提出来。消费创造出还是主观形式上的生产对象。没有需要,就没有生产。而消费则把需要再生产出来。"①这些经济学家的观点反映出人们对消费的认识是在不断发展和逐渐深化的。其中,马克思的消费观体现了一种整体的系统思维,从本质上揭示出消费在人类社会再生产过程中的地位和作用。这里,马克思所说的"生产中介着消费,它创造出消费的材料"这句话,说的是初次生产过程,而"消费也中介着生产,因为正是消费创造替产品创造了主体"这句话,说的是由消费引起的再次生产过程,它反映了消费对生产的反馈作用;他所说的"没有需要,就没有生产。而消费则把需要再生产出来。"这句话,反映出消费引致新需求的观点。马克思的这些思想,在本书第四章和第五章的企业和产业"发展动力因素关系图"(即图 4-11 和图 5-3)中都得到了形象的反映,本书从社会再生产整个过程的系统分析中再次印证了马克思经济思想的丰富性和科学性。

  根据上面的简要分析,我们可以对消费作出具体定义。消费是与生产相对立的范畴,作为人类社会再生产过程的重要环节之一,它既是人们为满足生产和生活需要而使用产品功效的行为,又引起了人们对再生产产品的新需求。广义的消费一般包括生产性消费和生活性消费,而狭义的消费仅指生活性消费。在实际生产或生活过程中,消费一般是与产品交易(交换)行为相联系的活动,它一般由消费主体、消费对象、消费媒介、消费方式等要素组成。这里,消费主体是指进行消费的个人或组织(包括家庭、企业、社团或政府等)。消费对象是指被消费主体用来进行消费的产品(包括物质产品、精神产品或服务)。消费媒介是指将消费主体和消费对象联系起来的介质,主要包括货币和货币衍生品等。随着信息时代的来临,人们又创造了互联网这种新型的消费媒介。消费方式包括单次消费、多次消费、现货消费、期货消费等方式。随着人类社会的发展和现代科技的进步,人们已创造出"产销合一"等新的消费方式。

  通过本章第一节的列表分析,我们知道,影响社会经济系统成长的因素,除了社会生产体系、产业体系、交换体系、分配体系、消费体系这些因素以外,还包括科学技术、经济制度和文化教育等因素。其中,科学技术和经济制度这两个因素实际上是与企业和产业的深层因素相对应的。在第四章的图 4-6 和第五章的图 5-2 中,企业和产业一般结构的深层因素都是"知识"、"技术"和"制度"。但从企业系统到产业系统、再到国民经济系统,随着系统层次的升高,其所包含的"知识"、"技术"和"制度"因素也越趋复杂和多元。例如,产业系统中的"知识"、"技术"和"制度"因素,不但包含了企业和行业方面的"知识"、"技术"和"制度"因素,还包含着商品交换方面的"市场知识"、"市场技术"和"市场制度"因素,其复杂程度显然要比企业系统中的"知识"、"技术"和"制度"因素更为复杂和多元。与此类似,国民经济系统中的"知识"、"技术"和"制度"因素,其复杂程度也要比产业系统中的"知识"、"技术"和"制度"因素更为复杂和多元。在国民经济系统运行过程中,它所涉及的"知识"、"技术"和"制度"因

---

  ① 《马克思恩格斯全集》(第 30 卷),人民出版社 1995 年版,第 32—33 页。本段中有关消费的文献资料整理自:王朝科、程恩富,《经济力系统研究》,上海财经大学出版社 2011 年 12 月第一版,参见第 275—279 页。

素,除了包含产业和市场这两个方面的"知识"、"技术"和"制度"因素以外,还包含着分配体系和消费体系的"知识"、"技术"和"制度"因素。例如,现代国家的分配组织一般包括税务管理部门、财政管理部门和金融管理部门等机构,它们调控国民经济运行的主要方式是税收征管、财政分配和货币管控等,具体是通过制定实施相应的税收政策、财政政策和货币政策来发挥作用的。这里所说的税收政策、财政政策和货币政策就是国民经济系统中的分配制度,与此相联系的科学知识和技术手段就是国民经济系统中的"分配知识"和"分配技术"。实际上,这些内容正是现代经济学分支学科中税收经济学、财政经济学和金融经济学所研究的主题。

一个国家的经济系统在成长和发展过程中,需要不断适应外部环境。当外部环境发生变化时,经济系统内部环境也必须作出相应的调整,直至内外部环境相互耦合。经济系统内外部环境耦合程度越高,经济系统的发展环境就越好,经济系统的发展就越有序、越健康。经济系统内外部环境的耦合过程,就是经济系统成长演化的过程。

2. 经济系统的组成要素和一般结构
(1) 经济系统的组成要素

一个完整的经济系统一般至少要包括产业体系、交换体系、分配体系、消费体系四个要素,否则就不是一个完整的经济系统。此外,经济系统中的产业组织要进行正常的生产经营活动,还必须有基本的科学知识、经济制度和生产技术这些因素,否则,经济系统中的产业组织也是难以顺利完成其生产经营活动的。在现代社会的宏观经济管理中,为了规范国民经济系统中产业组织的生产经营行为,政府部门常常会制定实施一些约束产业组织行为的法律规范(如反对企业集团垄断市场的"反垄断法"等)或鼓励产业发展的产业政策,这里的法律规范或产业政策就是宏观层面的经济制度。因此,科学知识、生产技术和经济制度也是构成经济系统的重要因素。

在现代社会,文化因素和教育因素也是组成经济系统的重要因素。在现代社会的生产经营活动中,一方面,企业对文化要素的投入在增多(主要表现在产品文化含量、企业文化建设、市场品牌形象宣传等方面),特别是文化产业直接是以文化资源为核心要素来开展生产经营活动的,而这些需要投入相应的文化资源;另一方面,企业对掌握各种专业知识的高素质人才的需求越来越多,企业核心竞争力的建立对专业技术的依赖度在加大,而这些都需要教育系统的支持。西奥多·舒尔茨在1993年出版的《报酬递增的源泉》一书中指出,"专业人力资本是报酬递增的重要源泉""另一类能在人类生命周期中产生递增报酬的人力资本投资是基础教育"[①]。他对20世纪20年代末至50年代后期美国教育投资与经济增长的关系进行研究之后得出结论:教育投资的平均收益率为17%;在劳动收入增长中,教育投资增长的收益所占比重高达70%;在国民收入增长中,教育投资增长的收益所占比重达33%。[②]

所以,一个国家的经济系统一般是由生产、产业、市场、分配、消费、知识、技术、制度、文化、教育等要素组成的有机系统,其中,每个要素都形成了具有一定结构和层次的子系统,这些子系统之间相互交织、相互联系、相互作用、相互影响,形成了具有立体网络结构的复杂巨系统。例如,人类社会的生产系统至少包括人口生产、物质生产和精神生产这三个方面,每

---

① 西奥多·W.舒尔茨著,姚志勇、刘群艺译,《报酬递增的源泉》,北京大学出版社2001年版,第26页。
② 汤正仁著:《西方经济演化分析史》,中国经济出版社2014年7月第一版,第165—166页。

个方面都可以看作一个子系统,这些子系统之间相互交织,形成了具有复杂网络关系的生产体系;产业系统可以划分为农业系统、工业系统、服务业系统、信息业系统等子系统,这些子系统之间相互交织,形成了具有复杂网络关系的产业体系;市场系统可以划分为人力市场、商品市场、资本市场、技术市场、产权市场等子系统,这些子系统之间相互交织,形成了具有复杂网络关系的市场体系(交换体系)。

上面这些组成经济系统的要素可以分为以下两类：
A. 表层因素：生产、产业、市场、分配、消费
B. 深层因素：知识、技术、制度、文化、教育

由于人口生产活动和精神生产活动具有与物质生产活动不完全相同的特殊规律,所以本书将这两类生产活动放入人文系统和科学系统中进行探讨(参见本书第八章第四节的论述);物质生产活动(它又包括个人产品生产和公共产品生产两大部分)本身就是经济系统所要研究的中心内容。由于人口生产、物质生产和精神生产这三类生产活动具有紧密的联系,它们之间是相互作用、相互影响、相互制约的,因此在分析物质生产活动时也必然需要牵涉到对这两类生产活动中一些因素的分析探讨。例如,经济系统中的知识、技术、制度、文化、教育等因素,实际上就涉及了人口生产活动和精神生产活动的一些因素。

(2) 经济系统的一般结构

国民经济系统的一般结构,是指在国民经济系统动态演化过程中,其内部各子系统之间所形成的相互联系、相互作用、相互影响、相互制约的一般秩序和形式。国民经济系统的一般结构反映了一个国家内部国民经济系统各子系统在功能方面互相支撑的结构性特征,是外部环境系统与国民经济系统、国民经济系统与其各子系统协同演化的基础。

从国民经济系统运行的过程来看,一个国家的国民经济系统成长演化的过程,是一个不断进行社会生产、不断进行社会消费的循环往复过程。结合国民经济系统的组成要素,我们可以画出国民经济系统运行的一般结构图(见图7-1)。

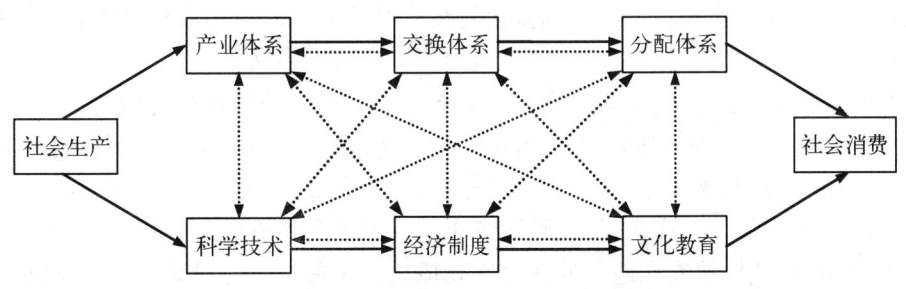

图7-1　国民经济系统运行的一般结构图

从图7-1可以看到,国民经济系统实际的运行过程可以分为两条链(即图中的实线箭头)：
A 链(表层因素运行链)：社会生产→产业体系→交换体系→分配体系→社会消费
B 链(深层因素运行链)：社会生产→科学技术→经济制度→文化教育→社会消费

A 链的各个环节更多地体现个人产品的生产过程,而 B 链的各个环节则更多地体现公共产品的生产过程。其中,产业体系是企业家施展才能的疆域,交换体系是市场这只"看不见的手"发挥作用的领域,分配体系则是政府这只"看得见的手"发挥职能的领地。在国民经济系统实际运行中,这两条链上的各类因素实际上互相渗透、互相交织、难以分离。

在国民经济系统运行过程中，A 链反映的过程是，经济系统不断生产各类商品来满足社会的消费需求，产业体系内的农业、工业、服务业、信息业等产业部门通过市场体系不断交换各类商品，这一方面直接推动产业体系内部产业不断分化、新行业不断诞生，进而推动交换体系中市场类型日益多元、交易网络不断成长，最后推动社会消费体系日益丰裕、不断升级；另一方面，产业体系和交换体系又向政治系统的分配体系提出生产更多公共服务和公共产品的需求，这又推动分配体系内部组织不断分化、结构日益复杂、分配体系不断完善，产业体系、交换体系、分配体系、消费体系的协同发展最终推动了经济系统的发展。B 链反映的过程是，经济系统内的经济组织不断学习、内化、整合、创新和应用各种科学知识和专业技术的过程，也是经济制度不断调整、不断变革、不断完善的过程，同时也是文化产品日益丰富、教育专业不断分化、学科体系不断完善的过程。A 链和 B 链所反映的两类经济运行过程实际上是合二为一协同进行的，它们共同实现了国民经济系统运行的社会生产与社会消费循环过程。

在现代国家的社会分工中，科学技术和经济制度这两类公共产品的生产功能一般被划入国家系统的科学子系统和法制子系统，而文化教育这类公共产品的生产功能则被划入国家系统的文化子系统（本书称为"人文系统"）和教育子系统。为了便于说明国民经济系统运行过程，这里只是一个大致的社会功能划分，而现实社会对国家系统结构和功能的划分则显得更为复杂精细。例如，在当代中国，人们一般把研究探索自然知识的社会功能划入科学院体系，把研究探索人类社会知识的社会功能划入社会科学院体系，把研究探索各类应用技术的社会功能划入工程研究院和技术院校体系，而把研究实施各类政策制度的社会功能划入了从中央到地方的各级政府体系中。这些问题实际上涉及对社会分工、社会结构和社会功能等问题的探讨，它们实际上属于社会学研究的主题。

在国民经济系统的实际运行过程中，A 链和 B 链这两条链上的所有因素并不是各自单独地、孤立地发挥作用的，而是需要协同一致、相互配合共同发挥作用的，也即每两个因素之间都是相互联系、相互作用、相互影响的，它们共同形成了国民经济系统内部的生产关系网络。在图 7-1 中，我们用虚线双箭头来表示它们之间的这种关系。

将产业、市场、技术、制度和教育等因素相结合，对经济系统进行综合研究的一个重要成果，是约翰·穆尔曼(Johann Peter Murmann)对产业演化的实证研究[①]。约翰·穆尔曼通过对 1850—1914 年英国、德国、法国、瑞典和美国五国合成染料产业的比较研究，分析了国家产业、技术和制度等的共同演化过程，阐述了在不同国家背景下产业演化模式的差异，揭示了德国合成染料产业取得领先地位的两个重要原因：一是德国的国家（政府）、产业和市场等制度对技术创新具有很强的推动力；二是技术的进步又会进一步推动制度创新。他指出，技术和制度的共同演化主要是通过企业群体和国家大学群体的互动来推动的。由于大学的化学家是合成染料技术创新的关键，一个国家的大学教育和培训制度会对技术创新产生较大的影响。在德国兴起的产业研究实验室模式能够较好地协调化学家为企业工作，这种模式是一种良好的产学研联合制度。此外，德国成熟和规范的市场能够将化学家供给和企业人才需求、合成染料生产者和使用者等联系起来，从而建立了供需之间的有机联结。采用新

---

① Johann Peter Murmann, *Knowledge and Competitive Advantage: The Co-evolution of Firms, Technology, and National Institutions*. Cambridge: Cambridge University Press, 2003, p.121.

技术的企业一旦获得较高的利润,就会激励它们推动上述制度的进一步创新,而制度创新也会继续推动技术创新。

在一个具体的国家,国民经济系统在成长演化过程中,同时还与其外部环境之间在人员、资源、货币、商品、知识、制度、技术和信息等方面始终进行着各种形式的互动交流。国民经济系统与其外部环境中的自然系统、社会系统(国际系统)、国家系统以及国家系统中的其他子系统之间所结成的各种关系,就形成了国民经济系统外部的社会关系网络。从社会经济关系的角度来看,国民经济系统完整的生产关系应该由其内部的生产关系网络和其外部的社会关系网络共同组成。国民经济系统成长演化的过程,实质就是国民经济系统内外两重关系网络互相交织、互相作用、互相影响的动态演化过程,国民经济系统内外的两重关系网络构成了一个多维的复杂动态图景。

三、经济系统发展的动力结构

在现代社会,能够对一国经济系统的演化产生影响的因素非常多,在众多因素中哪些是关键因素呢? 在这一小节我们就来探讨这个问题。

尽管影响经济系统的因素众多,但总体来看可以把它们划分为外部因素和内部因素两大类。我们知道,对于一个国家具体的经济系统而言,就影响的直接性和强度来说,来自国家系统内部的因素是最直接和最强烈的。因此,要找到影响经济系统的关键因素,需要将关注重点集中于国家系统的内部因素。但是,这样做并不意味着影响经济系统的关键因素只来自国家系统内部,一些来自国际系统和自然环境的因素也不容忽视。例如,对食品不能自给而主要依赖国际贸易的国家来说,国际市场因素对该国的经济系统来说就是关键因素;再如,在工业革命之前的农业社会中,地理、气候等自然环境因素对各国的经济系统来说都是个关键因素。

1. 经济系统发展的动力因素

一国经济系统的外部环境至少可以分为国内环境和国际环境两个基本层次。下面分别从这两个层次展开论述。

(1) 国内环境

从系统生态位的概念来看,一个国家其经济系统的国内环境就是"国内经济生态环境"。在现代社会,在一个国家的内部,与经济系统并存的系统至少包括人文、政治、科学、法制和教育等系统。从国家系统运行的整体性和协同性来看,经济系统与国家内部的人文系统、政治系统、科学系统、法制系统、教育系统等子系统都具有一定的联系。经济系统在运行过程中与这些系统之间形成了需求和供给的关系。这里,国内环境对经济系统内所有经济组织的需求总和,就形成了这个国家对经济系统的国内总需求;国内环境对经济系统内所有经济组织供给资源的总和,就形成了这个国家对经济系统的国内总供给。

从系统演化动力的视角来看,一国经济系统内部的因素与该国人文、政治、科学、法制、教育等系统内部因素之间的互动,就形成了该国经济系统持续演化的直接动力。所以,一国经济系统演化的直接外部动因,主要来自其国内环境中的人文、政治、科学、法制、教育等因素。

(2) 国际环境

从系统生态位的概念来看,一个国家其经济系统的国际环境就是"国外经济生态环境"。在当代社会,由于经济全球化的广泛和深入发展,国际社会之间在自然资源、人文、经济、政治、科学、法制和教育等方面的交流越来越频繁,特别是不同国家之间在经济方面的互动交流日益增多。从国内经济与国际经济的关联性和互动性来看,一国经济系统与其他国家内部的人文、经济、政治、科学、法制、教育等系统都具有一定的联系。该国经济系统在运行过程中与其他国家这些系统之间也形成了需求和供给的关系。这里,国外环境对该国经济系统内所有经济组织的需求总和,就形成国际环境对该国经济系统的国外总需求;国外环境对该国经济系统内所有经济组织供给资源的总和,就形成国际环境对该国经济系统的国外总供给。

从系统演化动力的视角来看,一国经济系统内部的因素与他国人文、经济、政治、科学、法制、教育等系统内部因素之间的互动,就形成了该国经济系统持续演化的间接动力。所以,一国经济系统演化的间接外部动因,主要来自国际环境中的人文、经济、政治、科学、法制、教育等因素,特别是来自与该国具有贸易、投资、信贷等经济联系的社会环境因素。

所以,从国民经济系统的外部环境来看,影响经济系统发展的一般性外部因素是需求和供给,具体因素包括人文、经济、政治、科学、法制和教育等方面的因素,其中,经济方面的影响因素又可以进一步划分为社会生产、产业体系、交换体系、分配体系、社会消费等因素。外部环境的需求因素是拉动经济系统发展的原始动力,外部环境的资源要素供给是经济系统发展的必要条件。

从国民经济系统的内部环境来看,经济系统本身就包含生产、产业、市场、分配、消费、知识、技术、制度、文化、教育等因素。实际上,组成经济系统的最基本的关键性要素与影响经济系统发展的外部具体因素是基本对应的,但外部环境因素更加复杂和多元。从长时段来看,一个国家或一个地区的经济系统成长演化的过程,就是不断从外部环境中吸纳、内化、整合这些要素的过程。因此,能够影响经济系统演化的内部动因,也只可能来自经济系统内部的这些因素。

所以,我们可以得出,影响一国经济系统发展的内部动因,来自经济系统内部的生产、产业、市场、分配、消费、知识、技术、制度、文化、教育等因素。其中,最主要的动力因素来自经济系统中的产业体系和消费体系,在产业体系中的所有产业中,主导产业对经济系统的成长演化具有重要的带动作用。

如果把影响经济系统演化的外部动因、内部动因结合起来考察,就会得到影响经济系统发展的关键性动力因素:

外部因素:需求和供给

内部因素:生产、产业、市场、分配、消费、知识、技术、制度、文化、教育

为便于分析,我们将影响经济系统发展的内部动力因素分为两类:

A. 表层因素:生产、产业、市场、分配、消费

B. 深层因素:知识、技术、制度、文化、教育

如果将影响经济系统发展的外部动力因素、内部动力因素与经济系统生产消费循环过程相结合,就可以画出经济系统发展的动力因素关系图(见图 7-2)。

在现代社会,由于经济全球化的深刻影响,影响一国经济系统的"总需求",实际上包括来自国内环境的"国内总需求"和来自国际环境的"国外总需求"两部分。同样,影响一国经

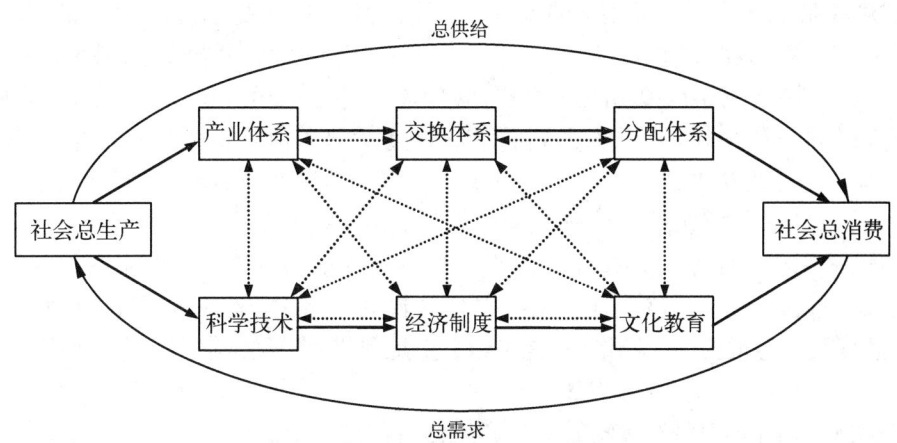

图 7-2　经济系统发展动力因素关系图

济系统的"总供给",实际上也包括来自国内环境的"国内总供给"和来自国际环境的"国外总供给"两部分。

在成长演化过程中,国民经济系统在外部环境中需求因素和供给因素的共同推动下,始终进行着"生产→消费→再生产→再消费"的循环运行过程。从经济系统内部环境来看,经济系统同时在产业体系、交换体系、分配体系、科学技术、经济制度、文化教育等方面不断进行着吸纳、内化、整合的过程。在这个过程中,经济系统内外环境中的这些因素之间互动交流,共同推动了经济系统的成长和发展。在经济系统成长演化的过程中,经济系统内部的这些因素并不是各自单独地、孤立地发挥作用的,而是相互协同、相互配合共同发挥作用的,也即每两个要素之间都是相互联系、相互作用、相互影响的,它们共同组成了经济系统内部的动力关系网络。在图 7-2 中,用虚线双箭头来表示它们之间的这种相互关系。

需要说明的是,上面分析的经济系统是指开放性的系统,所以需求和供给就是影响经济系统发展的外部因素。对于封闭性经济系统来说,需求和供给这两个因素是指由经济系统内部产生的内因,在这种封闭系统中,上图实际上反映了"自给自足""自产自销"的经济运行机制。例如,一个与其他国家之间没有经济交流(主要指贸易、投资和信贷等)的国家,其经济体系就是一个封闭经济系统。封建社会时期,中国的自然村落、西欧的封建庄园以及 9 世纪中叶日本的贵族庄园实际上也属于这样的封闭经济系统。在西欧的封建庄园中,有磨坊、面包房、酿酒坊和店铺,有铁匠、金匠、银匠、木匠、鞋匠、旋工等十余种工匠,还有精神文化活动场所——教堂,每个庄园都自己生产庄园中人们所需要的食物、衣服、工具和其他货物,庄园本身就形成一个自给自足程度很高的经济单位[①]。

在图 7-2 中,我们可以清晰地看到,在影响国民经济系统发展的外部因素中,人类社会的消费需求是无止境的,而外部环境对经济系统的资源供给却是有限的,特别是自然资源,它几乎是制约一个具体经济系统发展的最大边界。当人类社会生存的生态环境遭到破坏而不能持续供给自然资源时,经济系统的发展将是不可持续的。从这里也可以得出充分保护自然环境、利用自然资源、维持自然资源的再生性对人类社会持续发展的重要意义。要使社会经济系统能够持续地发展,从经济系统的外部动力因素来看有两个途径,一是限制人类社会消费

---

① 金观涛、刘青峰:《兴盛与危机——论中国社会超稳定结构》,法律出版社 2011 年 1 月第 1 版,第 25 页。

需求的过度膨胀,二是不断开发出新的可供人类社会利用的资源。从经济系统的内部动力因素来看,至少有六个方面的途径,这就是完善产业体系、交换体系、分配体系、科学技术、经济制度和文化教育等系统的结构和功能,不断提高整个经济系统的运行效率和发展水平,从而使人类社会在现有的资源供给条件下实现经济系统的持续发展。但是要做到上面这一切,仅仅依赖经济系统自身是无法做到的,这显然需要社会系统中人文系统、经济系统和政治系统的相互协同、共同配合才能够实现。对一个具体的国家系统来说,就需要这个国家中人文、经济、政治、科学、法制和教育等系统的相互协同、共同配合才能够实现。而要实现这些子系统之间的相互协同,这显然涉及整个社会系统中公共权利的组织、交换、分配和使用的问题,其中,政治系统发挥着重要的主导作用,这实际上正是现代政治经济学需要发挥作用的地方。

2. 经济系统中需求的传导过程

在现实社会中,人们要生活就需要吃、穿、住、行,还需要恋爱、结婚、生育、抚育孩子、赡养父母等。人们为了获得所需要的生活资料,就需要就业、工作,从而获得收入(即分配到劳动成果,如工资等),然后再以自己的收入去购买所需要的各种生活资料,买回各种生活资料后再进行消费。在这个过程中,实际上包含了"需求→生产→交换→分配→消费→需求"这一循环往复的过程。对一个国家的经济系统来说,实际上也包含着这样的循环过程,但其中所涉及的因素众多、过程更为复杂。下面简单分析一下经济系统中需求的传导过程。

在一个社会中,经济系统发展的原始动力来自人类的需求,这种需求首先作用于产业体系(如企业),再传递到交换体系(如市场),经过分配体系(如税收、财政)的多次分配后,然后传递到消费体系(具体表现为人们的产品消费行为),从而实现社会大生产的一次完整循环。在这一过程中,随着社会的科学技术不断增加和进步,社会的经济制度也在不断更新和发展,与此同时,社会的文化教育也在不断完善和提高。在社会大生产的循环过程中,人类的消费种类和消费层次也在不断增加和提高,并且随着人类社会的不断进步而由低层次向高层次发展,而发展后的人类消费需求又拉动社会生产活动向更高层次发展。

因此,人类需求对国民经济系统的作用过程实际上是一个动态过程,这个过程可以通过如下两条链来分析:

A. 表层链:人类需求-产业体系-交换体系-分配体系-消费体系
B. 深层链:人类需求-科学技术-经济制度-文化教育-消费体系

如用以上八个因素作为八个维度来描述需求对经济系统的作用过程,则可以分别画出人类需求作用过程图(见图7-3)和人类需求传导演化图(见图7-4)。在图中,八个维度分别是:① 人类需求;② 产业体系;③ 科学技术;④ 交换体系;⑤ 经济制度;⑥ 分配体系;⑦ 文化教育;⑧ 消费体系。

从经济系统的表层来看,A链中需求的作用过程形成一个循环,即图7-3中的实线大圆。

这个过程可以描述为:人类需求→产业体系发展→交换体系发展→分配体系发展→消费体系发展→社会发展,而社会的发展又推动了人类需

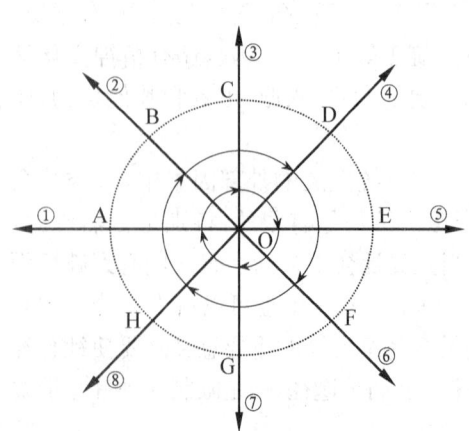

图7-3 经济系统中人类需求作用过程图

求的发展。这个过程是一个循环往复的过程。

从经济系统的深层来看,B 链中需求的作用过程也形成了一个循环,即图 7-3 中的实线小圆。

这个过程可以描述为:人类需求→科学技术进步→经济制度改善→文化教育提高→社会发展,而社会的发展又推动了人类需求的发展。这个过程也是一个循环往复的过程。

在需求作用和传递过程中,产业体系、交换体系、分配体系、消费体系之间是相互联系、相互作用、相互影响的,其中每一个体系的成长演化都伴随着人类社会在科学技术、经济制度和文化教育这三个方面的发展和进步;科学技术、经济制度和

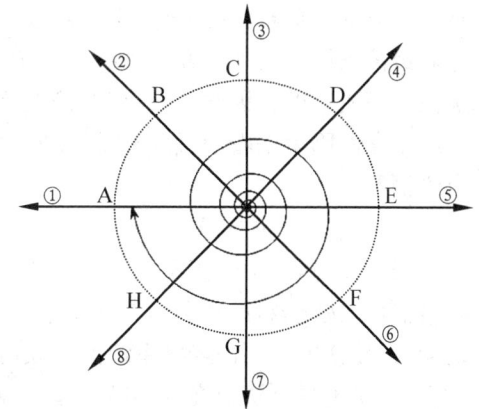

图 7-4　经济系统中人类需求传导演化图

文化教育的发展和进步推动产业体系、交换体系、分配体系、消费体系的成长演化,而产业体系、交换体系、分配体系、消费体系的成长演化反过来又促进了科学技术、经济制度和文化教育的发展和进步,这个过程是一个循环往复的过程。所以,实际上 A 线和 B 线是相互交织在一起共同演化的。

从历史的长时段来看,一个社会的产业体系、交换体系、分配体系、消费体系是不断成长演化的,同时,人类社会在科学技术、经济制度和文化教育等方面也是不断发展进步的,人类社会的需求也是不断丰富和提高的。所以,从动态的角度来看,人类社会在以上八个维度上是不断向外扩展的。我们不难发现,在需求作用和传递过程中,随着时间的推移,人类社会在产业体系、交换体系、分配体系、消费体系这四个方面的演化轨迹实际上是一条逐渐扩展的螺旋线。与此同时,人类社会在科学技术、经济制度和文化教育等方面进步成长的轨迹也是一条逐渐扩展的螺旋线。在人类社会的发展过程中,这两条螺旋线实际上是交织缠绕在一起的(见图 7-4)。从长期来看,人类社会需求的演化轨迹也是一条逐渐扩展的螺旋线。

在国民经济系统中,经济体系的演化包含着产业体系、市场体系、分配体系、消费体系的共同演化。第五章的分析表明,产业系统的演化过程是一个螺旋循环过程,而国民经济系统的演化过程实际上是个超级螺旋循环过程。也就是说,在国民经济系统的演化过程中包含着众多的产业系统螺旋循环、市场系统螺旋循环、分配系统螺旋循环和消费系统螺旋循环,即在一个大螺旋循环过程中包含着小螺旋循环过程,而在小螺旋循环过程中又包含着微小螺旋循环过程。由此可以看到,影响国民经济系统演化的因素实际上是一个多种类、多层次、多结构而又错综交织的复杂巨系统。

在国民经济系统的运行过程中,其中的产业体系、市场体系、分配体系、消费体系、科学技术、经济制度和文化教育等因素之间实际上是相互联系、相互作用、相互影响、相互制约的,每一个因素都是在与其他因素的影响和制约中发挥作用的,其中任何一个因素的变化都会在不同程度上引起其他因素的变化。例如,人类在电子微观知识方面的新发现,导致电子计算机和互联网新技术的诞生,而电子计算机和互联网技术的应用和普及又促使社会分工与专业化的深入发展,进而引起产业、市场、分配、消费、制度、文化、教育等各方面不同程度的变化。当然,一个国家的经济系统在成长演化过程中往往是非均衡的,即在经济系统发展的不同阶段,这些因素的相对地位并不是固定不变的,而是经常处于交叉变换中。例如,在

某一个时期,科学技术的进步主导着经济系统的发展,而在另一个时期,文化教育的繁荣主导着经济系统的发展。经济系统发展中的这种非均衡性,一般是由一个国家中政治系统的决策次序决定的。因此,在研究经济发展问题时,必须以动态的视角进行分析,从影响经济系统演化的因素来看,我们至少需要同时注意这八个方面的问题,而不是仅仅关注其中的某个方面。

3. 经济系统中市场和政府的作用

我们知道,一个经济系统一般包括社会生产、产业体系、市场体系、分配体系、科学技术、经济制度、文化教育、社会消费等要素。其中,市场体系的主要功能是实现各种资源的自由交换,以促使整个国民经济系统的高效运转;分配体系的主要功能则是实现各种资源的合理配置,以实现各种资源在社会经济体系各层次、各系统的统筹分配,并最终达到社会各部门、各阶层收入的和谐公平。从国民经济系统运行的整体性、关联性和协同性来看,市场体系和分配体系是否发达与完善同样会影响一国经济系统的健康发展。

关于市场在优化资源配置、提高经济运行效率等方面的重要作用,自亚当·斯密以来的自由主义经济学家都进行了广泛而深入的论述。自从20世纪30年代发生世界经济危机之后,经济学家们对市场失灵现象的认识也不断深入,以凯恩斯主义经济学为代表的国家干预经济的思想由此引起了各国政府的广泛重视。但是,自20世纪70年代以来西方各主要资本主义国家的经济实践表明,政府对经济过度干预同样会影响经济的健康发展,在经济系统运行过程中所产生的一些问题(如国家经济运行中出现的经济停滞、大量失业和物价上涨同时并存的情况),即使通过政策干预也是无效或低效的,由此经济学家们发现在经济运行中也存在政府失灵的问题。从本书所提出的整体思想和理论框架来看,这主要是由于经济学理论的孤立性、片面化和不完善所导致的结果。

从本书提出的经济系统整体结构来看,任何一个国家如要使本国的经济系统健康成长、持续发展,都需要从经济系统的整体进行调控,根据本国的国情进行统筹兼顾、制定差异化的发展战略,既要重视产业体系、市场体系的建设,也要重视分配体系、消费体系的完善,同时也不可忽视本国在科学技术、经济制度和文化教育这三个方面的协同配套。在经济系统运行中,既要重视市场体系的交换功能,同时也不能忽视政府部门通过分配体系合理配置资源的功能。

在自由市场机制中,由于企业之间的相互竞争,势能强的企业将会战胜势能弱的企业,这既会使一些竞争力强的企业占据更多的市场份额、获得更多利润,也会导致一些竞争力弱的企业丧失市场份额,陷入亏损状态甚至破产,这就是市场的优胜劣汰机制。从分配这个环节来看,优势企业与劣势企业之间就会自然出现收入分配差异,这种差异无论对企业的投资者(资本家阶层)、经理阶层来说,还是对企业的技术阶层、普通工薪阶层来说都会产生。如果没有其他社会制度(如最低工资制度、失业救济制度、收入再分配制度等)的保障和调节,这种分配差距经过经济系统循环运行的累积后就会不断拉大,最终就会导致贫富悬殊、收入两极化的结果。在国民经济系统中,由于各种产业的不均衡发展,市场机制的这种分配效应也表现在不同产业的收入分配格局中。对一些经济制度(特别是收入再分配制度)不够健全和完善的经济系统来说,社会各阶层收入不均、贫富悬殊问题就会更加突出。人们看到,几乎在所有引入市场经济的国家中,贫富悬殊、收入两极化都是一个严重的社会问题。在中国古代社会中,尽管市场经济并不发达,但也出现过类似的贫富悬殊、收入两极化的问题,其中的更多原因表现为官僚贵族阶层和地主阶层对土地资源的不断兼并和集中化,社会贫富悬殊的结果最终导致无法生存的贫民掀起了暴力革命。社会贫富悬殊、收入两极化问题如果不能被很好地解决,它将会变成影响一个社会长治久安的社会问题。所以,任何一个国家有责任的政府都有必要建立健全本国的法律制度(特别是收入再分配制度),并根据实际情况对这些制度进行动态调整控制,最大限度地消除收入不均、贫富悬殊问题,从而建立一个更加公平、公正与和谐的社会。

总之,对于经济系统中市场和政府的关系问题,本书认为它们之间并不是互相对立、非此即彼的关系,而是各有功能、相互补充、相互协同的关系。在经济系统运行中,既要重视市场体系的交换功能,让市场这只"看不见的手"发挥其应有的作用,同时也要重视分配体系的调节功能,让政府这只"看得见的手"发挥其应有的作用。只有做到市场与政府的有机协调,才能够避免经济运行中出现市场失灵或政府失灵的现象。

四、宏观经济中的分配

在国家系统内部,宏观层面的分配活动分为国民经济系统内部的分配和国家系统内部的分配两个层次。国民经济系统内部的分配主要包括各类资源在产业体系、交换体系、分配体系、科学技术、经济制度和文化教育等经济系统各子系统之间的分配。国家系统内部的分配主要包括各类资源在人文系统、经济系统、政治系统、科学系统、法制系统和教育系统等国家系统各子系统之间的分配。

在一个具体国家的内部,个人产品的分配活动一般是通过经济系统中交换体系的市场组织来实施的;经济系统内部的公共产品,其分配活动一般是通过经济系统中分配体系的分配组织来实施的;而经济系统外部的公共产品,其分配活动一般是通过政治系统中的政权组织来实施的;对于混合产品的分配,一般可以通过市场机制与政府调控相结合的方式进行分配。在公共产品分配方面,能否做到统筹兼顾、科学合理、效率最优,这直接关系到一国整体能否持续、稳定、健康地发展。世界各国的经济实践证明,无论是实行高度市场经济,还是实行高度计划经济,都是不利于一国经济长期、稳定、健康发展的。

1. 国民经济系统内部的分配

为更加直观,我们需要结合前文中的国民经济系统运行的一般结构图(即图7-1)来进行分析。一个完整的经济系统至少应包括生产体系(包括人口生产、精神生产和物质生产)、产业体系、交换体系、分配体系、消费体系、科学技术、经济制度、文化教育等因素。通过第五章的分析我们知道,在物质产品生产活动中,个人产品是由企业来生产的,一般通过市场交换活动进行分配,公共产品是由政府部门来组织生产的,一般通过财政支出或行政手段来进行分配。有关个人产品的分配问题,已经在第四章和第五章中作过分析,这里不再重复。这里简单探讨一下公共产品的分配问题。

在一国的经济系统内部,科学技术、经济制度、文化教育等因素基本上都属于公共产品的范围,而分配体系中的税务组织、财政组织和金融监管组织实际上是一个国家政权组织的具体职能机构。所以,在经济系统内部,公共产品的分配主要包括科学技术、经济制度、文化教育等因素在产业体系、交换体系、分配体系和消费体系等方面的分配。例如,公共产品在分配体系自身建设中的分配活动就包括在税务系统、财政系统和金融监管系统等方面的科技投入、制度构建、文化教育投入等。这实际上涉及一个国家的人力、物力、财力、知识、技术、制度、教育等资源,在经济系统内生产、交换、分配和消费等各个环节的合理配置问题,同时也涉及这些资源在经济系统内的科学技术、经济制度、文化教育这三个方面的投入问题。

一个国家政府部门的分配组织对其经济系统的分配活动,包括对产业资源的分配、公共产品的投资和产业税收的调节等内容。例如,政府将原来被少数企业所垄断的资源(如土地、矿藏、特许经营权等)重新分配给更多的企业,这就是对产业资源的再分配活动。当政府将财政收入中的一部分资金拿出来用于提供公共产品(如进行交通、能源和通讯等基础设施建设)时,这就是对公共产品的再投资活动。当政府为了扶持或鼓励某些产业(或行业)的发展,常会对这些产业(或行业)实行减免税收或者财政补贴的政策措施,这就是对产业税收进行再调节的活动。从分配的角度来看,政府的这些行为实际上都属于再次分配的范畴。当政府将财政收入中的一部分资金拿出来用于救济因天灾、失业、疾病而生活困难的公民或者提高低收入群体的收入时,政府的这种分配行为主要是针对公民个人的再次分配活动,这也是以往经济学中经常强调的收入再分配问题。一些经济学者常常将再分配的研究范围仅限定在公民个人收入再分配这个层次上,从以上的简要分析来看,这种研究视野显然是比较狭隘的。因为这种研究视野往往忽视了不同层次、不同系统以及不同主体之间广泛存在的交换与分配的内在联系和相互影响,他们由此所提出的政策措施就难免会陷入片面化、顾此失彼、相互抵触的困境中。

在国民经济系统的运行过程中,从经济系统的表层因素来看,经济系统中的分配活动体现为外部环境对产业体系、交换体系和分配体系等子系统在不同层次的供给和配置;从经济系统的深层因素来看,实际上表现为经济系统中的不同子系统在科学技术、经济制度和文化教育等方面的吸纳、融合、应用和创新的动态过程。

2. 国家系统内部的分配

在一个国家的发展过程中,国家系统中的分配活动可以分为两个方面,一方面是政府分配部门对国家总收入在人文系统、经济系统、政治系统、科学系统、法制系统和教育系统等国家子系统在不同层次的分配,另一方面也包括政府分配部门对科学技术、法律制度、文化教育(主要是人文知识和专业教育)等公共产品在国家系统内部各子系统的合理配置。

为更加直观,这里需要结合第八章的国家与社会系统运行的一般结构图(即图 8-1)来进行分析。在现代社会,一个完整的国家系统至少应包括自然环境、人文系统、经济系统、政治系统、科学系统、法制系统、教育系统等因素。其中,自然环境为人类社会提供了生存空间和各种自然资源;人文系统为社会提供了基本的人力资源,同时进行精神产品中人文知识的生产;经济系统进行物质产品的生产、交换、分配和消费;政治系统为社会提供公共服务、公共产品以及社会公共权利的组织、交换、分配和使用等;科学系统进行精神产品中自然知识和社会知识的生产;法制系统主要进行各类、各层次法律制度的制定和监督执行;教育系统主要进行各类、各层次专业人才的文化教育和培养。

在一个具体的国家系统中,人口生产活动是由人文系统中的家庭组织来完成的,而专业人才的培养是由教育系统中的各类学校来完成的;精神生产活动主要是由人文系统、科学系统、法制系统、教育系统等共同来完成的;物质生产活动主要是由经济系统完成的;而公共服务、公共产品和公共权利主要是由政治系统组织完成的。无论是物质产品还是精神产品,都可以按照一定的标准把它们分为个人产品、公共产品和混合产品（就是既含有个人产品的成分，又具有公共产品的成分）三种类型。一般来说，个人产品可以通过市场交换的方式进行分配，公共产品则通过政府财政支出或行政手段来进行分配，而混合产品可以通过市场机制与政府调控相结合的方式进行分配。

在一个国家系统的内部，个人产品的生产、交换、分配和消费等活动可以划入经济系统范围内。而公共产品的分配活动主要包括人文知识（特别是价值观念、精神信仰和伦理道德）、科学知识（包括自然科学知识和社会科学知识）、法律制度、专业教育等因素在自然环境、人文系统、经济系统、政治系统等方面的分配。例如，公共产品在经济系统自身建设中的分配活动就包括在经济人文（主要包括人文精神、经济信仰、经济伦理等）、经济科学、经济法律、经济教育等方面的系统投入。这实际上涉及一个国家的人力、物力、财力、知识、技术、制度、教育等资源，在国家系统内自然环境、人文系统、经济系统、政治系统、科学系统、法制系统、教育系统等各部分之间的合理配置问题。

在一个具体国家的内部，经济系统内部的公共产品，其分配活动一般是通过经济系统中分配体系的分配组织来实施的；而经济系统外部的公共产品，其分配活动一般是通过政治系统中的政权组织来实施的。在公共产品分配方面，能否做到统筹兼顾、科学合理、效率最优，这直接关系到一个国家整体能否持续、稳定、健康地发展。如果分配结果比较科学合理，国家系统的整体结构就会比较匀称，国家的基本功能就会比较健全；如果分配结果不合理，国家系统的整体结构就会比例失调，国家的基本功能就会残缺不全。在人类社会中，我们通常看到的国家形象往往是：国家政权组织中的官僚体系在不断膨胀，他们因占用了大量社会资源而变得异常"肥硕臃肿"，而科学研究组织和文化教育组织等这些本应该投入更多资源的组织机构却因为缺乏营养而发育不良，与物质生产体系的"血肉丰满"相比，精神生产体系经常显得"骨瘦如柴"！这是一个组织器官比例失调、结构畸形、面貌丑陋的巨型怪物，它实际上就是病态社会的漫画像！

在经济学领域，由于经济学与社会学①长期脱节，导致经济学的片面化发展，进而又造成人们在经济实践活动中长期忽视经济因素与人文因素之间的联系。在各种片面化经济学的指导下，专家们制定的各种经济社会政策往往顾此失彼、相互矛盾，结果导致社会结构的畸形成长和社会协同机制的失调；由利润导向造成市场机制过度发达、消费主义泛滥和拜金主义盛行，进而造成整个社会人文系统中人文精神的衰落、精神信仰的物化和社会道德的溃败，这一切不但加剧了人类对自然环境的破坏，同时也污染了社会环境，造成社会对人本身的扭曲和异化。经济系统中的物质生产活动原本是为人类生活得更好服务的，但在当代社会中它却走向了反面（例如中国的"地沟油"②生产活动），这一点不能不引起各国经济学家、社会学家和政府部门的注意和重视。也正是在这个意义上，建立在"经济人"假设基础上的传统经济学才需要深刻反省，并有必要进行全面重建！

---

① 在本书的社会结构框架（见图 3-2）下，社会学至少应该包括人文社会学、经济社会学、政治社会学、科学社会学、法律社会学、教育社会学等分支学科。

② 地沟油，是一种将城市下水道中的油腻漂浮物或者将饭馆的泔水、剩菜经过过滤、加热、沉淀、分离等简单加工后提炼出的劣质油，其中含有砷、铅、黄曲霉素、苯并芘、细菌等多种能够导致人体致病、致癌的毒性物质。人食用这种油以后，一般会造成消化不良、腹泻、腹痛、胃癌和肠癌等疾病。但是，中国大陆一些不法商贩受利益驱动生产加工地沟油，并作为食用油低价销售以谋利，从而对人们的身体健康造成极大伤害。2010 年 3 月，一些企业制售的地沟油重返餐桌的事件经媒体曝光后，才引起中国各级政府的积极管治和严厉打击。

3. 资源分配的不同体制及社会实践的历史选择

关于资源分配方式问题,是不同流派和不同观点的经济学家们长期争论不休的一个主题。人们对资源分配方式问题的认识,经历了一个较长的历史过程。只有通过对人类实践历史的理性分析,我们才能剔除谬误、理清思想、化解分歧,从而提升对这一问题的认识水平。

下面分别从资本主义国家市场经济体制和社会主义国家计划经济体制两个方面,简单回顾一下人类在资源分配方式、社会体制方面的实践历史及选择情况。

在资本主义社会历史上,市场经济制度大体经历了自由放任市场经济和现代市场经济这两个大的发展阶段。自由放任市场经济体制形成于17世纪中叶到18世纪中叶,鼎盛于18世纪中叶到19世纪中叶,它是西欧早期资本主义国家从农业时代向工业时代转变过程中逐步建立的一种资源配置制度,其基本原则是:由市场机制自发调节资源配置;政府不干预市场经济运行。亚当·斯密在《道德情操论》(1759)和《国富论》(1776)两部著作中对这两条基本原则作了经典论述。[1]在亚当·斯密之后,自由主义市场经济理论经过马歇尔、瓦尔拉斯和帕累托等经济学家的发展而不断完善,他们认为资本主义市场经济是具备自我均衡机制的完善体系,市场机制本身足以保证经济的长期均衡运行,他们强调市场这只"看不见的手"能够自行调节资源的最佳配置,而不需要任何外来干预[2]。自由放任市场经济制度适应了工业革命的需要,极大地推动了当时资本主义各国社会化大生产和商品经济的发展。18世纪60年代至19世纪30年代,英国率先完成了工业技术革命,实现了社会化机器大生产;随后,欧美等主要资本主义国家都相继完成了工业技术革命;亚洲的日本也在1867年明治维新之后,迅速完成了资本主义工业化。但到19世纪中叶之后,自由放任市场经济制度的弊端逐渐暴露出来,市场调节机制失灵以及不断爆发的周期性经济危机等,严重制约了资本主义经济的顺利发展。到19世纪末20世纪初,改革自由放任市场经济体制已成为当时西方各国促进经济发展的必然选择。1929年爆发的世界性经济危机,为变革资本主义自由放任市场经济体制提供了契机。1933年,美国政府出台"罗斯福新政",对宏观经济活动进行适度调控,这首次冲击了自由放任市场经济旧体制。[3]

1929年爆发的世界性经济危机,使自由主义市场经济理论的解释力陷入困境。在这一背景下,资本主义世界诞生了国家干预经济的有关理论。国家干预经济理论的主要代表是英国经济学家凯恩斯于1936年出版的《就业、利息和货币通论》一书。凯恩斯在这部书中指出,有效需求不足使资本主义经济不能自动实现供需均衡,为解决这一问题,他主张放弃经济自由主义,代之以国家干预经济的方针和政策;国家干预经济的手段包括实行财政政策和货币政策,通过收入分配政策刺激有效需求,通过扩大公共消费和公共投资支出来促进经济增长;他认为只有依靠政府对经济的全面干预,资本主义国家才能摆脱经济萧条和失业问题。凯恩斯理论指出市场机制存在缺陷、政府干预经济的必要性,使人们对市场经济运行规律有了更深的认识。凯恩斯的政府干预经济运行的思想,在西方资本主义世界发挥了广泛影响。此后,资本主义各国政府开始主动参与调控经济运行过程,现代市场经济体制由此应运而生。第二次世界大战结束后,西方资本主义各国几乎都按照现代市场经济制度的要求,

---

[1] 顾海良:《市场经济历史发展的阶段性》,《中国特色社会主义研究》1995年第1期。
[2] 苏东水主编:《产业经济学》,高等教育出版社2000年2月第一版,第224页。
[3] 顾海良:《市场经济历史发展的阶段性》,《中国特色社会主义研究》1995年第1期。

构筑了本国市场经济体制的新模式。自1945年以来的七十多年间,世界各国经济都发生了很大变化。一般来说,欧洲和北美绝大多数国家以及亚洲的日本,已经步入成熟的资本主义市场经济阶段;而亚洲、非洲和拉丁美洲的绝大多数发展中国家则依然处于由传统农业经济阶段向现代市场经济阶段过渡中。

市场经济制度从自由放任市场经济制度向现代市场经济制度过渡,这是社会化大生产和商品经济高度发展的内在要求,也是人类社会经济制度不断进步的必然结果。在现代市场经济制度中,现代企业被确立为市场主体,市场机制在资源配置中仍然发挥着重要的基础性作用,同时国家调控经济的职能也日臻完善。国家调控经济的职能包括:根据市场经济运行的实际需要,实施财政政策、货币政策、产业政策和收入分配政策;根据市场体系发展的需要,制定相应的市场运行规则,监督市场运行秩序,维护市场公平竞争,保护消费者权益;根据社会经济发展的实际需要,建立和完善社会保障体系;建立健全相应的法律法规,维护市场经济的顺畅运行等。[1]

在苏联和一些东欧社会主义国家以及1978年之前的中国,在国家经济系统的所有领域几乎都实行由政府计划安排的资源配置方式。19世纪40年代,基于对资本主义社会基本矛盾和当时社会经济结构的关注和透视,马克思和恩格斯提出了社会主义计划经济的最初设想;列宁(Lenin,1870—1924)继承了马克思和恩格斯关于计划经济的思想,并于1918—1924年在苏联的国家建设中付诸了实践;斯大林(Joseph Vissarionovich Stalin,1878—1953)从1926年开始在苏联逐步建立了集中计划经济模式,这种模式的核心内容是把全国各种生产和交换活动纳入统一的计划体系,通过国家计划来解决资源配置、收入分配以及个人消费等问题,其典型特征是排斥市场机制对经济的调节作用,具有高度的社会经济政治统一性;这种经济模式在1945年后传播到波兰、匈牙利、捷克斯洛伐克等东欧社会主义各国,之后又传到中国[2];斯大林于1952年出版的《苏联社会主义经济问题》一书和苏联科学院于1954年出版的《政治经济学教科书》就是对这种模式的理论总结。英国经济学家和政治哲学家哈耶克(Friedrich August Hayek,1899—1992)早在1944年出版的《通往奴役之路》一书中,就对计划经济模式的种种弊端给予言辞激烈的批驳,但当时他的警告却未对苏联及东欧一些国家的计划经济实践产生实质影响,而这些国家甚至在一段时期内还取得了经济上的辉煌成就。但是,由于这种集中计划经济模式本身所固有的高度集权、信息滞后、机制僵化等弊端,造成了大量决策失误、资源浪费、效率低下等问题,计划手段调控失灵导致国民经济结构严重失衡,改革失败又引发各种社会矛盾集中爆发,最终导致1989—1991年间苏联及东欧各国发生了连锁崩溃[3]。

1949年中华人民共和国成立前,中国大陆地区是一个典型的传统农业经济地区,到1949年时,工业总产值在工农业总产值中所占的比重为30%,其中,重工业的比重为7.9%,国民经济呈现出二元结构特征[4]。1949年后,新中国在短短三年内迅速治愈战争创伤,恢复了社会生产活动,并在政府推动下从1953年开始走上计划经济的道路。当时,中国的计划经济模式具有典型的"金字塔式等级制"特点,在这种高度集权的计划经济体制下,长期投资

---

[1] 顾海良:《市场经济历史发展的阶段性》,《中国特色社会主义研究》1995年第1期。
[2] 欧阳北松:《对计划经济从理论到实践过程的再反思》,《社会科学战线》2005年第1期。
[3] 欧阳北松:《对计划经济从理论到实践过程的再反思》,《社会科学战线》2005年第1期。
[4] 刘志广:《中国经济结构理论研究述评》,《上海行政学院学报》2003年第3期,第123页。

决策由国家计委作出,短期投资决策者和执行者是各级政府,但一般不会是企业;企业不能有自有的资本性资金,在一些极端的情况下,企业甚至不能独立地建一座公共厕所[①]。这种僵化的计划经济体制,严重束缚了企业的活力,同时也造成整个社会商品供给的不足和长期短缺。

1978年12月中共十一届三中全会之后,中国政府对源于苏联的集中计划经济模式进行了一系列改革;1984年,中共十二届三中全会提出发展有计划的商品经济的战略;1992年,中共第十四次全国代表大会提出建立社会主义市场经济体制的目标。自1978年以来,经过四十余年的不断改革,中国已基本上建立了市场经济体系,步入了市场经济国家行列。与中国改革开放大约同时,苏联和东欧诸国也在20世纪80年代进行了各具特色的经济改革,到80年代末90年代初,这些国家相继完成了从计划经济国家向市场经济国家的转型。

通过以上对历史事实的简单描述,我们可以看到,世界资本主义各国从自由放任市场经济走向政府干预调控经济的道路,而一些社会主义国家却从政府计划调控经济转向市场调控经济的道路,资本主义国家与社会主义国家尽管社会经济起点、社会制度和发展道路相差悬殊,但从调节经济运行的方式和配置经济资源的手段来看,两者却在某种程度上实现了殊途同归。从世界各国的经济实践来看,无论是实行高度市场经济,还是实行高度计划经济,都是不利于一国经济长期、稳定、健康发展的。当前,世界各国调节经济运行的方式和配置经济资源的手段,其实都是市场经济与计划经济之间不同比例的混合。

五、产业结构演变趋势及其调节

分析影响产业结构演变的因素有助于我们把握产业结构变动的内在规律,从而有利于人们制定科学的产业结构政策,通过实施这些产业政策来调整产业结构,以促进产业结构不断合理化。当掌握了影响产业结构演变的关键因素以后,我们就可以根据这些关键因素有效调整和不断优化产业结构,从而促进经济系统的健康发展。

1. 影响产业结构演变的主要因素

影响产业结构演变的关键因素有哪些呢?

从第四章的企业外部环境系统层次图(即图4-2)中可以看到,产业系统的外部环境由内而外依次环绕着经济系统、国家系统、社会系统(国际系统)和自然系统,在国家系统中,与经济系统并存的系统至少包括人文、政治、科学、法制和教育等系统。存在于外部环境的这些系统,或多或少、或直接或间接地都会对产业系统的成长演化发生一定的影响。对一个国家具体的产业而言,就影响的直接性和强度来说,来自经济系统内部的因素是最直接和最强烈的。因此,要找到影响产业结构演变的关键因素,我们需要将关注点集中于一个国家的经济系统内部。但是,这样做并不意味着影响产业结构演变的关键因素只来自经济系统内部,一些来自经济系统外部的因素也不容忽视。例如,政治因素对经济系统常常具有非常重要的作用,这些作用会直接影响到产业系统的结构演变。

---

① 贺晓东:《经济结构与整体主义》,经济日报出版社1991年9月第一版,第129—130页。

下面从经济系统内部着眼,来对影响产业结构演变的主要因素进行考察和探讨。

从第五章产业发展动力因素关系图(即图 5-3)中可以清楚地看到,影响产业发展的一般性外部因素包括需求和供给,具体的内部因素包括企业、资源、市场、知识、制度和技术等。

(1) 需求因素

从人类生产活动的最终目的来看,生产活动首先是为满足个人生活消费服务的,为了更有效率地生产出供个人生活消费的产品,人类社会又必须进行为满足生产性消费服务的生产活动(如机器的生产)。所以,从消费的角度来看,人类社会的产品可以分为生活消费资料和生产消费资料这两大类,与此相对应的消费需求就是生活消费需求和生产消费需求。在现实的家庭中,生活消费活动最终是由具体的个人完成的,因此,可以把生活消费需求称为"个人消费需求"。在现实的产业中,生产消费活动最终是由具体的企业组织完成的,因此,可以把生产消费需求称为"企业消费需求"。所以,影响产业发展的外部需求因素就包括个人消费需求和企业消费需求这两大类基本需求。

在产业需求结构中,个人消费需求结构的变化首先影响了企业消费需求结构的变化,企业消费需求结构的变化又引起具体行业消费需求结构的变化,许多相关行业消费需求结构的变化又引起具体产业消费需求结构的变化,而企业、行业和产业这三个层次消费需求结构的变化又引起相应层次资源要素供给结构的变化,资源要素供给结构的变化导致产业内各种要素相对数量的此消彼长,从而导致产业组成结构的变化,而产业组成结构的变化最终决定了产业产出结构的变化。为更加简洁地表述这一系列前后连续的相关变化,我们用表 7-2 列表来说明。

表 7-2　需求、供给引起产业结构演变的内在机制表

需求层次	供给层次	资源配置	要素投入	产业结构	产出结构
↑产业需求→	↑产业供给→	政府为主,市场为辅	产业要素投入组合→	产业组成结构→	产业产出结构
↑行业需求→	↑行业供给→	市场为主,政府为辅	行业要素投入组合→	行业组成结构→	行业产出结构
↑企业需求→	↑企业供给→	市场交易配置资源	企业要素投入组合→	企业组成结构→	企业产品结构

说明:表中,"↑"表示层次的递升方向;"→"表示前一因素引起了其后因素的变化。

通过表 7-2 可以看到,个人消费结构不仅直接影响企业最终产品的生产结构和生产规模,而且间接地影响中间产品的需求结构,进而影响中间产品的行业结构和行业规模,由于行业之间的相互关联,从而会间接影响到整个产业的产业结构和产业规模。随着国民收入水平的提高,在个人消费数量扩大的同时,个人消费结构也会逐步升级,个人消费需求趋向多层次和多样化,而多层次和多样化的个人消费结构将会带动产业结构向多层次和多样化递进升级。

在产业消费需求结构中,个人消费需求与企业消费需求之间的比例是处于不断变化之中的,这两者之间的比例关系直接决定了消费资料产业与生产资料产业之间的比例关系。正是个人消费需求与企业消费需求之间的比例变化导致了消费资料产业与生产资料产业之间的此消彼长,从而推动整个产业结构的不断演化和发展。在世界各国工业化的前期,霍夫曼提出的关于产业结构演变的经验法则(即"霍夫曼定理"),就很好地解释了工业结构由消费资料产业(轻工业)占主导逐渐演变为由生产资料产业(重工业)占主导的产业结构演变

过程。

如果进一步对个人消费结构进行分析,就可以把个人消费结构分为人口数量规模和人口组成结构两个因素。一般来说,人口数量越多,个人消费需求的绝对量就越大。但是,对实际经济增长有效的个人消费需求还与人均收入水平紧密相连。例如,人口数量规模相同的两个地区,经济发达地区和经济落后地区的个人消费需求数量显然是有较大差距的。即使是对同样地区的两个人来说,由于个人收入水平的差异,也会造成他们个人消费需求的不同。所以,人均收入水平的变化对产业结构的变化具有重要影响。随着人均收入水平的提高,必然会促使个人消费需求总量的增长,而个人消费需求总量的增长又会推动产业结构不断向更高层次升级。另一方面,对任何一个国家或地区来说,人口本身的新陈代谢和人口的迁移流动,都会使该国或地区的人口组成结构发生变化(如新生人口的增加、劳动力人口的变化、人口的自然老化等),人口组成结构的变化将会引起个人消费需求结构的变化,个人消费需求结构的变化又会影响产业结构的变化,这实际上是人口经济学研究的主要内容。

(2) 供给因素

在开始生产经营活动前,企业首先必须获得外部环境供给的各种资源要素,才能够顺利进行生产。同样,一个行业或产业的成长,也必须获得外部环境供给的各种资源才能够顺利成长和发展。在投入生产经营领域的各种资源要素中,第一要素是人力,其次是自然资源(如土地、矿物、植物、动物等),其三是社会资源(如机器、商品、货币、资本、技术、制度、知识等)。从人类社会长期的历史发展过程来看,人类社会投入生产经营领域的各种资源要素体现出由简单到复杂、从有形到无形、从低级到高级的演变规律。

在古代农业社会,传统农业在一国的产业体系中处于主导地位,发展农业所需要投入的资源要素除了劳动力(农民)要素以外,主要是自然资源(如土地、植物、动物等),由于当时人类的科学技术水平很低,因此所采用的生产工具、农业技术等也比较简单和初级,人们在农业生产中投入的货币资本也很有限,就总体而言,传统农业的资源结构属于劳动及资源密集型。自1800年以来,部分西方国家的农业生产开始逐渐转向产业化,随着人类科学技术水平的提高,各种高效的生产工具和农业技术被越来越多地应用于农业生产中,这使得人们在农业生产中投入的货币资本也越来越多;随着农业领域投入货币资本数量的逐步增多,从而导致农业生产领域的资源结构从劳动及资源密集型演变成资本密集型。自19世纪中叶以来,随着生物学、化学、生理学、遗传学、昆虫学、微生物学、土壤学和气象学等自然科学的研究成果被世界不同国家逐渐应用于农业生产中,各种现代化的生产工具和农业技术也被普遍应用于农业领域,这使得人们在农业生产中投入的各种技术也越来越多;随着农业领域投入技术数量的逐步增多,从而导致农业生产领域的资源结构从资本密集型逐渐演变成技术密集型。自20世纪中叶以来,当人类社会进入信息时代以后,农业生产领域的资源结构又从技术密集型逐渐演变成知识密集型。

自18世纪工业革命以来,在英国、德国和美国等西方国家的产业体系中,工业开始逐步超越农业而处于产业体系的主导地位。关于各国工业和服务业发展过程中资源要素供给结构的变化情况,日本经济学家赤松要、英国经济学家费希尔和科林·克拉克、美国经济学家霍利斯·钱纳里等人都进行过比较深入的研究。在本章第一节有关产业结构理论的介绍中我们知道,赤松要从国际贸易的角度研究了产业在国际间转移时产业结构的演变规律,他指出一国产业结构是按照劳动及资源密集型、资本密集型和技术密集型这三个梯度依次升级的。费希尔将研究视野扩展到人类社会三大产业生产结构的变化，指出人力、物力资源依次在三次产业之间转移的现象。科林·克拉克通过分析历史统计资料，总结出劳动力在三次产业中的结构变化规律。霍利斯·钱纳里提出的"工业化阶段理论"，可以说是对"霍夫曼定理"的进一步发展与完善，他对工业化高级阶段（即发达经济阶段）的研究指出，各国工业内部主导产业的演变趋势是从资本密集型产业转向技术密集型产业，其后第三产业开始分化，智能密集型和知识密集型产业从服务业中分离出来并开始占据主导地位。这些经济学家的研究，从不同侧面反映了资源要素供给因素对产业结构变化的影响。他们的研究结论表明：人类社会三次产业内部的资源结构演变总趋势是，从劳动密集型转变为资本密集型，再从资本密集型转变为技术密集型，进而从技术密集型再转变为知识密集型，这是一个产业结构依次升级和不断高级化的过程。

有些研究者把投资或货币资本作为影响产业结构的一个独立因素来考察，也得出一些很有价值的结论。其实，从企业、行业和产业成长演化的角度来看，我们完全可以把投资或货币资本作为资源要素供给因素中的一种要素来看待。因为从资源的角度来看，货币资本是社会资源中的一种类型；而所谓的"投资"，其实就是把一定数量的货币资本投放到某一类企业、行业或产业领域的具体行为和过程。从人类社会三大产业的成长演化过程来看，除了货币诞生之前的原始农业以外，此后的人类生产经营活动投入的资源要素中都有货币资本参与，只不过在传统农业中货币资本的投入量所占比重很少，而在近现代农业中货币资本的投入量所占比重开始逐渐增多，而到工业革命以后，货币资本在产业体系的资源要素投入结构中才处于主导地位。商业是服务业中最早诞生的一个行业，而商业经营自始至终都与货币资本的使用具有密切的联系。从世界范围来看，当前大部分发展中国家的经济发展阶段仍然处于工业化阶段，因此把投资或货币资本作为影响产业结构的一个重要因素来分析依然具有一定的现实意义。

从企业、行业和产业成长演化的角度来考察，在这三个层面的投资活动都会影响产业结构的变化。一个企业家在创办一家新企业的时候，如果他有充足的创业资本，显然是有利于这家企业快速成长的。如果他缺乏充足的创业资本，那么他创办的企业只能依靠自我积累而缓步前行。在一个资本积累比较薄弱的地区，即使人们有很好的创业项目，创办企业也是一件极为艰难和充满风险的事情。这时，如果政府能够建立企业孵化基地、设立创业投资基金、给予贷款支持等，这对于扶持新办企业和新兴行业的成长都会发挥重要的推动作用。对一个新成长起来的行业而言，如果这个行业中的某些环节存在缺失或不完善，这也会影响到这个行业的正常发展。这时，如果政府能够对这些环节进行投资或者出台有关政策引导民间资本进行投资，就会消除这个行业成长中的障碍。在一个产业内部，如果加强对其中一部分行业的投资比重，将会推动这些行业比那些投资比重较少或者没有投资的行业更加快速地成长和发展，从而改变整个产业内部的产业结构。

(3) 知识因素

从人类社会生产经营活动的历史过程来看，除了原始社会以外，人类的生产经营活动中都有知识参与，只不过在传统农业中所投入的知识比较简单、比较初级，且在生产要素投入结构中所占比重很少，而在近现代农业中所投入的知识渐趋复杂、渐趋高级，且所占比重逐渐增多，到工业革命以后，知识在产业体系的资源要素投入结构中更加复杂化、多元化、高级化，且所占比重更多，到后工业化时期特别是知识经济时代，科学知识与专业技术紧密结合，并在产业体系的资源要素投入结构中逐渐处于主导地位。

在原始社会,人类的生产活动主要是采集和狩猎活动,为了生存,人们只是被动地从原始丛林中采集野果嫩叶、捕捉鱼兽为生,这时的人类还谈不上进行主动的物质生产活动。当人类发明农业以后,人类才开始主动从事植物种植、动物驯养等物质产品生产活动,随着人类积累的各种知识逐渐丰富,人们不断发明出各种各样的劳动工具和生产技术,这些劳动工具和生产技术的使用又反过来提升了人们对自然世界和生产活动的认识水平,正是在这样一个互相促进的过程中,人类的知识生产活动开始成为人类的主动行为并逐渐发展起来,于是,人类社会生产的各种知识由此开始逐渐丰富起来。当人类把生产中积累的各种知识作为生产要素投入社会生产活动中后,各种知识因素融入物质产品中,从而使物质产品中所含的知识因素越来越多。现代高科技产品中往往包含着大量的知识和技术,它们与物质材料紧密结合,形成了产品的结构和功能。例如,现代人常用的计算机产品就很有代表性,它既有塑料、金属等物质材料,也有软件程序、微电子集成芯片等知识和技术;物质材料与知识因素、硬件技术与软件技术,它们紧密联系、有机结合共同形成了计算机的结构和功能。如果人们比较一下古代机器与现代机器,就会轻易地发现:古代的机器构造很简单,其中所蕴含的知识和技术比较少,而现代的机器构造异常复杂,其中所蕴含的知识和技术也很多。例如,古代的马车一般只有二三十个构件,结构简单,制造容易;而现代的汽车有三万多个零部件,不但结构复杂、功能多样,而且设计制造时涉及数学、物理、化学、材料、机械、工艺等众多学科的知识和一系列复杂的现代技术。

当前,人类社会已经进入知识经济时代,由于科学技术高度发达,社会生产力空前发展,信息技术与互联网的广泛应用,使各种科学知识和现代技术广泛渗透于人类社会的所有产业领域中,这极大地提高了社会生产率,从而使从事第一产业和第二产业的人数逐渐下降到占社会总就业人数的较少比例,更多人将逐渐转向第三产业和第四产业从事现代服务业或信息业。与此相对应,第一产业和第二产业在整个国民生产总值中的比重也将逐渐下降,而第三产业和第四产业所占的比重将会逐渐上升。在这一发展趋势下,一个国家的科学系统(或科研体系)在整个社会生产中将会发挥越来越重要的作用,它们一般承担着最新科学知识的研究和生产功能。

(4) 制度因素

为了实现一定的经济发展目标,不同国家的政府常常会制定实施一些产业发展战略和产业政策,通过鼓励或限制某些产业发展的办法,来促进本国经济系统中产业结构的优化和升级。政府还可以通过实施包括资源配置制度、财政政策、货币政策、分配政策、产业管制等手段来调整本国的产业结构和国民收入分配。这里所涉及的资源配置制度(如市场经济制度或计划经济制度)、财政政策、货币政策、分配政策、产业政策等,都属于广义的制度范畴。

从产业系统的内外环境来看,我们可以把影响产业结构的制度因素分为产业内部制度因素和产业外部制度因素两大类因素。从产业投入产出运行的角度来看,我们可以把影响产业结构的制度分为资源制度、企业制度和市场制度三个方面的制度;从纵向的系统层次来看,我们又可以把这三个方面的制度分为企业、行业和产业三个层次。从纵向系统的更高层次来看,制度因素还可以分为经济系统、国家系统、社会系统(国际系统)和自然生态系统(属于自然系统的一部分)等层次。随着国际贸易的发展和世界市场的形成,世界各国的经济系统实际上都已融入全球经济体系中。因此,这些不同层次的制度因素之间相互联系、相互作用、相互影响,从而形成了一个结构复杂的制度网络体系。

不同种类的制度因素,对不同类型产业的产业结构影响程度不同。例如,对于铁矿场等资源类产业来说,资源制度会直接影响这些产业的产业结构变动。对于依赖国际贸易的产业来说,市场制度(如国际贸易政策)会直接影响这些产业的产业结构变动。不同层次的制度因素,对同一产业的产业结构影响程度不同。例如,对于一国内部某一个具体的产业来说,与该国的法律制度相比,来自经济系统的产业政策一般会更加直接地影响该产业的产业结构变动。

正因为制度因素种类众多、层次丰富,它们对产业结构的作用机制和影响程度各不相同,所以,在探讨制度因素对产业结构的影响时,我们有必要对这些制度因素进行认真分类。以往的一些制度经济学论著,在分析研究经济问题时,往往不分层次、不分种类、不分性质地论述制度因素对经济发展的影响,这种做法是很不科学的,这样不但容易引起叙述的混乱,而且容易陷入认识的误区。

资本主义国家实行的市场经济制度与一些社会主义国家实行的计划经济制度,实际上是国家系统这一层次上的资源配置制度的两种基本形式。从世界不同国家的经济实践来看,这两种资源配置制度对经济系统的不同层次发挥着互相补充的作用。从企业、行业和产业成长演化的角度来看,不同国家在这三个层次上配置资源的形式和手段有所差异,这更多体现了不同国家所实行的资源配置制度的差异。例如,一些实行市场经济制度的资本主义国家,一般在企业层次和行业层次上基本由市场交易来配置各类资源,而在产业层次或更高的经济系统层次,政府才参与一部分资源的配置活动。而在苏联等一些实行计划经济制度的社会主义国家,计划经济制度几乎涵盖经济系统中从企业、行业到产业等层次的资源配置活动,一般仅在国际系统这一层次上才进行市场交换。

(5) 技术因素

与知识因素一样,从人类社会生产经营活动的历史过程来看,除了原始社会以外,人类的生产经营活动中都有技术因素参与,只不过在传统农业中所投入的各种技术比较简单、比较初级,且在生产要素投入结构中所占比重很少,而在近现代农业中所投入的技术渐趋复杂、渐趋高级,且所占比重逐渐增多,到工业革命以后,技术在产业体系的资源要素投入结构中更加复杂化、多元化、高级化,且所占比重更多,到后工业化时期特别是知识经济时代,由各种科学知识转化而来的现代高新技术在产业体系的资源要素投入结构中逐渐处于主导地位。

在古代社会,人类对世界的认识以及将这种认识成果——知识应用于生产实践中往往是一种偶然行为,也即在古代社会科学发现和技术发明之间的联系并不紧密,它们之间的联系往往是时断时续的,所以造成古代社会技术进步速度很缓慢。自工业革命以来,科学和技术之间的联系越来越紧密,从而加快了科学知识转化为应用技术的步伐,由此也大大推动了社会生产力的迅速发展。而社会生产力的发展,一方面使得一部分人从生产领域中分化出来专门从事科学研究工作,另一方面又为科学研究提供了更新、更丰富的物质条件,从而使人类能够研究出比以往更多的科学知识。当人类把各种科学知识与社会生产活动相结合以后,各种应用技术就随之诞生了[①]。在现代社会,科学和技术是相互联系、相互作用、相互促

[①] 在现实世界中,也存在技术发明在先而相应的科学知识发现在后的例子。例如,早在17世纪末、18世纪初期人们就发明了蒸汽机,而有关蒸汽膨胀做功原理的科学知识——热力学第一定律,直到19世纪四五十年代才被人们清楚表达。

进的。古代技术的发展一般是建立在实践经验基础上的,而现代技术的发展则是建立在科学实验基础上的。自19世纪以来,人类社会的一系列重大技术发展(如电力技术、无线电技术、计算机技术、航天技术、原子能技术等),都是在科学上先取得突破,然后才转变为技术成果的。知识积累和技术进步对推动产业的成长和发展具有重要作用。可以说,人类社会每一个新兴产业的出现总是建立在新知识的发现和新技术的应用基础上的。例如,当人们掌握电力知识后,电力技术就被发明出来,当电力技术产生以后,电力工业及电器产业就随之诞生了;当人们掌握电磁波知识后,无线电技术就被发明出来,当无线电技术产生以后,无线通信产业及电视传媒产业就随之诞生了。

技术进步对产业结构的影响主要体现在对需求结构和对供给结构的影响两个方面。从需求结构方面来说,技术进步将会使企业产品的成本下降,使市场销量扩大,从而引起需求的变化;技术进步使资源消耗下降,使可替代资源增加,从而引起生产需求结构的变化;技术进步使消费品升级换代,从而引起消费需求结构的变化。从供给结构方面来说,技术进步将会产生新材料、新工艺和新生产工具,这将会大幅提高社会生产率,从而促进产业分工深化和产业经济发展;技术进步将会促使新兴产业出现,从而引起产业结构向高级化发展;技术进步能够改变国际竞争格局,从而引起一国产业结构的变化。[①]

此外,技术还通过影响具体企业和行业的生产率,进而会影响到产业结构的变化。不同行业由于技术创新和技术进步不同,由此形成不同行业之间生产率的差异。在同一时期内,生产率较高的行业能够比生产率较低的行业创造出更多的收入,从而引起不同行业之间的收入差异;而不同行业之间的这种收入差异,将会吸引劳动力、资本等生产要素从生产率较低的行业流向生产率较高的行业,从而引起产业结构的变化。从长期来看,人类社会的技术是不断创新和进步的,由于不同行业吸收、消化和应用各种新技术的能力各不相同,从而造成新技术在不同行业的扩散速度和渗透深度的差异,而这些差异将会造成不同行业增长率的差异,进而导致产业结构的长期变迁和不断升级。

(6)企业、行业和市场因素

当单个企业的规模不断扩大时,其分支机构(或业务网络)所分布的地理空间由一个城市扩展到其他城市,由一个地区扩展到其他地区,进而由一个国家扩展到其他国家,从微观层面来看,表现为企业不断从外部环境吸纳、整合、配置各种资源要素(包括人力资源、自然资源和社会资源等)的过程。随着各类企业的分工和专业化发展,必然伴随着各类专业市场的成长和发展。随着大量企业在地理空间上的规模扩张,必然会导致各类专业市场在地理空间上的同步扩展,从市场网络演化的角度来看,具体表现为各类专业市场从村镇集市发展到城市市场,从城市市场发展到地区市场,再从地区市场发展到全国市场,进而从全国市场扩展到国际市场。大量同类企业与专业市场的协同演化,从微观层面来看,表现为各种资源要素(包括人力资源、自然资源和社会资源等)的流动和动态组合,从中观层面来看,各种资源、企业和专业市场不同数量和比例的组合,就形成了具体的行业组成结构。同样,各种资源、相关行业和行业市场不同数量和比例的组合,就形成了具体的产业组成结构。从微观层面来看,如果大量人力、资本和有关技术等资源要素流入一个特定行业,从中观层面来看就表现为这个特定行业的迅速成长壮大。同样,如果大量同类企业与专业市场在地理空间上

---

① 参见杨建文、周冯琦、胡晓鹏:《产业经济学》,学林出版社2004年9月第一版,第160页。

不断扩展,从中观层面来看就表现为这个特定行业在地理空间上的规模扩张。

传统经济学中有一个重要分支学科——国际贸易学或国际经济学,主要研究不同国家之间的贸易关系及其规律。所谓"贸易"就是指交易或交换商品,其本质上反映的是一种商品交换关系。贸易一般分为两大类,即国际贸易和国内贸易。国际贸易是指在国家与国家之间进行的贸易活动。国内贸易是指在一个国家内部不同地区之间进行的贸易活动,也叫区际贸易或地区贸易。国际贸易其实是区际贸易在地理空间上的进一步外延,两者的基本原理都是一样的,从本质上来看它们体现的都是市场交换关系。从市场交换范围的大小来看,区际贸易对应的是地区市场和全国市场,而国际贸易对应的则是国际市场和全球市场。当然,由于不同国家所实行的关税政策、贸易制度不同,开展国际贸易的复杂程度一般要远远大于进行国内贸易。开展贸易活动包括两个方面,一方面是出口商品,即把本国(或本地区)的产品销售给其他国家(或地区),另一方面是进口商品,即把其他国家(或地区)的产品采购到本国(或本地区)。出口商品可以扩大本国(或本地区)产品的市场销售范围,能够有效地带动当地相关产业的生产需求,从而可以促进当地经济的发展;而进口商品可以增加本国(或本地区)商品供给的种类和数量,能够调节当地相关产业的生产结构,也可以丰富当地的消费需求。

在一个国家内部不同地区之间开展区际贸易,有利于发挥不同地区各自的独特优势,从而获得比较利益。开展区际贸易的积极作用包括:能够提高区域专业化程度;扩展社会经济的分工网络,使各地区有能力集中资源发展对本地区有利的产业;推动本地区产业结构逐步升级,促进本地区发展水平和人均收入不断提高。传统贸易理论认为,区际贸易取决于两点:一是区域之间的需求;二是区域之间的贸易障碍。如果说区域之间的需求与区际贸易成正比的话,那么区域之间的贸易障碍与区际贸易就构成了反比例关系。瑞典经济学家戈特哈德·贝蒂·俄林(Bertil Gotthard Ohlin, 1899—1979)将区域间的贸易障碍概括为"转运费用"[①],包括运输商品的进出口关税、在不同区域销售商品所遇到的各种特殊困难等。如果某种商品的转运费用高于当地生产该产品的成本,那么这个地区就不会采取贸易的方式获得该产品,而是采取自己生产的方式来满足当地的需求。因此,只有在商品转运费用小于地区间生产成本差别的情况下,才可能开展区际贸易。[②]

通过第五章对行业和产业的定义来看,市场本身就是组成行业或产业的一个重要因素,一个行业或产业的成长演化同时内含着其内部市场的成长演化。当一个地区内某个行业或产业的企业业务范围超出这个地区的界限时,该行业或产业所内含的市场范围也就随之超出了这个地区的界限,这时区际贸易就自然发生了;进一步来说,当这个行业或产业内的企业业务范围超出所在国家的界限时,这时国际贸易就自然发生了。随着大量企业进入某个行业,这个行业的规模就随之开始扩张,随着这个行业生产经营活动范围从一个村镇扩展到一个城市,再从一个城市扩展到一个地区,进而从一个地区扩展到全国时,这个行业所内含的市场也随之从村镇集市发展到城市市场,从城市市场发展到地区市场,再从地区市场发展到全国市场。这其中,企业、行业和市场实际上是一种协同演化的关系,它们之间的相互关联和演进关系可以用第五章第八节提到的"产业链形成的蛛网模型"(即图5-9)来作出很好

---

① 奥林著,王继祖等译:《地区间贸易和国际贸易》,商务印书馆1981年版。
② 参见杨建文、周冯琦、胡晓鹏:《产业经济学》,学林出版社2004年9月第一版,第157—158页。

的解释和分析。简单来说就是：“分工与专业化发展→市场交易规模扩大→产业链成长（产业结构演化）→产业（或行业）成长→分工与专业化进一步发展”。在这里，我们可以看到，只要一个地区由分工与专业化所带来的收益（或者好处）大于由市场交易规模扩大所带来的成本（即交易成本），那么区际贸易就会发生；反之，就不会发生。交易成本是指在商品交易过程中所发生的所有成本的总和，包括显性成本和隐性成本两大类。显性成本是指交易主体在交易之前可以测算出来的有关费用，例如信息搜寻费用、谈判签约费用、商品运输费用、税收费用等。隐性成本是指交易主体在交易之前难以测算出来的有关费用，这些费用往往在交易之后才被发现，例如由于信息不对称、诚信问题、制度限制、文化差异等引起的有关费用。这里的交易成本概念完全可以涵盖俄林所概括的因贸易障碍而产生的"转运费用"。所以，从本书的立论来看，区际贸易和国际贸易是产业成长演化过程中市场交易规模扩大在地理空间上的具体反映，它们实际上是市场成长演化中的两个比较高级的阶段（或层次）。

从本书第五章产业系统运行的一般结构图（即图5-2）可以看到，产业的表层因素运行链是"投入→企业→资源→市场→产出"，产业的深层因素运行链是"投入→知识→制度→技术→产出"。从第五章产业的演化机制中我们知道，产业演化最基本的机制是分工和协作，因此我们可以从分工和协作这两个方面来考察产业的演化过程。从分工这个方面来考察产业演化过程，企业、行业和市场之间的相互关联和演进关系就是"产业链形成的蛛网模型"所揭示的过程。而从协作这个方面来考察产业演化过程，企业、行业和市场之间的相互关联和演进关系就是"经济系统分叉协同机制"（参见表5-2）所揭示的层次结构。从经济系统整体来看，交换（或交易）网络实际是经济系统内部各子系统之间协同演化的基本形式。从市场本身演化的过程和结果来看，伴随着市场规模的不断扩大，市场交易的知识会不断增多和丰富，市场交易的制度会不断改进和完善，同时市场交易的技术也会不断进步和提高。与此相联系的是，从产业演化的过程和结果来看，伴随着产业规模的不断扩大和产业结构的不断升级，产业知识会不断增多和丰富，产业制度会不断改进和完善，产业技术也会不断进步和提高。

如果我们用"产业链形成的蛛网模型"（即图5-9）来分析，那么企业、行业和市场之间的相互关联和演进关系的深层机制就是：

分工与专业化发展→市场规模扩大{市场交易知识↑＋市场交易制度↑＋市场交易技术↑}→产业结构升级{产业知识↑＋产业制度↑＋产业技术↑}→产业（或行业）成长→分工与专业化进一步发展

上面的关系链中，"→"表示前面的因素导致后面的结果；"↑"表示该因素在数量、质量或层次、水平上的升高。

参照表5-2，我们知道，在上面的关系链中，"市场规模扩大"实际上包含了企业内部交换网络、企业间市场交易网络、行业间市场交易网络、产业间市场交易网络这四个层次交易网络的扩大，与此相对应，"产业结构升级"实际上包含了每个具体产业内部"企业内协作网络、行业内协作网络、产业内协作网络"这三个层次协作网络的升级。同样，"分工与专业化"实际上也包含了"企业内部、企业之间、行业之间、产业之间"这四个层次的分工与专业化。从地理空间的角度来看，区际贸易是生产在一国内部不同地区之间进行分工的结果，同理，国际贸易则是生产在不同国家之间进行分工的结果。与分工和专业化相伴随的是，整个产业体系内部知识的积累、制度的完善、技术的进步和生产率的提高,而长期来看,产业结构的演化就表现为"劳动密集型→资本密集型→技术密集型→知识密集型"的变迁。

结合本章第一节介绍的产业结构有关理论,我们可以看到,这里实际上真正揭示出赤松要所发现的在国际贸易中产业结构依照一定梯度进行转换、筱原三代平在"产业-贸易结构论"中强调把优化产业结构和贸易结构合理化相互协调、霍利斯·钱纳里所揭示的工业内部产业结构转换阶段等理论背后的深层原理。读者认真分析将不难发现,本书所提出的产业系统一般结构及演化机理具有更广泛的涵盖性和更具包容性的解释力。

此外,从本书第五章产业发展动力因素关系图(即图5-3)中我们可以清楚地看到,影响产业发展的因素除了需求和供给以外,还包括企业、资源、市场、知识、制度和技术等因素。因为这些因素之间是相互联系、相互影响、相互作用的,所以,影响产业发展的这些因素实际上也是影响区际贸易和国际贸易发展的因素。而传统贸易理论只注意到其中的需求、技术和交易成本等因素,显然是有失偏颇的。

2. 产业结构演变的一般趋势

一个国家在经济发展过程中,其产业结构是不断变化的,一国当前的产业结构既是其经济长期演化的结果,同时也是其经济未来发展的基础。一国经济发展的过程其实就是其产业结构不断演变的过程。产业结构演变与经济增长之间存在着必然的内在联系。

产业结构演变与经济增长之间的关系是怎样的呢?

关于现代经济增长的本质这一问题,有些经济学家从国民经济总量的分析角度出发,把产业结构置于经济总量框架之内,从经济总量的变化过程来研究产业结构的变化趋势(持这种观点的代表人物是库兹涅茨);另一些经济学家则从产业部门经济的分析角度出发,强调产业部门结构变化对国民经济总量增长的作用,从产业部门的变化过程来分析经济总量增长的规律(持这种观点的代表人物是罗斯托)。由于所采取的视角和方法不同,他们对同一经济过程进行分析却得出了相差悬殊的结论。

库兹涅茨认为:"经济增长是一个总量过程;部门变化和总量变化是互为关联的,它们只有在被纳入总量框架之中才能得到恰当的衡量;缺乏所需的总量变化,就会大大限制内含的战略部门变化的可能性。"在他看来,在产业结构变化与经济增长的关系中,首要的问题是经济总量的增长,只有总量的高速增长才能导致结构的快速演变。没有总量足够的变化,产业结构变化的可能性就会大大受到限制。其主要理论依据是:消费者需求结构的变动直接拉动生产结构的转换,而消费者需求结构的变化是和经济总量的变化直接联系的。同时,人均产值的增长率越高,消费者需求结构的改变也就越大。由其观点所得出的结论是:经济总量的高增长率引起消费者需求结构的高变化率,消费者需求结构的高变化率又拉动了生产结构的高转换率。

罗斯托则认为:现代经济增长本质上是产业部门增长的过程;现代经济增长根植于现代技术在生产过程中的累计扩散,这些发生在技术和组织中的变化只能从产业部门角度加以研究;各个产业部门相互之间是紧密联系的,经济总量指标不过是产业部门经济活动的总和。其主要理论依据是:新技术的吸收本来就是基于具体产业部门的吸收过程;向某个产业部门新引进重要技术或其他创新,这是一个与其他产业部门关联并与整个经济系统运转纵横交错的极其复杂的过程。其主要结论是:部门分析是解释现代经济增长原因的关键;经济增长过程是主导产业部门依次更迭的结果。他说:"增长的进行,是以不同的模式、不同的主导部门,无止境地重复起飞的经历。"①

库兹涅茨与罗斯托的分析都很有道理,双方的论据也很充分,他们之间究竟谁是谁非呢?

实际上,他们从各自的视角出发都只看到了整个经济系统运行过程中的某些方面,也就是说他们发现的仅仅是局部"真理",只有把他们的发现有机结合在一起时,我们才能得到一个比较完整的"真理"。

如果我们把一个国家的经济系统比作一列由几部火车头同时拉动的列车,那么这辆列车的几部火车头并不是同时启动运行的,而是依次更迭交替运行的;当一个火车头启动运行时,其他火车头或被推动向前运行,或被拉动向前运行,而其后的所有车厢都随着火车头的启动而被拉动前行。这里,不同的火车头就像经济系统中不同时期的主导产业,而不同车厢就像经济系统中被主导产业拉动的相互关联的各类产业或行业。事实上,库兹涅茨侧重于观察这辆列车的总体运行速度和燃料消耗,他发现这辆列车运行速度越快,火车头消耗燃料的速度就越快,由添加更新燃料引起不同火车头交替运行的频率就越高。而罗斯托则侧重于观察不同火车头各自的运行情况和前进速度,他强调了列车运行中不同火车头交替启动运行的事实,他注意到火车头交替运行的频率越高,这辆列车的总体运行速度就越快,他还注意到动力从火车头向其他各节车厢传递过程的复杂性。

我们发现,这些经济学家之间的争论与"盲人摸象"寓言中那些盲人之间的争论很相似。不同之处仅在于,盲人们争论的是大象的形状,经济学家们所争论的则是经济系统运行的过程。

如果结合本书第四章所分析过的企业发展动力因素关系图(即图 4-11)和第五章的产业发展动力因素关系图(即图 5-3),我们不难得到,从企业的角度来看,经济增长的动力传导机制是"消费结构→需求结构→资源供给结构→生产结构→交换结构→分配结构→新消费结构",从产业的角度来看,经济增长的动力传导机制是"需求结构→资源供给结构→投入结构→生产结构→交换结构→分配结构→产出结构→新需求结构"。在产业系统运行中,一种产业的产出实际上构成另一种产业的投入(其中蕴含了产业间广泛存在的关联效应),因而我们可以将两者结合起来考虑。这样,经济增长的动力传导机制就是"消费结构→需求结构→供给结构→生产结构→交换结构→分配结构→新消费结构",而新消费结构又带动需求结构发生变化,这是一个循环往复的动态过程。在这一过程中,生产结构、交换结构和分配结构始终发生着从简单到复杂、从粗放到精细、从低级向高级的演变,实际上这就是经济系统内部产业结构演变的过程,也是经济系统内部主导产业不断更替的过程。从企业、资源、市场和行业演化的深层因素来看,在产业从简单到复杂、从低级向高级演化的过程中,始终伴随着人类科学的进步、制度的完善和技术的创新。与此同时,经济系统中的消费结构、需求结构和资源供给结构也发生着从单一到多元、从简单到复杂、从低层次向高层次的演变升级。

在产业系统的成长演化过程中,消费结构、需求结构、供给结构、生产结构、交换结构和分配结构之间是相互联系、相互作用、相互影响、相互制约的,从而共同推动了产业系统的成长演化。

---

① 以上三段内容参见:苏东水主编,《产业经济学》,高等教育出版社 2000 年 2 月第一版,第 233—234 页。

在一国的经济系统中,当一个产业成长时,不但表现为这个产业在知识积累、制度完善和技术进步等方面的成长,还体现在其产值的增长上;而产业产值的增长具体表现为产业内部企业平均收入的增长,在经过企业内部的收入分配后,这一收入增长就体现为企业人员的收入增长和政府税收收入的增长。政府税务部门将来自各行各业的税收收入集中起来以后,就汇聚成了一国的财政收入。因此,产业的成长随后就体现为国家财政收入的增长。当政府部门将财政收入在国家系统中进行一系列的多次分配以后,财政收入的增长最终就体现为国民收入的增长。当每个国民的个人收入增长后,他们的实际购买能力就会相应增强;随着国民个人收入的持续增长和购买能力的不断增强,他们的消费领域就会随之扩展,消费水平也会随之提高。在一个国家中,当大多数国民的个人收入增长后,就会引起这个国家消费结构的变迁。例如,当一个地区的人们还没有解决温饱问题时,他们的消费结构就会比较简单,这时在他们的消费支出中食物必然占有较大的比重,同时他们的消费水平也处于很低的水平;而当他们的收入大幅提高(比如不但解决了温饱问题,而且有能力购买住房和小汽车)后,他们的消费结构就会变得多元化(如购买住房、小汽车、外出旅游等),这时在他们的消费支出中食物所占的比重就会显著减少,同时他们的消费水平也会相应提高。

在一个国家中,随着经济的发展,当大多数国民的个人收入增长到一定水平时,国民实际购买能力的提升就会推动该国消费结构的升级,而升级后的消费结构又会通过"消费结构→需求结构→供给结构→生产结构→交换结构→分配结构→产业成长"这一传导过程,最终推动具体产业的成长。在一国的经济系统中,所有产业产值的总和就是该国的国民生产总值。由此来看,无论是从产业发展的视角还是从国民收入的视角来分析经济系统的运行问题,都是完全可行的。所以,库兹涅茨与罗斯托所争论的问题实际上是同一个过程的不同方面,但他们可能忽视了经济系统中交换与分配这两个紧密联系的重要环节。

如果用上述经济结构的各种因素作为不同维度来描述产业系统演化过程,就可以画出产业结构演化的轨迹图(见图7-5)。在图中,八个维度分别是:① 消费结构;② 需求结构;③ 供给结构;④ 生产结构;⑤ 交换结构;⑥ 分配结构;⑦ 产业成长;⑧ 国民收入。

从动态的角度来看,产业系统的结构优化和良性发展将会推动这八个方面协同成长,也即在八个维度上不断向外扩展。我们不难发现,在一个产业从小到大、从弱到强的成长演化过程中,产业结构演化的轨迹实际上也是一条逐渐扩展的螺旋线。

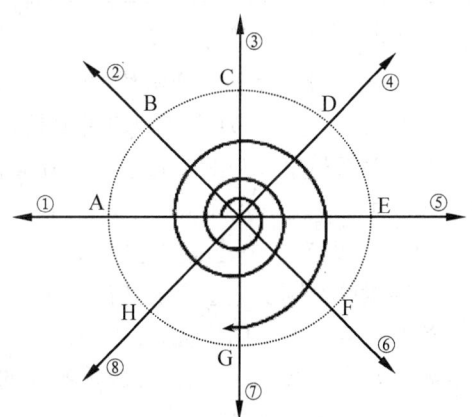

图7-5 产业结构演化的轨迹图

那么,产业结构演变的一般趋势是怎样的呢?

从世界范围来看,除了美国等少数发达国家的经济已处于信息产业主导阶段,一些较发达国家的经济处于服务产业主导阶段之外,大部分发展中国家的经济主要处于工业主导阶段,更多经济落后国家还处于农业主导阶段。

从工业化发展的阶段来看,世界各国产业结构的演变经历了前工业化时期、工业化初期、工业化中期、工业化后期和后工业化时期这五个阶段。在这五个阶段中,产业结构演进的总体趋势是沿着以第一产业为主导、到以第二产业为主导、再到以第三产业为主导的方向依次发展的。在每一个阶段,三大产业所占地位各不相同,具体情况如表7-3所示:

表7-3 不同时期三次产业所占地位一般趋势表[①]

产业＼时期	前工业化时期	工业化初期	工业化中期	工业化后期	后工业化时期
第一产业	占主导地位	地位下降	维持	维持	维持
第二产业	有一定发展	占主导地位	占主导地位	地位下降	地位下降
第三产业	微弱地位	有一定发展,但仍较弱	地位逐渐上升	占主导地位	占支配地位

从农业、工业和服务业这三大产业内部来看,世界各国的产业结构、资源结构和市场层次的演变,体现了从简单到复杂、从粗放到精细、从低级向高级的发展规律。具体情况如表7-4所示:

表7-4 三大产业内部产业结构演变一般趋势表

三大产业	农业	工业	服务业
产业内部结构演变	粗放型农业→集约型农业→机械化农业→精准化农业	轻工业→基础型重工业→加工型重化工业→精益化柔性工业	商品流通服务业→传统型服务业→现代型服务业→信息知识服务业
产业资源结构演变	劳动密集型→资本密集型→技术密集型→知识密集型	劳动密集型→资本密集型→技术密集型→知识密集型	劳动密集型→资本密集型→技术密集型→知识密集型
产业市场层次演变	村镇集市→城市市场→地区市场→全国市场→国际市场	村镇集市→城市市场→地区市场→全国市场→国际市场	村镇集市→城市市场→地区市场→全国市场→国际市场

本表来源:本书作者整理。

3.产业投入结构与产出结构之间的关系

在第四章第六节中,我们通过分析得出,在经济系统微观层面的企业运行中,在生产要素投入关系与生产分配关系之间存在着内在的必然联系,生产要素投入结构的不同决定了生产成果分配结构的不同。从经济系统的中观层面来看,在产业要素投入关系与产业产出分配关系(即产出中分配主体之间的分配关系)之间同样存在着内在的必然联系,产业要素投入结构的不同决定了产业产出分配结构的不同。这里,资源、企业、市场、知识、制度和技术等产业要素的不同组合,形成了不同的产业投入比例结构。在产业系统中,由于投入产业的要素组合形式不同,从而形成了不同的产业投入比例结构,而不同的产业投入比例结构决定了产业产出比例结构的不同。由于产业运行过程的复杂性和产业关联效应的存在,产业系统中要素投入关系与产出分配关系之间的联系,要比企业系统中的生产投入关系与生产分配关系之间的联系更为复杂。

在产业分类方法中有一种要素密集度分类法,这种分类方法是根据生产过程中产业对不同资源要素依赖程度的差异对产业进行分类的。按照这种分类法,可将产业划分为劳动密集型产业、资本密集型产业、技术密集型产业和知识密集型产业等。这种产业分类方法实

[①] 来源:刘志迎主编,《现代产业经济学教程》,科学出版社2007年4月第一版,第162页。

际上突出了产业内部资源结构的组成特点。例如,在食品工业、服装工业等劳动密集型产业中,企业投入的生产要素中劳动力要素占据了很大比重,此外,资本和技术也占有一定的比重。对于这类产业,在产业输出的分配结构中,劳动者应该占据较大的比重结构,否则,就存在着对劳动者的分配不公,其背后反映出的是社会对劳动力价值的低估和对劳动者创造价值的侵占。这类产业的发展显然需要建立相应的劳动力市场、劳动者工资保障制度等与之相配套,否则,将会直接影响到这类产业的健康发展。在石化工业、冶金工业等资本密集型产业中,企业投入的生产要素中资本要素占据了很大比重,此外,劳动力和技术也占有一定的比重。对于这类产业,在产业输出的分配结构中,投资者应该占据较大的比重结构,否则,就存在着对投资者的分配不公,其背后反映出的是社会对资本价值的低估和对投资者创造价值的侵占。这类产业的发展显然需要建立相应的资本市场、投资者资本收入分配制度等与之相配套,否则,将会直接影响到这类产业的健康发展。在电子计算机、生物工程等技术密集型产业中,企业投入的生产要素中技术要素占据了很大比重,此外,资本和劳动力也占有一定的比重。对于这类产业,在产业输出的分配结构中,技术投入者应该占据较大的比重结构,否则,就存在着对技术投入者的分配不公,其实质同样是社会对技术价值的低估和对技术投入者创造价值的侵占。这类产业的发展需要建立相应的技术市场、技术专利分配制度等与之相配套,否则,也会影响到这类产业的健康发展。在出版业、传媒业等知识密集型产业中,企业投入的生产要素中知识要素占据了很大比重,此外,资本和技术也占有一定的比重。对于这类产业,在产业输出的分配结构中,知识投入者同样应该占据较大的比重结构,否则,就存在着对知识投入者的分配不公,其实质同样是社会对知识价值的低估和对知识投入者创造价值的侵占。这类产业的发展,同样需要建立相应的知识产权市场、知识产权分配制度等与之相配套,否则,也会影响到这类产业的健康发展。

在工业社会的初期,企业中的技术人员往往是作为企业的普通雇员参与劳动成果分配的(即只领取工资报酬而无权参与利润分配)。随着社会的发展和科学技术的进步,现代技术在生产活动中发挥着越来越重要的作用,在这种背景下,专利发明者和技术阶层在生产活动中的地位随之不断提升。在现代企业中,专利发明者或重要的技术人员持有一定比例的企业股权并以股东身份参与企业利润分配,这反映了社会分配制度的逐渐进步。当前,知识经济时代已经来临,知识智力因素在生产活动中所创造的价值日益增多,因此,知识智力要素的投入者也应该获得与其创造价值相对等的收入回报。根据中国最新《公司法》,以知识产权作价出资入股有限公司,已经取消了入股所占公司注册资本的比例不得超过70%的规定。这说明,知识智力要素所有者的分配主导权已经被中国的法律制度所确认。

在人类社会的发展过程中,农业、工业、服务业和信息业等产业的相对地位始终处于不断变化中。例如,在农业社会时代,农业处于主导地位;在工业社会时代,工业处于主导地位;在后工业社会时代,服务业处于主导地位;在信息社会时代,信息业处于主导地位。引起不同产业主导地位变化的直接原因是产业之间的分配差异,正是产业之间的分配差异导致社会中的人力资源、社会资本等资源要素从一个产业流向另一个产业。这背后所反映的产业结构变化的逻辑是,产业系统中生产要素投入结构的变化推动了产业组成比例结构的演化,产业组成比例结构的变化又推动了不同产业相对地位的长期变迁。

在人类社会的不同历史阶段,因为产业系统中产业要素的组合形式不同,从而形成不同的产业组成比例结构,而不同的产业组成比例结构决定了产业产出分配结构的不同。从产业系统投入端的资源结构来考察,人类社会产业结构的长期变迁经历了"劳动密集型→资本密集型→技术密集型→知识密集型"的演变过程,这实际上也体现出了微观层次中生产结构的长期变迁特征;与此同时,产业系统中市场交换的地域和层次也经历了"村镇集市→城市市场→地区市场→全国市场→国际市场"的长期变迁,这实际上也体现出了微观层次中交换结构的长期变迁特征。

在人类社会的发展过程中,产业系统中主导产业的演变经历了"农业→工业→服务业→信息业"的长期变迁过程。从产业发展的表层因素来看,产业结构的这一变迁过程实际上是通过资源、企业和市场这些产业要素在不同产业之间的分配来实现的;而从产业发展的深层因素来看,产业结构的这一变迁过程则是通过知识、制度和技术这些要素在不同产业之间的分配来实现的。我们知道,企业是一个由人力、资源和产品组成的系统。企业在不同产业间的分配,从企业组成要素上来看就表现为人力(劳动力)、资源(如资本)和产品(如各种中间产品)在不同产业之间的分配。随着产业的分工深化和专业化发展,市场在不同产业之间的分配,促进了各种行业市场和专业市场的诞生和成长。从市场成长演化的地域和层次来看,市场就表现为"村镇集市→城市市场→地区市场→全国市场→国际市场"的长期变迁。正是通过各级市场的交换作用,不同产业之间实现了产出(成果)的多次分配。从微观层面来看,这种分配是通过个人与企业、企业与企业之间的交换来实现的。从中观层面来看,这种分配是通过不同行业之间的交换来实现的。从产业大门类来看,这种分配是通过农业、工业、服务业和信息业等不同产业门类之间的交换来实现的。对实行计划经济体制的国家来说,这两个层次的交换功能实际上是被政府部门的行政手段所代替了。从产业的输出端来看,不同产业之间的分配结果,体现出农业、工业、服务业和信息业等产业的产值依次占据主导地位的长期变迁。从中观层面来看,这种变迁就体现为不同行业之间的收入变迁和此消彼长。从微观层面来看,这种变迁就体现为社会不同阶层分配关系中主导地位的演变。与此相对应,除原始社会以外的社会形态中,社会生产活动中分配主体的主导地位经历了"奴隶主阶层→地主阶层→资本家阶层→技术阶层→知识阶层"的长期变迁过程,这实际上也体现出微观层次中分配结构的长期变迁特征。这里,我们实际上从产业运行的历史过程解释了"配第-克拉克定律"的内在机理。

在产业系统中,产业投入关系与产业分配关系之间的联系可以用图7-6来表示。

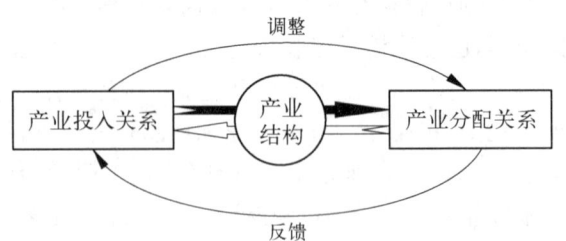

图7-6 产业投入关系与产业分配关系之间的互动示意图

在图7-6中,黑色箭头表示"产业投入关系对产业分配关系的决定作用",白色箭头表示"产业分配关系对产业投入关系的反作用",下面的弧线箭头表示"产业分配比例结构对产业投入比例结构的反馈",上面的弧线箭头表示"产业投入比例结构对产业分配比例结构的调整"。

从人类社会生产的历史过程来看,在一定时期内,产业投入关系对产业分配关系的决定作用是由当时的社会生产发展水平决定的,从本质上来说,是由当时人们对社会经济规律的认识水平决定的;产业分配关系对产业投入关系的反作用,主要表现在社会分配制度(包括产业分配制度)的不断调整和变革中。这种制度变革的起因,通常是由于经济危机引起产业结构变化或社会革命引起社会结构的变化,由此促使人们不断重新调整、改造分配制度中那些不合理、不公平的因素,从而使社会分配制度逐渐趋于合理化和公平化。在传统农业时代,这个调整过程主要是以周期性的社会革命或国家政权重建等方式被动调整的。在资本主义主导的工业时代,这个调整过程一般是以周期性的经济危机或国际市场格局重建等方式进行的。

从产业系统运行过程来看,产业结构包括产业在投入结构、生产结构、交换结构、分配结构和产出结构等方面的结构,产业结构的演变过程实际上是一个长期的动态调整过程。通过前文分析,再结合图 7-6 所揭示的产业投入与产业分配之间的互动关系,我们可以画出产业结构演变的动态机制图(见图 7-7)。通过这一图示,我们可以比较清晰地理解国民经济系统中产业结构长期变迁的动态过程。

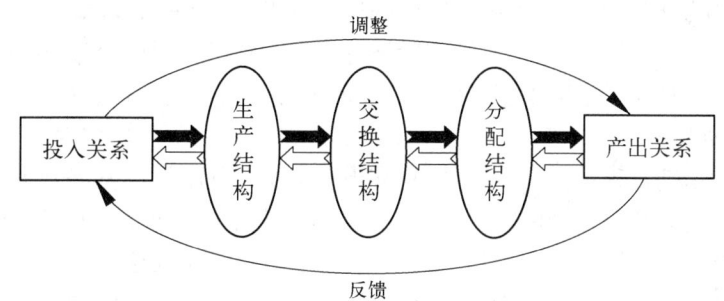

图 7-7 产业结构演变的动态机制图

在图 7-7 中,黑色箭头表示"前一因素对后一因素的决定作用",白色箭头表示"后一因素对前一因素的反作用",下面的弧线箭头表示"产业产出关系对产业投入关系的反馈",上面的弧线箭头表示"产业投入关系对产业产出关系的调整"。

在人类社会的再生产过程中,产业之间的分配是通过具体的企业生产、市场交换和政府再分配的形式实现的,其中,既包含市场的自发调节作用,又包含政府的主动调节作用(如税收、补贴、采购、救济等措施)。在产业的投入产出运行过程中,产业投入关系与产业分配关系之间是相互联系、相互影响、相互作用、相互制约的互动关系,从长期的历史变迁过程来看,它们之间存在着"作用-反作用""反馈-调整"的动态关系。一方面,产业投入结构的不同决定了不同的生产结构,不同的生产结构决定了不同的产业交换结构,不同的产业交换结构进而又决定了不同的产业分配结构,这反映了产业投入关系对产业分配关系的决定作用;而另一方面,不均衡和不合理的分配结果又会导致资源、企业和市场等产业要素在不同产业之间的流动和重新分配(或分布),产业系统内部不同阶层和外部各利益相关者也会要求调整不合理的分配制度,这反映了产业分配关系对产业投入关系的反作用。存在于产业结构变迁之中的这种"作用-反作用"过程并不是简单的线性过程,其中还包含着生产结构与交换结构、交换结构与分配结构、分配结构与消费结构、消费结构与生产结构之间的"作用-反作用"过程,这是一个多维网络交织、连锁互动的复杂的非线性过程。

在一个国家的经济系统中,产业投入关系与产业产出关系的互动过程是一个长期的历史演变过程,这个过程的作用机制是"产业投入结构→产业生产结构→产业交换结构→产业分配结构→产业产出结构→新的产业投入结构",这是个循环往复的动态过程。当社会分配制度比较合理和公平时,这一机制就能够促进整个产业体系良性循环,从而推动一个国家的产业体系不断成长和发展;当社会分配制度不合理、不公平时,这一机制就会抑制整个产业体系良性循环,甚至会阻碍一个国家的产业体系健康成长;当社会分配制度极端不合理、不公平时,它就会导致产业结构比例严重失调,如果严重失调的产业结构不能得到及时调整,就会阻碍产业增长动力的顺利传导,最终就会引起经济危机爆发;经济危机往往又会激化各种社会矛盾,从而引起阶级对抗甚至社会革命,经济危机在国际之间传导还会引发国际贸易争端甚至国际贸易战争。各国统治阶级为了避免发生经济危机和社会革命,就会被迫不断调整社会分配制度,从而使社会分配制度逐渐趋于合理和公平。正是社会再生产过程中的这种"作用-反作用""反馈-调整"的动态机制,推动着世界各国的产业结构和社会分配制度从"极端不合理与不公平"演变到"一般不合理与不公平",从"一般不合理与不公平"演变到"比较合理与公平"。

自从 1825 年英国爆发世界上第一次经济危机以来,资本主义各国的经济就陷入了周期性爆发危机的循环中,最近一次世界性的经济危机是 2007 年 8 月由美国次级房屋信贷引发的全球金融危机。马克思把资本主义经济危机的根源归结为生产社会性与生产资料私有制度之间的矛盾(即资本主义的基本矛盾);他认为,经济危机之所以周期性爆发的原因在于资本主义基本矛盾运动过程本身的阶段性,只有当资本主义基本矛盾发展到尖锐化程度,从而使社会再生产的比例严重失调时,资本主义生产才会发生经济危机;为克服经济危机,他提出的解决办法是用生产资料公有制代替资本主义私有制,让全社会占有生产资料,由社会统一安排生产活动。马克思提出的消除经济危机的办法,实际上是通过社会制度变革的方式来解决资源产权分配制度的问题。通过本书以整体主义视角对产业结构的分析,我们可以知道,一个社会如果想要避免发生经济危机,就必须根据社会经济的实际情况,不断主动地调整产业结构和优化社会分配制度,从而促使社会分配关系更加合理与更加公平,防止社会各阶层出现贫富悬殊、两极分化;而要持续做到产业结构合理与社会分配公平,仅仅依靠资源产权分配制度是不够充分的,还必须建立包括资源产权分配制度在内的从微观(如企业制度)、到中观(如行业制度和产业制度)、到宏观(如国家的经济制度和法律制度),甚至到超宏观(如国际贸易制度、国际法律制度)等在内的一整套有机联系、相互协调、富有实效的制度体系,并在科学预测的基础上,同时利用政治、经济、法律、政策等各种手段引导国民经济各部门按比例协调发展,促进社会经济系统持续、健康、有序地发展。

4. 调节产业结构的方向

当一个社会从传统农业社会向工业社会转型时,整个社会的知识积累和技术进步,使经济系统中的工业比农业具有更高的社会生产率,从而使工业比农业创造出更多的价值,因此在工业领域就业比在农业领域就业能够获得更高的收入,从而使劳动力从农业领域流向工业领域。对资本家来说也具有同样的效应,他所拥有的同一笔货币资本,如果投入工业领域比投入农业领域能够获得更多利润,他显然会选择将资本投入工业领域。当大量劳动力和资本从农业领域流向工业领域之后,工业在国民经济结构中就会处于主导地位,这样一来,产业结构就从以农业为主导转变成以工业为主导的结构。在实行市场经济的国家,这是一个通过市场机制自发调节资源流动的过程。经济系统内产业结构的这种演变过程,同样也适用于解释同一产业内部不同细分行业之间的结构变迁过程。但是,世界各国的产业发展实践活动已经证明,市场机制并不是万能的,当市场机制由于自身的缺陷而出现调节失灵或收效甚微时,产业结构就会出现比例失调。当一个国家的产业结构比例严重失调时,就会阻碍产业增长动力的顺利传导,如果各种阻滞因素得不到及时消除,最终就会引发经济危机,从而造成大量企业破产、工人失业,进而激化各种社会矛盾。经济危机实际上是对严重失调的产业结构进行被动调节的一种内在经济机制,只要国民经济体系中引起产业结构不合理、分配不公平的因素不消除,经济危机就会周期性地爆发。为了避免经济危机,政府有责任不断主动调整产业结构,不断优化产业资源配置,不断促进社会分配更加公平。

因此,在一个国家的产业系统发展过程中,除了需要市场这个"无形之手"进行自发调节以外,同时还需要政府这个"有形之手"进行主动调节。政府主动调节产业结构的根本目的在于合理配置资源、优化产业结构、促进社会分配公平。

在一个经济系统内部,从宏观层面来看,如果农业、工业、服务业和信息业之间的比例结构不协调,这将会影响整个国民经济系统的成长和发展,各大产业之间比例结构严重失调甚至可能会阻碍整个经济系统的正常发展;从产业系统内部来看,在农业、工业、服务业和信息业等每个产业门类内部的细分行业之间也需要保持适当的比例结构,如果产业内部各细分行业之间的比例结构不协调,将会影响这个产业整体的成长和发展;从微观层面来看,同一行业内不同专业化企业之间也需要协调发展,如果行业内部各类专业化企业之间的比例结构不协调,也会影响这个行业整体的成长和发展。

从图 7-6 来看,要优化一个经济系统内的产业结构,就需要不断调整产业投入与产业分配之间的关系,从而使社会分配制度更加合理与公平。产业结构包括投入结构、生产结构、交换结构、分配结构和产出结构等方面的结构。从产业系统内部来看,要优化产业结构,首先就要保持产业系统在投入结构、生产结构、交换结构和分配结构等方面运转正常、畅通无阻。从产业系统外部来看,要优化产业结构,同时还需要使产业系统与消费结构、需求结构和供给结构保持动态联系。从前文产业结构演化的轨迹图(即图 7-5)来看,政府部门调节产业结构的总体方向是,保持产业成长的动力沿着"消费结构→需求结构→供给结构→生产结构→交换结构→分配结构→国民收入增长→新消费结构"的路径良性循环、畅通无阻。

为了说明调节产业结构的重要性,这里举个产业结构失调的典型例子。20 世纪 80 年代的苏联,整个国家的国民经济发展比例失调,特别是工业体系中轻工业与重工业比例失调问题比较突出,当时苏联的工业结构中比较偏重于发展以冶金、化工、飞机制造等为主的重工业,生产民用生活消费品的轻工业却发展迟缓,这样的产业结构所造成的一个后果是国内民用日用品严重不足甚至短缺。当时,中国生产的轻工业消费品有些相对过剩,重工业的发展正处于起步阶段。中国重庆民营企业家牟其中在比较了中、苏两国的经济结构后,发现了存在于两国之间的贸易商机。1989 年,牟其中率领南德集团成功完成了两国之间民间贸易史上最大的一笔单项易货贸易——用中国 300 多家工厂生产的生活日用品、轻工业产品及机械设备(这些货物装满了 800 多节火车车厢),从苏联换回了 4 架图-154M 型民航飞机和相当于一架飞机价值的航空器材;这笔著名的跨国贸易使牟其中一夜之间名闻遐迩[①]。从产业

---

① 来源:百度百科,牟其中;参见 http://baike.baidu.com/view/414586.htm。

发展的角度来看,牟其中所实施的这项跨国贸易正好连接了中苏两国之间的产业供需。这场跨国贸易的成功实施,充分显示了中国民营企业家的聪明才智和杰出的商业组织能力。当然,如果当时苏联的工业体系内部不存在比例结构严重失调的问题,那么牟其中也是很难顺利实施这项贸易的。事隔两年之后,也即在1991年12月,苏联这个存在了69年的超级大国解体了,导致苏联解体的原因很多,除了体制僵化、改革失败、政党腐败、民族矛盾等问题以外,整个国民经济系统结构比例严重失调显然是一个不容忽视的重要原因。

为优化产业结构、促进各产业协调发展,政府部门负有在各产业之间合理配置资源的职责。为此,政府部门应当消除资源配置中的不公正、不公平因素,积极推进制度创新和产业演进,通过优化产业结构来提高资源配置效率。

但是,政府部门应该从哪些方面入手来优化产业结构呢?

为优化产业结构,政府应该从资源、行业和市场这三个方面来调节产业结构,特别是从这三个方面的法律制度、基础设施等公共产品的投入来着手促进产业体系的协调发展。在调整产业结构的过程中,政府的主导作用是在全社会范围内公平合理地分配资源,为各类产业或行业的协同发展提供良好的外部环境;政府部门主要应在产业的中观层面或宏观层面发挥作用,而不应干预微观层面企业的经营活动。

具体来说,政府部门可以从以下几个方面来促进产业系统的协调发展:一是根据不同地区的资源特点做好产业规划和合理布局,制定出台引导产业发展的有关产业政策;二是投资兴建交通、能源和通讯等基础设施,为产业发展提供基础性条件;三是健全社会信用体系,完善法律制度体系,维护社会的公平和正义,为经济发展提供一个有序、公平、安全、良好的社会环境;四是重点扶持特色行业和新兴产业,消除产业链顺利成长中的各种阻碍因素,促进行业间相互配套并形成有机的产业网络;五是加快衰退行业的重组、整合、淘汰步伐,促进各类生产要素在产业之间、行业之间的互动交流进程,推动产业结构不断优化和升级;六是加强各类专业市场之间的互联互通,建立多层次的市场体系,不断完善市场的交换功能。

对中国这样一个幅员辽阔、地理复杂的国家来说,地区之间的资源禀赋差异很大,各地区应根据当地的人口、资源、经济发展水平等制定适合本地区特点的产业比例结构,在保持产业间协同发展的基础上,同时注意突出当地的特色产业。例如,山西省富有煤炭资源,就应该突出发展以煤炭为中心的能源产业;云南省富有植物资源和民族文化资源,就应该突出发展以植物花卉生产、民族文化旅游为中心的相关产业。一个地区的各类产业能否健康发展,与当地的公共基础设施、法律制度、社会信用、社会秩序等外部环境有很大的关系。如果一个地区的道路、电力和通信等基础设施建设不完善,就会直接影响相关企业顺利开展生产经营活动。例如,一家远离城市的铁矿场,如果没有从铁矿场到城市之间的道路,那么这家矿场所生产的铁矿石就无法及时运往城市销售;如果没有相应的电力供给这家矿场,这家矿场就难以顺利进行生产活动。除基础设施以外,如果一个地区社会信用缺失、道德失范、治安混乱、缺乏公平和安全,外部的投资者就会望而却步,即使当地拥有再多很好很独特的待开发资源,也难以吸引投资者前来投资;而如果缺乏足够资金投入,任何行业都是难以迅速成长发展的。对于一些新兴行业,在行业刚起步时,企业数量一般较少,这些企业往往面临着人才、资金和市场开拓等方面的诸多困难,政府如果能够在这一阶段给予企业积极扶持,对这些新兴行业的快速成长将会很有帮助。政府可以采取的扶持措施包括设立企业孵化基地、成立创业投资基金、对企业提供无息贷款或财政贴息、减免税收、产品(或服务)采购等手段,待企业和行业成长壮大起来之后再逐步取消这些扶持措施。对于一些衰退的行业,政府应制定实施有关产业政策,以重组或整合这些行业中的各种要素资源,淘汰一些污染环境、技术落后的企业,引导其中的企业逐步向其他新兴行业转移。

与那些市场经济体制比较完善的国家相比,像中国这样刚迈入市场经济体制不久的国家,在完善市场交换功能方面还有大量的基础性工作需要做。

我们知道,市场一般由交易主体、交易对象、交易媒介、交易场所和交易规则等要素组成。

在促进市场要素完善方面,政府部门需要做的事情包括:① 完善交易规则,规范交易主体行为,消除市场垄断。交易规则是指在交易活动中,所有交易主体都需要共同遵守的各种规章制度。② 针对不同特点的交易对象,设立不同类型的专业市场。例如,针对商品、人力、资金、技术、信息、产权等不同的交易对象,可以分别开设商品市场、人才市场、资本市场、技术市场、信息市场、产权市场等专业市场。③ 完善交易媒介,规范交易媒介的使用。现代社会的交易媒介包括货币和信用两大类。政府需要做的就是完善货币体系和信用体系,合理控制市场流通中的货币数量,制定信用评价标准并定期对交易主体进行信用评价。④ 配套完善交易场所,针对不同专业市场的特点和实际需要,配套建立不同形式的交易场所。例如,为便于大宗商品的批量交易,就需要设立比较集中的商品交易所;为满足各地不同层次人力资源的需求,就需要分散设立不同层次的人力资源市场。

在市场的合理布局和结构调整中,政府部门可以在以下几个方面发挥重要的调节作用:一是根据不同地区的资源特点和产业发展情况,做好产业内部市场的规划和合理布局,制定实施引导市场建设的有关市场政策;二是按照产业发展的实际要求,以适当比例在不同地区建立不同层次的各类专业市场,最终形成配套齐全、结构合理、功能完善的市场体系;三是完善市场交易制度,健全市场信用制度,维护市场的公平交易,为产业发展提供有序、公平、公正的市场环境;四是消除商业流通渠道中阻碍商品流通的各种因素,促进不同行业市场之间的纵向联网以及不同地区之间各类市场的横向联网,构建一个分工协作、相互配套、纵横交错的呈立体网络结构的市场体系。

六、本书理论框架的开放性和包容性

1. 本书理论框架的开放性

本书应用系统论基本方法所构建的社会经济理论框架本身就是一个开放的系统,一方面,它是在综合众多微观经济理论、中观经济理论和宏观经济理论的基础上产生的;另一方面,它面对国内外各种社会经济理论时,可以与它们在各种层次和不同方面进行衔接和联系。

本书理论框架的开放性主要表现在以下四个方面:

从微观经济学层面来看,本书第四章可以与企业经济学、企业生态学、企业管理学等学科的有关内容进行衔接和联系。

从中观经济学层面来看,本书第五章可以与产业经济学、区域经济学和产业管理学等学科的有关内容进行衔接和联系。

从宏观经济学层面来看,本书第七章可以与国民经济学、国内贸易学、国际经济学、公共经济学、税收经济学、财政经济学、金融经济学和经济管理学等学科的有关内容进行衔接和联系。

从经济学与人文社会科学结合的层面来看,本书第八章可以与社会经济学、政治经济学、人口经济学、文化经济学、公共管理学、社会学、政治学、文化学、人类学、历史哲学等学科的有关内容进行衔接和联系。

2. 本书理论框架的包容性

本书的理论框架具有很大的包容性,本书所提出的经济系统的一般结构框架能够包容许多传统经济学理论的思想要义。为阐释社会发展的动力问题,本书实际上跃出了单纯经济学的范畴,将论述内容延伸进了社会学领域(参见第八章)。本书提出的从企业系统、产业系统、国民经济系统直到国家系统和社会系统(国际系统)的结构框架,不但能够很好地包容中国经济学家林毅夫先生于2009年提出的"新结构经济学"的框架,而且还能够包容一些典型的宏观动态经济学理论框架。在撰写本书的过程中,本书除了注重各种典型的社会经济理论(如亚当·斯密的分工-市场理论、配第-克拉克要素流动定律、里昂惕夫投入产出理论、钱纳里的产业结构理论、杨小凯等的新兴古典经济学框架、马尔萨斯的人口理论等)的新综合以外,还特别注重社会发展长期变迁的因素分析。正是因为这些原因,与其他仅仅从宏观、中观或微观的某个层次、某个侧面或某个局部来分析社会经济的经济学论著相比,本书更加富有综合性和包容性。

(1) 对林毅夫"新结构经济学"理论框架的包容

在当代经济学家中,中国著名经济学家林毅夫先生于2009年提出的"新结构经济学"框架在各国经济学界具有一定的代表性和创新性。如果把林毅夫先生提出的"新结构经济学"框架(参见本章第一节的内容)的概念和基本思想与本书的有关概念和基本思想进行对照,我们将不难发现,本书提出的经济系统的一般结构能够很好地包容林毅夫的理论框架结构。

在林毅夫的理论框架中,要素禀赋和基础设置是两个基础性概念。他指出,经济活动中企业用于生产的要素禀赋由土地(或自然资源)、劳动力和资本(包括物质资本和人力资本)构成;经济发展所需要的基础设置包括硬性(有形的)基础设置和软性(无形的)基础设置,像高速公路、港口、机场、电信系统、电力设施和其他公共设施等,都属硬性基础设置,而像制度、规制、管制、社会资本、金融体系、教育体系、司法体系、社会网络、价值观体系以及其他社会和经济安排等,都属软性基础设置。[①]在林毅夫的理论框架中,要素禀赋这一概念相当于本书的资源要素概念,但本书把其中的劳动力或人力资本独立出来作为组成企业的关键因素来分析;而基础设置相当于本书中外部供给的环境条件和公共产品,但本书实际上对软性基础设置中的各种因素作了进一步的细分[②]。例如,本书把软性基础设置中的制度、规制、管制、政策等因素列入了经济制度因素范畴,把其中的社会资本列入了社会资源范畴,把教育体系和司法体系分别列入了国家系统中的教育系统和法制系统中,把社会网络看作经济组织(如企业、市场或产业等)外部的社会关系网络,把价值观体系列入了人文系统的深层因素中。其中,金融体系可以分为金融企业(包括证券公司、保险公司和商业银行等)、金融市场

---

① 林毅夫:《新结构经济学——重构发展经济学的框架》,《经济学(季刊)》2010年10月第1期,第3页、第10页。
② 需要说明的是,本书作者在2012年12月完成本书的经济系统结构框架内容以后,才读到林毅夫先生有关"新结构经济学"方面的论文,本书所采用的系统科学方法与林毅夫先生所采用的新古典经济学的方法也是不同的。

(包括各类货币资本市场等)和金融监管组织三个部分,它们可以分别列入本书国民经济系统的产业体系、交换体系和分配体系之中。此外,林毅夫理论所论述的政府部门所实施的财政政策、货币政策、资源管理政策,本书可将它们划入经济系统分配体系的分配制度中;林毅夫理论所论述的金融发展和外国资本问题,实际上涉及资本要素供给和金融市场建设的问题;贸易政策问题实际上涉及国际市场建设的问题;而林毅夫理论所论述的人力资本的发展政策和发展战略问题,可以列入本书国家系统的教育系统中考虑。这里所探讨的各类政策或战略问题,实际上都与包括企业制度、行业制度、产业制度到经济制度、法制系统等在内的制度体系是紧密相连的。

经过这样的对照和比较之后,我们就不难看到,本书提出的从企业系统、产业系统直到国民经济系统、国家与社会系统的结构框架,实际上能够很好地包容林毅夫先生所提出的"新结构经济学"的框架结构。当然,相比较而言,林毅夫先生提出的经济结构框架分析得更加细腻、更加专业化一些,并偏重于经济政策的应用性研究,而本书提出的经济结构框架则更加系统、更加普适化一些,并突出了经济体系的层次性、联系性和一般结构特征。

(2) 对三个典型宏观动态经济学理论框架的包容

在宏观动态经济学理论中,最有代表性的理论是马克思的社会再生产理论、卡莱斯基的有效需求理论和凯恩斯的货币理论,他们都从不同侧面分析了需求对经济系统的作用过程。下面,从经济发展动力方面简单介绍一下他们的有关思想。

马克思把整个社会分为工人与资本家两大阶级,把社会的生产体系分为两大部类(即生活资料生产部门和生产资料生产部门),把经济产出分为两个部分(即工人的工资和资本家的利润),通过对两大阶级收入分配结构和分配关系的分析,他指出工人阶级的消费不足会导致整个社会的有效需求不足,而社会有效需求不足是导致资本主义经济周期波动的重要原因。马克思认为,社会再生产要顺利进行,这两大部类间进行交换的产出价值必须相等,而且彼此之间产生这一交换的需求也必须相等。由于经济系统的扩张和衰退是由有效需求与总供给的关系决定的,而总供给在短期内是相对稳定的,因此,有效需求的变化就成为决定经济系统运行方向的关键。根据马克思的分析,在资本主义制度下,一方面,每个资本家在外在压力(市场竞争)和内在动力(追逐利润)的驱使下,促使资本家不断向自己的企业追加投资、扩大生产规模,而生产的社会化又为扩大生产规模提供了物质基础,这导致资本主义经济的社会生产力显示出不可遏止的发展趋势。另一方面,从收入分配方面来看,资本家的利润增长要快于工人工资的增长,这极大地限制了工人阶级的消费能力,由于资本家阶级的实际消费有限,所以造成整个社会消费能力下降,进而导致整个社会有效需求的下降,这就使社会生产出现了相对过剩。随着社会生产力的不断扩张和社会有效需求的相对下降,社会生产中的供求矛盾不断加剧,最终就引发资本主义的经济危机。在马克思看来,导致资本主义经济危机的直接原因在于社会需求方面,即以工人阶级为代表的大多数人处于贫困状态而导致的需求限制与消费不足。从现象上看,有效需求不足是导致资本主义经济危机的直接原因,但在有效需求不足的表象背后,还存在着更深层次的原因。马克思认为,资本主义的生产资料私有制和雇佣劳动制度决定了资本主义的收入分配制度是一种对抗性的分配制度,这种对抗性分配制度决定了工人阶级的消费需求只能局限在狭小的界限之内。因此,他认为资本主义生产资料私有制和生产的社会化这一资本主义基本矛盾的运动,是社会消费需求不足进而导致有效需求不足的深层次原因,也是资本主义经济危机产生的根本原因。①

波兰经济学家米哈尔·卡莱斯基在 1933 年出版的《经济周期概论》一书中提出资本主义经济是需求决定的体系，资本主义失业和产量下降的原因是总需求不足，有效需求不足是引起资本主义经济周期波动的根本原因；他把投资看作决定总需求从而决定产出的关键因素，他认为投资不足的主要原因是垄断竞争和资本主义的收入分配格局②。卡莱斯基的有效需求理论深受马克思再生产理论的影响，但在意义上则与凯恩斯的有效需求思想比较接近（他在 1932—1935 年发表的论文中已经包含了现被称为"凯恩斯理论"的精髓，他运用马克思再生产理论的思想方法对有效需求问题所作的分析，不仅早于凯恩斯，而且更深刻地表明了有效需求问题的性质③）。卡莱斯基也把整个社会分为工人与资本家两大阶级，但他把社会的生产体系扩展为三个部门（即工人工资商品生产部门、资本家消费品生产部门、投资品生产部门），他把经济产出分为两个部分：工人的工资和资本家的利润，其中，工人取得工资并全部用于消费，其储蓄倾向为零，资本家获得利润并分别用于投资和消费。他认为，在不完全竞争条件下，资本家的投资是不足的。从收入分配方面来看，工人工资的增长幅度赶不上资本家的利润增长幅度，而资本家的消费支出在长期非常稳定，其增长相当缓慢，这就造成整个社会的消费增长很缓慢，消费不足就会造成企业产品积压、利润下降，从而导致资本家减少投资，进而造成整个经济系统中出现投资不足。从生产投入的角度来分析，他指出资本家的投资支出和消费支出是决定整个经济系统有效需求变动的主要原因，从长期来看，资本家消费支出的变化是相对稳定的，所以他认为资本家的投资支出是决定整个经济系统有效需求变动的主要原因，投资在经济增长中居于主导地位。他认为，造成有效需求不足的原因是投资需求不足，投资需求不足导致社会生产能力达不到充分利用，而投资的决定依赖于企业资本积累、预期利润率、现有资本存量和技术进步。企业资本、利润率与技术进步对提高投资起促进作用，而资本存量对投资行为起抑制作用。他认为，投资在资本主义经济活动中具有双重作用，它既是经济繁荣的源泉，又能引起经济萧条。一方面，在经济上升时期，资本家将大量资本投入企业，而到经济繁荣时，利润水平不变但资本存量却在增加，这就导致企业的利润率下降，利润率下降又会导致投资下降，投资下降进一步导致有效需求不足，而有效需求不足又会导致企业的产量、收入和利润进一步下降，进而使整个经济系统陷入一个向内收敛的螺旋运动之中，直到衰退的最低点。另一方面，随着资本存量的收缩，企业的利润率开始逐步回升，这促使资本家加大投资力度，投资的增加导致整个经济系统又进入一个向外扩张的螺旋运动之中，直到繁荣的顶点。如此反复，从长期来看，资本主义经济活动就形成了周期性的波动。

凯恩斯对有效需求的表述是以总需求与总供给达到均衡时的价格进行描述的。按照凯恩斯的定义，有效需求是指社会中所有企业提供的商品总供给数量和市场总需求数量正好相等时的商品价格，这实际上是经济系统中的一个供需均衡点，它产生于社会中所有企业家利润最大化的决策，这一均衡点决定了经济系统中产业体系的实际产出量和现实的社会就业量。凯恩斯认为，在封闭经济体系中有效需求包括消费需求和投资需求，投资需求又决定消费需求，原因在于社会消费随着国民收入的增减变化而变化，投资通过乘数作用最终会影

---

① 本段内容参考整理自宁军明：《马克思与卡莱茨基有效需求理论的比较研究》，《经济纵横》2010 年第 3 期。
② 宁军明：《马克思与卡莱茨基有效需求理论的比较研究》，《经济纵横》2010 年第 3 期。
③ 陈祥、靳卫萍：《有效需求：马克思、凯恩斯与卡莱茨基经济学》，《南开经济研究》2004 年第 2 期，第 52 页。

响国民收入和社会消费。他认为消费取决于收入且消费倾向递减（指消费者用于消费支出的增长幅度小于收入本身的增长幅度），因为富人比穷人有更高的储蓄倾向，所以，在资本主义经济关系中边际消费倾向是递减的。在凯恩斯的有效需求构成中，投资需求起着决定作用，投资波动是导致有效需求不足和国民收入波动的主要原因。在凯恩斯的投资理论中，一个重要的概念是资本的边际效率。资本的边际效率是一种贴现率，是指企业在计划一项投资时预期可获得的按复利方法计算的利润率。在凯恩斯看来，资本边际效率是一个货币价值量，而不是一个实物量，它决定于企业对未来的预期收益。他认为在资本主义货币经济体系中，企业之间的竞争关系是通过资本边际效率与市场利率的比较反映出来的，正是通过对这两者之间的比较，决定了企业的投资需求以及相应的产出量和就业量。他还指出，企业对未来预期的不稳定导致资本边际效率的剧烈波动，而这种波动可以解释经济的周期性波动现象。通过资本边际效率的概念，凯恩斯分析了资本存量和收入流量（储蓄和投资）同时均衡的问题，他发现每一收入流量的变动都会影响资本存量价值，进而影响到投资，而投资的变动又会影响收入流量；由此，他解释了资本主义经济体系中动态的货币关系，并构建了动态均衡的货币理论。[①]

从上面的简单描述中可以看到，马克思的社会再生产理论侧重于从剩余价值（或利润）的生产、收入分配结构和经济制度等方面对宏观经济运行过程进行分析；卡莱斯基的有效需求理论侧重于从生产要素投入（投资）、收入分配决定因素等方面对宏观经济运行过程进行分析，他同时注意到投资行为与企业资本积累、预期利润率、现有资本存量和技术进步之间的联系；凯恩斯的货币理论则侧重于从生产要素投入（投资）、社会就业、货币市场等方面对宏观经济运行过程进行分析，他同时注意到心理预期、资本存量和收入流量之间的联系。

从图7-2来看，无论是马克思的社会再生产理论、卡莱斯基的有效需求理论，还是凯恩斯的货币理论，他们的理论框架都是本书所提出的经济系统整体结构的一部分。如果联系本书第四章和第五章对企业系统和产业系统运行过程的分析，再结合图7-2来看，本书所提出的经济系统整体结构基本上可以容纳他们的理论要义。

总之，从整体的思想逻辑上来说，本书将微观经济学、中观经济学和宏观经济学统一在一个完整的理论框架中。当然，本书所提出的整个理论框架还比较粗糙，在细节方面还需要做大量的整合与完善工作。我相信，这需要一大批各国经济学家和社会学家的共同努力，才有可能将这一理论框架构建得更加完善！

---

① 本段整理自陈祥、靳卫萍：《有效需求：马克思、凯恩斯与卡莱茨基经济学》，《南开经济研究》2004年第2期。

第八章 国家与社会系统的结构、功能和演化图景

本章首先梳理了古今中外有关国家的概念,以最近的人类学和历史学研究成果为基础,简要描述了中国境内原始国家的诞生过程;在对国家系统内外环境、组成要素进行分析的基础上,提出了国家系统的双层结构模型;然后在理清"文化"内涵本质的基础上,重新定义了"人文"的概念;在对人文系统内外环境、组成要素进行分析的基础上,提出了人文系统的双层结构模型;阐述了人文系统的主要功能、生产活动和进化机制,并从社会变革的视角探讨了社会进化的问题;在梳理中外学者有关政治观念的基础上,重新定义了"政治"的概念;在对政治系统内外环境、组成要素进行分析的基础上,提出了政治系统的双层结构模型;从结构的视角,简要论述了社会系统发展的动力因素;从社会分工、社会协同、分层与分化、渐变与突变四个方面,论述了社会系统发展演化的主要机制;从多因素关联和互动的视角,描述了社会系统发展演化的轨迹;最后阐述了本书的历史哲学和社会演化观。

本章的论述要点如下:

1. 国家是人类社会演化到一定阶段的社会组织形式。人们对国家的认识和定义是随着社会的发展而不断变化的。

2. 原始国家的出现是人类进化史上的重大事件,它的出现标志着人类从自然人阶段进化到社会人阶段。原始国家的诞生过程,实际上是一个社会组织不断分化、社会结构分层化、社会功能多元化的过程,一方面,社会组织发生着从"社群组织→公共组织→政权组织"的分化;另一方面,社会形态发生着从"氏族社会→部落社会→酋邦社会"的逐步演化,同时伴随着人类社会在人口生产、精神生产和物质生产方面的不断进步。

3. 人类的社会生产是由人口生产、物质生产和精神生产等全部社会生产所构成的一个复杂体系,人类社会的生产关系也是由人口生产关系、物质生产关系和精神生产关系等全部生产关系所构成的一个复杂体系。在社会发展历程中,处于主导地位的社会生产活动和社会生产关系并不是一成不变的;在漫长的原始时代,人口生产活动和人口生产关系一直处于主导地位;进入文明时代之后,物质生产活动和物质生产关系才取而代之处于主导地位;自从人类社会进入信息时代以后,以科学技术、文化艺术为核心内容的精神生产活动和精神生产关系开始逐步处于主导地位。

4. 国家系统是一个由人文、经济和政治等子系统组成的有机系统,每个子系统都是相对独立的,它们都具有自己独特的功能。其中,人文系统的主要功能是人本身的生育和人文知识的生产创新。经济系统的主要功能是进行物质产品的生产、交换、分配和消费。政治系统

的主要功能是提供公共服务、公共产品以及社会公共权利的组织、交换、分配和使用等。从社会发展历史来看,人类社会最先形成的社会子系统是人文系统,其次是经济系统,然后才是政治系统,它们都是先后从原始社会组织中逐步分化出来的。

5. 从结构功能主义的视角来看,国家系统内部实际的运行过程可以分为"资源开发→人文系统→经济系统→政治系统→社会发展"和"资源开发→科学系统→法制系统→教育系统→社会发展"这两条链,本书由此得到国家系统运行的一般结构图。从社会经济关系的角度来看,一个国家系统完整的生产关系应该由其内部的生产关系网络和其外部的社会关系网络共同组成。

6. 本书所说的"人文"是个复合词,它实际上包含"人"和由人所创造的"文化"这两方面的含义。本书认为"文化"的本质是人类精神世界的进化。文化是人类在与环境互动过程中发生的个体意识与群体意识的协同进化,进化的内容主要包括知识、思想、感情、价值观念、精神信仰、伦理道德、制度规范等意识形态;这种进化的结果,一方面表现为人类个体智力水平的提升和知识的专业化,另一方面表现为人类群体认识水平的提升和知识的多样化。

7. 从人文系统的外部环境来看,影响人文系统演化的具体因素包括自然、人文、经济、政治、科学、法制和教育等方面的因素,其中,来自自然环境方面的因素包括气候、地理、生物等方面的因素。从人文系统的内部环境来看,人文系统是一个由个人、家庭组织、社群组织、人文知识、社会制度、文化教育等因素组成的有机系统。

8. 从人文系统运行的过程来看,人文系统成长演化的过程是一个不断进行人口生育和文化创新的循环往复的过程。人文系统内部实际的运行过程可以分为"人口生产→个人→家庭组织→社群组织→社会进化"和"精神生产→人文知识→社会制度→文化教育→意识进化"这两条链,本书由此得到人文系统运行的一般结构图。从社会经济关系的角度来看,一个人文系统完整的生产关系应该由其内部的生产关系网络和其外部的社会关系网络共同组成。

9. 一个社会群体对其个体的生产和培养,是一个从"生物人"到"社会人"的文化教育过程。在一个人从婴儿到成年的过程中,社会群体在精神信仰、社会道德和社会制度等方面对个体意识的形成和成长发挥着非常重要的文化教育作用。这种文化教育作用正是一个社会中人文系统的重要功能之一。

精神信仰、社会道德和社会制度三者之间具有一定的层次递进关系。一般来说,信仰是道德的基础,而道德又是制度的基础;在社会生活中,对于超出道德规范约束的人类行为,一般是通过法律等社会制度来调节和规范的。

(1) 精神信仰形式包括宗教信仰、科学信仰、权力信仰、物化信仰等类型。其中,宗教信仰是人类社会最常见、最持久的精神信仰形式。宗教是人类所创造的整合社会意识最有效的文化工具。作为文化的重要内容之一,宗教在社会变迁中具有一定的稳定性。在人类早期社会中,宗教承担了解释世界、司法审判、社会教化、道德培养和心理安慰等功能;在现代社会中,宗教依然承担着社会教化、道德培养和心理安慰等功能。从社会发展的角度来看,宗教在整合社会意识、进行社会教化、化解社会矛盾、稳定社会秩序、增强社会凝聚力等方面往往发挥着其他社会力量难以替代的重要作用。

(2) 道德和制度都是规范和调节人们行为的准则,但它们的作用形式和特点有所差别。道德是个体对自己行为进行自我约束的规则,具有主动性、内在性、自律性、非强制性等特点;制度是社会组织对个体行为进行约束的规则,具有被动性、外在性、他律性、强制性等特点。在人类社会的不同组织系统中,道德和制度具有不同的形式和特点。

(3) 信仰行为是个人意识的内化行为,道德行为是个人意识对自我行为的调控,制度行为是个人意识按照外部的规则对自我行为的调控。从信仰行为到道德行为、再到制度行为,参与主体的实践性在逐级增强,而其主动性在逐级减弱。信仰是支撑人类道德生活的基石,它从根本上决定着人们道德实践的范围、层次和方式。道德是维持一个社会稳定、和谐、有序运行的基本动力,它在人类社会的实践活动中具有重要的价值和功能。在一个法治化的社会,在道德与法律的"交叉地带",个人行为既受道德调控,也受法律约束。

10. 在现代社会中,人文知识分子是人文系统中精神文化产品的生产者,他们肩负的重要历史使命是"启蒙社会公众思想,引领社会意识潮流",从而带动社会大众不断修正和完善整个社会的价值观念体系、精神信仰体系和伦理道德体系。

11. 本章所提出的社会结构框架,吸收了马尔萨斯的人口理论和有效需求理论的思想要义、马克思和恩格斯关于物质生产与精神生产相联系的观点、马克斯·韦伯(Max Weber,1864—1920)关于精神信仰和伦理道德促进经济发展等重要思想,不但建立了人文系统与经济系统、人文系统与政治系统、经济系统与政治系统之间的联系,而且建立了它们与科学系统、法制系统和教育系统之间的联系,从而涵盖了文化经济学、人口经济学、政治经济学、文化政治学等学科的主题。

12. 关于物质世界进化机制的问题,美国系统哲学家欧文·拉兹洛提出了物质世界的广义进化理论,中国文化哲学家牛龙菲揭示出了物质世界进化的内在机制。应用牛龙菲提出的"正反馈——自生"和"负反馈——自稳"这两种机制,可以科学地解释物质世界从"物理结构→化学结构→生物结构→社会结构"的一般进化过程;而人类社会从动物社会中分化出来,又经过漫长的文化进程,最终创生了具有人文结构的高级社会系统。整个物质世界的进化过程,是一个各种结构系统分层进化的历时过程,同时也是不同层次系统共时耦合的过程,这一过程可以用牛龙菲提出的物质世界进化的一般模型图来表示。

13. 本书将人文系统运行的一般结构图与牛龙菲"正-负反馈往复循环"的思想相结合,从而画出人文系统进化机制图。这个图示可以比较清晰地解释人类社会中人文系统的进化过程。

社会进化过程是一个从"微观扰动"到"宏观放大"的过程,同时也是一个"认识"与"实践"不断循环的过程。在远古时代,人们受到外界环境某种"刺激"或"扰动"而进行创新时,这些"刺激"或"扰动"常常具有偶然性或随机性,这些偶然性或随机性往往决定了人文系统的进化路径和发展程度。外界环境的"刺激"或"扰动",甚至可以影响到某些社会群体宗教信仰的形式。在一个社会群体中,如果人文系统中的负反馈力量过于强大,往往就会压制人们的创新活动,进而就会抑制社会系统中新结构的出现和成长。只有开放的社会系统才会获得持续创新并不断进化,而封闭的社会系统只会陷入僵化或停滞。

14. 一个系统在演化变迁过程中,当其"正反馈自生"的"动态"一面发展到临界的极点之后,是返回到原先层次的"负反馈自稳"的"稳态"结构,还是跃迁到一个新层次上的"稳态"结构,这取决于该系统内外环境中的具体影响因素,而这些因素对系统演化变迁方向的影响往往是随机的。在系统演变的关键时期,一些偶然性因素往往会影响系统变迁的方向和路径。

15. 历史学家黄仁宇(1918—2000)先生通过历史直觉认识到人类历史进程是以螺旋线

的形式运行的。本书则是通过对人文、经济、政治等社会子系统的结构考察,通过多种学科的系统综合,从而论述了人类历史的螺旋式演化规律。正是在这个意义上,本章所揭示出的社会演化思想也反映了本书的历史哲学思想。

16. 政治是人类社会发展到一定时期所产生的社会结构,政治活动出现在社会产生阶级对立和产生国家的时候,它总是直接或间接地同国家相联系。本书从系统角度对"政治"进行定义,政治是具有一定结构和功能的社会系统,它是由政权组织、公共权利和公共制度等要素组成的一个有机整体,其核心功能是通过对公共权利的组织、交换、分配和使用,对公共事务进行管理和协调;政治活动具体表现为社会中社群组织、公共组织和政权组织等组织,在宪法等公共制度的规范约束下共同处理公共事务的互动过程,其最终目的是通过公共权利的使用促进整个社会的持续进步与发展。

17. 从政治系统的外部环境来看,影响政治系统演化的具体因素包括国际、人文、经济、科学、法制和教育等方面的因素,其中,来自国际方面的因素包括国际组织和其他国家的有关因素。从政治系统的内部环境来看,政治系统是一个由社群组织、公共组织、政权组织、社会知识、公共制度和公共权利等因素组成的有机系统。

18. 从政治系统运行的过程来看,政治系统成长演化的过程是一个不断进行社会组织创新和政治进化的循环往复的过程。政治系统内部实际的运行过程可以分为"社会组织创新→社群组织→公共组织→政权组织→政治组织进化"和"社会观念创新→社会知识→公共制度→公共权利→政治观念进化"这两条链,本书由此得到政治系统运行的一般结构图。从社会经济关系的角度来看,一个政治系统完整的生产关系应该由其内部的生产关系网络和其外部的社会关系网络共同组成。

19. 从社会系统外部环境来看,外部生态环境对社会供给资源要素是社会成长演化的必要条件;从社会系统内部环境来看,来自社会内部的人类需求是推动社会发展的原始动力。从国家这一层次的社会系统来看,影响社会发展的一般性因素是人类需求和资源供给,具体因素包括人文、经济、政治、科学、法制、教育等因素。将影响社会发展的一般因素、具体因素与社会运行过程相结合,本书由此画出社会发展动力因素关系图。

在人类社会的演化过程中,社会系统在人类需求因素和资源供给因素的共同推动下,始终进行着"生态投入→资源产出→资源利用→社会发展"的循环运行过程。从社会系统内部环境来看,一个社会系统的演化过程表现为人文系统不断进行创生、分化、成长的过程,社会的经济、政治、法制、教育、科学等子系统先后从人文系统中分化出来。

20. 在社会发展的动力系统中,如果人文、经济、政治等子系统之间能够互相配套、互相协调、互相支持,社会的整个动力系统就会发挥出"1+1≥2"的协同效应,从而就会推动社会的发展进步;相反,如果各个子系统之间互不配套、互不协调、互相抵触,那么社会的整个动力系统就会显示出"1+1<2"的负效应,从而就会阻碍或延缓社会的发展进步。

在社会系统的人文、经济、政治三个子系统中,人文系统的核心调控机制是信仰和道德,经济系统的核心调控机制是市场和政府,政治系统的核心调控机制是民主和法治。从人类社会的长期演化历程来看,在社会发展的所有动力因素中,最重要的动力因素来自社会系统中的人文系统,而在人文系统中,人类精神境界的高低和社会道德的水平最终决定着一个社会的文明程度。

21. 在社会的成长发展过程中,分工与协同、分化与分层、渐变与突变是社会进行演化的重要机制。

(1) 人类社会的第一次社会大分工是原始农业(包括种植业和畜牧业活动)从原始社会的采集-狩猎活动中分化出来;第二次社会大分工是手工业从原始农业中分化出来以及专业工匠阶层的形成;第三次社会大分工是商业从农业和手工业中分化出来以及专业商人阶层的形成;第四次社会大分工是公共组织从一般社群组织中分化出来,从而催生了社会管理阶层和原始国家的诞生。

从更广泛的社会意义来说,可以把社会分工理解为社会组织的分工和社会职能的分工两个方面。从人类社会的长期历史来看,无论是社会组织的分工,还是社会职能的分工,它们的演化过程都是一个逐级分化的历史过程,它们分化的抽象形式是一个与自然界树木的分叉相似的过程。把社会分工过程理解为一个自然分叉过程,这具有重要的认识价值,至少有助于人们对社会分工过程建立数学模型,从而进行相应的形式化逻辑分析。

(2) 社会分工能够使一个社会系统的各个子系统向专业化、纵深化、精细化方向发展;社会协作能够使社会系统中的各个子系统相互衔接、互相配合、协调发展。社会分工实际上是分叉律在社会发展中的一个具体表现,而社会协作是协同律在社会发展中的具体表现。从长时段来看,一个国家的人文、经济、政治、科学、法制、教育等子系统都在分叉律和协同律的共同作用下,不断发生着从单一到多元、从低级到高级、从简单到复杂的演变。

(3) 社会分化至少有社会分工、社会分层和系统功能分化这三个最基本的维度。纵观人类社会的历史变迁就可发现,社会变迁是社会分化在这三个维度上的历时性与共时性的渐次展开。社会分工是社会分层和系统功能分化的基础与条件,是社会分化的前提。社会分工所导致的社会分化会引起社会结构的演变,当社会结构演变到一定程度时就会引起社会结构的分化,与社会结构分化相伴随的是社会功能的分化。社会分化的结果是促成社会系统中诞生了新的子系统,从宏观方面来看,就是社会产生了新的社会结构和新的社会功能;从中观方面来看,就是社会产生了新的社会组织和新的专业部门;从微观方面来看,就是社会产生了新的社会职业和新的个人角色。社会分工越精细,社会分化就越复杂。一方面,社会分工推动了社会变迁与社会发展;另一方面,社会分工也促进了人类理性意识的不断增长。人类社会进化的过程,实际上就是社会系统不断分化和重新整合的过程,同时也是社会结构与社会功能不断优化和完善的过程。

(4) 人类社会在演化过程中,社会系统的结构和功能都在逐渐发生变化,当变化量积累到一定程度时,社会内部各要素的性质将发生质变,从而引起社会系统的突变。社会系统演化过程中的渐变与突变是一个反复持续的过程,这一机制促使社会从一种状态向另一种状态演化、从一个层级向另一个层级跃迁。正是由于渐变与突变这一演化机制,从而使社会系统实现了从单一到多元、从低级到高级、从简单到复杂的演化过程。

从社会创新的角度来看,社会演化过程是一个"间断平衡"的过程,即一个相对较长的渐进创新过程被短期的突变创新所打断,其后又是一个相对较长的渐进创新过程。一个社会系统正是通过在人文、经济、政治、科学、法制和教育等各方面的间断创新,从而实现了社会的发展和变迁。

22. 社会演化是外部压力与内部动力综合作用的结果。一个社会系统当外部的资源供给充分和内部人类发展需求强劲时,这个社会将向进化方向演化;当外部的资源供给不足和内部人类发展需求减弱时,这个社会将向停滞或退化方向演化。

23. 从社会系统发展角度来看,社会系统演化过程可以用"生态优化→人文系统→经济系统→政治系统→社会发展"和"资源利用→科学系统→法制系统→教育系统→文化进化"这两条链来描述,由此可以画出社会系统发展演化轨迹图(即螺网图);在发展演化过程中,社会系统沿这两条链的运行轨迹是两条起点相同、逐渐扩展的螺旋线。本书的螺网图以简化而形象的方式描述了人类社会的演化历史,它无论对人类认识社会进化机制、重新整合碎片化的知识体系,还是对指导社会实践活动都具有重要意义。

24. 关于人类社会的发展动力问题,本书的基本观点是,人类社会的发展动力是由人文、经济、政治、科学、法制和教育等诸要素之间的合力共同决定的,在社会发展的不同历史阶段,其中的主导因素(或主导力量)并不是固定不变的,而是始终处于动态变换之中。

从宏观时空的大尺度来考察,整个人类社会系统的长期演化机制遵循分叉律和协同律两大基本规律,同时,社会系统又体现出了整体的复杂性、运行的周期性、结构的分形性等显著特征,其演化发展的总趋势是从简单到复杂、从无序到有序、从低级到高级,其演化的路径轨迹是一条逐渐扩展的螺旋线。人类社会演化的总体图景是一张多维动力交织、螺旋式发展的螺网图!

人类社会在发展过程中,尽管其总趋势是逐渐进步的,但这种总体的进步过程并不是简单的、线性的进化,而是充满了各种各样的复杂性。人类社会系统整体的演化过程是分叉与协同、渐变与突变、量变与质变、有序与无序、进化与退化的统一。

一、有关国家的概念

我们把同一物种以协作方式组织起来的一群个体,称为一个社会。这里,"社会"实际上是生物学中的概念。人们通常见到的具有社会性的生物有蚂蚁、蜜蜂等物种。本书这里所探讨的社会是指人类社会。国家是人类社会演化到一定阶段的产物,现代社会一般都以国家的形式进行组织。在现代全球社会系统中,宏观层次的行为主体包括国家系统和联合国等国际组织。

我们现代人都生活于具体的国家中,但是国家却并不是从来就有的,它有个诞生、成长、演化的过程。所以,人们对国家的认识和定义也是随着人类社会的发展而不断变化的。

古今中外,不同时代、不同地域的人们对"国家"给出了不同的概念表述。例如,美国政治学家戴维·伊斯顿(David Easton,1917—2014)于1931年就曾宣称,他搜集到了145种关于"国家"的不同定义[①]。在秦朝之前的古代中国,"国"和"家"具有不同的含义,人们称诸侯的封地为"国",称卿大夫为首的贵族家族统治的地盘为"家",而把天子统治的疆域称为"天下"。秦始皇统一中国以后,实行中央集权制,"国家"遂与"天下"通用。在西方,"国家"最初是指古希腊的城邦[②],在罗马时代,人们把"国家"称为"共和国",中世纪称"国家"为"王国"。1513年,意大利政治学家尼可罗·马基雅维里(Niccolò Machiavelli,1469—1527)用"status"

---

① 戴维·伊斯顿著,马清槐译:《政治体系:政治学状况研究》,商务印书馆1993年版,第102页。
② 古希腊的城邦"polis"一词,是指构筑围墙从而形成可以守卫的社会共享空间,它具有公共权力和地域空间这两层含义。在古希腊人的观念中,城邦就是国家,它包括了社会生活的政治、经济、文化等各方面的实际内容。

一词表示"国家",它含有"政权"的意思;他指出,国家是"一切政体的总体名词"[①]。恩格斯指出,"国家是社会在一定发展阶段上的产物",是缓和社会矛盾和阶级冲突并"把冲突控制在秩序的范围之内""从社会中产生但又自居于社会之上并且日益同社会相异化的力量"[②]。列宁则认为"国家是阶级统治的机关,是一个阶级压迫另一个阶级的机关"[③]。德国社会学家马克斯·韦伯指出"国家是在某一特定的领土范围内能够宣称合法地垄断强制力的人类集团"[④]。他对"国家"的定义强调了国家作为强制性机构的一面。美国政治学家西达·斯考克波尔(Theda Skocpol)主张扩展"国家"的内涵,他认为国家除了强制性以外,还有社会管理与社会服务的职能;他在研究国家与社会革命的关系时指出,"我们只有严肃地把国家视为一种宏观结构,才能正确理解社会的革命性转变的意义……强制与管理机构不过是全部政治体系的一部分。这些体系中可能还包括社会利益在国家制度中得以表达的机构和制度,以及动员非国家行为者参与政策实施的机构和制度。当然,强制与管理机构依然是国家权力的基础"[⑤]。中国学者唐士其指出,"国家是在特定的领土范围之内,根据某些确定的原则,通过合法垄断强制力而对该领土范围内的全体居民进行协调、组织与管理的各种机构及其运行规则的总和"[⑥],他对"国家"的这一定义概括了现代国家的实际行为,具有时代特征。[⑦] 从有关"国家"的概念变化来看,清晰地显示出人们对国家的认识和定义是随着社会的发展而不断变化的。

关于现代国家的概念,我们可以从狭义和广义两个方面进行定义。狭义的国家是指在特定地域空间内,以社会公共权力为基础,以协调社会各阶层权利分配、保障社会群体共同利益为目的,进行社会管理与社会服务的权利体系。广义的国家是指在特定地域空间内,以一定的人类群体为基础,以消除社会冲突、建立社会合作、维护社会秩序、促进社会发展为目的,由政治、经济、文化等相互联系、相互作用、相互制约的要素组成,具有一定结构和功能的综合性社会组织系统。现代国家是国际法的基本主体。

本书基于整体的思维,从系统论的角度认为,国家是个人工复杂巨系统,它除了具有一般系统所具有的整体性、层次性、相关性和环境适应性等特征外,还体现为结构复杂、关系复杂和行为复杂,是一个动态、开放的复杂系统。作为一个复杂的巨系统,国家的功能是丰富多样的,但其基本功能是协调系统内外环境各社会群体、不同阶层的利益关系,平衡人类社会与自然环境之间的冲突,促进人类社会与自然环境的协同进化和持续发展。自西方"文艺复兴"以来,"人类中心主义"思想曾一度广泛影响了世界各国的发展,但鉴于工业革命之后人类社会对自然环境所造成的严重破坏已经开始制约人类社会的可持续发展,因此,我们需要对"人类中心主义"思想进行深刻反省和认真思索。本书的基本主张是:摒弃以往的"人类中心主义"思想,弘扬中华传统文化中的"天人合一"思想,建立人类社会与自然环境的和谐关系。任何一个民族国家,其创建国家的最终目的应该是促进人类社会的可持续发展。

[①] 尼科洛·马基雅维里著,潘汉典译:《君主论》,商务印书馆1985年7月第一版,第3页。
[②]《马克思主义经典著作选读》,人民出版社1995年版,第140页。
[③] 列宁著:《论国家》,人民出版社1985年版,第59页。
[④] Max Weber, *Essays in Sociology*, Translated and edited by H.H. Gesth and C.Wright. London: Routllege and Kegan Paul, 1970, p.78.
[⑤] Skocpol, *State and Social Revolution*. Harvard university press, 1985, p.29.
[⑥] 唐士其:《国家与社会的关系》,北京大学出版社1998年版,第32页。
[⑦] 本段文献转引自:冯志峰,《国家起源说的博弈和博弈的国家起源说》,《文学界(学术版)》2008年第8期。

也就是说,任何民族创建国家的目的在于,在兼顾自然环境和其他社会发展的同时,为本国人民创造幸福生活。

二、原始国家的诞生过程

原始国家的出现是人类社会发展史上的里程碑,标志着人类社会从自然状态进入到较高级的文明状态。原始国家的出现也是人类进化史上的重大事件,它的出现标志着人类从自然人阶段进化到社会人阶段。下面就简要描述一下人类原生型国家的产生过程。

在原始社会,为便于抵御猛兽袭击和进行协作捕猎,人们就结成一定规模的社会群体,过着群聚生活。一般认为,人类社会最初的社群组织,其最小单位是氏族。这里,社群组织是一个超越核心家庭组织以外,包括氏族、胞族、部落等组织在内的亚层社会组织。所谓"亚层社会组织",是指其社会组织水平低于国家层次的组织水平,其社会规模也小于国家层次的社会规模,在国家形成之前,它是处于主导地位的社会组织形式,在国家形成之后,它是组成国家的众多构成因素之一。从人类社会的进化历程来看,社群组织最初是由原始人群组成的氏族公社,社群组织的成长演化表现为氏族公社的组织分化和演化。所以,我们可以通过分析氏族公社的演变历史来分析原始社群组织的变迁过程(具体见下文所述的原始国家诞生过程)。

氏族是由类人猿的群体转化而来的人类第一个比较正式的社会组织形式。比氏族规模更大的社群组织包括胞族、部落、酋邦等。氏族是指成员出自一个共同祖先、以血缘关系为纽带而形成的社会经济单位,又称氏族公社。胞族是指由几个具有血缘联系的不同氏族结成的社会共同体。部落是指生活在一定地域的由几个氏族或胞族联盟而形成的社会共同体。酋邦是指在原始社会晚期国家产生之前人类社会的一种大型组织形态,一般由部落联盟组成。人类学研究表明,人类社会的婚姻形态先后经历了集团婚、对偶婚和个体婚三种形式,与这三种婚姻形态相对应的家庭制度分别是群婚制、对偶婚制(包括"一妻多夫制"和"一夫多妻制")和个体婚制(即"一夫一妻制")。在氏族社会形成之前,人类过着群婚乱伦的野蛮生活。进入氏族社会时期以后,人类社会先后经历了母系氏族社会和父系氏族社会两个阶段[①],大约在铜石并用时期,由于私有制的产生和发展,氏族社会逐渐解体。在母系氏族社会时期,社会的整个家庭组织是围绕母系血缘关系而建立的,当时实行"一妻多夫制"的家庭制度,人们只知其母而不知其父。在母系氏族公社中,妇女在社会经济生活中居于支配地位,所以家族世系按母系来计算,家族财物也归母系血缘亲族来继承。随着社会生产力的进一步发展,男子在社会经济生活中逐渐处于支配地位,人类的家庭制度也开始由"一妻多夫制"逐渐向"一夫多妻制"的形态过渡,男女居住方式也由母系氏族社会的"夫从妻居"转变为父系氏族社会的"妻从夫居",最终家庭关系中的母权制遂被父权制所取代。在父系氏族社会时期,男子是维系整个氏族的中心,社会的整个家庭组织是围绕父系血缘关系而建立的,

---

① 瑞士法学家巴霍芬(Johann Jakob Bachofen,1815—1887)于1861出版的《母权论》一书中最早提出,在原始社会早期人类家庭形式曾存在过一个母权制阶段,并论证了母权制先于父权制存在的观点。德国思想家恩格斯肯定了巴霍芬的这一观点,并认为这是家庭史研究中的一个革命。参见:恩格斯,《家庭、私有制和国家的起源》1891年第四版序言;《马克思恩格斯选集》(第4卷),北京:人民出版社1995年版,第5—8页。

所以家族世系按父系来计算，家族财物也由父系血缘亲族来继承。氏族公社的主要特征是：依靠血缘纽带维系，有婚配禁忌（在氏族内禁止长辈与晚辈之间、兄弟姐妹之间婚配，甚至禁止与祖母或祖父最远的旁系亲属婚配），实行族外婚配；生产资料归氏族公有，成员地位平等，集体劳动，平均分配产品；公共事务由选出的氏族长管理，重大事务（如血亲复仇、收容外族人等）由氏族成员组成的氏族会议决定。氏族公社在共同经济生活的基础上形成了共同的语言、习惯和宗教信仰，他们往往用一种动物或植物作为本氏族的图腾标记。

关于母系氏族社会和父系氏族社会的问题，也有些学者认为这两种形式不是社会发展的前后两个阶段，而是两种同时并存的社会组织类型。美国政治学家弗朗西斯·福山（Francis Fukuyama）指出，父系社会普遍存在于中国、印度、中东、非洲、大洋洲、希腊和罗马等地域的社会中；母系社会比较罕见，但仍出现在世界一些地区，如南美洲、美拉尼西亚、东南亚、美国西南部、非洲[①]。在巴布亚新几内亚，高地居民是父系社会，而很多沿海群体却是母系社会[②]。

由于农业、手工业和商业三次社会大分工的发展，使人类社会的社会生产力得到较大提高，从而为人类社会生育更多人口奠定了物质基础。在原始社会的人口生产活动中，一方面，由于氏族公社实行族外婚配制度，氏族之间出于相互通婚的需要，一个氏族就会与相邻的一个或几个氏族建立紧密的联系，从而组成一个部落或部落联盟；另一方面，在一个氏族公社内部，随着人口的不断繁衍增长，一些子族便从原来的氏族公社中分离出来，形成一个"大氏族"或胞族，随着这些"大氏族"或胞族人口的不断繁衍增长，从而就会形成一个又一个"大氏族"或胞族，这些"大氏族"或胞族紧密联系，就会形成一个部落或部落联盟。人类社会的这种由于婚姻关系而建立的社会联系，是推动社群组织规模不断扩大的一个重要原因。其中，人类社会的婚配禁忌、族外通婚等婚姻制度发挥了重要的作用。无论是在氏族之外由两个或两个以上氏族由于通婚而联合成部落，还是由氏族内部由于繁衍发生分化而组成胞族、再由胞族而衍生成部落，实际上都是这种婚姻制度不断得到巩固和传承的结果。正是由于这种婚姻制度的不断巩固，才使人类的婚姻关系远离了族内婚而不是回到族内婚，正是这种婚姻制度的不断传承，才使人类社会区别于其他灵长类动物而进一步摆脱了以往的野蛮状态。

在氏族社会时期，人们经常需要处理一些属于氏族内部的公共事务，如召集氏族会议、分配猎物、组织庆典、埋葬族人、宗教祭祀等。随着社会规模逐渐由氏族、胞族向部落、酋邦等大型化方向发展，社群组织中的公共事务也日趋增多和复杂，参与公共事务的人员也随之不断增多，最后这些人员逐渐从生产活动中分化出来，形成了专门从事公共事务的公共组织。在原始社会时期，社会中不直接从事农业和手工业生产活动的人员，除了专业化商人以外，主要是从事公共事务的公职人员（如部落首领、宗教祭司等）。这一社会阶层的形成，为私有制的形成奠定了组织基础。根据美国文化人类学家路易斯·摩尔根对处于原始野蛮时期的美洲易洛魁人的研究，氏族公社的公共组织和公职人员包括公民大会、酋长和军事首领。"公民大会是氏族所有成员参加的群众集会，它是氏族的最高权力机构。氏族内部和外

[①] 弗朗西斯·福山著，毛俊杰译：《政治秩序的起源——从前人类时代到法国大革命》，广西师范大学出版社2012年10月第一版，第55—56页。

[②] 埃尔曼·塞维斯(Elman R Service)：《原始社会组织：进化的视角》英文版，第110—111页。转引自福山上书第485页第28条注释。

部的一切重大决策,都由公民大会讨论决定,其中包括选举、罢免酋长和军事首领,处理氏族成员间的纠纷和诉讼,决定向外氏族进行血亲复仇以及接收外族人等。酋长兼最高祭司和军事首领是常设的公职人员。这种职位并不固定在某些人身上,而是由全体氏族成员根据人们的德行和才干选举产生的,并且可以随时罢免。酋长的权力是父亲般的、纯粹道德性质的。军事首领的权力也很有限,仅在战争时带领武装群众和发布命令。在更高级的社会组织——胞族和部落中,大体也是这样"①。公共组织从一般社群组织中分化出来,这是一个漫长的历史过程,它大致经历了世袭贵族和政府官吏两个阶段。在第一阶段,氏族公社的公共权力由氏族会议转移到氏族中的少数贵族,与此相联系的权力组织制度也从原始民主制逐渐转变成贵族特权制。在这个阶段,公共职能从氏族公社中分离出来,逐渐固定在少数显贵家族范围内,最后变成这些贵族的专职和特权。起初,氏族首领或部落酋长还保留着过去民众选举的传统,后来便取消了选举这一表面形式,改由一定家族世袭这些职位。在第二阶段,公共权力由世袭贵族转移到由酋长、军事首领等转化来的政府官吏,与此相联系的权力组织制度也从贵族特权制转变成具有阶级性的政府集权制。通过这两个阶段的演变,社会的公共职能从一般社群组织中分化出来,变成了凌驾于整个社会之上的政权组织的基本职能。公共职能的演变和政权组织的形成,最终导致原始国家的诞生。原始国家产生之后,政权组织"一方面把社会公共职能完全集中在一个特殊阶级范围内,造成一批在社会中专干行政事务并享有特权的官吏,另一方面又彻底改革了过去的权力机构,增设了常备军、监狱、行政机关等一整套庞杂臃肿的公共机关和职能。这个阶段,公共职能同社会具体劳动的分离得到最后完成,公共职能的性质也发生了本质性的变化:人民公仆变成社会主人,公共机构变为剥削、压迫劳动人民的暴力工具"②。

20世纪70年代末80年代初以来,中国学术界在中国文明起源和国家形成时间等问题上主要分为两种观点。一种观点认为,中国古代文明和国家形成于夏代之前的"五帝时代",其中有人主张是距今5 000—4 000年前的龙山文化时代,有人则主张是龙山文化之前的大汶口文化或红山文化时期;另一种观点认为,中国古代文明和国家形成于夏代,或考古学上的二里头文化时期。这两种观点都是从考古学与历史学相结合的角度进行论述的,但主张第一种观点的人愈来愈多,已逐渐成为一种主流观点。③例如,美籍华裔考古人类学家张光直(1931—2001)就指出,从公元前3000年左右的龙山时代初期开始,在中国的黄河流域、长江流域和东海岸地区的平原河谷中分布着成千上万的大小古国,这些古国的内部已经存在阶级分化,上层统治阶级对下层阶级存在经济剥削,而在古国与古国之间存在着斗争,他们通过战争的方式将敌国的物质财富和人力资源据为己有④。考古学研究发现,在仰韶文化后期、红山文化后期、大汶口文化中后期和龙山文化时期,各地挖掘的墓葬反映出当时社会已出现了贵族阶层和社会贫富分化;早在龙山时代之前的大溪文化晚期和仰韶文化晚期,城邑已经出现,而在龙山时代,各地普遍都有城邑崛起,城内建有宫殿等高大建筑物;这一时期,在许多地方都发现了被称为"刻化符号"或"陶文"的文字或符号;许多地方还发现了冶炼铜

---

① 刘佑成:《社会分工论》,浙江人民出版社1985年5月第一版,第55页。
② 刘佑成:《社会分工论》,浙江人民出版社1985年5月第一版,第57页。
③ 王震中:《中国古代文明的探索》,云南人民出版社2005年版,第2—49页;参见《中国文明起源研究的现状与思考》一文。
④ 张光直:《中国古代王的兴起与城邦的形成》,《燕京学报》1997年第3期。

器,江浙地区的良渚文化则以丰富的玉器为特色。这些证据都表明,在龙山文化时期,在华夏大地上就诞生了一批规模不大、小国寡民式的原始"邦国"(对于这些简单的原始国家,有些学者也将它们称为"初始国家"或"族邦")。龙山文化时期,华夏大地上已出现一批"邦国"这一情况,与史书中称尧舜禹时期为"万邦"的描述是比较吻合的。当然,在所谓的"万邦"中,其中有些社会群体已演化进入原始国家层次,有些社会群体只发展到"酋邦"(酋长制族落)社会,而有些社会群体还停留在部落社会。[①]

沈长云和张渭莲从历史与考古整合的角度研究指出[②],中国最早产生的国家,普遍存在着由各种血缘亲属关系结成的社会组织;中国古代早期国家的产生路径,与古希腊罗马奴隶制国家的产生路径不同,中国古代早期国家产生过程中没有经历军事民主制,氏族社会中各级管理人员因权力集中而形成了一个统治阶级,这使中国古代早期国家的基本阶级结构和社会形态也不同于古希腊罗马奴隶制国家;他们指出:"我国古代国家的形成走的是原始共同体内部各级职事人员因其管理职能的'独立化'倾向,而由'社会公仆'发展成为'社会的主人',从而演变成为对共同体普通成员进行奴役的统治者阶级的道路"[③]。他们指出,在夏代以前,中国各文明先进地区的社会进化经历了由平等的氏族社会向不平等的氏族社会发展的历程,这不平等氏族社会的基本组织就是现代人类学者所称的"酋邦",他们认为,中国古代文献中"天下万邦"或"天下万国"的"邦"和"国",其内部和外部结构均符合"酋邦"的特征;到龙山文化晚期,在黄河下游出现了尧、舜、禹酋邦联合体,经过"大禹治水"这一公共工程以后,诸侯权力开始上升,从而使他们由"社会公仆"转变为"社会主人";他们认为,"涂山之会"是禹确定王权建立夏王朝的重要标志;对于中原夏商周之外其他地区的早期国家,他们选取古蜀王国进行了重点研究,他们认为"三星堆文化"所代表的社会已发展到早期国家阶段。

王震中先生研究指出,在夏代之前的万邦时期,尧、舜、禹各自所统治的社会实体都是初始国家形式的"邦国",而中原地区曾有过的尧舜禹联盟,实际上是"邦国联盟"或"族邦联盟"。也就是说,尧、舜、禹具有双重身份,他们既是自己邦国的邦君,又都曾先后担任过邦国联盟的"盟主"或"霸主"。他认为,夏、商、周三代王朝之王的"天下共主"地位,就是由尧舜禹联盟时期的邦国"盟主"或"霸主"转化而来的。夏代之前龙山文化时期的国家是中国最初出现的原始邦国,夏代则属中国第一个以王国为核心的多元一体的统一王朝国家。为此,他把中国古代国家形态的演进划分为三大阶段:邦国(颛顼尧舜禹时期)——王国(夏商周三代)——帝国(秦至清朝);与此相对应的国家结构也可分为三种形态:单一制的简单邦国——复合制多元一体的王朝——郡县制结构的统一国家。[④]按照他的解释,邦国与王国的区别主要在于社会组织中有无王权的存在;邦国可以没有王权或仅有萌芽状态的王权,邦国中强制性权力经过进一步发展后就形成了王权,所以邦国形态的进一步发展就是王国形态,当王权出现以后,一个社会的权力系统才真正呈现出金字塔式的结构;在王国中,君王位于权力的顶点,君王与臣下的差别是结构性的、制度化的;从夏、商、周诸王朝的情况来看,这种王权是在家族或宗族的范围内世袭的;在邦国发展到王国的过程中,战争发挥了重要作用,

---

[①] 本段文献整理自:王震中,《中国文明与国家起源研究中的理论探索》,《中国社会科学院研究生院学报》2011年第3期,第120—128页。
[②] 沈长云、张渭莲:《中国古代国家起源与形成研究》,人民出版社 2009 年 4 月第 1 版。
[③] 沈长云、张渭莲:《中国古代国家起源与形成研究》,人民出版社 2009 年 4 月第 1 版,第70页。
[④] 王震中:《夏代"复合型"国家简论》,《文史哲》2010 年第 1 期。

战争使邦国中处于萌发状态的王权获得发展,从而促进了社会由邦国走向王国的进程①。从公元前3000年第一批邦国出现到夏王国建立(约公元前22世纪末),大约经历了900年的时间。夏王国建立之后,华夏大地上就出现了多元一体的社会格局,整个社会的政治实体表现为多元化、多层次并存的特点,既有位于中原地区的王国,也有各地的诸多邦国,还有酋邦型社会,甚至也有原始的氏族部落社会。

据张光直先生研究指出,在夏代之后,各邦国(或酋邦)之间通过战争的方式相互兼并,到约公元前11世纪西周开国时,邦国(或酋邦)的数量已经减少为一千二百个,到战国时(公元前475年)只剩下了七个诸侯国。在夏代和商代,社会组织进一步分化为不同的等级,公共组织和政权组织逐渐产生,一直到商代末期,建立在家庭血缘联系上的社群组织仍然是中国社会组织的主要形式。到周代时,社会组织的结构发生了显著变化,公共组织中涌现出了常备军队和行政机构,真正的国家政权组织才最终形成。②自夏朝建立开始算起,从王国形式的社会组织发展到比较正式的国家组织,大约经历了1000多年的时间。中国早期的诸侯国,脱胎于部落中的家庭组织。周朝早期的中国社会,整个社会的土地及定居于此的民众为一系列封地君主和其亲戚团体所拥有,这些土地和民众是可被传给后裔的家族财产,每个占统治地位的宗族都可以征兵征税,并作出自认妥善的司法裁决;即使在春秋时期,当时的国家仍像一个放大了的家庭,诸侯国的君主统而不治,卿大夫们不是君主的亲戚就是显赫家庭的家长,贵族与君主之间的权力等级差距并不十分巨大③。

路易斯·摩尔根在《古代社会》(1877)一书中指出,古代社会中公共职能的演化过程是:"在开化时期的低级阶段为酋长会议一权制;在开化中级阶段为酋长、军事首领二权制;在开化高级状态中则是酋长会议、人民大会和军务总指挥官三权制。"④随着人口汇集和公共事务的增加,这些最初的公共职能就进一步独立、分化,最终就形成了完全与社会脱离的一套复杂机构。在中国古代社会,公共组织和公共职能从社群组织中逐渐分化的过程与西方社会大致相同。传说在上古时曾有尧、舜、禹相继禅让的事情,这说明中国古代最初的公共职能不是世袭的,当时公共权力没有固定在某一部分人手中。后来,从有文字记载的时期起,社会的公共权力才变成部落贵族的特权,到西周时才形成所谓的"天子""诸侯"等称谓。在中国的原始社会时期,由于社会分工不够充分和发达,整个社会没有建立起超出家族宗法关系的民主制政权组织,国家政权始终建立在家族宗法关系的基础上,这就造成中国历史上历代王朝都是"家天下"的基本格局。

在原始国家诞生、成长和演化的过程中,人类社会精神意识的成长和演化是一个很重要的方面。人们在红山文化、良渚文化等文明遗址中都发现了大型的祭祀遗迹,这些实际上就是当时人们进行宗教活动的场所。人们所修建的宗庙祠堂就是当时社会的公共产品,其中包含着人们的精神信仰和宗教生活。人们的祖先崇拜、生殖崇拜、祭祀、祭奠、巫术等活动,是原始宗教内容在各方面的展开。在早期的国家中,人们往往将宗教意识与公共权力紧密地结合在一起,从而使两者共同发挥着社会团结的重要作用。在夏商时期,当时的国家统治

---

① 王震中:《中国古代文明和国家起源研究中的几个问题》,《史学月刊》2005年第11期。
② 弗朗西斯·福山著,毛俊杰译:《政治秩序的起源——从前人类时代到法国大革命》,广西师范大学出版社2012年10月第一版,第99页。
③ 弗朗西斯·福山著,毛俊杰译:《政治秩序的起源——从前人类时代到法国大革命》,广西师范大学出版社2012年10月第一版,参见第108页、第106页。
④ 刘佑成:《社会分工论》,浙江人民出版社1985年5月第一版,第58—59页。

具有神权政治的特点,社会的公共管理活动往往与宗教活动联系在一起。直到商代时,整个社会依然弥漫着浓厚的宗教气氛,当时由于占卜的需要,人们留下了大量甲骨文字。当然,殷人占卜敬神主要是借助占卜等巫术活动来统一社会各阶层的思想,从而将商王的意志神圣化,以达到巩固王权、加强国家统治的目的。人们在宗教活动中的礼仪规范,后来约定俗成为一个社会群体的社会制度,这些制度又逐渐演变成早期国家的"礼制"。据张光直研究,在夏商周三代时期,当时社会中宗族的活动仪式已被编纂成一系列法律,这些仪式涉及对共同祖先的崇拜,在祭有祖先神位的庙堂举行,庙堂内分划不同的祭殿,对应不同层次的宗族,宗族领袖掌控仪式以加强自身权力;如果有人未能正确遵守仪式或命令,将会引来国王或宗族领袖的严苛处罚[1]。中国社会在西周以前,宗教一直统治着整个社会,宗教意识调整着社会中人们的行为规范,西周初年的"宗教改革运动",导致宗教意识形态失去对社会的统治地位,与宗教活动相联系的"礼制"则从宗教中独立出来,再加上周人的整套意识形态解释,从而构成了西周时代的社会行为规范,与此同时,原来的宗教法器也变成了象征国家权力的礼器[2]。

在国家的诞生、成长和演化过程中,同时伴随着人类社会的人口生产、精神生产和物质生产活动,这三种生产活动实际上是紧密联系、相互作用、相互影响的。人们正是在社会交往中逐渐发明了语言、文字,正是在日常生产生活中创造了宗教信仰、伦理道德和家庭制度等。随着社会生产力的发展和剩余产品的增多,使一些专门从事宗教、哲学、文学和艺术等精神生产的人群逐渐从具体的生产活动中分化出来。在原始社会,人类的精神文化活动主要是宗教祭祀活动和原始艺术活动。史料表明,人类社会中精神生产与物质生产的分工,产生于阶级社会的初期,精神生产活动主要是从社会公共职能中派生出来的。最初专门从事精神生产的公职人员是祭司和史官,中国最早的书籍《尚书》和《易经》的内容就表明了这一点。中国古代伟大哲学家老子就曾做过周朝的"守藏史"。东汉历史学家班固(32—92)认为,诸子百家都在王室中做过官吏;他在《汉书·艺文志》中说:"儒家者流,盖出于司徒之官。""道家者流,盖出于史官。""阴阳家者流,盖出于羲、和之官。""法家者流,盖出于理官。""名家者流,盖出于礼官。""墨家者流,盖出于清庙之守。""纵横家者流,盖出于行人之官。""杂家者流,盖出于议官。""农家者流,盖出于农稷之官。""小说家者流,盖出于稗官。"后来,一些文士开始在民间讲学、培养弟子、编撰书籍等,一些专门的文人阶层才逐渐形成。在中国古代,自从孔子(公元前551—公元前479)首开私人办学这一先河之后,真正从事独立精神生产活动的中国知识分子阶层才形成。中国最早的专职艺人是宫廷舞女、乐师、奢侈艺术品工匠等,他们是因统治阶层的娱乐需要而产生的。

在人类社会发展过程中,科学技术的进步是一个重要的推动因素。人类科学技术的进步实际上是人类利用自然物质为自己所用的过程,其中最重要的一个方面是创造工具及对工具的不断改进。从制造工具的材料来看,竹木、石块、动物骨骼等是人类最早利用的材料,后来,人们发明了陶器(这是对泥土的新利用,主要用来制作碗、罐等生活用具),此后人们又发明了冶金技术,铜、锡、铁等金属又先后成了人们制作工具的新材料。1989年,在江西新干县大洋洲的商代大墓中出土了475件商代中后期的青铜器,其中,有6种75件属于手工

---

[1] 弗朗西斯·福山著,毛俊杰译:《政治秩序的起源——从前人类时代到法国大革命》,广西师范大学出版社2012年10月第一版,第99—100页。
[2] 尹弘兵:《关于中国文明起源研究的若干问题》,《社会科学》2007年第4期。

工具,有12种68件属于青铜农具;这些出土的青铜工具表明,中国社会至少在公元前1300年前后的殷商后期,青铜就被应用于生产活动中了①。金属材料的利用,不断改进着各种工具的质量和性能,而生产工具的不断改进又提高了人类社会的物质生产效率。例如,由于金属铜比石块更有可塑性,人们用金属铜可以制造出更轻便、更复杂的各种工具,而铁比铜更坚硬,人们用铁可以制造出更锋利的刀、犁等工具,在砍伐竹木、除草或耕耘田地时,铁制工具显然比铜制工具更有效率。所以,每次新材料的发现和利用都在不同程度上提高了人类的物质生产效率。每次物质生产效率的提高,使人们能够在同等人力、物力条件下生产出更多的剩余产品用于交换,这直接推动了商品交换活动的扩张和繁荣,而扩张后的商品交换市场又刺激了农业和手工业的发展,进而推动农业、手工业和商业的分工深化和专业发展,这实际上是一个互动循环的过程。

人类社会的物质生产活动与精神生产活动是紧密相关、相互影响、相互促进的。一方面,人类物质生产活动本身就是精神生产活动的直接结果(如新材料、新工具的发明创造本身就是人类对自然物质认识的结果);另一方面,人类物质生产活动又促进了精神生产活动不断丰富和深化(这不但表现在人类对自然存在物认识的丰富和深化上,同时也表现在人类对自身及社会认识的丰富和深化上)。考古发现,中国最早的冶铁技术产生于公元前5世纪春秋时代的早期,至少到战国时代时铁器使用已推广到当时社会生产和生活的各个方面②。所以,自春秋时代起,中国社会就开始逐渐进入铁器时代。在战国时,诸侯争霸,各国对铁制兵器的需求激增,这不但推动了冶铁技术的进步,同时也促进了铁器的普及。我们知道,中国古代思想史上著名的"诸子百家"就活跃在春秋战国时期,从物质生产与精神生产互动的角度来看,"百家争鸣"发生在这一时期显然不是孤立的、偶然的社会现象。所谓的"诸子百家",具体包括儒家、道家、法家、墨家、兵家、名家、医家、农家、杂家、纵横家、阴阳家和小说家等。仅从"诸子百家"著作的内容来看,我们就会发现当时精神生产的范围是多么宽广,几乎涉及人类思想文化的方方面面。

通过以上对原始国家诞生过程的描述,我们可以看到,原始国家的诞生过程是一个社会组织不断分化、社会结构分层化、社会功能多元化的过程。一方面,社会组织发生着从"社群组织→公共组织→政权组织"的分化;另一方面,社会形态发生着从"氏族社会→部落社会→酋邦社会"的逐步演化,同时伴随着人类社会在人口生产、精神生产和物质生产方面的不断进步。当然,上面只描述了原生型国家诞生的一般演化模式,由于人类社会的多样性和复杂性,这就决定了世界不同地区国家形式的多样性。例如,在欧洲诞生了古希腊式的民主制国家,而在东方却诞生了古中国式的集权制国家。

三、国家系统的环境、要素和结构

在一个国家的经济体系中,宏观层次的行为主体是国家与社会系统。下面,我们分析一下现代社会中国家系统的内外部环境、组成要素和一般结构。

---

① 王东:《中华文明论——多元文化综合创新哲学》,黑龙江教育出版社2002年版,第683页。
② 韩汝玢、柯俊主编:《中国科学技术史》(矿冶卷),科学出版社2007年5月第一版,第364—370页、第362页。

1. 国家系统的内外部环境

国家存在于一定的自然环境和社会环境之中,它既有外部环境,也有内部环境,无论是其外部环境还是内部环境,都具有一定的层次性。

(1) 国家系统的外部环境

国家的外部环境是指存在于国家领土边界之外,对国家行为活动产生影响的所有因素的集合。国家的外部环境包括自然环境和社会环境。这里的社会环境主要指由其他国家以及国际组织组成的社会系统(或国际系统)。从系统的角度来看,国家是人类社会这个大系统的组成单位。整个人类社会是由全世界所有国家以及国际组织组成的集合。目前,在世界上除了存在大约两百个主权国家以外,还有大约一万个国际或政府间组织,有一千多家跨国公司,它们形成了呈网络状结构的国际体系;这些国际组织包括联合国、欧洲联盟、独立国家联合体、东南亚国家联盟、阿拉伯国家联盟、加勒比国家联盟、美洲国家组织等国家共同体,此外,还有世界贸易组织、世界卫生组织、国际金融组织、世界航运组织、世界航空组织、国际奥林匹克委员会、国际足球联合会等国际性经济文化组织[①]。自然环境是指人类社会赖以生存的由地球表层、大气层和地磁场等组成的空间,它可以分为土壤圈、水圈、生物圈、大气圈等组成部分。从宇宙的更广视域来看,地球本身也是一个自然系统。从纵向层次来看,包含地球的外部系统由地月系统、太阳系系统、银河系系统三个层次构成,其更外层还有河外星系、总星系等更大的自然系统。

影响国家发展的外部因素既有来自社会环境(国际系统)的因素,也有来自自然环境的因素,但来自社会环境的因素最多,具体包括其他国家和国际组织在政治、经济、人文、科学、教育、法制等方面的影响。在人类历史上,社会群体之间的战争、贸易、人口流动、文化交流等因素曾极大地影响了不同国家的文明发展进程。同时,我们也不能忽视气候变迁、自然灾害等自然因素对社会发展所施加的重要影响。

(2) 国家系统的内部环境

国家系统的内部环境是一个由人文、经济和政治等要素组成的有机系统,系统内部各要素之间相互联系、相互作用、相互影响,构成了复杂的网络关系。国家内部环境具有一定的层次结构和功能结构,它将随着国家的动态变化而不断变化。

从人类社会发展的历史过程来看,国家经历了一个从无到有、从简单到复杂、从低级到高级的演化历程;在这个过程中,组成国家的各要素同样也经历了一个从无到有、从简单到复杂、从低级到高级的演化历程。

国家系统的内部环境为什么是由人文、经济和政治等要素组成的?或者说,为什么人文系统、经济系统和政治系统这些系统是组成国家系统的子系统?

要回答这个问题,我们必须从社会发展的基本前提和社会生产活动来分析。我们知道,一个人类群体要求得生存,他们必须要做两方面的事情:一是进行食物、衣服和住房的生产(也即从事物质产品的生产活动),以维持个体生存的需要;二是进行种族繁殖(也即从事人口本身的生产活动),以维持群体生存的需要。在原始社会,人类除了要面对地震、冰雹、洪水和野火等自然灾害以外,还需要与虎、豹、豺、狼等各种猛兽搏斗,在与这些环境中的险恶因素斗争时,单独的个体之间结成相互协作的群体显然更加有利于人类的生存。正是在物

---

① 闵家胤:《进化的多元论》,中国社会科学出版社 2012 年 8 月修订版,第 264 页。

质生产活动、种族繁殖活动以及与环境因素的斗争过程中,人类逐渐增长了对周围环境和自身的认识,从而不断提升着人类自身的智慧和文明程度。人类由野蛮逐渐走向文明的过程,实际上也是人类发现知识、积累知识、传递知识的过程。与从事物质产品的生产活动相比,人类社会从事人口生产活动,不是进行简单的技术加工,而是必须对下一代进行必要的培养教育,要向他们传授必要的生存知识和生活技能。所以,在社会发展中人文系统显然是一个必不可少的因素,它担负着社会人口生育和人文知识生产的双重职能。另外,社会中每个人要生存还必须吃、穿、住、行等,这就决定了一个社会要发展还必须从事物质产品的生产活动。所以,在社会发展中经济系统显然是一个必不可少的因素,它担负着物质产品生产的重要职能。随着社会的进一步发展和社会分工的深化,社会产生了对公共产品生产和分配的需要,公共权力由此在个体权力的基础上分化出来,经由集体权力逐渐演化为社会权力,社会权力又逐渐演变为国家政权,国家政权又进一步分化并最终演变成更为复杂的政治系统。从人类社会的发展历程来看,与人文系统和经济系统相比,国家系统中的政治子系统其形成的时间要相对较晚。

　　人类社会的生产活动至少包括人口生产、物质生产与精神生产三个方面。马克思和恩格斯在创立唯物史观之初就形成了人口生产、物质生产与精神生产同时并存的思想,恩格斯在《家庭、私有制和国家的起源》一书中又发展了这一思想;他们还特别强调指出:"不应把社会活动的这三个方面看作是三个不同的阶段,而只应看作是三个方面……看作是三个'因素'。从历史的最初时期起,从第一批人出现起,三者就同时存在着,而且就是现在也还在历史上起着作用。"①从马克思和恩格斯关于社会生产的思想,特别是恩格斯在《家庭、私有制和国家的起源》一书中所阐述的思想,我们可以合乎逻辑地得到这样的认识:其一,人类社会从事的物质生产活动以及由此形成的物质生产关系,并不是人类社会所从事的全部社会生产活动以及在其中所形成的全部生产关系;人类的社会生产是由人口生产、物质生产和精神生产等全部社会生产所构成的一个复杂体系,相应地,人类社会的生产关系也是由人口生产关系、物质生产关系和精神生产关系等全部生产关系所构成的一个复杂体系;其二,在人类社会的发展历程中,处于主导地位的社会生产活动和社会生产关系并不是一成不变的;在漫长的原始时代,人口生产活动和人口生产关系一直处于主导地位,进入文明时代之后,物质生产活动和物质生产关系才取而代之处于主导地位②。进入21世纪的今天,人类社会的物质生产活动空前繁荣,一些经济发达国家甚至出现了物质产品生产的相对过剩。自从人类社会进入信息时代以后,以信息产业、创意产业、文化产业等为主导的新兴产业逐渐在社会生产领域占据主导地位,而这些产业实际上就是以科学技术、文化艺术为核心内容的精神产品的生产活动。

　　整个人类社会正是在人口生产、物质生产与精神生产三种生产活动的推动下,发生着从简单到复杂、从无序到有序、从低级到高级的进化历程;与此同时,人类个体也在这个过程中发生着从古猿、直立人、智人、原始人、到古代人、再到现代人的生物进化。有关人类生物学的研究表明,在距今300万年前的南方古猿,其大脑容量为400~500立方厘米,仅相当于现代非洲黑猩猩和大猩猩的脑容量;在距今200万年后,由古猿进化来的直立人,其大脑容量

---

① 《马克思恩格斯选集》(第1卷),人民出版社1972年版,第33页。
② 胡皓:《生产关系体系的构成和演化》,《东疆学刊》2000年10月第4期,第86—87页。

约有1 000立方厘米;又过了100万年后,智人(即尼安德特人)的大脑容量增加到1 400~1 700立方厘米;而现代人的大脑容量已经增加到900~2 000立方厘米①。随着大脑容量的增大,人类个体的智力水平和精神生产能力也随之不断提高。

通过以上的简单分析可以得出,一个完整的国家系统一般至少包括人文、经济和政治三个要素,否则就不是一个完整的国家系统了。此外,一个国家要进行正常的社会生产活动,还必须有基本的知识、制度和技术这些因素,还需要将所积累的各种知识、制度和技术通过教育的方式传承给后代的人们,否则,这个国家将会陷入停滞、衰败,或者导致社会文明的衰退而最终瓦解。

2. 国家系统的构成要素和一般结构

(1) 国家系统的构成要素

一般来说,一个完整的国家系统除了必须具备领土、人文、经济和政治四个基本要素外,还必须有基本的知识、制度、技术和教育这些因素,这些因素是构成国家系统的最基本的关键性要素。其中,领土是一个国家主权控制的地域空间,也是其进行社会生产的物质基础,它为社会发展提供各种自然资源;考察领土的来源,实际上它应该属于自然环境的一部分,所以可以把它归入环境因素的范畴。制度因素在国家这个宏观层面主要表现为各种形式的法律制度,例如宪法、土地法、婚姻法、公司法等。这里,知识因素包括自然知识(环境知识)、人文知识、经济知识和政治知识等。

组成国家系统的这些关键要素可以分为以下两类:

A. 显性因素(表层因素):环境、人文、经济、政治

B. 隐性因素(深层因素):知识、技术、法制、教育

因为国家系统是由公民(个人)组成的社会组织,公民首先是具体的个人,个人来源于人文系统,所以人文系统应该是国家系统的核心要素。在人文系统中,处于中心位置的是个人,其次是家庭组织,再次是社群组织。一个社会之所以要建立经济组织和政治组织,之所以要从事经济活动和政治活动,其最终目的是为了个人的生存和发展,而不是相反。因此,那些不管个人的生存和发展、压抑个人的权利和自由,而片面强调政治或经济的社会制度是违背人性的,也是不科学的;随着社会的不断进步,相信这样的制度必然会被人们扔进历史的垃圾堆。

从系统的角度来看,组成国家系统的要素也是国家系统的子系统。国家系统是一个由人文、经济和政治等子系统组成的有机系统,每个子系统都是相对独立的,它们都具有自己独特的功能。其中,人文系统的主要功能是人本身的生育和人文知识的生产创新。经济系统的主要功能是进行物质产品的生产、交换、分配和消费。政治系统的主要功能是提供公共服务、公共产品以及社会公共权利的组织、交换、分配和使用等。从社会的发展历史来看,人类社会最先形成的社会子系统是人文系统,其次是经济系统,然后才是政治系统,它们都是先后从原始社会组织中逐步分化出来的。

正如生物体要生存必须适应外部环境一样,一个国家在成长和发展的过程中,也需要不断适应外部环境。当外部环境发生变化时,国家内部环境也必须作出相应的调整,这种调整

---

① 爱德华·威尔逊著,毛盛贤等译:《社会生物学——新的综合》,北京理工大学出版社2008年5月第一版,第513页。

主要表现在内部各子系统的组成结构和耦合关系发生变化,直至内部环境与外部环境相互耦合。一个国家的内外部环境耦合程度越高,这个国家的生存和发展环境就越好。国家内外部环境的耦合过程,就是国家成长演化的过程。如果一个国家在环境、人文、经济、政治这些子系统之间不能维持良好的耦合,在遭受外力(如外国侵略、战争、气候突变、自然灾害等)冲击下,往往会导致社会组织出现分裂,进而使社会规模缩小,甚至可能导致国家系统的崩溃。

(2)国家系统的一般结构

国家系统的一般结构,是指在国家系统动态演化过程中,其内部各子系统之间所形成的相互联系、相互作用、相互影响、相互制约的一般秩序和形式。国家系统的一般结构反映了一个国家内部各系统在功能方面互相支撑的结构性特征,是外部环境系统与国家系统、国家系统与其各子系统协同演化的基础。

国家系统是由人文、经济、政治等子系统以及生态环境组成的社会系统。国家系统的人文、经济、政治等子系统都是相对独立的系统,它们能够在发展中不断调整自身组织以适应外部环境的变化。国家系统的成长演化是通过国家内部各子系统之间、各子系统与国家外部环境之间进行互动交流来实现的,这就决定了国家系统本身也是一个自适应、自组织的复杂系统。

在前文分析国家系统的构成要素时,我们提到组成国家的隐性因素(深层因素)包括知识、技术、法制、教育等。在现代社会,知识和技术联系日益紧密,它们已经渗透到社会生产的各个领域,并形成了推动社会发展的强大力量。所以,我们可以把知识和技术这两类因素划入科学系统。同时把法律制度因素划入法制系统,把社会教育因素划入教育系统。另外,一个国家对领土上自然环境的利用主要是通过资源开发的方式进行利用的,而一个国家发展的结果主要体现为一个社会的整体发展。

所以,从国家系统运行的过程来看,一个国家成长演化的过程其实是一个不断进行资源开发、社会发展的循环往复的过程。结合国家系统的组成要素,我们可以画出国家与社会系统运行的一般结构图(见图8-1)。

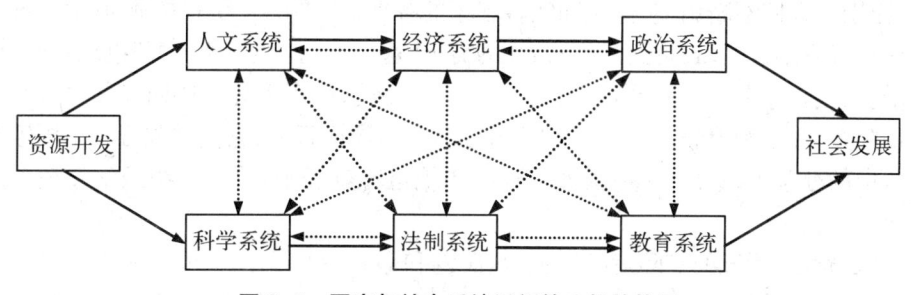

图 8-1　国家与社会系统运行的一般结构图

美国著名社会学家塔尔科特·帕森斯提出,一个社会系统至少应包括文化系统、经济系统、政治系统和法律系统四个子系统,他所说的"模式维持系统"(即"文化系统")实际上包含了本书的人文和教育两个系统[1],但他没有像本书一样对"文化系统"作进一步的细分。中国

---

[1] 帕森斯、斯梅尔瑟著,刘进等译:《经济与社会》,华夏出版社1989年版,第43—45页。

系统哲学家闵家胤提出的社会系统模型[①]包括人的生产系统、物质生产系统、文化信息生产系统、文化信息库、管理系统这五个子系统；他所说的管理系统相当于本书这里的政治系统，其中的物质生产系统可以划入本书的经济系统中，人的生产系统可以划入本书的人文系统，而他所说的文化信息生产系统和文化信息库实际上可以分成人文知识生产、科学知识生产和文化知识教育三个部分，分别划入本书的人文系统、科学系统和教育系统中。因为人的生产并不是简单的"生物人"的生产过程，而是一个"社会人"的生产过程（或者说是"生物人"的社会化过程），其中包含着社会的文化教育和个体的主动学习过程。因此，本书对社会系统内部结构的划分是更加合理的。

本书在第三章第三节中曾对资源及其形态进行了简单分析，如果将文化信息也划入资源范畴中，本书的经济系统就可以涵盖一部分文化信息的生产活动。从社会的发展历史来看，特别是在1945年第二次世界大战结束后，西方发达国家的大众传媒和文化娱乐日益产业化，随着文化信息商品化的深入发展，文化信息的生产活动已逐渐变成了经济系统中的一类不断壮大的活跃产业（即文化产业）。当然，像价值观、精神信仰、伦理道德等文化信息的核心部分显然是不可能商品化、产业化的，它们只能划入人文系统的深层因素中。

从图8-1可以看到，国家与社会系统实际的运行过程可以分为两条链（即图中的实线箭头）：

A链（表层因素运行链）：资源开发→人文系统→经济系统→政治系统→社会发展

B链（深层因素运行链）：资源开发→科学系统→法制系统→教育系统→社会发展

在国家与社会系统运行过程中，A链反映的过程是，人类开发各类资源为自身所用，人文系统内的个人、家庭和社群组织通过市场交换不断消费经济系统生产的物质产品，并向经济系统的企业和市场提供人力资源、人文知识和消费需求，这一方面直接推动了经济系统内部企业和行业的数量不断增加、市场体系不断完善，另一方面，人文系统和经济系统又向政治系统提出生产更多公共服务和公共产品的需求，这又推动政治系统内部组织不断分化、结构日益复杂、分配体系不断完善，人文系统、经济系统、政治系统的协同发展最终推动了社会发展。B链反映的过程是，人类开发各类资源时不断发现各类知识和技术，这些知识和技术不断积累就导致科学系统的诞生和成长，这一方面提升了人类认识自然环境、自身和社会的水平，从而推动人们不断调整、修正和完善国家的各类法律制度，另一方面，科学系统和法制系统又向教育系统提出培养更多专业人才的需求，这又推动教育系统内部组织不断分化、学科日益增多、教育体系不断完善，而科学系统、法制系统、教育系统的协同发展也推动了社会发展。实际上，A链和B链这两个过程是合二为一协同进行的，它们共同推动了国家与社会系统运行中的社会组织过程。在国家与社会系统运行过程中，政治系统经常发挥着重要的协调和组织作用。

在国家与社会系统的实际运行过程中，A链和B链这两条链上的所有因素并不是各自单独地、孤立地发挥作用的，而是需要协同一致、相互配合共同发挥作用的，也即每两个因素之间都是相互联系、相互作用、相互影响的，它们共同形成了国家与社会系统内部的生产关系网络。在图8-1中，用虚线双箭头来表示它们之间的这种关系。

国家与社会系统在成长演化过程中，它同时还与其外部环境之间始终进行着各种资源、人文、经济、政治、科学、法制和教育等方面的交流。一个国家系统与其外部环境中的自然系

[①] 闵家胤：《社会系统的新模型》，《系统科学学报》2006年第1期。

统、各类国际组织以及其他国家的人文、经济、政治、科学、法制、教育等子系统等所结成的各种关系,形成了这个国家系统外部的社会关系网络。从社会经济关系的角度来看,一个国家系统完整的生产关系应该由其内部的生产关系网络和其外部的社会关系网络共同组成。一个国家系统成长演化的过程,实质就是国家系统内外两重关系网络互相交织、互相作用、互相影响的动态演化过程,国家系统内外的两重关系网络构成了一个多维的复杂动态图景。

四、国家系统中的人文子系统

前文在分析国家系统的内部环境时,我们谈到了人文系统,但没有对它们具体展开论述,这一小节对此作更多的阐述。

1. 关于人文的概念

本书所说的"人文"实际上包含"人"和由人所创造的"文化"这两方面的含义,这里的"人文"一词是个复合词。为了便于分析问题,我们需要对"文化"一词进行定义。说起"文化"一词,这可能是我们这个时代人们说得最多、用得最广泛,同时也是含义最多、词义最为混乱的一个词了。各国学者们为"文化"所下的定义也是数不胜数。例如,美国人类学家阿尔弗雷德·克鲁伯(Alfred Louis Kroeber,1876—1960)和克莱德·克罗孔(Clyde Kluckhohn,1905—1960)在《文化,关于概念和定义的检讨》一书中罗列了从 1871 年到 1951 年这 80 年间有关"文化"的定义就有 164 种之多[1]。鉴于本书的主旨,这里不可能从"文化"的观念史进行详细的分析(这样做显然需要撰写一部专著才能完成),只能择要存录一些前人的重要认识成果,并在此基础上提出一些新的认识。

《美国传统词典》对"文化"的解释是:"人类群体或民族世代相传的行为模式、艺术、宗教、信仰、群体组织和其他一切人类生产活动、思维活动的本质特征的总和。"[2]被誉为"人类学之父"的英国人类学家爱德华·B.泰勒于 1871 年在其代表作《原始文化》一书中给"文化"下的定义是:"文化是一个复合的整体,其中包括知识、信仰、艺术、道德、法律、风俗以及作为社会成员而获得的其他方面的能力和习惯。"[3]

古罗马哲学家西塞罗(Marcus Tullius Cicero,公元前 106—公元前 43)曾说过"文化是心灵的哲学或修养",这说明他已经意识到:文化产生和存在于人的心灵。法国人安托万·菲雷蒂埃(Furetière)主编于 1690 年出版的《通用辞典》定义的"文化"是:"人类为使土地肥沃、种植树木和栽培植物所采取的耕耘和改良措施。"由此可知,文化的一个起源是农业劳动知识的积累。在苏联哲学家罗森塔尔(M. M. Rozentali,1906—1975)和尤金(Давел Фёдорович Юдин,1899—1968)所编的《哲学小辞典》中,他们对"文化"的定义是:"文化是人类在社会历史实践过程中创造的物质财富和精神财富的总和。"1952 年,美国人类学家克鲁伯和克罗孔对"文化"下的定义是:"文化由外显的和内隐的行为模式构成;这种行为模式通过象征符号而获致和传递;文化代表了人类群体的显著成就,包括他们在人造器物中的体现;文化的核心部分是传统的(即历史的获得和选择的)观念,尤其是他们所带来的价值;文

---

[1] 董大中:《文化圈层论》,台湾:秀威信息科技股份有限公司,2011 年 9 月第一版,第 56 页。
[2] 约翰·科特、詹姆斯·赫斯克特著,曾中、李晓涛译:《企业文化与经营业绩》,华夏出版社 1997 年版,第 2—3 页。
[3] 汤正如主编:《国际市场营销学》,大连理工大学出版社 1995 年版,第 51 页。

化体系一方面可以看作活动的产物,另一方面则是进一步活动的决定因素。"①这一定义基本为现代东西方学术界所认可,具有广泛的影响。②

关于文化的概念,尽管学术界有各种不同的观点,但多数观点都认为文化有广义和狭义之分;广义的文化,是指人类社会在其发展过程中所创造出来的全部物质财富和精神财富的总和,包括人类社会的所有物质活动和精神活动过程及其创造物,它涉及人类社会生活的方方面面,是与"文明"范畴相一致的层次;狭义的文化,是指一定物质生产方式基础上发展起来的,相对于经济和政治而言的社会精神领域生活,主要指观念和精神领域的社会现象,包括社会意识形态以及与之相适应的社会现象,如社会教育、科学、文学、艺术、哲学、道德、法律、宗教及思想、理论、理想、信念、理智、情感、意志等③。中国《辞海》对"文化"的解释是:"广义指人类在社会实践过程中所获得的物质、精神的生产能力和创造的物质、精神财富的总和。狭义指精神生产能力和精神产品,包括一切社会意识形式:自然科学、技术科学、社会意识形态。有时又专指教育、科学、文学、艺术、卫生、体育等方面的知识与设施。作为一种历史现象,文化的发展有历史的继承性;在阶级社会中,又具有阶级性,同时也具有民族性、地域性。不同民族、不同地域的文化又形成了人类文化的多样性。作为社会意识形态的文化,是一定社会的政治和经济的反映,同时又给予一定社会的政治和经济以巨大的影响。"④

中国系统哲学家闵家胤对"文化"下的定义是⑤:文化是社会系统内社会-文化遗传信息的总和,是历代社会成员在生存和生产过程中心灵创造的积累,是社会的灵魂;其核心是所有成员共同的图腾、信仰、世界观、思维方式、价值和行为准则,其外围则是科学-技术、生活常识和生活技能;文化为社会系统个体的心灵结构和行为编码,为社会系统的结构和行为编码,以确保它们能在自然和社会环境中生存,并且通过生产不断复制和创造相应的文明表型;文化是社会系统内的最终决定因素,它最终决定社会系统的存在、停滞、变革和进化。闵家胤先生的这一定义强调了文化的信息属性和结构特征,可以说基本上把握住了"文化"的主要特征,其缺点是要素描述有余而精确概括不足。中国文化哲学家牛龙菲先生指出,"文化"即"文而化之",它"是人类在生物进化基础上的体外非生物进化",它不是某种具体的"事物",而是指人类社会进化的动态过程⑥。牛龙菲先生的这一定义强调了文化的动态进化特征,可以说抓住了"文化"的一部分本质,比之前很多学者的认识水平提升了一步。但文化如果仅仅是人类"体外"进化的话,那文化来源于哪里呢?这一定义的主要缺陷是忽视了文化的创造主体。

我们知道,人类的进化实际上包括两个方面的进化,一方面是人类个体在身体方面的进化,这一方面的进化可以称为人的"生物进化";另一方面是人类个体在大脑意识方面的进化,这一方面的进化可以称为人的"精神进化"。人类个体在这两方面的进化实际上都是在与外部环境的相互作用中逐渐展开的。在人类由古猿逐渐进化到直立人再进化到智人的过程中,人类所面对的环境可以分为两类,一类是自己的同类,一类是其他自然存在物。原始

---

① 冯天瑜、何晓明、周积明:《中华文化史》,上海人民出版社1990年版,第22页。
② 本段资料转引自闵家胤:《进化的多元论》,中国社会科学出版社2012年8月修订版,第350页、第364页、第365页。
③ 张海燕、黄尚峰:《文化动力理论的思想渊源》,《河北北方学院学报》2007年第6期,第25页。
④ 《辞海》(彩图本),上海辞书出版社2009年9月第六版,第1975页,参见"文化"词条。
⑤ 闵家胤:《进化的多元论》,中国社会科学出版社2012年8月修订版,第378—379页。
⑥ 牛龙菲:《人文进化学》,甘肃科学技术出版社1989年9月第一版,第1页、第5页。

人类个体在诞生后首先面对的是自己的家族成员,然后才是其他同类和其他自然存在物。所以,在其意识形成中,首先形成的是"我"与"他人"、"家族"与"他族"、"同类"与"异类"的认知判断(最初的认知判断意识显然是模糊的、朦胧的),在形成这样一个初步的判断之后,才能进一步确定该如何处理人际关系。对于原始人来说,他所处理的人际关系首先是血亲家族内部的关系(如母子关系、兄弟关系等),然后才是血亲家族之外与其他人之间的关系。人类正是在处理这样的人际关系中逐渐建立了人伦关系,形成了伦理道德。一旦这些伦理道德形成群体意识,它们又会作用于人类个体,从而塑造个体的意识。正是基于这样的思考,本书从人类进化的源头来考察文化的内涵,把文化定义为是人类精神世界的进化。文化是人类在与环境互动过程中发生的个体意识与群体意识的协同进化,进化的内容主要包括知识、思想、感情、价值观念、精神信仰、伦理道德、制度规范等意识形态;这种进化的结果,一方面表现为人类个体智力水平的提升和知识的专业化,另一方面表现为人类群体认识水平的提升和知识的多样化。这里,知识、思想、感情、价值观念、精神信仰、伦理道德等词汇的概念,它们之间在内含上显然存在着某些交叉,还有待于我们作进一步的深入研究和细化分类。例如,就"知识"这一项内容来说,我们就至少可以分为三大类:其一,关于人类个体发展规律的知识,可以称之为人文知识(其中最核心的部分是价值观念、精神信仰和伦理道德),与此相联系的科学知识体系就是人文科学(或称人文学科);其二,关于人类群体发展规律的知识,可以称之为社会知识,与此相联系的科学知识体系就是社会科学;其三,关于自然环境发展规律的知识,可以称之为自然知识,与此相联系的科学知识体系就是自然科学。

为了进一步明确文化的概念,这里有必要对"文化"与"文明"这两个概念作出区分。荷兰文化学者冯·皮尔森(C.A. van Peursen)明确指出,"文化(culture)不是名词,而是动词","文明(civilization)"则是名词,是人类文化物化后的结果。中国学者张申府(1893—1986)也指出,"文化是活动,文明是结果"①。中国哲学家闵家胤指出,文化是社会系统内的遗传信息(社会文化遗传基因),文明则是文化的社会表型;"文化"与"文明"之间的关系,类似于生物学中的"基因型"和"基因表现型"之间的关系②。所以,文明通常是指人类社会在某一特定阶段所取得的文化成果,它一般表现为一些具体的、物化的文化产品。也正是在这个意义上,英国历史学家汤因比才说,"文明是死去的文化,文化是活着的文明"③。例如,古希腊所遗留下来的卫城、帕特农神庙、露天剧场、柱廊、广场等建筑,就代表了西欧社会古典时期的文明程度,这些建筑物就是西方文化发展到公元前8世纪—公元前6世纪的文化成果。我们可以形象地用一条河流来比喻人类文化的发生发展过程。自远古到古代、经中世纪、再到近现代,人类的文化进程从最初的涓涓细流逐渐汇聚成一条小河,又从一条寂静的小河逐渐汇聚成一条浪花飞溅的大江,这条大江正流过现代社会,然后又波涛汹涌地流向未来。世界各国众多学者之所以对"文化"给出了纷繁的定义,主要是因为"文化"这条江水流到现代已经汇聚了太多人类创造的文化成果,以至于人们只注意到五彩纷呈、形态各异的文化产品的表象,而没有把握住文化的真正本质。

2. 人文系统的内外部环境

在现代社会,一个具体的人文系统存在于一定的国家系统之中,它既有外部环境,也有

---

① 转引自闵家胤:《进化的多元论》,中国社会科学出版社2012年8月修订版,第371页。
② 闵家胤:《进化的多元论》,中国社会科学出版社2012年8月修订版,第372页。
③ 转引自牛龙菲:《人文进化学》,甘肃科学技术出版社1989年9月第一版,第24页。

内部环境。

(1) 人文系统的外部环境

人文系统的外部环境是指存在于家庭组织和社群组织边界之外,对一个社会系统的人口生产及人的社会化、人文知识生产以及社会制度、文化教育的创新等活动具有影响的所有因素的集合。人文系统的外部环境包括自然环境和社会环境。从纵向层次来看,包含人文系统的外部系统由国家系统、社会系统(国际系统)和自然系统三个层次构成。人文系统外部环境各系统的所属层次关系,具体可参看第三章中的图3-2。在国家系统中,与人文系统并存的系统至少包括经济、政治、科学、法制和教育等系统。存在于外部环境的这些系统,或多或少,或直接或间接地都会对人文系统的成长演化发生一定的影响。对于一个具体国家的人文系统而言,就影响的直接性和强度来说,来自国家系统内部的因素无疑是最直接和最强烈的。与此同时,来自国际系统和自然系统的某些因素也会对一国人文系统的成长演化发生一定的影响。例如,来自印度的佛教就对中国社会的人文系统产生了深远的影响。

这里,"人的社会化"是指将一个出生后的、没有社会意识的婴儿,经过文化教育把他培养成一个具备一定社会意识、人格健全的成人的过程,也可以说是把一个"生物人"转化为"社会人"的过程,这其中包含着社会的文化教育和个体的主动学习过程。"人文知识"是指有关人类个体成长发展的各种知识,包括价值观念、精神信仰、伦理道德、人生哲学、行为规范、文学艺术等(这些因素之间在内含上存在着某些交叉,还有待于人们作进一步的深入研究和细化分类),其中最核心的部分是价值观念、精神信仰和伦理道德。社会制度包括个人成长、婚姻家庭、社群组织、人文知识、文化教育等方面的有关制度。

从自然环境来看,在人类社会的早期,不同地区的气候、地理、生物等因素曾对不同地区的人类群体施加了不同的影响,因为生产生活环境的不同导致不同地区的人类群体形成了不同特色的族群文化。例如,在传统农业时代,生活在黄河流域中原地区的人类群体形成了农耕文化,而生活在北方草原地区的人类群体形成了游牧文化。不同地区由于气候、地理条件不同,适合不同种类的植物、动物生存,由此也会影响到不同社会群体的文化艺术。例如,生活于中国东北黑龙江地区的赫哲族,他们生活地区的河流和湖泊中盛产多种鱼类,所以该民族自古就以渔猎为生,他们用鱼皮制作各种服饰(包括宗教服饰)、绘画作品等,以独特的鱼皮艺术表现了他们族群集体的审美意识。

从社会环境来看,一个特定地区的社会系统会受到其外部环境中其他社会系统的各种影响,具体影响因素包括战争、贸易、人口流动、文化交流等。在前文所阐述的原始国家诞生过程中,我们曾提到,在龙山文化时代,华夏大地上曾有成千上万个古国,这些古国之间就通过战争、贸易、人口流动等形式发生着相互影响。在夏代之后,不同邦国之间通过战争方式相互兼并,到约公元前11世纪西周开国时,邦国数量已经减少到约一千二百个,而到战国时(公元前475年)邦国数量只剩下七个。正是在反复的战争实践中,人们逐渐积累了关于战争的知识。春秋战国时期的《孙子兵法》和《孙膑兵法》,就是当时社会在军事战争方面的文化成果。在现代社会,来自其他国家和国际组织的有关因素也会对一国内部人文系统发生一定程度的影响,这些影响具体包括在政治、经济、人文、科学、教育、法制等方面的影响。

所以,从人文系统的外部环境来看,影响人文系统演化的具体因素包括自然、人文、经济、政治、科学、法制和教育等方面的因素,其中,来自自然环境方面的因素包括气候、地理、生物等方面的因素。

（2）人文系统的内部环境

人文系统的内部环境是一个由个人、家庭组织和社群组织等要素组成的有机系统，系统内部各要素之间相互联系、相互作用、相互影响，构成了复杂的网络关系。人文系统的内部环境具有一定的层次结构和功能结构，它将随着人文系统的动态变化而不断变化。

美国著名社会生物学家爱德华·威尔逊通过对比人类与其他灵长类动物社会行为的差异，他得出人类独有的社会性状包括：A. 真正的语言，精细的文化；B. 贯穿于月经周期的连续的性活动；C. 明确规定禁止乱伦和具有不同血缘关系的婚配规则；D. 成年男女间劳动的协作分工[①]。第一点反映了人类在文化方面的独特之处，第二点和第三点反映了人类在生殖力和婚姻制度方面的独特之处，第四点反映了人类在物质生产活动方面的独特之处，正好对应了人类在精神生产、人口生产和物质生产这三个方面的社会生产活动。

人类最初的乱伦禁忌和婚配规则（也即婚姻家庭制度）起源于何时，这有待于人类学家的研究和考证，这些制度对于人类的生物进化特别是种族的优化发挥了重要作用，至少使人类避免了由于近亲繁殖而导致的遗传疾病和种族退化。所以，婚姻家庭制度应该是人文系统内部环境中的一个重要因素。在人类社会众多的社会制度中，婚姻家庭制度只是关于人口生产方面的一类社会制度。

人类的语言、文字、绘画、音乐、舞蹈等文化艺术形式，都是人类在社会生产生活中所创造的特殊文化工具，每一种文化工具往往具有多种功能，它们的组合形式又具有更加复杂多样的功能。这些文化工具在个体意识与群体意识之间建立了各种联系，它们所承载的内容包括人类的知识、思想、感情、价值观念、宗教信仰、伦理道德等意识信息。而人文知识就是人类对自身所创造文化工具的理解和认识。人文知识包括价值观念、精神信仰、伦理道德、人生哲学、行为规范、文学艺术等很多内容，其中最核心的部分是价值观念、精神信仰和伦理道德。

在人类进化过程中，语言的出现显然具有非常重要的意义，正如一些学者所指出的，"语言的出现不仅意味着脑子的发达和意识的发展，而且意味着人类学习能力的进步和新的遗传方式的出现"[②]。语言就其本质而言也是人类创造的工具，它是一种特殊的文化工具，它的主要功能是在人际之间交流思想和感情。当人们用符号或图画来表达自己的思想意识时，符号或图画本身也就成了工具，当它们沿着两种路径演化时，就分别形成了具有记录语言功能的文字和具有审美功能的绘画。当人们在狩猎归来吹响竹笛、敲击瓦罐、手舞足蹈的时候，原始的音乐和舞蹈也就随之诞生了，这时音乐和舞蹈本身就成了人们娱乐的工具。事实上，音乐和舞蹈本身也是可以被用来表达思想、感情的。例如，莫扎特旋律优美的小夜曲就表达了作曲家甜蜜、愉悦的感情；贝多芬气势雄壮的交响乐就表达了作曲家对人生、命运的深刻思想。我们看到，无论是语言、文字、绘画，还是音乐、舞蹈，实际上都是人类为表达思想、感情所创造的特殊文化工具，这些工具像人类所创造的其他实物工具一样，都在随着人类社会的进步而发生着从简单到复杂、从单一到多元、从低级到高级的演化。例如，语言自从被人类创造出来以后就开始了不断的演化历程，先后演化出了自然语音语言、书面文字语言、科学符号语言（如化学中的分子式）、数理形式语言（如数学中的代数运算）、计算机程

---

① 爱德华·威尔逊著，毛盛贤等译：《社会生物学——新的综合》，北京理工大学出版社2008年5月第一版，第517页，见表27-1。
② 方宗熙、江乃萼：《生命发展的辩证法》，人民出版社1976年10月版，第204页。

序语言等不同形式,其抽象性、精确度、含义的丰富性和应用的广泛性不断提高。一方面,承载着人类的知识、思想、感情、价值观念、宗教信仰、伦理道德等意识内容的文化工具(如语言、文字、绘画、音乐、舞蹈等),当它们与相应的物质载体相结合时,这些文化工具就形成了具体的文化成果(或文化产品)。另一方面,同一种文化工具往往具有多种功能,它们的组合形式又具有更加复杂多样的功能。例如,同样是文字,我们既可以用来记录事情(如记载历史事实),也可以用来表达感情(如创作诗歌),还可以表述理性思想(如撰写哲学著作),以及用来反映复杂的现实生活(如写作小说),有些文字还可以被当作一种书法艺术。不管这些文化工具(或文化产品)多么纷繁复杂,也不管由它们又生发出多少种衍生品,它们都有一些共同的特点:① 它们都是由人类所创造的,其主体是人类本身;② 它们都是人类意识的产物,它们是人类与环境互动的结果;③ 它们与实体物质有显著区别;④ 它们都随同人类社会发展而不断进化。我们每个人从出生以后就开始接触、学习、掌握和应用这些环境中的文化工具(特别是语言和文字),从而使我们的自我意识得以逐渐成长和丰富,知识和人格也随之不断增多和成长。每个人身体成长的过程,同时也是知识增长和人格养成的过程。所以,从个体的成长和发展的角度来看,人文知识也是人文系统内部环境中的一个重要因素。

我们知道,一个人的成长发展是与社会的文化教育和个体的主动学习紧密联系的,其中很重要的一个方面是个人对各种知识的学习、掌握和应用,特别是其中对人文知识的学习和内化,这不但塑造了一个人的基本素质,而且也培育了一个人的基本人格。从这个意义上来说,一个未充分学习和吸纳人文知识和人文精神的人类个体,其实只是一个没有健全人格的人(或者说只是一个没有充分社会化的人)。在"人的社会化"过程中,社会群体在价值观念、精神信仰、社会道德和社会制度等方面对个体意识的文化教育发挥着非常重要的影响。因此,文化教育也是人文系统内部环境中的一个重要因素。

综上所述,在一个社会的人文系统中,除了个人、家庭组织和社群组织这些基本因素以外,人文知识、社会制度和文化教育等因素也是组成人文系统内部环境的一些重要因素。

3. 人文系统的组成要素和一般结构

(1) 人文系统的组成要素

通过前文的简单分析,我们知道,一个完整的人文系统除了必须具备个人、家庭组织和社群组织这三个基本要素外,还要具备人文知识、社会制度和文化教育等重要因素,这六类因素是组成一个人文系统的最基本的关键性要素。

德国哲学家尤尔根·哈贝马斯(Jürgen Habermas)指出,人类发展史是"由生物的和文化的发展机制的相互交织决定的",生物混杂是异族通婚,"文化混杂清楚地表现在多种多样的社会学习过程中"①。美国遗传学家杜布赞斯基于 1953 年在其《遗传学与物种起源》一书中指出,"人类生物学和人类文化,乃是同一个系统的两部分""现今文化上的进化过程,比生物学上的进化更为迅速和更为有效"②。正是基于这一原因,我们可以从人类个体的"生物"因素和"文化"因素这两个层面来分析人文系统的演化发展过程。

所以,上面组成人文系统的六类关键要素可以分为以下两个层面:

A. 生物因素(表层因素):个人、家庭组织、社群组织

---

① 哈贝马斯著,郭官义译:《重建历史唯物主义》,社会科学文献出版社 2000 年版,第 8—14 页。
② 牛龙菲:《人文进化学》,甘肃科学技术出版社 1989 年 9 月第一版,第 3 页。

B. 文化因素(深层因素):人文知识、社会制度、文化教育

事实上,一些科学家在20世纪六七十年代就已经意识到了人类进化的这两个层面。例如,1970年法国分子生物学家雅克·莫诺(Jacques Lucien Monod,1910—1976)指出,同其他动物物种相比,人类更是依赖体质的和观念的双重进化的力量,人就是这种双重进化过程的继承人;1973年意大利分子遗传学家萨尔瓦多·卢里亚(Salvador Edward Luria,1912—1991)指出,和生物进化(即基因的差异积累)平行的文化进化(即符号形式的经验和思想积累)早已开始。加拿大哲学家沃杰西乔斯基(Jerry A. Wojciechowski,1985)指出,由于人类具有智能,他成了生物进化和文化进化这两种进化过程的主体。[①]

一个社会的人文系统在成长和发展过程中,需要不断适应外部环境。当外部环境发生变化时,人文系统内部环境必须作出相应的调整,直至内外部环境相互耦合。人文系统内外部环境耦合程度越高,人文系统的发展环境就越好,人文系统的发展就越有序、越健康。人文系统内外部环境的耦合过程,就是人文系统成长演化的过程。

(2)人文系统的一般结构

人文系统的一般结构,是指在人文系统动态演化过程中,其内部各组成要素之间所形成的相互联系、相互作用、相互影响、相互制约的一般秩序和形式。人文系统的一般结构反映了一个社会内部人文系统各组成要素在功能方面互相支撑的结构性特征,是外部环境系统与人文系统、人文系统与其各组成要素协同演化的基础。

从人文系统运行的过程来看,一个人文系统成长演化的过程,其实是一个不断进行人口生育、文化创新的循环往复的过程。结合人文系统的组成要素,我们可以画出人文系统运行的一般结构图(见图8-2)。

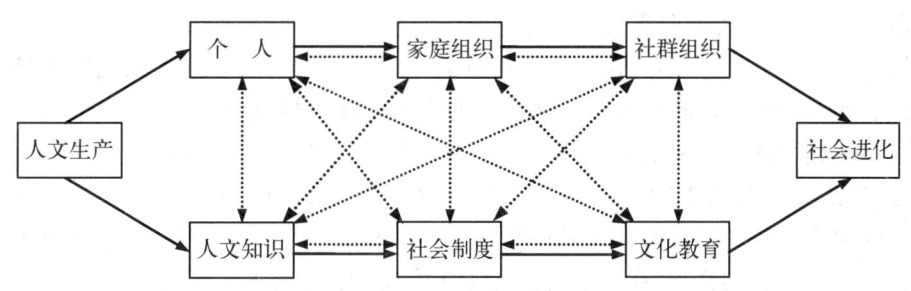

图8-2 人文系统运行的一般结构图

从图8-2中可以看到,人文系统的实际运行过程可以分为两条链(即图中的实线箭头):

A. 生物因素(表层因素)运行链:人口生产→个人→家庭组织→社群组织→社会进化

B. 文化因素(深层因素)运行链:精神生产→人文知识→社会制度→文化教育→意识进化

在人文系统运行过程中,A链反映的是人口生产、社会组织和社会进化的过程,B链反映的是精神生产、文化创新和意识进化的过程。实际上,这两条链并不是相互分离的,而是相互交织的;也就是说,这两条链上的所有因素环节都是相互联系、相互作用、相互影响的,它们共同形成了人文系统内部的生产关系网络。在图8-2中,用虚线双箭头来表示它们之间的这种关系。

---

① 转引自牛龙菲:《人文进化学》,甘肃科学技术出版社1989年9月第一版,第17页。

从生物遗传的角度来看，人文系统内不同代际（如父代和子代）的个人不断组合成家庭、不断生育出新一代人口的过程，实际上是不断重新组合生物遗传基因的过程，这一方面推动了人类生物基因信息的多样化，另一方面也增加了人类社会群体的适应性；从个体的成长发展来看，这是一个不断学习、掌握和应用人文系统中的文化工具（特别是语言和文字），从而使自我意识得以逐渐成长和丰富，知识和人格也随之不断增多和成长的过程；从文化创新的角度来看，这是一个群体与个体互动不断创造新思想、新观念和新道德，不断创新、修正和完善社会制度（包括家庭婚姻制度），从而使个人不断得到解放和自由的过程；从社会系统进化过程来看，这是一个社会中人文知识体系（特别是价值观念体系、精神信仰体系和伦理道德体系）不断得到创新、丰富和完善，文化工具的效率和功能不断得到改善和提高，文化教育的种类、数量和质量不断得到丰富和提高，从而推动整个社会意识不断进化的过程。正是在这些多种力量和多重效应的综合作用下，最终推动了整个社会中个人、家庭组织和社群组织的协同进化过程。人类社会的进化过程，就是人类创造的外部文化成果（也即文明）与人类个体大脑的内部意识的协同进化过程。正像牛龙菲先生所指出的那样，这是一个"外化与内化无限地扩张"的过程[①]。

一个人文系统在成长演化过程中，它同时还与其外部环境之间在人员、资源、物质、信息、知识、制度和教育等方面始终进行着各种形式的交流。人文系统与其外部环境中的自然系统、社会系统（国际系统）、国家系统以及国家系统中的其他子系统之间所结成的各种关系，形成了人文系统外部的社会关系网络。从社会经济关系的角度来看，一个人文系统完整的生产关系应该由其内部的生产关系网络和其外部的社会关系网络共同组成。人文系统成长演化的过程，实质就是人文系统内外两重关系网络互相交织、互相作用、互相影响的动态演化过程，人文系统内外的两重关系网络构成了一个多维的复杂动态图景。

孙隆基先生所著的《中国文化的深层结构》一书用结构主义的方法，从现象本身考察了中国大陆、台湾、香港三地的中国人文化行为的主要特征，他在这本书中一再强调中国人注重饮食、"身体化"倾向、人格依赖性、情感压抑与泛滥、缺乏"个性"和理性精神等[②]，可以说比较准确地描绘出了当代中国人的群体形象。这本书堪称是自鲁迅（1881—1936）、柏杨（1920—2008）之后对中国文化进行深入批判和反省的又一部力作。但由于作者过于注重对现象本身的描述，实际上并没有真正把握住中国文化的深层结构。从本书提出的人文系统运行的一般结构图来看，孙隆基先生实际上更多描述的只是中国"人文系统"中的一些表层因素。另外，按照本书的观点，实际上任何一个社会的文化结构（或者说人文系统）都不是一成不变的，而是在不断发生变迁的，如果要真正揭示出一个社会的文化结构，需要以动态的、系统的视角进行考察才能获得比较完整、客观的结论。

4. 人文系统的主要功能

人文系统作为国家系统的一个子系统，它的主要功能是进行人本身的生产和培养（特别是人格培养），同时进行精神产品中人文知识（特别是价值观念、精神信仰和伦理道德等）的生产、社会制度和文化教育的创新。这里的人文知识是指关于人类个体成长发展的所有知识的总和。经过系统化、理论化的人文知识体系可以称为人文科学（或称为人文学科）。例

---

① 牛龙菲：《人文进化学》，甘肃科学技术出版社1989年9月第一版，第21页。
② 孙隆基：《中国文化的深层结构》，广西师范大学出版社2011年6月第二版。

如,人本哲学、语言学、心理学、文学、艺术学、伦理学等都属人文科学的范畴（当然,这其中有些学科与社会科学有所交叉）。与此相区别的是社会知识与社会科学、自然知识与自然科学,前文已作过简单定义,这里不再重复。

在本书提出的国家系统中,实际上是将社会科学和自然科学划入科学系统中了,也就是说,本书把人类精神产品中的社会知识和自然知识的生产划入科学系统的功能中了。之所以这样划分,只是为了便于分析,实际上,人文知识、社会知识和自然知识之间本身就有密切的联系。

一个社会群体对其个体的生产和培养,是一个从"生物人"到"社会人"的文化教育过程。在一个人从婴儿到成年的过程中,社会群体在精神信仰、社会道德和社会制度等方面对个体意识的形成和成长发挥着非常重要的文化教育作用。这一文化教育作用,正是一个社会中人文系统的重要功能之一。

下面着重分析一下精神信仰、社会道德和社会制度这些因素在社会组织中的主要功能以及它们之间的联系和区别。这牵涉到伦理学和宗教学的研究主题。

精神信仰、社会道德和社会制度三者之间既有紧密的联系,也有显著的区别,同时它们之间还具有一定的层次递进关系。一般来说,信仰是道德的基础,道德又是制度的基础;在社会生活中,对于超出道德规范约束的人类行为,一般是通过法律等社会制度来调节和规范的。

精神信仰是指人们对某种主张、主义、说教、现象或力量的深刻相信、信服或尊崇,从而在自我的意识中建立起来的核心价值观念,人们据此来判断事物的价值并作为自己行动的指南。人类社会最常见、最持久的精神信仰形式是宗教信仰。在社会生活中,除宗教信仰外,我们还可以遇到其他一些信仰类型,如科学信仰、权力信仰、物化信仰等。在当代中国,有很多人信仰马克思主义的学说,所以,马克思主义信仰也是一种精神信仰。权力信仰是指人们对社会权力的强烈痴迷和深度依赖。在政治生活中,我们经常可以看到那些对政治权力怀有深刻信仰的人们,有些极端的权力信仰者也常常被人们冠以"权力崇拜狂"的称谓。所谓物化信仰,是指人们对某种有形的具体事物的信仰。在原始社会的部落中,人们对自己部落图腾的崇拜就是一种物化信仰,尽管具体的图腾符号（如"龙"形图案）是抽象的,但这些图腾符号所代表的事物却是具体的。在现代社会,由于商品充斥于社会的各个领域,要获得商品一般需要以金钱（即货币）来交换。所以,有些人就认为"只要有了钱,就有了一切",于是在这些人的意识中就形成了"金钱就是上帝""金钱就是一切"的思想观念,这就是所谓的"金钱拜物教"或"拜金主义"的信仰。实际上,"金钱拜物教"或"拜金主义"信仰也是一种典型的物化信仰。我们知道,金钱只是货币的一种形式,它是用来进行商品交换的媒介,其本质是商品,即充当一般等价物的一种特殊商品。金钱既然是一种商品,所以金钱信仰就是一种物化的信仰,更准确地说,它是一种缺乏精神内涵的庸俗的物化信仰。

宗教生活是人类社会生活的重要组成部分,宗教在社会演化过程中具有多种重要功能。从文化的视角来看,宗教是人类所创造的整合社会意识最有效的复杂文化工具之一。作为文化的重要内容之一,宗教在社会变迁中具有一定的稳定性。

宗教是人们对神秘力量或超自然存在物（如神灵）的信奉与崇敬,它通常包括宗教组织、教义（信仰观念）、戒律规范和仪式活动等几个部分。早在原始社会时,宗教就已经产生了。中国考古学家在辽宁省凌源牛河梁红山文化遗址（约公元前 3500—公元前 2900 年）发现了一座"女神庙",其中有神像、猪龙及禽的大型泥塑和陶质祭器等,这说明当时社会的宗教已发展到了一定规模和较高水平①。宗教起源于原始人类对自然的依赖和敬畏;因为人类依赖的自然对象各不相同,因而原始宗教中一般都有众多的神灵。宗教活动一般通过参加者的祈祷、祭献、修行、冥思、仪式、音乐和念颂等形式来表现,它是人们社会意识的具体反映。马克思在《黑格尔法哲学批判导言》中指出,宗教是支配人们日常生活的外部力量在人们头脑中的幻想的反映。所以,宗教的本质是社会意识形态,它反映了人类与外部神秘力量的独特关系。

意大利思想家维柯在他的《新科学》一书中指出,各民族有三种共同的习俗:某种宗教、结婚仪式和葬礼②。这说明宗教、礼仪等在社会生活中具有重要作用。英国历史学家汤因比比较研究了人类历史上 21 个文明的诞生—消亡史,他指出:文化是文明的核心,而宗教又是文化的核心;一种文明毁灭了,作为核心的宗教还会继续下去③。④这说明,在社会变迁中人类的宗教信仰具有一定的延续性和稳定性。

在人类早期社会中,宗教承担了解释世界、司法审判、社会教化、道德培养和心理安慰等功能;在现代社会中,解释世界、司法审判等功能已经从有些宗教中分离出来,但社会教化、道德培养和心理安慰等功能还继续存在。由宗教所形成的信仰体系和社会意识是人类社会思想文化和意识形态的一个重要组成部分,历史上它在塑造人类信仰体系方面曾发挥了巨大影响。从社会发展的角度来看,宗教在整合社会意识、进行社会教化、化解社会矛盾、稳定社会秩序、增强社会凝聚力等方面往往发挥着其他社会力量难以替代的重要作用。在历史上,一方面,宗教常常被统治阶层用来作为神化政权、加强统治、奴役人民的精神工具;另一方面,宗教也常常被劳动人民用来作为反抗压迫、摆脱苦难、寻求寄托的精神工具。

在欧洲的古希腊人和古罗马人社会以及印度北部的印度-雅利安人社会中,早在原始部落社会时期人们就开始了对死去祖先的崇拜活动,这些社会中每个族团内都有专司与死去祖先联络工作的巫师或宗教人员,人们相信死去的祖先会对活人发生作用,这是宗教信仰能够凝聚部落社会的原始动力⑤。在中国古代,人们很早就形成了祖先崇拜、祖先保佑的观念,古人相信一个人去世之后就会变成神灵,这实际上是一种基于人的"神灵信仰",也是对超自然力量的一种信仰。同时,中国民间还存在着对其他各种神灵的宗教信仰。在中国古代的农民运动中,宗教也曾发挥过整合社会意识、进行社会组织的作用。例如,元末发生于 1351 年的白莲教大起义、清末发生于 1850 年的太平军起义等。在西方,宗教教义在整合社会意识方面曾长期占据着主导地位,"文艺复兴"时期的启蒙运动改变了这一局面,此后,僧侣集团的文化作用开始逐渐被一批拥有人文思想的思想家、哲学家、文学家、作家、诗人和艺术家所代替。在古代中国,自三国时期(220—280)以来,实际上是由儒教、道教和佛教三者的混合体(儒教的比重更大一些)在整合社会意识方面长期占据着主导地位,直到 20 世纪初由"五四运动"掀起的新文化运动改变了这一局面,传统宗教的文化作用才开始逐渐被一批曾留学西方、拥有新思想、新观念的教授、学者、哲学家、文学家、作家、翻译家等知识分子

---

① 苏秉琦主编,张忠培、严文明撰:《中国远古时代》,上海人民出版社 2014 年 5 月第一版,第 433—435 页。
② 维柯著,朱光潜译:《新科学》,商务印书馆 1987 年版,第 138 页。
③ 汤因比著,沈辉译:《文明经受着考验》,浙江人民出版社 1988 年版,第 201 页。
④ 本段文献转引自闵家胤:《进化的多元论》,中国社会科学出版社 2012 年 8 月修订版,第 350 页,第 353 页。
⑤ 弗朗西斯·福山著,毛俊杰译:《政治秩序的起源——从前人类时代到法国大革命》,广西师范大学出版社 2012 年 10 月第一版,第 59—60 页。

所代替。在人类社会所创造的精神财富中,无论是东方还是西方,有很大一部分文学、音乐、绘画、雕塑和建筑等文化产品实际上都包含着浓厚的宗教意识,或者说它们本身就是围绕宗教这个主题而被创造的。关于这一点,只要我们去看看敦煌莫高窟、龙门石窟、云冈石窟、大足石刻的巨大造像以及世界其他国家的著名文化遗迹,就可以更加清晰地认识到这一点。

　　道德是衡量人们行为是否恰当的观念标准,是规范和调节人们自我行为的内在准则。每个社会一般都有这个社会公认的道德规范体系,它往往代表着社会的正面价值取向,是判断人们行为正当与否的社会标准。道德可以分为个体道德和社会道德两大类。个体道德是只涉及个人、个人之间的行为,用以调节私人关系的道德规范。社会道德是涉及社会群体的行为,用以规范公共关系的道德规范。在不同的时代,人们所崇尚的社会道德观念往往不同;在不同的社会中,人们所重视的道德元素、道德标准、道德秩序也常常有所差异;在同一时代的同一个社会中,不同阶层的人们往往具有不同的道德观念。另外,即使是同一类道德行为,它在不同社会中的表现形式(如风俗、习惯等)也往往相去甚远。道德通常也是人们评价一个人品质和行为的一般尺度。一个人若违背社会道德,如不守信用、不孝父母、搞婚外恋等,人们就会对他作出负面评价,导致其信誉受损、名声下降,从而对他形成一种来自周边人群的社会压力,进而起到约束他个人行为的作用。道德和制度都是规范和调节人们行为的准则,它们之间既有一定的联系,同时也有显著的差别。道德是个体对自己行为进行自我约束的规则,具有主动性、内在性、自律性、非强制性等特点;制度则是社会组织对个体行为进行约束的规则,具有被动性、外在性、他律性、强制性等特点。在人类社会的不同组织系统中,道德和制度具有不同的形式和特点。例如,在家庭组织系统中,社会道德表现为婚姻道德、伦理道德、家庭道德等形式;在社群组织系统中,社会道德表现为社交道德、宗教道德、公共道德等形式;在经济组织系统中,社会道德表现为职业道德、企业道德、行业道德等形式。与此相对应,社会制度也包括婚姻制度、伦理制度、家庭制度、社交制度、宗教制度、公共制度、职业制度、企业制度、行业制度等多种形式。

　　信仰行为是个人意识的内化行为,道德行为是个人意识对自我行为的调控,制度行为则是个人意识按照外部的规则对自我行为的调控。从信仰行为到道德行为、再到制度行为,参与主体的实践性在逐级增强,而其主动性在逐级减弱。信仰是支撑人类道德生活的基石,它从根本上决定着人们道德实践的范围、层次和方式。道德是维持一个社会稳定、和谐、有序运行的基本动力,它在人类社会的实践活动中具有重要的价值和功能。在实际的社会实践活动中,道德与制度在某些方面是互相重叠的。在一个法治化的社会,规范人们行为的道德底线(即道德规范所确定的道德主体的活动边界)和法律底线(即法律规范所确定的法律主体的活动边界)应该是相互衔接、相互协调、有机联系的,也即在道德与法律的"交叉地带",个人行为既受道德调控,同时也受法律约束。无论是道德主体,还是法律主体,所有社会成员都应当保持其行为活动的适当和适度,即道德主体应当遵守道德准则,法律主体应该遵守法律准则,我们既不能用道德的规范来代替法律的制约功能,也不能用法律的规范来代替道德的调节功能。按照孔子的思想,治理国家要"以德以法"(即要使道德和法律互为补充,见《孔子家语·执辔》)。一方面,法律制度是人们按照一定意志所制定的社会规范,法律制度的具体内容反映了立法者的意志;另一方面,顺应民意者所制定的法律制度,也包含了社会道德观念的基本诉求。所以,道德是法律最基本法理的来源,但不能替代法律而存在。在人类不同的社会中,经过漫长的演化,一部分比较稳定的道德内容变成了法律条款,一部分道德观念则被纳入了宗教的范畴。在人类社会的有些地区和有些时期,道德、法律和宗教是融合在一起无法分开的。例如,在伊斯兰教法控制的地区和时期,伊斯兰教义本身就是文字化的道德体系;在古代中国社会,道德和法律也表现出了高度融合的特点。

在现代社会,思想家、哲学家、文学家、作家、诗人和艺术家等人文知识分子是人文系统中精神文化产品的生产者,他们的真正功能是为人类社会的发展(包括个体的发展和群体的发展)创造新思想、新知识、新观念和新道德,从而不断改造、更新和完善社会中原来的旧思想、旧知识、旧观念和旧道德,进而不断提升整个社会的精神境界,使人类的精神家园变成一个生机勃勃、充满真善美的和谐世界!所以,在现代社会中,人文知识分子肩负的重要历史使命是"启蒙社会公众思想,引领社会意识潮流",他们应该向人们指明社会的发展趋势,应该揭示出现实社会中存在的各种问题,应该批判社会的不良风尚和病态现象,应该借助现代传媒呐喊出这个时代的感情和声音,从而带动社会大众不断修正和完善整个社会的价值观念体系、精神信仰体系和伦理道德体系。

5. 人文系统中的生产活动

人文系统中的生产活动主要包括人本身的生产培养和人文知识的生产这两个方面。人本身的生产一般是通过家庭组织来完成的,但人的培养除了家庭教育以外,还需要通过其他社群组织(如学校、社会培训组织等)的参与才能完成。人文知识的生产是通过个体大脑的精神活动进行的,一般是由社会中的人文知识分子完成的。就整个人类社会的发展过程来看,人文系统中这两方面的生产活动是相互联系、相互影响、相互作用的。

人类对人口生产问题的思考可以追溯到古希腊时期的柏拉图(Plato,约公元前427—公元前347)和亚里士多德等思想家,他们提出一个社会应当生育出适度的人口才有利于社会的发展,也就是说,对于一个具体的社会而言,人口生产数量既不能过多也不能过少。英国空想社会主义者托马斯·莫尔(Thomas More,1478—1535)也注意到人口与社会相协调的关系,指出一个社会的人口规模应该适度①。在16世纪末,意大利思想家乔瓦尼·博特罗(Giovanni Botero,1540—1617)提出了一些重要的人口思想,他认为人类的生殖力是无限的,而维持人类生存的食物供养力则是有限的,生活资料的匮乏抑制了人口的增长,人类社会中所发生的战争、抢劫和各种形式的苦难都是因为缺乏食物导致的。在西方,追求适度人口规模的思想实际上已形成西方文化传统的一项重要内容,西方近代理性主义者大多也都认同适度人口规模的观点。例如,法国思想家让·雅克·卢梭、启蒙思想家霍尔巴赫(Paul Holbach,1723—1789)都是典型的适度人口论者,他们都认为一个社会在人口和土地之间应当保持合理的比例②。在西方社会,明确提出适度人口规模,或以各种方式指出社会中的人口生产应有适当限度的思想家还有许多,如马基雅维里、雅克·内克尔(Jacques Necker,1732—1804)、伏尔泰(Voltaire,1694—1778)、魁奈、奥克塞伦、杰诺韦西、亚当·斯密、托马斯·马尔萨斯、本杰明·富兰克林等。③但其中系统阐述人口生产理论、最为人们所熟知的思想家是托马斯·马尔萨斯。

---

① 托马斯·莫尔著,戴镏龄译:《乌托邦》,商务印书馆1982年版,第61页。
② 卢梭著,何兆武译:《社会契约论》,商务印书馆1982年版,第65—66页;霍尔巴赫著,陈太先,眭茂译:《自然政治论》,商务印书馆1994年版,第297页、第300页、第317页。
③ 本段文献整理自:俞金尧,《马尔萨斯人口理论的社会文化基础》,《历史研究》1996年第6期。

托马斯·马尔萨斯是英国人口学家和政治经济学家,他通常被人们视为现代人口学的奠基人,其代表作是《人口原理》(1798)和《政治经济学原理》(1820)。马尔萨斯在《人口原理》中所阐述的人口理论几乎吸收了乔瓦尼·博特罗提出的人口思想,他的人口思想实际上是综合前人观点而形成的一套系统的人口理论体系,他侧重于人的自然属性对人口生产的影响,特别注重在消费领域对社会人口和生活资料之间关系的分析,从而建立了人文系统中人口生产与经济系统中物质生产之间的内在联系。在《人口原理》一书①中,马尔萨斯提出了两个公理:第一,食物是人类生存所必需的;第二,男女两性之间的情欲是必然的,且几乎会保持现状。由此,他认为食欲和情欲这两者是人类的本性决定的。他认为社会中的人口增长是以几何级数增加的,而生活资料的增长则是按算术级数增加的。由于"人口的增殖力无限大于土地为人类生产生活资料的能力",社会人口增长有永远快于生活资料增长的趋势,所以,一个社会如果不对人口数量进行抑制,就会导致人口过多和食物不足。为了改变社会人口与生活资料增长的不均衡现象,他主张用抑制手段去实现两者之间的平衡,为此他提出了积极抑制和预防抑制两种方法。所谓积极抑制,是指对已经出生的人口所施加的限制,包括因贫困饥饿而引起的死亡以及因战争、瘟疫、地震等灾祸所引起的人口数量的绝对减少;预防抑制则是指通过禁欲、晚婚、不生育或少生育等措施预防人口数量的过度增长。在马尔萨斯的人口理论中,他强调人口数量要受到生活资料数量的制约,人口增长应当而且必须与生活资料增长保持适当比例。

马尔萨斯在其《政治经济学原理》一书中提出了他的"有效需求理论",这一理论深刻地影响了凯恩斯的经济思想,并成为凯恩斯经济理论的直接来源。马尔萨斯的"有效需求"概念是指经济体系中商品供给量与实际需求量保持一致时的需求,这时需求者所愿意支付的价格与生产者为保持继续生产所支出的生产成本相一致,他把人们的工资、利润和地租等收入都直接看成是有效需求的组成部分;在有效需求的条件下,市场正好处于供求均衡状态,这时经济体系中既没有商品供给不足,也没有商品生产过剩现象;他认为,货币不是单纯的流通媒介,同时也是储蓄手段,如果消费者不将手中的货币用于购买商品而是进行储蓄,那么经济体系中的商品供给量就会超过实际的需求量,社会生产的商品就会出现滞销和积压②。他认为,资本主义的利润不是在"生产"环节中形成的,而是在"交换"环节中产生的,即通过不等量劳动的相互交换而产生了利润;他指出,经济中的利润不能依靠资本家和工人来实现,而只能依靠一批非生产性的消费者阶层(如地主、官吏、卫生人员、司法人员等)来实现,只有这些消费者阶层的"有效需求"才能购买经济中过剩的产品,只有保持足够的"有效需求",才能避免资本主义生产过剩的经济危机;他还指出,要促进社会财富的不断增长,就必须保持足够的"有效需求",他强调是"有效需求"的水平决定生活资料的供给水平;在探讨刺激财富增长的因素时,他不仅肯定了资本积累、土地肥力和技术进步对财富增长具有重要意义,而且还指出仅有这些因素的增加而没有需求的相应增长,也不能保持经济的持续稳定发展。如果我们把马尔萨斯的人口理论和他的有效需求理论中所阐述的基本思想贯穿起来看,就会发现:在有效需求理论中他强调了人对物的需求(物欲)决定物的供给这一观点;而在人口理论中他突出了物的供给决定人口的增长(情欲的扩张)这

---

① 马尔萨斯著,朱泱、胡企林、朱和中译:《人口原理》,商务印书馆 1992 年版,第 6—8 页。
② 杨晨:《论马尔萨斯与凯恩斯和弗里德曼的脉承关系》,《厦门大学学报(哲学社会科学版)》1996 年第 1 期。

一思想。他的这两个理论之间存在着内在的逻辑一致性，它们共同构成了一套比较完整的经济理论体系。①

马尔萨斯的《人口原理》发表于欧洲工业革命之前，其后发生的工业革命导致欧洲的社会生产力大幅增长，特别是在煤炭和石油等能源开发上尤其显著。据统计，从1820年到1950年，全球的能源供应增长六倍，而人口仅增长一倍；在新石器初期，全球大约有六百万人口，到2001年时全球人口已经增长到六十多亿，在过去一万年中全球人口数量几乎增长了一千倍，这些增长的大部分发生在20世纪下半叶②。因此，马尔萨斯的人口理论遭到了普遍贬斥，人们批评他对人类的技术进步过于悲观。尽管如此，马尔萨斯的经济理论实际上能够较好地解释工业革命之前人类社会的经济发展状况，如果我们在其理论框架中加入政治、制度、科学、技术、教育等因素，那么它就可以用来解释现代社会的经济发展了。

马克思和恩格斯在《德意志意识形态》(1846)书稿中探讨了人类社会的精神生产问题，并详细论证了物质生产与精神生产的关系，他们指出："思想、观念、意识的生产最初是直接与人们的物质活动，与人们的物质交往，与现实生活的语言交织在一起的。人们的想象、思维、精神交往在这里还是人们物质行动的直接产物。表现在某一民族的政治、法律、道德、宗教、形而上学等的语言中的精神生产也是这样。"③恩格斯还阐述了意识形态与经济发展之间的联系，他指出："政治、法、哲学、宗教、文学、艺术等等的发展是以经济发展为基础的。但是，它们又都互相作用并对经济基础发生作用。"④人类社会发展到文明阶段之后，在社会物质生产活动中，人们生存发展就表现为两种基本需要：一种是对衣、食、住、行等社会物质生活条件的需要；另一种是对智力、道德、审美等方面发展条件的需要。正是由于这两种基本需要，推动人类社会从最初的只是单纯为满足生理需要而进行物质生产劳动，逐渐发展到注重满足精神需要的精神生产活动。随着社会的不断发展，人类越来越强化对精神需求的生产，最终使精神生产以专业化、职业化的形态从社会物质生产活动中独立和分化出来。精神生产活动的这种独立和分化，一方面是为了更充分地满足人类越来越强烈的精神需要，另一方面也是两种生产活动各自具有的特殊性要求。随着社会中精神生产活动的不断发展，人类个体的文化素质也会随之不断提高，整个社会的精神需要将会越来越成为人们生活追求的主要目标，随着人类社会精神需求水平的逐渐提高，将会促使社会中精神生产的规模和质量不断向更新、更高的水平发展。

在西方社会思想家中，将人文知识因素与经济发展联系起来的一个代表性学者是德国著名社会学家马克斯·韦伯，他在其名著《新教伦理与资本主义精神》(1905)中深入分析了西方社会中精神信仰、伦理道德等因素对资本主义经济发展的重要影响。在这部书中，韦伯通过对大量经验材料的搜集和分析，考察了欧洲16世纪宗教改革以后的基督教新教(即加尔文教)的宗教伦理与近代资本主义发展之间的生成发育关系，揭示出隐藏在社会制度背后的精神力量，论证了资本主义的兴起不仅仅是因为经济和政治方面的原因，而且与基督教新教的宗教信仰和伦理道德态度紧密相连，新教思想实际上形成了近代资本主义精神的基石，

---

① 本段内容除注明者外主要参考整理自：梁冬、李卢霞、孙晓燕，《理出同源必有因——浅谈马尔萨斯人口理论与其经济学理论之间的逻辑一致性》，《经济问题探索》2005年第4期。
② 马西姆·利维巴茨著，郭峰、庄瑾译：《繁衍：世界人口简史》，北京大学出版社2005年6月版，第28—31页。
③ 《马克思恩格斯选集》(第1卷)，人民出版社1995年版，第72页。
④ 《马克思恩格斯选集》(第4卷)，人民出版社1995年版，第732页。

正是这些因素共同塑造了西方资本主义兴起的心理条件,并构成了西方现代人普遍的生活秩序。韦伯分析指出,资本积累的观念虽然并非直接来自新教伦理,但新教伦理原则对勤劳和节俭的推崇却在不经意中为资本主义奠定了精神基础。例如他认为,在18世纪的美国,社会中流行的富兰克林的朴素箴言,就清晰地表达了资本主义的精神,正是这些精神支配着美国经济未来的发展,而不是重商主义政治家的宏大规划。在韦伯看来,正是这种新的宗教观念教导着那些现代经济秩序的前驱们"不是把追逐财富仅仅看作赢利,而是看作一种义务。这种观念把仍然势单力薄的资产阶级团结成为一支有纪律的力量,增强了它的活力,给它的实用主义罪恶罩上了一个圣洁的光环"。[①] 他认为,在资本主义兴起过程中,社会道德标准的变革发挥了关键作用,从而使以往时代被谴责为罪恶的种种习惯变成了新时代的经济美德,而造成这种变化的力量就是加尔文教的教义。这里需要说明的是,在影响资本主义经济伦理变化的因素中,绝不是仅仅只有韦伯所强调的新教伦理思想,天主教的伦理思想、文艺复兴的政治思想、人们的市场投机行为等都发挥了一定作用,这些因素共同构成了一场普遍思想运动的组成部分。另外,信仰道德与经济发展之间的联系并不是单向的关系,而是双向互动的关系。正如美国社会学家塔尔科特·帕森斯所说:"有了作用力也就会有反作用力,清教主义有助于塑造社会秩序,反过来说,它也会被社会秩序所塑造。"[②]韦伯的这一著作尽管在西方学术界引起了激烈争论,但它依然是对资本主义精神和起源的经典解释之一。

从本书所提出的社会结构框架(参见图8-1)来看,马尔萨斯的经济理论实际上建立了人文系统中人口生产与经济系统中物质生产之间的联系;马克斯·韦伯的社会理论实际上建立了人文系统中人文知识因素与经济系统中物质生产之间的联系。马克思和恩格斯所论述的人类社会物质生产与精神生产之间的关系,既涉及了经济系统与人文系统之间的联系,也涉及了经济系统与政治系统之间的联系,还涉及了法制系统中的法律因素,而且他们的思想还透露出社会生产结构动态变迁的社会演化观。所以,相对来说,马克思和恩格斯观察社会的视野显得更加宽广、更加全面一些。但是,他们的论述也有一些不足之处,这就是他们排斥了马尔萨斯的人口理论,另外他们所构建的理论架构是一种类似于建筑物一样的上下层级结构,而且很多社会因素都是混在一起阐述的(如"意识形态"中的许多因素),这造成用他们的理论来分析现代社会时就会显得捉襟见肘。

本书所提出的社会结构框架实际上综合了马尔萨斯、马克斯·韦伯、马克思和恩格斯上述理论的思想要义,不但建立了人文系统与经济系统、人文系统与政治系统、经济系统与政治系统之间的联系,而且建立了它们与科学系统、法制系统和教育系统之间的联系,从而涵盖了文化经济学、人口经济学、政治经济学、文化政治学等学科的主题。

6. 人文系统的进化机制

一个社会的人文系统是如何进化的?或者说人文系统的进化机制是怎样的?

在前文分析人文系统运行的一般结构时,我们简单探讨过社会进化的问题,这里我们对这一问题作更深入的分析。

关于物质世界进化机制的问题,世界各国的哲学家和自然科学家们都从不同角度和层次作过许多研究分析,但就目前的研究文献来看,对这一问题作出深刻认识的是美国系统哲

[①] 马克斯·韦伯著,阎克文译:《新教伦理与资本主义精神》,上海人民出版社2010年9月第1版,第5—7页,参见塔尔科特·帕森斯为本书所写的"序言"。

[②] 同上。

学家欧文·拉兹洛和中国文化哲学家牛龙菲,其中,欧文·拉兹洛的重要贡献是提出了物质世界的广义进化理论①,牛龙菲的重要贡献是分析并揭示出了物质世界进化的内在机制。

牛龙菲在综合当代分子生物学、一般系统论、超循环理论、自组织理论等学科成果的基础上,结合中国古典哲学"周易"和道教的"太极"思想,分析论证了物质世界进化的一般机制。他在其著作《人文进化学》中指出,"任何一种现实的存在,其发生的机制,都是'正反馈——自生'和'负反馈——自稳'的'往复循环'。在这里,'正反馈——自生'保证了某种特定层次的存在与其他特定层次的存在的'异质性';'负反馈——自稳'则保证了某种特定层次的存在在四维时空中的'连续性'",他强调物质进化过程中的"圆形循环关系",正是由于这个"圆形循环关系"的持续变化,"才使得新的异质存在由于'正反馈——自生'和'负反馈——自稳'的'往复循环'而不断发生,并连绵延续,从而逐渐形成了具有等级差异的、递价结构的大宇长宙之整体系统"。他同时指出:"'正反馈——自生'的'循环',其内在机制是'变易';'负反馈——自稳'的'循环',其内在机制是'不易'。把这两种内在机制统一于'正反馈——自生'和'负反馈——自稳'的'往复循环'之中,便具有了哲学本体论的'简易'特性。而这正是中国古代《易经》哲学的精髓所在。"②他分析指出,物质世界的一般进化过程就是由于"正反馈——自生"和"负反馈——自稳"这两种机制而不断发生新的异质性存在的动态过程;某种处于稳定状态的系统,它会由于正反馈机制而失稳并进行自组织,自组织的结果就是在新的层次上创生一个新结构的系统,这个具有新结构的系统又会由于负反馈机制而维持相对的稳定状态;这个过程不断循环往复,具有新结构的系统就会不断地从旧结构的系统中产生出来。他解释说:"所谓'正反馈',正相当于生物进化中的'基因重组';而所谓'负反馈',则正相当于'重组之基因'在生物进化中的'世系遗传';决定系统'负反馈——自稳'还是'正反馈——自生'的则是'自然或人工选择'。"④牛龙菲先生提出的"正—负"反馈往复循环的模型如图8-3所示。

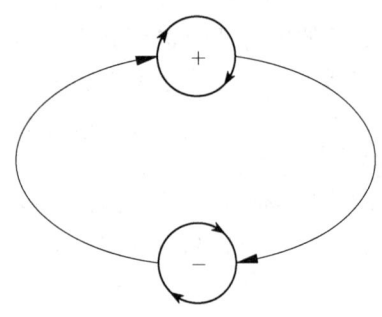

图8-3 "正—负"反馈往复循环模型③

结合欧文·拉兹洛广义进化理论的思想,按照牛龙菲先生所揭示的物质世界进化原理,我们可以推知,整个物质世界正是以这种"自生"和"自稳"的循环机制,由中子、质子、电子等基本粒子自组织成原子,由不同原子自组织成无机物分子(简单分子),再由不同无机物分子自组织成有机物分子(复杂分子),进而由不同有机物分子自组织成原始细胞(复杂分子集团),不同种类的原始细胞进一步自组织又会产生微生物(生命体),不同微生物的自组织又会产生不同的生物物种,不同物种生物个体的自组织就会形成不同物种的社会群体。正是在这样的"异质"系统不断创生的过程中,物质世界发生着从"物理结构→化学结构→生物结构→社会结构"等不同层次系统的跃迁⑤,而人类社会从动物社会中分化出来,又经过漫长的

---

① E.拉兹洛著,闵家胤译:《进化——广义综合理论》,社会科学文献出版社1988年4月第一版。
② 牛龙菲:《人文进化学》,甘肃科学技术出版社1989年9月第一版,第109—110页。
③ 牛龙菲:《人文进化学》,甘肃科学技术出版社1989年9月第一版,第108页。
④ 牛龙菲:《人文进化学》,甘肃科学技术出版社1989年9月第一版,第106—107页。
⑤ 有关阐释参见:E.拉兹洛著,闵家胤译:《进化——广义综合理论》,社会科学文献出版社1988年4月第一版,第53—74页。

文化进程，从而创生了具有人文结构的高级社会系统。整个物质世界的一般进化机制可以用图8-4来表示，这是一个各种结构系统分层进化的历时过程，同时也是不同层次系统共时耦合的过程。在图中，"⊖"表示系统"负反馈—自稳"循环，"⊕"表示系统"正反馈—自生"循环。

本书根据牛龙菲先生提出的"正—负"反馈往复循环模型，并结合前文所得出的人文系统运行的一般结构图（即图8-2），来探讨人类社会中人文系统的进化机制。为便于分析问题，我们将"正—负"反馈往复循环模型的思想与人文系统运行的一般结构图相结合，从而画出下面的人文系统进化机制图（见图8-5）。

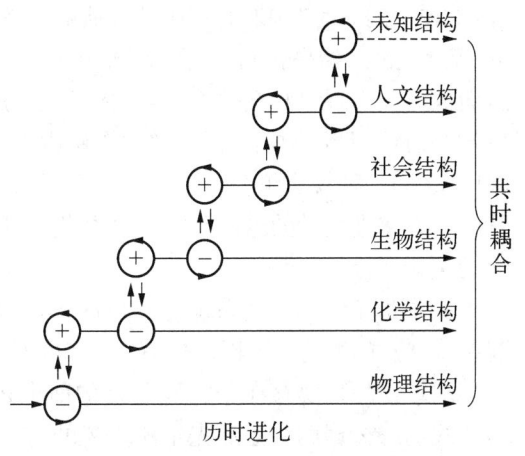

图 8-4　物质世界进化的一般模型①

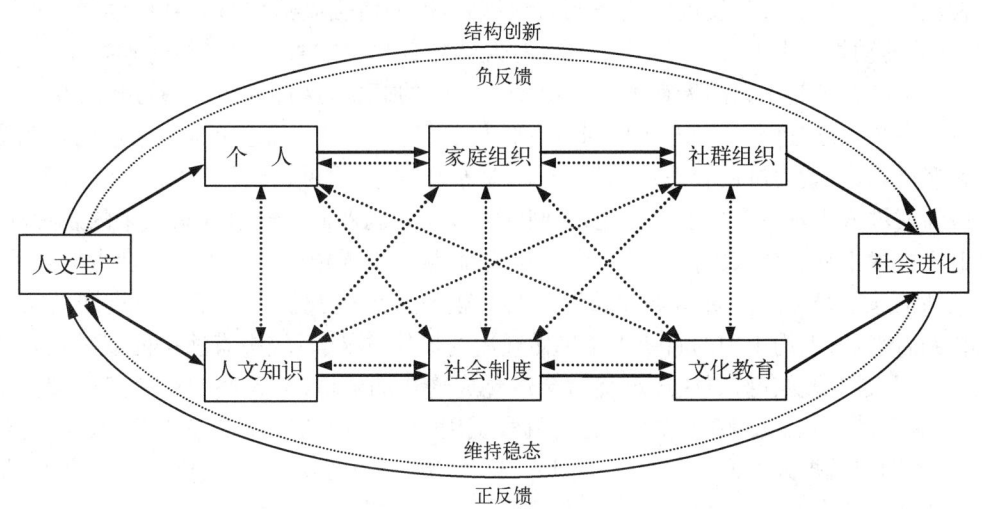

图 8-5　人文系统进化机制图

在图8-5中，下边的实弧线表示"社会进化"对"人文生产"的正反馈作用，上边的实弧线表示"人文生产"引起社会"结构创新"，进而推动"社会进化"；上边的虚弧线表示进化后的社会对"人文生产"的负反馈作用，下边的虚弧线表示"人文生产"在负反馈作用机制下，人们不断复制现有的社会结构信息从而保持社会系统"维持稳态"，进而使整个社会保持现状。

为建立人文进化理论体系，牛龙菲先生提出了"文化""文明""文脉"等一整套逻辑上内在关联的文化学概念。按照牛龙菲先生的定义，"文明"是"人文教化或人文进化的'历史成果'"；"文脉"是"从过去经由现在走向未来的人文教化或人文进化的信息指令及其继承脉传"②。后来，他又用"文象"这一概念代替了之前的"文明"这个词。所谓"文象"（products of culture & civilization），是指作为历史实体的"文明之产物"③。他后来也对"文脉"作了新解

---

① 尚乐林：《"伐柯伐柯，其则不远"——评牛龙菲著〈人文进化学〉》，《兰州学刊》1991年第3期。
② 牛龙菲：《人文进化学》，甘肃科学技术出版社1989年9月第一版，第44—45页。
③ 尚乐林：《"伐柯伐柯，其则不远"——评牛龙菲著〈人文进化学〉》，《兰州学刊》1991年第3期。

释,他说"文脉"是"体外的物质载体所贮存的人类文明进化信息""是指人类体外非生物进化的'基因'"①。如果我们把"文脉"理解为"文化基因",那么,"文象"就是由"文化基因"调控塑造而成的人文现象和文化实在,具体可以理解为文化的表象实存。根据本书作者的理解,这里的"文脉"相当于本书各层系统"深层因素"的有机结合,"文象"则相当于本书各层系统"表层因素"的各种现实组合。正是在这个意义上,本书所建立的有关人类社会的整个结构框架就是对人文进化学的进一步深化和细化,同时也是对文化学、经济学和政治学乃至人类社会学的重新整合。

牛龙菲先生把人文系统的一般进化机制表述为"微观层次的扰动经宏观网络放大后引起系统状态的变化;变化了的系统如有可能在时间的流逝中保持相对稳定的状态,则导致异质性新事物的现实存在"②。这句话的前半句即为"正反馈自生",后半句即为"负反馈自稳"。

我们怎么理解牛龙菲先生所表述的这一进化机制呢?

为使普通读者能够理解,下面通过举例的方式来进行分析和说明。

例如,在远古时代,当原始森林中发生大火时,有些未及时逃走的野猪、野兔等动物被烧死在树丛中。当原始人类发现这些烧死的动物后,他们就去吃这些被烧熟的动物。他们发现,烧熟后的动物肉更加可口好吃。于是,有人就把森林中的野火引来烧烤动物吃。这样,原始人类就学会了利用火的最初方式。由于相互间的模仿,这种利用火的方式就从一个家族传到另一个家族,进而从一群人传到另一群人。后来,人们发现经火堆烧烤过的软泥会变得异常坚硬,有人就尝试用胶泥做出泥碗、泥罐等器皿,然后再用火堆把它们烧硬,于是,最初的陶器就被人类发明出来了。从此,人们就可以用陶制器皿来蒸煮捕猎回来的各种动物。这种制陶技术也从一个家族传到另一个家族,进而从一群人传到另一群人。在世界各地,人类早期活动遗址出土的大量陶碗、陶罐等陶器,就清楚地向我们展示了人类早期的文化成果。再到后来,有人用山中的石块来垒砌做饭用的炉灶,这些石块中有些可能就是较高纯度的铜矿石。人们发现有些石块经火烧后会熔化成灼热的液体,当这些液体冷却后又会变得很坚硬,而且散发着金黄色的光泽。有人就尝试用这种烧熔的液体来浇铸铲、刀等锐器,于是,最初的铜器就被人类发明出来了。同样,这种冶炼技术也从一个人传到另一个人,从一个家族传到另一个家族,进而从一群人传到另一群人。当一个地域的大多数人群都开始广泛使用青铜器具的时候,这个社会就进化到了"青铜时代"。人类社会正是在与环境的这种"刺激—创新—传播"的互动过程中开始了自己的社会进化历程。

在上面的举例中,原始森林中发生大火这一外界环境对原始人类群体的微小扰动,首先对人群中的某些个体形成"刺激",这些个体偶然的创新之举首先增加了他们头脑中意识的信息,当他们把所获得的信息(或知识)传递给其他人时,其他人头脑中意识的信息量也就随之增加了。当人们把这些创新认识再次转化为实践活动(如用火、烧陶、冶铜等)的时候,社会就开始进化了。这就是一个从"微观扰动"到"宏观放大"的过程,也是一个"认识"与"实践"的循环过程。整个人类社会的进化过程,实际上就是这样一个"认识→实践→再认识→再实践"的反复循环过程。在这个过程中,人类个体头脑中意识的信息量不断增加,从而使个体的意识不断进化;而人类个体之间的相互交往、相互学习又推动了社会群体的意识进

---

① 牛龙菲:《"超循环的太极循环"——人文进化与一般进化的根本内在机制》,太原《晋阳学刊》1992年第3期。这里引用的是作者于1998年9月1日对该文修订后发在其个人博客上的文稿,参见注释6。

② 牛龙菲:《"超循环的太极循环"——人文进化与一般进化的根本内在机制》,太原《晋阳学刊》1992年第3期。

化,进化后的群体意识又反过来促进了个体的意识进化(也即文化教育过程),这实际上是一个人类个体意识与群体意识协同进化的过程;具体进化的内容包括知识、思想、感情、价值观念、精神信仰、伦理道德、制度规范等意识形态。这实际上就是本书所提出的"文化"的本质。人类社会人文进化的结果,一方面表现为人类个体智力水平的提升和知识的专业化,另一方面表现为人类群体认识水平的提升和知识的多样化。

人类群体在生活或生产过程中逐渐形成了一些习惯或风俗,这些习俗经过社会群体之间的横向传播和不同代际之间的纵向承袭,最后就在一定地域内约定俗成地形成了制度规范,这些制度规范就是一个社会群体的社会制度。例如,在使用火的过程中,原始人发现火如果使用不当常常会引起火灾,而难以控制的大火又往往会烧毁房屋和人畜,为预防发生火灾,人们就制定了存放火种、安全用火的规则,这些关于用火的规则最后就形成了一种制度规范。人类社会的乱伦禁忌、婚配规则、结婚仪式、丧葬风俗、宗教制度等,都是这样逐渐演化成不同的社会制度的。在一个具体的社会群体中,正是这些社会制度规范和约束着所有个体的思维模式和行为方式。如果一个社会通过文化教育不断复制和传播这些社会制度,从而在社会个体成员的意识中不断强化这些制度规范所包含的信息,那么这些被强化的社会制度就会使整个社会结构保持一定的稳态不变。只有当社会中的某些个体因受到"刺激"发生了"创新"之举(如发明了烧陶技术、提出了新思想等),整个社会的文化知识才会增加,这些增加的文化知识经过文化教育而不断传播之后,整个社会群体的意识就随之发生了进化,当这个社会群体再把学习到的新知识应用到实践活动中,特别是用来改变、调整原来的社会制度以后,也就发生了社会结构的创新(这就是一个从"微观扰动"到"宏观放大"的过程),这些创新的社会结构如果能被整个社会群体所接收并保持,那么整个社会实际上就发生了进化。这就是人文系统进化机制图(即图 8-5)所包含的思想要义。

在人类社会人文系统进化过程中,语言和文字的发明具有非常重大的意义。但是,语言和文字显然不是在短时间内被创造出来的,也不可能是由一个人独自发明出来的。语言和文字是人类文化的重要工具,它们被创造发明的过程与前面所举的陶器和铜器的创新过程类似,但它们更多是在人际交往中被发明和创新的。无论是在家庭生活中(如人口生产和养育),还是在经济活动中(如狩猎和种植),还是在公共活动中(如宗教集会、歌舞娱乐),人们之间都需要相互交流。可以想象,人类个体之间最原始的语言交流,起初是含混不清的"支吾"或"咿呀"声,同时还伴有各种表情和手势,后来,随着人类发声器官(如喉与舌)的逐渐进化,人们发出的语声开始逐渐清晰和连贯起来,再到后来,人们逐渐把某些常用词汇的含义约定俗成地固定下来,于是人类最初的语言就诞生了。与此同时,人们也用某些刻画符号或简单图画记录一些事情(如牛羊的数量、日月的形象等),久而久之,这些符号或简单图画就被约定俗成地赋予了一定的含义,于是人类最初的文字就诞生了。语言的发明,使人类头脑中的意识第一次有了离开"自我"的载体——声音,尽管这种载体是短暂的(它会随着说话人语音的飘散而消失),有时也很脆弱(当人的喉和舌生病时就难以发声),但它为人际之间的交流和传播架起了一座文化的桥梁。文字的发明,使人类头脑中的意识又一次有了离开"自我"的载体——符号,人类由此克服了时间对语音载体的消解,从而使人类的意识第一次有了体外的可视形象。当符号文字被刻写在泥板、竹片、石面、龟甲等实物载体上时,人类的思想意识就具有了跨越时间和空间的能力,只要书写文字的这些实物载体不被破坏,那么这些文字所包含的信息就不会消失。随着人类社会实践的增加,人类头脑中储存的意识信息量也随之增加，人类在相互交往中所使用的词汇量也随之逐渐增加，于是，人类的语言和文字就开始了自己的进化历程。后来，当人们把以声音音节表达的语言与用刻画符号表达的文字结合在一起时，人类社会的文化进程又发生了一次重要的飞跃。语言和文字的组合运用，使人类个体之间能够更加方便地表达、交流、复制和传播各种复杂的思想意识。语言、文字的发明和广泛运用，使人类社会走出野蛮和愚昧，从此步入文明开化的历史时代。

在远古时代，人们受到外界环境某种"刺激"或"扰动"而进行创新时，这些"刺激"或"扰动"常常具有偶然性或随机性，这些偶然性或随机性往往决定了人文系统的进化路径和发展程度。

例如，当某一社会群体所生活的地区铜矿石极少而铁矿石极多时，在上面的例子中，人们发现铜的概率就会很低，从而就不会发明炼铜的技术；更有可能的是，人们发现铁的概率会较高，从而就有可能发明炼铁的技术。如果这一社会群体成功发明了炼铁技术，并且广泛运用铁制器具，那么他们实际上就进入了铁器时代。与此类似的一个实际例证是，人们在古代玛雅社会的考古中就没有发现铜器，而他们是建立在石器文明基础上的一类社会群体。

在地球上，人类的不同社会群体散布于不同大陆的不同地域上，每个社会群体所生活的地理环境都有各自的特点，由于一些自然山川的隔绝，从而阻挡一个社会群体与另一个社会群体之间可能的交往与融合，最终导致人类社会形成了具有各种文化特征的不同民族。不同民族说着不同的语言，写着不同的文字，由于生产生活方式的差异，他们的饮食习惯、穿衣服饰、居住方式乃至宗教信仰等就具有了不同的特点。在同一时间段内，不同区域的社会群体或者同一区域的不同民族之间，他们在社会发展速度和文明程度上是有较大差异的。例如，在中世纪的东方，北宋王朝已经发展到极高的文明程度，但在其周边的党项族、蒙古族等民族却连自己民族的文字都尚未发明（党项族的西夏文字创始于 1036 年，蒙古族的蒙古文字创始于 1204 年后）。

外界环境的"刺激"或"扰动"，甚至可以影响到某些社会群体宗教信仰的形式。例如，生活在沿海地区的渔民，经常会遭受龙卷风的侵袭，强烈的飓风常常将渔船掀翻，把树木连根拔起，甚至会将人畜卷走。在远古时代，当人们遭遇到龙卷风侵袭时，常常会对这种无法理解的自然力量产生一种莫名的恐惧和敬畏，因此，有人就认为这是天上一种神灵"龙"在作怪。于是，人们就根据想象逐渐创造了"龙神"的形象，并为其建立神庙定期敬拜，以祈求这种神灵的保佑。因龙卷风主要来自海洋，并常与暴风和降雨相伴，人们就将自然界主管降雨和行水的职能归于"龙"这一神灵。也正是这一原因，龙神信仰又从沿海地带逐渐扩散到中国的其他地区。有学者从民间信仰的角度研究指出，"龙"是人们将多种与水有关的动物形象组合而成的观念产物，它的基本职能是"兴云布雨，司水理水"，它的形成与民间信仰中的水神崇拜密切相关[①]。在中国古代，每逢久旱不雨或者久雨不晴，人们就会前往龙王庙向龙王祈愿，以求风调雨顺。例如，在明朝万历十三年（1585 年）时，因北京地区干旱少雨，明神宗朱翊钧（1563—1620）还亲自步行前往天坛祈雨。甚至在当代，我们还可以在上海、烟台、盐城等沿海地区看见这样的龙王庙，而且时至今天依然有人常到庙中敬拜龙王。龙神信仰可能是古人对龙卷风这一"刺激"或"扰动"的意识反映，这一"刺激"或"扰动"使人们创造了"龙"这一神灵，进而使人们产生了龙神信仰。这一信仰的具体内容，通过人际之间的不断传播（包括同代人之间的横向传播和代际之间的纵向传播），从而形成了龙神信仰和敬拜的传统。这个传播过程，实际上就是一个"负反馈——自稳"的过程。这里，人们意识中的"龙神信

---

① 向柏松：《神话与民间信仰研究》，人民出版社 2010 年 6 月第一版，第 109 页。

仰"信息就属于前文所说"文脉"的范畴,而中国各地的龙王庙、庙中的龙王像等具体的实物就属于前文所说"文象"的范畴。在辽宁省葫芦岛市连山区塔山乡杨家洼文化遗址(属新石器时代早期,在渤海边缘),人们发现了两条用黏土塑出的龙形图案(这是目前中国境内发现的时代最早的龙形图案),这说明早在距今 9 000～7 000 年时在中国东北海滨就已产生了龙神信仰观念;此外,人们又在河南省濮阳市西水坡仰韶文化遗址(属新石器时代中期)发现了用蚌壳摆塑的龙虎图案①,这说明到距今 6 500 年时,龙神信仰观念已经流传到了内陆的中原地区。

在一个社会群体中,如果人文系统中的负反馈力量过于强大,往往就会压制人们的创新活动,进而就会抑制社会系统中新结构的出现和成长。一个众所周知的例子就是西方中世纪时,罗马宗教裁判所对意大利自然科学家、哲学家布鲁诺(Giordano Bruno,1548—1600)的审判。布鲁诺因为反对托勒密的地心说、宣传哥白尼的日心说、批判经院哲学和教会神学而被囚禁八年,最后被罗马宗教裁判所判为"异端",并于 1600 年 2 月 17 日被烧死在罗马鲜花广场。罗马宗教裁判所的这一行为压制了科学领域新思想、新观念、新知识的出现和传播,阻碍了欧洲的科学进步,进而在一定程度上也延缓了社会的发展。

从上面的简单分析还可以得到一个重要的认识,即只有一个开放的社会系统才会获得持续创新并不断进化,而封闭的社会系统只会陷入僵化或停滞。这里,开放包括对社会个体的开放和对社会群体的开放这两个方面。其中,对社会个体思想意识的开放尤为重要,因为所有社会的任何创新都首先起源于个人的精神创新活动。如果一个社会对其个体的思想意识实施封闭性社会制度(如一些限制或禁止思想自由、言论自由、出版自由、集会自由、结社自由等方面的政策制度),就会直接限制这个社会中个人的精神创新活动;如果没有个人的精神创新活动,整个社会就不可能获得持续进化。个人的自由思想往往是社会变革的萌芽,正如闵家胤先生所说,"它们是社会最宝贵的财富,一定要保护它们被自由地说出来,写出来,发表出来,再通过在群体中的自由讨论提炼升华,成为推动社会进化的新的信息流"②。

五、从社会变革的视角来考察社会进化

在中国古代历史上,一系列有关社会改革成败的事例,都可以用"正反馈——自生"和"负反馈——自稳"的机制作出客观合理的解释。下面就从社会变革的视角来简单探讨一下中国古代社会的进化机制。

春秋时期,齐国丞相管仲(? —公元前 645)在齐国主持开展了以"富国强兵"为核心的一系列政治经济改革,如在全国划分政区、组织军事编制、建立选拔人才制度、按土地分等征税、禁止贵族掠夺私产、发展盐铁业、铸造货币、调剂物价等;他主持的改革成效显著,齐国由此国力大振,为齐桓公的称霸奠定了坚实的经济基础(《史记·管晏列传》)。战国初期,魏国丞相李悝(公元前 455—公元前 395)在魏国开展了以"依法治国"为核心的一系列政治改革,如制定法律、废止世袭贵族特权、改革世袭世禄制度、选贤任能、整顿吏制、统一分配耕地、平抑粮食价格等,他的改革使魏国在战国前期一度成为当时实力最强的诸侯国(《汉书·艺文

---

① 艾素珍、宋正海主编:《中国科学技术史》(年表卷),科学出版社 2006 年 11 月第一版,第 16 页、第 33 页。
② 闵家胤:《进化的多元论》,中国社会科学出版社 2012 年 8 月修订版,第 230 页。

志》)。战国时期,军事家吴起(约公元前 440—公元前 381)于公元前 382 年在楚国推行与李悝类似的变革,改革初期,楚国政治得到整顿,军力也日益强大,但其后不久,改革就遭到楚国贵族保守派的嫉恨和反对,公元前 381 年楚悼王去世后,保守派立即发动政变,他们杀掉吴起,废除了吴起实施的改革举措,从而导致当时拥有大片领土的楚国由此失去了统一天下的历史机遇(《史记·孙子吴起列传》)。战国时期,政治家商鞅(约公元前 395—公元前 338)从公元前 356 年至公元前 350 年,在秦国大规模地推行过两次变法,他废除贵族世袭特权、建立郡县制、废除井田制、改革秦国户籍、军功爵位、土地税收等制度,制定并推行连坐法、肉刑等严刑峻法,还奖励耕织、准许土地买卖、统一度量衡制以及民风民俗等。商鞅受李悝、吴起等法家的影响很大,他在秦国颁布实施的法律就沿用了李悝《法经》中的基本内容。商鞅变法使秦国大治,使昔日的落后之邦实力迅速增强。司马迁(公元前 145—公元前 90)在描述这次变法的成效时写道:"行之十年,秦民大悦,道不拾遗,山无盗贼,家给人足。民勇于公战,怯于私斗,乡邑大治。"(《史记·商君列传》)商鞅变法是战国时期诸侯国中最彻底的一次社会变革,这次变革不仅推动了秦国社会的发展,而且推动了当时中国社会宗法分封制向中央集权制的转型,为以后秦始皇建立一统天下的秦帝国奠定了基础,它的成功对中国社会发展产生了极其深远的影响。

北宋政治家王安石(1021—1086)于 1070 年开始大力推行改革变法,他以发展经济为重心,展开了广泛的社会改革,包括制定实施了从乡村到城市涉及农业、手工业、商业发展的一系列新法,为提高军队素质改革了军事制度,还对科举制度、教育制度等进行了改革。在经济政策方面,颁布均输法、市易法和免行法,从而在限制大商人垄断市场、减轻税户额外负担、增加财政收入方面发挥了成效;实行青苗法、募役法和方田均税法,调整国家、地主和农民之间的关系,在增加国家财政收入的同时也减轻了农民负担;实行农田水利法,鼓励各地开垦荒田、兴修水利、修筑堤防等公益事项。在军事强兵方面,实行将兵法、保甲法、保马法以及建立军器监等,这在整顿军队组织、强化军事训练、节省军费开支等方面发挥了作用,进而提高了军队素质和战斗力,稳定了社会秩序。在教育制度方面,废除了以诗赋词章取士的旧制,把科举重点放在选拔具有真才实学、能够经纶济世的人才方面,还整顿了太学,并在各地州郡广设学校,这些举措纠正了过去培养人才中的体制缺陷,为培养社会实用人才、选拔治世人才开辟了道路。但是,由他实施的这次变法,触犯了北宋王朝一些大官僚、大地主的利益,包括两宫太后、皇亲国戚和一批士大夫在内的保守派联合起来共同反对变法。最终,王安石在 1074 年被罢去宰相职务,尽管他次年又被复职,但他的变法活动却得不到朝廷的更多支持,因而改革难以继续推行下去,他遂于 1076 年辞职闲居在家。1085 年 4 月,宋神宗赵顼(1048—1085)去世。1086 年,保守派再度得势,此前王安石所推行的新法基本被废除。1127 年,北宋王朝被金国所灭,这一年距离王安石去世仅仅 41 年。王安石变法的内容已具备近代社会变革的特点和性质,它是中国古代社会发展历程中的一个关键节点。现在看来,这次改革的失败,实际上决定了中国社会以后八个世纪的演化方向。

根据英国经济史学家安格斯·麦迪逊对中国与西欧在公元 400 年至 2001 年之间人均产值水平的比较研究,大约在公元 1300 年左右,西欧的人均产值就超过了中国[①]。这说明,正是

[①] 弗朗西斯·福山著,毛俊杰译:《政治秩序的起源——从前人类时代到法国大革命》,广西师范大学出版社 2012 年 10 月第一版,第 452 页,参见图 7。

从南宋王朝(1127—1279)灭亡之后,中国社会的发展就开始落后于西方社会了,从此,中西之间的差距开始越拉越大,自1800年工业革命开始,西方社会的发展速度更是突飞猛进,从而将中国社会远远甩在了后面。如果王安石变法取得成功的话,中国社会的历史发展将会是另外一种情形,中西社会之间的发展差距也不会像后来那样如此悬殊。但是,历史就是历史,它不可能因假设而改写。所以,从世界历史的背景来看,王安石变法具有特殊的价值和意义。

牛龙菲先生指出,在事物的发展过程中,单是"正反馈——自生",或者单是"负反馈——自稳",都不是"异质发生"或者"自组织"的充足条件,只有"正反馈——自生"与"负反馈——自稳"的因缘和合,才能保证异质性新事物的发生和存在。由"正反馈——自生"产生的动态变化,可以看作事物"阳"的一面,而由"负反馈——自稳"维持的静态稳定,可以看作事物"阴"的一面。这样,在时间的进程中,"正反馈——自生"与"负反馈——自稳"、"阳"与"阴"不断地在向对方转化,这种往复循环的动态转化过程,就好像一只旋转不止的法轮,创造了事物已往的历史。中国古代道教的太极图,正是这个法轮的象征。太极图的本意就是象征"阳与阴""动与静""变易与不易""动态与稳态""正反馈——自生与负反馈——自稳",在时间的川流中不停地相互转化、往复循环(见图8-6)。他把这种往复循环称为太极循环。关于事物发展的太极循环思想,中国古代的一些学者早就明确指出了这一点。例如,宋代哲学家周敦颐(1017—1073)在其《太极图说》中就说:"太极动而生阳,动极而静;静而生阴,静极复动;一动一静,互为其根。"在事物发展过程中,其"阳"的一面和"阴"的一面,互为前提,并往复循环。①

图 8-6 循环无穷的太极图

上述事物发展的内在机制,我们也可以用来分析一个系统的演变过程,特别是用来分析一个系统中新结构的"发生—存在"机制。一个系统在演化变迁过程中,当其"正反馈——自生"的"动态"一面发展到临界的极点之后,是返回到原先层次的"负反馈——自稳"的"稳态"结构,还是跃迁到一个新层次上的"稳态"结构,这取决于该系统内外环境中的具体影响因素,这些因素对系统演化变迁方向的影响往往是随机的。系统在这种临界状态的演变方向,可以用牛龙菲先生提出的"异质性新事物发生—存在"的一般进化机制图示表示,具体见图8-7:

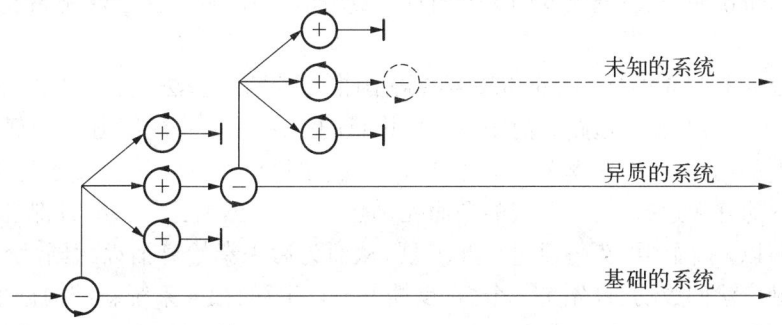

图 8-7 临界状态系统演变方向图

---

① 牛龙菲:《"超循环的太极循环"——人文进化与一般进化的根本内在机制》,太原《晋阳学刊》1992年第3期。

在图 8-7 中，"⊖"表示系统"负反馈——自稳"的"稳态"结构，"⊕"表示系统"正反馈——自生"的"动态"结构。

现在，我们用图 8-7 来分析一下前文所提到的中国历史上几次重要变革中社会系统结构的变迁方向。这里，就以战国时期李悝、吴起、商鞅这三位法家人物的变法为案例进行简单分析。

李悝在魏国所进行的变法获得了魏文侯的大力支持，所以他的变法运动在魏国取得了成功，他在魏国所开展的制定法律、废止世袭贵族特权、改革世袭世禄制度、选贤任能、整顿吏制、统一分配耕地、平抑粮食价格等举措，改变了魏国原有的政治、经济和人文等结构，于是，一个"异质"的新结构就在魏国原来的国家系统中诞生了。这个新结构诞生后，起初是不稳定的，它的变迁方向就像图中所示的那样，可能会有多种发展方向（图中所示的是三种）。从魏国的外部环境来看，如果这时魏国周边的外部环境整体上处于有利于变法的形势，如自然环境良好（风调雨顺、没有灾害或病疫发生）、国际关系良好（贸易正常、没有战争或动乱发生），那么，由变法所形成的新结构就会顺利成长。同样，从魏国的内部环境来看，如果这时魏国内部环境整体上处于有利于变法的形势，例如社会各个阶层都很支持变法，同时国内也没有战争或动乱发生，那么，由变法所形成的新结构也会顺利成长。这样一来，变法就会顺利推进，由此所创生的新结构将会被固定下来，从而使魏国社会跃迁到一个新层次的"负反馈——自稳"的"稳态"结构。如果魏国的外部环境和内部环境都不利于变法的顺利进行，那么变法进程很可能就会半路夭折。这样一来，魏国社会由变法创新所产生的社会系统新结构将不可能被继续维持下去，于是，整个魏国社会的运行将会返回到原来的"负反馈——自稳"的"稳态"结构上。

吴起于公元前 382 年在楚国推行与李悝类似的变法，变法初期，楚国政治得到了整顿，军力也日益强大，但公元前 381 年楚悼王的去世却使楚国的整个改革形势发生了逆转，由于吴起变法触动了楚国贵族保守派的利益，因而吴起引起了他们的嫉恨，待楚悼王一死，这些保守派势力就立即发动政变，他们不但杀掉了吴起，而且还废除了吴起实施的改革举措。于是，楚国社会的运行又回到原来的"负反馈——自稳"的"稳态"结构上。吴起变法所引起的楚国社会系统新结构的演变方向，可以用图 8-7 中向下倾斜的箭头来表示。假如楚悼王没有那么快去世，而且吴起变法最终取得成功，那么最终统一天下的可能会是楚国，而不是当时还比较落后的秦国。如果历史沿着这一方向演变，那么整个中国此后的历史将会是另外一番景象。这也说明，在系统演变的关键时期，一些偶然性因素往往会影响系统变迁的方向和路径。

商鞅从公元前 356 年至公元前 350 年在秦国推行的两次变法，使秦国很快摆脱落后地位，并从此走上国富兵强的道路。商鞅变法所推行的一系列改革举措，显然也触动了秦国一些贵族保守派的利益，但在秦孝公的大力支持下，变法得以顺利实施。秦孝公死后不久，尽管商鞅被贵族保守派迫害，后遭车裂酷刑而死，但随后的秦惠王及其后继者都继续实行了商鞅的新法。所以，秦国的国势得以进一步发展，从而为后来秦始皇消灭六国、统一天下奠定了基础。商鞅变法的成功，首先是一个"正反馈——自生"的社会系统新结构创生过程，然后是一个"负反馈——自稳"的社会系统新结构维持过程，由变法所创生的社会系统新结构（包括秦国的政治、经济、人文等系统结构）由此跃迁到一个更高的新层次（秦国社会系统新结构的变迁方向可以用图 8-7 中向上倾斜的箭头来表示），这一新结构通过"负反馈——自稳"的机制被固定下来,并被秦惠王及其后继者们继续传承下去。秦始皇在公元前221年统一天下后,他在整个中国所推行的一系列国家体制和政治模式,实际上都来自商鞅变法以来秦国所创建的国家结构模式。尽管秦始皇所建立的秦朝(公元前221年—公元前206年)相当短暂,前后仅仅维持了15年,但由其建立的中央集权制统治模式为其后历朝历代的统治者树立了可供参照的范型。中国古代社会,自秦朝以来的两千多年间,尽管社会时分时合,国家有盛有衰,但统治模式和社会结构基本上沿袭了秦朝的范型。

商鞅变法以来秦国所创建的国家结构模式、秦始皇所建立的中央集权统治模式以及稍后由汉代儒家所构建的人文结构模式等,共同组成了中国古代帝制时期的社会结构特征。在中国古代,自秦汉到清代,尽管社会演化的总趋势是逐渐进步的,在各朝各代也有一些变革和创新,但就总体而言,中国社会的"负反馈——自稳"机制常常占据着主导地位。例如,前文中简介的王安石变法就是一个非常典型的实例。

纵览古今中外,凡进行社会变革总要触动一些当权者、社会群体或利益集团的既得利益,只有维持社会原有的制度规范和运行秩序,才能保证他们的利益不受损害,因此,这些人基本上是作为社会的保守势力存在的。在人类历史上,几乎所有社会的进步变革都会毫无例外地引起这些保守势力的反对和阻挠。这些保守势力为什么会反对进行社会变革呢?追根溯源在于人类的自私性和贪婪欲。拥有特权者不想失去特权,拥有田产者不想失去田产,拥有财源者不想失去财源,这些都是人类自私心的具体表现。因为受到自私和贪婪的支配,人们希望拥有比他人更多的权力,希望拥有比他人更多的财富,希望拥有比他人更高的地位和荣誉。但是,人类本性中的自私和贪婪如果没有社会道德和法律制度加以调节和制约,它们就会在社会群体中逐渐蔓延并不断膨胀!正是因为私欲、贪婪和虚荣的无限膨胀,才使人们希望拥有更高的权力,才使人们希望占据更大的宅园,才使人们希望乘坐更豪华的车马,才使人们希望驱使更多的仆役。可是,对一个确定的社会来说,无论是权力、田地、车马还是其他资源,它们都是有限的资源。正是因为它们是有限资源,一个人多占用了,就会影响到其他人使用。在中国两千多年的皇权统治下,几乎在每个王朝的中后期,一方面,一些皇亲国戚、权贵豪强和巨富大户们过着浮华奢靡的生活;另一方面,一些破产的商贩、失去土地的农民、无家可归的流民却过着饥寒交迫的日子,整个国家贫富悬殊两极分化严重、社会缺乏基本的公平和公正。这时候,如果没有改革者出来对社会制度进行改造或者对社会运行秩序进行调整,那么人民群众最终就会通过暴力革命的方式推翻封建王朝的统治、打破僵化的社会结构、摧毁原来的社会秩序。但从社会经济学的角度来看,暴力革命是一种成本很高的社会变革方式。

人类历史上的变法改革者,除了一些人是为了维护原有社会的统治秩序以外,更多改革者是希望消除社会积弊、主持社会公正、促进社会进步的人类精英,他们往往是具有人文精神的理想主义者。正是蕴含于脑海的人文精神,才使他们以人性化的视角关注个人的权利、自由和成长;正是潜藏在内心的理想主义激情,才使他们抛却个人安危以无畏坚韧的魄力开始了推动社会公平、正义和进步的改革行动。所以,整个人类社会的历史,实际上就是人类理想主义与个人私欲反复博弈和斗争的历史,同时也是人类自我意识不断更新和人文精神不断提升的过程。正如著名美籍华裔历史学家黄仁宇先生所觉悟到的(参见黄先生手绘的历史发展图示,即图8-8):"从一个读史者的眼光看来,我们的自由,无论如何也只能始自我们祖先撒手的地点。自此向空伸出的箭头表示我们理想主义之倾向。道德也在这

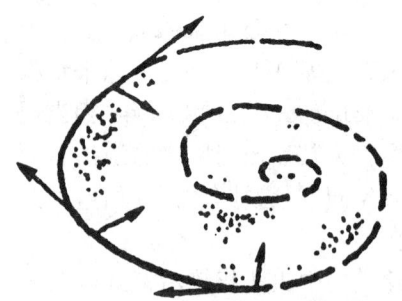

图 8-8 黄仁宇先生所画的历史发展轨迹图

时候成为一种有力量的因素。大凡人类全体性的动作既有群众运动之参与,必带牺牲自我的决心,也包含着公平合理的性格。可是和这种倾向作对的有向心的力量,以较短的箭头表示。后者或称为'原罪',或者如宋儒所提的'人欲'。弧线上的历史进程总是以上两种力量之总和,也就是阴与阳之合力。""历史之总意义,也如这图所示,在其整个的美感。……在弧线的前后,我以虚线画出,此不过根据人类历史,推想其来踪去迹。如此看来,实线的真实性也靠虚线之陪衬而得,并且也只有相对的意义。"①

黄仁宇先生所说的推动历史进程的"阴与阳之合力",实际上也正是牛龙菲先生所说的"正反馈——自生"与"负反馈——自稳"的因缘和合。在一个社会中,个人的种种私欲来自人类的本性,而人类的理想主义却来自人类意识的理性自觉;人类社会的进步与发展离不开理想主义的牵引,否则人类社会将会沿着停滞或退化的方向演化,这样整个社会将会逐渐走向衰落。在一个具体社会中,如果个人私欲的力量过度膨胀,就会导致整个社会"阴"盛"阳"衰局面的出现,这种局面如果不及时进行社会治理,最终就会导致政府腐败丛生、伦理道德滑坡、公平正义缺失等丑恶现象演化为社会的普遍常态。在一个"阴"盛"阳"衰的社会中,变法改革往往难以取得成功,有时甚至连改革者本人的生存权都无法得到保护,这一点已经被中国两千多年的王朝历史所证实。从黄仁宇先生的图示中,我们可以清晰地看到,一个社会要想持续取得进步与发展,就需要协调平衡好"阴"与"阳"这两种力量,一方面需要强化社会的理想主义力量,另一方面又需要制约个人私欲的力量。而要保持社会的理想主义力量持续不断,不仅需要持续提升整个社会的人文精神,同时也需要社会道德和法律制度对个人私欲进行约束。追求整个社会的公平正义(而不是仅仅维护统治者的利益),这不但是现代法治社会的基本精神,也是西方福利经济学(或称幸福经济学)的要义所在,也是现代人文精神的重要内容之一。

黄仁宇先生通过历史直觉认识到人类历史进程是以螺旋线的形式运行的,本书则是通过对人文、经济、政治等社会子系统的结构考察,通过多种学科的系统综合,从而论述了人类历史的螺旋式演化规律。正是在这个意义上,本章所揭示出的社会演化思想也反映了本书的历史哲学思想。

六、国家系统中的政治子系统

前文在分析国家系统的内部环境时,我们谈到了政治系统及其功能,但我们没有对它们展开具体论述,这一小节就对此作更多的探讨。

1. 关于政治的观念

政治是人类社会发展到一定时期所产生的社会结构,它对社会生活的各个方面都有重

---

① 黄仁宇:《中国大历史》(增订纪念本),中华书局 2006 年 10 月第一版,第 229 页。

大影响。作为一种社会现象,政治活动出现在社会产生阶级对立和产生国家的时候,它总是直接或间接地同国家相联系。各个时代的学者都从不同角度和不同侧面对政治作过各种论述,但关于政治的概念至今还没有形成一个公认的确切定义。一般来说,当人们谈到"政治"这个词时,多用来指政府、政党等治理国家的行为。

人们对政治活动的认识经历了一个较长的历史过程,因此"政治"一词的内涵也随着社会实践的发展而在不断变化。在古希腊,"政治"一词最初是指城邦中的公民参与管理各种公共生活的行为①。古希腊城邦公民之间通过说服来达到政治目的。古希腊伟大思想家亚里士多德曾说:"政治的目标是追求至善。"英国政治学家肯尼斯·米诺格(Kenneth Robert Minogue,1930—2013)指出,在古希腊,"人与人之间在政治关系上是完全平等的,大家都只是服从自己制定的法律,并轮流做统治者和被统治者。"②随后的古罗马继承了古希腊的城邦政体。在古罗马人看来,政治就是共和国的活动,具体活动是指"人民的共同事务",其核心内容是建立和维持共和国③。欧洲中世纪各国的政治活动,处于由古代政治向现代政治转型的过渡期。随着西罗马帝国的灭亡,城邦体制被破坏,欧洲逐渐形成了赏赐和分封体制,这时的政治活动已经不再是所有公民平等参与的公共活动,而成了国王和大臣们才有权参与的活动;而且政治活动中解决问题的手段,也从古希腊开创的对话和说服的方式,变成了暴力和战争的方式,执政者与人民之间的关系也变成了统治与被统治的关系④。

在15世纪地理大发现以后,随着经济全球化趋势的展开,以西班牙、英国等为代表的欧洲国家将政治的范围逐渐从国内扩展到国际,又将国际政治的范围从政治扩展到殖民地经济以及其他地缘政治以外的事务方面。这些国家为保障各自的安全及利益,逐渐将与本国联系密切的国际事务纳入政府的日常职能范围,处理国际关系因而变成了国家政治的重要课题。为管理日趋繁杂的国际事务,各国政府共同建立了外交、国际法等现代国际制度,甚至授权成立各种国际组织。

西方现代政治是在1648年"威斯特伐利亚合约"⑤确立的国家体系下发展出来的;在各国内部,由于市民社会的兴起而形成了一种以私人权益为基础的社会关系,从而使社会的经济生活对政治权威产生了制约;世俗君王或共和政权从此需要从经济生活中寻求其统治的合法性,政治的职能也变成了维护经济利益的展开。因此马克思提出,政治是以经济为基础的上层建筑,是经济的集中表现,是以政治权利为核心的各种社会活动和社会关系的总和。1789年的法国大革命对现代政治具有很重要的影响。自此,政治就变成了获得、保持、夺取权力的各种活动的总称。⑥

1789年至1830年的法国大革命不但摧毁了法国的封建专制统治,建立起资产阶级的政治统治,传播了资产阶级自由民主的进步思想,也震撼了整个欧洲大陆的封建秩序;这期间

---

① 《中国大百科全书·政治学》,中国大百科全书出版社1992年版,第482页。
② 肯尼斯·米诺格著,龚人译:《当代学术入门:政治学》,辽宁教育出版社1998年3月版,第10页。
③ 维基百科,"政治"词条,2013年3月18日修订;参见 http://zh.wikipedia.org/wiki/%E6%94%BF%E6%B2%BB。
④ 汉娜·阿伦特(Hannah Arendt)著,竺干威等译:《人的条件》,上海人民出版社1999年版,第19页。
⑤ 自16世纪中叶起,欧洲诸国陷入了长达八十年的战乱,后来,各国于1635年至1648年间达成一系列合约(这些合约被统称为"威斯特伐利亚合约"),这些合约改变了欧洲各国政治力量的对比,确定了国际关系中应遵守的国家主权、国家领土与国家独立等原则,对近代国际法的发展具有重要影响。这些合约的签订创立了欧洲各国以国际会议形式解决国际争端的先例,因此,政治学家一般将这些条约的签订视为"民族国家的开始"。
⑥ 孙关宏等主编:《政治学概论》,复旦大学出版社2003年7月版,第1—13页。

所颁布的《人权宣言》和《拿破仑法典》等对世界历史产生了深远影响。以法国大革命为重要触发点,西方社会的政治思想和实践发生了分叉,一个方向是以英、法、德等西方国家为代表的资产阶级民主政治,另一个方向是以苏联等社会主义国家为代表的无产阶级专政政治。

马克思、恩格斯在1848年发表的《共产党宣言》中提出,"一切阶级斗争都是政治斗争"①,他们的政治思想又影响了列宁、斯大林等苏联的领导人。例如,列宁提出,"政治就是各阶级之间的斗争,政治就是反对世界资产阶级而争取解放的无产阶级的关系"②。自1917年俄国发生"十月革命"以来,在世界各地陆续建立的共产主义国家就接受了马克思主义的政治观,而将国内政治视为全球国际共产主义运动的一部分,并根据相关学说理论制定了国家的内政及对外政策。在20世纪后期,苏联等东欧共产主义国家集团相继解体后,这样的政治型态仅在世界上一些少数国家得以存续。

在中国古代的春秋时期,也就是老子和孔子生活的时代,这是中国古代人们思想最为自由和活跃的时期。随后的战国时期,尽管当时社会已经有了较大分化,但各诸侯国的王公们与其国内人民之间的等级差别并不是非常大,所以当时普通民众的生活也相对比较自由。中国的春秋时期与欧洲的古希腊时期有些类似,当时人们的社会生活比较自由,政治生活也相对比较民主,所以才出现了"百家争鸣"的局面。进入战国时期,由于列国争战,各国诸侯都在纷纷招募人才,所以人们能够凭借个人的才能参与政治活动。例如,战国时期杰出的纵横家、外交家张仪(公元前378—公元前309),尽管他家境贫寒但却两次担任秦国丞相、两次担任魏国丞相,以连横之术击败其他诸侯国的合纵之策,不仅使秦国在外交上连连取得胜利,而且帮助秦国开疆拓土,为秦国的强大和统一中国立下了汗马功劳;而同为战国时期著名纵横家的苏秦(?—公元前284),虽然出身农家但却凭借自己的才能赢得六国相位,联合六国合纵抗秦,在协调国际政治事务中发挥了独特作用。从战国时期到秦朝建立之前的这一历史时期,是各国政治活动由比较民主转向专制的过渡时期。从秦始皇统一中国建立帝国体制到明清时期,这与欧洲社会整个中世纪的情形比较相似,社会政治始终笼罩于专制的雾霾之中。直到1840年中国近代社会开始后,西方的现代政治思想才逐渐传入中国,随后的辛亥革命运动开始了中国现代政治的实践活动。

中国先秦诸子也使用过"政治"一词,但具体含义与西方(包括古希腊)的政治含义有较大不同。例如,《尚书·毕命》有"道洽政治,泽润生民";《周礼·地官·遂人》有"掌其政治禁令"等。但在更多的情况下,人们是将"政"与"治"分开使用的。"政"主要指国家的权力、制度、秩序和法令,有时也表示符合礼仪的道德和修养;"治"则主要指治理国家和教化人民,也指社会实现安定的状态等。中国古代的"政治"一词,很大意义上是指朝廷中君主和大臣们管理和统治国家的政务活动。中国古代的政治贯穿了个人的日常生活,道德是衡量政治活动的标准;在这种政治下,缺乏制度上的规范,政治的运作更多依靠道德来规范。③中文里现代的"政治"一词,来自日本人翻译西方语言时用汉字创造的相同的"政治"一词。当英文的politics从日本传入中国时,人们在汉语中找不到与之相对应的词。中国近代民主革命的伟大先驱孙中山(1866—1925)认为应该使用"政治"来对译,他于1924年曾说:"政就是众人的事,治

---

① 马克思、恩格斯:《共产党宣言》,《马克思恩格斯选集》(第1卷),人民出版社1972年版,第260页。
② 列宁:《在全俄省、县国民教育厅政治教育委员会工作会议上的讲话》,《列宁选集》(第四卷),人民出版社1972年第二版,第170页。
③ 孙关宏等主编:《政治学概论》,复旦大学出版社2003年7月版,第1—13页。

就是管理,管理众人的事便是政治。"①孙中山的这一说法在当时的中国非常具有影响力。

由于政治的复杂性,不同学科、不同学者对政治的理解也不相同。例如,法国社会学家雷蒙·阿隆(Raymond Aron,1905—1983)在《民主与极权》一书中提出:"政治可以分为广义和狭义两种。狭义的政治指的是一些政治组织,如政党、议会、政府;广义的政治指的是对社会的治理及权威行使的方式。"②法国政治学家高盖尔(F. Goguel)和格罗塞(A.Grosser)在《法国政治》一书中提出:"政治是所有关系到一个国家公共事务的治理的机构、组织及行为的总和。这些组织及行为者试图组织一个政权,控制它的行动或在必要时替换它。"③再如,政治学在美国形成初期,政治被理解为以宪法、法律和正式机构为代表的政治制度。现代西方经济学则把政治关系看作一种交换关系,经济学家们大多从个人主义的角度来考察政治,认为政治应该为市场服务,政治活动是理性的经济人为了自己的最大利益而展开的一系列计算和运筹过程。④如美国经济学家詹姆斯·布坎南(James Mcgill Buchanan,1919—2013)从公共选择的角度来考察政治活动,他认为个人在市场中的活动和在国家中的活动都是一种交换关系⑤。在行为主义理论产生后,权力成了人们理解政治活动的一个主要因素。早期的行为主义政治学家哈罗德·拉斯韦尔(Harold Dwight Lasswell,1902—1977)认为:"政治学是对权势和权势人物的研究。"⑥美国当代著名政治学家罗伯特·达尔(Robert Alan Dahl,1915—2014)也认为,政治体系"是任何重大程度上涉及控制、影响力、权力和权威的人类关系的持续模式。"⑦新制度主义政治学兴起后,人们又将视角从对权力的过分关注重新转向了对各种政治制度的研究。从法学角度来看,政治是一种法律现象,是一个立法、执法、守法的过程;在一些法学家看来,国家就是为执行法律而设置的;有学者甚至认为国家本身也是一个法人⑧。现代管理学把政治视为公共管理活动,即政治是为协调不同群体之间的利益关系而制定和执行公共政策的过程。从社会学的角度来看,政治活动实际上是人类社会的一种重要功能,政治组织、政治关系是人类社会分工与演化进入高级阶段的产物,政治活动的目的是协调社会良性运转、促进社会持续发展。

正是鉴于政治的复杂性,我们如果仅仅从某一学科的角度进行分析,往往会得出片面的结论,我们只有用一般系统论的方法、从整体的视角来分析政治活动,才能够得到比较全面的认识。美国著名政治学家、政治系统论的创立者戴维·伊斯顿把政治解释为围绕政府制定和执行政策而进行的活动,是一种实现"社会价值的权威性分配的活动";他提出,政治系统是为社会规定有价值物的权威性分配(或强制性决定),并且予以实施的行为或互动行为,它由政治团体、体制和权威机构等部分构成,受到自然的、生物的、社会的以及心理的等外部和内部环境的包围,同时对环境的压力有适应能力和反馈信息的功能;政治系统和环境形成

---

① 《孙中山全集》(第9卷),中华书局1986年版,见《三民主义·民权主义·第一讲》(1924年3月9日);另见《孙中山选集》(下),人民出版社1981年版,第661页。
② Raymond Aron, *Democratie et totalitarisme*. Gallimard, 1965, Paris.
③ F. Goguel, A. Grosser, *La Politique en France*. Armond Colin, 1984, Paris.
④ 孙关宏等主编:《政治学概论》,复旦大学出版社2003年7月版,第1—13页。
⑤ 詹姆斯·布坎南等著,陈光金译:《同意的计算——立宪民主的逻辑基础》,中国社会科学出版社2000年版,第20页。
⑥ 哈罗德·拉斯韦尔等著,杨昌裕译:《政治学:谁得到什么?何时和如何得到?》,商务印书馆1992年2月版,第15页。
⑦ 罗伯特·达尔(Dahl,R.A.)著,王沪宁、陈峰译:《现代政治分析》,上海译文出版社1987年版,第17—18页。
⑧ 凯尔森(Hans Kelsen)著,沈宗灵译:《法与国家的一般理论》,中国大百科全书出版社1996年版,第203页。

互动的联系,系统的持续通过不断的输入、输出、反馈、再输入过程实现[①]。本书也从系统角度对"政治"给出一个简单的定义。政治是具有一定结构和功能的社会系统,它是由政权组织、公共权利和公共制度等要素组成的一个有机整体,其核心功能是通过对公共权利的组织、交换、分配和使用对公共事务进行管理和协调;政治活动具体表现为社会中社群组织、公共组织和政权组织等组织,在宪法等公共制度的规范约束下共同处理公共事务的互动过程,其最终目的是通过公共权利的使用促进整个社会的持续进步与发展。读者不难看出,戴维·伊斯顿更多运用了系统论和控制论的基本概念和原理来分析政治生活、政治行为和政治现象;本书除了运用一般系统论的思想以外,还结合了结构功能主义和社会进化论的思想方法,这正是本书的独特之处。

2. 政治系统的内外部环境

在现代社会,一个具体的政治系统存在于一定的国家系统之中,它既有外部环境,也有内部环境。

(1) 政治系统的外部环境

政治系统的外部环境是指存在于一个国家的公共组织和政权组织边界之外,对公共权利的组织、交换、分配和使用等活动具有影响的所有因素的集合。政治系统的外部环境包括自然环境和社会环境。从纵向层次来看,包含政治系统的外部系统由国家系统、社会系统(国际系统)和自然系统这三个层次构成。政治系统外部环境各系统的所属层次关系,具体可参看第三章中的图3-2。在国家系统中,与政治系统并存的系统至少包括人文、经济、科学、法制和教育等系统。存在于外部环境的这些系统,或多或少、或直接或间接地都会对政治系统的成长演化发生一定的影响。对于一个具体国家的政治系统而言,就影响的直接性和强度来说,来自国家系统内部的因素无疑是最直接和最强烈的。与此同时,来自国际系统和自然系统的某些因素也会对一国政治系统的成长演化发生一定的影响。

这里,政权组织是指在一个社会中实际掌握公共权利的社会组织,其基本职能是组织、交换、分配和使用社会的公共权利。在现代社会中,一个国家的政权组织包括行政、税务、财政、立法、司法、公安、国防等组织部门(中国从中央到省区的各级人民政府相当于这里的行政组织,是社会政权组织中的核心部分)。公共组织是指包含基础科学研究组织、基础教育组织在内的,以提供公共产品或公共服务为其主要职能的社会组织。在现代社会中,由于社会需求的复杂性和多样性,从而造成公共产品或公共服务的复杂性和多样性,因此也造成公共组织与某些社群组织(如文艺社团)、企业组织(如营利性的小学)的交叉重叠。从广义的角度来看,政权组织也属于公共组织的范畴。从社会权利的角度来看,政权组织的权利是社会中所有公共组织权利的交集部分,所以,政权组织可以说是更高层次的公共组织。

(2) 政治系统的内部环境

政治系统的内部环境是一个由社群组织、公共组织和政权组织等要素组成的有机系统,系统内部各要素之间相互联系、相互作用、相互影响,构成了复杂的网络关系。政治系统内部环境具有一定的层次结构和功能结构,它将随着政治系统的动态变化而不断变化。

为理清政治系统内部环境中的各种要素,我们还是从早期人类社会的情况开始着手分析。在早期人类社会的采集-狩猎群体中,人们是以氏族为单位一起生活的。为了更好地生

[①] 戴维·伊斯顿著,王浦劬译:《政治生活的系统分析》,华夏出版社1999年第二版。

存，人们需要结成一定规模的群体来共同抵御虎、狼等猛兽的袭击，在集体围猎大型动物时也需要相互协作（我们在一些动物的捕食行为中也可以看到这种协作行为）。正是在共同防御猛兽、共同进行捕猎、共同分享猎物等这些社会活动中，生产和生活需要不断深化着社群组织内部人们之间的分工与协作，这一方面提高了人类社会群体的适应性，另一方面也使人类个体发现、积累了日益增多的社会知识，从而使人类社会逐渐产生了公共意识（包括宗教信仰和公共安全等）。在公共意识的支配下，人们又逐渐创建了各种公共组织，同时也构建了与此相对应的公共制度。

在原始社会时期，由于人们对地震、雷电、野火、飓风、洪水等自然现象的无知和敬畏，从而产生了对超自然神秘力量或存在物（神灵）的信仰，于是人类社会的原始宗教由此诞生。原始宗教出现后，起初人们是在巫师的带领下从事一些比较简单的祈祷行为，以后又逐渐产生了一些比较复杂的敬拜仪式和祭献活动。后来，人们又修筑了专门用来供奉神灵的庙堂，一些巫师也从生产活动中分化出来变成了专业化的祭神人员。在长期的宗教活动中，人们逐渐形成了一些约定俗成的仪式规范和祭祀风俗，这些规范或风俗实际上就是人类社会宗教制度的早期形式。在这里，庙堂实际上就是一个人类社群的公共产品，而宗教制度就是这个社群的公共制度。随着人类社会的逐步发展，社群组织所需公共产品的范围随之不断扩大，社群组织的公共意识也随之不断丰富。例如，在公共安全方面，人们除了需要防御猛兽袭击以外，同时还需要防御其他部落对蓄养动物的掠夺行为，部落之间的掠夺和争战，最终导致部落中战士的诞生和专业化；当这些战士也从生产活动中分化出来变成专业化的战士阶层以后，这个社会群体实际上就具有了自己的军队。在人们把分散的个人组织成紧密联系、相互协作的军队的过程中，这个社会群体的公共组织也就随之诞生了。这里，从社群组织中分化出来的军队（或称为联防队）就是这个社会群体的公共组织，负责组织、协调和指挥军队的首领就是公共权利的操控者。这样的操控者，可能是社群组织中主持宗教活动的巫师，可能是某个氏族的族长，或者是某个部落的酋长，也可能是某个民族的英雄。随着人类社会的进一步发展，社群组织也随之不断分化，进而产生了更多的公共组织。例如，为了维持部落中军队的日常运行，这个社会群体中的每个家庭就需要拿出一些劳动产品来供养这些战士。为了修建庙堂或农田灌溉设施等公共产品，每个家庭就需要派出一定的劳动力。为此，社群组织中就需要有人专门来负责收集这些劳动产品或者组织这些劳动力。这些劳动产品或劳动力实际上就是人类社会税收的早期雏形。随着税收活动的逐渐增多，这些负责收集劳动产品或组织劳动力的人员也从生产活动中分化出来变成了专业化的税收人员；随着税收人员的逐渐增多，税务组织也就随之诞生了。与此类似，为了将社群组织的公共收入合理地分配到不同的用途（如供养战士、生产武器、兴建庙堂、修建农田灌溉设施等），与此紧密联系的财政管理人员和财政组织就随之诞生了。为了仲裁调解人们在个人、家庭和社群组织之间的矛盾纠纷，司法人员和司法组织就随之诞生了（在人类的有些社会，最初的司法职能是包含在宗教组织中的）。由此，我们可以看到，人类社会的公共组织是从原有的社群组织中逐渐分化出来的，公共权利也是随之逐渐诞生并不断扩展的，这些公共组织及其公共权利经过进一步演化，最终就演变分化出了原始国家的政权组织和政治权利。

通过以上简单分析，我们可以看到，在人类社会从社群组织到公共组织、再到政权组织的逐级分化过程中，同时也伴随着人类社会在社会知识、公共制度和公共权利等方面的不断积累、更新和扩展。这里的社会知识、公共制度和公共权利，具体包括人类社会在行政、税收、财政、立法、司法、公安、国防、科研和教育等所有关于社会发展方面的知识、制度和权利。

3. 政治系统的组成要素和一般结构

(1) 政治系统的组成要素

一般来说,一个完整的政治系统除了必须具备社群组织、公共组织和政权组织这三个基本要素外,还要具备社会知识、公共制度和公共权利等这些因素,这六类因素是组成一个政治系统的最基本的关键性要素。

法国社会学家雷蒙·阿隆指出,社会结构作为一种"客观化的社会现实",包括观念系统和行动系统,其本质是社会的结构性特征;他把整个社会看作相互联系的整体,考虑各种因素的相互影响,而不把某种因素视为唯一的决定因素[①]。也正是基于这一原因,我们可以分别从人类社会的"组织"因素和"观念"因素这两个层面来分析政治系统的演化发展过程。

所以,组成政治系统的六类关键要素可以分为以下两个层面:

A. 组织因素(表层因素):社群组织、公共组织、政权组织

B. 观念因素(深层因素):社会知识、公共制度、公共权利

因为政治系统是由具体的个人组成的社会组织,无论是社群组织、公共组织还是政权组织,都是在个人权利的基础上所建立的组织,所以,要建立完整的公共权利体系,首先要建立个人的权利。建立个人的权利是建立公共权利的前提和基础。如果没有个人权利,那么作为个人权利交集的公共权利将会失去其存在的基础,从而为执政人员化公共权利为私有工具留下空间。只有建立了个人的权利,才能够划清个人权利与公共权利之间的边界,从而才能够划清公共组织的权利与政权组织的权利之间的边界,进而才能够真正明确个人、社群组织、公共组织、政权组织之间的权利和义务。一个设计合理的政治系统,应该是一个既重视个人和社群组织的权利,又兼顾公共组织和政权组织的权利,同时又能够有效制约政权组织滥用权利的有机系统;而不应该是一个仅仅为维护统治集团权利或者强化政权组织权利的社会工具,更不应该成为某些特权阶层或者利益集团谋取特权或私利的私人工具。

这里所说的"个人权利"即"人权"。中国政治学家俞可平指出:"所谓人权,就是每个人都拥有或应当拥有的基本权利。这里的'每个人'指的是一切人类社会中的所有人,而不管其种族、肤色、性别、语言、宗教、政见、国籍、门第、财产、文化、才能等状况如何。称它们为'权利'意指它们是每个人对政府或社会的要求,而不是政府或社会对个人的要求。说这些权利是'基本的',表示人权是其他所有权利的基础,没有人权,其他权利就无从谈起。"在联合国于1948年颁布的《世界人权宣言》中列举了28项人权,这些权利包括平等权、自由权(信仰、言论、结社、迁徙、人身、就业、通讯、集会等自由)、公诉权、公正审判权、国民权、婚姻权、庇护权、参政权、受益权(社会保障权、享受教育权、享受经济权、休息权、文化娱乐权等)、财产权、追求幸福权等。1966年12月16日,联合国大会通过了《公民权利与政治权利国际公约》和《经济、社会和文化权利国际公约》,并开放给各国签字、批准和加入,两个公约分别于1976年3月23日和1976年1月3日生效。《世界人权宣言》《公民权利与政治权利国际公约》《经济、社会和文化权利国际公约》三个文件被称为"世界人权宪章"。1997年10月27日,中国常驻联合国代表秦华孙代表中国政府在纽约联合国总部签署了《公民权利和政治权

---

① 李路彬、赵万里:《在结构中寻找自由——雷蒙·阿隆的社会学思想评析》,《山西大学学报(哲学社会科学版)》2011年5月第3期。

利国际公约》和《经济、社会及文化权利国际公约》。2001年2月28日,中国第九届全国人大常委会作出决定,批准《经济、社会及文化权利国际公约》,并于2001年3月27日递交了批准书。① 关于个人权利的建立和保障问题,现在已经引起世界各国政府的重视,个人权利的观念意识已开始逐渐深入人心。

在一个具体的国家系统中,关于个人权利、公共组织权利、政权组织权利之间的关系,以及地方政权组织权利与中央政权组织权利之间的关系,可以简单用图8-9来表示。

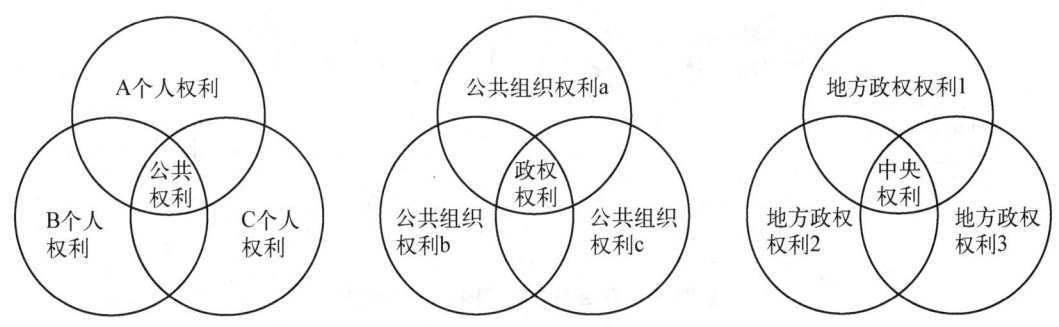

图 8-9　国家系统中个人权利与各级公共组织权利之间的关系

雷蒙·阿隆在1955年出版的《知识分子的鸦片》一书中,分析了意识形态的信仰对社会和个人产生的影响。他考察了苏联社会的现实,并论证了其民主的虚假性;他指出,用一种意识形态去剖析社会、指导社会行动,不但无法实现意识形态所描绘的社会图景,还会造成社会的专制,并束缚个人行动的自由②。雷蒙·阿隆的社会思想强调了社会治理开放性的重要意义,并指出了社会意识进化的途径。

在中国古代社会,由于皇权至上、统治集团利益至上,再加上家族宗法制度的挤压,造成整个社会中几乎没有个人权利(除了皇帝本人以外)的空间,从而造成中国人缺乏自主个性、人格扭曲,不但严重制约了个人精神的自由成长,同时也长期束缚了中国社会的进步。最典型的事例就是,中国历朝历代的一些变法改革者,许多人在推行改革后(无论成功与否),最后往往连个人的生存权都无法得到保障(这实际上形成了一个负反馈激励)。在这样的社会环境中,有多少人愿意积极参与社会变法改革呢?而一个缺乏主动变革的社会,怎么可能会快速成长进步呢?

一个国家的政治系统在成长和发展过程中,需要不断适应外部环境。当外部环境发生变化时,政治系统内部环境必须作出相应的调整,直至内外部环境相互耦合。政治系统内外部环境耦合程度越高,政治系统的成长环境就越好,政治系统的发展就越有序、越健康。政治系统内外部环境的耦合过程,就是政治系统成长演化的过程。对于一个具体的国家来说,国家的内外部环境总是在持续不停地发生着变化。因此,一个国家的变法改革应该成为这个国家政治运行中的日常动态,而不应该成为社会发展的被动行为。

(2) 政治系统的一般结构

政治系统的一般结构,是指在政治系统动态演化过程中,其内部各组成要素之间所形成

---

① 本段资料转引自:郭伟、裴泽庆,《民主政治追求中的政治公开问题》,《理论与改革》2008年第2期。
② 李路彬、赵万里:《在结构中寻找自由——雷蒙·阿隆的社会学思想评析》,《山西大学学报(哲学社会科学版)》2011年5月第3期。

的相互联系、相互作用、相互影响、相互制约的一般秩序和形式。政治系统的一般结构反映了一个国家内部政治系统各组成要素在功能方面互相支撑的结构性特征,是外部环境系统与政治系统、政治系统与其各组成要素协同演化的基础。

从政治系统运行的过程来看,一个政治系统成长演化的过程,其实是一个不断进行社会组织创新和政治进化的循环往复的过程。结合政治系统的组成要素,我们可以画出政治系统运行的一般结构图(图 8-10)。

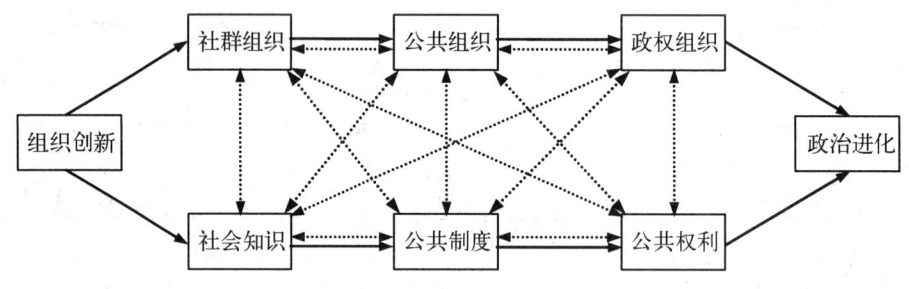

图 8-10 政治系统运行的一般结构图

从图 8-10 中可以看到,政治系统实际的运行过程可以分为两条链(即图中的实线箭头):
A. 表层因素运行链:社会组织创新→社群组织→公共组织→政权组织→政治组织进化
B. 深层因素运行链:社会观念创新→社会知识→公共制度→公共权利→政治观念进化

在政治系统运行过程中,A 链反映的是社会组织创新、社群组织分化、公共组织和政权组织多样化、政治组织进化的过程,B 链反映的是社会观念创新、社会知识分化、公共制度和公共权利多样化、政治观念进化的过程。实际上,这两条链并不是相互分离的,而是相互交织的;也就是说,这两条链上的所有要素环节都是相互联系、相互作用、相互影响的,它们共同形成了政治系统内部的生产关系网络。在图 8-10 中,用虚线双箭头来表示它们之间的这种关系。

从社会组织创新的角度来看,政治系统内不同的社群组织不断交叉组合,从而形成新型的社群组织,而这些新型社群组织会分化出新型的公共组织,新型公共组织又会衍生出新型的公共权利,这将会导致政治系统中政权组织的多样化,从而增加了政治系统的适应性。从社会观念创新和社会管理创新的角度来看,这是一个不断创新各种社会知识,不断完善各种公共制度,不断改进公共权利的组织、交换、分配和使用效能,从而不断提高公共管理水平和服务质量的过程。从政治系统进化过程来看,这是一个政治观念不断更新进步,政权组织效率不断提高,公共产品种类和数量不断丰富,整个社会公共权利和公共意识不断提升的过程。正是在这些多种力量和多重效应的综合作用下,最终推动了整个政治系统中社群组织、公共组织和政权组织的协同进化过程。

一个政治系统在成长演化过程中,它同时还与其外部环境之间在人员、资源、权利、知识、制度和信息等方面始终进行着各种形式的交流。一个政治系统与其外部环境中的自然系统、社会系统(国际系统)、国家系统以及国家系统中的其他子系统之间所结成的各种关系,就形成了这个政治系统外部的社会关系网络。从社会经济关系的角度来看,一个政治系统完整的生产关系应该由其内部的生产关系网络和其外部的社会关系网络共同组成。政治系统成长演化的过程,实质就是政治系统内外两重关系网络互相交织、互相作用、互相影响的动态演化过程,政治系统内外的两重关系网络构成了一个多维的复杂动态图景。

七、社会系统发展的动力结构

从原始国家的诞生过程来看,社会演化过程实际上是一个社会组织不断分化、社会结构分层化、社会功能多元化的过程,同时伴随着人类社会在人口生产、精神生产和物质生产等方面的不断进步。正是在社会系统的逐级分化中,经济系统从人文系统中分化出来,政治系统又从人文系统和经济系统中分化出来,与此同时,与这三个系统紧密联系的有关知识、技术、法律、制度、文化、教育等因素也在不断进步成长,它们逐渐汇聚整合成了社会系统的科学系统、法制系统和教育系统等子系统。本书把国家系统的内部结构分为人文、经济、政治、科学、法制、教育等子系统,这实际上是对人类社会发展到现代时社会结构的具体描述。

在现代社会,全球所有国家组成了一个大的社会系统,所以,国家系统属于人类社会系统的子系统,一个具体的国家实际上是一个规模较小的社会系统。

从社会系统外部环境来看,外部生态环境对社会供给资源要素是社会成长演化的必要条件;从社会系统内部环境来看,来自社会内部的人类需求是推动社会发展的原始动力。通过前面对国家系统发展因素的分析我们知道,影响一个国家发展的具体因素包括自然环境、人文、经济、政治、科学、法制、教育等因素。所以,从国家这一层次的社会系统来看,影响社会发展的一般性因素是人类需求和资源供给,而具体因素包括人文、经济、政治、科学、法制、教育等因素。

通过上面的简单分析可以得到,影响社会系统发展的关键性动力因素主要有以下八类:

一般因素:人类需求和资源供给

具体因素:人文、经济、政治、科学、法制、教育

为便于分析,我们将影响社会发展的具体动力因素分为两类:

A. 显性因素(表层因素):人文系统、经济系统、政治系统

B. 隐性因素(深层因素):科学系统、法制系统、教育系统

如果将影响社会系统发展的一般因素、具体因素与社会运行过程相结合,就可以画出社会发展的动力因素关系图(见图8-11)。

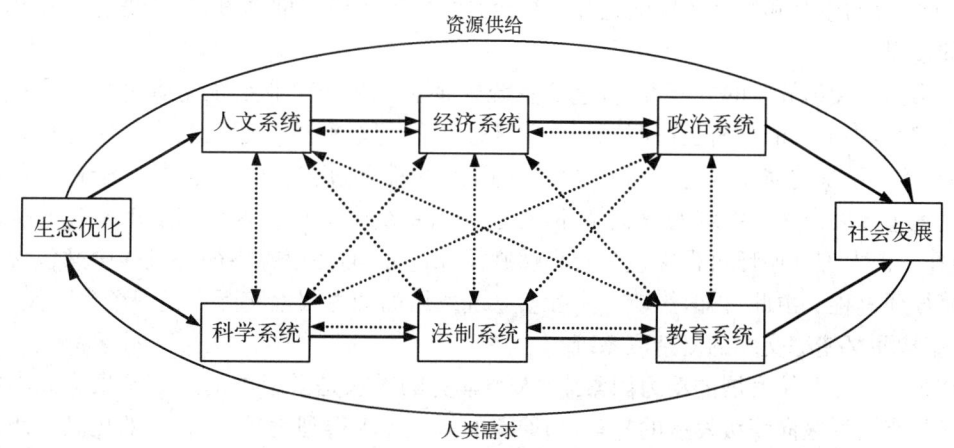

图 8-11 社会发展动力因素关系图

一个社会系统的演化过程,不但包含着社会系统中各子系统的协同演化,同时还应包含自然生态环境的不断优化。因为自然环境不仅为人类社会提供了生存空间,也为人类的生产生活提供了各种资源;如果自然环境遭到了破坏,那么人类社会的发展将会变得不可持续。从图8-11可以看到,人类社会发展的过程,一方面表现为自然生态优化、人文进化、经济发展和政治民主,另一方面也表现为人类精神提升、科学进步、法制昌明和教育完善。这些因素的综合作用,决定了一个社会系统的演化路径和发展程度。

在人类社会演化过程中,社会系统在人类需求因素和资源供给因素的共同推动下,始终进行着"生态投入→资源产出→资源利用→社会发展"的循环运行过程。从社会系统内部环境来看,一个社会系统的演化过程表现为人文系统不断进行创生、分化、成长的过程,社会的经济、政治、法制、教育、科学等子系统先后从人文系统中分化出来。在这个过程中,社会系统与其外部环境之间始终进行着物质、能量和信息的交流,正是这种交流推动了一个社会系统的成长演化。在社会系统演化过程中,社会内部的这六类因素并不是各自单独地、孤立地发挥作用的,而是相互协同、相互配合共同发挥作用的,也即每两个因素之间都是相互联系、相互作用、相互影响的,它们共同组成了这个社会系统发展的内部动力关系网络(从社会经济关系角度来看,它们也共同组成了这个社会系统的内部生产关系网络)。在图8-11中,用虚线双箭头来表示它们之间的这种相互关系。

一个社会系统在成长演化过程中,它同时还与其外部环境中的其他社会之间在政治、经济、人文、科学、法制和教育等方面进行着互动交流。一个社会系统与其外部环境中的其他社会、国家、国际组织、自然环境等所结成的各种关系,就形成了这个社会系统的外部社会关系网络(从社会发展的动力因素来看,它们也共同组成了这个社会系统发展的外部动力关系网络)。从社会经济关系的角度来看,一个社会系统完整的生产关系应该由其内部的生产关系网络和其外部的社会关系网络共同组成。一个社会系统成长演化的过程,实质就是这个社会系统内外两重关系网络互相交织、互相作用、互相影响的动态演化过程,社会系统内外的两重关系网络构成了一个多维的复杂动态图景。

一个社会系统在成长演化过程中,也需要不断适应外部环境。当外部环境发生变化时,社会系统内部环境也必须作出相应的调整,这种调整主要表现在内部各子系统的组成结构和耦合关系发生变化,直至内外部环境相互耦合。一个社会系统的内外部环境耦合程度越高,这个社会的生存和发展环境就越好。社会系统内外环境的耦合过程,就是这个社会成长演化的过程。

在第四章和第五章的分析表明,经济系统中企业系统和产业系统的演化过程是一个螺旋循环过程,第七章的分析也说明国民经济系统的演化过程是个超级螺旋循环过程。与此相类似,社会系统的演化过程实际上也是个超级螺旋循环过程。也就是说,一个社会系统的演化过程包含着众多子系统的螺旋循环,在这些子系统中又包含着众多更小系统的螺旋循环,即在一个大螺旋循环过程中包含着小螺旋循环过程,而在小螺旋循环过程中又包含着微小螺旋循环过程。由此可知,影响一个社会系统发展的动力因素实际上是一个多种类、多层次、多结构而又错综交织的复杂巨系统。

在影响社会系统发展的动力因素中,人类本身的需求是最根本的动力源泉。人类社会的需求具有从低级向高级发展的趋势,当原有的低级需求得到满足以后,新的更高一级的需求便随之产生。人类社会的需求从低级向高级发展的趋势,决定了人类社会从低级文明向高级文明发展的长期趋势。在一个具体的社会系统中,如果人们没有了需求,那么这个社会就失去了发展的原始动力。正因为人类的需求永无止境,所以人类社会发展的步伐才永远不会停止。

如果我们把一个社会系统比作一辆汽车的话,那么社会发展的动力系统就是这辆汽车的"发动机",人类本身的需求就是汽车发动机所使用的"燃料"。如果我们想要让汽车启动并运行起来,这除了需要源源不断地向发动机的汽缸中输送燃料之外,还需要通过发动机的输送系统、点火系统、燃烧系统、转换系统、冷却系统、润滑系统、曲柄连杆机构等不同部件的协调配合,才能够把燃料经燃烧所释放的化学能转变成机械能,再通过齿轮机构等一系列复杂的传动过程,最终才能驱动汽车前进。与此类似,人类社会的正常运行也需要把人类本身的需求有序地输送给社会发展的动力系统,并使动力系统的各个要素相互配合、协同一致,从而才能使整个社会保持健康、和谐、持续的良性循环状态。在社会发展的动力系统中,如果人文、经济、政治等子系统之间能够互相配套、互相协调、互相支持,那么社会的整个动力系统就会发挥出"1+1≥2"的协同效应,从而就会推动整个社会的发展进步;相反,如果各个子系统之间互不配套、互不协调、互相抵触,那么社会的整个动力系统就会显示出"1+1<2"的负效应,从而就会阻碍或延缓整个社会的发展进步。

一个社会系统是由人文、经济、政治等许多子系统组成的,每个子系统都具有自己独特的结构和功能,同时也具有自己特殊的运行规律。在社会系统的人文、经济、政治这三个子系统中,人文系统的主要功能是人本身的培育和人文知识的创新,其核心调控机制是信仰和道德;经济系统的主要功能是物质产品的生产、交换、分配和消费,其核心调控机制是市场和政府;政治系统的主要功能是提供公共产品和公共服务以及公共权利的组织、交换、分配和使用,其核心调控机制是民主和法治。从人类社会的长期演化历程来看,在社会发展的所有动力因素中,最重要的动力因素来自社会系统中的人文系统,而在人文系统中,人类精神境界的高低和社会道德的水平最终决定着一个社会的文明程度。

一个社会系统在成长演化过程中,其内部的人文、经济、政治、科学、法制、教育等子系统之间是相互联系、相互作用、相互影响、相互制约的,即每一个子系统都是在与其他子系统的影响和制约中发挥作用的,其中任何一个子系统的变化都会在不同程度上引起其他子系统的变化。例如,政治系统的变化必然会引起人文、经济和法制乃至教育等系统不同程度的改变,反之亦然。当然,在社会系统成长演化的不同阶段,这些子系统的相对地位并不是固定不变的,而是经常处于交叉变换中。例如,在某一个时期,政治系统对社会发展起着主导作用,而在另一个时期,经济系统对社会发展起着主导作用。因此,在社会系统的管理实践中,从社会系统的内部因素来看,至少需要同时注意六个方面的动态协同管理,而不是仅仅关注其中的某个方面。

关于社会发展的动力因素,德国哲学家哈贝马斯指出,在当代社会条件下,"当科技进步成了生产力的发展的真正动力之后""进化的优先地位将从经济系统转移到教育和科学系统上去"[①]。这说明,他已经注意到社会发展动力因素的动态性;他也认识到,在社会发展的不同阶段,不同的动力因素发挥着相应的主导作用。

---

① 哈贝马斯著,郭官义译:《重建历史唯物主义》,社会科学文献出版社 2000 年版,第 155 页。

八、社会系统发展的主要机制

一个社会系统由小到大、从低级到高级的发展过程,是社会随着时间进程不断演化的过程。在这个过程中,分工与协同、分化与分层、渐变与突变等是社会系统进行演化的重要机制。下面就对这些机制分别进行阐述。

1. 社会发展的分工机制

在世界上,最早论述分工问题的是中国古代春秋时期的管仲。早在公元前 700 年左右,管仲就提出了"四民分业定居论",他主张将国家内部的人民分为士、农、工、商四大职业群体(这里的"士"指官吏和文人),并且按专业分别聚居在固定的区域。战国末期思想家荀子(约公元前 313—公元前 238)也论述过社会分工的重要性,他指出人类群体只有进行分工才能避免纷争并发挥出人类的力量。在欧洲,最早较系统论述分工思想的是古希腊的色诺芬和柏拉图。古希腊历史学家色诺芬把社会基本分工概括为"领导者的劳动"和"执行者的劳动",他特别注意分析直接劳动过程中的分工,并揭示了其作用和形成原因。古希腊哲学家柏拉图认为,分工是构成国家的基础,是实现社会平等的条件,他所设计的理想国就是按照分工原则组织的(例如,他把社会划分为生产者、卫国者和治国者三个阶层,又按照职业划分为农民、手工业者、商人、战士以及管理国家的哲学家等[①])。人类对社会分工进行系统的科学研究,主要开始于近代社会。资本主义生产方式的兴起,促使人类社会分工广泛而深入发展,分工问题因此引起各国经济学家的广泛注意。从威廉·配第、亚当·斯密以来,几乎所有经济学家都不同程度地论述过分工问题。其中,亚当·斯密是古典经济学中分工理论的集大成者,他强调分工对提高社会生产力的重要作用,并对这种作用进行了系统论证,他揭示了分工与市场交换之间的关系,阐明了市场对分工发展的制约性。英国数学家查尔斯·巴贝奇(Charles Babbage,1792—1871)于 1832 年提出,分工不仅适用于体力劳动或者体力劳动与脑力劳动之间,而且也适用于脑力劳动本身,他还指出企业内部分工能够提高效率、降低劳动成本。美国古典管理学家弗雷德里克·泰罗(Frederick Winslow Taylor,1856—1915)通过实验的方法,将企业生产过程中工人的智力活动与体力活动、计划职能与执行职能相分离,从而建立了企业内部的科学管理法。一些社会学家也对社会分工问题进行过论述或专门研究,如孔德(August Comte,1798—1857)、斯宾塞、涂尔干等。英国社会学家斯宾塞用自然环境的差异性来解释社会分工产生的原因。法国社会学家涂尔干从道德社会学的角度,研究了分工的价值和产生的原因,揭示了人类个性发展与社会性发展的关系,他认为分工起源于社会领域内的生存竞争,社会分工变迁的原因在于社会的密度和容积,他还认为分工的真正价值在于它是连接社会组织的有机纽带[②]。圣西门(Claude-Henri de Rouvroy,1760—1825)、夏尔·傅立叶(Charles Fourier,1772—1837)、罗伯特·欧文(Robert Owen,1771—1858)等空想社会主义者们,则基于分工对人类个性自由发展的束缚和各种弊端,提出消除职业分工、城乡分工和工农分工的主张,并构想了消除职业分工后的劳动组织形式。[③] 限于篇幅,这里只能对有关分工的思想作简略介绍,如果要详细论述的话,这需要一部专著

[①] 吴宇晖、张嘉昕编著:《外国经济思想史》,高等教育出版社 2014 年 7 月第二版,第 19 页。
[②] 涂尔干著,渠东译:《社会分工论》,北京生活·读书·新知三联书店 2000 年 4 月第一版。
[③] 本段文献资料整理自:刘佑成,《社会分工论》,浙江人民出版社 1985 年 5 月第一版,第 1—16 页。

才能完成。

马克思和恩格斯运用历史唯物主义的方法在更广阔的视野中研究社会分工问题,对分工问题的论述几乎贯穿于他们的主要著作中。这些著作包括《1844 年哲学-经济学手稿》、《哲学的贫困》《1857—1858 年经济学手稿》《1861—1863 年经济学手稿》《资本论》《德意志意识形态》《共产主义原理》《论住宅问题》《家庭、私有制和国家的起源》《反杜林论》等。在马克思、恩格斯之后,列宁和斯大林对社会分工的一些问题作了进一步发挥。列宁论及分工的著作主要有《论市场问题》《俄国资本主义的发展》以及十月革命以后的若干经济论文。斯大林在《苏联社会主义经济问题》中,阐述了城乡分工、工农分工、脑体分工的性质、趋势和政策主张等。马克思主义的社会分工理论把社会分工区分为主体的分工(即劳动者之间的分工)和客体的分工(即劳动本身的分工)这两个不同方面,并指出随着以人力作为劳动主体这一基础的瓦解,劳动者之间的分工必然会走向消灭,而劳动本身的分工是不会消灭的,相反,它会随着生产的发展而更加细密。马克思主义社会分工理论还揭示出:分工是社会化劳动的一种形式,它是由生产力发展的一定历史水平决定的,是一个客观地产生、发展和最后扬弃的历史过程;分工的起因首先是物质条件,其中的主要因素包括剩余劳动时间的形成、生产工具的进步、生产规模的扩大、劳动种类的发展、人口的增加和集中、交换活动等,在这些客观因素的作用下,分工才逐渐形成;首先出现的是男女之间和地域之间的自然分工,然后是农业、工业和商业这三次社会大分工,同时逐渐形成了生产劳动与非生产劳动、物质劳动与精神劳动的社会基本分工,以及城市与乡村的综合分工;社会分工的历史作用包括两个方面,一方面它是社会生产力进步的杠杆,另一方面它又是社会不平等的根源。关于分工对社会生产力进步的推动作用,马克思主义社会分工理论特别强调了分工对提高生产力社会化水平和建立科学劳动组织的重大意义;关于分工造成社会不平等这一方面,马克思主义社会分工理论不是抽象地谈论分工对人的影响,而是从历史唯物论的基本观点出发,具体考察了分工对社会组织各个层次的作用,科学地阐明了分工对人的发展、私有制、商品经济、阶级关系的制约性。马克思主义分工理论具有严密的系统性特征。正如刘佑成先生所指出的:"马克思主义把社会实践看作人类历史的动力,从人类的基本实践——物质生产活动及其历史发展,来阐明分工的起源、发展和未来,具有确凿的现实根据和强烈的历史感。同时,马克思主义把分工看作社会的整体结构,既不局限于某一社会发展阶段的分工问题,也不局限于分工现象的某一个侧面,而是从历史的纵线条和每一时代横断面的结合上,提出对社会分工的系统解释。因此,马克思主义的分工理论,是人类对分工现象第一次科学的、完整的解释。"[1]

"分工"从字面的含义上来看,这是指对人类劳动(或者工作)不断分解的过程,以往的大多数经济学家和社会学家基本上也是在这个意义上使用"分工"这个概念的。例如,刘佑成先生是这样描述分工的:"所谓分工,就是社会总劳动划分为互相独立而又互相依从的若干部分;与此相应,社会成员固定地分配在不同类型的劳动上。简言之,分工就是'不同种类的劳动的并存'。"[2]为说明脑力劳动的分工原理,查尔斯·巴贝奇在他 1832 年出版的《论机器和制造业的经济》一书中举例说:在法国大革命期间,一个名叫 M.普龙尼的人在制作十进制数学表时,把斯密的分工原理创造性地运用到这种计算工作上,他把整个工作划分成三种,

---

[1] 刘佑成:《社会分工论》,浙江人民出版社 1985 年 5 月第一版,第 16—20 页。
[2] 刘佑成:《社会分工论》,浙江人民出版社 1985 年 5 月第一版,第 21 页。

分别交给三个专业组去做;第一个小组由五六名法国数学家组成,负责设计对其他两组最为适用的公式;第二个小组由七八位擅长数学的人组成,负责把这些公式变成数值并设计出检查这些计算的方法问题;第三个小组由六十到八十个会简单计算的普通人员组成,他们只负责用简单的加减法计算这些数值,然后再把计算结果送回到第二组去检查;通过这种分工,三个小组做出了十七大卷表格,从而顺利完成了最初看来好像无法完成的工作①。这里,巴贝奇所说的"分工"实际上包括主体的分工(即劳动者之间的分工)和客体的分工(即劳动本身的分工)这两个方面。所以,从更广泛的社会意义来说,可以把"社会分工"理解为"社会组织的分工"和"社会职能的分工"这两个方面。从人类社会的长期历史来看,无论是社会组织的分工,还是社会职能的分工,它们的演化过程都是一个逐级分化的历史过程,它们分化的抽象形式实际上是一个与自然界树木的分叉相似的过程。把社会分工过程理解为一个自然分叉过程,这具有重要的认识价值,至少有助于人们对社会分工过程建立数学模型,从而进行相应的形式化逻辑分析。

人类最早的社会是采集-狩猎社会,这一阶段的人类依赖直接从自然界猎取天然物质维持生存,人们在从事采集或狩猎活动的时候一般都采取集体行动。这时的人类群体还没有出现劳动分工,每个人既是猎人,同时也是渔夫,人与人之间处于自然的等同状态。人类社会最早的分工是自然分工。自然分工主要包括两个方面,一是在原始氏族公社内部,人们由于性别、年龄等方面的差别,在纯生理基础上建立的劳动分工;二是在各个原始共同体(如氏族、胞族或部落)之间,由于各自所处自然环境的差别以及由此形成的劳动方式的差别,在地域资源差异性和自然产品的多样性基础上建立的一种分工②。原始氏族公社内部的自然分工包括性别、年龄、体质、精神素质等方面的分工,其中男女之间的自然分工是基本形式。例如,在原始家庭组织中,男人负责狩猎、捕鱼——猎取食物的原料,女人则负责制备食物和衣服——做饭、纺织和缝纫③。原始共同体之间的自然分工基本形式是地域分工。例如,邻近湖泊、海边的氏族公社主要依赖捕鱼为生,靠近山林的氏族公社则以狩猎为生。

社会生物学的研究表明,在距今约500万年前,非洲南方古猿已经从原始森林转移到亚热带稀树大草原生活,在距今约300万年前已经出现了类人猿、狒狒等灵长类动物,在距今约100万年时,人属动物开始加快向直立人的进化,它们通过削、切等方式来制作简单粗糙的石制工具,将石头堆在一起作为庇护所的地基④。1929年在北京房山周口店山洞发现的距今约50万年前的北京猿人已经学会了人工用火⑤。火的使用无疑是人类历史上一项划时代的伟大发明,正是有了火,才使人类可以吃到熟食,才能烧制陶器和冶炼金属。在草原环境的集体狩猎活动,一方面促进了人类身体方面的进化,例如两腿直立行走、手被解放出来抓握工具,另一方面促进了人类脑力心智方面的进化,例如制造各种捕猎工具。在很长一个时期,人们所使用的工具都直接来源于自然界(如木棒和石块),人们将一些石块磨制成石刀、石斧等工具使用,这一时期人类的技术水平处于石器时代。大约在距今1万年以前,人类逐渐学会了蓄养动物和种植植物,农业由此被人类发明出来。随着农业生产活动的开展,

---

① 刘佑成:《社会分工论》,浙江人民出版社1985年5月第一版,第7页。
② 刘佑成:《社会分工论》,浙江人民出版社1985年5月第一版,第43页。
③ 《马克思恩格斯选集》(第四卷),人民出版社1972年版,第155页。
④ 爱德华·威尔逊著,毛盛贤等译:《社会生物学——新的综合》,北京理工大学出版社2008年5月第一版,第530页、第532页。
⑤ 卢嘉锡、席泽宗主编:《彩色插图中国科学技术史》,中国科学技术出版社1997年7月第一版,第3页、第5页。

一部分人类群体逐渐从原来的采集-狩猎社会中分化出来，专门从事种植和畜牧活动，人类社会由此出现了第一次社会大分工。由于弓箭、绳索、渔网等这类捕猎工具的发明，使人类能够捕捉到更多的动物。"随着猎物的逐渐增多，人们就把一时消费不了的野生动物蓄养起来，开始了驯养动物的劳动。狗是人类所驯化的第一种野兽，这是和打猎的需要有关的。此后，人们逐渐驯化了绵羊、猪、山羊、牛等，到金属时代，又驯化了马和骆驼"[①]。随着蓄养动物数量的逐渐增多，人们便离开原始森林来到河谷和草原地带进行放牧，最终就形成了游牧部落。"最早从原始人群中分离出来的是雅利安人和闪米特人，前者游牧在印度以及奥克苏斯河、亚克萨尔特河、顿河和德涅泊河的草原上，后者在幼发拉底河和底格里斯河的草原上"[②]。在游牧部落形成的同时，另一些人类群体在大江、大河附近发展起以种植植物为主的生产活动。人类最早的种植活动可能起源于早期人类采集草籽的专业化。正是在采集草籽的过程中，人们偶然发现撒落在潮湿泥土中的植物种子竟然能够发芽并长出新植株，于是，人们就开始了植物种植活动。人们后来所种植的粟、黍、稻、麦、菽等谷物，这是人们经过长期逐渐选择的结果。随着农业的发展，特别是种植业的发展，使一些人类群体逐渐形成了过定居生活的农业部落。"根据历史资料，农业的发祥地在亚热带几条大河——幼发拉底河、尼罗河、印度河和黄河流域"[③]。1995 年，中国考古人员在湖南省道县玉蟾岩洞穴遗址（约公元前 8000 年）发现了人工栽培稻谷（它是世界上最早的人工栽培稻标本之一），同时还发现了中国最早的陶制品[④]。人们在黄河流域和长江流域发现了众多人类早期的农业遗址，这些发现表明至少在新石器时代的中期，农业在中国已成为重要的劳动部门。

人类社会的第二次社会大分工是手工业与农业相分离，以及专业工匠阶层的形成，它大约发生在原始社会的高级阶段。人类的手工业活动与人类的其他劳动几乎是同步发生的。因为人们为了生活就需要制造各种工具。例如，打制石器、烧陶、编织、纺织等活动都是手工业活动。可以说，第一个把石头打制成石斧的原始人就是手工业的发明者。在 20 世纪 70 年代末，在河南省新郑裴李岗村发现的早期人类遗址（公元前 6000 年—公元前 5000 年）出土了中国最早的纺轮[⑤]，这表明至少在新石器时代的早期，纺纱已经成了当时人们的一种手工业活动。人们在浙江省吴兴钱山漾早期人类遗址（距今约 4 700～5 200 年）中发现了 300 余件竹编器物（包括笭、筐、苇席、竹绳等），同时发现的还有麻片、绸片、丝带、丝线等细致的纺织物[⑥]，这说明中国至少在原始社会晚期时竹编活动已比较发达、养蚕缫丝已发明并被运用在纺织中。从公元前七八千年起，人类就开始使用天然铜制作器物；但直到公元前 4000 年后，人类才发明了通过人工方法炼铜的技术，它的出现标志着人类冶金术的诞生，也标志着人类社会从此开始步入铜器时代。通过考古活动，人们在伊朗苏萨（Susa）人类早期遗址（公元前 4100 年—公元前 3900 年）发现了最早的人工冶炼的铜器；在以色列西奈半岛 Timna 发现了人类早期的冶铜遗址（公元前 4000 年—公元前 3000 年）；在中国陕西省姜寨仰韶文化晚期遗址（公元前 3500 年—公元前 3000 年）发现了含有铅锡的铜合金片，在辽宁

---

① 刘佑成：《社会分工论》，浙江人民出版社 1985 年 5 月第一版，第 46 页。
② 刘佑成：《社会分工论》，浙江人民出版社 1985 年 5 月第一版，第 46 页。
③ 刘佑成：《社会分工论》，浙江人民出版社 1985 年 5 月第一版，第 47 页。
④ 艾素珍、宋正海主编：《中国科学技术史》（年表卷），科学出版社 2006 年 11 月第一版，第 14 页。
⑤ 艾素珍、宋正海主编：《中国科学技术史》（年表卷），科学出版社 2006 年 11 月第一版，第 18 页。
⑥ 浙江省文物管理委员会等：《钱山漾第一、二次发掘报告》，《考古学报》1962 年第 2 期，第 73—92 页。

省凌源牛河梁红山文化晚期遗址(公元前 3500 年—公元前 3000 年)发现了大量冶炼铜渣①。冶铜技术的发明、金属铜及铜合金的应用,有利于人们制造出比石器更加精细的铜制工具,而铜制工具的应用能够有效提高手工业的生产效率。例如,人们可以用铜来浇铸出各种碗、盘、盆和鼎等餐具,这对于人们存储和制备食物显然更加方便;人们可以用铜来制造纺轮等纺织器械,这有利于人们织出更加精细的布料,进而做出更好的衣物;人们可以用铜来制作刀、斧、凿、剪等工具,这些工具的使用有利于人们更高效地砍伐、加工竹木或进行编织。我们在世界各国博物馆中看到的各种精美的古代铜器,就向我们展示了金属铜的广泛应用。铜制工具的广泛应用一方面提高了手工业的生产效率,另一方面也促进了各种手工业的专业化发展。当人们所生产的各种手工产品不但能够满足自己家庭生活的需要而且还有了一定剩余后,人们就可以将剩余的手工产品拿去交换其他产品,随着交换的进一步发展,人们对各种手工产品的需求不断扩大,从而催生了一批专业手工业者的诞生。例如,前面提到的浙江省吴兴钱山漾遗址发现的 300 余件竹编器物,这反映出当时社会中可能已经产生了专业化的竹编手工业者。在一个社会中,铜制器具的大量生产,显然也需要较为专业化的铜匠才能够完成。另外,手工业的独立发展还与不同地域的自然分工情况有联系。在以农业为主的地区,不同地域的自然分工一般不发达,这些地区的手工业往往从属于农业,而且很难从农业中分化出来。中国原始社会的社会分工情况就属于这种类型。而在地域分工比较发达的地方,在社会生产活动中手工业一开始就占有比较重要的地位,这些地区的手工业就比较容易获得独立发展。西欧一些地区原始社会的社会分工情况就属于这种类型。就人类社会的历史发展来看,自人类发明农业以来,在整个古代社会中农业生产始终占据着社会生产的主导地位,而手工业生产在整个社会生产中只占有较少的比重,直到近代资本主义机器工业发展起来之后,工业生产在整个社会生产中才开始逐渐占据主导地位。

人类社会的第三次社会大分工是商业与生产业(指农业和手工业)相分离,以及专业商人阶层的形成。恩格斯在《家庭、私有制和国家的起源》一书中指出:"文明时代巩固并加强了所有这些已经发生的各次分工,特别是通过加剧城市和乡村的对立……而使之巩固和加强,此外它又加上了一个第三次的、它所特有的、有决定意义的重要分工:它创造了一个不再从事生产而只从事产品交换的阶级——商人。"②商业活动是指人们之间的产品交换活动。商业的产生与专业化商人的产生不是一回事。在人类社会的自然分工阶段,由于各个原始氏族公社所处自然环境的差异性,这导致不同社会群体之间所生产的产品具有一定差异性,正是这种产品种类的差异性导致了人们之间的产品交换行为。例如,一个原始氏族以种植粟这种谷物为生,另一个原始氏族则依赖牧羊为生,粟和羊显然具有明显的差异性,由于生活所需,这两个氏族之间自然就产生了交换行为,这种产品交换活动就是商业活动。在原始社会,最初各个氏族的剩余产品很少,这种交换自然无从发生,但随着社会生产力的逐渐提高,人们所生产的剩余产品逐渐增多,这种不同氏族或者不同部落之间的产品交换也就随之增多了。起初,人们是既从事具体的农业生产活动,也兼做剩余产品的交换活动,人们的身份既是农民又是小商人;当社会对各种商品的需求量增大、市场规模进一步扩大以后,一些原来身兼二职的人就从具体的农业或手工业生产活动中分化出来专门从事商品交换活动,

---

① 韩汝玢、柯俊主编:《中国科学技术史》(矿冶卷),科学出版社 2007 年 5 月第一版,第 175 页。
② 《马克思恩格斯文集》(第 4 卷),人民出版社 2009 年版,第 185—186 页。

于是,专业化的商人也就随之诞生了。专业化商人产生的一个重要条件是商品交换需求量足够大,以至于专门从事商业交换活动就足以维持商人的生活。人类社会的前两次社会分工提高了整个社会的生产力,从而使社会创造了更多的剩余产品,进而为商品交换规模的扩大创造了前提条件,当相应的条件一旦成熟,专业化的商人也就随之诞生了。

人类社会的第四次社会大分工是公共组织从一般社群组织中分化出来,从而催生了社会管理阶层和原始国家的诞生,这一过程大约发生在人类社会从原始社会后期向文明社会过渡的阶段。人类社会的前几次社会分工都是经济领域的分工,而第四次社会分工则是发生在社会政治领域的分工,前三次分工为第四次分工奠定了经济基础、创造了必要的物质条件,第四次分工是前三次分工的继续发展和突变性飞跃。人类的社会生产活动除了物质产品的生产活动以外,还有人本身的生产活动和精神产品的生产活动。人本身的生产活动实际上包括"生"和"育"两个方面,要顺利地组织人本身的生育活动,就需要建立相应的伦理道德、家庭制度、文化教育等一整套生产关系,这些生产关系的逐渐建立和不断完善的过程,实际上是人类自我意识不断丰富的过程,同时也是人文知识等精神产品的生产过程。在人类社会发展过程中,无论是人本身的生育活动、精神产品的生产活动,还是物质产品的生产活动,都是一个从简单到复杂、从低级向高级、从原始到文明的历史过程。在这个过程中,人类社会的社会组织同时也发生着从简单到复杂、从低级向高级的演化。随着社会组织的演化进行到一定阶段,公共组织就从一般社群组织中分化出来,人类社会的第四次社会大分工就自然地发生了。

通过对人类社会几次大分工过程的简单描述,我们可以清楚地看到,人类社会的每一次分工过程都是社会组织的分化过程,从抽象的形式来看,这些分工实际上形成了连续的分叉过程。这种分叉过程与自然界中一些事物(如树木、河流等)的分叉过程非常相似。正是在这一认识的基础上,我们可以借鉴自然界中的分叉规律来分析社会分工现象。

美国物理学家菲根鲍姆(M. Feigenbaum)通过数学分析研究了具有倍周期的分叉现象,他于1976年发现在分叉现象中存在着两个普适常数,其研究结果发表于美国《统计物理学》杂志1978年第19卷上。当我们将事物不断分叉的图形描绘在由X轴和Y轴组成的二维平面上时(如图8-12所示),就可以比较形象地看到菲根鲍姆所揭示出的分叉规律性:随着事物分叉的进行,横轴方向的分叉间距(图中的AB线段和BC线段所示)在逐渐缩短,但前一个分叉间距与后一个分叉间距的比值是个常数δ;纵轴方向的分叉宽度(图中的FH线段和GI线段所示)也在逐渐衰减,但前一个分叉宽度与后一个分叉宽度的比值也是个常数α。

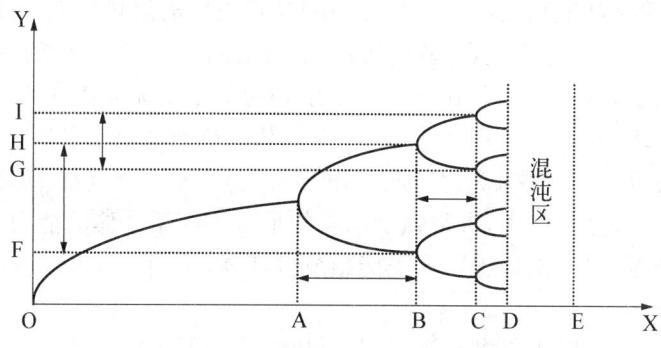

图 8-12　事物不断分叉的自相似性

菲根鲍姆计算发现常数 δ 和常数 α 都是无理数，其中，$δ=4.669\ 201\ 609\cdots$，$α=2.502\ 907\cdots$。δ 和 α 这两个常数反映了分叉现象中普遍存在的数量特征。根据菲根鲍姆的这一重要发现，人们不仅可以定性地证明系统的分叉行为，而且可以定量地分析系统的分叉情况。菲根鲍姆的发现表明，自然系统在演化过程中，其几何图像和分叉图形均具有无穷嵌套的自相似几何结构，即自然事物整体具有与其部分相类似的结构，或者事物的同一种行为会在越来越小的尺度上重复出现。① 通俗地说就是：系统的整体与组成它的子系统具有相类似的结构，系统演化中的分叉行为会在其子系统的演化过程中重复出现。菲根鲍姆发现的分叉规律，可以说是对现代分形理论的进一步深化，这一发现揭示出元素映现整体以及部分与整体之间的多层次、多角度、多维度的关联方式，为人们认识世界提供了崭新的方法论。

马克思主义的社会分工理论指出，随着以人力作为劳动主体这一基础的瓦解，劳动者之间的分工必然会走向消灭，而劳动本身的分工会随着生产的发展而更加细密。结合目前发达国家社会生产活动的实际情况来看，马克思主义社会分工理论的确揭示出了社会分工发展的历史规律性。例如，随着自动化技术和微电子信息技术在生产活动中的应用，一些国家已经出现了所谓的"无人工厂"，工厂的加工车间几乎看不见一个人影，整个生产活动是由拥有各种专业知识的工程技术人员控制的。在这个例子中，原来的体力劳动者的工作几乎全被各种各样的机器所取代，也就是说体力劳动者之间的分工已经消失了，但在工程技术人员之间的脑力劳动分工并没有消失，而是有了更加细密的分工。从整个人类社会的分工情况来看，原始社会的社会劳动分工比较简单（如农业、手工业等），当人类社会发展到近现代时，社会各行各业的分工越来越多、越来越细，而到了当代社会的创意产业时，社会分工精细的程度已经到了个体之间的分工。当社会分工细化到个体之间的分工时，人们之间分工的交叉重叠反而日益增多，这实际上是一种混沌状态。我们对照图 8-12 所示的分叉图来看，当事物分叉进行到一定程度时，最后确实进入了混沌区域。所以，利用分形理论中的分叉规律可以很好地解释社会发展的分工机制。

2. 社会发展的协同机制

在一个社会的演化过程中，分工与协同是两个最基本的发展机制。在社会发展中，人们很早就注意到了分工的作用，这在前文中已作过论述。相比之下，人们对社会发展中协同机制的认识显得比较薄弱。

社会分工能够使一个社会系统的各个子系统向专业化、纵深化、精细化方向发展；社会协作能够使社会系统中的各个子系统相互衔接、互相配合、协调发展。如果没有分工与协作，任何一个社会都无法顺利实现从小到大、从低级向高级的演化发展。社会分工实际上是分叉律在社会发展中的具体表现，而社会协作是协同律在社会发展中的具体表现。从长时段来看，一个国家的人文、经济、政治、科学、法制、教育等子系统都在分叉律和协同律的共同作用下，不断发生着从单一到多元、从低级到高级、从简单到复杂的演变。

"协同"一词来源于希腊文，意为共同工作②。人类很早就产生了有关协同的思想。例如，战国末期思想家荀子就指出，人类强于动物的地方不在于个体的能力，而在于群体的协作力量，因为"人能群，彼不能群也"（人类能结成群体，将不同个人联系为一个整体，而动物

---

① 陈其荣：《自然哲学》，复旦大学出版社 2005 年 2 月第一版，第 119—120 页。
② 曾健、张一方：《社会协同学》，科学出版社 2000 年 6 月第一版，参见赫尔曼·哈肯为该书所写的"序言"。

却做不到这些),所以,"力不若牛,走不若马"的人类却能够驾驭牛马(见《荀子·王制》)。古希腊哲学家柏拉图在讨论理想国时既论述了人们之间的分工,也论述了人们之间的协作。1893年,法国社会学家涂尔干在论述社会分工时也提出了社会协同的思想,他提出的所谓"社会团结"的概念,实际上就是指社会组织之间的协同状态。他提出的"社会团结",指的是把个体结合在一起的社会纽带,这是一种建立在共同情感、道德、信仰或价值观基础上的个体与个体、个体与群体、群体与群体之间的,以结合或吸引为特征的联系状态;社会团结的基础是社会成员共同的价值观念和道德规范,即一种"集体意识"或"集体良知";他把社会团结分为机械团结和有机团结两种类型,机械团结是指社会成员间分工较弱、个体同质性很强、通过强烈的集体意识将个体联结在一起而建立的一种社会联结方式,有机团结则是指社会成员间分工发达、个体异质性很强、通过相互间的实际依赖将个体联结在一起而建立的一种社会联结方式[1]。美国社会学家帕森斯则采用"整合"(integration)这一概念来表述与涂尔干"团结"相类似的概念,所谓"整合",即能够使系统各部分协调为一个起作用的整体,其功能是根据系统的统一需要,使系统各单位的行为保持一致,并抑制和扭转它们的偏差行为,促进整个系统形成和谐与合作[2]。帕森斯的"整合"概念,把涂尔干"团结"的概念提升到了系统的层次,实际上已经具有了社会协同的含义。德国著名物理学家、协同学的创立者赫尔曼·哈肯于1977年出版了《协同学导论》一书,后来又出版了《高等协同学》等书籍,他在这些著作中系统地论述了协同学理论。协同学理论指出,一个开放系统是在许多子系统的联合作用下产生宏观尺度上的结构和功能,组成系统的各个子系统之间存在着相互影响、相互作用、相互制约的关系,这些关系可以用不同的变量来描述,其中既有快变量,也有慢变量,慢变量只占少数,但慢变量支配着快变量的变化,他把这种起支配作用的慢变量称为"序参量",正是在"序参量"与其他变量的协同作用下,促使整个系统从一种结构演变到另一种新结构;系统的演化受序参量的控制,演化的最终结构和有序程度取决于序参量的大小;在不同的系统中,序参量的具体含义不同,序参量的大小可以用来标示系统宏观有序的程度,当系统处于无序状态时,序参量为零,当外界条件变化时,序参量也变化,当系统演化到临界点时,序参量增长到最大,此时,系统将会自发地出现时间、空间或功能上的宏观有序结构[3]。2000年,曾健、张一方在哈肯提出的协同学理论的基础上,吸收非线性动力学、混沌理论、自组织理论和突变理论的一些研究成果,把协同学原理的运用推广到社会学领域,阐述了社会协同与人类社会的产生、存在和演化等社会问题[4]。

从一个社会的人文系统成长演化过程来看,社会分工首先在原始氏族内部男女个体之间的自然分工开始,随后在氏族之间开始,其后在部落之间开始,然后在酋邦之间开始,最后在国家之间开始,这是一个分工专业化层次不断提高的过程。分工专业化的发展在提高社会生产效率的同时,也促使经济组织(如产业组织、交换组织、分配组织等)种类不断增多,随着经济组织的不断增多,经济系统随之诞生并不断发展。人文系统和经济系统的相互作用又促进两个系统内部各个因素之间的分工专业化,由于社会协作的需要,人们对公共组织的需求随之增多,从而促使公共组织从一般社群组织中分化出来,也促使政权组织(如王权组

---

[1] 涂尔干著,渠东译:《社会分工论》,北京生活·读书·新知三联书店 2000 年 4 月第一版。
[2] 帕森斯、斯梅尔瑟著,刘进等译:《经济与社会》,华夏出版社 1989 年版,第 17—18 页、第 43—45 页。
[3] 赫尔曼·哈肯著,凌复华译:《协同学:大自然构成的奥秘》,上海译文出版社 2005 年版。
[4] 曾健、张一方:《社会协同学》,科学出版社 2000 年 6 月第一版。

织、防卫组织等)从公共组织中分化出来,随着公共组织和政权组织的不断增多,政治系统随之诞生并不断演化。

从人类历史发展过程来看,一个社会系统的经济、政治、法制、教育、科学等子系统都是随着社会分工的发展,相继从最初的人文系统中诞生并逐渐发展起来的。一方面,在分叉律的作用下,这些子系统中的每一个系统都进一步分化出更细的系统因素。另一方面,在协同律的作用下,这些子系统之间以及每个子系统内部各因素之间都是相互联系、相互作用、相互影响、相互制约的。实际上,在一个具体的国家系统演化过程中,正是因为这些子系统因素之间存在着相互耦合、相互制约、相互协调的联系,它们才共同决定了一个国家的演化路径和成长速度。

从一个具体的国家系统来看,组成国家的各子系统之间广泛存在着生产、交换、分配和消费的关系,这些关系已经超出了一个国家经济系统中存在的生产、交换、分配和消费的关系。通过第四章和第五章的分析,我们知道,传统经济学关注的范围主要是物质生产领域的生产、交换、分配和消费的关系。根据本书所提出的国家与社会分析框架,我们可以看到,一个国家的人文系统生产了人力资源和人文知识,经济系统生产了物质性产品(个体产品),政治系统生产了公共服务和公共产品,科学系统生产了各种科学知识和专业技术,法制系统生产了各种法律和制度规范,教育系统复制传承了各种科学知识、培育了各种专业人才,在这些系统之间也存在着与经济系统中类似的生产、交换、分配和消费的关系,它们每两者之间都是相互联系、相互作用、相互影响、相互制约的,只有它们之间实现了良性耦合和相互协同,整个国家系统才能够实现健康、和谐、有序的发展。要实现国家系统内部的这些生产、交换、分配和消费活动,需要依赖政治系统中的政权组织和公共组织积极做好组织协作和社会管理工作,实际上这也正是政治经济学和公共管理学所研究的主题,同时也是公共经济学、社会经济学或经济社会学所探讨的问题。

从国家系统和社会系统(或国际系统)这两个层次来分析,我们可以将分叉律和协同律的作用机制列成表,具体见表8-1。

表8-1 分叉律与协同律作用机制分析简表

系统层次	系统分叉后结果	系统内部协同形式	子系统间协同形式	协同主导者
社会系统 (国际系统)	基督教文化社会	基督教社会网络	国际市场体系(包括国际贸易、国际合作等)、国际文化交流(国际会议、留学、宗教、著作翻译等)	国际政治组织、国际经济组织、国际文化组织、各国政经领袖、各国文化领袖
	伊斯兰教文化社会	伊斯兰教社会网络		
	佛教文化社会	佛教社会网络		
	儒教-道教文化社会	儒教-道教社会网络		
	其他文化社会	其他社会网络		
国家系统	政治系统	政治系统网络	国家分配体系、交换体系(包括地区贸易、地区合作、地区交流等)	国家政权组织社会公共组织
	法制系统	法制系统网络		
	人文系统	人文系统网络		
	教育系统	教育系统网络		
	科学系统	科学系统网络		
	经济系统	经济系统网络		

从国家系统来看,组成国家的子系统包括人文、经济、政治、法制、教育、科学等子系统,其中,每个子系统内部都形成了网络形式的协同关系。例如,经济系统内部的农业、工业和服务业之间的协作网络,科学系统内部的社会科学、自然科学以及各种交叉科学、专业技术之间的科研协作网络,法制系统内部的立法体系、司法体系和执法体系之间的联系网络,教育系统内部的家庭教育、学校教育、在职社会培训等之间的联系网络。在国家系统中的每两个子系统之间也形成了网络形式的协同关系,这种协同关系主要是依靠国家层面的交换体系和分配体系来实现的,具体的协同主导者是国家的政权组织(如行政组织、税务组织、财政组织等)和一些社会公共组织。例如,国家的税务组织从经济系统中获得税收收入,又通过财政组织将一部分资金分配给科学系统、法制系统和教育系统,科学系统所产生的科学研究成果、法制系统所提供的法律制度服务、教育系统所培养的专业人才,又为人文系统、经济系统和政治系统的顺利运行提供了各种支持。

从社会系统(或国际系统)来看,可以按照宗教文化的影响不同,把全世界大致划分为基督教文化社会、伊斯兰教文化社会、佛教文化社会、儒教-道教文化社会、其他文化社会等社会子系统。这些系统组成了全世界系统的子系统,其中每个子系统内部都形成了网络形式的协同关系(如东亚地区儒教-道教文化社会内部的中国、朝鲜、韩国、日本、越南和新加坡等国家形成的文化经济网络),而在每两个子系统之间也形成了网络形式的协同关系,这种协同关系是依靠国际层面的国际市场体系和国际文化交流来实现的,具体的协同主导者是国际政治组织(如联合国、欧盟组织)、国际经济组织(如世界银行等)、国际文化组织以及各国的政治、经济、文化界领袖等。从协同关系和相互联系的紧密程度来看,国家系统内部的协同关系远远要比国际系统之间的协同关系更加紧密,这是由当前国际社会协同机制不够完善、协同组织数量较少且力量薄弱所决定的。类似像联合国这样的国际组织,如果其组织性、影响力足够强大,我们就有理由相信,在不久的将来,整个地球人类将会协同成为具有统一的"全球意识"、能够面对"全球性问题"的社会群体。

从人类社会的长期历史来看,一些因素在世界的不同社会之间发挥着重要的协同作用,这些因素包括人口流动、文化交流、商品贸易、战争殖民、科技传播、气候地理等,它们往往是相互联系共同发挥作用的。例如,在文化交流中,世界不同地区举行的一些国际性会议、各国派遣留学生相互学习、宗教在不同地区进行传播、一些著作被翻译成不同语言在各地发行等,这些都能够增强不同文化群体的相互沟通、相互理解、相互认同,从而在世界范围内协调人们的认识和行为,进而发挥出社会协同的作用。战争殖民则是通过武力征服的方式,使一个部落(或民族)将自己的社会制度、宗教信仰、生产技术、生活方式等强加给被征服者,从而实现不同地域社会群体的整合协同。在世界历史上,波斯人、罗马人、蒙古人和土耳其人曾发动了一些大规模的武力征服活动,这些活动尽管给许多国家和民族带来了深重灾难,但客观上却发挥了程度不同的社会协同作用。在科技传播方面,古代中国的造纸、印刷、指南针和火药等技术传播到西方,近代西方的蒸汽机、电动机、机械制造等工业技术传播到中国,这对促进东西方社会的协同发展发挥了重要作用。

一个国家系统的成长演化,同时伴随着人文、经济和政治等子系统的协同成长演化。在这个过程中,人文系统演化、经济系统演化和政治系统演化是互相耦合的,三者之间形成了相互耦合的协同演化。第七章的分析说明,在国民经济系统中,经济组织的演化过程是个超级螺旋循环过程。与此相类似,在人文系统和政治系统中,社会组织的演化过程也是个超级螺旋循环过程。所以,一个国家系统的演化过程实际上也是个超级螺旋循环过程。一个国家系统正是在其内部的人文、经济和政治等子系统的自我调节、自我组织下,从一种结构演化到另一种结构,从而实现了整个社会的逐渐有序化。

关于社会发展协同机制中的超循环问题,已经引起了有关专家学者的关注。例如,中国著名科学家钱学森就认为,一个国家级的社会经济系统中存在各个组成部分的大循环问题,其中各种各样的循环构成整个大系统的经济与自然环境、社会环境、世界环境相互作用的有机循环运动。为保证这个循环的继续和发展,需要做好三个方面的工作:第一,应该建立和选择最佳的循环运动的结构(即系统的各个组成部分之间要从总体上达到比例合理、相互协调、功能完善);第二,必须保证系统内外、系统内部各组成部分之间的物质流、能量流和信息流的互动交流、畅通无阻;第三,要不断完善系统的预测、反馈、调节和控制能力,从而促使系统的整体功能不断放大和增值。① 这里,钱学森先生实际上谈到了人类社会系统的控制问题。关于社会系统的控制问题,曾健、张一方从社会协同的角度指出,"序参量是法,法的内容,执法力度和监督"②。这里所说的"序参量"实际上就是指控制社会有序化的手段或工具。从人类社会发展的长期历史来看,法律制度确实是控制社会有序化的有效工具。从中国古代历史来看,凡是重大的社会变革一般都是从改变法律制度开始的,前文提到的一些著名变法运动就是例证。无论是春秋战国时期由管仲、李悝、吴起、商鞅等人发起的变法,还是北宋时的王安石变法、明朝时的张居正(1525—1582)改革等,都是从改变协调社会运行秩序的国家法律制度开始的。中国古代社会兴衰治乱的历史已经反复证明,凡昌明盛世都非常重视法律制度的建立和完善,而昏帝、暴君、奸臣、贪官、无赖、骗子、地痞、流氓和暴徒等都活跃在法治衰落、制度败坏的时代。所以,要实现社会的控制问题,必须从建立和完善一个国家的法制系统入手。但建立和完善一个国家的法制系统并不能单独依赖国家的法制系统本身(如立法机构),这需要理清国家中人文、经济、政治、法制、教育、科学等子系统之间的内在关系,将它们之间的本质联系以法律制度的形式固定下来,并根据社会发展的实际需要进行动态调整,使国家的法律体系能够有效调节和控制各子系统的运行秩序,进而达到社会公共管理相互配合、协同一致的目的。

建立社会秩序的另一个重要方面就是从完善社会的道德体系入手。法律制度更多是从宏观方面来协调和规范社会组织之间的关系和行为,而社会道德则更多是从微观方面来协调和规范人类个体之间的关系和行为。要维持一个社会的良性循环,法律体系和道德体系都是不可缺少的。正如曾健所指出的,"为了确保整个社会活动的有序,不但每一种社会活动都必须有自己的'游戏规则',而且每一个参加者都必须有自己的'职业道德'和'行为规范'"③。例如,在城市交通秩序的维护中,如果没有交通规则的协调和规范,交通秩序就会陷入混乱,但有了交通规则以后,如果警察不按规章执法,或者司机、行人都只顾自己行路而不遵守交通规则,那么交通秩序也会陷入混乱中。帕森斯指出,要实现社会控制和系统整合,除了法律制度以外,还需要宗教制度、人际规范等手段④;他所说的宗教制度和人际规范,就包含了宗教信仰、伦理道德、职业规范等内容。所以,一个正常社会的运行秩序离不开法律

---

① 曾健、张一方:《社会协同学》,科学出版社 2000 年 6 月第一版,第 125—126 页。
② 曾健、张一方:《社会协同学》,科学出版社 2000 年 6 月第一版,第 171 页。
③ 曾健、张一方:《社会协同学》,科学出版社 2000 年 6 月第一版,第 77 页。
④ 帕森斯、斯梅尔瑟著,刘进等译:《经济与社会》,华夏出版社 1989 年版,第 43—45 页。

和道德的双重约束。如果仅有法律约束而没有道德约束,或者仅有道德约束而没有法律约束,任何一个社会都是难以有序、健康、和谐并持续运行的;如果法律和道德这两者都缺失的话,那么这个社会就会因失范、失序而逐渐衰败!孔子的学生闵子骞(公元前536—公元前487)曾向孔子请教治国之道,孔子说,"治国而无德法,则民无修;民无修,则迷惑失道"(治理国家而没有德政和法制,民众就没有修养,民众没有修养,就会迷惑不走正道。参见《孔子家语·执辔》)。孔子的治国思想对治理当前中国的社会秩序失范现象具有一定价值。中国社会需要在人文、经济和政治的相互协同中寻求一种健康和谐的发展道路。

协同学的原理告诉我们,一个系统能否发挥协同效应是由系统内部各子系统的协同作用决定的,各子系统之间协同得越好,整个系统的整体功能就发挥得越好。一个国家系统中各子系统之间以及子系统内部各因素之间,如果能够围绕共同目标相互配合、协调一致地运行,那么整个国家系统就能够产生"1+1≥2"的协同效应;反之,如果国家系统内部各子系统之间相互掣肘、冲突或摩擦,就会造成整个社会内耗增加、运行效率低下,社会系统内各子系统就难以发挥出其应有的功能,从而就会导致整个国家陷入混乱无序的状态。所以,只有当国家系统内部各子系统协调合作、减少内耗,充分发挥各自的作用和功能时,整个国家系统才能达到良性运行的有序状态。

3. 社会发展的分化与分层机制

从社会分化、社会分层的角度对社会进行分析是社会学的一个重要方面。这方面最有代表性的社会学理论是马克思的社会阶级理论、涂尔干的社会分工理论、马克斯·韦伯的社会分层理论、帕森斯的功能性系统结构分化理论、卢曼的一般社会系统理论。下面就对他们的主要思想进行简要介绍。

马克思社会阶级理论的主要思想是:① 社会分工是社会分层的基础并推动着社会结构变迁。马克思认为,社会分工是社会分层、社会阶级的起源和存在的基础,社会分工推动着社会发展与社会结构的变迁;② 社会分层与社会阶级是以生产资料占有方式作为主要标准的;③ 社会阶级的存在还需要社会文化及自我意识等必要条件。涂尔干社会分工理论的主要思想是:① 社会分工使社会存在成为可能,他认为,社会分工不仅为社会提供了凝聚力,而且也为社会确定了结构特性;② 社会分工促成了社会秩序,增进了社会有机团结,还构成了社会和道德秩序本身;③ 反常的社会分工会引起社会动荡;④ 理想型社会是社会分工高度发达与社会团结的有机整合。涂尔干认为,社会危机本质上是一种道德危机,他主张全面加强社会道德规范的调节功能,倡导建立一种与社会分工结构相适应的多层次的社会道德体系,以保证日益复杂的社会分工体系的各个部分在相互依赖的基础上有机地结合在一起。马克斯·韦伯社会分层理论的主要思想是:① 社会分层是理解社会学的方法与多维指标的基础。他指出,社会分层的实质是社会资源在社会中的不均等分配,即不同的社会群体或社会地位不平等的人占有那些在社会中有价值的事物,如财富、收入、声望、教育机会等。因此,他认为应运用"财富——经济标准""地位——社会标准""权力——政治标准"这三种标准来对社会进行分层,从而开创了采用多维指标研究社会分层结构的先例。② 社会分层的多维指标是阶级、等级与政党(权力)。③ 社会分层的本质是社会资源的占有和分配。[①]

[①] 杨建华:《从马克思到卢曼:社会分化与整合研究及启示》,《秩序与进步:社会建设、社会政策与和谐社会研究——浙江省社会学学会成立二十周年纪念暨2007学术年会论文集》,2007年10月。

塔尔科特·帕森斯是美国现代社会学的奠基人，作为社会学中结构功能主义理论的代表人物，他所倡导的结构功能主义理论和方法论在 20 世纪 50—60 年代的西方社会学中曾占据着主导地位，其早期的主要理论倾向于建构宏观社会学理论，后期开始从宏观转向较微观层面的理论研究，他对现代社会学的发展作出了重要贡献。其主要著作包括《社会行动的结构》《社会系统》《关于行动的一般理论》《经济与社会》《现代社会的结构与过程》《现代社会的社会学理论》《现代社会的系统》等。他的研究视野十分宽广，其著作在社会分层、经济组织、现代职业、官僚体制、法律制度、民主进程、科学、教育、家庭、儿童社会化、社会现代化、宗教世俗化、越轨行为、性别角色、病态角色与精神健康、种族问题以及反文化问题等方面都作了广泛论述。

帕森斯综合了涂尔干的社会分工思想与马克思和马克斯·韦伯的社会分层思想，提出了功能性系统结构分化理论。帕森斯的"分化"概念，是指一个系统或一个单位分解成两个或两个以上的系统或单位的过程，也即社会从原有的某一单元中衍生分离出一些在结构上与功能上都不相同的新单元（如生产功能从传统的家庭中分化出来形成了独立的社会单位——企业）。他认为，分化是社会变迁的一条必由路径，社会变迁就是一个分化、适应、维持与整合的过程。功能性系统结构分化就是指，随着社会变迁和社会进化，社会系统在功能上分化为不同的功能子系统，各个子系统之间只有功能性差别而没有等级性差别。按照帕森斯理解，社会系统应至少包括文化系统、经济系统、政治系统和法律系统。帕森斯的功能性系统结构分化理论的主要思想[①]为：① 功能性系统结构分化是社会变迁的路径。他用进化论观点阐释了社会与文化变迁的过程，指出社会是通过变异与分化，再走向更高层的整合，从而实现了由简单到复杂的转变。② 社会分化是社会变迁的前提与条件。他指出，社会变迁过程一般要经过分化、适应性提高、容纳和价值普遍化等阶段。这里，适应性提高是指社会分化后，由于社会诸单元可利用的资源范围变宽，从而使社会诸单元摆脱了原来的某些限制。容纳是指社会把新出现的资源和结构纳入更大社会结构的过程。价值普遍化是指将社会价值提升到更高的一般化水平，从而使社会中新出现的资源和结构合法化。③ 社会分化更重要的方面是社会在结构与功能上的分化。帕森斯所说的社会结构包括社会阶层化、文化的合法化、科层制组织、货币经济与市场、普遍化的规范、民主的结社等六个方面。一个社会的不同子系统具有不同的功能，如法律系统承担着社会整合和控制的功能。④ 社会分化是社会进步程度的一个标志。他依据社会分化程度的不同，把人类社会划分成低度分化的社会、相对分化的社会和高度分化的社会这三种社会分化的类型。他认为，社会变迁和发展的过程就是社会结构和社会功能不断分化的过程，社会结构分化程度是一个社会现代化程度的重要标准。社会结构分化是指承担各种功能的单一结构向承担多种功能的多种结构类型转化。在社会的微观层面，结构分化体现为社会个体角色的分化；在社会的宏观层面，结构分化表现为社会分工的发展。例如，在低度分化的传统社会中，古代家庭这种结构的社会单元承担着经济生产、政治组织、宗教活动、社会教育等多种功能。当社会发展到现代工业社会时，家庭原来承担的这些功能逐渐被分离出来，经济生产功能由企业组织来承担，政治组织功能主要通过专门的政府组织承担，宗教仪式等活动转移到了教堂、庙宇等公共宗教

[①] 杨建华：《从马克思到卢曼：社会分化与整合研究及启示》，《秩序与进步：社会建设、社会政策与和谐社会研究——浙江省社会学学会成立二十周年纪念暨 2007 学术年会论文集》，2007 年 10 月。

场所进行,社会教育功能主要由各种学校等教育组织来实施,现代家庭仅保留了性爱、生育子女、感情交流等基本功能。在现代社会,随着社会的不断发展,社会分工的范围不但跃出了地区界限,而且在全球范围内展开,社会结构和社会功能的分化也变得越来越细,这正是帕森斯所揭示出的社会现象。⑤ 地位与荣誉是社会分层的一个重要维度。社会分层是社会的纵向结构,这种结构体现了社会的不平等性,它实际上是社会不同群体在社会地位和财富占有方面不平等的层序化。帕森斯的社会分层思想不仅继承了涂尔干社会分工增进社会进步、社会团结的思想,也推进了由马克思和马克斯·韦伯提出的社会分层理论研究。他把社会分层的凸现看作社会生活当中不断增加的适应能力演化的一个重要方面,是一个"进化的突破",是带来社会进步的各种形式的一个巨大成就①。

德国社会学家尼克拉斯·卢曼对社会系统理论进行了重要创新,他是当代一位卓越的社会学家。他与帕森斯一样,也主张用一个统一的理论框架来解释复杂的社会现象,所以他所研究的领域很广泛,包括行政、法律、经济、科学、宗教、艺术、语意学、大众媒体等学科都有所涉猎并有专著出版。卢曼在综合帕森斯的系统观和一般系统论的基础上,提出了他的"一般社会系统理论",其理论的关注点是社会系统与其外部环境之间的关系以及分析降低系统环境复杂性的机制。他的主要著作包括《系统理论:一个一般性理论的纲要》(1984)、《社会的经济》(1988)、《社会的科学》(1990)、《社会的法律》(1993)、《社会的艺术》(1995)和《社会的社会》(1997)等著作。在这些著作中,他强调了对于系统的界定不可能脱离对环境的界定;在他看来,任何一种人类行动以及与这种行动相联系的各种事件和过程,都可以构成一个相对独立的一般系统;他认为,构成一个社会系统的基本因素和基本关系就是"沟通"(Kommunikation),由于行动者显示出不同的行为方式,因而所有的社会系统都建立在行动者之间相互沟通的基础上。

卢曼的社会学思想起初受系统论影响很大,自20世纪80年代起,他开始倡导社会学的"范式转换",逐渐从帕森斯的结构功能主义转向了认知生物学和控制论的理论模式,他对以往的社会分化整合理论进行了扬弃,建构了新结构功能主义的社会理论,提出了"社会功能分化是现代社会分化的核心"这一思想,强调了社会系统本身的高度自我生产性。卢曼按照社会的分化水平和分化类型,将人类最近几千年的社会划分成古代社会、前现代的高度文明社会和现代社会。古代社会指的是原始社会或部落社会;前现代的高度文明社会是指那些社会功能没有完全分化的社会,如中国、印度、伊斯兰、希腊-罗马以及欧洲大陆、盎格鲁-撒克逊等文明社会;现代社会则指工业社会乃至"后工业社会"。在这三种社会的演化过程中,分别发生了三种不同类型的社会分化形式,即区隔分化、阶层分化和功能分化。区隔分化是一种建立在平等基础上的社会分化,如从事种植业的部落从原来的以采集为生的原始人群中分离出来,分离前后的社会群体只有劳动分工的分化和地域空间的分隔,而没有等级高低的差别,这实际上是社会的一种水平分化。阶层分化是一种建立在不平等基础上的社会分化,分离前后的社会群体被划分为不同等级的次系统(包括阶级或阶层),这实际上是社会的一种纵向分化。功能分化则是建立在系统内某种功能平等性和建立在系统与其环境间功能不平等性基础上的社会分化,这种分化中既包含有平等成分,也包含有不平等成分,它按照

---

① Stephen K. Sanderson, *Macrosociology: An Introduction to Human Society* (second edition). New York: Harper Collins Publishers Inc., 1991, pp.126-127.

特定的功能(如政治、经济等)而形成部分系统。古代社会基本上是区隔分化,前现代的高度文明社会基本上是根据社会阶级或阶层的区分而进行分化,现代社会则基本上是按照社会功能的区分而进行分化。因此,现代社会系统包含了最大限度的系统复杂性。卢曼认为,现代社会是一个高度分化的社会,其基本特征就是功能上的急速分化,即现代社会及其制度变得越来越专门化、独立自治、技术化和抽象化。如果说传统社会是以社会阶层的分化为中轴而发生演化的话,那么现代社会则是以社会功能的分化为中轴而发生变迁与演进的。在卢曼看来,正是现代社会本身各个系统功能的不断分化,导致了社会系统本身的自我分身,即现代社会从近代形成的大型社会结构迅速分化为多重结构和多种类型的社会系统,从而导致社会的各个系统分化过程的复杂化与系统本身的多层次化。卢曼认为,在现代社会,社会系统不但分化出了它们各自的子系统,而且每一子系统又各自发展出了自己的交流或"沟通"媒介(如政治系统的权力、经济系统的金钱、家庭系统的情爱等)。在每一子系统内部又相应形成了与交流媒介相称的二元结构(如政治系统的有权/无权、经济系统的有钱/无钱、法律系统的合法/不合法等),这种二元结构产生了系统的反射性特征(如钱钱交易、对学习的学习、对预期的预期、关于规范制定的规范等)。正是基于这种反射性特征,使社会系统能够再生产出自身。这样一来,社会系统就具有了自我参照、高度自治的能力。这些能力使现代社会变成了一个自我观察、自我描述、自我规制的社会。在后现代社会,社会功能进一步分化,它自我参照、自我塑造、自我规制、自我再生产。这样一来,整个社会日益增长的功能分化和独立自治,就会导致对社会系统控制的日益衰落。因此,现代社会发展中的偶然性因素也随之大量增加。所以,后现代社会是一个充满偶然性、隐藏着各种风险的前途未卜的社会。[①]

通过以上从马克思到卢曼的社会理论思想的简述,我们可以清晰地看到,社会分化至少有社会分工、社会分层和系统功能分化这三个最基本的维度。纵观人类社会的历史变迁就可发现,社会变迁是社会分化在这三个维度上的历时性与共时性的渐次展开。社会分工是社会分层和系统功能分化的基础与条件,是社会分化的前提。社会分化建立在社会分工的基础上,社会分工是社会分化的前提与根本原因,这是马克思主义的基本观点,也为其他经典社会学家所认同。社会分工所导致的社会分化会引起社会结构的演变,当社会结构演变到一定程度时,就会引起社会结构的分化,与社会结构分化相伴随的则是社会功能的分化。社会分化的结果是促成社会系统中诞生了新的子系统,从宏观方面来看,就是社会产生了新的社会结构和新的社会功能;从中观方面来看,就是社会产生了新的社会组织和新的专业部门;从微观方面来看,就是社会产生了新的社会职业和新的个人角色。所以,家庭组织的分化、社群组织的分化、社会阶层的分化、人文系统的分化、企业组织的分化、行业与产业的分化、经济系统的分化、公共组织的分化、政权组织的分化、政治系统的分化、国家系统的分化等,这些实际上都是与社会分化相伴而生的产物。社会分工越精细,社会分化就越复杂。社会分工的发展必然会对社会系统的结构和功能产生重大影响。一方面,社会分工推动了社会变迁与社会发展,另一方面,社会分工也促进了人类理性意识的不断增长。

美国社会学家斯梅尔塞(Neil Joseph Smelser,1968)认为,社会分化是指更专门化和更

[①] 杨建华:《从马克思到卢曼:社会分化与整合研究及启示》,《秩序与进步:社会建设、社会政策与和谐社会研究——浙江省社会学学会成立二十周年纪念暨2007学术年会论文集》,2007年10月。

自主性的社会单位被建立起来的一种过程,这些分化程度较高的单位,会随着社会发展过程而出现在经济、家庭、文化和政治制度等各个方面;他还指出,"分化本身并不足以导致现代化。发展是分化(既有社会分工)和整合(在一个新的基础上将分化的结构联系起来)互相作用的过程"①。从马克思到卢曼,他们都主张社会发展是社会分化与社会整合的统一。社会分化通过促进社会结构与社会功能分化进而促进社会发展,同时,社会结构与社会功能分化又必须以相应的社会整合为前提,社会整合能够为社会发展提供有序和稳定的社会环境。社会分化程度的高低与社会发展程度的高低大体成正相关关系,而社会有序和稳定的程度又与适度的社会整合密切相关。人类社会进化的过程,实际上就是社会系统不断分化和重新整合的过程,同时也是社会结构与社会功能不断优化和完善的过程。社会发展的过程,实际上是一个社会分化与社会整合不断交替的过程。

4. 社会发展的渐变与突变机制

自人类从类人猿群体中分化出来向直立人转变开始,人类社会就一直处于不停地演化发展中。人类社会的演化经历了一个从单一到多元、从低级向高级、从简单到复杂的过程,这一过程同时也是一个渐变与突变交替进行的过程。

人类社会在演化过程中,社会系统的结构和功能都在逐渐发生变化,当变化量积累到一定程度时,社会内部各要素的性质将发生质变,从而引起社会系统的突变。社会系统演化过程中的渐变与突变是一个反复持续的过程,这一机制促使社会从一种状态向另一种状态演化,从一个层级向另一个层级跃迁。正是由于渐变与突变这一演化机制,从而使社会系统实现了从单一到多元、从低级到高级、从简单到复杂的演化过程。

从人类社会人文系统的长期演化过程来看,在人类的进化历程中,语言文字的发明使人类社会发生了一次重大的飞跃,正是这次飞跃使人类脱离了动物世界的蒙昧状态而进入文明世界。正如爱德华·威尔逊所指出的,"人类的全部独有的社会行为都是以其独有的语言的使用为支点的。……人类语言的基本属性或特征可进行分解,并且在传播过程可以增加其余特征,从而总共可达到 16 种设计特征。其中大多数特征至少可见于其他一些动物物种的初级形式中。但即使是教黑猩猩在一些简单的句子中使用符号,也远远不能达到人类语言的生产率和丰富性。在进化中人类语言的发展就是一次量子跃迁,可与真核细胞的'组类'相比拟"②。语言演变过程中出现的科学符号语言(如化学中的分子式)、数理形式语言(如数学中的代数运算)都可以看作语言演化的渐变过程。人类进入文明社会以后,造纸技术、活字印刷技术的相继发明,将人类语言承载的思想信息传播到更加广阔的地区,从而再次推动了人类社会的进化。在公元 1400 年后,以欧洲文明为基础的社会开始加速发展,人类创造的各种知识和专业技术以指数的速度迅速增长③;各种知识和专业技术的积累为 18 世纪欧洲的工业革命奠定了必要基础。自符号化的语言文字被发明出来以后,语言文字就随着人类社会的发展开始了缓慢的演变过程。1946 年 2 月 14 日,世界上第一台电子计算机在美国的诞生具有划时代的重大意义,人类使自己创造的机器具有了"人工智能",从此人类

---

① 斯梅尔塞:《变迁的机制和适应变迁的机制》,《国外社会科学》1993 年第 2 期。
② 爱德华·威尔逊著,毛盛贤等译:《社会生物学——新的综合》,北京理工大学出版社 2008 年 5 月第一版,第 521 页。
③ 爱德华·威尔逊著,毛盛贤等译:《社会生物学——新的综合》,北京理工大学出版社 2008 年 5 月第一版,第 534 页、第 539 页,参见图 27-7。

实现了与机器工具的互动交流。随着计算机技术而产生并发展起来的计算机程序语言,实际上是人类语言向机器工具的延伸,也是人类语言工具的又一个重大发明。很显然,计算机程序语言的发明是人类语言演化历程中的又一次重要突变。所以,单纯从技术和工具的角度来看,人类文化工具的演化实际上也是一个渐变与突变交替进行的过程。

从人类社会经济系统的长期演化过程来看,距今1万年以前农业的发明就是一次重大的突变,这常常被一些中外学者们说成是人类社会的"农业革命"。正是这次发生于经济领域的突变,促使人类社会从采集-狩猎型经济转向种植-畜牧型经济,人类社会的发展水平也从之前的低级文明阶段的原始社会跃迁到较高文明阶段的农业社会。此后,人类社会的农业生产一直处于缓慢的演化进程中,在整个农业社会时期尽管也发生了手工业和商业的分化,但总体而言整个人类社会的经济生产活动始终处于缓慢发展的渐变阶段。直到18世纪,从英国首先开始然后逐渐扩散到欧美地区的工业革命,使人类社会的经济领域再次发生了突变,这促使人类社会的经济系统从以农业经济为主导转向以工业经济为主导。自从发生工业革命以后,被卷入这一进程中的所有社会群体就开始了前所未有的工业化、城市化的历程,大量原来生活于农村地区的农业人口开始脱离农业生产活动,迁移到大大小小的各类城市参与了工业生产活动。工业革命的发生,使人类社会的发展水平又从之前的农业社会跃迁到更高文明阶段的工业社会。自从20世纪中叶开始,由于科学技术(特别是电子信息技术)和文化教育的重要进步,世界上一些国家又发生了从工业社会向信息社会(或后工业社会)的跃迁;但从全世界的范围来看,人类社会目前依然处于从传统农业社会转向现代工业社会的演变阶段。所以,从人类社会经济系统演化的长期变迁来看,实际上也是一个渐变与突变交替进行的过程。

从人类社会政治系统的长期演化过程来看,在原始社会时期,人类社会中的社会组织还处于较低的分化水平,政治系统还未从原始社会中分化出来;当人类发明农业以后,随着社会组织的逐级分化,政治系统的主要因素逐渐演化成形,到原始社会晚期时,政治系统才从人文系统和经济系统中分化出来,原始国家也随之诞生。人类社会中政治系统的诞生,实际上是社会系统中社会结构和社会功能的一次重大突变,这次突变使人类社会从原始社会的前文明状态跃迁到原始国家的文明阶段。在这个过程中,人类社会的组织形式也从较小规模的氏族过渡到较大规模的部落,又从部落过渡到酋邦,最后又从酋邦跃迁到原始国家。在人类社会发展过程中,这些组织形式的变迁过程体现了阶梯状跃迁的特征,社会的政治组织也体现出从单一到多元、从低级到高级、从简单到复杂的演变趋势。关于这一点,可以从肯特·弗兰纳里(Kent V. Flannery,1972)等学者在考古学和人类学方面的研究成果[①]中得到清晰的说明:

(1)以"队"(或称氏族)为组织形式的社会类型:考古学上的案例有近东的古石器时代晚期(公元前10000年),人种学中的实例为美国北部印第安部落中的爱斯基摩肖肖族人;稍后阶段,考古学上的案例有美国和墨西哥的古印第安人早太古时期(公元前10000年—公元前6000年),人种学中的实例为南非喀拉哈里沙漠地区的布什曼人和澳洲的土著人;这类社群组织在政治活动中实行"类群自治"、团队成员地位平等、进行"短暂领导"。

[①] 爱德华·威尔逊著,毛盛贤等译:《社会生物学——新的综合》,北京理工大学出版社2008年5月第一版,第538页,参见图27-6。

(2) 以"部落"为组织形式的社会类型：考古学上的案例有近东地区(Near East)[①]新石器时代的前陶器时代(公元前 8000 年—公元前 6000 年)，人种学中的实例为北美印第安部落中的苏族人；稍后阶段，考古学上的案例有墨西哥内陆的早期社会(公元前 1500 年—公元前 1000 年)，人种学中的实例为新几内亚高地人和美国西南部的印第安人；这类社群组织的组织形式是"泛部落团体"，在政治活动中实行"非等级世袭"制度。

(3) 以"王国"(或称酋邦)为组织形式的社会类型：考古学上的案例有古代巴勒斯坦与约旦河地区的撒玛利亚人社会(公元前 5300 年)、墨西哥海湾海岸附近的奥尔麦克人社会(公元前 1000 年)，人种学中的实例为西太平洋上的汤加和夏威夷的原始种族；稍后阶段，考古学上的案例有北美洲的密西西比人社会(公元 1200 年)，人种学中的实例为北美洲印第安族群中的纳奇兹人(现已灭绝)、努特卡人和夸丘特尔人；这类社群组织在政治活动中实行"等级世袭""领导权世袭"制度，实行"再分配经济"，已出现"技艺专门化"。

(4) 以"国家"为组织形式的社会类型：考古学上的案例有古代中美洲人、古代幼发拉底河下游的苏美尔人、古代中国的商朝、古代欧洲的罗马帝国，人种学中的实例包括英国、法国、印度和美国的案例；这类社会组织在国家层次上出现了"分级系统"，政治活动中实行"王权统治"和"官僚体制"，已出现了"成文法律"制度，已有"征兵""征税"活动。

通过前文对原始国家诞生过程的分析，我们可以看到其中就有明显的渐变阶段与突变阶段存在。例如，人类社会从母系氏族社会向父系氏族社会过渡的阶段、从酋邦社会向原始国家过渡的阶段就可以看作社会演化过程的社会结构突变阶段。人类社会从母系氏族社会向父系氏族社会过渡的阶段，社会系统中的家庭结构发生了以母系为核心的组织结构转向以父系为核心的组织结构。人类社会从酋邦社会向原始国家过渡的阶段，社会系统中的公共组织发生了以平等为基础的横向结构分化转向以不平等为基础的纵向结构分化。从中国古代社会形态转变的长时段来看，从春秋战国到秦朝建立这一阶段是中国社会从诸侯邦国向集权帝国过渡的阶段，自 1840 年鸦片战争到 1949 年新中国建立这一阶段是中国社会从集权帝国向现代国家过渡的阶段，这两个阶段中整个社会发生了激烈的动荡与社会变迁，所以，这两个阶段实际上也是社会演化过程中的突变阶段。

从历史事实来看，中国社会不管是从诸侯邦国向集权帝国过渡阶段，还是从集权帝国向现代国家过渡阶段，整个社会系统的结构和功能都发生了巨大的变迁，这具体表现在国家系统中人文、经济、政治、科学、法制和教育等子系统的变化上。相对来说，从原始国家诞生到西周末年、从秦朝建立到清朝末年，在这两个长时段中整个社会系统的结构和功能发生的变化却比较少、相对比较缓慢，基本上属于社会演化过程中的渐变阶段。

从社会创新的角度来看，社会演化过程是一个"间断平衡"的过程，即一个相对较长的渐进创新过程被短期的突变创新所打断，其后又是一个相对较长的渐进创新过程。一个社会系统正是通过在人文、经济、政治、科学、法制和教育等各方面的间断创新，从而实现了社会的发展和变迁。社会系统在这些方面的创新，导致社会内部诸要素逐渐发生变化，当变化量积累到一定程度时，这些要素就会发生突变；当一个社会系统的人文、经济、政治等要素都发生显著改变后，整个社会系统的结构和功能就会发生突变，从而导致这个社会系统整体发生突变。如果突变导致社会系统向进化方向演变，那么突变的结果就是社会系统整体功能的

[①] 地理上一般是指亚洲西南部和非洲东北部地区。

提升和适应性的扩张。如果突变导致社会系统向退化方向演变,那么突变的结果就是社会系统整体功能的降低和适应性的收缩。

从人类社会赖以存在的自然环境来看,自然环境在一定时期内是相对稳定的,但从长期来看却一直处于变化中。自然环境的变化也可以分为渐变和突变两种演变形式。例如,地球的大气圈、水圈和土壤圈就是在地球长期的自然演化过程中逐渐形成的,这种变化形式就是渐变;而火山喷发、地震地裂、气候剧变等变化形式就是突变。自然环境的渐变和突变,往往也对人类社会造成重大影响。当自然环境缓慢地渐变时,人类社会通过自身的主动创新(如发明新技术)和局部调整(如人口转移)就可以适应自然环境的变化。当自然环境发生剧烈的突变时,人类社会往往需要作出快速反应或进行全局性调整才能适应自然环境的变化。

对一个具体的国家来说,从国家生存的社会环境(或国际环境)来看,国际环境在一定时期内是相对稳定的,但从长期来看也始终处于不断变化中。国际环境的变化也可以分为渐变和突变两种演变形式。例如,国际环境中的文化圈(如7世纪初兴起于阿拉伯半岛的伊斯兰教文化)、经济圈(如1951—1967年间逐渐创建起来的欧洲共同体)和政治圈(如从1945年到现在逐渐发展起来的联合国)就是在国际社会长期历史演化过程中逐渐形成的国际组织,这种变化形式就是渐变;而重大科技突破、社会制度变革、社会革命、战争爆发等变化形式就是突变。社会环境中的重大突变往往会对一个国家的未来发展造成重大影响。例如,发生于1917年11月7日的俄国"十月革命",不但改变了俄国的历史进程,也影响了中国社会的发展方向。当国际环境缓慢地渐变时,一个国家通过自身的主动创新(如制度渐进变革、一般性科技发明)和局部调整(如调整外贸政策)就可以适应外部环境的变化。当国际环境发生剧烈的突变时,一个国家往往需要作出快速反应(如发生动物疫情时紧急停止进口相关肉类商品)或进行全局性调整(如发生他国入侵时及时调动军队阻击、整体布置防御战线等)才能适应外部环境的变化。

下面利用突变理论来解释社会系统长期变迁的渐变与突变过程。

通过前文的分析,我们已经知道影响社会系统发展演化的重要因素主要有:

表层因素:生态环境、人文系统、经济系统、政治系统

深层因素:资源开发、科学系统、法制系统、教育系统

一个社会系统发展的最终结果,一方面表现为社会组织分化和社会分工深化,这一点可以用"社会分叉"程度来说明;另一方面表现为社会系统中个体的思想创新和群体的意识更新,这一点可以用社会"结构创新"程度来说明。

为更加形象一些,我们还是用十个维度来描述社会系统的演化状况,从而画出社会系统渐变与突变的过程图(见图8-13)。

图8-13的十个维度分别是:① 生态优化;② 资源利用;③ 人文进化;④ 科学进化;⑤ 经济进化;⑥ 法制进化;⑦ 政治进化;⑧ 教育进化;⑨ 社会分叉;⑩ 结构创新。

图8-13中的虚线同心圆表示一个社会系统

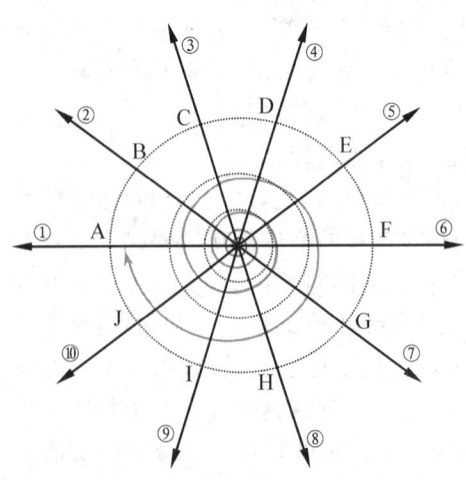

图8-13 社会系统发展的渐变与突变过程图

的文明程度和适应生存能力,小圆表示这个社会处于较低文明状态,其适应生存能力较弱,大圆表示这个社会处于较高文明状态,其适应生存能力较强。随着社会的不断成长和发展,社会系统的文明程度和适应生存能力都逐渐由较低水平提升到较高水平。在这个过程中,影响社会系统发展的各种因素也发生着由少到多、由小到大、从简单到复杂、从低级到高级的演变。

从社会系统成长演化的动态过程来看,在社会规模由小到大、适应生存能力由弱到强、文明程度由较低水平到较高水平的演化过程中,社会系统在十个维度方面的演化轨迹实际上是一条逐渐扩展的螺旋线(见图 8-13 中的实线螺线所示)。

一个社会系统从第①轴演变到第⑩轴、再回到第①轴的一个完整过程,这里称为社会演化的一个周期。在社会演化的一个周期内,螺线与十个轴的交点就是社会演化过程中的突变点,螺线的其他部分则是渐变部分。在螺线与轴的交点与交点之间,社会系统处于稳定态,在这期间社会发生的演变是渐变;在这些交点及其附近的演变阶段时,社会系统处于非稳定态,在这期间社会发生的演变是突变。一些关键性的社会分叉和一些重要的文化创新往往发生在社会系统演化的突变阶段。当社会系统完成一个周期的演化后,在人类发展新需求的推动下,社会又开始进入下一个周期的演化过程,社会系统的演化又开始新一轮渐变与突变的交替过程。如此循环往复下去,随着人类社会优化生态环境、开发利用资源的能力逐步增强,社会组织和人类个体都获得不断进步,社会生产力水平不断提高,社会生产关系也进一步复杂化,社会整体的适应能力不断增强,社会文明程度也提升到一个更高水平。

在现实的社会系统中,一个国家系统演化过程中的突变是通过国家内外因子互动来实现的。引起国家系统发生突变的因素,既可能来自国家的外部环境(如自然环境中的气候突变、国际政治格局的突然改变、国际战争的突然爆发等),也可能来自国家的内部环境(如社会制度的重大变革、社会革命的突然爆发、科技创新的重大突破等)。

九、社会系统发展演化的轨迹

人类社会系统的内部结构和外部形态随着时间进程而不断变化的历史就是社会系统演化的轨迹。社会系统演化是外部压力与内部动力综合作用的结果。当一个社会系统的外部资源供给充分和内部人类发展需求强劲时,这个社会将向进化方向演化;而当外部的资源供给不足和内部人类发展需求减弱时,这个社会将向停滞或退化方向演化。

从前文的社会发展动力因素关系图(即图 8-11)中我们可以看到,人类社会的实践活动以生态优化(内含着社会的资源利用)为起点、以社会发展(内含着社会的文化进化)为终点,在这个过程中,社会发展的动力因素由两条链贯穿而成:

A 链(表层因素链):生态优化→人文系统→经济系统→政治系统→社会发展

B 链(深层因素链):资源利用→科学系统→法制系统→教育系统→文化进化

A 链反映社会系统表层因素的运行过程,B 链反映社会系统深层因素的运行过程。

在社会系统演化过程中,以上十个因素是紧密联系、相互配合、协同一致共同推动社会发展的。

如用这十个因素作为十个维度来描述社会系统发展演化的情况,则可以画出社会系统

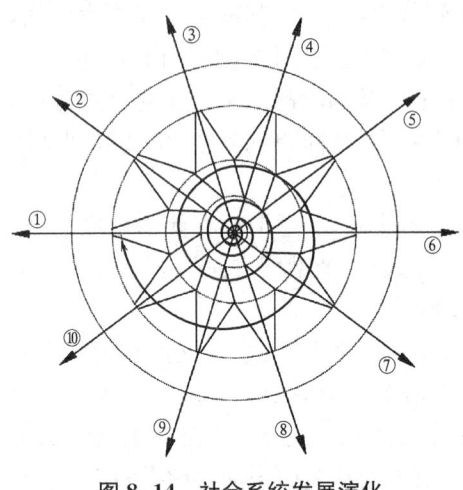

图 8-14 社会系统发展演化
轨迹图(螺网图)

发展演化的轨迹图(见图 8-14)。图中的十个维度分别是：① 生态优化；② 资源利用；③ 人文系统；④ 科学系统；⑤ 经济系统；⑥ 法制系统；⑦ 政治系统；⑧ 教育系统；⑨ 社会发展；⑩ 文化进化。

在图 8-14 中，从小到大的五个同心圆圈分别表示人类社会在原始时代、农业时代、工业时代、信息时代和未来时代所达到的文明程度(例如，由内向外的第二个圆圈就表示人类社会在农业时代所达到的文明程度)；从第二个圆圈起，每一维轴开始出现较细小的分支，这些细小分支进一步分叉，从而形成更细小的分支，这些分支或分叉表示社会的分工或分化现象(例如，第⑤维轴上的细小分支就表示社会中经济系统的分工或分化现象，如不同行业或市场的分化情形)。社会系统发展的分工与协同、分化与分层、渐变与突变等机制，都可以比较形象地从这幅图中展示出来。

人类社会系统在发展演化过程中，社会在这十个方面是不断增长的，也即在十个维度上不断向外扩展。我们不难发现，随着时间的进程，社会系统在 A 链和 B 链的运行轨迹是两条起点相同、逐渐扩展的螺旋线。在社会系统发展演化过程中，这十个方面是相互联系、相互作用、相互影响的。所以，实际上 A 链和 B 链是相互交织在一起呈螺旋状不断发展演化的，其形态类似于生物的 DNA 双螺旋结构。

社会系统发展过程是一个随时间不断演化的历史过程，社会从诞生、成长到发展壮大经历着由单一到多元、由低级到高级、从简单到复杂的过程。随着社会规模的不断扩大，社会系统内部分化出来的子系统不断增多，系统结构和系统功能也日益多元和复杂，社会系统内部各子系统之间的相互关联、相互作用和相互影响也越来越复杂。图 8-14 所描绘的社会系统发展演化的轨迹图，就是本书所揭示的社会发展的整体图景，它是一个结构优美的动态演化的螺网图。

在现实的人类社会中，社会系统在这十个维度的发展往往并不是均匀同步的，甚至常常会有所波动，可能有些因素(如政治系统)变化较快，而有些因素(如人文系统)变化较慢。所以，社会系统发展演化的轨迹图常常并不一定是平滑规则的螺旋线。

在社会系统由小到大、从低级到高级的发展演化过程中，生态环境也同样经历了一个由单一到多元、由低级到高级、从简单到复杂的演化过程。生态环境的演化与人类社会本身的演化是同时进行的，演化过程是通过人类社会与生态环境之间的互动来实现的。社会系统内外因素互动形成两重(即表层和深层)网络关系，这两重网络关系构成了一个多维的复杂动态图景。

上面的螺网图(即图 8-14)以简化而形象的方式描述了人类社会的演化历史，它无论对人类认识社会进化机制、重新整合碎片化的知识体系，还是对指导社会实践活动都具有重要的价值和意义。例如，这幅图为全面反映人类社会发展状况提供了一个系统的整体图景。根据这幅图，我们可以采用全新的整体性框架重新梳理以往的人类历史文献，从而发现隐藏在历史现象背后的更多因果关系；我们也可以将人类的知识体系按照以上十个维度，对原有的学科体系重新进行科学分类,使之更加富有系统性、层次性和有机性。再如,不同社会(或国家)的发展程度可以按照以上十个维度进行综合评价,而不是仅仅根据经济指标(如GDP)等少数几个指标来衡量。有朝一日,如果人类的社会科学发展到足够精确的量化程度(就像数学中的数量关系那样),那么我们就可以用更加精确化的螺网图来指导具体的社会实践活动,从而使人类社会的生产生活运行状态处于健康、和谐、有序的良性循环之中。

十、本书的历史哲学和社会演化观

世界上任何一个民族国家都有自己的发展历史。我们应该怎样认识历史发展过程的本质规律呢? 这实际上涉及历史哲学的核心问题。

1725年,意大利思想家维柯出版了《新科学》一书,从而确立了历史哲学的基本面貌。1756年,法国启蒙思想家伏尔泰在《风俗论》一书中明确提出了"历史哲学"这一概念,他指出历史哲学就是对历史的一种哲学理解,它在整体上理解历史,把握支配历史的基本原则及其隐含的意义。[①] 1837年,德国思想家黑格尔的《历史哲学讲演录》一书出版,其历史哲学以人类意识发展为中心构造出世界历史的统一图示,从而在西方思想界形成了广泛影响。马克思所创立的历史唯物论,实际上就是在批判地继承维柯思想和黑格尔历史哲学的基础上建立的一种历史哲学。到20世纪初,西方学者们对历史哲学的思考重心从探究历史本身的发展规律转向对历史认识的性质和方法的分析,从而导致后现代历史哲学的兴起。后现代哲学思想冲击了自维柯、黑格尔到马克思以来的历史哲学理论,在为人们提供一些深刻思想和多维视角以外,同时也掀起了一股反理性、反本质、反客观的历史虚无主义浪潮。后现代哲学思想的泛滥,不但粉碎了人类认识世界的完整图景,同时也消解了历史发展的本质规律性,并解构了人类改造世界追求理想社会的价值、意义和动力,从而把现代社会带入了价值崩溃、信仰丧失、道德堕落、人生虚无的深渊。从20世纪四五十年代开始,随着包括系统论、信息论、控制论、耗散结构理论、协同学、超循环论、突变理论、混沌理论等在内的系统科学的逐步建立,系统科学思维范式为人们重新探究统一的历史哲学新框架提供了一套全新的思路和方法。本书第八章正是应用系统科学所倡导的系统论方法,对社会历史演变的基本规律和动力结构所作的探索性思考和重新综合。

人类社会的历史进程究竟是由哪些动力因素推动的? 从历史发展动力的角度来看,以往的历史学主要有三种范式:第一,认为物质的动力推动历史前行,这是众所周知的马克思的历史唯物论;第二,认为宗教文化的力量推动历史,这是马克斯·韦伯在《新教伦理与资本主义精神》中阐述的历史唯心论;第三,以社会结构方式为动力,这是发端于涂尔干的历史学范式,费尔南·布罗代尔(Fernand Braudel,1902—1985)的史学年鉴学派是它的衍生物。从社会系统的组成结构来看,马克思选中经济子系统作为社会发展的动力;韦伯选中文化子系统作为历史前行的原因;涂尔干则把政治、信息、社会阶级、民族等社会结构作为理解历史变化的切入点。青年学者黄磊提出的协同论历史哲学则认为,由社会系统的政治子系统、经济

[①] 杨耕、张立波:《历史哲学:从缘起到后现代》;参见 Burns, R.M.、Pickard, H.R.著,张羽佳译:《历史哲学:从启蒙到后现代》一书的"总序",北京师范大学出版社2009年1月第一版,第1页。

子系统、文化子系统、生物子系统组成的聚合体决定着历史的发展,不同的社会子系统在确定的历史节点上成为其他子系统的序参量。①

1929年1月,法国历史学家马克·布洛赫(Marc Léopold Benjamin Bloch,1886—1944)和吕西安·费弗尔(Lucien Febvre,1878—1956)创办了一份杂志——《经济社会史年鉴》,由此开创了历史学中的年鉴学派。年鉴学派认为历史上一切因素都在历史变化中发生作用,他们把历史学家召唤到一个更加广阔的研究领域中,在这个领域中,成千上万的社会人,各种各样的自然的、地理的、技术的、经济的、社会的、心理的、宗教的现象取代了以往个别人物和政治事件,成为历史研究的主要对象。他们所倡导的研究方法也不拘一格,地理学的、人口统计学的、人种学的、语言学的、经济学的、工艺学的、心理学的、哲学的,只要能够说明历史,怎么样都可以。年鉴学派的代表人物,法国著名历史学家费尔南·布罗代尔,他在考察15世纪至18世纪资本主义发展的过程中,将历史中所有因素都作了考察,包括政治、经济、文化、环境、交通、能源、气候、地理、科技、历史、制度、人物、语言、民风等因素,但他认为在历史变化过程中哪种因素成为决定性力量则是随机的和偶然的。②

本书第八章结合中国古代社会的演变实例,阐述了一种全新的历史哲学思想。本书综合众多学者的思想成果,从社会系统的结构与功能的角度,对历史发展中的关键因素进行了重新分类和结构重组。从历史观来看,本书基本认同年鉴学派所倡导的全面史观和大历史观。布罗代尔的代表作《菲利普二世时代的地中海和地中海世界》和《15至18世纪的物质文明、经济和资本主义》,由于篇幅巨大、内容丰富、包罗万象,所反映的各种社会关系纷繁复杂,在阅读中往往容易使人陷入细节的海洋中而难以把握住历史发展的关键因素。本书实际上理出了历史演变中的关键性因素,并强调了它们之间的相互联系、相互影响和相互作用的互动关系。如果我们把整个地球上的人类作为一个社会系统来考察,那么这个社会系统的外部环境就是由地壳圈、海洋圈、生物圈和大气圈等组成的自然生态系统。从系统的视角来观察,如要分析人类社会的演化历史,就需要探讨人类社会与自然生态环境之间的互动关系。

本书第八章所阐述的历史哲学思想,实际上提供了一个具有系统思维的全球史框架。事实上,一些以经济史、全球史或环境史为研究主题的学者已经在这方面作了一些有益的探索。例如,在经济史方面,美国加州学派彭慕兰(Kenneth Pomeranz)的历史观比较有代表性,他主张世界史应当克服过度关注物质文化的取向,而应将文化、政治、经济与环境结合在一起看待,他指出捷径之一就是把世界史与社会史相结合③。他在《大分流:欧洲、中国及现代世界经济的发展》④一书中对18世纪欧洲和东亚的社会经济状况进行了考察,他认为在19世纪中期之后欧洲的工业化发展及世界统治地位的确立,这并不是欧洲比东亚更具独特优势所产生的必然结果,而是偶然机运所带来的意外结果。但在经济史撰写中,近年来最具创新价值和最重要的著作是由英国学者克里斯托弗·弗里曼和葡萄牙学者弗朗西斯科·卢桑合著的《光阴似箭:从工业革命到信息革命》一书⑤。他们将经济周期的长波理论引入经

---

① 黄磊:《协同论历史哲学》,中国社会科学出版社2012年8月第一版,第14页。
② 黄磊:《协同论历史哲学》,中国社会科学出版社2012年8月第一版,第40页、第255页。
③ Kenneth Pomeranz, Social history and world history: From daily life to patterns of change. *Journal of World History*, vol.18, no.1, 2007, pp.69-98.
④ 彭慕兰著,史建云译:《大分流:欧洲、中国及现代世界经济的发展》,江苏人民出版社2008年4月版。
⑤ 克里斯·弗里曼、弗朗西斯科·卢桑著,沈宏亮主译:《光阴似箭:从工业革命到信息革命》,中国人民大学出版社2007年10月第一版。

济史撰写中,通过这部著作他们指出:资本主义从产生到现在经历了五次康德拉季耶夫长波,每一次"长波"都是由技术、科学、经济、政治和文化五个子系统组成的有机整体,每隔一定时期出现的新技术集群是社会演化和经济增长的根本动力,而其他各个子系统则为各个新技术集群提供了完善的支撑结构。在全球史方面,美国历史学家大卫·克里斯蒂安(David Christian)的《时间地图:大历史导论》[①]、约翰·R.麦克尼尔(J. R. Mcenill)和威廉·H.麦克尼尔(W. H. Mcenill)合著的《人类之网——鸟瞰世界历史》[②]、英国环境史教授阿迈斯托(Felipe Fernandez-Armesto)的《世界:一部历史》[③]和《文明的力量:人与自然的创意》[④]等著作就是这方面的代表。在环境史方面,克莱夫·庞廷(Clive Ponting)的《绿色世界史:环境与伟大文明的衰落》[⑤]、贾雷德·戴蒙德(Jared Diamond)的《枪炮、病菌与钢铁:人类社会的命运》[⑥]、威廉·H.麦克尼尔的《瘟疫与人》[⑦]等论著就是这方面的代表,这些著作把中国社会历史的发展放在世界环境变迁中考察,从环境因素、人类活动和环境意识的角度发现中国与世界环境变迁的许多共性和特性。

从方法论和思维范式的角度来说,本书所倡导的实际上是系统史学和结构主义史学。从历史哲学的角度来说,本书的基本观点是,人类社会的发展动力是由人文、经济、政治、科学、法制和教育等诸要素之间的合力共同决定的,在社会发展的不同历史阶段,其中的主导因素(或主导力量)并不是固定不变的,而是始终处在动态变换之中。从历史研究关注的视野来说,本书的历史观比较倾向于全球史观。所谓的全球史观,即"着眼于不同文化之间的'互动',着重阐述不同文化之间互相影响的形式和内容,重心放在建立相互联系的'过程'上面""以互相关联的'网络'为单位,同步说明该地区的纵向和横向发展"[⑧]。

通读全书,我们就会看到,从宏观时空的大尺度来考察,整个人类社会系统的长期演化机制遵循分叉律和协同律这两大基本规律,同时社会系统又体现出整体的复杂性、运行的周期性、结构的分形性等显著特征,其演化发展的总趋势是从简单到复杂、从无序到有序、从低级到高级,其演化的路径轨迹是一条逐渐扩展的螺旋线。本书的分析和论述表明,人类社会演化的总体图景是一张多维动力交织、螺旋式发展的"螺网图"(见图8-14)!

人类社会在发展过程中,尽管其总趋势是逐渐进步的,但这种总体的进步过程并不是简单的、线性的进化,而是充满了各种各样的复杂性。一个社会系统在演化过程的不同阶段,可能会分别呈现出进化、退化或停滞这三种趋势中的某一种,也可能会呈现出三种趋势的某种混合状态。例如,在中国古代的元明清三朝,社会的人文系统表现出封闭和保守,经济系统表现出一定恢复和发展,政治系统表现出专制和退化,整个社会发展表现出僵化和停滞。一个社会系统在进化的过程中,其内部某些结构或功能可能会发生某种程度的退化或停滞;同样,一个社会系统在退化的过程中,其内部某些结构或功能也可能会发生某种程度的进化或停滞。

[①] 克里斯蒂安著,晏可佳等译:《时间地图:大历史导论》,上海社会科学院出版社2007年1月版。
[②] 约翰·R.麦克尼尔、威廉·H.麦克尼尔著,王晋新等译:《人类之网——鸟瞰世界历史》,北京大学出版社2011年7月版。
[③] 菲利普·费尔南德兹-阿迈斯托著,叶建军等译:《世界:一部历史》,北京大学出版社2010年5月版。
[④] 菲利普·费尔南多-阿梅斯托著,薛绚译:《文明的力量:人与自然的创意》,新世纪出版社2013年1月版。
[⑤] 克莱夫·庞廷著,王毅、张学广译:《绿色世界史:环境与伟大文明的衰落》,上海人民出版社2002年版。
[⑥] 贾雷德·戴蒙德著,谢延光译:《枪炮、病菌与钢铁:人类社会的命运》,上海译文出版社2000年版。
[⑦] 威廉·H.麦克尼尔著,余新忠、毕会成译:《瘟疫与人》,中国环境科学出版社2010年版。
[⑧] 刘新成:《"全球史观"与近代早期世界史编纂》,《全球史评论》第1辑,第23—39页。

从社会系统发展的时间维度来看,社会系统的演化进程并不是匀速进行的,而是表现为时慢时快,有时渐变,有时突变。从社会系统的内部结构来看,社会各个子系统的演化进程并不是均质同步的,而是呈现出相对的独立性和差异性,具体表现为,在社会历史的具体阶段上,有些子系统表现为进步和发展,有些子系统则表现为停滞甚至退化。因此,一个社会系统整体的演化过程是分叉与协同、渐变与突变、量变与质变、有序与无序、进化与退化的统一。

本书通过对社会系统结构和功能的综合研究,特别是对国家系统中经济系统的层次、结构、功能和运行过程的全面分析,阐述了经济与社会的动力结构及其特征和演化规律,从而描绘出人类社会演化发展的总体图景。以往以还原论方法为基础的经济学或社会学等传统学科,将社会整体不断分割、不断简化、不断细化,最终只能使人们日益陷入"只见树木,不见森林""只见局部,不见整体"的认识误区,从而将人们导入片面化、孤立化、偏执化的认识困境,建立在这种认识基础上的世界图景也只能是不完整的、碎裂的、混乱的图景。

第九章 中国古代社会发展的主要动力及特征

本章接续第八章,以中国古代社会的长期结构变迁为案例,为国家与社会系统的理论框架提供历史事实方面的实证。本章首先按照国家与社会系统的一般结构,分别从人文系统、经济系统和科学系统这三个方面,阐述了中国古代社会发展的主要动力及特征;随后,结合中国古代历史事实,阐述了人口流动、文化交流、商业贸易、科技传播等协同因素对推动社会发展的作用;最后,从气候变迁的视角,结合气候、地理、人口和历史等方面的有关研究成果,综合探讨了自然环境对人类社会历史发展的重要影响。

为从历史事实的角度来论述本书所提出的社会结构框架,我们对中国古代社会在人文、经济、科学和技术等方面的结构变迁特征进行简要考察,同时探讨一下自然环境(特别是气候因素)对社会历史发展的重要影响。通过这些内容,读者可以更加感性地认识本书所提出的社会演化动力理论的基本思想。需要说明的是,政治因素和法制因素对一个社会的发展显然具有不可忽视的重要影响,但鉴于以往的中国历史类书籍已作了大量叙述,所以本书在这里就不再赘述。

一、中国古代人文系统的结构特征[①]

在古代中国农耕文明的演进中,家庭、家族和宗族一直是社会生活、社会生产和社会交往的基本单位,一个个单独的个人就生活在由家庭、家族、民族、国家累进组成的社会共同体中。在这一社会共同体中,家庭与国家高度同构化,它们相互间紧密联系形成了不可分割的家国共同体。正如复旦大学教授姜义华先生所指出的:"在这一家国共同体中,社会道德,社会礼制,社会经济,社会政治,社会文化,以家庭伦理、家族伦理为起始,由家庭、家族而地区,而国家,而天下,逐步向外扩展。任何个人,从出生到成长到衰老再到去世,都是由家庭而逐步递升至国家这一社会共同体的一个组成部分。"[②]

远在夏代和商代时期,宗教神权曾统治着整个社会,在华夏先民的社会生活中神灵信仰和宗教巫术曾长期占据着重要地位。直到西周时,宗教神权的统治地位才开始逐渐衰落,并被不断上升的封建王权所取代。特别是到了春秋战国时代,诸子百家的启蒙思想把人们从

---

① 本小节主要内容最早以《中国古代社会人文系统的结构特征》为题,发表于上海《炎黄子孙》杂志2015年第3期。
② 姜义华著:《中华文明的根柢》,上海人民出版社2012年1月第一版,第65—66页。

宗教巫术的统治中解放了出来。在春秋战国时代(公元前770年—公元前221年)的五个半世纪中,中国社会的人文系统实际上是由儒家倡导的仁道文化、墨家倡导的兼爱文化、道家倡导的自然文化、阴阳家倡导的鬼神文化和法家倡导的法制文化等交错并存的思想文化组成的。从整个社会人文系统的结构来考察(对照图8-2),我们可以看到,尽管各家诞生、发育和成熟的时间有先后,各家思想之间也时有交叉融合,但就其核心思想内容来看,儒家重视家庭关系、强调文化教育的重要作用和伦理道德对社会的调节功能,墨家重视个人价值、强调以民为本和实用节俭,道家崇尚自然、重视养生、强调人类与自然环境和谐相处,阴阳家重视鬼神、强调神灵信仰和宗教巫术,法家则重视功利、强调法律制度规范社会秩序的功能;各家的思想精神、价值观念、信仰道德等组成了当时社会的人文知识体系,从社会意识层面来看,这些人文知识又体现为具体的哲学思想、宗教信仰、伦理道德以及相应的社会制度。

中国古代哲学思想起源于商末周初时期,酝酿于春秋战国时代,奠基性著作包括《洪范》、《道德经》和《易传》等。《洪范》原是商末一套向君主提出的统治国家的行动规范,其中的"五行"(即"水、火、木、金、土")思想影响深远。《道德经》是春秋时期伟大思想家老子所著的一部哲学著作,主要论述修身、治国、用兵、养生之道,多以政治为旨归,是道家哲学思想的重要来源。《易传》是孔子及其后的儒家学者以儒家哲学思想阐释和解读上古卜筮书籍《易经》而形成的十篇论文的合集。可以说,正是《洪范》、《道德经》和《易传》等哲学著作为中国古典哲学思想奠定了基础。春秋战国时代,由儒家、道家、墨家、法家、兵家、纵横家、名家、阴阳家、医家、农家、小说家和杂家等诸子形成的"百家争鸣",演奏了那一时代思想舞台的宏大交响曲! 中国传统文化的精神,可以说是春秋战国时代诸子思想相互交融的结果。当时,在不同的诸侯邦国,在社会发展的不同时期,各种思想流派相互激荡、此消彼长。就信徒规模和影响长远而论,当首推儒家学派。儒家学派的创始人孔子,既是一位伟大的思想家,也是一位杰出的教育家,他所开创的私人学校,打破了当时贵族集团对文化教育的垄断,把教育的范围扩大到了普通平民,他广招学生(据说弟子多达3 000人,仅高才生就有72人)传授儒家思想,从而为儒家学派的创立、思想传播和发扬光大发挥了重要作用。

秦始皇统一天下以后,尽管他以军事征服的手段在形式上统一了整个中国社会,从国家的政治系统来看,他构建了一个大一统的国家,但从整个社会人文系统的深层因素来看,当时社会在精神信仰、伦理道德和文化教育等方面并没有得到统一。实际上,这一统一直到汉武帝实施董仲舒(公元前179—公元前104)提出的"罢黜百家,独尊儒术"的建议后才逐步完成。从这一点来看,一个社会系统在发展演化过程中,其政治系统的结构创新与人文系统的结构创新并不一定是同时完成的。

在西汉早期(公元前206年—公元前136年),道家思想曾一度占据着社会的主流地位。直到公元前136年,儒家学说被汉武帝提升到了"国教"地位之后,儒家思想在中国社会才开始占据重要的地位。公元前2年,佛教从印度传入中国[①],开始逐渐融入中国人的文化生活,到东汉末年时民间已传习很广。在佛教的影响下,从道家演化出了中国本土的宗教——道教,到东汉晚期(126年—144年),道教形成了有组织的宗教形式并开始在民间广泛流传。因此,自三国(220年—280年)开始往后,中国传统文化就形成了由儒教、道教和佛教三教并

---

① 李富华:《中国佛教研究意义深远——纪念佛教传入中国二千年》,《世界宗教研究》1998年第3期。

立、互动交流的多元文化格局。

在中国古代社会,最能够体现家庭与国家同构化的思想流派就是儒家思想。例如,《礼记·大学》中说:"物格而后知至,知至而后意诚,意诚而后心正,心正而后身修,身修而后家齐,家齐而后国治,国治而后天下平。自天子以至于庶人,壹是皆以修身为本。"这一阐述就是中国历朝历代儒家知识分子所追求的"修身、齐家、治国、平天下"社会理想的思想来源。自汉武帝实施"独尊儒术"以来,儒家的这一思想主导了中国社会两千多年的历史,从而确立了由个人、家庭、家族、民族、国家所组成的社会共同体。

中国古代社会的家国共同体,其最显著的结构特征是以家庭为核心的层层扩展的等级序列结构。这一共同体"是由个人到家庭,由家庭到家族,由家族到乡里,由乡里到郡县,由郡县到国家,由国家到天下,累进构成总的等级差序格局。而在家庭、家族、乡里、郡县、朝廷等每个层级的共同体中,又有各自的等级差序格局"[①]。中国古代社会中各种家训、族规、宗规、乡约、官箴、臣道、君道等,实际上就组成了整个社会从人文系统、经济系统到政治系统中的制度体系,正是这些不同层次的制度维系了整个社会国家系统的稳定和运行。

在中国古代,儒家很重视家庭关系,尤其重视家庭的人口生产功能。在中国古代儒家看来,在"人类自身的生产"与"生活资料的生产"这两种社会生产中,"人类自身的生产"具有更重要的意义。人类"生活资料的生产",归根结底是为了"人类自身的生产"。因此,中国古代儒家把组织"人类自身的生产"的"人伦"归结为一个"仁"字,并使之凌驾于一切"文明"观念之上。关于"仁"的具体含义,《春秋元命》中说"二人为仁",其中心内涵是"合二姓之好,以继先圣之后,以为天下宗庙社稷之主"(《孔子家语·大婚解》),其本质是"血缘之爱这种自我保存的本能"[②]。也就是说,儒家"仁"的本质内涵是通过婚姻家庭来组织"人类自身的生产"。在这种高度重视"人类自身的生产"的以"仁"为中心的中国古代"文明模式"中,"生活资料的生产"便始终处于以"人类自身的生产"为其最后旨归的地位。以"仁"为轴心,正是中国古典文明的本质特色之一。[③]

《礼记》是中国古代一部编定于西汉的礼制教科书,在这部书中,儒家不仅编织出了一张从衣食住行、婚丧嫁娶等日常生活,到求学问道、再到治理国家等各个方面的精细周密的礼仪网络,而且还从宇宙观、历史观、人性论的哲学高度对礼的起源、礼的作用等问题进行了详细阐述。儒家对人口生产的重视,我们从儒家这部经典的有关言论中就可以清晰地看出。《礼记·昏义》是儒家解释婚礼制度意义的专篇,该文开篇就说"昏礼者,将合二姓之好,上以事宗庙,而下以继后世也,故君子重之"。这里,"昏"通"婚"字。一对男女结婚时,人们为什么需要搞一套隆重的礼仪呢?在儒家看来,结婚一事之所以重要,主要在于三个方面:一,密切两个家族的关系;二,有人继续祭祀祖先的祠堂;三,传宗接代,使宗族得以繁衍。由此可见,在婚姻家庭关系中,儒家看重的是"传宗接代,后继有人,香火永续"。在儒家的观念中,男女之间结婚只能是家族中一件庄重的事情,而不在于当事者个人的幸福。在中国古代,一个成年男子娶了一个女人做妻室后,如果这个女人未能生育,那么,这个男子可以光明正大地再娶回一个女人做二房夫人,富贵人家甚至可以再娶一两个女人做小妾。在中国传统的伦理认知中,这种一夫多妻的婚姻现象是很自然的事情(我们可以从《红楼梦》的生动描

---

① 姜义华著:《中华文明的根柢》,上海人民出版社 2012 年 1 月第一版,第 67—68 页。
② 今道友信著,徐培、王洪波译:《关于爱》,北京生活·读书·新知三联书店 1987 年 1 月版,第 37 页。
③ 牛龙菲著:《人文进化学》,甘肃科学技术出版社 1989 年 9 月第一版,第 142—143 页。

述中深切地感知这一点)。这种一夫多妻、妻妾成群的家庭结构,我们在自然界中猿猴、猩猩和狒狒等灵长类动物的家庭中也可以看到。因此,中国古代的家庭组织似乎保留了原始社会的动物性状。儒家思想中这种传宗接代的婚姻观念,至今依然深刻影响着现代中国社会的家庭生活。这可以用来解释为什么中国的人口增长如此迅速,从而使中国成为世界上人口数量最多的国家。

在中国古代社会,"仁"是一种含义极广的道德范畴,本指人与人之间相互亲爱。孔子把"仁"作为最高的道德原则、道德标准和道德境界,并以此为中心建构了儒家的道德体系。据统计,在《论语》20篇中,"仁"字出现达105次之多,诸如"仁者爱人""天下归仁"等,几乎随处皆是。儒家把"孝"这种行为作为"仁"的根本,把"孝"看作实现"仁"的具体途径。例如,"孝悌也者,其为仁之本与!"(《论语·学而》)、"天地之性,人为贵。人之行,莫大于孝。"(《孝经·圣治》)、"不孝有三,无后为大。"(《孟子·离娄上》)等儒家言论,就清楚地表达了这一思想。这里的"孝"是"孝养"的意思,即孝敬长者、养育后代。"孝"是中国古代社会中家庭伦理的核心,是指人们从孝敬父母这样的身边之事做起而建立的人际关系。著名文化学者梁漱溟(1893—1988)指出中国古代社会是以伦理为本位的社会,他说中国人从"家庭关系推广发挥,而以伦理组织社会,消融了个人与团体这两端",他认为中国文化是"孝的文化",并指出:"一,中国文化自家族生活衍来,而非衍自集团。亲子关系为家族生活核心,一'孝'字正为其文化所尚之扼要点出。……二,另一面说,中国文化又与西洋近代之个人本位自我中心者相反。伦理处处是一种尚情无我的精神,而此精神却自然必以孝弟为核心而辐射以出。三,中国社会秩序靠礼俗,不像西洋之靠法律。……又道德为礼俗之本,而一切道德又莫不可从孝引申发挥,如《孝经》所说那样。"①张东荪(1886—1973)在《理性与民主》一书中对中国古代社会的描述非常形象,他说:"中国的社会组织是一个大家庭而套着多层的无数小家庭。可以说是一个'家庭的层系'。所谓君就是一国之父,臣就是国君之子。在这样层系组织之社会中,没有'个人'观念。"②所以,"仁"和"孝"构成了中国传统文化的核心,其中,"仁"指向的是以家庭为基础的人口生育活动,而"孝"则是围绕家庭人口生育而展开的人伦方面的生产关系和社会关系。

中国古代社会自公元220年以后,在由儒、道、佛三家主导的中国传统文化中,儒家无疑占据着核心地位。儒家创始人孔子,其思想的核心是"仁"。孔子以"孝"为实践"仁义"之道的根本,他要求学生做的第一件事就是"孝"。后来的曾子、孟子、荀子等儒学大师均把"孝"放在人生伦理的最高地位。形成于战国时期的《孝经》就集中了儒家的孝道思想,这部经典不仅论述了家庭中的孝道伦理,而且将这种孝道伦理扩展到国家治理中,可以说它奠定了儒家以伦理治国的基础。儒家把"仁"、"礼"和"孝"三者紧密结合在一起,"仁"是其哲学思想,"礼"是整个体制的中心,"孝"是具体的手段。《礼记·祭统》中说:"凡治人之道莫急于礼,礼有五经莫重于祭。……祭者所以追养继孝也。……祭者教之本也已。夫祭有十伦焉,见事鬼神之道焉,见君臣之义焉,见父子之伦焉,见贵贱之等焉,见亲疏之杀焉,见爵赏之施焉,见夫妇之别焉,见政事之均焉,见长幼之序焉,见上下之际焉,此之谓十伦。"③这里所提到祭祀中的十伦关系,实际上就是礼制中的一些伦理规范,正是这些伦理规范确定了中国封建

---

① 梁漱溟著:《中国文化要义》,学林出版社1987年6月影印本,第77—80页、第307—308页。
② 转引自梁漱溟著:《中国文化要义》,学林出版社1987年6月影印本,第90页。
③ 转引自常乃惪撰:《中国思想小史》,上海古籍出版社2009年7月第一版,第24页。

社会的等级秩序。其中,"事鬼神"就是指祭祀神灵、祖先崇拜等宗教活动,这些活动实际上是家庭宗族孝文化的延伸。在十伦中,古人将"事鬼神之道"放在第一位,可见当时人们对宗教活动的重视程度。这里的"礼"是指礼仪或礼制,是古代社会中用来规范人际关系的制度和形式。在中国古代,自秦汉以来的国家法律都是"以礼立法"的,"礼刑合一"是历代王朝法律的主要特色。中国古代的法律具有浓厚的礼教色彩,也就是说在法律面前不是"人人平等"的,实施法律是根据人的不同身份等级来确定量刑的。只要我们大致考察一下中国古代的司法制度史,就不难看到,不仅皇室、皇族、贵族、官僚和士绅获得了"刑不上大夫"的特别优待,甚至在一个家庭内部不同身份和地位的人也具有不同的量刑原则。正如董大中先生所指出的那样:"凡处在'阳'位上的人都得到了相应的制度性保证,而处于'阴'位上的人则倍受压制。"例如,光绪二十九年的《清律例》中就规定:"凡子孙殴祖父母、父母,及妻妾殴夫之祖父母、父母者,皆斩;杀者,皆凌迟处死。……其子孙违反教令,而祖父母、父母非理殴杀者,杖一百;故杀者,杖六十,徒一年。"在中国古代法律中,这种因地位尊卑而出现同罪不同刑的现象,在家族财产处理上也存在着类似的情况。此外,在夫妻关系上,法律也体现出了明显的不平等性。在中国古代的家庭中,妻和妾的地位是有显著差别的。在清代,丈夫殴妾比殴妻的罪减两等,杀妾只是杖一百,徒刑三年;因过失杀妻或杀妾,都不予论处;若妾殴夫,则其刑比妻殴夫多加一等,不论有伤无伤徒刑都是一年或一年半,折伤以上则可能被定死罪。①这样缺乏平等、公平和公正的法律竟然能够在中国社会延续两千多年,这不但说明在中国人文传统中个体权利的虚位和礼教伦理的泛滥,同时也反映出人文精神的僵化和法制思想的滞后。

在中国古代社会,无论是家族还是整个王朝,都是依靠礼制来维持社会的等级体系的。在封建家族中,一家之长或一族之长对家族内的成员往往具有"生杀予夺"的权威。如果家族成员有人违反了家规或者有不孝之举,就会受到家族宗法的严厉惩处,具体惩处方式包括处罚、殴打、赶出家族、活埋、溺死等。这些宗法制度严重压抑了个人权利的成长,束缚了个人独立自主、自由发展的人格,就像一套坚硬的模板一样塑造着一代代中国人的心理结构,从而让他们沿着儒家所设计的做人标准发展。任何一个人的成长都离不开他所生存的环境,家庭是个人首先生存的环境,一代代中国人自小就生活在由礼制宗法构成的家庭环境中,他们的心理结构和人格成长怎么会不受到影响呢?孙隆基等学者指出中国人缺乏个性、独立精神不发达等②,这只有从中国人的家庭环境和文化传统进行分析,我们才能找到形成这种结果的真正原因。

在中国古代,自有甲骨文起,就有了"孝"字。董大中先生研究指出,"孝"的行为早在阶级社会产生之前就已经存在,并成为人们生活的习惯;在尧舜时代,"孝"已成为人们公认的价值标准③。在《尚书·君陈》中有"惟孝友于兄弟,克施有政"(孝顺父母,又友爱兄弟,就可以把这种孝悌之心拿来从事政务)的记述,这可能是中国历史记载的"以孝治天下"的最早论述。《孝经·孝治》中有"昔者明王之以孝治天下也,不敢遗小国之臣"的记述,这反映了春秋战国时代人们已经将"孝"应用到了治理国家的实践中。但把"以孝治天下"作为治国方略明确提出并全面贯彻实施的是汉朝。汉朝建立之初,汉高祖刘邦(公元前256—公元前195)吸

---

① 董大中著:《二十四孝札记》,参见第一章,2012年12月打印稿(未出版)。
② 孙隆基著:《中国文化的深层结构》,广西师范大学出版社2011年6月第二版。
③ 董大中著:《董永新论》,北岳文艺出版社2005年版,第6页。

收了一些儒家知识分子参政,正是他们把儒家的仁政和孝道思想带进了汉朝中央政府中,其中最主要的一个人物是叔孙通。叔孙通受命"采古礼与秦仪杂就之",为汉朝制定了一套朝廷礼仪,又制定了宗庙仪法,他所制定的这些礼仪规范含有浓厚的儒家伦理色彩,如他制定的宗庙仪法就是"以孝治天下"的制度,在皇帝谥法上加一个"孝"字,可能也出自他的创制①。孝文化在汉代的发扬程度,用胡适(1891—1962)的话来说就是已经形成了"孝的宗教"。在弘扬儒家文化的过程中,鸿儒董仲舒发挥了重要作用。在西汉初年,儒家学说与其他诸子的学说原本处于平等地位,各派均有自己的信徒。建元五年(公元前136年),在董仲舒的积极建议下,汉武帝实施了"罢黜百家,独尊儒术"的治国战略,自此儒家学说才从各派学说中凸显出来,被提升到了"国教"的地位。董仲舒在其哲学著作《春秋繁露》中把阴阳家的阴阳思想与儒家的社会政治哲学相结合,用阴阳五行的生克原理来解释宇宙万物和人伦道德,并提出了"天人合一"的系统思想。他所提出的"三纲五常"②伦理道德,影响中国社会达两千多年,对社会的教化作用可谓深远而久长。为维护儒家的正统地位,他还创建了一些重要的社会制度。例如,他首先发起了通过考试取仕的制度,还主张以儒家经典作为这些考试的基础③(这些考试取仕制度就是隋朝普遍实行的"科举制度"的雏形)。董仲舒的阴阳五行学说为孝道提供了强有力的哲学根据,正是在他的大力倡导下,汉朝统治者才把"以孝治天下"当作了最重要的"国策"进行推行。汉代"以孝治天下"表现在当时人们的政治、经济、教育和社会生活的各个方面。例如,在选用人才方面,汉朝实行了"举孝廉"的制度,自汉文帝(刘恒,公元前203—公元前157)起到东汉末年的四百年间,各地共推举出贤才30人,举孝廉113人,像儒学家董仲舒、医学家华佗、文字学家许慎、科学家张衡(78—139)等都在推举之列。作为中国历史上文官制度建设中的一项重要举措,"举孝廉"这项制度被此后的很多王朝所沿袭。汉朝在孝道教育方面也进行了大力普及。汉武帝时,朝廷"令天下郡国皆立学校官"(《汉书·循吏传》),以教授儒家经典,全国各地郡县自此开始设立官办学校和专门负责教育的官吏;汉平帝(刘衎,公元前9—公元6)元始三年(公元3年),汉朝建立了地方学校制度,官办学校由郡县进一步深入到乡里,还将《孝经》列入了学童必读的书目(参见《汉书·平帝纪》,当时《孝经》是一部小学生的修身教科书④)。汉代以皇权力量来推行孝道,这是当时社会形成"孝的宗教"的集中表现,同时也是把"孝"由最初的家庭伦理"异化"为政治哲学的转折点。自汉代以后,历代王朝都很重视推行孝道。例如,在唐朝时,唐玄宗李隆基(685—762)为提倡孝道还专门为《孝经》写过一篇"序",并为该书做过注释;唐文宗(李昂,809—840)时,将《孝经》列入"十二经"之中。到南宋时,《孝经》又被列入"十三经"之中,为士者必读之书。在历代统治者的倡导下,自汉代到明清,孝道思想在中国社会深入人心,形成了广泛影响。村学儿童阅读《孝经》的传统,甚至一直持续到20世纪"五四运动"时期⑤。历代统治者推行孝道的真正目的,主要是为了维护和巩固封建王朝的统治,他们希望人们像孝顺父母那样忠于君主,人人都成为听命于朝廷的忠实奴仆。

　　孝道,作为一种家庭中的伦理道德,其合理内核是值得我们现代社会发扬光大的,但把

---

① 欧阳哲生编:《胡适文集》(第5卷),北京大学出版社1998年版,第76页。
② "三纲"即"君为臣纲,父为子纲,夫为妻纲";"五常"即仁、义、礼、智、信这五种基本的道德元素,它高度概括了中华传统道德的核心价值理念和基本精神。
③ 冯友兰著:《中国哲学简史》,北京大学出版社1996年9月第二版,第166页。
④ 钱玄同著:《钱玄同文集》(第四卷),中国人民大学出版社1999年版,第193页。
⑤ 欧阳哲生编:《胡适文集》(第5卷),北京大学出版社1998年版,第409页。

它泛化推广到治国层面则是有问题的。孝敬父母、尊老爱幼,这在全世界任何一个国家、任何一个民族中都是值得提倡的美德。但是,儒家将孝亲与忠君联系起来,把这种伦理道德从家庭推广到治国理念,甚至上升到国教、宗教的地位,最终把它变成了封建君主奴役人民的统治工具,这实际上是给中国人套上了一层层牢固的精神枷锁,从而严重阻碍了中国社会的进步和发展。

自公元220年以后,儒教、道教和佛教这三种文化因素就始终处于互动、交流和演变之中。魏晋时代,道家吸收式微的两汉儒家经学,并吸收佛教成分,衍生出了玄学①。从五世纪(南北朝初)起到七世纪(唐朝初)止,佛教结合中国人的心理特点,逐渐演化出了具有中国本土特色的佛教天台宗、华严宗和禅宗②;唐朝兴起后,道教被定为国教,道教因此盛极一时,道观遍布天下③;盛唐时代,儒学复兴,儒家学者吸收道家、玄学和禅宗的成分,将儒学发展成了完备的儒教。到宋代时,佛教势力衰微,道教术数学派兴起,而儒学再度复兴;到南宋时,在禅宗和道教的影响下,从儒学中发展出了理学。元代时,理学获得当政者提倡。明、清两代,当政者更将理学纳入科举考试中,理学影响又达五百余年。元明清时代,以儒教为核心,三教有所融合而又各自独立发展。在元、明、清三朝,由于统治集团实行社会封闭政策和文化专制主义,造成整个社会人文精神的衰落和社会文化的腐朽,导致中国社会思想文化长达六百余年的停滞和僵化。

总体而言,在人类社会的三种基本生产活动(即人口生产、物质生产和精神生产)中,中国古代社会表现为极为重视人口生产,相对比较轻视物质生产,而比较忽视精神生产;在人口生产和培养活动中,又表现为以家庭组织为本位,重视伦理道德教化和家族宗法规范,忽视个体完整人格培育,抑制个人独立精神成长;在物质生产活动中,表现为重视农业,抑制工业和商业;在精神生产活动中,表现为重视感性情绪(如发达的抒情文学诗歌),轻视理性思辨(如哲学思想大多模糊不清),重视人文而轻视科技(如各种发明创新不能被广泛应用),重视综合而轻视分析(如各种学科专门化程度不够发达)。中国古代社会生产的这种结构特点,决定了中国社会与西方社会的不同特质,从而也就造成了两类文明的各种差异。如果我们对这种差异进行追根溯源的话,将不难发现,这种差异主要起源于两类文明之间人文系统的结构差异上。例如,西方社会的人文精神往往注重创新,而中国社会的人文精神则比较注重崇古;西方社会往往以个人为本,而中国社会则以家庭为本;西方社会往往是法治高于人治;而中国社会则一向是人治高于法治;西方社会往往是"政教分离",而中国社会则常常是"政教合一"。

二、中国古代市场经济的兴衰变迁

研究过中国历史或者阅读过中国通史的人都知道,中国近四千年的文明史纷繁迷离,充满了国家的兴衰离合与风云变幻,透过历史的重重迷雾,人们不难发现,中国古代历史具有两个显著的周期性特征,这就是政权更替的周期性和国家离合的周期性。政权更替的周期

---

① 闵家胤著:《进化的多元论》,中国社会科学出版社2012年8月修订版,第361页。
② 常乃惪撰:《中国思想小史》,上海古籍出版社2009年7月第一版,第58—60页。
③ 常乃惪撰:《中国思想小史》,上海古籍出版社2009年7月第一版,第65页。

性就是说历代王朝不断更替、不同统治集团轮流执政的过程具有周期特征,这也常被人们总结为"历史周期律"。而国家离合的周期性就是指国家分裂和统一不断交替的过程具有周期特征,正如罗贯中在《三国演义》一书开篇所揭示的"话说天下大势,分久必合,合久必分"的规律。

一个国家是由人文、经济、政治等要素(或子系统)组成的社会系统,所谓"历史周期律"主要反映的是国家内部政治要素(或政治子系统)的周期性变化情况,更确切地说主要反映的是国家政治系统中政权的周期性变化过程。根据系统的性质我们知道,系统内部各组成要素(或子系统)之间是相互联系、相互作用、相互影响的,其中任何一个要素(或子系统)的变化都会引起其他要素(或子系统)发生变化。所以,一个国家的政治要素(或政治子系统)的周期性变化必然会引起其他组成要素(或子系统)发生相应的周期性变化,但由于每个要素(或子系统)有其内在的特殊结构,从而决定了每个要素(或子系统)的周期性具有其独立的特征。

下面,我们来看看中国古代社会经济系统演化过程中的周期性特征。限于古代历史文献的有限性,我们只能从秦汉时的社会经济发展情况谈起,鉴于时间跨度两千余年,这里也只能描绘出中国古代社会经济系统长期变迁的一个大致情形。在本书第六章中,我们已阐述了中国古代农业长期变迁的情况,所以这里只着重简述一下中国古代工商业和市场经济长期变迁的历程[①]。

中国古代社会的手工业和市场交易,早在殷商时代就已相当发达。到西周时,行业分工更加细密,当时已有了陶工、木工、玉石工、纺织工、皮革工、金属工、武器制造工等"百工"之说。

秦汉之交,华夏大地上曾经历了一段群雄争霸的战乱时期。秦亡汉兴之后,汉朝建立了一个社会相对稳定的中央集权制统一国家,随后便出现了中国古代历史上第一次农工商业的经济繁荣。在文景时期(公元前179年—公元前141年),汉代统治者采取"无为而治"的治国方略,实施"轻徭薄赋,与民休息""从民之欲而不扰乱"的经济政策,从而使汉代社会出现了长达40年左右的"文景盛世"。司马迁在《史记·货殖列传》中描述道:"汉兴,海内为一,开关梁,弛山泽之禁,是以富商大贾周流天下,交易之物,莫不得其所欲。"

文景时期,全国道路交通和市场交易网络逐渐形成,促进了当时的城市化进程和科技的进步。当时的全国性商业大城市,除了首都长安以外,还有洛阳、邯郸、临淄、宛(今南阳)、成都等;此外,还有其他大小商业都会遍布全国各地。西汉时期,陶瓷、纺织、印染、酿酒、制盐、造车、造船、冶金、铜器和其他金属铸造业等行业都很发达。当时的冶炼技术已比较先进,工匠们普遍采用高炉炼铁的方法,这直接促进了钢铁手工业的迅速发展,从而对汉朝各经济部门都产生了深远的影响。文景盛世时期,中国的市场经济达到了中国古代历史上经济发展的第一个高峰,当时的商品经济和技术进步已经发展出由初级手工业向更高级工业阶段升级的一些条件。中国经济史学家傅筑夫(1902—1985)曾经指出,西汉时期中国"在生产技术的造诣上,在钢铁的产量和质量上,比之18世纪英国工业革命时钢铁工业所达到的水平,并无逊色,但是中国却早了两千年"。

[①] 以下有关中国古代工商业和市场经济的文献资料整理自:韦森,《从中国历史看市场经济的周期性兴衰》,中国经济网,2007年4月26日;参见:http://www.ce.cn/xwzx/gnsz/gdxw/200704/26/t20070426_11173813.shtml。

与文景盛世市场繁荣相伴而生的是,社会各阶层贫富悬殊、两极分化,"豪富吏民,訾数巨万,而贫弱愈困"(《汉书·食货志》)就是当时社会现实的写照。另一方面,随着商人资本的集聚,商人阶层的势力随之逐渐成长,这使汉朝统治者感到商人势力对自身专制统治的潜在威胁。正是这些原因导致汉朝统治者展开了对富商巨贾的打击和对市场经济的遏制。公元前135年,汉武帝刘彻开始强力推行"均输平准"等统购统销政策,同时将原由民营工商业经营的制盐、冶铁、酿酒等收益丰厚的行业强行收归官府经营,由官府垄断重要物资的运输和贸易,这就是中国古代历史上所谓的"禁榷制度"。此外,汉王朝还通过增加商人赋税、没收商人财产、不断改变币制等手段,对商人积累的大量货币财富进行掠夺或减值;还通过各种人身侮辱等方式,来贬低商人的社会地位。正是这些政策和措施,极大地打击了汉代原本繁荣的民营工商业,并压制了市场经济的成长和壮大。

由汉武帝开启的"禁榷制度"和抑商政策,作为统治者控制社会和确保朝廷收入来源的成功范例,为后世历代统治者所仿效,影响极为深远。两千多年来,中国古代社会历代统治者屡屡采用同类制度和措施,从而对制约社会内部市场经济的自发扩展,创生了一套长期束缚市场经济自由成长的坚固枷锁!

东汉末年开始的社会大动荡和经济大破坏历时约半个多世纪之久,后经过西晋时期的国家统一和社会安定,整个社会的市场经济才稍加恢复。随后又是南北朝至隋朝初期的社会大混乱,这次社会大动荡和经济大破坏一直延续到唐太宗(李世民,599—649)贞观初年(公元627年)。

唐朝统一中国后,在政治统一和社会安定的环境中,市场经济秩序又得以恢复。前唐时期,不仅农业得到了迅速恢复,而且商业贸易也获得了发展;这一时期的经济增长和社会繁荣持续了约120年。到唐玄宗天宝年间(公元742年),社会经济逐渐达至鼎盛。然而,在盛唐社会经济日趋繁荣的同时,统治集团的腐败挥霍和富豪劣绅的土地兼并也越趋严重,导致大量农民失去土地而成为流民,社会贫富悬殊极端严重,"朱门酒肉臭,路有冻死骨""入门闻号咷,幼子饥已卒"(杜甫《自京赴奉先县咏怀五百字》)就是当时社会现实的真实写照。统治集团内部矛盾、阶级矛盾、民族矛盾以及中央皇权与地方势力矛盾等各种社会矛盾不断加剧,最终酿成了公元755—762年的"安史之乱"。"安史之乱"对当时的社会经济造成了巨大破坏,随后的军阀割据和黄巢率领的农民起义,使商品流通贸易难以进行。中后唐到五代十国时期,长达二百年左右的社会动荡和破坏,把盛唐时期发展起来的商品经济破坏殆绝。

公元960年,宋太祖赵匡胤(927—976)建立宋朝后,实施了一些有利于促进市场经济和商品贸易发展的经济制度和政策措施。除一些手工业部门(如茶业)由政府垄断经营以外,对其他行业的民营经济活动政府一般不再干预管制,对商品交易市场设置地点、范围和市场开市时间的限制也被取消。自春秋以来直到盛唐时期,商品交易市场都被限制在固定地点和狭小范围进行,对市场开市时间也有严格规定。宋朝政府对这些限制性规定的取消,对促进市场发展和繁荣商品交易具有重要作用,各地商人从此可以日夜进行交易活动,工商业者第一次获得了自由。这些经济制度的改革举措,解放了长期以来被各种管制所束缚的市场活力,从而推动宋代商业和市场贸易达到了空前繁荣。从公元960年到11世纪末,宋代社会的市场经济一直在持续增长;宋代的采矿业、冶金业、加工业、造船业、纺织业、制糖业、造纸业等手工业都获得了很大发展,同时这些行业在生产技术方面也取得了很大进步。根据英国学者罗伯特·哈特威尔(Robert Milton Hartwell,1932—1996)在《北宋时期中国煤铁工业的革命》一书中的估计,中国北宋时期(公元960—1127年)的铁产量已达到1640年英格兰和威尔士铁产量的2.5至5倍,并且与18世纪欧洲(包括俄国欧洲部分)所产铁的总产量相当(约为14.5万~18万吨)。公元1000年左右时的宋代,中国的市场经济达到了中国古代历史上经济发展的第二个高峰,当时的商品经济和技术水平已经发展出了接近欧洲工业革命的一些条件。国内外一些学者甚至认为,从经济发展、技术进步的综合状况来看,当时的中国与17世纪和18世纪欧洲各国的社会经济发展水平差不多。然而,令人惋惜的是,北宋时期百余年的经济繁荣随后又被北方民族的侵略战争所打断,社会经济再次遭到严重破坏。

在南宋时期(公元1127—1279年),尽管南宋王朝军事疲弱,又偏安于长江以南地区,但依然维持了150年左右的统治。南宋时期,以临安(今杭州)为中心的市场经济和民营工商业依然很繁荣,特别是造船业和对外贸易十分发达,当时中国海外贸易的范围,东至朝鲜、日本,南至南洋、东南亚各国和印度,西至波斯、阿拉伯诸国。最后,南宋王朝繁荣的市场经济又被蒙古大军的入侵战争所打断。

蒙古民族入主中原建立元朝帝国(公元1206—1368年)后,元朝政府在全国范围内普遍推行和使用纸币,从而推动纸币在世界更广范围的流通和使用(在欧洲,纸币直到17世纪末才出现,在18世纪40年代,苏格兰著名哲学家大卫·休谟提到了"这种纸的新发明",直到18世纪末他还以极端怀疑的态度看待这项发明①)。由于统治者采取军政合一的国家管理制度,民营市场经济的发展受到了极大压制。但在元朝中后期,当时社会的市场经济、工商业和贸易还是获得了一定成长和繁荣,一些东南地区城市的繁荣程度甚至超过了当时的欧洲。

明朝(公元1368—1644年)建立后,开国皇帝朱元璋(1328—1398)采取了"休养生息"和"重农务本"的基本国策。在发展经济方面,明朝政府组织农民大举兴修水利,改进农业生产工具,鼓励棉花、茶叶、花生、烟草等经济作物的种植,从而促进了农业的发展。在工商业方面,除继续沿用元朝的匠户制度②以外,明朝政府推行了一系列严格控制民营商业经营活动的政策措施,从而阻碍了民营市场经济的发展。明代的纺织业和冶金业很发达;有历史学者估计,仅明代永乐初年的铁产量,已经达到了18世纪初整个欧洲的全部铁产量。

在明朝中后期,社会经济出现了政治腐败与市场经济发展并存的现象。从成化(1465年)时期开始,明朝政府日趋腐败,皇帝带头掠夺国民财富,官绅地主大肆兼并土地,从而使社会矛盾不断加剧。从嘉靖(1522年)到万历(1573年)年间,明朝政府逐渐放松了对市场经济的管制,民间市场贸易随之发展起来,全国大部分地区(尤其是江南地区)的商品经济逐渐开始繁荣,同时民营手工业和商业均有空前发展。许多经济史学家认为,在明代中后期(即16世纪末17世纪初),当时中国的手工业、采矿业、冶金业、商业、交通运输、对外贸易等都有很大发展。明代中期(1522—1573年),中国的市场经济达到了中国古代历史上经济发展的第三个高峰;许多学者认为,与同时期世界各国的工商业和技术发展水平相比,中国是当时世界

---

① 亨利·威廉·斯皮格尔著,晏智杰等译:《经济思想的成长》(上册),中国社会科学出版社1999年10月第一版,第60页。

② 元朝针对手工业者实施的一种户籍管理制度。元代的手工业者在户籍上自成一类,他们须在官府开设的手工业局院中从事营造、纺织、军器、工艺品等手工业生产,官府定期向工匠本人及其家人发放口粮;元朝政府规定,凡被编入匠户籍的人员必须世代相袭,不能随意脱籍。

上经济最发达、工商业最繁荣的国家。但在明朝后期,朝纲废弛,政治瘫痪,经济衰败,从而导致全面的财政危机,随后出现了大规模农民起义,明王朝随着清军入关而最终走向衰亡。

1644年清王朝入主中原后,清朝政府最初沿袭了历代重农抑商的基本国策,并在清初几十年推行了非常严苛的禁海令。但在稳定的社会环境下,整个社会的市场经济还是再度繁荣起来。特别是在"康乾盛世"(1661—1795年)的130多年间,国民经济总量和社会人口同时发生了大规模增长。美国学者保罗·肯尼迪(Paul Kennedy)在《大国的兴衰》一书中估计,在1750年,中国的工业产值是法国的8.2倍,英国的17.3倍;在1830年,中国的工业产值是法国的5.7倍,英国的3倍;而中国当时的人口,也从顺治八年(1651年)的6500万左右增加到嘉庆年间(1812年)的3.6亿。在乾隆后期和嘉庆年间(1796—1820年),清朝政府内部以及整个社会又开始腐败,各种社会矛盾不断激化,太平天国、捻军等起义此起彼伏,鸦片战争、中法战争和中日甲午战争等接连爆发,从而使中国的市场经济再次遭到了严重破坏。在内忧外患之下,清王朝最终也走向了灭亡。

通过回顾中国古代社会两千多年间的市场经济发展史,可以发现,自秦汉以来,中国的市场经济呈现出了明显的周期性兴衰特征,而且市场经济的兴衰与王朝政权的更替紧密相连,两者之间常常互为因果。一方面,这反映出国家系统中政治系统对经济系统具有重要影响,这种影响一般是通过经济政策等制度因素来发挥作用的;具体表现在,凡是符合经济发展规律的制度就会促进经济的增长,凡是违背经济发展规律的制度就会阻碍经济的增长。另一方面,国家系统中经济系统对政治系统具有重要的反作用,这种反作用一般是通过社会分配制度反映出来的;具体反映是,在每一王朝的前中期,社会分配制度比较公平合理,工商业就比较繁荣昌盛,人们能够安居乐业,从而支持了政治系统的稳定,而在每一王朝的后期,社会分配制度不公平、不合理,贪官污吏巧取豪夺导致整个社会贫富悬殊、两极分化严重,由此激化各种矛盾进而引发社会革命、战争动乱,从而导致政治系统的动荡和崩溃。

在过去的两千多年间,中国古代的市场经济至少有三次发展高峰,而且早在公元1000年的北宋时,中国当时的商品经济和技术水平就已接近近代欧洲工业革命的条件,但工业革命却没有发生在中国,而且中国的资本主义经济也没有发展起来,甚至直到晚清时中国的资本主义经济依然非常弱小。这其中除了政治、文化、技术、战乱等众多原因外,制度因素显然是一个重要原因。正如复旦大学教授韦森所说:"自汉武帝开始,中国历代王朝屡屡采取的重农抑商政策和'禁榷制度',是在两千多年的历史长河中滞碍中国市场经济发展的最重要的制约因素。"

三、中国古代科学技术的兴衰变迁

中国古代科学技术在世界科技发展史上具有重要的历史地位,它从远古时代开始积累,春秋战国时代奠定基础,两汉、魏晋南北朝充实提高,隋唐五代持续发展,到宋朝时达到高峰,至明朝万历以后比同期的西方开始落后,但仍有缓慢进展。纵观整个中国古代科技发展历程,在16世纪以前它一直处于世界领先地位。

自人类文明的轴心时代开始,中西文化与科学就已开始分叉,各自分别走上了不同的发展道路。中国古代科学技术具有与西方不同的独特体系,其生成发展也有自身的历史、特点及内在规律。其发展过程大体上经历了六个阶段,这六个阶段形成了一个大周期;其发展的大致脉络是①：

(1) 孕育诞生期：春秋战国时期；

(2) 规范确定期：两汉时期；

(3) 理论发展期：魏晋到隋唐时期；

(4) 高峰期：宋朝时期；

(5) 实用期：明朝时期；

(6) 衰落期：清朝时期。

中国古代科学是以"整体论""生成论"的自然观为基础的，这一特点与西方源于古希腊的以"原子论""构成论"为基础的科学传统具有显著差异。简单来说，用古希腊的自然观来看，自然世界是由某种"基本粒子"（例如"原子"）组合构成的，这种自然观导致西方科学往往以分解、组合的方式来探究事物的性质。而用中国古代的自然观来看，自然世界本身就是一个不可分割的整体，它是从无到有、从小到大逐渐生成演化而来的，这种自然观导致中国古代科学往往以综合、联系的方式来把握事物的性质。例如，"天下万物生于有，有生于无""道生一，一生二，二生三，三生万物"（老子，《道德经》四十章、四十二章）就是这种自然观对宇宙万物形成过程认识的简洁表述。中国古代基于"整体论""生成论"自然观的思想起源，追根溯源可以上溯到《周易》。《周易》成书于西周初年。中国的春秋时期正处于人类文明的轴心时代，中国文化与古希腊、古印度及希伯来文化一样，开始从对命运的关切走向对境界的追求②，从而在根本上确定了中国文化的主流精神与价值取向。

根据李曙华的观点，春秋战国时期正是易经从巫术走向科学的转型期，这一转型的关节点在《易传》③。《易传》是一部论文集，其学说来源于孔子，成书于孔子后学之手④。这部书用阴阳、乾坤、刚柔的对立统一来解释宇宙万物的变易，认为从天地万物到人类社会都存在着对立统一的关系，提出对立面的相互作用是事物变化的普遍法则和万物化生的源泉，以对立面的互相转化说明事物变化的过程；它强调宇宙变化生生不已的性质，提出"穷则思变""物极必反"等思想，强调"居安思危""自强不息"的忧患意识和不断变革的重要意义，这些都为中国古代辩证法思想的发展奠定了理论基础。《易传》以全新的哲学思想诠释了《易经》的文化与科学意义，从普遍的宇宙规律来理解自然，理解人生和命运，首次明确阐明了中国古人的自然观，因此可以说它是中国最古老的自然哲学。《易传》"第一次比较完整地提出了科学思想，奠定了中国传统科学规范的哲学基础"⑤，并规定了中国古代科学的基本范畴，"从而使易经从单纯的筮书而成为人们借以洞察和把握宇宙万物生成演变普遍规律的基本模型和运演符号系统"⑥。

战国时期，齐国稷下学派的学者们，融会了从古代历律学、天文学、地理学中的五行学说与医学阴阳学说，形成了统一的阴阳五行学说，从而建立了更为实用的古代科学模型。到汉代时，阴阳五行学说又被纳入易学框架，从而形成了"汉易象数学"的独特体系。人们将易

---

① 李曙华：《中华科学的基本模型与体系》，《哲学研究》2002 年第 3 期。

② 黄克剑：《从命运到境界》，《孔子之生命情调与儒家立教之原始》；参见：《黄克剑自选集》，广西师范大学出版社 1998 年 11 月版。

③ 李曙华：《中华科学的基本模型与体系》，《哲学研究》2002 年第 3 期。

④ 从司马迁的《史记·太史公自序》、班固的《汉书·艺文志》，到唐代孔颖达的《周易正义》，当时的人们都认为《易传》十篇系孔子所作，但经现代许多学者根据考古资料研究表明，《易传》各篇文章并非形成于同一时期，其作者也并不是出自一个人，说它们都是孔子所著的传统观点，现已被大多数人所否定。

⑤ 董光璧著：《易经科学史纲》，武汉出版社 1993 年版，第 7 页。

⑥ 李曙华：《中华科学的基本模型与体系》，《哲学研究》2002 年第 3 期。

经、阴阳五行和干支记时法融为一体，以阴阳五行为基本结构，以周易为运演符号系统，将这一体系整合为关于宇宙万物生成演变的普适性的象征模型，从而为中国古代科学各学科的确立准备了条件。

随着这一独特科学模型和运演符号体系的形成，中国古代科学的天文学、数学、中医药学、农学等主要分支学科相继在两汉时被创立，大致情况如下。

1. 天文学

在中国古代，最有影响的宇宙结构理论主要有盖天说、浑天说和宣夜说这三种学说。盖天说大约产生于公元前一千多年前的商末周初，浑天说最迟发端于战国中期，而宣夜说则是由战国时的哲学思想发展而成的天文学思想；到了汉代，盖天说逐步被浑天说所取代。关于宇宙起源和演化的学说，到汉代时逐步形成了比较完整的理论。例如，成书于西汉的《淮南子·天文训》中提出了比较完整的宇宙创生论，用"有生于无"的思想对宇宙的产生作出了解释。再如，东汉时的天文学家张衡对浑天说作了完整描述，他提出天是一个完整的球体（而不是像盖天说所认为的，天是一个穹庐似的半球），而"地如鸡子中黄"被天所包裹。[①]张衡的天球理论及其所创造的浑仪、浑象，奠定了中国古代天文学基本理论和天文观测的基本规范和体系；秦颛顼历、汉太初历，标志着与天文学密切相关的中国古代历法的基本框架也已形成。

2. 数学

在汉代，《九章算术》的问世确立了中国古代科学中以筹算为工具、以数论与算法为特色的数学基本体系。

3. 医药学

战国到汉代时，已形成了较为完整而成熟的中医药规范体系。战国时期，《黄帝内经》奠定了中国古代的中医理论体系。秦汉时期，《神农本草经》奠定了中国古代的中药及药物分类学的基本理论和体系。汉代时，一代医圣张仲景所著的《伤寒杂病论》以辨证论治为基本原则，确立了中国古代中医治疗学的基本理论和体系；外科圣手华佗的高超医疗技艺代表了中国古代中医外科、麻醉术、体育疗法的基本特色和水平。

4. 农学

汉代产生的《氾胜之书》，表明中国古代农业种植中作物栽培论的理论基础已形成。[②]

中国古代的科学技术体系包括理论性学科、经验性学科和实用性技术这三大部分。中国古代的理论性学科以天文学和数学为主干，包括乐律、历法等；中国古代的经验性学科以中医药学、农学为主干，包括星象、炼丹、地学、建筑学等[③]。中国古代的理论性学科和经验性学科与现实生活和生产实践相结合就产生了实用性技术。实用性技术在中国古代科学技术中占有很大比重，同时也达到了极高的发展水平。例如，中国古代的养蚕织丝、瓷器烧制、金属冶炼、水利工程等都达到了很高的水平，其中都江堰、灵渠的设计施工堪称是古代社会最富整体性生态思想的系统工程。理论性学科、经验性学科和实用性技术这三者之间的关系，类似于水、鲜鱼和鱼肉罐头之间的关系，先是水孕育了鲜鱼，然后人们才能用鲜鱼来制作鱼肉罐头。有些学者用西方科学的标准为唯一评判标准，认为中国古代没有科学，也有学者认

---

① 徐凤先：《宇宙理论》；参见宋正海、孙关龙主编：《图说中国古代科技成就》，浙江教育出版社2000年7月第一版，第44—45页。
② 以上两个自然段落的内容主要参考整理自：李曙华，《中华科学的基本模型与体系》，《哲学研究》2002年第3期。
③ 李曙华：《中华科学的基本模型与体系》，《哲学研究》2002年第3期。

为中国古代只有高度发达的技术,而没有相应的科学体系。从理论性学科、经验性学科和实用性技术这三者之间的关系来看,这些观点显然是不合逻辑、孤立片面的。这些片面观点就好比在说,鱼不需要水来养育就能够自然生长,或者说不需要有水和鱼这两个基本前提人们同样可以制作出大量鱼肉罐头一样,这样的观点或逻辑是多么荒诞可笑!在中国古代科学技术体系中,理论性学科、经验性学科和实用性技术这三部分往往是融合在一起的,就像是由不同中药混合后熬制成的一锅汁液,要想把其中的各种化学成分截然分离是相当困难的。而在现代科学技术体系中,基础科学、应用科学和实用工程技术三者之间的界限却是比较容易划分的。没有基础科学就没有应用科学,没有基础科学和应用科学的发展,也就没有实用性工程技术的发展,三者之间形成了相互联系、相互影响、相互制约的有机整体。清楚这一点,有助于我们理解中国古代科学技术体系的特点。

两千多年来,中国古代科学随着其哲学基础(以道家思想为主)和基本科学模型(以周易为核心的体系)的发展而发展,以它们的兴衰而兴衰。中国古代科学的理论发展情况,其大致脉络是:春秋战国时期诞生了《道德经》和《易传》等哲学思想;战国时期到汉代,逐渐形成了将五行学说、阴阳学说、易经象数学说等理论和干支记时法融为一体的古代科学模型;魏晋玄学的兴起和发展深化了老庄思想和周易义理的发展,由此推动了中国古代科学的理论研究,从而带来了中国古代科学发展的第一次高峰;宋明理学进一步发展了道家思想与易学数理,由此推动了中国古代科学中数理理论的发展,从而带来了中国古代科学发展的第二次高峰;自明代中叶以后,人们开始从注重理论研究转向注重各种理论的实际应用,由此推动中国古代大量实用性技术的应用,与此同时理论性学科开始趋于衰落,特别是天文学和数学的衰落尤为明显。到明朝末年时,当时的天文官体系已非常腐败,天文官中竟然已没有几人能够看懂古人的天文典籍了。[①]

金观涛、攀洪业和刘青峰三位学者在有关中国科学技术史的研究中,曾把科学技术分解为科学理论、实验和技术三类,他们分别对中国和西方两千余年间的主要科学技术成果进行了计量和统计分析[②]。他们发现,在不同文明中,理论、实验和技术三项成果所占的比重有较大差异。在西方的科学技术成果中,理论所占的比重较高,自18世纪以后,理论、实验和技术这三者的比重基本趋于相同(大约各占三分之一左右);而在中国古代科学技术中,几乎历史上任何一个朝代技术发明所占的比重都在60%以上,与西方社会相比,中国古代在理论和实验方面明显偏弱。他们对中国古代科学技术成果的计量和统计分析结果,具体见表9-1:

表9-1 中国历代理论、实验和技术在该朝代总积分中所占比重(%)[③]

朝代	春秋	战国	秦	西汉	东汉	魏晋西晋	南北朝	隋	唐	五代	北宋	南宋	元	明	清
理论	12	23	0	6	10	13	15	2	8	—	4	19	8	16	40
实验	2	8	0	9	14	1	13	0	11	—	6	7	12	3	1
技术	86	69	100	85	76	86	72	98	81	—	90	74	80	81	59

① 本段内容主要参考整理自:李曙华,《科学的基本模型与体系》,《哲学研究》2002年第3期。
② 金观涛、攀洪业和刘青峰:《文化背景与科学技术结构的演变》;参见中国科学院《自然辩证法通讯》杂志社编:《科学传统与文化》,陕西科学技术出版社1983年版。
③ 金观涛、刘青峰著:《兴盛与危机——论中国社会超稳定结构》,法律出版社2011年1月第一版,第327页。

他们还以科技成果计分为纵坐标,以公元年代的时间轴为横坐标,绘制出了中国古代科学技术水平净增长曲线图(见图9-1),该图形象地反映了历代科学技术增长和社会政治经济结构之间的关系:中国古代技术发展水平随着封建王朝周期性兴衰而呈现出周期性振荡特征,表明一个王朝的技术增长与该王朝的中央集权程度以及商品经济发达程度密切相关。这种周期性振荡特征,对中国古代技术成果的积累和传承造成了巨大障碍。中国古代的技术往往通过父子间"秘传"的方式来继承,并由行会或官营行业所垄断,古代技术的这种封闭性是造成大量技术失传的重要原因。例如,在宋代时,中国就发明了三十二锭蓄力和水力大纺机,其产量是小纺车的30~50倍,据记载,大纺车"昼夜纺织百斤,不劳而毕,可代女工兼倍省"①。西方一直到工业革命前才出现类似的纺织机械,它是西方工业革命一系列技术发展中的一环。②就是这样一项值得称道的发达技术,却随着宋王朝的覆灭而消失无踪了!

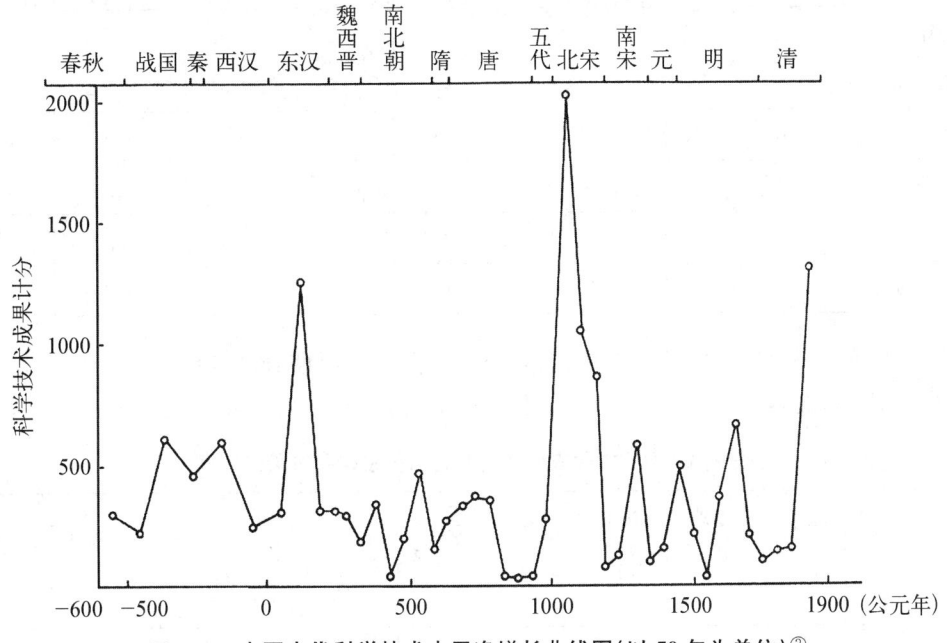

图9-1 中国古代科学技术水平净增长曲线图(以50年为单位)③

从图9-1中可以清晰地看到,中国古代科学技术发展到东汉、北宋和明代时分别出现了三个较显著的高峰,特别是东汉和北宋时期的科技水平尤为突出,这与当时的政治稳定、经济繁荣是紧密相连的,也从一定程度上反映出社会物质生产对科技发展具有重要的促进作用。

中国古代以农业立国,农业科技的发展在中国古代科技史中具有举足轻重的地位。钟守华先生依据《中国农史系年要录》④一书对中国古代农业科技成果进行的计量分析,其所得结论能够与上述中国古代科学理论的发展情况相对应。他按农(即耕作农业,包括气象、土地利用、农田水利、农具、肥料、作物、耕作栽培、植保)、牧(包括畜牧、兽医)、副(包括贮藏加

---

① 王祯著:《王祯农书》(卷22),农业出版社1963年5月第一版,第521页。
② 金观涛、刘青峰:《兴盛与危机——论中国社会超稳定结构》,法律出版社2011年1月第一版,第330—332页。
③ 金观涛、刘青峰:《兴盛与危机——论中国社会超稳定结构》,法律出版社2011年1月第一版,第331页。
④ 闵宗殿编:《中国农史系年要录(科技编)》,农业出版社1989年10月第一版。

工、园艺、茶、蚕桑、养蜂及经济昆虫)和渔(养鱼)四大类,对《中国农史系年要录(科技编)》所载农业科技成果分历史时期进行统计,其结果见表9-2:

表9-2 中国古代农业科技成果数量统计表

朝代\项目	农业Ⅰ部类		农业Ⅱ部类					合计
	农耕业	比重(%)	牧业	副业	渔业	小计	比重(%)	
商	8	38.09	3	8	2	13	61.91	21
西周	24	48	5	10	11	26	52	50
春秋战国	48	49.48	18	28	3	49	50.52	97
秦汉	78	56.12	20	37	4	61	43.88	139
魏晋南北朝	55	48.67	15	41	2	58	51.33	113
隋唐	38	38.38	20	35	6	61	61.62	99
宋元	107	45.34	23	98	8	129	54.66	236
明	65	57.02	11	30	8	49	42.98	114
清	66	56.90	19	26	5	50	43.10	116
合计	489	49.64	134	313	49	496	50.36	985

如对农耕业(种植业)的技术成果进行分析,按照历史时期分九类(包括气象、土地利用、农田水利、农具、肥料、作物、耕作栽培、植保、农书)统计,其结果见表9-3:

表9-3 中国古代农耕业(种植业)科技成果数量统计表

朝代\项目	气象	土地利用	农田水利	农具	肥料	作物	耕作栽培	植保	农书	合计
商	2	0	0	1	0	4	1	0	0	8
西周	4	2	2	5	0	6	3	2	0	24
春秋战国	9	9	6	10	2	2	3	3	4	48
秦汉	5	8	15	12	8	6	16	6	2	78
魏晋南北朝	1	3	4	10	5	11	15	5	1	55
隋唐	2	3	9	12	1	3	2	3	3	38
宋元	6	16	9	28	7	8	10	13	10	107
明	2	7	2	3	10	5	13	14	9	65
清	8	8	3	7	4	8	9	11	9	66
合计	39	56	50	88	37	53	71	57	38	489

在表9-3中,"农具"这一列的科技成果数为88、"耕作栽培"这一列的科技成果数为71,这两类的科技成果数最大,合计占农耕业(种植业)科技成果总数的1/3(比重为32.5%)。由

此可见,农业工具的创新和耕作栽培技术的进步最能反映中国古代精耕细作农业的科技发展情况。[①]

如果以科技成果数量多少为纵坐标,以不同朝代的时间长度为横坐标,可以根据表9-2和表9-3中的数据绘制出中国古代农业科技发展的曲线图(该图从略)。从曲线图中可以清楚地看到,中国古代农业科技发展曲线总体上呈现为一个"马鞍形","马鞍形"的两个高峰分别对应着秦汉时期和宋元时期的农业科技发展情况,其中最高峰是宋元时期(农业科技成果总数为236项)。由秦汉和宋元两个高峰构成了中国古代农业科技发展的"马鞍形曲线",这一特征与中国古代科学理论的发展是基本对应的,也即科学理论的创新要先于相应的农业技术的繁荣(表现为具体成果的数量)。

在中国古代社会发展历史中,宋代无疑是一个值得人们关注和认真研究的时期。宋代时不仅整个国家在政治、经济和文化方面取得了重要进步,而且在科学技术方面取得了辉煌成就,宋代的科技成就不仅在中国古代是巅峰,而且在当时的世界范围内也居于领先地位。中国古代四大发明中有三项(活字印刷术、指南针和火药)都诞生于宋代。同时,在文官制度、文化艺术、社会教育、水稻农业、城市商业等方面,宋代也达到了前所未有的程度。宋代的文化与科技积极推动了社会生产力的发展,对中国社会乃至人类文明都产生了深远影响,甚至有海外学者称宋代为"中国的文艺复兴"时期。

那么,宋代在科学技术的哪些方面取得了重要成就呢?

综合国内外有关研究成果,宋代在天文学、数学、医学、地理学、印刷技术、指南针技术、火药和火器技术、农业技术、机械制造技术、建筑技术、冶金技术、瓷器技术、采矿技术等十几个方面都取得了重要成就,并在天文学、数学、医学等学科的一些方面遥遥领先于世界各国。

宋代在天文学上取得的成就,主要表现在天文观测技术和天文历法等方面。北宋时,苏颂(1020—1101)与韩公廉等人于1088年制造了一组大型综合天文仪器——水运仪象台,这组仪器集浑仪、浑象、圭表、计时与报时仪器于一体,是当时自动化程度很高的一套天文观测设备,它是11世纪末世界上最先进的天文仪器,其中所采用的活动屋顶、自动转仪装置和机械擒纵器这三项发明都比欧洲同类设备发明要早几百年[②]。在天文历法方面,南宋杨忠辅在1199年制定的《统天历》把一年的时间数值精确到了365.2425日,这个数值在世界历法史上是最早的;欧洲的著名历法《格里历》也是采用这个数值,但是要比《统天历》大约晚了四百年[③]。

在数学方面,宋代出现了秦九韶(1202—1261)、李冶(1192—1279)、杨辉等著名数学家。秦九韶的《数书九章》(1247)主要讲述高次方程数值解法和一次同余式解法。李冶的《测圆海镜》(1248)和《益古演段》(1259)主要讲述用代数方法列方程,探讨直角三角形和内接圆之间的几何学关系。杨辉的《详解九章算法》(1261)、《日用算法》(1262)和《杨辉算法》(1274—1275)主要讲述实用数学和各种简捷算法。在现代计算数学中,当求解高次方程数值解的时候,人们一般会采用一种极其简便的方法——秦九韶程序,这就是宋代数学家开创的"增乘

---

① 以上三段内容(包括表9-2和表9-3)整理自:钟守华,《中国古代农业科技发展的计量分析》,《科学学与科学技术管理》1992年第3期。

② 参见中国科学院自然科学史研究所主编:《中国古代科技成就》,中国青年出版社1995年第二版中的"机械"部分第四篇,"天文学"部分第一篇和第四篇。

③ 参见中国科学院自然科学史研究所主编:《中国古代科技成就》,中国青年出版社1995年第二版中的"天文学"部分第五篇。

开方法",这种方法最初是由北宋的贾宪首先提出、后由南宋的秦九韶最后完成的。而在欧洲,英国数学家威廉·霍纳(William George Horner,1786—1837)直到 1819 年才提出类似的求解方法,这比秦九韶晚了 572 年,而比贾宪晚了 700 多年。关于代数方程的列法,欧洲直到 16 世纪才提出,而宋代李冶提出的方法比欧洲人提前了三个世纪。①

在医学方面,宋代也取得了卓越成就。北宋民间医生唐慎微编撰的《证类本草》(1082—1083),总结了北宋以前中国的药物学成就,是一部本草类书籍的集大成之作②。该书载药 1580 种,附图 294 幅,介绍了各种药物的形态、真伪和具体用法等药物知识;该书问世后经历朝修刊,沿用 500 多年③。南宋法医宋慈(1186—1249)出版的《洗冤集录》(1247),是中国也是世界上第一部系统的法医学专著。这部书不仅包括现场检查、尸体现象、尸体检查以及各种死伤的鉴别等法医学的主要内容,还涉及生理、解剖、病因、病理、药理、诊断、治疗、药物、内科、外科、妇科、儿科、骨科、急救等各方面的医学知识。这部书刊行后曾广泛流传,直到明清时代还盛行不衰。后来,又传到了朝鲜、日本、英国、法国等国家,受到外国法医学界人士的好评。在欧洲,由意大利人佛图纳图·菲德利(Fortunatus Fidelis,1550—1630)所写的西方第一部法医学专著直到 1602 年才面世,这比宋慈的《洗冤集录》晚了 350 多年。④

除在科学技术方面取得卓越成就以外,宋代在哲学、文学、美术、杂技、戏曲、音乐等文化艺术方面也取得了蓬勃发展。北宋的程颢、程颐和南宋的朱熹、张栻、吕祖谦等哲学家的思想及著作,推动儒学复兴从而产生了宋代新儒学(即"理学"),同时也促进了儒、道、佛之间的融合发展。宋朝不但孕育了像欧阳修、苏洵、苏轼、苏辙、王安石、曾巩等影响深远的文学家,而且还涌现出了成千上万名诗人和词人,他们创作的大量瑰丽诗词至今为人们所传诵。

四、中国古代社会的主要协同因素

在中国古代社会,科学技术是被封闭在各个不同行业中的,这种封闭状态是很不利于科学技术的积累、传承和发展的。但我们也应该看到,不同国家或不同民族通过人口流动(包括移民)、文化交流、商业贸易等形式,实际上起到了传播科学技术的作用。不同国家或不同民族通过文化交流、商业贸易来传播科学技术,这是人们的主动行为(如印刷技术和指南针技术在世界各国的传播)。不同国家或不同民族之间通过人口流动来传播科学技术,往往是通过战争等方式被动实现的(如火药和火药武器在世界各国的传播就是这样)。在古代社会,促使人口流动和迁徙的主要原因包括战争、政府组织移民、人们主动移民等,但其中战争是主要原因,战争在客观上推动了各民族间的融合,同时也促进了文化知识、科学技术的广泛传播。因此,从整个人类社会的发展来看,世界各国之间的人口流动(包括移民)、文化交流、商业贸易等因素实际上形成了整个人类社会协同发展的重要机制。

---

① 参见中国科学院自然科学史研究所主编:《中国古代科技成就》,中国青年出版社 1995 年第二版中的"数学"部分第一篇、第六篇。
② 房景奎:《〈证类本草〉阅读方法》,《中医函授通讯》1990 年第 3 期。
③ 刘建英:《唐慎微与〈证类本草〉》,《中国中医药报》2007 年 4 月 23 日;参见"唐汉中医药网":http://www.chinesemedicines.net/history/200704/103308.html。
④ 参见中国科学院自然科学史研究所主编:《中国古代科技成就》,中国青年出版社 1995 年第二版中的"医药学"部分第七篇。

在中国古代历史上,大规模的人口流动和民族融合主要有三次。第一次是从春秋战国到秦统一;第二次是从东汉末经过三国、两晋到南北朝;第三次是从宋辽夏金各族政权并立到元统一。在这三个时期,每一时期都发生了人口的大规模流动,而人口的流动又增进了各民族间的相互融合和密切联系,从而为多民族国家的建立和发展奠定了基础。

在中国古代,促使人口流动和迁徙的主要原因是战争、移民和民族政权分化等。中国历代封建统治者为巩固政权,加强对边疆地区的统治管理,常常组织大规模的移民活动。例如,在战国、秦朝时期,为预防匈奴南下,秦始皇曾派蒙恬率兵30万出击匈奴、修筑万里长城,并迁徙内地人民到那里发展生产、加强边防。秦在征服南方的越族以后,在那里设置了象郡、桂林、南海三郡,并迁徙50万中原人民到这些地区居住。除南宋等少数王朝以外,中国古代的政治中心一向都在北方,北方经常是改朝换代、内乱纷争的地方。在战乱期间,人们为了躲避灾难,常常会举家迁徙到南方。例如,在两晋时期曾发生了"八王之乱",统治集团各种势力自相残杀长达十六年之久,后来又发生了"永嘉之乱",战乱纷争将各族人民推向了极端困苦的境地。为躲避战乱、灾荒、饥饿和瘟疫,中原人口大量南迁,从而掀起了中国古代第一次大规模移民浪潮,移民人口在百万以上。此后,北方中原地区每一次较大的政治变动(如祖逖北伐、淝水之战、刘裕北伐、北魏南侵等),都会引发一次较大规模的人口南迁。公元494年,北魏孝文帝拓跋宏将都城从平城(今大同)迁到洛阳时,原在平城的鲜卑人大多随同南迁,前后南迁的贵族、官僚、军队及民众,总数在一百万人左右[1]。在唐朝天宝年间发生的"安史之乱",这次战争导致了长达200年之久的藩镇割据,给人民带来了深重灾难,战乱促使北方人口大规模南迁,从而出现了中国古代史上又一次大规模的移民浪潮,移民人口不仅流向长江流域、珠江流域,甚至还流向了南洋。在宋代以前的华夏大地上,中原文明在思想文化、科学技术、经济发展水平上一直处于领先地位。中原文明的这种先进性,往往会对周边国家或地区产生强大吸引力,从而促使这些地区的人民向中原地区流动。例如,在东汉到魏晋时期,居住在中国西部和北部边境的匈奴、鲜卑、羯、氐、羌等民族,由于受中原先进文明的吸引,自东汉开始陆续内迁,到西晋初年时,内迁的匈奴、鲜卑、羯族等共有几十万人,内迁的氐族和羌族有50多万人,居住在今甘肃、陕西、山西、河北、辽宁长城以南的广大地区[2]。魏晋南北朝时期,边疆各少数民族纷纷内迁也推动了中原汉族人民的流动和迁徙,从而掀起了中国古代史上一次次较大规模的移民浪潮。从全国范围来看,这个时期北方人民主要流向三个方向:东北、西北和南方;流向东北的一支,托庇于鲜卑慕容政权之下;流向西北的一支,落脚于凉州张轨(255—314)的领域;流向南方的一支,侨寄于孙吴的故壤[3]。据统计,在公元初年,汉族人口主要集中在河北、河南、山西、山东以及湖北、安徽和江苏的绝大部分地区,此后便稳步减少,而长江以南的人口则相应显著增长;公元280—464年,长江以南的人口增长超过五倍,如果没有来自北方的移民,这一时期的人口增长不可能如此显著;同时,由于其他民族的大量内迁,原来汉族居住的中原地区人口也增长了两倍多;而黄河以北的西北地区人口却在公元2—138年间大大减少,从接近43万减少到略多于14万,到魏晋南北朝

---

[1] 转引自:李克建,《再论魏晋南北朝的民族迁徙》,《西南民族大学学报(人文社科版)》2006年第6期。
[2] 本段中有关中国古代人口流动的资料除注明者以外,主要整理自:张占先,《中国古代人口流动原因探析》,《宿州师专学报》2004年8月第3期,第11页。
[3] 陈寅恪著,万绳楠整理:《陈寅恪魏晋南北朝史讲演录》,黄山书社1987年4月第一版。

时期继续减少,基本保持在 3 万左右①。由此可见,魏晋南北朝时期,当时中国人口流动和迁徙规模之大。

在中国古代,北方少数民族的南迁,更多是以战争的形式展开的。例如,正是辽、金、元等北方民族国家对宋朝的南侵战争,促使大量人口从北方流动和迁徙到南方,从而使宋朝的政治、经济、文化中心转移到了长江以南,同时也将北宋时各种先进的文化知识和科学技术带到了中国南方地区。这些大规模的人口流动,在促进各民族相互融合的同时,也推动了文化知识和科学技术在更广范围的传播,从而促进了不同民族国家和地区经济和文化的共同发展。

在中国古代历史的宏观演进过程中,由战争和动乱频发而引起的人口大流动和大迁徙,导致中国古代社会的经济总体上呈现出一种由中心向四周波浪式辐射的推进态势,特别是农业在地理空间上的横向扩展,推动中国古代经济中心先从西向东转移,然后又从北向南转移,明显地勾勒出了两条基本发展轨迹。正是一次次移民浪潮,推动着中国古代社会经济从黄河流域扩展到长江流域、进而扩展到珠江流域和闽江流域。

纵观中国古代历史,各民族的大迁徙和大流动对古代社会经济的横向拓展产生了深远影响,不仅极大地促进了各民族地区的经济开发进程,同时也引起了各民族的文化变迁。特别是魏晋以来,中原地区的汉族为逃避战乱而大批迁往辽东、河西、江南等地区,不仅为当地人民带去了先进的生产工具和耕作技术,对开发当地经济发挥了重要作用,同时也带去了比较文明的文化习俗和生活方式。民族大迁徙对各民族文化变迁的影响主要包括:各民族(尤其是少数民族)住所的变化、饮食方式的变化、服饰及发型的变化、民族语言的变化、风俗习惯的变化和宗教信仰的变化等。例如,以五胡中的羌族为例,在向中原地区内迁以后,羌族在居所上从原来的"逐水草而居"逐渐变成了"农耕定居";他们的饮食习俗由原来的以奶、酪和牛、羊肉为主,逐渐变成了与内地民族的饮食习俗基本相同;他们的服饰由原来以耐寒的畜产品为主要原料,转向了以布帛、绸缎等棉丝制品为原料;他们的发型也由原来的"披发覆面"式变成了辫发式;风俗习惯中,人去世后的埋葬方式由原来的火葬改成了土葬;在宗教信仰方面,他们逐渐摒弃了固有的原始宗教,开始崇信佛教;其他内迁民族(如匈奴、鲜卑、氐族等),在文化习俗和生活方式方面也发生了或多或少的变化②。

在古代社会,人口流动、文化交流、商业贸易等这些因素在世界各地区之间的联系是局部的、时断时续的,因而造成文化知识和科学技术在古代世界的传播也是极其缓慢的。而在现代社会,这些因素在世界各地区、各国之间的联系是全局性的、经常性的,从而也加快了文化知识和科学技术在世界各地的传播进程。特别是在国际互联网出现并被普遍使用以后,世界各地区、各国之间实际上已经形成了紧密联系的庞大信息网络,这一庞大网络将世界各地区、各国之间真正连接成了相互联系、相互影响、相互作用的统一整体。从这个意义上来说,古代社会通过战争方式传播文化知识和科学技术的功能已经被国际互联网的功能完全替代了,战争已经完成了它的历史使命。因此,除了保卫国家主权和人民安全的需要以外,战争应该彻底退出人类社会的历史舞台。在当今世界,凡是境界高远、具有世界眼光的伟大政治家,他应该抛弃各国间相互对抗、相互战争的陈旧思维,积极推动不同社会之间的政治

---

① 李济:《中国民族的形成》;参见刘梦溪主编:《中国现代学术经典·李济卷》,河北教育出版社 1996 年版,第 267 页。
② 李吉和:《古代少数民族迁徙与文化变迁》,《天水师范学院学报》2003 年第 4 期。

对话、文化交流、商业贸易和科技传播,致力于建立相互协同、共同进步的国际关系,为推动整个地球人类社会的共同发展而建立一套科学的制度体系。

五、自然环境对社会历史发展的影响①

在中国古代历史上,为什么北方的民族会屡屡南侵呢?关于这个问题,中外一些学者通过研究指出,这是因为气候周期性变化(特别是气候变冷)使中高纬度地区自然生态环境周期性恶化,引起北方游牧民族社会陷入周期性的生产生活危机,进而导致他们周期性地向南迁徙以争夺生存空间。这种观点无疑是比较重要而值得重视的。中国历代北方民族的迁徙移动,尽管是由各种政治、军事、经济、社会等多种因素综合作用的结果,但自然地理环境的变迁显然是一个不容忽视的重要因素。

下面,我们分别从人类有关自然环境的思想、气候对社会的重要性、气候与人类文明之间的关系、气候脉动对人类文明的冲击、中国历史时期气候变迁的长期特征以及气候变迁对北方民族南迁、古代战争、人口分布、社会经济和中国历史兴衰周期等十个方面,系统探讨一下自然环境对社会历史发展的重要影响。

1. 自然环境影响人类社会的有关思想

早在18世纪,法国著名思想家孟德斯鸠(Montesquieu,1689—1755)就首创了地理唯物主义学说,他在1748年出版的《论法的精神》一书中提出了地理环境中气候、土壤等因素影响民族性格和社会历史发展的观点,论述了地理环境(特别是气候、土壤和居住地域的大小)对于一个民族的生理、心理、性格、风俗、道德、精神面貌、宗教信仰及其法律性质和政治制度都具有影响作用;他特别强调地理因素(尤其是气候因素)在人类社会和历史发展中的作用②。

德国哲学家黑格尔则视地理环境为"历史的地理基础",他在《历史哲学》一书中把地理环境与民族性格、社会生活、物质生产活动联系在了一起,注意到了物质生产活动方式对人类社会生活各方面的影响;他对地理环境问题关注的范围、角度更为广阔,观察更为深刻,比孟德斯鸠的思想更符合人类历史的实际③。

英国历史学家亨利·巴克尔(Henry Thomas Buckle,1821—1862)在其《英国文明史》一书中揭示了自然物质世界对历史的影响,他认为人类不过是自然的一部分,人类历史同样要受自然规律的支配,他以气候、土壤、食物以及自然状态来解释人类社会历史发展,并用丰富的例证来证明食物、土地以及自然环境等对社会组织的重要作用;尽管他强调地理环境对人类历史发展具有重要影响,但他并不完全是一个"地理环境决定论者"④。

德国人文地理学家拉采尔(Friedrich Ratzel,1844—1904)在1882年出版的《人类地理学》一书中,探讨了各种自然条件对人类历史发展与文化特征的影响;他认为人类是地理环境的产物,强调社会制度的自然基础,十分重视自然环境对人的制约性;他把位置、空间和界

---

① 本节内容最早以《自然环境对社会历史发展的影响》为题,发表于重庆《博学》杂志2014年5月号。
② 孟德斯鸠著,张雁深译:《论法的精神》(第3卷),商务印书馆1961年版,第227—303页。
③ 李学智:《地理环境与人类社会——孟德斯鸠、黑格尔"地理环境决定论"史观比较》,《东方论坛》2009年第4期。
④ 李孝迁:《巴克尔及其〈英国文明史〉在中国的传播和影响》,《史学月刊》2004年第8期。

限作为支配人类分布和迁移的三组地理因素,并在此基础上提出了"国家有机体说"和"生存空间说"①。美国地理学家森普尔(Ellen Churchill Semple,1863—1932)继承了拉采尔的环境决定论观点,她在《美国历史及其地理条件》(1903)、《地理环境的影响》(1911)等著作中论述了地理环境对人类体质、思想文化、经济发展与国家历史的影响,强调了自然地理条件的决定性作用,但她舍弃了拉采尔的"国家有机论"的概念,并指出地理环境对社会历史的影响主要是通过人类的经济社会活动②。

美国文化地理学家埃尔斯沃斯·亨廷顿(Ellsworth Huntington,1876—1947)很注重对气候与地貌、气候与人类文明关系的研究,他把气候视为社会发展、国家强弱、种族优劣、经济盛衰的决定因素,甚至将气候视为整个人类文明发展的最重要因素,强调气候对人类文明形成与发展的决定作用;他的重要论著主要包括《亚洲的脉动》、《文明与气候》和《文明的主要动力》等书籍。他于1903—1906年间在印度北部、中国塔里木盆地等地考察后,在1907年出版了《亚洲的脉动》一书,在书中他提出中国历史上的外患内乱与气候变迁有关的观点,如东晋五胡乱华、北宋契丹女真寇边,都是因为中原和中亚气候转旱,各民族迫于生计铤而走险;他认为13世纪蒙古人大规模向外扩张也是由于居住地气候变干和牧场条件日益变坏所致③。此后,他又在《文明与气候》(1915)一书中首次提出了"气候脉动论",强调气候对人类文明的决定性作用,他认为气候是人类文化的原动力、人口移动的主因、能源的主宰以及区别国家特性的重要因素④;他还提出了从亚洲河谷地区到欧洲凉爽地区,人类文明最基本的变化来自人类对气候的适应的见解⑤。他在《文明的主要动力》(1945)一书中提出了太阳运行和人类生理、心理有一种内在联系的假说⑥;他认为温和的气候更有益于产生理智的思想,指出宗教的最高形式存在于世界的温带,温带更有利于人们进行智力活动,其中既包括宗教信仰和仪式,也包括物质文明⑦。

关于地理环境对人类社会发展的影响问题,马克思和恩格斯在《经济学哲学手稿》(1844)、《德意志意识形态》(1846)、《反杜林论》(1878)和《资本论》(1867、1885、1894)等著作中也作过很多零散的论述,他们认为人类与自然界之间是密切联系、相互影响、相互制约的,两者间的关系处于不断变化中;人类与自然界的相互作用,对人类思维与智力的产生和发展具有根本性影响;他们也很重视地理环境因素对历史发展的影响,并直接以自然界影响为前提建立了历史理论,他们把历史划分为自然史和人类史这两个密切联系、相互制约的方面;他们提出了发展的辩证的"人地关系论",其核心思想包括:人本身是自然界的产物,食物种类的变化促使类人猿向人类转变,人类手脚分工和直立行走的生理现象主要是自然界作用的结果,人类使用火、吃熟食、创造音节语言等都没有离开自然界的影响;地球的气候、地理、

---

① 白光润编著:《地理科学导论》,高等教育出版社2005年版,第205—206页。
② 付文:《生态人类学的理论来源述论(二)》,2006年9月16日,参见:http://blog.sina.com.cn/s/blog_3edd5431010005zh.html,2012年8月22日。
③ 管彦波:《民族大迁徙的地理环境因素研究》,《西北民族大学学报(哲学社会科学版)》2010年第3期,第123页。
④ 李秀朋、彭云望:《管理文化:"土壤"、传统与创新》,"中国军事图片中心"网,2011年4月23日,参见:http://tp.chinamil.com.cn/2011/2011-04/23/content_4425513.htm,2012年11月2日。
⑤ 《西方社会学家:亨廷顿》,"社会学视野论坛"网,2008年11月15日,参见:http://www.sociologyol.org/bbs/viewthread.php?tid=1612,2012年10月12日。
⑥ 《西方社会学家:亨廷顿》,"社会学视野论坛"网,2008年11月15日,参见:http://www.sociologyol.org/bbs/viewthread.php?tid=1612,2012年10月12日。
⑦ 刘明:《重新审视"环境决定论"》,《新疆师范大学学报(自然科学版)》2006年9月第3期。

出产等不同地理环境因素,对人类社会发展具有不同的影响;人类能够改变自然界,为自己创造新的生存条件,从而对地理环境具有反作用,这种反作用主要包括生产和战争这两种形式,随着社会发展和人类掌握知识的增加,人类对自然界反作用的手段就会随之增加,人类利用、控制和改造自然的能力也将随之增强;随着生产力和生产关系的产生和发展,人类与地理环境之间的关系经历了一个从"直接"到"间接"的发展过程,人类与地理环境之间是通过生产力和生产关系从中传导而发生相互影响的①。

俄国哲学家普列汉诺夫(Georgii Valentlnovich Plekhanov,1856—1918)对马克思和恩格斯的地理环境思想进行了系统化,并在此基础上提出了一些重要思想,他指出地理环境与人类社会相互作用的基础是生产力,地理环境通过生产力和生产关系对人类社会发生作用,随着社会生产力的增长和性质变化,地理环境对人类社会的作用也将发生变化;地理环境的差别是社会分工的自然基础,分工带来了交换,交换促进了生产,地理环境的多样性刺激了人们的各种需求和能力,从而推动人们采用各种方法来提高生产技术;一方面,发展着的生产力制约着地理环境的诸多属性,而地理环境的诸多属性通过生产力、社会关系等环节间接地影响社会意识;另一方面,地理环境的性质决定着生产力的性质,地理环境的属性制约着生产力发展的速度,地理环境通过生产力的状态对社会制度产生影响②。

2. 气候对人类社会的重要影响

自然环境对人类社会具有重要影响,这种影响主要表现在自然环境形成的气候、地理等因素对人类的生产和生活所产生的重要影响上。

这里,就以2010年的气候为例,我们来看看气候对中国的影响。2010年,中国年平均气温9.5℃,较常年偏高0.7℃,是1961年以来的第十个最暖年;冬季(2009年12月至2010年2月)平均气温−3.6℃,较常年同期(−4.3℃)偏高0.7℃;夏季(2010年6—8月)平均气温21.5℃,比常年同期偏高1.1℃,为1961年以来历史同期最高值;当年降水量681毫米,比常年偏多11.1%。这一年,中国因低温冷冻灾害和雪灾共造成4 121 000公顷的农作物受灾。2009年11月至2010年4月,东北、华北发生近40年来罕见持续低温灾害。2010年1月1—6日,北方遭受强寒潮袭击,东北大部及内蒙古东北部极端最低气温达−40~−30℃,局部地区气温在−40℃以下;1月17—23日,中国大部分地区再次遭受强寒潮袭击,渤海出现罕见海冰,海冰面积达2000年以来历史同期最大。低温灾害对冬小麦、油菜生长影响严重,造成冬小麦越冬期明显偏早,弱苗比例大,返青迟缓。2010年1—3月,新疆北部出现有气象记录以来最严重的雪灾,新疆北部地区积雪深度普遍在25厘米以上,阿勒泰最大积雪深度达94厘米,富蕴最大积雪深度达88厘米,均突破冬季历史极限。低温冷冻和雪灾,给当地造成了人员伤亡和较重经济损失。2010年,中国因风雹灾害共造成2 180 000公顷的农作物受灾,直接经济损失350.9亿元。例如,5月3—8日,重庆地区遭受罕见风雹灾害,共造成157.6万人受灾,死亡33人;8月5—10日、15—18日,江西省两次遭受风雹灾害,导致47.8万人受灾,因灾死亡16人。同时,一些地区遭受了极端高温酷暑侵袭。例如,6月23—29日,黑龙江呼玛气温高达40.5℃、加格达奇39.7℃、漠河39.3℃,内蒙古额尔古纳为39℃,东北地区有32个气象站的日最高气温突破历史极值;高温少雨导致黑龙江、内蒙古大兴安岭

---

① 侯丕勋:《论马克思主义地理环境观》,《西北民族学院学报(哲学社会科学版)》1986年第4期。
② 任春晓:《论普列汉诺夫与马克思地理环境理论的差别》,《上饶师范学院学报》2001年第2期。

林区发生多起森林火灾。强降雨导致多地发生山洪、泥石流、山体滑坡等自然灾害。例如，6月27—28日，贵州省关岭县岗乌镇强降雨引发山体滑坡，造成42人死亡，57人失踪；7月13日，云南省巧家县小河镇强降雨引发山洪、泥石流灾害，造成19人死亡，26人失踪；8月7日，甘肃省甘南州出现短时强降雨，引发舟曲县发生特大山洪泥石流灾害，造成1 700多人死亡（含失踪）。当年，有7个台风（如"灿都""凡亚比"等）登陆中国，对福建、广东等沿海省份造成重大损失，台风共造成146人死亡（含失踪），直接经济损失166.4亿元。据统计，2010年中国因气候引起的灾害及次生灾害造成的直接经济损失和死亡人口均为近十年来最多，是进入21世纪以来中国因气候遭受灾害最为严重的年份。①

最近几十年来，全球气候变化已经引起世界各国的广泛关注，气候变化的原因也成了各国科学家研究的一个重要课题。当前，一个广为人知的观点认为，是人类生产活动所排放的过量二氧化碳等导致了地球大气层的温室效应，从而引起了全球气候变暖。我们知道，地球自身就是一个由地核、地幔、地壳、海洋、生物圈、大气层组成的系统，同时地球又处于太阳系中，它又构成了太阳系这个自然系统的一个天体，而太阳系又处于银河系这个更大的宇宙环境中。因而，地球必然会受到宇宙环境中其他天体的重要影响，特别是受到太阳系中太阳的直接影响。从系统的角度来观察，影响地球气候变化的因素既有来自其本身系统的因素（内因），也有来自其外部环境的因素（外因），地球气候变化是内因和外因共同影响所形成的综合结果。整个人类社会只是地球生物圈中的一个生物种群，尽管人类对地球自然环境的影响越来越大，但人类活动只是影响地球气候变化的众多因素之一，这一因素显然不是唯一原因。从系统论的观点来看，仅仅强调人类活动温室效应导致全球气候变暖的观点显然是片面的，也太过于简单化了。实际上，影响气候变化的因素很复杂，概括起来大致可以分为自然因素和人为因素两大类。自然因素又可以分为地球系统因素、太阳系因素和银河系因素等，主要涉及太阳辐射与太阳活动、地球与其他天体的相互作用、地球系统的大气环流、海洋环流以及地球自身的各种运动（如地壳运动、火山活动、地磁变化、自转变化）等。人为因素主要涉及人类活动对地理状态的改变（如农田开垦、城市化）、自然环境的污染、生态平衡的破坏、温室气体的大量排放等。自工业革命以来，人类社会对地球自然环境的影响越来越大。

世界各国的科学家从不同角度对气候变化问题展开了深入研究。人们注意到了地球自转周期的变化、地球磁场的变化、地面气压的变化、海水表面的温度变化、海平面的升降变化、海洋吸碳能力的变化、热带降雨量的增减变化、亚热带云层多少的变化、极地冰川的融冻变化、太阳黑子的周期变化、太阳紫外线的辐射变化、太阳带电粒子的强弱变化、太阳磁场的周期变化、地球绕日运行的半径变化、行星对地球引力的变化、太阳系在银道面上下浮动的变化等众多现象，人们发现这些现象似乎都与地球的气候变化具有某种程度的联系。有人提出是地球本身的地质运动导致了气候变化，有人提出是海洋环流影响了气候变化，有人提出是生态环境变化引起了气候变化，有人提出是大气环流影响了气候变化，有人提出是地球运动轨道变化导致了气候变化，有人提出是太阳活动变化造成了气候变化，有人提出是行星对地球引力变化造成了气候变化，也有人提出是太阳穿越银道面时因受尘埃星云影响而导致地球气候周期变化。在全球气候变化这个问题上，人类再次出现了"盲人摸

---

① 王遵娅、曾红玲、高歌、陈峪、司东、刘波：《2010年中国气候概况》，《气象》2011年4月第4期。

象"似的争论。

自从 1988 年联合国政府间气候变化专门委员会(IPCC)成立以来,在历届"世界气候大会"的积极推动和各国媒体的广泛宣传下,世界各国的大多数人都相信地球正在变暖、未来全球气温将会继续升高。但是,有些科学家根据天文观测和深入研究却指出,未来全球气温不是上升而是将会下降①。中国科学院地球环境研究所刘禹等专家的研究结果显示,中国中北地区(该地区的温度变化能够响应地球北半球的温度变化)于公元 401—413 年、公元 604—609 年、公元 864—882 年、公元 965—994 年的四个极暖时期均出现在工业革命之前,这显然难以用人类活动造成大气二氧化碳浓度增加来解释②。另外,科学家通过对格陵兰岛和南极大陆地下深达 3 000 米处采集到的冰芯进行研究发现,全球升温早在工业革命前就已经开始了③。早在 1969 年,丹麦哥本哈根大学物理研究所威利·丹斯加德(Willi Dansgaard)教授用氧的放射性同位素方法,对格陵兰岛冰川上采集的冰块进行研究,发现近 1 700 年来格陵兰岛的气温升降呈现出明显的周期性变化④。

为说明气候变迁的特征,这里引用中国科学院地理科学与资源研究所郑景云等有关专家于 2010 年 9 月所发表的一项科学研究成果,这项成果是研究人员耗费十余年时间,利用历史文献、树轮定年、现代气象观测等方法对古今物候差异定量校准后所绘制的"公元后 2 000 年中国东部地区冬半年气温变化序列图"(见图 9-2)。在这个图中,冬半年是指本年 10 月到来年 4 月的半年期间,尺度分辨率为 30 年,折线为 3 点滑动平均值的连线。

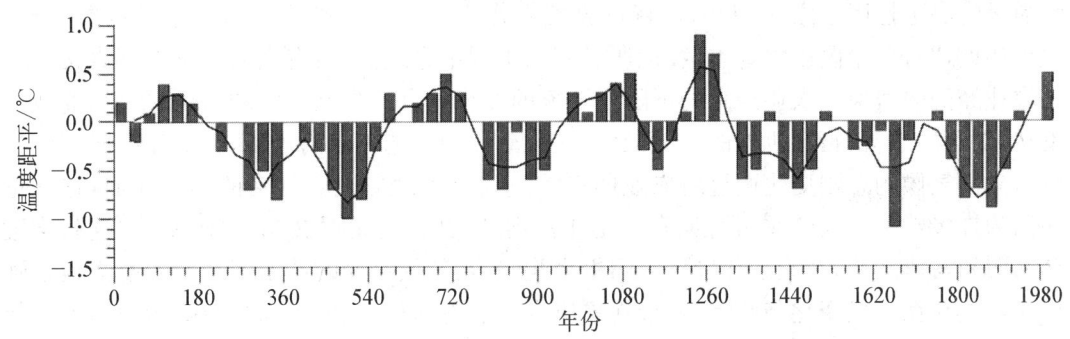

图 9-2 公元后 2 000 年中国东部地区冬半年气温变化序列图⑤

这项研究的成果表明:中国东部地区气温变化存在 200～300 年和准 600 年的周期,在过去 2 000 年以来中国东部地区冬半年的气温至少存在 4 次温暖期;研究证明气候的长期变迁具有周期性特征,20 世纪的气候增暖现象并不是唯一的气候变暖阶段,而且其温暖程度、增暖速率均没有超过过去 2 000 年曾经出现过的最高水平;从百年尺度来看,20 世纪的温暖程度略低于中世纪暖期的两个温暖时段(即公元 930—1100 年和公元 1200—1310 年),与隋唐温暖期(公元 570—770 年)相当;从百年增暖速率来看,20 世纪的增暖速率与过去 2 000

---

① 张浩:《"我是个孤独的少数派"——访俄罗斯天文学家阿卜杜萨马托夫》,《科技日报》2010 年 1 月 20 日。
② 王燕:《西安学者:太阳辐射或是气候变暖主因素》,《西安晚报》,2009 年 5 月 7 日。转引自"新华网":http://www.sn.xinhuanet.com/2009-05/07/content_16455934.htm,2012 年 11 月 5 日。
③ 张浩:《"我是个孤独的少数派"——访俄罗斯天文学家阿卜杜萨马托夫》,《科技日报》2010 年 1 月 20 日。
④ W. Dansgaard, et al., One thousand centuries of climate record from Camp Century on the Greenland ice sheet, Science, 1969, Oct. 17, p.378, Fig. 2.
⑤ 来源:郑景云、邵雪梅、郝志新、葛全胜,《过去 2 000 年中国气候变化研究》,《地理研究》2010 年 9 月第 9 期,图 1。

年中其他由寒冷转向温暖阶段的气候升温速率相似①。

2020年3月10日,世界气象组织发布的《2019年全球气候状况声明》报告显示②:2010年至2019年是有气温记录以来最热的10年,2015年至2019年是有气温记录以来最热的5年;由于温室气体水平持续上升,全球变暖正在加速。为保护人类生存的自然环境,世界各国应该改变高度依赖石化能源的发展模式,应更多使用风电、光电等可再生能源来实现社会经济的可持续发展。

3. 气候变迁与人类文明之间的联系

中外一些学者研究表明,地球气候变迁与人类文明发展之间具有密切的联系,无论是对文明起源、王朝盛衰、民族关系、人口分布与迁移,还是对历史上的军事和政治斗争等,气候因素都具有十分重要的影响。

早在20世纪80年代,美国学者布雷特·辛斯基(Bret Hinsch)就对气候变迁与中国历史发展的关系进行了研究③。他联系东亚、欧洲和北美气候变迁及影响,论述了气候变迁与中国各时期历史的关系;通过对新石器时代直到清朝时期气候变迁与历史关系的分析,他指出气候变化通过影响中国农业发展,从而影响到社会的各个方面;中国气候温暖期与寒冷期周期性变化的过程,是游牧文明与农耕文明两种生态环境较量与整合的过程;在温暖期,中国经济繁荣、民族统一、国家昌盛,而在寒冷期,气候剧变引起经济衰退、游牧民族南侵、农民起义、国家分裂、经济文化中心南移等;他认为,在历史时期气候是中国北方政治命运的决定性因素之一,并强调将世界气候作为一个整体来研究历史事件的重要性。他论述说,"古代中国以农为本,我们所了解的中国中原地区,所有文明的发展都直接地依靠农业经济的繁荣。农业产量的下降使国家的经济盈余减少,而城市的急剧扩展,商业的发达,战争的进行,行政机构的高效操作,文化事业和工艺美术的进步,也都需要坚实的经济基础。气候的急剧变化通过对农业的影响进而极大地影响着社会的方方面面,这一论点已为许多曾经存在的文明所证实。比如古埃及文明、迈锡尼文明、巴尔米拉文明、格陵兰文明和马里文明,其生态环境比中国更为脆弱,在气候巨变的冲击下一一瓦解";他还强调说,"建立在气候变化与政治、社会现象决定上的简化论,只能歪曲复杂的历史事实。但是,当对历史事件从各方面进行理解研究时,如果考虑进气候因素,我们就能更加明晰中国悠久的历史了"④。

气候的变迁不但影响着地球表面海陆的形成,而且影响着陆地上水源和生物的分布,陆地上不同地区的气候差异和地质差异决定了这些地区水源和生物分布的差异,从而形成了不同的地理环境特点。人类的生存需要适宜的气候地理环境,同时也离不开水源和食物源(植物或动物)。为了生存需要,人类一定会选择水源和食物源比较丰富的地区生活。正如俄国哲学家普列汉诺夫所指出的,地理环境的差别是社会分工的自然基础。在欧亚大陆上,纬度较高的北方地区,气候条件使这些地区生长着大片草原,生活在这里的人们受草原地理条件所限只能发展出游猎和畜牧的生产方式;而在纬度稍低的亚热带地区,气候条件适宜

---

① 郑景云、邵雪梅、郝志新、葛全胜:《过去2000年中国气候变化研究》,《地理研究》2010年9月第9期。
② 刘曲、尚绪谦:《世界气象组织:全球变暖势头不变,未来5年可能再破纪录》,新华网2020年3月11日,参见:http://www.xinhuanet.com/2020-03/11/c_1125697085.htm。
③ Bret Hinsch, Climatic change and history in China. *Journal of Asian History*, 22(2)(Wiesbaden, 1988).
④ 布雷特·辛斯基撰,蓝勇等译:《气候变迁和中国历史》,《中国历史地理论丛》2003年第2期,第50页、第65页。

粟、黍、麦和麻等类植物生长,生活在这里的人们在这种地理条件中就很自然地发展出了农耕种植的生产方式。正是这种最初的地理环境差异,导致古代人类社会农业生产中畜牧业和种植业的社会分工。不同地区的人们,由于地理环境的不同和生产方式的差异,又导致人们生活方式的差异。例如,以畜牧业为生的人们,他们的主要产品是牛、羊等牲畜,所以他们以畜肉为主食,喝乳汁,穿畜皮,过着追逐水草的游牧生活;而以种植业为生的人们,他们的主要产品是粟、黍、麦、麻、棉、茶等植物,所以他们以谷物等植物为主食,喝茶水,穿布衣,过着春种秋收的定居生活。

在长期生产和生活过程中,人类与地理环境之间不断发生着相互作用,这种相互作用促进了人类思维与智力的产生和发展,从而使人类逐渐学会了使用火、吃熟食并创造了音节语言等。不同地理区域的人们,正是由于生产和生活方式的差异,逐渐形成了具有地方特色的独特文化。其文化的独特性主要表现在,他们在语言、饮食、服饰、居住、婚姻、风俗等方面具有较大差异,这种差异具有浓郁的地理特色,即人们常说的"一方水土养一方人"。正是各种不同的地方文化,经过长期积淀、融合与发展,最终形成了人类社会各种各样的民族差异。生活在北方草原地区的游牧民族与生活在中原黄河流域的农耕民族,他们在语言、饮食、服饰、居住、婚姻、风俗等民族文化的表征方面具有显著差异;如果我们对这些差异进行追根溯源,将不难发现,其最初的差异起源于气候和地理环境的差异。由此,我们发现在古代社会不同文明诞生和演化过程中存在着如下的关系链:

(气候+地质)差异→地理环境差异→(水源+出产)差异→人类分布差异→社会分工差异(游牧、农耕)→生产方式差异→生活方式差异→民族文化差异→社会文明差异

地理环境是人类社会存在和发展的必要条件,对社会发展具有重要的影响。在世界上,没有哪一个国家的历史不被打上地理环境影响的印记。在人类社会早期,人类的大部分生活资料直接取自自然界,当时采集和狩猎仍是重要的经济活动。人类社会发展阶段越古老,人类社会对地理环境的依赖性就越大,但即使在原始社会时期,人类社会的发展速度与地理环境的优越程度之间也并不是成正比的。正如马克思所指出的那样,地理环境与人类社会均处于不断运动变化而又相互影响、相互制约之中。在地理环境变化中,气候变化是其主要方面。气候变化是对人类社会影响最深刻、最重要的一类自然变化。气候变化必然会引起人类社会土地资源数量和性状的相应变化,而土地资源数量和性状的变化将会促使人类改变土地利用方式,而土地利用方式的变化又会引起农业产出的变化,进而会影响到不同地区的人口分布,而人口分布的变化又会引起一个国家在人文、经济和政治等诸多方面发生相应变化。反之,当一个国家在人文、经济和政治等方面发生变化时,也会引起人口在不同地区的分布变化,而人口分布的变化又会带来土地资源分配与利用方式的改变,从而影响到地理环境的变化。因此,从气候变化对中国各历史时期的影响来分析,人类与土地之间的关系形成了一条相互联系的关系链[①]。这个关系链可以简单表述如下:

气候变化→土地资源变化→土地利用变化→农业产出变化→人口分布变化→国家要素变化

气候变化对农业产出具有重要影响,这种影响直接表现在气温对植物生长速度和生长

[①] 王铮、张丕远、周清波:《历史气候变化对中国社会发展的影响》,《地理学报》1996年7月第4期。

期上。农作物对温度变化都十分敏感。例如,大豆种子在16℃时播种比在21～32℃时播种,它的发芽速度要慢一半;另外,在大豆的整个生长周期中,其生长速度也会随温度的上升而显著加快①。气候变化对农业生产以及人类生活的影响一般更多集中于冬季。寒冷冬季往往会发生雪灾和冰灾等灾害,从而冻坏农作物或冻死牲畜,进而影响到人类社会的生产生活。除了气温以外,气候的另一个要素——降水,对农作物生长和人类生活也有重大影响。气候变化会影响到气温和降雨的变化,进而会影响到人们的农业生产活动。例如,夏季平均气温降低1℃就会使冰岛最主要的传统农作物——干草的产量减少15%～17%②。降水量过多一般会引发泥石流、山体滑坡和涝灾水患等灾害;而降水量过少一般会引发旱灾和蝗灾等灾害,严重时还会导致水源干涸、草原枯萎、土地沙漠化等,从而直接影响到人类社会的生产生活。有学者通过对史前一些文化遗址进行研究后指出,导致中国关中地区仰韶文化衰落③和黄河中下游地区龙山文化消亡④的主导因素可能是气候干旱。对季风降水强度指标记录的研究也显示,历史时期的朝代更替多出现在季风降水较弱的时期⑤。约翰逊(D.L. Johnson)和L.古尔德(L.Gould)的研究证明,美索不达米亚(今伊拉克境内)的农业收成与气候变化密切相关,气候变化引发了灾荒和战争从而导致周期性的人口锐减⑥。我们随便翻阅中国史籍就可以看到,在各历史时期都有因气候干旱而引起"连年旱蝗""赤地千里""饿殍遍野"等灾害,当自然灾害严重时往往会触发农民起义、民族战争和社会动乱。

4. 气候脉动对人类文明的冲击

美国文化地理学家埃尔斯沃斯·亨廷顿在1907年出版的《亚洲的脉动》一书中提出了北方游牧民族由于气候变干导致牧场变坏从而外侵的观点;在《文明与气候》(1915)一书中他进一步提出了气候脉动论,绘制了两条历史气候变迁的曲线(干燥曲线和湿润曲线),并以此推断出气候脉动的结论:一个干燥周期开始以后,草原随之干化成沙漠,游牧民族不得不向外迁徙,于是就造成了一连串的迁移与征服的现象。亨廷顿提出的气候脉动论,在20世纪60年代前曾轰动一时,但后来渐被人们淡忘。

英国著名历史学家汤因比在1934—1961年的27年间陆续出版了他的12册巨著《历史研究》。在《历史研究》中,汤因比总结出了亚非欧三洲游牧民族入侵农耕地区时的两个显著特征,一是各游牧民族入侵农耕地区的同时并发症,二是游牧民族的外侵具有一定的活跃期和静止期;他由此发现,游牧民族入侵农耕地区的历史时期具有一定的周期性,其周期大约是600年,在600年的大周期中,前300年为活跃期,后300年为静止期,且在每一活跃期的第一个世纪里,游牧民族的侵略都尤为猖獗。汤因比发现,游牧民族侵略的活跃周期和静止周期,与亨廷顿所绘历史气候变迁的干燥曲线和湿润曲线之间很相似,他从而断言亨廷顿所提出的气候脉动便是操纵这种并发症和周期性的动力。汤因比的《历史研究》问世后,亨廷

---

① 转引自布雷特·辛斯基撰,蓝勇等译:《气候变迁和中国历史》,《中国历史地理论丛》2003年第2期,第52页。
② 布赖森:《冰岛干草产量的启示》,冰岛,1974年。转引自布雷特·辛斯基撰,蓝勇等译:《气候变迁和中国历史》,《中国历史地理论丛》2003年第2期,第51页。
③ P.Z. Zhang, H. Cheng, R.L. Edwards, et al. A test of climate, sun, and culture relationships from an 1810-year Chinese cave record. *Science*, 2008, (322), pp.940-942.
④ W.X. Wu, T.S. Liu. Possible role of the "Holocene Event 3" on the collapse of the Neolithic Cultures around the Central Plain of China. *Quaternary International*, 2004, (117), pp.153-166.
⑤ P.Z. Zhang, H. Cheng, R.L. Edwards, et al. A test of climate, sun, and culture relationships from an 1810-year Chinese cave record. *Science*, 2008, (322), pp.940-942.
⑥ D.L. Johnson, L. Gould, *Climate and Development*, ed Biswas AK (Tycooly, Dublin), 1984, pp.117-138.

顿所提出的气候脉动论再度引起了人们的关注。①

1975年,气象学家格雷提出假说认为,在北半球气候以约600年的周期从西向东循环,从而引起北半球气温的长期变迁②。冰川学家已发现,冰川线大幅度的南降北行在地球上几个地方几乎是同时发生的,这一发现已被该时期的有关材料所证实③。这说明,从长期来看(例如百年尺度),全球气候的脉动(特别是气温的冷暖变迁)基本上是同步的。这使古代世界的两大帝国——西方的罗马和东方的汉朝,在相同时间进入了一个气候温暖的时期。从1200年至1400年左右,欧洲和中国的气候同时处于"小冰期",这一时期欧洲气候的变化表现为冰川的扩展、森林南线的南移以及因降雨增加而使沼泽、湖泊扩大,欧洲的生态剧变导致庄稼歉收、饥荒、土地废置和多种瘟疫横行④;同一时期的中国,气候短暂温暖后变得异常寒冷,1309年冬天运河结了冰,1329年和1353年太湖两度结冰,湖冰厚达数尺,附近的橘树都被严寒冻死⑤。13—14世纪,蒙古人不断向南侵略和迁徙,战争和各种灾害造成中国总人口下降竟超过一半(减少大约5 500万)⑥;在严寒的1347—1353年间,欧洲人口损失四分之一到三分之一⑦。在17世纪,当最寒冷、最漫长的小冰期到来时,在1618—1648年期间,欧洲爆发了历史上最惨烈、屠杀人口最严重的战争,战争、饥荒和流行病蔓延导致欧洲人口遭遇毁灭性衰退;而在中国,在1620—1650年期间,由于战争、饥饿和瘟疫,人口锐减43%(大约7 000万)⑧。

据地球科学资料显示,温度每降低1℃,地球上的温带和暖温带的分界线将南移200千米左右。以中国北方的广大草原地区为例,如果北方年平均气温下降1℃的话,当地的草场面积将在纬度上减少200千米的范围;如果年平均气温下降2~3℃的话,草场面积在纬度上至少会减少400~600千米的范围。⑨对于中国北方地区来说,历史上年平均气温下降1~2℃的变化,还会导致无霜期的缩短,这对各类植物特别是农作物的生长将会带来严重影响,最直接的影响就是生长期的缩短。由于中国属季风性气候,气温的降低意味着降水量的减少,由此引起的长期干旱会对农业生产形成更多不利影响。由此看来,这种气温的细微变化都会对北方地区的植被生态产生强烈影响,而草原植被面积的增减变化自然会对当地游牧民族的生产与生活造成重大影响。

从全球范围来看,当人类发明农业以后,整个世界以亚欧大陆为中心形成了两种类型的社会文明:一种是位于北纬23度线(北回归线)与北纬35度线之间狭长地带上的农耕文明;一种是位于北纬40度线与北纬55度线之间欧亚大草原上的游牧文明。农耕文明所占据的狭长地带上,生存着5个古老的农耕文明,分别是地中海附近的克里特文明,北非的古埃及文明,两河流域的美索不达米亚文明,印度河流域的哈拉巴文明(印度文明的前身),黄河流

---

① 以上两段参见李秀朋、彭云望:《管理文化:"土壤"、传统与创新》,"中国军事图片中心"网,2011年4月23日,http://tp.chinamil.com.cn/2011/2011-04/23/content_4425513.htm,2012年11月2日。
② 格雷:《日本和欧洲冬天的气温》,《天气》1975年第30期。转引自布雷特·辛斯基撰,蓝勇等译:《气候变迁和中国历史》,《中国历史地理论丛》2003年第2期,第65页。
③ 布雷特·辛斯基撰,蓝勇等译:《气候变迁和中国历史》,《中国历史地理论丛》2003年第2期,第54页。
④ 布雷特·辛斯基撰,蓝勇等译:《气候变迁和中国历史》,《中国历史地理论丛》2003年第2期,第62页。
⑤ 竺可桢:《中国近五千年来气候变迁的初步研究》,《中国科学》1973年第2期,第177页。
⑥ 姜涛著:《中国近代人口史》,浙江人民出版社1993年9月版。
⑦ C. McEvedy, R. Jones, *Atlas of World Population History*. Allen Lane, London, 1978.
⑧ 姜涛著:《中国近代人口史》,浙江人民出版社1993年9月版。
⑨ 管彦波:《民族大迁徙的地理环境因素研究》,《西北民族大学学报(哲学社会科学版)》2010年第3期。

域的华夏文明(指夏商周三代)。而在北面的欧亚大草原上,从东亚的兴安岭到西欧的多瑙河下游地段,则生活着许多追逐水草、以游牧为生的游牧民族。这种"南农北牧"的对峙局面,从公元前 3000 年一直持续到公元 1500 年。

在世界历史上,曾经发生过三次游牧文明冲击农耕文明的大规模侵袭活动。第一次大侵袭发生在公元前 2000 年至公元前 600 年左右,主要由游徙于欧亚大草原中部的印欧语系游牧民族发起,这次侵袭使当时在中国以西的几个农耕文明都受到了不同程度的摧残,导致这些农耕文明形态的嬗变,从而催生了人类历史上的第二代文明(即古典文明),它包括古希腊、古罗马、波斯帝国、古代印度和东方的秦汉帝国。第二次大侵袭发生在公元前 2 世纪到公元 4 世纪,主要由游牧于中国西北部的匈奴人发起,这次侵袭造成欧亚大草原上各游牧民族的南迁和西徙,从而导致几乎整个古典文明体系的崩溃。第三次大侵袭发生于公元 13 世纪初,主要由欧亚大草原东部的蒙古人和突厥人发起,在成吉思汗及其继承者们的率领下,蒙古侵略者的金戈铁马横扫了从中国东海直到东欧黑海海滨的几乎整个欧亚大陆。[①]

5. 中国历史时期气候变迁的长期特征

在 20 世纪 70 年代,中国著名气象学家竺可桢(1890—1974)利用物候学的方法对中国近五千年来的气候变迁进行了研究,比较全面地揭示出了中国气候变迁的长期特征。此后,国内外许多学者采用不同方法也对中国各历史时期的气候情况进行了研究。为直观起见,我们来看看"中国各历史时期冬季气温变化曲线图"(见图 9-3)所反映的气候变迁情况。图 9-3 是以竺可桢先生绘制的"五千年来中国冬季温度变迁图"[②]为基础,同时结合气象专家任振球和天文学家李致森根据地球与行星相对位置测绘的"中国五千年来温度变迁图"[③]而绘制的。

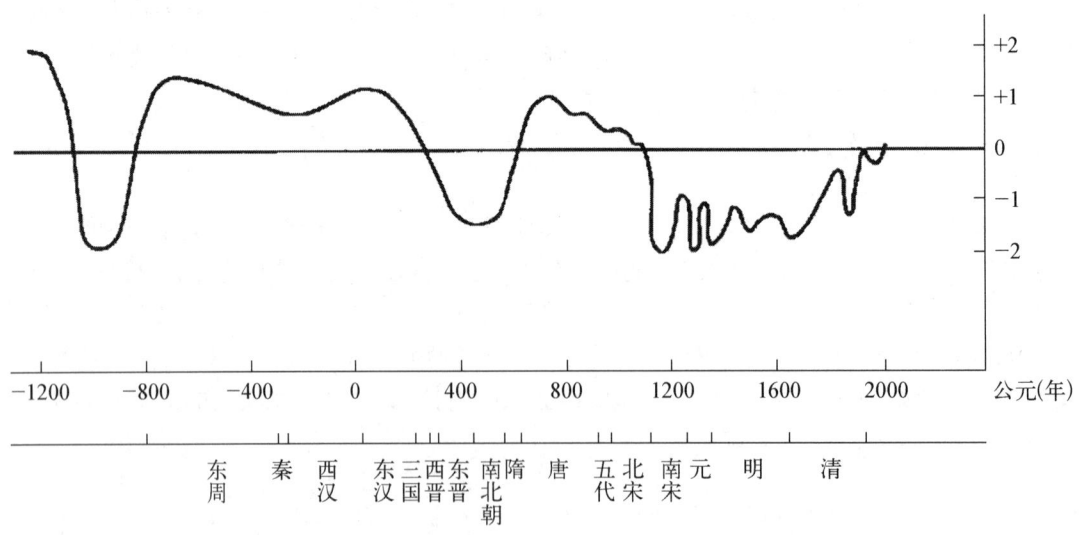

图 9-3 中国各历史时期冬季气温变化曲线图[④]

[①] 以上两段参见李秀朋、彭云望:《管理文化:"土壤"、传统与创新》,"中国军事图片中心"网,2011 年 4 月 23 日,http://tp.chinamil.com.cn/2011/2011-04/23/content_4425513.htm,2012 年 11 月 2 日。
[②] 竺可桢:《中国近五千年来气候变迁的初步研究》,《中国科学》1973 年第 2 期,第 186 页,图 2。
[③] 任振球、李致森:《行星运动对气候变迁的影响》,《科学通报》1980 年第 11 期,第 503 页,图 2。
[④] 来源:杨正瓴、杨正颖:《中国的气温变化与历史变迁关系的初步研究》,《天津大学学报(社会科学版)》2002 年 3 月第 1 期,第 59 页,图 1。

竺可桢的研究成果指出：中国在近 5 000 年中，从仰韶文化时代到安阳殷墟时代的最初 2 000 年中，黄河流域的年平均气温比现在高 2℃左右，在这以后年平均气温有 2～3℃ 的摆动；寒冷时期出现在公元前 1000 年(殷末周初)、公元 400 年(六朝)、公元 1200 年(南宋)和公元 1700 年(明末清初)时代；在近 2 000 年中，汉、唐两代是比较温暖的时期，三国开始后不久气候变冷，并一直维持到唐代开始；唐末以后气候再次变冷，至 15 世纪渐入小冰期，其间气温有多次起伏，直至 20 世纪初小冰期结束，气候再次回暖。

王铮、张丕远、周清波等专家用三年时间对近 2 000 年中国气候变化进行系统研究后发现[①]：在 2 000 年中，中国的气候以公元 1230 年为界，前期比较温暖，后期比较寒冷；中国历史时期存在几次大的气候突变，分别发生于公元 280 年、公元 880 年左右、公元 1230—1260 年间和公元 1816—1831 年间，其中，发生于公元 1230—1260 年间的气候突变是近 2 000 年中变化最大的一次；在近 2 000 年中，气候变化导致中国逐渐变得干燥，变干最迅速的时期是公元 280—500 年间；在公元 480—500 年间，气候发生了一次大转折，以公元 500 年为分界点，中国的气候从湿润开始变得干旱；在公元 880 年后季风退缩，中国东部地区沙漠化加剧。

6. 气候变迁与北方民族南迁的联系

在中国古代历史上，北方游牧民族无数次的南侵和移民运动，极大地影响了中国农耕文明的历史进程。关于北方游牧民族屡次南侵的原因，中外学者提出了许多不同解释，例如天性嗜利说、人口膨胀说、贸易受阻说、掠夺说等[②]。但今天看来，最主要的原因应该是由气候引发的生态环境危机导致的。

近年来，中国已有学者对气候变迁影响民族迁徙等问题进行了研究，并取得了一些成果。例如，学者张利通过对气候变迁与中国古代北方民族南下现象进行研究后指出，在公元前 1000 年至公元前 850 年的寒冷期，西周发生了频繁的北方游牧民族南迁活动；在公元初年到公元 600 年的寒冷期，居住于中国东北、西北的少数民族从东汉时开始纷纷从寒冷的塞外举族南下；在公元 1000 年至 1200 年的寒冷期，北方的契丹、党项、女真、蒙古等民族挥戈南下，导致各国之间战事频繁；在公元 1640 年至 1700 年的最冷时期，清军南下入关，建立了清王朝政权[③]。

学者王会昌系统研究了秦汉以来北方游牧民族南迁过程中所建立的民族政权疆域南界的纬度变化(见表 9-4)与中国气候长周期波动之间的关系后，他得出结论：从中国气候的冷暖干湿变化与历代王朝的兴衰荣枯的对应分析中，可以看出，2 000 多年来温暖湿润气候期的不断缩短、寒冷干旱气候期的不断延长和干旱化程度的日益严重，引起了塞外游牧民族步步深入到黄河-长江流域，中国历代王朝的兴衰和游牧民族政权疆域南界的变化等，都与气候上冷暖干湿的波动变化之间呈现出大体同步的相关或共振关系。他指出，在北宋初年到清末(1000 年至 1900 年)的寒冷期，从 15 世纪开始气候向干冷方向演变，黄河流域从 1627 年到 1641 年出现了前所未有的连续 14 年的流域性干旱，气候变化最初引发了辽、金与宋朝的对峙，后期导致元、清两代游牧民族对黄河-长江流域农耕地区的统治。[④]

[①] 王铮、张丕远、周清波：《历史气候变化对中国社会发展的影响》，《地理学报》1996 年 7 月第 4 期。
[②] 萧启庆：《北亚游牧民族南侵各种原因的检讨》，《食货月刊》(台北)1972 年 3 月复刊第 1 卷第 12 期。
[③] 张利：《气候变迁与我国古代北方民族的南下》，《许昌师专学报》1997 年第 4 期。
[④] 王会昌：《2 000 年来中国北方游牧民族南迁与气候变化》，《地理科学》1996 年第 3 期。

表 9-4 历代游牧民族政权疆域南界的纬度变化①

阶段	时代	政权界限(北/南)	纬度(N)	相当于今地名
Ⅰ	秦	匈奴/上谷郡	41°42′	内蒙古锡林郭勒盟太仆寺旗炮台营子
	西汉	乌桓/幽州刺史部上谷郡	41°18′	河北省张家口市二台东
	东汉	鲜卑/幽州刺史部上谷郡	40°56′	河北省张家口市东北
Ⅱ	三国	鲜卑/魏,幽州上谷郡	40°56′	同上
	西晋	鲜卑/幽州上谷郡	40°56′	同上
	东晋	前秦/东晋,豫州弋阳郡	32°18′	河南省息县临河镇
	南北朝	北朝:北齐/南朝:陈	30°24′	湖北省浠水县下巴河镇
间歇期	隋	突厥/涿郡	44°00′	内蒙古锡林郭勒盟阿巴嘎旗南
	唐	回纥/河北道,妫州	43°30′	内蒙古锡林郭勒盟查干诺尔
Ⅲ	五代十国	契丹/北周	39°24′	河北省涞源县塔崖驿
	北宋	辽/北宋	39°06′	河北省易县南管头
	南宋	金/南宋	32°18′	河南省息县临河镇
Ⅳ	元	中国大陆南缘	22°30′	广东省惠东县港口
	明	鞑靼/京师开平卫	42°40′	内蒙古锡林郭勒盟正镶白旗北
	清	中国大陆南缘	22°30′	广东省惠东县港口

注：① 以 115°00′E 经线上的纬度变化为准。
② 元、清两代只取中国大陆纬度。

气候变化对游牧民族和农耕民族的影响程度是不同的。游牧民族以游猎和畜牧业为生，他们最主要的生产和生活资料是马、牛、羊等牲畜，畜养这些牲畜需要有足够的草场和水源，而草场和水源又受到气候和地理环境的极大制约，这就决定了他们抵抗自然灾害的能力极弱。当遭遇到干旱和冰冷天气时，水源将会减少，草场将会枯萎，这直接会导致牲畜的成群死亡，从而会严重威胁到游牧民族的生存。中国史书中多次记载了气候引起的灾害给北方游牧民族社会带来的重大影响。以两汉时的匈奴族为例："(太初元年)冬，匈奴大雨雪，畜多饥寒死。"(《史记·匈奴列传》)；"(征和四年)会连雨雪数月，畜产死，人民疫病，谷稼不熟。"、"(地节二年)匈奴饥，人民、畜产死十六七。"(《汉书·匈奴传上》)；"(光武二十二年)匈奴中连年旱蝗，赤地数千里，草木尽枯，人畜饥疫，死耗太半。"(《后汉书·南匈奴传》)。由这些记载可以看出，像匈奴这样地域较广、国力较强的游牧民族，当遇到自然灾害时尚且如此脆弱，北方的其他小部落、小邦国更是可想而知。对于中原地区的农耕民族来说，他们抵抗自然灾害的能力相对较强。当遇到干旱和冰冷天气时，即使寒冬没有收获，他们依然可以依靠夏秋的粮食储备安然过冬。

当气候变化处于长周期中的温暖期时，因气温相对较高，湿度相对较大，这时无论是高纬度的温带地区还是低纬度的亚热带地区，降水量都比较充沛，这既有利于农作物的生长，

---

① 来源：王会昌，《2 000 年来中国北方游牧民族南迁与气候变化》，《地理科学》1996 年第 3 期。

也有利于草原植被的生长,因此,农耕民族和游牧民族的生产活动都会得到相应发展,人民生活相对比较稳定安逸,各国人口也会随之增长。当气候变化处于长周期中的寒冷期时,随着气温的降低,气候变得寒冷,同时降水量减少会导致干旱,气候变化会造成自然灾害频发,从而使农耕民族和游牧民族的生产与生活都会受到不利影响。气候变化对温带草原地区的影响更大,随着气温的转寒和气候的干旱,草原带会随之南移,草原生态环境也会不断恶化,生态环境恶化将会导致水源减少和草场大面积枯萎,严重时甚至出现草原的荒漠化,这些结果将会直接威胁到游牧民族的生产和生活。气候变冷对游牧民族的影响,不仅表现在草场的减少和牲畜的冻死上,同时也表现在温暖期人口增长的滞后效应上。这样,当气候转入寒冷期后,在生存环境的直接威胁和巨大的人口压力下,亚欧大草原上原来各自分立的游牧部落之间,为了争夺日益稀缺的水草资源,往往就会发生大规模的部落争战和部落兼并,兼并的结果就会导致草原帝国的崛起。崛起后的草原帝国在生态危机导致的生存危机的驱使下,他们就会向农耕地区发动大规模的侵略、掠夺和迁移。

7. 气候变迁与古代战争之间的联系

近年来,国内外一些学者通过对气候变迁与古代战争关系的叠加研究,发现战争发生和气候变迁存在很大关联,从而从更深层次上揭示出气候变迁对社会发展的影响机制。气候变化首先影响了土地的产出能力,从而制约了农业产出和食物供给,人口的不断增长会造成食物资源的相对短缺,食物资源的相对短缺往往会导致人类社会发生饥荒、冲突和战争,而这些又会导致人口减少,人口下降使食物资源的人均供给量回升,这又导致相对的和平并使人口迅速增加;由气候变迁推动的人类战争,调节着人口规模和食物资源之间的动态平衡。社会系统内这些因素的互动,形成了农业社会特有的一种历史变化节奏。

章典(David D. Zhang)、皮特·布雷克(Peter Brecke)等人通过对公元1000—1900年间全球气候变迁与战争和人口关系进行系统研究后,他们于2007年12月在美国科学院院刊PNAS杂志上发表研究报告指出:在长时间尺度上,人类社会战争频率和人口变动与平均气温的变化周期密切相关,气候变冷阻碍了农业生产,从而引起粮价上涨、战乱、灾荒和人口下降等一系列严重社会问题;战争与和平、人口变动、粮价变动在很大程度上受气候长期变化的影响,并且这些变动在全球范围内呈现出同步周期性波动[1]。他们的研究基于不同地理环境、不同社会结构和不同地区的定量分析,不仅在时间和空间上解释了人类历史上绝大部分战争发生的规律,而且也明确揭示出食物资源的相对短缺是引起古代社会战争爆发的一个最基本原因。鉴于这一研究成果的重要性,我们在下面重点引述他们所得到的一些主要结论:

(1) 通过对欧洲、亚洲以及北半球干旱地区的战争发生率与气温相关性进行分析后他们发现,在百年时间尺度上,战争的频率与该地区地理环境下的温度异常显著相关;其中,北半球干旱地区对气候变化最敏感,其战争与气候的相关性最高;欧洲和非洲的寒冷地区或沙漠荒原对气候变冷更加敏感,这些地区战争与气候的相关性也很高;而在潮湿的热带和亚热带地区,温度下降对农业生产的影响较小,而且在同样的气候变动下,因为有更多的可供选择的替代资源,所以这些地区的食物资源不会缩减。

---

[1] David D. Zhang, Peter Brecke, Harry F. Lee, et al. Global climate change, war, and population decline in recent human history. *Proceedings of the National Academy of Sciences of the United States of America*, December 4, 2007.

(2) 通过研究中国历史,他们发现,战争爆发频率和人口下降明显地与北半球温度变化相关,而且全社会范围的动乱、人口的缩减以及王朝的更迭总是发生在历史上的寒冷期。公元 1000 年以来中国战争史中所记录的许多资料证明,战争的峰值发生在寒冷期,而多数的战争-和平周期变化总是随北半球的温度变化而波动。温度与战争的关系,在统计学意义上表现出显著相关,而人口的下降总是紧随在每一次战争峰值之后。战争发生常常是因为气候变冷和干旱,这样的气候驱使着北方和西部的部落进入中原地区。

(3) 通过对公元 1000—1900 年间欧洲和中国人口增长率变化的研究,他们发现:温度变化与战争频率以及人口增长率这三者在不同的时间和空间尺度上都显著相关,而且在时序上相吻合;气候变冷是寒冷时期社会灾难蔓延的推动力,这种推动力是通过农业收成的减少而发生作用的,农业收成的减少通常是因为气候变冷造成了植物生长期缩短和有效耕作面积的缩小,而食物资源的短缺(体现为价格的上涨)会导致社会动乱和人口的下降。

(4) 他们将欧洲和中国在公元 1500—1800 年间的农产品产量、谷物产量增长率、粮食(小麦和稻米)价格、人口规模、人口增长率、战争频率等数据以年代为横轴绘制成曲线(所有数据以 410 年分辨率进行滤波处理),并与同一时期的北半球温度异常曲线对比后,他们发现:尽管欧洲和中国这两个区域在政治、经济和地缘上都互不相关,但这两个区域在这六个方面的曲线波动,无论是时间区间、波形转折点还是波幅的震荡幅度等都是同步的,这些曲线的波形都是连续的,而且与温度变化曲线互相对应。这说明,在这一时期内气候变迁对欧洲和中国这两个区域农业生产的影响是同步的;一方面,气候变冷导致农业收成减少,农业收成减少又导致谷物等粮食价格上涨,当粮食价格上涨到一定高度时就会爆发战争;另一方面,人口增长率受战争频率和人均食物供给量(反映在谷物价格上)的影响,当农业收成下降到最低点时,谷物等粮食价格就会达到最高水平,人口数量就会出现显著下降,而同时战争发生频率也会出现高峰;当人口规模大幅下降后,人均食物供应相对增加(表现在粮食价格水平的下降),从而使战争的发生率也趋于减少。他们对欧洲和中国这一时期的研究还说明,从长时期来看,气候变化是导致战争爆发和人口下降的一个巨大推动力量;在工业时代之前的历史时期,战争和人口缩减是人类在灾害面前最重要的适应性选择。

(5) 他们的研究成果也揭示了人类在应对战争和人口下降等灾难时其他一些生存性选择的重要作用。在国家和地区的范围内,如果气候变冷的程度比较缓和或时间比较短暂,社会机制的作用可能会减弱、延缓甚至会避免战争爆发和人口下降。例如,在公元 1400 年前,几乎每一次温度降低,都会立即在中国引发战争和导致人口下降,但在 15 世纪的短暂变冷期间,中国并没有发生战争爆发和人口衰减;而在 17 世纪和 19 世纪,战争爆发和人口下降对应于剧烈的气温下降,但在时间上被延缓了大约 30 年,其原因可能是社会机制和技术进步产生的效果;在公元 1700 年之后,中国发生战争的频率总体有所降低,这是因为清朝整合了西部和北部边缘地区的部落社会,从而避免了由此引发的战争冲突。

(6) 随着人类社会的发展和技术进步,人类社会对气候变化的适应性显著增强。从长时期和全球的角度来看,与公元 1000—1400 年期间相比,由技术革命和社会发展所推动的人口增长率,在公元 1400—1700 年期间为 30%,在公元 1700—1900 年期间为 310%。在公元 1400 年之后,全球人口增长与气候变化的相关程度有所减弱,这主要表现为时间上的延缓和之后人口的加速恢复。例如,在公元 1400 年之前,人口下降与气候变冷两者之间在时间上没有延迟期,而在之后的 17 世纪和 19 世纪,两者之间在时间上分别有 20 年和 40 年的延迟期;随着时间的推移,北半球人口减少与气候变冷之间的延迟期逐渐加大。

(7) 对气候变迁与人类战争之间的联系,他们给出的解释是:在晚期的前工业化时代,为适应气候改变和缓和生态环境压力,人类面临的选择除了迁徙之外,还包括战争、经济模式转换、贸易以及以和平方式进行资源再分配等;农业社会建立的政治疆界,限制了人口的大规模迁居,而当这种大规模迁居发生时,其结果往往是发生战争;经济模式转换需要付出巨大的代价,其过程也十分缓慢,它往往牵扯到文化、技术和生活习惯的重大变革,如果人类社会的变革或生存方式的转换速度不能适应生态环境的急剧恶化,饥荒和瘟疫必将不可避免地发生;生态环境的恶化会涉及全球或极广大地区的范围,在食物资源萎缩的情况下,通过贸易和资源再分配方式也是难以解决问题的;而建立在国际关系和国家制度基础之上的人类社会,因无力去减缓由于食物资源短缺而导致的紧张局面,所以当因气候恶化造成生态环境压力时,战争和人口缩减就会成为通常的结果。

王俊荆、叶玮等人研究指出,气候变迁是影响王朝循环的重要因素之一,中国各历史时期绝大多数战争都发生在气候寒冷期内,持续低温造成饥荒、动乱,最终导致战争爆发,气候变冷与战争数量增加以及朝代更替循环相一致[①]。周鑫、周慧清等人通过对中国 1000—1900 年期间战争发生频率研究后发现,中国古代战争发生频率具有显著的周期性特征,其中 263 年的最大周期与朝代更替相对应,他们认为战争发生频率具有显著周期的原因与气候变化的周期性有关;他们指出,气候变化对战争具有引发机制,季风降水强度变化是引发战争的重要因素,季风降水减少导致大范围干旱发生,而干旱又引起饥荒,进而造成社会动乱,最终引起战争爆发;他们同时强调国家管理政策有效应对气候变化能够减少战争的发生[②]。

我们以宋代(960—1279)为例,来看看气候与战争之间的关联情况。

据竺可桢研究,在 12 世纪初期,中国气候就开始加剧转寒。关于当时气候寒冷的程度,我们可以从古代文献记载中得到比较直观的印象。公元 1111 年,长江流域的太湖不但全部结冰,而且坚冰足可通车,寒冷的天气把太湖洞庭山的柑橘全部冻死了。从公元 1131 年到 1260 年,在南宋国都临安(今杭州),降雪不仅比平常频繁,而且延长到了暮春。在南宋时,杭州四月份的平均温度比现在要冷 1~2℃。公元 1153—1155 年,金朝派遣使臣到杭州时看到,靠近苏州的运河冬天常常结冰,船夫不得不经常备铁锤以破冰开路。公元 1170 年,南宋诗人范成大(1126—1193)被派遣到金朝,他在重阳节(阳历 10 月 20 日)到北京时看到西山遍地皆雪。当时苏州附近的南运河冬天结冰和北京附近的西山 10 月份遍地皆雪,这种情况现在极为罕见,但在 12 世纪时却是寻常事,由此可知当时气候寒冷的程度。[③] 王铮等专家的研究指出,发生于公元 1230—1260 年间的气候突变是近 2 000 年中变化最大的一次,自公元 1230 年开始中国气候变得干燥而寒冷,早在公元 880 年后季风就已退缩,从而导致降雨量减少[④]。气候在短期内变得干燥、寒冷而且降雨减少,这首先使北方草原地区的生态环境急剧恶化,在地理温带南移的同时,原有的草原也开始大面积枯萎,严寒的冬季还会频繁发生雪

---

① 王俊荆、叶玮、朱丽东、李凤全、田志美:《气候变迁与中国战争史之间的关系综述》,《浙江师范大学学报(自然科学版)》2008 年 2 月第 1 期。
② 周鑫、周慧清、乔海英、秦利:《中国古代战争发生频率周期性的初步研究》,《泰山学院学报》2011 年 11 月第 6 期。
③ 竺可桢:《中国近五千年来气候变迁的初步研究》,《中国科学》1973 年第 2 期,第 175—176 页。
④ 王铮、张丕远、周清波:《历史气候变化对中国社会发展的影响》,《地理学报》1996 年 7 月第 4 期。

灾和冰灾等灾害,这些灾害往往会导致牛、羊等牲畜的成群冻死,这必然会给居住在北方地区的契丹、党项、女真、蒙古等游牧民族的生产活动造成重大冲击,从而使他们的生活陷入困境。为了摆脱生存困境,这些游牧民族就会铤而走险,向比较温暖富饶的宋朝频繁发动大规模的侵略和掠夺。

据统计,在宋朝统治的319年间共发生大小战争551次,年均战争次数达到1.72次,大大高于历史年平均战争次数[①]。当时宋朝西面与吐蕃相邻,西南与大理、大越两国接壤,北方先后有辽国、西夏和金国与其对峙,更北部则是蒙古诸部,而宋朝面临的威胁主要来自北方。由契丹族建立的辽朝(907—1125)占据着东北及华北大部分疆域。由党项族建立的西夏(1038—1227)占据着西北的一部分疆域。由女真族建立的金朝(1115—1234)占据着东北大部分疆域。从公元985年起,党项族一些依附于辽国的部落开始侵占北宋的领土;公元997年后又以武力胁迫北宋政府割让了一些领土;公元1038年李元昊(1003—1048)建立大夏王朝后,多次南下侵略北宋。公元1004年辽军南侵宋境,第二年宋辽订立和约达成"澶渊之盟",此后宋辽之间100余年间没有发生过大规模的战争。自12世纪初期时,金人就从东北侵入华北,不断向辽朝发起进攻,1120年金军攻克辽朝国都上京(今赤峰市境内),1121年金就占据了辽朝的一半领土,1124年时金占据了辽朝的大部分领土,1125年金军攻灭辽国,占据了秦岭和淮河以北的大片地区。灭辽后仅半年,1125年10月金军即南下侵略宋朝,1126年金军攻破北宋首都东京(今开封),1127年金军掳去宋徽宗(赵佶,1082—1135)、宋钦宗(赵桓,1100—1156),北宋灭亡,金朝由此控制了淮河北部、秦岭东北大部分地区。1115年金朝建立时定都于会宁府(今哈尔滨市阿城区),1153年金朝将国都迁到中都(今北京),1214年又迁到汴梁(今开封),1233年又迁到蔡州(今河南汝南)。1204年,铁木真(1162—1227)统一了蒙古高原各蒙古部落,1206年建立蒙古汗国。1208年后,蒙古军队开始从北方不断进攻金朝,并迅速占领长城以北的广大地区,又于1213年突破了长城防线进入黄河平原;1215年蒙古军队占领金国的中都(今北京);1218年蒙古灭西辽,1219年西征中亚,一直进攻到东欧的伏尔加河流域,并于1225年东归;1227年蒙古灭西夏,此后开始全力伐金,1232年蒙金大战于钧州三峰山,致使金军主力丧尽,1234年蒙宋联军攻破蔡州城,金朝灭亡。1235年蒙古军队开始侵略南宋。蒙军再次西征,1241年一度逼近东欧腹地;1246年招降吐蕃。此后蒙古军队开始不断南侵,1253年灭大理,1279年消灭南宋政权。

宋朝的灭亡,除了其统治阶级腐朽、皇帝昏庸、奸臣当政、外交失策和军事积弱等诸多原因外,还在于频繁的战乱对其政权的反复冲击,使其在疲于应对中耗尽了有限的财力、物力,特别是宋朝遭遇了2000年中气候急剧变冷的历史时期,它所面对的是在极端气候驱使下为争夺生存空间而不断南迁的疯狂强敌。在蒙古军队金戈铁马的摧毁下,宋朝所创造的辉煌农耕文明最终也难逃毁灭的命运!

8. 气候变迁对中国古代人口分布的影响

气候变化对人口分布有很大影响。在气候暖湿的汉代,中国人口分布主要集中于秦岭-淮河以北的黄河流域地区,人口尤其集中在陕西、山西、河南一带的黄河中下游地区;当时北方人口约4 300万,南方人口仅约1 400多万,南北人口比例约为1∶3。后魏时,中国北方地

---

① 王俊荆、叶玮、朱丽东、李凤全、田志美:《气候变迁与中国战争史之间的关系综述》,《浙江师范大学学报(自然科学版)》2008年2月第1期。

区的人口大约占全国的62%,当时全国有望县85个,北方有65个,南方仅有20个,虽然人口南迁了不少,但人口密集区仍在北方。直到元代时,南方人口的数量才超过北方。在元代以前,南方人口数与北方人口数之比,多数时期保持在1∶2附近,少数时期,由于战乱与统计残缺,南北人口数量比约为1∶1,总体来说,北方人口数量始终超过南方。在宋代时,南北人口比例为36.5∶63.5,而在元代时则为84.75∶15.25,比例变化很大;但到明代弘治年间(1488—1505)时,南北人口比稳定下来,呈3∶2的格局,与现代基本相近。中国南北地区人口数量的转变,与发生在公元1230—1260年间的中国气候大转变的时期是基本一致的,这与公元1260年以后气候变化导致农业种植带南移是分不开的。除了气候因素外,战争显然也影响着人口的迁移和分布。东汉末和隋末的农民起义、军阀混战等,也曾引起人口南迁,但战后人口又很快恢复了原有的分布格局。相比而言,战争对人口迁移和分布的影响是短期的、暂时的,而气候变化、环境变迁的影响却是长期的、深远的。

气候变化不仅引起中国南北人口分布比重的变化,而且引起中国东西人口分布的变化。在暖湿的汉唐时期,中国西域地区可以养活更多人口,自唐末以后,由于季风退缩,西域地区沙漠化加剧,从而使人口分布从西向东移动。自公元1230年以后,气候相对较冷,西域地区土地承载力下降,人口数量也随之减少,从而为今天的全国人口分布格局奠定了自然基础。元代开始奠定了现代气候的大趋势,所以人口分布呈现出以"胡焕庸人口线"①为分界的基本格局。元代时,由于气候变化,北方地区暴风雪和干旱灾害引起牧民大量南迁,当时人口南迁现象不仅发生在中原地区,今我国内蒙古、蒙古国地区的人民也在不断南迁。据《康济录》一书记载,从公元1206年铁木真建国至公元1308年,蒙元帝国因灾害而"北来贫民八十六万八千户"。出现如此大规模的人口迁出,说明气候变化导致当地生态环境恶化的程度已十分严重。实际上,自公元1240年后,蒙古地区连年干旱,史书记载当地"野草自燃,牛马十死八九,人不聊生"(《元史·定宗纪》),可见其环境恶化之严重。②

9. 气候变迁对中国古代社会经济的影响

气候变化对古代社会经济的发展具有重要影响。西汉时期,关中地区是全国人口中心,同时也是经济中心。据史书记载:"关中之地,于天下三分之一,而人众不过什三,然其富,什居其六。"(《史记·货殖列传》)唐代时,北方仍然是全国的经济发达区。例如,唐天宝八年征收的"各色米粮"总数,北方地区就占到全国的75.9%。公元880年时,气候发生突变,季风退缩,在公元880—1230年这一时期,北方地区的经济重要性开始下降。在北宋元丰年间(1078—1085),全国征收的钱粮数,北方地区已下降为54.7%。元代以后,南方成长为经济发达区。在明代洪武年间(1368—1398),全国征收的钱粮数,北方地区已下降为35.8%。在中国气候处于小冰期最盛时,发生了满族入主中原的重大事件。在1816年,因气候突变,中国气候进入寒冷阶段,全国农业收成普遍下降1.0~1.2成③。这次气候转冷结束了所谓的"乾隆盛世",到19世纪80年代时,各种矛盾已促使清王朝陷入风雨飘摇之中。气候变化对古代社会的经济发展,显然具有明显的冲击作用。④

---

① 反映中国人口分布"东多西少"宏观特征的一条地理分界线,即在中国地图上连接黑龙江黑河到云南腾冲之间的一条直线。这条直线最初由中国人口地理学家胡焕庸在1935年发现并提出,所以地理学界也称其为"胡焕庸线"。
② 以上两段参见王铮、张丕远、周清波:《历史气候变化对中国社会发展的影响》,《地理学报》1996年7月第4期。
③ 王铮、周清波、刘啸雷等:《十九世纪上叶的一次气候突变》,《自然科学进展》1995年3月第3期。
④ 王铮、张丕远、周清波:《历史气候变化对中国社会发展的影响》,《地理学报》1996年7月第4期。

10. 气候变迁与中国历史兴衰周期

自夏代到清朝的近 4 000 年间,华夏大地上不断上演着"分分合合"的历史剧,社会的分合周期大致上是沿着气候的周期性变化展开的:气候温暖时期,整个社会则"合"——经济繁荣、民族和睦、国家统一;气候寒冷时期,整个社会则"分"——经济衰退、民族争战、国家分裂。

在中国古代历史上,中国社会的政治疆域出现了"分久必合,合久必分"的周期性变化,这一周期性变化与气候的周期性变化是大体一致的。例如,在两汉温暖期和隋唐温暖期,强大的中原王朝将它的势力范围有效地伸展到了中国的西域及中亚地区。从三国到南北朝时期,在长达 360 年中,中国社会的政治都处于分裂之中,这与气候变化的寒冷阶段相重合。隋唐温暖期在中唐后结束①,中唐以后中原王朝失去了对西域的控制权,这种变化也是与气候变化分不开的。在"安史之乱"以后,中原军队就退出了西域地区,尽管后期气候再次变好,但中原王朝已无力西顾。公元 880 年左右,气候发生突变,中国气候进入了一个冷暖相间的波动阶段。这一时期,中国普遍发生了政治分裂。中原地区进入了五代十国时期。中国西部,在温暖时期原本统一的王朝吐蕃和回纥,这时也进入了政治分裂时期。早期强大的吐蕃王朝分裂了,回纥王朝消失了,南诏王朝也出现了内部分裂。在公元 1230—1260 年间,全球气候发生突变,这导致蒙古地区生态环境恶化。气候突变致使蒙古军队停止了继续西征中欧的步伐,转而南下侵略金朝和宋朝。这其中的主要原因在于:在气候变冷后,生态环境恶化使蒙古中央腹地生产生活发生困难,这直接导致其西征军后援和供给发生困难,这样其南下掠夺环境较好的金宋王朝,就变成了他们解决生存问题的首选。世界历史的发展,可能因为气候变化而发生了急转弯。

在南北朝时期和五代时期,中国出现的两次政治大分裂局面,分析其发生分裂的原因,其背景中都潜藏着深刻的气候因素。王铮等学者认为,气候变冷为国家内部分裂提供了客观条件。气候变冷首先导致中国农业收成普遍下降,由于京畿地区提供的粮食有限,中央军队的粮草供应首先出现问题,而中央一旦从外省大量调集粮草,又会加剧中央与地方之间的利益冲突;为减轻粮草供应负担,中央政府往往会将京畿驻军派往外省各地,外省一旦拥兵自重就会导致各地军阀滋生,中央政府军事控制力随之削弱,中央与地方的各种矛盾一旦激化,最后就会导致国家政治出现分裂。在南北朝时期和五代时期,中国社会政治发生分裂的线索是:气候变化→农业收成下降→税负使农民造反→中央无力镇压→发动地方军队镇压→地方军阀力量滋长→中央地方利益冲突加剧→中央失去对地方军阀控制→国家政治分裂。所以,气候变化为国家分裂创造了客观条件。例如,唐朝末年,黄淮地区连年干旱,公元 875 年,因气候干旱而发生蝗灾,"蝗自东而西,蔽日,所过赤地"(《资治通鉴》第 252 卷),农业灾害和沉重税负引发了王仙芝、黄巢(820—884)等发动的农民起义。唐王朝为了镇压农民起义运动,启用了朱温、李克用、王建、董昌等,这些地方军阀最终却自立为王,成了分裂国家的祸首。在唐朝灭亡前夕,中央政府仅能得到京畿地区及邻近几个道的粮食税收,至此统一的中央王朝终于崩溃。②

在中国古代历史中,处于气候寒冷期而又没有发生朝代更替的时期,只在明朝(1368—

---

① 满志敏:《唐代中国气候特征再探讨》;参见施雅风等著:《中国气候与海面变化研究进展(一)》,海洋出版社 1990 年 9 月版,第 20—21 页。

② 以上两段参见王铮、张丕远、周清波:《历史气候变化对中国社会发展的影响》,《地理学报》1996 年 7 月第 4 期。

1644)中期出现过一次。据竺可桢的研究,在公元1470—1520年间和公元1620—1720年间,中国冬季的气候处于寒冷期;而在公元1550—1600年间,冬季的气候处于温暖期①。在明朝统治的276年中,正好遇到了出现于1470—1520年间和1620—1720年间的两次小冰期极冷阶段,明朝度过了第一次寒冷期,但却在第二次寒冷期中覆亡。在明代中期的寒冷时期,北方民族频繁入侵,战乱较多,特别是明朝与蒙古的鞑靼部落之间爆发了多起战争,北方民族的军队甚至打到了城门下,由于明朝政府在各方面的管理应对措施得当,从而化解了因北方民族入侵导致王朝覆亡的危险。从季风和降水情况来看,在公元1300—1700年期间季风降水强度整体较弱,这一时期战争发生频率总体较高,但在1600年左右战争发生频率却较低,周鑫等学者认为这与当时明朝政府管理国家的政策措施得当有很大关系②。实际上,按照竺可桢的研究结果来看,在公元1550—1600年间,中国冬季的气候正好处于一个相对的温暖期,这一点也可以从郑景云等于2010年9月所发表的研究成果中得到证实(见图9-2)。所以,在1600年左右战争发生频率较低,用气候相对温暖来解释应该更加合理。

当然,我们在强调气候变化影响社会发展的同时,也不能忽视政府管理、法制政策等社会因素的重要性。正如周鑫等学者所指出的那样,在公元1572—1582年的10年间,大学士张居正辅助明神宗处理政事,明朝政府在政治、经济、教育、军事等方面都进行了一系列改革:在政治方面,采用"考成法"整顿吏治,提高了政府的行政效率;在经济方面,采取了裁减冗官、开源节流等一系列措施,如丈量清查全国土地,收回被皇亲国戚、勋臣豪强及各地官员隐瞒吞并的土地,实行"一条鞭法"等赋税政策,等等,从而有效解决了财政危机问题;在军事方面,张居正大力整顿边境防务,调用李成梁(1526—1615)镇守辽东、戚继光(1528—1588)镇守蓟门,从而保持了边疆的平安稳定。经过实施这一系列改革举措,明代出现了政令统一、国库充盈、边境晏然的和平新气象(参见《明史·张居正传》)。在1582年至1620年间,尽管张居正已经去世,明神宗荒于政务,但明朝政府官僚机构还能勉强维持运作,从而使明朝社会整体比较稳定,战争发生次数也比较少。

* * *

前文中我们介绍的中国科学院郑景云等于2010年9月所发表的研究成果显示,中国东部地区气温变化存在200～300年和准600年的周期。也就是说,气候脉动的半周期是300年,这个时间与中国古代北方游牧民族的南侵周期及中原王朝的兴衰周期比较接近,同时也与汤因比发现的游牧民族入侵农耕地区的周期性相吻合。从北半球长期的气候变迁来看,世界历史存在着约600年的大周期。所以,亨廷顿所提出的气候脉动论是有道理的。

综上所述,我们可以看出,在中国古代历史时期,北方游牧民族周期性南迁高潮与气候的寒冷期是相对应的,其背后隐藏的因果关系链是:气候变化→生态危机→经济恶化→民族迁徙→战争动乱→文明破坏。这一因果关系链是解开中国古代社会历史循环周期之谜的真正"钥匙"。这一系列的连锁变化,从表面上看好像一切都肇始于气候变化,但从深层次来看,其根源在于游牧经济对自然环境的高度依赖性,使游牧民族难以形成一套应对自然灾害的社会调节机制,从而决定了游牧文明的脆弱性、流动性和侵略性。游牧经济对自然环境的

---

① 竺可桢:《中国近五千年来气候变迁的初步研究》,《中国科学》1973年第2期,第179页。
② 周鑫、周慧清、乔海英、秦利:《中国古代战争发生频率周期性的初步研究》,《泰山学院学报》2011年11月第6期。

高度依赖性,这主要是由当时人类社会低下的生产力发展水平决定的。人类社会的历史时期越早,人类对自然环境的依赖性就越强;人类社会生产力发展水平越低,自然环境对人类社会的影响就越大。随着技术进步和生产力发展,人类社会对自然环境的适应性将会不断增强。

通过对中国古代社会人文、经济、科学和技术等方面结构变迁的考察,并分析自然环境(特别是气候因素)对社会历史发展的影响,我们可以更加清晰地看到,人类社会的历史发展过程实际上是个异常复杂的动态过程,它绝不能单纯用经济决定论、政治决定论、科技决定论或者环境决定论等任何一种偏执一端的理论作出科学解释。

附论：本书理论与马克思理论之间的关系

本书所提出的有关国家与社会结构方面的理论架构是在借鉴和融合众多学者思想的基础上综合形成的，特别是借鉴了像马克思这样伟大思想家的有关思想。很显然，本书所提出的社会系统结构和社会发展动力结构的具体内容已经与这些思想家的原有思想产生了很多差异和区别。为使读者能够更加清晰地理解本书所提出的主要思想，这里有必要说明一下新旧思想之间的重要差异，特别是需要厘清本书与马克思核心思想之间的主要不同。

一般认为，马克思的社会发展动力理论主要包括以下几方面的内容[①]：① 人类社会是一个活的有机体，人类社会是以生产为基础的种种要素的有机联系和相互制约，社会历史的发展表现为社会要素之间的相互作用。② 生产力与生产关系、经济基础与上层建筑之间的矛盾是社会的基本矛盾，是人类社会发展的根本动力。③ 在阶级社会中，阶级斗争是推动社会发展的直接动力。④ 历史是由人民群众创造的，人民群众在创造历史的时候要受到社会物质关系发展状况的制约。⑤ 社会历史的发展是通过"历史合力"的方式实现的。⑥ 科学是最高意义上的革命力量。

对于马克思的上述思想，其中第①点所说的人类社会的生产，尽管马克思和恩格斯强调的社会生产包括人口生产、物质生产和精神生产，但就其理论的总体内容而言，马克思理论实际上重点分析了物质生产活动及其生产关系，而对精神生产活动及其生产关系分析较少或者重视不够，本书将物质生产活动及其生产关系划入社会的经济系统进行分析，将人口生产及其生产关系、精神生产中人文知识的生产等划入社会的人文系统进行分析，将精神生产中社会知识和自然知识的生产等划入社会的科学系统进行分析，实际上，本书更加强调对精神生产的分析；对于第②点中马克思理论所构建的"生产力与生产关系、经济基础与上层建筑"模型，本书则以系统论、进化论和结构功能主义等思想进行了全面改造、重组和深化，提出了从微观、中观到宏观层次的整体分析框架，从而将文化学、经济学、政治学等人文社会科学整合在一个统一的理论框架中，进而使整个理论更加富有包容性和解释力，就这一点来说，本书所提出的理论思想也可以说是对马克思主义理论的进一步深化和重要创新；对于第③点中马克思所提出的阶级斗争思想，本书认为这一观点更加适合解释传统农业社会和早期资本主义社会，特别适合解释人类社会发展过程中的"突变阶段"，而不适合于解释人类社会发展过程中的"渐变阶段"，就当前人类社会的发展状况来说，我们应该抛弃阶级斗争观念而大力提倡人类之间仁爱、和平、协同发展的思想；对于第④点中马克思所提出的"历史是由人民群众创造的"，笔者认为他的观点有所偏颇，因为这一观点淡化了存在于人类个体之间

[①] 庞元正主编：《当代中国科学发展观》，中共中央党校出版社2004年版，第112—114页。

的巨大差异,试问牛顿和爱因斯坦对人类社会发展的重要作用难道是一个普通农民所能比的吗?对于第⑤点的思想,本书是完全认同的;对于第⑥点关于科学的思想,笔者认为他的观点有所偏颇,实际上科学也可能是巨大的破坏性力量,它既可以给人类带来幸福,也可能给人类造成灾难。如果不是这样的话,那么现在国际社会为什么要限制核武器及核设备的扩散呢?就一个具体社会的发展而言,科学仅具有社会工具的价值,它必须要与社会的人文、经济、政治、法制和教育等系统相互协同、相互配合才能够发挥出它所拥有的价值。为什么宋朝拥有发达的科学成就但却未能避免衰亡的命运?其根本原因就在于此。

在马克思的社会发展动力理论中,"生产力与生产关系、经济基础与上层建筑"模型是其理论的核心。下面就围绕马克思的这个模型来具体展开分析和探讨。

马克思的社会发展动力理论的重心是人类社会发展的根本动力问题,该理论指出,社会的基本矛盾是生产力与生产关系之间、经济基础与上层建筑之间的矛盾,社会发展的根本动力在于社会基本矛盾的运动;人类的社会形态包括原始社会、奴隶社会、封建社会、资本主义社会和共产主义社会这五种基本形态,社会基本矛盾的运动导致社会形态的更替,从而推动社会的不断发展;社会基本矛盾的运动是社会变迁和社会发展的深层根源,其中,生产力是社会发展的最终决定力量,它根源于人们生存和发展的需要;生产力决定生产关系,经济基础决定上层建筑;物质资料的生产方式决定着包括经济生活、政治生活、文化生活等在内的社会生活;由于生产力的不断发展导致生产关系的不断变革,生产力和生产关系的变化又引起社会中经济基础的变化,社会中经济基础的变化又导致社会的上层建筑和意识形态发生变化,而上层建筑和意识形态的变化最终又反作用于生产力,从而推动一个社会从低级阶段向高级阶段发展。

根据马克思社会发展动力理论的核心概念和逻辑关系,我们可以把马克思的"生产力与生产关系、经济基础与上层建筑"模型用图 10-1 来表示。

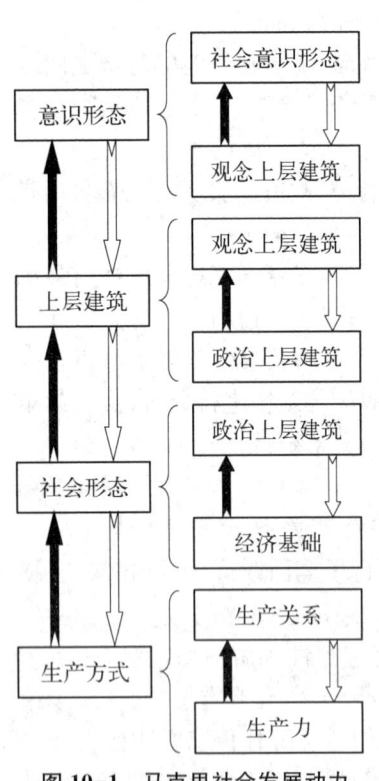

图 10-1 马克思社会发展动力理论模型图示①

在图 10-1 中,黑色实心箭头表示前一范畴对后一范畴的决定或支配关系,白色空心箭头则表示前一范畴对后一范畴的反作用关系。例如,生产力决定生产关系,生产关系对生产力具有反作用;经济基础决定政治上层建筑,政治上层建筑对经济基础具有反作用;生产方式决定社会形态,社会形态对生产方式具有反作用;等等。

在马克思理论中,对"经济基础"这一概念有广义和狭义两种解释,广义的经济基础是指一定社会生产方式下的整个物质生产,包括生产力和生产关系;狭义的经济基础是指"社会中占统治地位的那种生产关系的总和"②。"政治上

---

① 邹诗鹏:《传统社会发展动力学说的解释性难题及其反思》,《教学与研究》2003 年第 5 期,第 41 页。本图参考了邹诗鹏在该文中的图示,但作了一些调整修改。

② 薛伟江:《社会基本矛盾运动原理的科学内涵——从协同动力学的观点看》,《南京政治学院学报》2004 年第 2 期。

层建筑"是指一个国家中居于主导地位的政治组织、社会权力、法律制度、执政设施以及与此相联系的思想体系的总体。"社会意识形态"是指一个社会在长期生产生活中所积累的各种文化成果,包括科学、艺术、道德、习俗、宗教等。中国现行的有关马克思主义理论的教科书基本上是按照图 10-1 所示的这种层层递推的模型来阐述社会发展动力学说的。

从图 10-1 来看,这个模型很像一座高楼建筑。从马克思所使用的"基础""上层建筑"这些源自建筑学的概念来看,马克思确实是把人类社会的内在结构隐喻成了一座建筑物。正如英国社会学家杰西·洛佩兹(Jose Lopez)和约翰·斯科特(John Scott)所指出的:"马克思的基础/上层建筑模型,把社会结构看成彼此之间存在着上下层关系,非常像多层的建筑在其地基之上垒起不同的楼层。帕森斯和其他功能主义者提出的系统/子系统模型,把社会结构看成彼此之间的嵌套,就像洋葱的一层层包裹圈或俄国的巴布什卡玩偶(Babushka doll)。马克思的物理比喻强调的是社会的'垂直'深度,帕森斯的比喻把社会分析转向了对社会'横向'深度的关注。"①马克思的这一模型反映了社会结构的层级特征,在一定程度上揭示出了传统农业社会的层次结构,现代社会内部各要素之间实际上已结成了复杂的网络关系,在这种情况下,如果我们继续使用马克思的这一理论模型来分析当代社会,往往就会显得捉襟见肘。

有关马克思社会发展动力理论的局限性,国内外一些学者已作过论述。例如,学者邹诗鹏就指出,传统的马克思主义社会发展动力理论的中轴是"经济—政治"系统,它揭示了经济和政治层面上的社会发展,但却没有揭示出文化层面上的社会发展,没有给人类精神世界的不断完善与升华给予足够的解释。他认为,这一理论撇开了自然生态和人的丰富交往实践活动,是仅以生产力和生产关系概念为基础而展开的层层递推式的理论学说,它特别适合于解释从传统的农业社会向工业社会的过渡,它把生产力提到很高地位,正好适合解释社会发展的工业化向度;它把整个社会交往关系以及生活关系还原为生产关系,把人们之间的一切社会关系都确定在生产环节上,这正是工业化所强调的以生产环节统摄经济活动乃至整个生活活动的生产优先性;它对上层建筑中政治上层建筑主导地位的强调,既与工业社会所强调的基于私有制的威权统治相符合,也与同样基于私有制的市民社会的政治价值取向相符合,但由于现代社会正在发生从道统式社会②向法治型社会的转换,这导致用政治上层建筑越来越难以描述现代社会的权力机构及其治理方式;因为工业社会强调的是实用价值,由该理论所指导的整个社会发展的物质化向度也是为了满足工业社会的物化需要,这造成人的精神及文化层面上的东西被直接排斥于主流评价体系之外;这一理论只适合描述匮乏型和冲突型的社会结构,而不适宜描述富裕型和公民社会型的社会结构,也不适于解释成熟的工业社会及后工业社会。基于现代社会的发展状况,他强调必须重新认识当代社会结构及其整合机制,他认为应该把社会结构划分为经济系统、政治系统、文化系统以及环境系统这四个系统;现代社会结构是由经济、政治、文化与环境等多种结构或子系统组成的具有复杂关系的网状系统,各子系统之间的关系并不是单一的决定与被决定的关系,也不是封闭性、单线式的梯次结构,而是一种开放性的、互动性的、相互渗透、相互制约的关系;他认为科学技术对社会系统具有总体的整合作用,必须用一种系统性的、交互性的并且也是差异性的思维

---

① 杰西·洛佩兹、约翰·斯科特著,允春喜译:《社会结构》,吉林人民出版社 2007 年 9 月第一版,第 126—127 页。
② 指以古代圣人提出的价值、理念和理想等为指导统治社会,从而实现治理和秩序的传统社会。

方式来理解社会发展系统。①

在马克思的社会发展动力理论中,生产力和生产关系是一对重要的范畴,特别是生产力这一概念是其中具有支撑意义的基础性概念。在马克思那里,生产力代表社会的物质生产能力,反映了人与自然的关系,即人类改造自然以求得生存的能力。在人类改造自然的过程中,生产力因素的现实作用和功能发挥要求不同的社会主体相互合作,由此结成一定的生产关系,"人们在自己生活的社会生产中发生一定的、必然的、不以他们的意志为转移的关系,即同他们的物质生产力的一定发展阶段相适合的生产关系。"②在中国现行的有关马克思主义理论的教科书中,对生产力和生产关系的表述一般都过于简单,从而丧失了其丰富的内涵。人们一般把生产力表述为社会中人们征服和改造自然界的能力。关于生产关系的定义,教科书一般把它表述成"人们在生产活动中结成的人与人之间的关系",有的教科书则表述为"人们直接在物质生产过程中发生的关系,是人们之间的物质性的交往关系"③。我们知道,在一个社会的经济系统中,除了生产环节外,还有交换、分配和消费等环节。因此,仅仅用其中的一个环节来描述整个复杂的经济关系显然是比较片面和单薄的。另外,现代社会人们之间的交往活动不仅限于经济领域,还应包括文化领域、政治领域等,把生产关系仅限于经济活动领域,显然无法完整地表达出现代社会人们之间复杂的交往关系。

如果要在马克思理论模型与本书理论模型之间找到内在联系的话,根据本书所提出的分析框架,我们可以从生产力和生产关系这两个范畴的实际内涵上作大致对照,见表10-1。

表 10-1 生产力与生产关系内涵对照表

系统层次	生产力	生产关系		备注
		系统内部生产关系	系统外部社会关系	
企业系统	在微观经济层面,相当于本书的"企业的整体能力"	包括"企业家-知识、企业家-制度、企业家-技术、企业家-组织、企业家-资源、企业家-产品、组织-知识、组织-制度、组织-技术、组织-资源、组织-产品、资源-知识、资源-制度、资源-技术、资源-产品"等企业系统内部各要素之间的关系	包括企业系统与其外部环境中的自然环境因素、社会环境因素(如国家、政府、法律、企业、市场、家庭、科研机构、教育组织等,特别是供应商、销售商、顾客、合作者、竞争者等利益相关者)所结成的各种关系	参见第四章第五节中的企业系统运行的一般结构图(即图4-6)
产业系统	在中观经济层面,相当于本书的"产业的整体能力"	包括"企业-知识、企业-制度、企业-技术、企业-资源、企业-市场、企业-产品、市场-知识、市场-制度、市场-技术、市场-资源、市场-产品、资源-知识、资源-制度、资源-技术、资源-产品"等产业系统内部各要素之间的关系	包括产业系统与其外部环境中的自然系统、社会系统(含国家系统中的人文、经济、政治、科学、法制和教育等系统)所结成的各种关系	参见第五章第四节中的产业系统运行的一般结构图(即图5-2)

---

① 邹诗鹏:《传统社会发展动力学说的解释性难题及其反思》,《教学与研究》2003年第5期。
② 《马克思恩格斯全集》(第13卷),人民出版社1972年版,第7页。
③ 肖前主编:《马克思主义哲学原理》(上册),中国人民大学出版社1994年1月版,第359页。

续 表

系统层次	生产力	生产关系		备 注
		系统内部生产关系	系统外部社会关系	
国民经济系统	在宏观经济层面,相当于本书的"社会生产的总体能力",即国民经济系统中生产、交换、分配和消费物质产品的总体能力	包括"产业体系-科学技术、产业体系-经济制度、产业体系-文化教育、产业体系-交换体系、产业体系-分配体系、产业体系-社会消费、交换体系-科学技术、交换体系-经济制度、交换体系-文化教育、交换体系-分配体系、交换体系-社会消费、分配体系-科学技术、分配体系-经济制度、分配体系-文化教育、分配体系-社会消费"等国民经济系统内部各要素之间的关系	包括经济系统与其外部环境中的自然系统、社会系统(国际系统)、国家系统以及国家系统中的其他子系统之间所结成的各种关系	参见第七章第二节中的国民经济系统运行的一般结构图(即图7-1)
国家系统	在国家系统层面,相当于本书的国家系统资源开发的综合能力	包括"人文系统-科学系统、人文系统-法制系统、人文系统-教育系统、人文系统-经济系统、人文系统-政治系统、人文系统-社会发展、经济系统-科学系统、经济系统-法制系统、经济系统-教育系统、经济系统-政治系统、经济系统-社会发展、政治系统-科学系统、政治系统-法制系统、政治系统-教育系统、政治系统-社会发展"等国家系统内部各子系统(或要素)之间的关系	包括国家系统与其外部环境中的自然系统、各类国际组织以及其他国家的人文、经济、政治、科学、法制、教育等子系统等所结成的各种关系	参见第八章第三节中的国家与社会系统运行的一般结构图(即图8-1)
全球社会系统(国际系统)	在全球人类社会系统层面,相当于本书的社会系统生态优化(即改造自然、资源利用)的综合能力	包括"人文系统-科学系统、人文系统-法制系统、人文系统-教育系统、人文系统-经济系统、人文系统-政治系统、人文系统-社会发展、经济系统-科学系统、经济系统-法制系统、经济系统-教育系统、经济系统-政治系统、经济系统-社会发展、政治系统-科学系统、政治系统-法制系统、政治系统-教育系统、政治系统-社会发展"等社会系统内部各子系统之间的关系	包括社会系统与其外部环境中的其他社会、国家、国际组织、自然环境等所结成的各种关系	参见第八章第七节中的社会发展动力因素关系图(即图8-11)

通过表10-1可以比较清晰地看出,本书所提出的理论框架实际上对马克思理论中的生产力和生产关系所涉及的各种关系作了更加全面的分类,从而赋予这两个概念以更加丰富而具体的内涵。另外,本书还对人类社会的人口生产及其生产关系、精神生产及其生产关系也作了专门阐述(参见第八章第四节),而这部分内容正是马克思理论比较薄弱的地方。

除了生产力和生产关系这一对范畴以外,本书所提出的经济系统和政治系统可以与马克思理论中的广义经济基础①和政治上层建筑相对应,但本书显然已对经济系统和政治系统的具体内涵进行了全新定义。此外,本书还对马克思理论中"意识形态"这一含糊不清的范

---

① 马克思理论中的狭义经济基础相当于本书中主导产业的概念。例如,在传统农业社会中,生产领域的主导产业是农业,在现代工业社会中,生产领域的主导产业是工业。

畴进行了分解和归类,把其中的观念上层建筑划入政治系统中的深层因素,把社会意识形态中的科学这一成分划入社会系统中的科学系统,把社会意识形态中的艺术、道德、习俗、宗教等成分划入人文系统中的深层因素,从而使"意识形态"中各种成分的内涵更加清晰,各自的社会功能也更加明确,这实际上是对马克思理论的合理改造。

总之,本书所提出的国家与社会系统结构模型,突破了马克思理论模型所描述的社会诸要素之间上下层级关系的社会结构,提出社会系统中人文、经济、政治等诸要素之间是一种扁平化的并列关系,并将社会系统中人文、经济、政治等诸要素作为国家与社会系统的子系统进行研究,实际上是对马克思的生产力、生产关系、经济基础、上层建筑和意识形态等社会要素进行了全新解析、分类、重组和进一步分析。在马克思看来,一个社会的发展最终是由经济因素(如生产力)决定的,本书认为这一观点是片面的。本书认为:一个社会的发展是由人文、经济、政治、科学、法制和教育等诸要素之间的"合力"决定的;在社会发展的不同阶段,其中的主导因素(或主导力量)是不断变化的;从人类历史的长期演化历程来看,一个社会的发展最终是由人文因素(如人类整体的文化素质、精神信仰和道德水平等)决定的。这就是本书与马克思理论的最大不同之处。因为人类社会是从自然环境中逐渐演化分离出来的,人类社会的经济系统和政治系统是社会发展到一定阶段后才先后从原始社会中逐渐产生的,而且社会的主体是人类本身,而不是经济领域中的商品生产活动,更不是政治领域中所谓的"权力"或者掌握公共权力的统治集团。因此,人类社会的发展最终应该归结到人类本身的全面发展上来,但人类的全面发展又需要整个社会在自然生态、人文系统、经济系统、政治系统、科学系统、法制系统、教育系统等各个方面保持协同发展。所以,在人类社会发展的动力方面,无论是单独强调经济因素,或者单独强调政治因素,还是单独强调科学因素,显然都是孤立的、片面的观点。

附录：书评选编

为经济理论造新框架："螺网理论"何以引领新经济研究[①]

朱敏　姜疆

《螺网理论》这一书名容易让人联想为物理科学的某种定律，但其副标题"经济与社会的动力结构及演化图景"则直观给出了该书的研究对象与适用范围。

之所以将自己提出的理论命名为"螺网"，是因作者更为清醒地认识到：整个人类社会，实际上同其他事物一样，是波浪式前进、螺旋式上升的；同时，整个人类社会在实际上，同其他事物一样，又是多维的、立体的。书的前言写道："人类社会演化的总体图景是一张多维动力交织、螺旋式发展的'螺网图'。"这是作者的世界观，也是此书的论点。

世界观是形成价值观的基础，只有对世界、对人与世界的关系有一个正确的认识，才能形成正确的价值观，反过来，正确的价值观的建立，又会使科学世界观更丰富、更完善。

价值特性有四个方面：客观性、主体性、社会历史性、多维性。其中，后两方面正是该书所详尽阐释剖析的。价值关系的主体具有社会性和历史性，因此人们的需要、实践以及需要满足的形式都表现出了社会性和历史性。每一主体的价值关系都具有多维性或全面性，这就要求人们在创造或实现价值时，必须对某一价值物的价值作全面的考察，以决定取舍。

那么，支撑此书论点的社会性和历史性体现在哪里？

从中不难看出作者的雄心勃勃，在于创建一种动态非均衡思维范式的理论框架，即试图将微观经济学（企业经济学）、中微观经济学（产业经济学）、中宏观经济学（区域经济学和国民经济学）、宏观经济学（国家经济学和国际经济学）的"任督四脉"予以融通，置之于一个全方面的动态非均衡的假设条件之下进行综合分析，而非新经典经济学的一般均衡。其钻研中所勃发的洪荒之力，亦跃然纸上。

在经济学界，主流经济学研究，特别是新经典经济学，曾长期为静态一般均衡思维范式所主宰。运用动态非均衡思维，对于经济学理论本身的创新与发展颇为重要。如今，究竟是静态看世界，还是动态看世界，正在构成经典经济学与新经济学的根本分野。换言之，假使未来主流经济学摒弃静态思维模式，而引进动态思维模式，不难预见，经济学乃至整个社会科学将不免出现一场空前的范式转换，其变革意义或可堪比牛顿、爱因斯坦对于自然科学和整个科学领域的影响。

[①] 本文原载北京《中华读书报》2017年3月29日第19版。

给新经济以新理论框架

新经济的多维性或全面性,在书中到底是如何体现的?

应当说,书中不仅深入探讨了社会系统表层的人文系统、经济系统、政治系统等,还整体涉及了社会系统深层的科学系统、法制系统、教育系统等。而对于其中的经济系统,则更加侧重地被分为企业系统—产业系统—国民经济系统,从而予以特别关注。

与一些局部看问题甚至呈现部门化特征的倾向相比,它着眼于企业经济(微观)、产业经济(中微观)、区域经济(中宏观)、国民和国际经济(宏观),从整体看世界。如果照着这种系统思路持续钻研下去,谁能说经济学说没有进一步被改写的可能?萨缪尔森就是综合了宏观经济学与微观经济学,从而独树一帜,实现了经济学说史上的第三次大综合,即《经济学》一书的出版。

半个世纪前,《经济学》这部教科书问世时,美国哈佛大学教授约翰·肯尼思·加尔布雷思曾写出第一篇书评。他预言:"下一代人将会跟随萨缪尔森学习经济学。"半个世纪以来,随着世界经济的变革和经济学的发展,这部书一直在不断地加以修改和补充,久已成为世界上最畅销的经济学教科书。迄今,它已被译成法文、德文、意大利文、瑞典文、西班牙文、葡萄牙文、日文、中文、阿拉伯文、俄文、匈牙利文、捷克文、罗马尼亚文、越南文等,共计有 40 种以上的译本。看来,不仅"下一代",而且"下下一代"也在跟随。

谁又能断然否认,下一代、下下一代不会循着此书的视角学习经济学和社会科学?时间会证明一切。当然,任何一门学问都不是在一间屋子里冥思苦想出来的,开放学习才是正确的科研之道。该书借鉴了两位社会学家(国外的帕森斯、国内的闵家胤)关于社会系统结构的学说和思想。这种借鉴并非毫无保留地照搬,而是有所取舍地继承。

通过批判与继承,《螺网理论》充分吸纳了经济学和社会与自然科学的精华,并对各种学说、思想、理论、观点进行了提炼和升华。其中,在经济学方面,此书不仅借鉴了马克思主义政治经济学,而且对西方经典经济学(又译古典经济学)、新经典经济学(又译新古典经济学)、超经典经济学(又译新兴古典经济学)的思想皆有所借鉴。

经济社会系统"分形"?

需要指出的是,该书提出经济社会系统"分形"的观念,与著名经济学家杨小凯教授提出的超边际分析,有异曲同工之妙。杨小凯认为,边际分析就是给定分工结构下的资源配置问题,包括价格、成本、产量等,而要进行这一分析的前提是"给定分工结构",它是"超越"于边际分析的。基于这一认识,杨小凯提出了一系列非线性优化方法,解决了两个问题,第一是分工模式或者经济组织结构是如何演进的,第二是在某一分工模式或经济组织结构下资源是如何实现最优配置的。其中,第二点是传统经济学中的边际分析,第一点是进行边际分析的前提,具有"超越"意义,合在一起,亦可以构成一幅具有独特结构的几何美图。

而《螺网理论》所揭示的整个人类社会系统的长期演化机制遵循的两大规律——分叉律与协同律等,无不透着具有独特结构的几何美。从社会系统表层的人文系统、经济系统、政治系统,到社会系统深层的科学系统、法制系统、教育系统,等等,这些不同经济层次,在一般结构方面所具有的自相似性、层次性、嵌套性等分形特征,是本书力图论述的,也是经济学家杨春学认为"最独特而令人印象深刻的"。

其实,令人印象深刻的还是书中的包罗万象。这张"网",志在将诸多学科精华都"网"入其中。只拿经济科学而言,诸多建立在微观、中观、宏观层次的概念,在书中一一登场:从企业的本质到演化轨迹,从产业的分工到生命周期,从经济的环境到机制,从国家的概念到变革,等等。当然,其绝非单纯对一系列概念简单罗列,而是在阐述辨析相关概念时将自身洞见有机融合。

首先是从外部看来的有机融合,即各个篇章之间的关联。在物理的世界里,中子、质子和电子构成了原子,不同原子相结合构成了分子,而不同分子相结合构成了复杂分子,复杂分子集团又构成了物体,而不同物体又构成了世界;而在经济的世界里,企业构成产业,产业构成区域,区域构成国家,国家构成世界。书中对于整个经济和社会的描述,正是从微观至中微观,由中微观及中观,从中观至中宏观,又从中宏观及宏观,如此由浅入深,有条不紊地展开论述。跟随作者的视阈,逐步由小及大,由部分到整体,渐次呈现一个"系统"的经济社会。

而其内部所蕴藏的一条分析主线"本质—环境—要素—结构—效率—能力—动力—机制—周期",也颇为明晰。正是围绕着这条主线,哲学、生物学、政治学、社会学、经济学,以及系统科学与系统论方法等的诸多论述,书中一一向读者娓娓道来。读者跟随作者"步伐",在人类社会的各种学说、理论、思想等浩瀚海洋中畅游,一步步接受并共享其大彻大悟的慧果。

经济学的新探索

学院派经济学者们在象牙塔里研究出五花八门的学说,其著作和文章由大量的假设、数理公式、计量模型构成,在极度简化之后,似乎更接近一门只有与政治、社会完全脱离才具有普遍价值的纯工具学科。然而,这种经济学去政治化的过程却是精心考量的,只有把作为形容词的"政治"去掉以后,经济学才可以论证说,经济行为反映的是一种个体主义心理学,而不是以社会形式建构起来的各种制度;据此又可以进一步断定,自由放任原则是符合自然法则的。

《螺网理论》的论证,显然是超出了前人对经济学的探索。作者高举系统科学大旗,运用系统论方法,能否收获可贵的理论创新?从系统科学的观点出发,经济和社会研究要着重从整体与部分(要素)之间、整体与外部环境的相互联系、相互作用、相互制约的关系中,综合地、精确地考察对象,以达到最佳地处理和研究问题。细读全书,不难领略运用系统论研究和改造客观对象的方法。从整体的观点出发,全面分析系统中要素与要素、要素与系统、系统与环境、此系统与彼系统的关系,从而把握其内部联系与规律性,力图达到系统能够有效地被控制,甚至改造一个旧世界,构建一个新世界的目的。

关于系统论,有一系列基本原则,最主要的是整体性原则、结构功能的原则、相互联系的原则。书中探讨的经济和社会问题,本身就是多维的、立体的,那么整体性原则、相互联系的原则,肯定是必不可少的充要条件,而对于结构功能原则,从以上评述可以看出,书中的把握也有炉火纯青的意味。

系统的结构与功能是辩证统一的。首先,结构是功能的基础,功能是结构的属性;结构不同,一般而言功能也不同,结构决定功能。其次,同一结构可能有多种功能;结构不同,也可获得异构同功。因而在分析研究各种系统时，必须把握好系统结构和功能的辩证发展规律。在作者精心构建的系统中，人文、经济、政治、科学、法制、教育的要素与要素、要素与系统、系统与环境，在书中终于被编织成为一张螺旋式上升的巨型"螺网"。古人有云，"临渊羡鱼，不如退而结网"，这是立足古今、启迪未来的务实态度。

对经济学而言，政府和市场的关系是经久不衰的核心议题，《螺网理论》对此给出了自己的动态解释。值得一提的是，该书论证辅以生物进化论的基本范式，也给《螺网理论》增添了另一个视角。萨缪尔森说，经济学永远21岁，而整个社会科学呢？《螺网理论》呢？

新经济的"三破""三立"

与《螺网理论》提出者、该书作者甘润远先生一样，我们在新经济研究领域亦上下求索，但比起前者构建理论大厦的壮志，只能算是小打小闹。基于近十年来对新经济的持续观察与研究，笔者总结和提炼了以"三破""三立"为内核的新经济法则（朱敏，2016、2017），旨在解释并启迪"互联网＋"大数据时代的转型与创新。

"三破"，即破介、破界、破诫。这是对当前整个新旧秩序转换中，正在发生的去中心化、跨界创新、规则重构的描述与概括。破介，指互联网的大规模协同和去中心化，打破了传统分工，大大削弱甚至正在消灭许许多多的传统中介。破界，指"互联网＋"连接一切，大数据使资源使用无远弗届，趋于零边际成本，打破组织、行业和国家边界。破诫，指新经济快速迭代与颠覆，人们越发追求个性，崇尚价值共享，一些旧规则和旧诫律开始不足为训。

"三立"，即立志、立智、立制。这是指个体、组织、国家在此转换中，应树立战略布局、智慧整合、制度建设等系统性思维。立志（战略布局），指看清大势，梳理战略新目标；脚踏实地，志存高远。立智（智慧整合），指壮大实力，明智参与新趋势；修炼内功，智在必得。立制（制度建设），指持之以恒，改写制定新规则；水滴石穿，制胜之道。

以上所谓"三破""三立"新法则的雏形甫一提出，就有学界朋友美言，这是一种通俗的创新方法论，洞见深邃自成体系，期待深化完善云云。对此愧不敢当，诚望通向新经济时代的转型哲学更为丰富多彩。今后将同甘先生一道，书写新经济理论的精彩华章，为中国和全球新经济发展鼓与呼。

＊ 朱敏，国务院发展研究中心《新经济导刊》主编、新经济研究室主任，经济学博士。

姜疆，法国巴黎第一大学国际经济学博士，现任职国内研究机构。

十年只写一本书
——甘润远先生新著《螺网理论》读后①

曹 维

2016年9月,复旦大学出版社出版了甘润远先生的社会经济学著作《螺网理论——经济与社会的动力结构及演化图景》。我得知,这是甘先生"十年磨一剑"的心血结晶之作。甘先生不是体制内的学者(他既不在大学任教,也不在学术机构做研究),他写作这本书既不为评定职称,也不为职业升迁,而纯粹出于追求知识和探索真理的兴趣。在当前中国学术研究学科化、职业化、功利化的大背景下,这种为知识为真理而探索的精神显得尤为可贵。

作为一个热爱读书的人,我专门抽出时间认真阅读了这部近50万字的著作,读后很受启发。现将我读书后的几点感悟和心得分享给大家。

一、系统思维,建构体系

《螺网理论》一书以系统科学的哲学思维、生物进化论的基本范式和结构功能主义的方法来解释社会经济运行过程,整部书的结构、层次和论述逻辑显得新颖、生动而清晰。在我看来,甘润远先生的这部著作至少在两个方面值得中国经济学界关注和思考,第一是方法论的系统思维,第二是在综合研究的基础上建构体系。

《螺网理论》应用系统思维来分析经济学,把经济学放在了更加广阔的社会环境中进行考察。在这部书中,甘先生应用复杂科学中系统论的方法来研究经济学,而不是使用简单的线性方法来分析经济学。世界上任何事物的运动变化都是与一定的时间和空间相联系的。人类社会的经济活动也是在一定的时间和空间中逐步展开的,研究经济现象也不能脱离相应的时间和空间这两个重要因素。通过对经济现象的历史考察,甘先生指出:"社会经济系统与生物有机体类似,它也有其诞生、成长和演化的历史,研究经济现象不能脱离具体的时间和空间。所以,从本质上来说,经济学是一门历史学科。"(参见《螺网理论》第1版第50页)。从事经济学研究,不能像研究自然现象那样,用纯粹逻辑演绎或数理分析的方法进行研究。实际上,经济现象与所有社会现象一样,都是与具体的时间和空间紧密相连的。也正因此,社会经济系统属于复杂系统,分析研究复杂系统应用复杂科学的方法将会更加科学合理。

甘先生在这部书中指出,当前人类社会系统的基本结构包括人文系统、经济系统、政治系统、科学系统、法制系统、教育系统这六大系统,以社会有机体的观点来观察,这六大系统之间并不是孤立无关的,而是相互联系、相互作用、相互影响的。而当前的经济学主要分析研究了经济系统内部的生产活动,并没有完全梳理清楚经济系统与其他五大系统之间的互动关系。而目前主流经济学所推崇的数理分析方法,最主要的问题就在于,割裂了社会系统

---
① 本文原载香港《经济导报》2017年5月11日"博雅论道"栏目。

之间的联系,将经济现象作孤立化、片面化、简单化的纯粹逻辑演绎。这种情况,就像在测量一个物体的大小时,人们对小数点前的数字都没估算准确,对小数点后面的数字计算再精致又有什么意义呢? 例如,北京到上海的距离大概是 1 270 千米,如果这个数字估算不准确,比方说错误估计为 1 000 千米,那么我们即使把北京火车站到天安门的距离精确算到 2 732.34 米,其意义也是不大的,你不能说上海到北京天安门的距离是 1 002.732 34 千米! 这样做,尽管结果看起来很精确,实则大错特错。甘先生的理论所构建的体系就是在解决"小数点前的数字"问题,而当前经济学界流行的很多数理研究其实就是在解决"小数点后的数字"问题。

甘先生在这部书《前言》中开宗明义:"本书倡导以系统的、整体的、联系的观点来看待整个世界和人类社会,致力于构建一个完整、全面、有序的人类社会演化图景。"我们知道,经济学是研究社会系统中经济系统运行规律的。从社会结构来看,经济系统是整个社会体系有机体的一个子系统,要研究经济系统的运行规律,就必须研究整个社会体系。这实际上是一种整体的世界观。如果我们头脑中没有一个科学的整体的世界观,那么我们就很容易陷入"只见树木,不见森林""只见局部,不见整体"的认识误区。所以,甘先生采取了综合方法,走的是"宏伟叙事"的路径,并建构了独具特色的理论体系。

当前,无论是在报刊、网络等传播媒体,还是在大学校园中,人们都热衷于讨论经济学家排名、期刊排名、影响因子排名等,于是乎,学术论文满天飞,各种数理模型令人应接不暇。学者们因为身处分工日益细化的学术环境,往往满足于对一些"鸡毛蒜皮"事物的描述、探讨和分析。再加上中国对学者成绩评价标准的数量化倾向,导致人们只关心学者发表了多少篇论文、发表在什么级别的期刊上等等,却并不关心这些论文究竟与现实有多少联系,也不关心这些论文究竟触及到了多少事物的本质。在当前中国经济学界的主流研究中,谈到"宏伟叙事",这似乎是一个贬义词。大家都在研究"其他条件不变的理想状态下"的一些小问题,而"宏伟叙事"式的综合研究往往被认为是一种自上而下的"不切实际的乌托邦想法"。但是,甘先生的这部书却逆主流而行,摒弃还原论方法,而采取系统论方法,尝试跨学科综合研究并构建了自成一家的理论体系。这确实是值得中国学术理论界关注和借鉴的!

二、主流经济学陷入了误区和危机

当前,由于过细的学术分工和过度的数理分析,主流经济学实际上已经陷入了片面化、孤立化和碎片化的认识误区和危机。而《螺网理论》一书却逆潮流而动,进行跨学科综合,建构了一套融合微观经济学、中观经济学和宏观经济学于一体的理论框架。《螺网理论》一书把人类社会演化发展的规律总结为分叉律、协同律、分形律和周期律这四大规律。其中,关于分叉律和周期律,各国学者已经作过大量研究和论述,而这本书重点论述了协同律和分形律。在一定程度上,《螺网理论》一书的出版时间刚好可以说明人类学术范式转换的周期性。人类学术范式的转换与世界上其他事物一样,都具有一定的周期性。如果我们把学术范式的转换周期简单地分为"和平时期"和"危机时期"(或者分为"夏季繁荣时期"和"冬季寒冷时期"),那么学术范式本身也体现出了周期性特征。在和平繁荣时期,各国学术界繁花似锦、五彩纷呈乃至过于浮华,而在危机寒冷时期,曾经风光的各种学说理论折戟沉沙、陷入困境,只有少数理论能够像梅花一样傲立寒冬。从理论本身的综合性、包容性和解释力看来,《螺网理论》一书恰好是一本能够在危机寒冷时期傲立寒冬的"梅花"。

西方的经济学主流范式,本身呈现出"建构—解构"的周期性。目前的经济学主流范式,形成于第二次世界大战之后,如果不算 20 世纪七十年代的石油危机和 2008 年的次贷危机,总体来说处于一个和平繁荣的时期。数学方法由于其严密性,相对来说比较容易获得学术界的共识。物理学的巨大成功,使其成了科学之母。因此,在国际学术界,以至于没有公式的学科往往不被认为是完整的学科。当前,经济学主流的研究范式表现为逻辑演绎的建模和计量实证,这种研究范式由于学科越分越细从而可以为人们提供更多研究职位,具有一定的社会意义。在大学中开设这类课程,对大学生来说也是一种不错的思维训练手段。但是,这种缺乏原创、没有风险的学术范式,对于解决大的时代危机却往往无能为力。这种情况,就像模拟炒股的优胜者到了真正的股市,研究模拟案例的商学院学生到了真正的市场,和平时期训练出来的士兵到了真实的战场一样,总是与复杂的社会现实相脱节!

　　当前,中国主流经济学的研究范式基本上也沿袭了西方经济学的这种范式。中国改革开放初期,在最早出国留学的那一批人中,有很多人的学科背景是数理化,出国后有些人又转学了经济学。这批留学生的优势在于数理逻辑和计量建模等方面,而相对来说,他们的思想能力和语言能力却相对比较弱。当这批留学生学成回国后,他们往往就会把自己最擅长的学科知识、研究范式等带入他们就职的大学和研究机构,随着他们走上领导岗位,他们所倡导的研究范式也就成了中国各大学和研究机构所推行的基本研究范式。这就是中国经济学主流范式的历史形成过程。这种情况,造成了中国现代经济学研究过程中的路径依赖。在和平繁荣时期,这种经济学范式不会受到挑战,时间越长,这种范式所依托的群体越有可能形成既得利益集团。只有重大危机事件才会对他们提出的经济理论形成挑战。而"危机"往往是突然来临的,它就像是一只人们没有预期到的"黑天鹅"。

　　社会科学研究的主要范式包括实证主义、历史演化主义、结构功能主义、社会批判主义、后现代主义等。实证主义是近代社会科学研究的主流范式。从研究范式的类型来看,当前西方经济学研究的主流范式是以数理方法为主导的实证主义范式,而《螺网理论》一书则采用了历史演化主义和结构功能主义这两种范式。从哲学思维来看,当前西方经济学所采用的数理方法更多借鉴了物理学中经典力学的方法,其时空观是以牛顿经典力学体系为参照系的,而《螺网理论》一书所借鉴的是复杂科学的系统论方法,其时空观则是以爱因斯坦广义相对论体系为参照系的。从这一点来看,西方经济学主流的研究范式,其哲学基础已经落后了!

　　自 1838 年法国经济学家 A.古诺将数学方法引入经济学研究以来,各国经济学家经过 170 余年的努力,如今数理经济学已发展成了经济学的重要分支。当前,在现代经济学理论中,以数理分析见长的新古典主义经济理论已占据了主导地位。我们知道,运用新古典主义经济理论及其数学工具是无法解读社会经济体的有机性这样的复杂问题的。正如奥地利经济学家维塞尔(Friedrich von Wieser,1851—1926)所言:"如果把研究局限于一批采用最理想化假设的范围极小的理论问题,那么数理方法将是达到公式化结论的最合适工具。但是对于理论中其他抽象程度较低的问题来讲,在研究中采用数理方法将导致灾难。经济理论中大量的真理及其在重要的伦理和政治领域中的应用,都不是通过数理方法来证明的。"(参见经济学家杨春学先生为该书所写的《序二》)。当前,西方经济学主流的研究范式表现为逻辑演绎的建模和计量实证。只要我们大致浏览一下经济学期刊就不难发现,当代经济学者们发表的大量论文都属于数理经济学方面的文章。其中的很多论文因为不触及现实的本质问题,实际上往往沦为"黑板经济学"和"象牙塔里的自娱自乐"。

实证研究是当前主流经济学的共识，主流经济学家们为了应用已有的工具，不惜采用完全不合理的假设，不惜用西方经济学中的教条来裁剪社会现实，他们陷入了片面化、孤立化和碎片化的认识误区而不自知。由于没有遇到大的经济危机，主流经济学的错误就没有完全凸显出来。采用线性的、简单的物理学方法来研究经济学，在第二次世界大战以后世界经济整体繁荣时期也许还可以，但到了 21 世纪的今天，尤其是 2008 年发生世界金融危机以后，还用这样的方法来研究经济学就会处处捉襟见肘，难以适应时代的发展。种种迹象表明，当前的主流经济学研究已经陷入了误区和危机！

三、经济学家不应该讲道德吗？

著名经济学家樊纲曾写过一篇文章《"不道德"的经济学》（参见《读书》杂志 1998 年第 6 期），这篇文章开头指出经济学分析离不开道德规范，接着又指出这种"离不开"只是把道德规范作为一种外生的条件或约束，最后指出经济学提出的政策建议或制度设计不依赖于道德水平的高低，而宁可假定人们在道德水平极低的前提下进行工作反倒更现实。在文章末尾，他写道："我们不妨就理直气壮地宣称：经济学家就是'不讲道德'。让人们去说话，走你自己的路。"

樊纲这篇文章的最后一句话引起了极大争议。他的这句话本身应该放在一定的语境下去理解。也就是说，他认为经济学是一门实证的学科，而道德是规范化的，是众口难调的，很难精确化，如果要考虑道德因素的话，由于变量过于复杂，就没有办法进行实证研究。从方法论上来看，以樊纲为代表的主流经济学家是把经济系统作为一个简单系统来对待的，即用线性的、简单的物理学方法来研究经济学。而实际上，人类社会系统是个超级复杂的巨系统，作为其子系统之一的经济系统也同样是个复杂系统。对于复杂系统，我们使用研究复杂问题的系统科学方法是比较恰当的，而如果依然使用线性的、简单的物理学方法来分析研究的话，就会有很大的局限性。

《螺网理论》一书将人类社会系统划分为由"人文系统、经济系统和政治系统"等组成的表层结构和由"科学系统、法制系统和教育系统"等组成的深层结构，作者将信仰、道德因素放入了人文系统的深层结构中。如果采用《螺网理论》所提出的这一框架，我们就可以很清晰地发现，"经济系统"中的因素（如经济行为主体"个人"）与"人文系统"中的因素（如"道德"）实际上是紧密纠缠在一起的。经济学家研究经济学问题时，如果只考虑"经济系统"中的因素，而不考虑"人文系统"中的因素，就会陷入"只见树木，不见森林"的认识误区。而樊纲实际上正是犯了这样的错误。

* * *

按照甘先生的观察和认识，当前人类社会正在进入一个"突变"时期，世界历史又到了新的"轴心时代"，中国社会和世界格局正在发生深刻变化，世界即将进入一个涌现新思想和新变革的伟大时代！在历史节点面前，我们需要更多跨学科、跨领域的博学通才，需要更多"为学术而生"的人，而不是"为学术而生存""为学术而升官"的人。在新的历史机遇来临之际，期待更多有益于人类和谐、社会发展、文明提升的原创性思想理论诞生！

* 曹维，华东师范大学金融统计学院副教授，经济学博士。

后 记

这是我的第一部经济学专著,也是我积淀十余年读书思考而专心撰写的一部社会科学著作。

在上大学时,尽管我所学的是理工科专业,但我却一直对人文社会科学十分关注。大学毕业后,除了在中国风险投资研究院工作的几年之外,我几乎都在自己所选择的新闻出版行业工作。因正处于中国从计划经济向市场经济转型的巨大洪流之中,由于职业的缘故,我曾广泛接触过社会生活的不同层面,五光十色的社会现象、变换不定的时尚潮流、跌宕起伏的风云人物,如一幕幕鲜活的历史剧不断掠过我的眼前,它们在丰富我阅历的同时,也让我时常感到很困惑。诸如,社会发展的根本动力是什么?文化、经济和政治之间到底是怎样的关系?市场经济的发展必然会导致大众道德的衰落吗?在社会变迁中究竟哪些因素支配着历史的发展?等等,类似这样的问题时常困扰着我。为解开这些困惑,我曾希望通过哲学家的思想来透视社会并寻求答案。为此,我曾阅读过包括柏拉图、叔本华、尼采、萨特、罗素等在内的许多西方哲学家的著作。但我发现,这些哲学家的思想也无法完全解答我的疑惑。于是,我又将探寻的目光逐渐扩展到文化学、历史学、人类学、社会学和经济学等领域。

尽管我扩大了自己的阅读范围,但我依然感到人类社会的发展规律线索纷繁、扑朔迷离。在读一些经济学书籍时,我对其中的许多经济原理、数学公式和各种曲线等总感觉云里雾里、似懂非懂,它们似乎成了我学习社会科学知识的很大障碍。为了消除这种障碍,我决心开始系统地学习经济学课程。从1999年6月至2001年6月期间,我读了中国社会科学院研究生院开设的金融专业硕士研究生班。我最初的经济学知识是跟随中国社会科学院的杨春学、陈东琪、荆林波等教授学到的。此后的十余年,我一直利用业余时间断断续续地阅读着中外不同流派的经济学著作。在阅读的过程中,我发现经济学的知识不成体系,总体上呈现出一种四分五裂、零碎混乱、矛盾重重的图景。当然,这种情况并不仅仅是经济学领域中的独有现象,其他社会学科也存在着类似的情形,其中尤以社会学最为严重。

在大学毕业的二十余年间,我陆续购买了一大批社会科学方面的经典名著(其中的很大一部分书籍是由商务印书馆和北京三联书店出版的)。这批图书成了我业余时间阅读思考的精神食粮,它们伴我度过了多少寂静而平和的日子,带给我多少愉悦和慰藉啊!随着阅读范围的拓宽和各种知识的积累,我发现阅读书籍这一行为成了我的最大乐趣,而从书中汲取的各种知识逐渐变成了我的真正财富。在繁忙的工作之余,我也时常为匆匆流逝的岁月而惶恐。有时在夜深人静时,有时在清晨苏醒时,一个声音就会在脑海萦绕:"你读书是为了什么呢?如果你不把它们所承载的知识传授给别人的话,你就只是个虚度光阴的娱乐者罢了!""你读书有什么用呢?如果你不用它们所蕴含的思想创造新思想的话,你的头脑就只是他人思想的跑马场罢了!"这个声音让我感到有些不安。随着年龄的增长,我越来越觉得有必要将自己积淀在头脑中的知识和思想写出来了。

这样的时机忽然就来临了。2010 年 4 月的一天,一位从事文化创意工作的台湾朋友来大陆出差偶然遇到了我,当他确认我曾参与编撰过《创意经济学》一书(该书曾在台湾出版过繁体字版)并听说我曾监制过一部 26 集的动画片时,他就想与我合作撰写一本有关文化创意方面的书。我们一拍即合:由他来搜集撰写台湾的案例,由我来搜集撰写大陆的案例。经过几番商讨,我们于 2011 年 1 月拟定了书稿的编撰大纲,当年 2 月就准备分头搜集有关资料。2011 年下半年,当我从图书馆借阅了几本文化创意产业方面的图书后,才发现经济理论中有些基础性问题需要梳理清楚,否则,经济运行中的有些深层次问题就无法阐述清楚。思考再三,我决定还是先搁下撰写文化创意书稿的任务,而开始尝试梳理经济理论方面的一个基本框架。于是,摆在读者面前的这部书稿就在我的反复思索、不断修改中孕育诞生了。

我撰写这部书稿,正式开始于 2012 年 1 月,到 2013 年 12 月中旬完稿,前后耗时整整两年时间。在写作期间,为立论和论述需要,我陆续阅读了至少 40 本有关经济学及其他社科方面的专著,还从"中国知网"和有关研究机构网站下载参阅了近五百篇论文资料(其中包括 20 篇博士学位论文和硕士学位论文),所作的阅读笔记仅粗略统计就超过了 36 万字。阅读这些论文后我发现,有不少论文同质化现象严重,有相当一批论文是东拼西凑出来的(这样的论文可能大多来自评职称之需),而真正有创新思想又有价值的高质量论文很少,我想这可能是中国学术界长期以来"只重数量,不求质量"结果的反映吧!在这些论文中,凡是具有参考价值并被本书所引用的论文,我都在书中相应章节作了认真引注。在书末的参考文献中,我只列出了有关书籍文献及博士硕士学位论文资料的目录。其中,江西财经大学工商管理学院 2009 届产业经济学专业陈军昌博士的学位论文给我留下了较深印象,特别是他那严谨求学、踏实认真的态度令人难忘。陈军昌的博士学位论文题目是《非线性产业或经济系统的演化(创新)分析》,论文总字数有 70 余万字,总页数达 600 余页,仅参考文献就列了 191 条之多。当你知道陈博士为撰写这篇论文而寒窗苦读整整花费了 7 年时间时,我想你一定会感到很惊讶吧?!他的论文批判了 75 位著名经济学家的观点,证明并拓展了新兴古典经济学的一些假设和定理,对内含政务专业化的分工形式化进行了研究,用演化博弈论方法解释了中国五千年的历史进程和改革开放 30 年的产业发展过程。在读博士的 8 年间,据说陈军昌博士认真研读了近 400 部专著,他为此耗费了大量体力、精力,甚至还耗光了自己所有的金钱并背负了债务。2012 年 4 月上旬,我用一周时间把他这篇论文阅读了两遍,还特意查阅了他发表的其他一些论文。他在论文中所阐述的思想带给我许多启发(如使我确认分工是社会演化的基本机制之一、经济运行本质上是个动态非均衡过程等),尽管我在本书中没有直接引用他的论文,但我不得不承认他在论文中所透出的批判精神和构建理论大厦的勇气确实给了我很大激励。正是受到他那执着、顽强和严谨学风的影响,我才能够驱除浮躁情绪而认真地阅读文献资料、仔细做去伪存真的选择梳理工作;也正是受到他开拓创新精神的鼓励,我才能够忍耐孤寂坚持不断思索、反复综合并在博采众长的基础上构建起社会经济的理论框架。在此,我要特别向陈军昌博士表示诚挚的敬意!

当书稿快接近要完成时,2013 年 7 月 24 日凌晨,在兰州的妹妹通过手机短信告诉我"父亲因患脑溢血而病危,正在住院治疗"的消息,我不得不中断写作事项,即刻收拾行装、购买机票飞往兰州探望病危的父亲。没想到,在第二天下午 3:30 时,父亲就去世了!父亲先后做过林业技术员和中小学教师,他是一个多才多艺的人,既擅长绘画、书法和园艺栽培,又会演奏笛子、口琴等乐器,还掌握着一套娴熟的木工技艺,他一生热爱摄影和旅游,足迹遍布中国的大江南北。一想起父亲生前的音容笑貌,一幕幕往事就浮现眼前:小时候,我骑着父亲双肩在露天广场看动画电影《大闹天宫》;上学时,他骑着自行车送我到很远的学校去读书;旅游时,在公园的花坛或雕塑前,他用那架很早就购买的老式双镜头照相机"咔嚓""咔嚓"地为我拍照……2010 年夏天,当我带着他与母亲去参观上海世博会时,他还像个年轻人一样兴致勃勃地流连于各国的展馆中……每次念及父亲的养育之恩,我就禁不住热泪盈眶。唉!父亲走得太急,我未能在他健在时写完并出版这部书,这成了我最大的遗憾!

在撰写这部书稿的过程中,上海"白玉兰义工网"会长程蓓莉女士帮我办理了上海图书馆的借书证,这使我能够顺利地借到许多专业性书籍,在此我深表感谢!中学同学郭明帮我查阅下载了一些论文资料,王莲芳帮我办理了"中国知网"充值卡,在此我一并表示感谢!正是这些朋友和同学的支持和帮助,让我领略了友情的珍贵和温暖,这在一定程度上也加快了本书的撰写进度。此外,复旦大学出版社副总编、经济管理分社的社长徐惠平和副社长宋朝阳,他们为此书能够顺利出版做了许多工作,本书责任编辑陆俊杰认真审校了整部书稿并对书稿提出了一些修正意见,如果没有他们的支持和帮助,这部书稿是不会顺利出版并与读者见面的,在此,我特别向他们表示真挚的谢意!

甘润远
2016 年 5 月

图表索引

第一章图表

表 1-1　社会科学理论基本类型一览表（第 7 页）

第三章图表

图 3-1　宇宙系统层次图（第 46 页）
图 3-2　人类社会系统层次图（第 48 页）
图 3-3　树木的分叉现象（第 50 页）
图 3-4　流体绕圆柱体流动时的协同现象（第 52 页）
图 3-5　"曼德勃罗特集"图案（第 55 页）
图 3-6　原始社会初期的社会再生产过程（第 60 页）
图 3-7　原始社会中期的社会再生产过程（第 60 页）
图 3-8　农业时代的社会再生产过程（第 61 页）
图 3-9　工业时代的社会再生产过程（第 62 页）
图 3-10　现代社会的社会再生产过程（第 62 页）
图 3-11　人类认识水平与社会分配结果之间的互动示意图（第 66 页）
表 3-1　要素投入价值结构与成果分配价值结构历史演变简况一览表（第 66 页）
表 3-2　各种领域中的规则和载体（第 71 页）
表 3-3　社会经济体系各层次中的结构因素一览表（第 72 页）
表 3-4　社会经济体系各层次中的生态位一览表（第 73 页）

第四章图表

表 4-1　苹果树生态位因子来源一览表（第 82 页）
图 4-1　苹果树的四季（第 84 页）
图 4-2　企业外部环境系统层次图（第 87 页）
表 4-2　影响企业外部因素一览表（第 87 页）
表 4-3　知识分类的标准（第 89 页）
图 4-3　企业内部环境圈层结构图（第 92 页）
图 4-4　石墨的内部结构（第 94 页）
图 4-5　金刚石的内部结构（第 94 页）
表 4-4　企业深层因素中的两种典型形态（第 95 页）

图 4-6　企业系统运行的一般结构图(第 97 页)
图 4-7　要素投入关系与生产分配关系之间的互动示意图(第 106 页)
表 4-5　每个员工完成不同任务所需时间(第 108 页)
图 4-8　企业能力"势能图"(第 110 页)
图 4-9　企业行为过程理论模型图(第 112 页)
图 4-10　企业内外供需关系图(第 113 页)
图 4-11　企业发展动力因素关系图(第 114 页)
图 4-12　企业家与组织团队、企业良性互动图(第 117 页)
图 4-13　企业家与组织团队、企业共同成长演化轨迹图(第 118 页)
图 4-14　企业内外因子互动图(第 120 页)
图 4-15　企业渐变与突变过程图(第 123 页)
图 4-16　企业能力成长"势能图"(第 125 页)
图 4-17　企业能力演化"势能图"(第 126 页)
图 4-18　企业能力衰退"势能图"(第 126 页)
图 4-19　企业发展演化轨迹图(第 129 页)

第五章图表

图 5-1　产业内部环境组成图(第 141 页)
表 5-1　产业体系的基本层次和深层因素一览表(第 142 页)
图 5-2　产业系统运行的一般结构图(第 143 页)
图 5-3　产业发展动力因素关系图(第 152 页)
图 5-4　社会需求作用互动图(第 154 页)
图 5-5　社会需求演化图(第 154 页)
图 5-6　核心企业与关联企业、整个行业良性互动图(第 156 页)
图 5-7　核心企业与关联企业、整个行业共同成长演化轨迹图(第 156 页)
图 5-8　核心企业、关联企业、行业市场与整个行业关联互动图(第 157 页)
图 5-9　产业链形成的蛛网模型(第 160 页)
图 5-10　分工与市场协同演化图(第 161 页)
表 5-2　经济系统分叉协同机制层次结构简表(第 163 页)
表 5-3　与主导产业对应的知识、技术和制度一览表(第 166 页)
图 5-11　主导产业相互影响示意图(第 168 页)
图 5-12　面包生产中行业间主要产品供需链示意图(第 173 页)
图 5-13　产业能力"势能图"(第 179 页)
图 5-14　产业能力成长"势能图"(第 180 页)
图 5-15　产业能力衰退"势能图"(第 182 页)

第六章图表

表 6-1　中国农业发展历史分期简表(第 186 页)
表 6-2　中国主要农产品的产量(第 210 页)

表 6-3　中国农业主要行业产值结构的比重变化情况(第 211 页)

第七章图表

表 7-1　国民经济系统和经济增长涉及因素分类表(第 229 页)
图 7-1　国民经济系统运行的一般结构图(第 235 页)
图 7-2　经济系统发展动力因素关系图(第 239 页)
图 7-3　经济系统中人类需求作用过程图(第 240 页)
图 7-4　经济系统中人类需求传导演化图(第 241 页)
表 7-2　需求、供给引起产业结构演变的内在机制表(第 249 页)
图 7-5　产业结构演化的轨迹图(第 259 页)
表 7-3　不同时期三次产业所占地位一般趋势表(第 260 页)
表 7-4　三大产业内部产业结构演变一般趋势表(第 260 页)
图 7-6　产业投入关系与产业分配关系之间的互动示意图(第 262 页)
图 7-7　产业结构演变的动态机制图(第 263 页)

第八章图表

图 8-1　国家与社会系统运行的一般结构图(第 289 页)
图 8-2　人文系统运行的一般结构图(第 297 页)
图 8-3　"正—负"反馈往复循环模型(第 306 页)
图 8-4　物质世界进化的一般模型(第 307 页)
图 8-5　人文系统进化机制图(第 307 页)
图 8-6　循环无穷的太极图(第 313 页)
图 8-7　临界状态系统演变方向图(第 313 页)
图 8-8　黄仁宇先生所画的历史发展轨迹图(第 316 页)
图 8-9　国家系统中个人权利与各级公共组织权利之间的关系(第 323 页)
图 8-10　政治系统运行的一般结构图(第 324 页)
图 8-11　社会发展动力因素关系图(第 325 页)
图 8-12　事物不断分叉的自相似性(第 333 页)
表 8-1　分叉律与协同律作用机制分析简表(第 336 页)
图 8-13　社会系统发展的渐变与突变过程图(第 346 页)
图 8-14　社会系统发展演化轨迹图(螺网图)(第 348 页)

第九章图表

表 9-1　中国历代理论、实验和技术在该朝代总积分中所占比重(%)(第 366 页)
图 9-1　中国古代科学技术水平净增长曲线图(以 50 年为单位)(第 367 页)
表 9-2　中国古代农业科技成果数量统计表(第 368 页)
表 9-3　中国古代农耕业(种植业)科技成果数量统计表(第 368 页)
图 9-2　公元后 2 000 年中国东部地区冬半年气温变化序列图(第 377 页)
图 9-3　中国各历史时期冬季气温变化曲线图(第 382 页)

表9-4　历代游牧民族政权疆域南界的纬度变化(第384页)

附论图表

图10-1　马克思社会发展动力理论模型图示(第394页)

表10-1　生产力与生产关系内涵对照表(第396页)

人名分类索引

一、思想家

伏尔泰(Voltaire,1694—1778) 81,302,349

弗里德里希·恩格斯(Friedrich von Engels,1820—1895) 19

黑格尔(Georg Wilhelm Friedrich Hegel,1770—1831) 7,300,349,373

霍尔巴赫(Paul Holbach,1723—1789) 302

孔子(孔丘,公元前551—公元前479) 47,284,301,318,339,354—356,364

梁启超(1873—1929) 4,203

罗伯特·欧文(Robert Owen,1771—1858) 328

孟德斯鸠(Montesquieu,1689—1755) 373

孟子(孟轲) 193,356

欧文·拉兹洛(Ervin Laszlo) 13,16,47,274,305,306

乔瓦尼·博特罗(Giovanni Botero,1540—1617) 302,303

让·雅克·卢梭(Jean-Jacques Rousseau,1712—1778) 3,302

圣西门(Claude-Henri de Rouvroy,1760—1825) 328

托马斯·莫尔(Thomas More,1478—1535) 302

维柯(Giovanni Battista Vico,1668—1744) 43,300,349

夏尔·傅立叶(Charles Fourier,1772—1837) 328

荀子(荀况,约公元前313—公元前238) 328,334,335,356

曾子(曾参,公元前505—公元前435) 356

二、哲学家

阿那克西曼德(Anaximander,约公元前610—公元前545) 19

埃德加·莫兰(Edgar Morin) 43

艾什比(W.R. Asbby) 16

巴斯卡(Roy Bhaskar,1944—2014) 36

比尔(S. Beer) 16

柏拉图(Plato,约公元前427—公元前347) 59,302,328,335,407

伯特兰·罗素(Bertrand Russell,1872—1970) 4

程颢(1032—1085) 370

程颐(1033—1107) 370

大卫·休谟(David Hume,1711—1776) 362
邓聚龙 16
董仲舒(公元前 179—公元前 104) 354,358
冯·皮尔森(C.A. van Peursen) 293
福尔迈(Gehard Vollmer) 28
顾基发 16
胡适(1891—1962) 358
怀特海(Alfred North Whitehead,1861—1947) 36
金观涛 16,239,366,367
卡尔·波普(SirKarl Raimund Popper,1902—1994) 28
坎贝尔(Donald T. Campbell,1918—1996) 28
克勒(George J. Klir) 16
科斯特勒(Arthur Koestler,1905—1983) 36
拉波波特(Anatol Rapoport) 16
老子(老聃、李耳) 8,284,318,354,364
李曙华 363—366
梁漱溟(1893—1988) 356
罗森塔尔(M. M. Rozentali,1906—1975) 291
吕祖谦(1137—1181) 370
马里奥·邦格(Mario Bunge) 16
迈克尔·波兰尼(Michael Polanyi) 89
闵家胤 7,13,16,25,46,47,286,289,292,293,300,306,311,359,400
牛龙菲 38,274,292,293,296—298,306—308,313,316,355
普列汉诺夫(Georgii Valentlnovich Plekhanov,1856—1918) 375,378
王阳明(1472—1529) 3
魏宏森 16
沃杰西乔斯基(Jerry A. Wojciechowski) 297
吴晓江 20,22,27
吴学谋 16
乌杰 16
乌约莫夫(А.И.YeMOB) 16
西塞罗(Marcus Tullius Cicero,公元前 106—公元前 43) 291
尤尔根·哈贝马斯(Jürgen Habermas) 296
尤金(Давел Фёдорович Юдин,1899—1968) 291
曾国屏 16
张东荪(1886—1973) 356
张申府(1893—1986) 293
张栻(1133—1180) 370
周敦颐(1017—1073) 313

朱熹(1130—1200)　370
朱志昌　16
邹诗鹏　394,395

三、自然科学家

阿尔伯特·爱因斯坦(Albert Einstein,1879—1955)　11
爱德华·威尔逊(Edward O. Wilson)　5,27,288,295,330,343,344
艾尔德里奇(Niles Eldredge)　23
艾根(Manfred Eigen)　16
艾萨克·牛顿(Isaac Newton,1643—1727)　3,10
贝塔朗菲(Ludwig von Bertalanffy,1901—1972)　16,27
本杰明·富兰克林(Benjamin Franklin,1706—1790)　3,302
玻尔(Niels Henrik David Bohr,1885—1962)　14
布丰(Georges-Louis Leclerc de Buffon,1707—1788)　19,20,22
布鲁诺(Giordano Bruno,1548—1600)　311
蔡斯(M. Chase)　25
查尔斯·巴贝奇(Charles Babbage,1792—1871)　328,329
查尔斯·达尔文(Charles Robert Darwin,1809—1882)　19,21
查尔斯·莱尔(Charles Lyell,1797—1875)　20
道库恰耶夫(Василий Васильевич Докучаев,1846—1903)　212
德弗里斯(Hugo de Vries,1848—1935)　23
杜布赞斯基(Theodosius Dobzhansky,1900—1975)　23—25,296
菲根鲍姆(M. Feigenbaum)　333,334
费希(R. A. Fisher)　24
冯·诺依曼(John von Neumann,1903—1957)　4
戈德施密特(Richard Goldschmidt,1878—1958)　23
戈特弗里德·威廉·莱布尼茨(Gottfried Wilhelm Leibniz,1646—1716)　3
格雷　381
哈勃(Edwin Powell Hubble,1889—1953)　12
哈代(Hardy)　24
海克尔(Ernst Haeckel,1834—1919)　23,30
海森堡(Werner Karl Heisenberg,1901—1976)　14
韩公廉　369
赫尔曼·哈肯(Hermann Haken)　16,334,335
赫尔希(A. Hershey)　25
赫兹(Heinrich Rudolf Hertz,1857—1894)　11
霍尔丹(B. S. Haldane)　24
贾雷德·戴蒙德(Jared Diamond)　351
贾宪　370

克里克(Francis Harry Compton Crick,1916—2004) 25
拉马克(Jean-Baptiste Lamarck,1744—1829) 19,20,22,74,77—79
勒内·笛卡尔(René Descartes,1596—1650) 3,17
雷内·托姆(René Thom,1923—2002) 16,123
李冶(1192—1279) 369,370
李致森 382
罗蒙诺索夫(Михаил Васильевич Ломоносов,1711—1765) 3
吕锦华 13,14
麦克斯韦(James Clerk Maxwell,1831—1879) 11
曼德勃罗特(Benoit B. Mandelbrot,1924—2010) 16,54,55
孟德尔(Gregor Johann Mendel,1822—1884) 22—25,31,212
米勒(James Grier Miller) 16
木村资生(Kimura Motoo,1924—1994) 26
尼古拉·哥白尼(Mikołaj Kopernik,1473—1543) 3
尼古拉·特斯拉(Nikola Tesla,1856—1943) 4
诺伯特·维纳(Norbert Wiener,1894—1964) 4
庞加莱(Jules Henri Poincaré,1854—1912) 16
普朗克(Max Planck,1858—1947) 18
普利高津(Ilya Prigogine,1917—2003) 16,27
齐曼(E.C. Zeeman) 123
钱学森(1911—2009) 15,16,18,47,338
乔治·伽莫夫(George Gamow,1904—1968) 12
乔治·考温(George A. Cowan,1920—2012) 8
秦九韶(1202—1261) 369,370
任振球 382
瑞特(S. Wright) 24
萨尔瓦多·卢里亚(Salvador Edward Luria,1912—1991) 297
沈括(1031—1095) 3
申农(Claude Elwood Shannon,1916—2001) 16
史蒂芬·霍金(Stephen William Hawking,1942—2018) 14
施莱登(Matthias Jacob Schleiden,1804—1881) 20
施旺(Theodor Schwann,1810—1882) 20
松村清二 23
斯蒂芬·古尔德(Stephen Jay Gould,1941—2002) 23
苏颂(1020—1101) 369
托勒密(Ptolemy,约90—168) 10,311
托马斯·赫胥黎(Thomas Henry Huxley,1825—1895) 28
托马斯·摩尔根(Thomas Hunt Morgan,1866—1946) 23,25
托马斯·朱克斯(T.H. Jukes) 26

万瓦伦(L. van Valen)　27,74,77,165
威利·丹斯加德(Willi Dansgaard)　377
威廉·霍纳(William George Horner,1786—1837)　370
温伯格(Weinberg)　24
沃森(James Dewey Watson)　25
吴大猷(1907—2000)　4,5
辛普逊(Simpson)　23
徐光启(1562—1633)　187,197
薛定谔(Erwin Schrödinger,1887—1961)　14
雅克·金(J.L. King)　26
雅克·莫诺(Jacques Lucien Monod,1910—1976)　297
亚历山大·弗里德曼(Alexander Friedman,1888—1925)　12
亚里士多德(Aristotle,公元前384—公元前322)　3,9,10,19,64,302,317
杨辉　369
杨忠辅　369
尤斯图斯·李比希(Justus von Liebig,1803—1873)　212
袁隆平　213
约翰·霍兰德(John Henry Holland)　16,31
约翰逊(D.L. Johnson)　380
张衡(78—139)　358,365
张一方　334,335,338
郑景云　377,391
竺可桢(1890—1974)　381—383,387,391
朱利安·赫胥黎(Julian Huxley)　24

四、发明家
戈特利布·戴姆勒(Gottlieb Daimler,1834—1900)　96
卡尔·本茨(Karl Friedrich Benz,1844—1929)　96,97
库格诺(Nicolas-Joseph Cugnot,1725—1804)　96

五、医药学家
佛图纳图·菲德利(Fortunatus Fidelis,1550—1630)　370
华佗　358,365
宋慈(1186—1249)　370
唐慎微　370
张仲景　365

六、经济学家
阿尔伯特·赫希曼(Albert Otto Hirschman,1915—2012)　219,227

阿林·杨格(Allyn Abbott Young,1876—1929)　39,41,42,134,139
阿罗(Kenneth J. Arrow,1921—2017)　39
阿门·艾尔奇安(Armen Alchian)　79
B.希金斯(B. Higgins,1912—?)　229
保罗·萨缪尔森(Paul A. Samuelson,1915—2009)　63
卜凯(John Lossing Buck,1890—1975)　216,217
博兰德(Jeff Borland)　134
布莱恩·阿瑟(W. Brian Arthur)　39,40,64,98
程恩富　101,102,233
赤松要(Kaname Akamatsu,1896—1974)　219,224,250,257
大卫·李嘉图(David Ricardo,1772—1823)　100,102
戴天宇　59,69,70,89
道格拉斯·诺斯(Douglass C. North,1920—2015)　29,143
德布鲁(Gerard Debreu,1921—2004)　39
E.卡西托里 E. Cacciatori　95
费景汉(John C. H. Fei,1923—1996)　229
费希尔(A. G. D. Fisher)　144,158,219,225,250
弗朗斯瓦·魁奈(Francois Quesnay,1694—1774)　219,223
弗朗西斯科·卢桑(Francisco Louçā)　47,202,350
弗里兹·马克卢普(Fritz Machlup,1902—1983)　145
G.拉尼斯(Gustav Ranis,1929—2014)　229
戈特哈德·贝蒂·俄林(Bertil Gotthard Ohlin,1899—1979)　255
宫泽健一(Miyazawa Kenichi,1925—2010)　229
哈耶克(Friedrich August Hayek,1899—1992)　247
赫伯特·西蒙(Herbert Alexander Simon,1916—2001)　4
何传启　102
黄凯南　95
黄有光　134,135,161
霍夫曼(W. G. Hoffmann)　219,223,224,249,251
霍利斯·钱纳里(Hollis Burley Chenery,1918—1993)　219,228,250,251,257
J.丁伯根(Jan Tinbergen,1903—1994)　229
贾根良　39,42,47,71,91,139
加里·S.贝克尔(Gary Stanley Becker,1930—2014)　29
杰弗里·霍奇逊(Geoffrey M. Hodgson)　36,109
杰森·波茨(Jason Potts)　70
卡尔多(Nicholas Kaldor,1908—1986)　39,41—43
卡尔·马克思(Karl Heinrich Marx,1818—1883)　3,45,59,69
凯恩斯(John Maynard Keynes,1883—1946)　2,170,242,246,269—271,303
克里斯托弗·弗里曼(Christopher Freeman,1921—2010)　47,350

科林·克拉克(Colin. G. Clark)　144,145,158,219,225,250,251
科斯(Ronald Harry Coase,1910—2013)　110,134,139
库尔特·多普菲(Kurt Dopfer)　44,45,70—72
林毅夫　219,223,228—230,268,269
刘佑成　281,283,328—331
卢卡斯(Robert E. Lucas)　134
罗默(Paul M. Romer)　134
马场正雄(Masao Baba,1923—1986)　229
马克·波拉特(Mac Uri Porat)　145
马若孟(Ramon H. Myers)　216
马歇尔(Alfred Marshall,1842—1924)　39,63,73,77,101,102,109,232,246
孟氧(1923—1997)　5
米尔顿·弗里德曼(Milton Friedman,1912—2006)　29,77,79
米哈尔·卡莱斯基(Michal Kalecki,1899—1970)　101,270
缪尔达尔(Karl Gunnar Myrdal,1898—1987)　39,41—43
庇古(Arthur Cecil Pigou,1877—1959)　101,102
曲永义　102
让·巴蒂斯特·萨伊(Jean Baptiste Say,1767—1832)　44,59
让·富拉斯蒂埃(Jean Fourastié,1907—1990)　219,225
萨缪尔森(Paul A. Samuelson,1915—2009)　73,400,402
山泽逸平　224
邵昶　159,160
施蒂格勒(George J. Stigler)　134
孙伯良　69
孙洛平　102
索尔斯坦·凡勃伦(Thorstein B Veblen,1857—1929)　29,91
T.柯努森(T. Knudsen)　95
托马斯·马尔萨斯(Thomas Robert Malthus,1766—1834)　29,302,303
瓦尔拉斯(Léon Walras,1834—1910)　39,226,246
瓦西里·里昂惕夫(Wassily Leontief,1905—1999)　219,226
王朝科　101,102,233
维弗雷多·帕累托(Vilfredo Pareto,1848—1923)　45,69
维克赛尔(Knut Wicksell,1851—1926)　42
威廉·阿瑟·刘易斯(William Arthur Lewis,1915—1991)　219,226
威廉·配第(William Petty,1623—1687)　219,223,225,328
威斯利·C.密契尔(Wesley C. Mitchell,1874—1948)　58
韦森　360,363
吴金明　159,160
西奥多·舒尔茨(Theodore W. Schultz,1902—1998)　68,234

西蒙·库兹涅茨(Simon Smith Kuznets,1901—1985)　145,225,226
亚当·斯密(Adam Smith,1723—1790)　2,38,39,41,45,59,69,100,102,109,118,133,
　　134,160,219,224,232,242,246,268,302,328
杨小凯(1948—2004)　134,135,160,161,268,400
筱原三代平　219,226,257
于国安　102
约翰·贝茨·克拉克(John Bates Clark,1847—1938)　102
约翰·福斯特(John Foster)　70
约翰·霍布森(John Atkinson Hobson,1858—1940)　102
约翰·穆勒(John Stuart Mill,1806—1873)　63,73
约瑟夫·熊彼特(Joseph Alois Schumpeter,1883—1950)　79,186
詹姆斯·布坎南(James Mcgill Buchanan,1919—2013)　319
张培刚(1913—2011)　168

七、农学家
陈旉(1076—?)　187,196
陈仁玉(1212—?)　196
崔寔(约103年—约170年)　195
韩鄂　196
韩彦直　196
贾思勰　187,195
鲁明善(1271—1368)　196
陆龟蒙　196
陆羽(约733—约804)　196
罗振玉(1866—1940)　187,202
马一龙(1499—1571)　197
王祯(1271—1368)　187,196,367
杨屾(1687—1785)　197
周师厚(1031—1087)　196

八、管理学家
艾伯纳西(Abernathy)　122
艾米·舒恩(Amy Shuen)　111
艾森哈特(Eisenhardt)　81
巴尼(Barney)　86
保尔(Bower)　80
鲍姆(Baum)　72,80,84
彼得·德鲁克(Peter F. Drucker,1909—2005)　58,68,75,85
伯恩斯(Burns)　77

伯格曼(Burgelman) 80
伯纳特(Barnett) 78,165
大卫·蒂斯(David J. Teece) 111
达文波特(Davenport) 89
厄特拜克(Utterback) 122
弗雷德里克·泰罗(Frederick Winslow Taylor,1856—1915) 328
弗里曼(Freeman) 80,84,202,350
福斯(Foss) 110
哈默(Hamel) 79,110
海森(Hansen) 78,165
汉纳(Hannan) 80,84
何炼成 115
贺尼(Heene) 110
加里·皮萨诺(Gary Pisano) 111
科格特(Kogut) 86,115
肯·巴斯金(Ken Baskin) 80
兰格路斯(Langlois) 110
劳伦斯(Lawrence) 77
劳斯奇(Lorsch) 77
李晓明 74,77,81,86,110—112,117,122,123,127,166
刘汉民 115
罗曼利(Romanelli) 80
莫尔(James F. Moore) 80
纳尔逊(Richard Nelson) 78,80,95,110,115
潘罗斯(Edith T. Penrose) 86,110
普拉哈拉德(Prahalad) 79,110
普赛克(Prusak) 89
钱辉 27,72,74,77,81,84,86,111,115,119,136,165
乔治·理查德森(George Richardson) 109
桑普森(Thompson) 77
斯彭德(Spender) 86,115
斯陶克(Stalker) 77
苏亚雷斯(Suarez) 122
图斯曼(Tushman) 78,80,122
温特(Sidney G. Winter) 78,80,89,95,110
沃纳菲尔特(Wernerfelt) 86,110
伊查克·爱迪思(Ichak Adizes) 77,80
约翰·科特(John P. Kotter) 117,291
约翰·穆尔曼(Johann Peter Murmann) 236

赞德(Zander)　86,115
詹姆斯·赫斯克特(James Heskett)　117,291
郑江绥　115

九、社会学家

赫伯特·斯宾塞(Herbert Spencer,1820—1903)　21
黄宗智　217
杰西·洛佩兹(Jose Lopez)　395
孔德(August Comte,1798—1857)　328
拉德克利夫-布朗(Alfred Radcliffe-Brown,1881—1955)　30
雷蒙·阿隆(Raymond Aron,1905—1983)　319,322,323
马克斯·韦伯(Max Weber,1864—1920)　274,278,304,305,339—341,349
马林诺夫斯基(Bronislaw Malinowski,1884—1942)　30
尼克拉斯·卢曼(Niklas Luhmann,1927—1998)　8,16,341
斯梅尔塞(Neil Joseph Smelser)　342,343
塔尔科特·帕森斯(Talcott Parsons,1902—1979)　46,289,305,340
涂尔干(Emile Durkheim,1858—1917)　30,328,335,339—341,349
托马斯·赫胥黎(Thomas Henry Huxley,1825—1895)　28
约翰·斯科特(John Scott)　395
曾健　334,335,338

十、政治学家

戴维·伊斯顿(David Easton,1917—2014)　277,319,320
弗朗西斯·福山(Francis Fukuyama)　280,283,284,300,312
高盖尔(F. Goguel)　319
格罗塞(A. Grosser)　319
哈罗德·拉斯韦尔(Harold Dwight Lasswell,1902—1977)　319
康有为(1858—1927)　203
肯尼斯·米诺格(Kenneth Robert Minogue,1930—2013)　317
罗伯特·达尔(Robert Alan Dahl,1915—2014)　319
尼可罗·马基雅维里(Niccolò Machiavelli,1469—1527)　277
唐世平　6—8
唐士其　278
西达·斯考克波尔(Theda Skocpol)　278
俞可平　322

十一、政治家

范蠡(公元前536—公元前448)　148
管仲(? —公元前645)　311,328,338

姜子牙　147
李悝(公元前 455—公元前 395)　311,312,314,338
李隆基(685—762)　358
李世民(599—649)　361
列宁(Lenin,1870—1924)　247,278,318,329
刘邦(公元前 256—公元前 195)　357
刘彻(公元前 156—公元前 87)　47,361
刘恒(公元前 203—公元前 157)　358
吕不韦(公元前 292—公元前 235)　148
秦始皇(嬴政,公元前 259—公元前 210)　148,277,312,314,315,318,354,371
商鞅(约公元前 395—公元前 338)　199,200,312,314,315,338
斯大林(Joseph Vissarionovich Stalin,1878—1953)　247,318,329
苏秦(？—公元前 284)　318
孙中山(1866—1925)　318,319
拓跋宏(467—499)　199,371
托马斯·杰斐逊(Thomas Jefferson,1743—1826)　3
王安石(1021—1086)　312,313,315,338,370
王莽(公元前 45—23)　199
武则天(624—705)　193
张居正(1525—1582)　338,391
张仪(公元前 378—公元前 309)　318
朱元璋(1328—1398)　362

十二、军事家

刘裕(363—422)　371
戚继光(1528—1588)　391
铁木真(1162—1227)　388,389
吴起(约公元前 440—公元前 381)　312,314,338
赵匡胤(927—976)　361
祖逖(266—321)　371

十三、历史学家

阿迈斯托(Felipe Fernandez-Armesto)　351
安格斯·麦迪逊(Angus Maddison,1926—2010)　205,312
班固(32—92)　284,364
保罗·肯尼迪(Paul Kennedy)　205,363
彼得·考克莱尼斯(Peter A. Coclanis)　167,187,211
布雷特·辛斯基(Bret Hinsch)　378,380,381
大卫·克里斯蒂安(David Christian)　351

费尔南·布罗代尔(Fernand Braudel,1902—1985)　349,350
傅筑夫(1902—1985)　360
亨利·巴克尔(Henry Thomas Buckle,1821—1862)　373
黄磊　349,350
黄仁宇(1918—2000)　274,315,316
姜义华　353,355
克莱夫·庞廷(Clive Ponting)　351
李根蟠(1940—2019)　188,191—193,198,201
刘易斯·古尔德(Lewis L.Gould)　380
罗伯特·哈特威尔(Robert Milton Hartwell,1932—1996)　361
吕西安·费弗尔(Lucien Febvre,1878—1956)　350
马克·艾雯(Mark Elvin)　217
马克·布洛赫(Marc Léopold Benjamin Bloch,1886—1944)　350
攀洪业　366
彭慕兰(Kenneth Pomeranz)　350
钱德勒(Alfred Dupont Chandler Jr.,1918—2007)　86
色诺芬(Xenophon,公元前440—公元前355)　64,328
沈长云　282
司马迁(公元前145—公元前90)　312,360,364
孙隆基　298,357
汤因比(Arnold Joseph Toynbee,1889—1975)　56,293,300,380,391
天野元之助(1901—1980)　195
瓦尔特·罗斯托(Walt Whitman Rostow,1916—2003)　219,227
威廉·H.麦克尼尔(W. H. Mcenill)　351
王毓瑚(1907—1980)　194
王震中　281,282
吴承明(1917—2011)　203,205—207,209
许倬云　193,194
约翰·R.麦克尼尔(J. R. Mcenill)　351
张利　383
张渭莲　282
钟守华　367,369
周慧清　387,391
周鑫　387,391

十四、人类学家

阿尔弗雷德·克鲁伯(Alfred Louis Kroeber,1876—1960)　291
爱德华·B.泰勒(Edward Burnett Tylor,1832—1917)　29,291
埃尔曼·塞维斯(Elman Rogers Service)　29,280

怀特(Leslie Whirt)　29
克莱德·克罗孔(Clyde Kluckhohn,1905—1960)　291
肯特·弗兰纳里(Kent V. Flannery)　344
路易斯·摩尔根(Lewis Henry Morgan,1818—1881)　29,280,283
张光直(1931—2001)　281,283,284

十五、心理学家
皮亚杰(Jean Piaget,1896—1980)　28
亚伯拉罕·马斯洛(Abraham Harold Maslow,1908—1970)　154

十六、优生学家
高尔顿(Francis Galton,1822—1911)　29

十七、地理学家
埃尔斯沃斯·亨廷顿(Ellsworth Huntington,1876—1947)　374,380
克鲁泡特金(Kropotkin,1842—1921)　28
拉采尔(Friedrich Ratzel,1844—1904)　373,374
皮特·布雷克(Peter Brecke)　385
森普尔(Ellen Churchill Semple,1863—1932)　374
王会昌　383
王俊荆　387,388
王铮　379,383,387,389,390
叶玮　387,388
章典(David D. Zhang)　385
张丕远　379,383,387,389,390
周清波　379,383,387,389,390

十八、未来学家
阿尔文·托夫勒(Alvin Toffler)　69
约翰·奈斯比特(John Naisbitt)　69

十九、文学家
柏杨(1920—2008)　298
蔡襄(1012—1067)　196
董大中　291,357
杜甫(712—770)　361
范成大(1126—1193)　387
刘青峰　239,366,367
鲁迅(1881—1936)　298

罗贯中　360
欧阳修(1007—1072)　196,370
秦观(1049—1100)　196
苏洵(1009—1066)　370
苏轼(1037—1101)　370
苏辙(1039—1112)　370
王灼　196
曾巩(1019—1083)　370

二十、艺术家
达·芬奇(Leonardo da Vinci,1452—1519)　3
张择端　148
赵佶(1082—1135)　388

二十一、企业家
安迪·葛洛夫(Andy Grove,1936—2016)　116
比尔·盖茨(Bill Gates)　69,116
杰克·韦尔奇(Jack Welch)　116
柳传志　116
牟其中　265,266
盛田昭夫(Akio Morita,1921—1999)　116
施振荣　116
松下幸之助(Konosuke Matsushita,1894—1989)　116
张瑞敏　116

二十二、其他
阿道夫·希特勒(Adolf Hitler,1889—1945)　29
安托万·菲雷蒂埃　291
奥克塞伦　302
白圭　148
董昌(846—896)　390
黄巢(820—884)　361,390
杰诺韦西　302
李昂(809—840)　358
李成梁(1526—1615)　391
李鸿章(1823—1901)　204
李克用(856—908)　390
李元昊(1003—1048)　388
刘衍(公元前9—公元6)　358

蒙恬　371
闵子骞(公元前536—公元前487)　339
默啜可汗(?—716)　193
秦华孙　322
叔孙通　358
司马炎(236—290)　199
王建(847—918)　390
王仙芝　390
许慎　358
许行　193
弦高　148
雅克·内克尔(Jacques Necker,1732—1804)　302
也先　11,193
曾国藩(1811—1872)　204
张轨(255—314)　371
赵桓(1100—1156)　388
赵顼(1048—1085)　312
朱温(852—912)　390
朱翊钧(1563—1620)　310
左宗棠(1812—1885)　204

参考文献

一、外文著作

1. T. H. Davenport, L. Prusak, *Working Knowledge: How Organizations Manage What They Know*. Boston: Havard Business School Press, 1998.
2. D. M. Wegner, *The Illusion of Conscious Will*. Cambridge: Massachusetts Institute of Technology Press, 2002.
3. N. Eldredge, S. J. Gould, Punctuated equilibria: An alternative to phyletic gradualism. In: *Models in Paleobiology* (Ed. by T. J. M. Schopf), 1972.
4. F. Goguel, A. Grosser, *La Politique en France*. Paris: Armond Colin, 1984.
5. Frank P. Einstein, *Sein Leben und sein Zeit*. Briaunschweig: Vieweg, 1974.
6. C. Freeman, F. Louçã, *As Time Goes By: From the Industrial Revolutions to the Information Revolution*. Oxford University Press, 2001.
7. Geoffrey M. Hodgson, *Evolution and Institutions: On Evolutionary Economics and the Evolution of Economics*. Cheltenham, U. K: Edward Elgar Publishing Inc, 1999.
8. Johann Peter Murmann, *Knowledge and Competitive Advantage: The Co-evolution of Firms, Technology, and National Institutions*. Cambridge: Cambridge University Press, 2003.
9. D. L. Johnson, L. Gould, *Climate and Development*. ed Biswas AK (Tycooly, Dublin), 1984.
10. Mark Elvin, *The Pattern of the Chinese Past*. Stanford: Stanford University Press, 1973.
11. Max Weber, *Essays in Sociology*. Translated and edited by H. H. Gesth and C. Wright. London: Routllege and Kegan Paul, 1970.
12. C. McEvedy, R. Jones, *Atlas of World Population History*. Allen Lane, London, 1978.
13. Nicholas Kaldor, *Further Essays on Economic Theory*. New York: Holmes and Meier Publishers, 1978.
14. M. Polanyi, *The Study of Man*. London: Routledge & Kegan Paul, 1957.
15. Ramon Myers, *The Chinese Peasant Economy: Agricultural Development in Hopei and Shantung, 1890–1949*. Cambridge: Harvard University Press, 1970.
16. Randall Stross, *The Stubborn Earth: American Agriculturalists on Chinese Soil, 1898–1937*. Berkeley: University of California Press, 1986.

17. Raymond Aron, *Democratie Et totalitarisme*. Paris: Gallimard, 1965.
18. Skocpol, *State and Social Revolution*. Harvard University Press, 1985.
19. Stephen K. Sanderson, *Macrosociology: An Introduction to Human Society* (second edition). New York: Harper Collins Publishers Inc., 1991.

二、中文译著

20. 阿尔文·托夫勒著,刘炳章译:《力量转移:临近21世纪时的知识、财富和暴力》,新华出版社1996年版。
21. 阿瑟·刘易斯编著,施伟、谢兵、苏玉宏译:《二元经济论》,北京经济学院出版社1989年版。
22. 爱德华·威尔逊著,毛盛贤等译:《社会生物学——新的综合》,北京理工大学出版社2008年5月第一版。
23. 爱德华·威尔逊著,田洺译:《论契合》,北京生活·读书·新知三联书店2002年版。
24. 爱德华·威尔逊著,方展画、周丹译:《论人性》,浙江教育出版社2001年版。
25. 埃德加·莫兰著,陈一壮译:《复杂性思想导论》,华东师范大学出版社2008年4月第一版。
26. 奥林著,王继祖等译:《地区间贸易和国际贸易》,商务印书馆1981年版。
27. 保罗·萨缪尔森、威廉·诺德豪斯著,高鸿业等译:《经济学》(第12版),中国发展出版社1992年版。
28. 保罗·肯尼迪著,王保存等译:《大国的兴衰》,中信出版社2013年版。
29. 柏拉图著,严群译:《泰阿泰德智术之师》,商务印书馆1963年版。
30. 布莱恩·阿瑟著,贾拥民译:《复杂经济学:经济思想的新框架》,浙江人民出版社2018年5月第一版。
31. Burns, R. M.、Pickard, H. R.著,张羽佳译:《历史哲学:从启蒙到后现代》,北京师范大学出版社2009年1月第一版。
32. 大卫·李嘉图著,周洁译:《政治经济学及赋税原理》,华夏出版社2005年版。
33. 戴维·伊斯顿著,马清槐译:《政治体系:政治学状况研究》,商务印书馆1993年版。
34. 戴维·伊斯顿著,王浦劬译:《政治生活的系统分析》,华夏出版社1999年第二版。
35. 道格拉斯·诺思著,杭行译:《制度、制度变迁与经济绩效》,格致出版社、上海人民出版社2008年版。
36. 范岱年、赵中立、许良英编译:《爱因斯坦文集:第二卷》,商务印书馆1977年版。
37. 菲利普·费尔南德兹-阿迈斯托著,叶建军等译:《世界:一部历史》,北京大学出版社2010年5月版。
38. 菲利普·费尔南多-阿梅斯托著,薛绚译:《文明的力量:人与自然的创意》,新世纪出版社2013年1月版。
39. 伏尔泰著,高达观等译:《哲学通信》,上海人民出版社2003年版。
40. 弗兰克·N.马吉尔主编,吴易风主译:《经济学百科全书》,中国人民大学出版社2009年第一版。
41. 弗朗西斯·福山著,毛俊杰译:《政治秩序的起源——从前人类时代到法国大革命》,广西师范大学出版社 2012 年 10 月第一版。
42. 哈贝马斯著,郭官义译:《重建历史唯物主义》,社会科学文献出版社 2000 年版。
43. 哈罗德·拉斯韦尔等著,杨昌裕译:《政治学:谁得到什么?何时和如何得到?》,商务印书馆 1992 年 2 月版。
44. 汉娜·阿伦特著,竺干威等译:《人的条件》,上海人民出版社 1999 年版。
45. 赫尔曼·哈肯著,凌复华译:《协同学:大自然构成的奥秘》,上海译文出版社 2005 年版。
46. 亨利·威廉·斯皮格尔著,晏智杰等译:《经济思想的成长》,中国社会科学出版社 1999 年 10 月第一版。
47. 霍尔巴赫著,陈太先、眭茂译:《自然政治论》,商务印书馆 1994 年版。
48. 霍奇逊著,任荣华、张林等译:《演化与制度:论演化经济学和经济学的演化》,中国人民大学出版社 2007 年 10 月第一版。
49. 贾雷德·戴蒙德著,谢延光译:《枪炮、病菌与钢铁:人类社会的命运》,上海译文出版社 2000 年版。
50. 杰西·洛佩兹、约翰·斯科特著,允春喜译:《社会结构》,吉林人民出版社 2007 年 9 月第一版。
51. 今道友信著,徐培、王洪波译:《关于爱》,北京生活·读书·新知三联书店 1987 年 1 月版。
52. 凯尔森著,沈宗灵译:《法与国家的一般理论》,中国大百科全书出版社 1996 年版。
53. 克莱夫·庞廷著,王毅、张学广译:《绿色世界史:环境与伟大文明的衰落》,上海人民出版社 2002 年版。
54. 克里斯蒂安著,晏可佳等译:《时间地图:大历史导论》,上海社会科学院出版社 2007 年 1 月版。
55. 克里斯·弗里曼、弗朗西斯科·卢桑著,沈宏亮主译:《光阴似箭:从工业革命到信息革命》,中国人民大学出版社 2007 年 10 月第一版。
56. 肯尼斯·米诺格著,龚人译:《当代学术入门:政治学》,辽宁教育出版社 1998 年 3 月版。
57. 库尔特·多普弗(Kurt Dopfer)主编,锁凌燕译:《经济学的演化基础》,北京大学出版社 2011 年 6 月第一版。
58. 《列宁选集》(第四卷),人民出版社 1972 年第二版。
59. 列宁著:《论国家》,人民出版社 1985 年版。
60. 林毅夫著,苏剑译:《新结构经济学》,北京大学出版社 2012 年 9 月第一版。
61. 卢梭著,何兆武译:《社会契约论》,商务印书馆 1982 年版。
62. 罗伯特·达尔著,王沪宁、陈峰译:《现代政治分析》,上海译文出版社 1987 年版。
63. 马尔萨斯著,朱泱、胡企林、朱和中译:《人口原理》,商务印书馆 1992 年版。
64. 《马克思恩格斯全集》(第 13 卷),人民出版社 1972 年版。
65. 《马克思恩格斯全集》(第 30 卷),人民出版社 1995 年版。
66. 《马克思主义经典著作选读》,人民出版社 1995 年版。
67. 《马克思恩格斯选集》(第 1 卷),人民出版社 1995 年版。
68. 《马克思恩格斯选集》(第 2 卷),人民出版社 1995 年版。
69. 《马克思恩格斯选集》(第 4 卷),人民出版社 1995 年版。

70. 马克思、恩格斯著,郭大力、王亚南译:《资本论(第二卷):资本的流通过程》,人民出版社1953年版。
71. 马克斯·韦伯著,阎克文译:《新教伦理与资本主义精神》,上海人民出版社2010年9月第一版。
72. 马西姆·利维巴茨著,郭峰、庄瑾译:《繁衍:世界人口简史》,北京大学出版社2005年6月版。
73. 马歇尔著,陈良璧译:《经济学原理》(下),商务印书馆1965年版。
74. 马歇尔著,朱志泰、陈良璧译:《经济学原理》(上卷),商务印书馆1964年版。
75. 孟德斯鸠著,张雁深译:《论法的精神》(第3卷),商务印书馆1961年版。
76. 米歇尔·沃尔德罗普著,陈玲译:《复杂》,北京生活·读书·新知三联书店1997年4月第一版。
77. 尼科洛·马基雅维里著,潘汉典译:《君主论》,商务印书馆1985年7月第一版。
78. 欧文·拉兹洛著,闵家胤译:《进化——广义综合理论》,社会科学文献出版社1988年4月第一版。
79. 帕森斯、斯梅尔瑟著,刘进等译:《经济与社会》,华夏出版社1989年版。
80. 庞元正、李建华编:《系统论、控制论、信息论经典文献选编》,求实出版社1989年1月第一版。
81. 彭慕兰著,史建云译:《大分流:欧洲、中国及现代世界经济的发展》,江苏人民出版社2008年4月版。
82. 让·博西玛(Ron Boschma)、让·马丁(Ron Martin)主编,李小建、罗庆等译:《演化经济地理学手册》,商务印书馆2016年11月第一版。
83. 施蒂格勒著,潘振民译:《产业组织和政府管制》,上海三联书店1989年版。
84. 索尔斯坦·凡勃伦著,蔡受百译:《有闲阶级论——关于制度的经济分析》,商务印书馆1983年版。
85. 汤因比著,沈辉译:《文明经受着考验》,浙江人民出版社1988年版。
86. 涂尔干著,渠东译:《社会分工论》,北京生活·读书·新知三联书店2000年4月第一版。
87. 托马斯·莫尔著,戴镏龄译:《乌托邦》,商务印书馆1982年版。
88. 维柯著,朱光潜译:《新科学》,商务印书馆1987年版。
89. 威廉·巴伯著,苏保忠译:《纲纳·缪达尔》,华夏出版社2009年8月第一版。
90. 威廉·H.麦克尼尔著,余新忠、毕会成译:《瘟疫与人》,中国环境科学出版社2010年版。
91. 威廉·配第著,陈冬野译:《政治算术》,商务印书馆1978年版。
92. 西奥多·W.舒尔茨著,姚志勇、刘群艺译,《报酬递增的源泉》,北京大学出版社2001年版。
93. 西蒙·库兹涅茨著,常勋译:《各国的经济增长:总产值和生产结构》,商务印书馆1985年版。
94. 亚当·斯密著,杨敬年译:《国富论》,陕西人民出版社2001年版。
95. 亚当·斯密著,郭大力、王亚南译:《国民财富的性质和原因的研究》(上卷),商务印书馆1972年版。

96. 杨小凯、黄有光著,张玉纲译:《专业化与经济组织——一种新兴古典微观经济学框架》,经济科学出版社1999年版。
97. 尤·李比希著,刘更另译:《化学在农业和生理学上的应用》,农业出版社1983年12月第一版。
98. 约翰·科特、詹姆斯·赫斯克特著,曾中、李晓涛译:《企业文化与经营业绩》,华夏出版社1997年版。
99. 约翰·奈斯比特著,孙道章译:《大趋势:改变我们生活的十个新趋向》,新华出版社1984年版。
100. 约翰·R.麦克尼尔、威廉·H.麦克尼尔著,王晋新等译:《人类之网——鸟瞰世界历史》,北京大学出版社2011年7月版。
101. 约瑟夫·熊彼特著,朱泱译:《经济分析史》第1卷,商务印书馆1991年版。
102. 詹姆斯·布坎南等著,陈光金译:《同意的计算——立宪民主的逻辑基础》,中国社会科学出版社2000年版。

三、中文著作

103. 艾素珍、宋正海主编:《中国科学技术史》(年表卷),科学出版社2006年11月第一版。
104. 白光润编著:《地理科学导论》,高等教育出版社2005年版。
105. 常乃惪撰:《中国思想小史》,上海古籍出版社2009年7月第一版。
106. 陈平著:《文明分岔、经济混沌和演化经济动力学》,北京大学出版社2004年9月第一版。
107. 陈天乙编著:《生态学基础教程》,南开大学出版社1995年版。
108. 陈寅恪著,万绳楠整理:《陈寅恪魏晋南北朝史讲演录》,黄山书社1987年4月第一版。
109. 陈寅恪著,万绳楠整理:《陈寅恪魏晋南北朝史讲演录》,黄山书社2000年版。
110. 程样国、刘德才主编:《中国特色高等教育发展道路研究》,江西人民出版社2008年12月第一版。
111. 《辞海》(彩图本),上海辞书出版社2009年9月第六版。
112. 戴天宇著:《经济学:范式革命》,清华大学出版社2008年7月第一版。
113. 东北财经委员会调查统计处编:《伪满时期东北经济统计》,1949年出版。
114. 董大中著:《董永新论》,北岳文艺出版社2005年版。
115. 董大中著:《文化圈层论》,台湾秀威资讯科技股份有限公司2011年9月第一版。
116. 董光璧著:《易经科学史纲》,武汉出版社1993年版。
117. 董恺忱、范楚玉主编:《中国科学技术史·农学卷》,科学出版社2000年版。
118. 方显廷编:《天津织布工业》,南开大学经济研究所,1930年版。
119. 方宗熙、江乃萼:《生命发展的辩证法》,人民出版社1976年10月版。
120. 冯天瑜、何晓明、周积明著:《中华文化史》,上海人民出版社1990年版。
121. 冯友兰著:《中国哲学简史》,北京大学出版社1996年9月第二版。
122. 甘润远著:《螺网理论——经济与社会的动力结构及演化图景》,复旦大学出版社2016年9月第一版。
123. 甘润远著:《螺网理论——经济与社会的动力结构及演化图景》,台湾秀威资讯科技股份有限公司 2018 年 6 月第一版。
124.《甘蔗种植浅说》,广州第一甘蔗营造场 1935 年印。
125.《广东糖业概况》,华南农业大学农史室藏本 1950 年油印本。
126.《广东文史资料》(56 辑),广东人民出版社 1988 年 7 月第一版。
127.《广州文史资料》(23 辑),广东人民出版社 1981 年 6 月版。
128. 韩汝玢、柯俊主编:《中国科学技术史》(矿冶卷),科学出版社 2007 年 5 月第一版。
129. 贺晓东著:《经济结构与整体主义》,经济日报出版社 1991 年 9 月第一版。
130. 胡守钧著:《社会共生论》,复旦大学出版社 2006 年 7 月第一版。
131. 华南农业大学农业历史遗产研究室主编:《农史研究—第八辑》,农业出版社 1989 年 5 月版。
132. 黄克剑著:《黄克剑自选集》,广西师范大学出版社 1998 年 11 月版。
133. 黄磊著:《协同论历史哲学》,中国社会科学出版社 2012 年 8 月第一版。
134. 黄仁宇著:《中国大历史》(增订纪念本),中华书局 2006 年 10 月第一版。
135. 黄裕泉等编:《遗传学》,高等教育出版社 1989 年版。
136. 黄宗智著:《长江三角洲小农家庭与乡村发展》,中华书局 1992 年 9 月第一版。
137. 黄宗智著:《华北的小农经济与社会变迁》,中华书局 1986 年 4 月第一版。
138. 简新华主编:《产业经济学》,武汉大学出版社 2001 年 11 月第一版。
139. 江海平等:《复制人》,台湾汉宇出版有限公司 1998 年版。
140. 姜涛著:《中国近代人口史》,浙江人民出版社 1993 年 9 月版。
141. 姜义华著:《中华文明的根柢》,上海人民出版社 2012 年 1 月第一版。
142. 金观涛、刘青峰著:《兴盛与危机——论中国社会超稳定结构》,法律出版社 2011 年 1 月第一版。
143. 郎咸平等著:《产业链阴谋 I》,东方出版社 2008 年 9 月第一版。
144. 李善明、周成启、赵崇龄主编:《外国经济学家辞典》,海天出版社 1993 年 2 月第一版。
145. 李文治编:《中国近代农业史资料》(第一辑),北京生活·读书·新知三联书店 1957 年 12 月第一版。
146. 梁漱溟著:《中国文化要义》,学林出版社 1987 年 6 月影印本。
147. 刘大椿、刘蔚然:《知识经济——中国必须回应》,中国经济出版社 1998 年版。
148. 刘国良著:《中国工业史》(近代卷),江苏科学技术出版社 1992 年 8 月第一版。
149. 刘梦溪主编:《中国现代学术经典·李济卷》,河北教育出版社 1996 年版。
150. 刘佑成著:《社会分工论》,浙江人民出版社 1985 年 5 月第一版。
151. 刘志迎主编:《现代产业经济学教程》,科学出版社 2007 年 4 月第一版。
152. 卢嘉锡、席泽宗主编:《彩色插图中国科学技术史》,中国科学技术出版社 1997 年 7 月第一版。
153. 吕锦华著:《大爆炸形成多宇宙时空》,学林出版社 2006 年 3 月第一版。
154. 马涛编著:《经济思想史教程》,复旦大学出版社 2018 年 3 月第二版。
155. 马涛著:《经济学范式的演变》,高等教育出版社 2017 年 4 月第一版。
156. 孟氧著:《经济学社会场论》,中国人民大学出版社 1999 年版。
157.《民国时期广东省政府档案史料选编》(第 3 册),广东省档案馆 1987 版。

158. 闵家胤著：《进化的多元论》，中国社会科学出版社 2012 年 8 月修订版。
159. 闵宗殿编：《中国农史系年要录（科技编）》，农业出版社 1989 年 10 月第一版。
160. 牛龙菲著：《人文进化学》，甘肃科学技术出版社 1989 年 9 月第一版。
161. 欧阳哲生编：《胡适文集》（第 5 卷），北京大学出版社 1998 年版。
162. 庞元正主编：《当代中国科学发展观》，中共中央党校出版社 2004 年版。
163. 钱玄同著：《钱玄同文集》（第四卷），中国人民大学出版社 1999 年版。
164. 钱学森：《创建系统学》，山西科学技术出版社 2001 年版。
165. 饶宗颐总纂：《潮州志·实业志·农业》，潮州修志馆，民国。
166. 上海市粮食局等编：《中国近代面粉工业史》，中华书局 1987 年版。
167. 上海市工商行政管理局等编：《上海民族机器工业》（上册），中华书局 1979 年版。
168. 沈长云、张渭莲著：《中国古代国家起源与形成研究》，人民出版社 2009 年 4 月第一版。
169. 石声汉著：《中国古代农书评介》，农业出版社 1980 年 5 月版。
170. 施雅风等著：《中国气候与海面变化研究进展（一）》，海洋出版社 1990 年 9 月版。
171. 宋正海、孙关龙主编：《图说中国古代科技成就》，浙江教育出版社 2000 年 7 月第一版。
172. 苏秉琪主编，张忠培、严文明撰：《中国远古时代》，上海人民出版社 2014 年 5 月第一版。
173. 苏东水主编：《产业经济学》，高等教育出版社 2000 年 2 月第一版。
174. 孙伯良著：《知识经济社会中的价值、分配和经济运行》，上海三联书店 2008 年 8 月第一版。
175. 孙关宏等主编：《政治学概论》，复旦大学出版社 2003 年 7 月版。
176. 孙隆基著：《中国文化的深层结构》，广西师范大学出版社 2011 年 6 月第二版。
177. 《孙中山全集》（第 9 卷），中华书局 1986 年版。
178. 《孙中山选集》（下），人民出版社 1981 年版。
179. 唐士其著：《国家与社会的关系》，北京大学出版社 1998 年版。
180. 汤正仁著：《西方经济演化分析史》，中国经济出版社 2014 年 7 月第一版。
181. 汤正如主编：《国际市场营销学》，大连理工大学出版社 1995 年版。
182. 王朝科、程恩富著：《经济力系统研究》，上海财经大学出版社 2011 年 12 月第一版。
183. 王东著：《中华文明论——多元文化综合创新哲学》，黑龙江教育出版社 2002 年版。
184. 王祯著：《王祯农书》，农业出版社 1963 年 5 月第一版。
185. 王震中著：《中国古代文明的探索》，云南人民出版社 2005 年版。
186. 吴承明著：《中国的现代化：市场与社会》，北京生活·读书·新知三联书店 2001 年 9 月第一版。
187. 吴慧著：《中国历代粮食亩产研究》，农业出版社 1985 年 2 月第一版。
188. 吴宇晖、张嘉昕编著：《外国经济思想史》，高等教育出版社 2014 年 7 月第二版。
189. 向柏松著：《神话与民间信仰研究》，人民出版社 2010 年 6 月第一版。
190. 《系统理论中的科学方法与哲学问题》（论文集），清华大学出版社 1984 版。
191. 夏中义、丁东主编：《大学人文》（第 1 辑），广西师范大学出版社 2004 年版。
192. 肖前主编：《马克思主义哲学原理》（上册），中国人民大学出版社 1994 年 1 月版。
193. 徐新吾主编：《近代江南丝绸工业史》，上海人民出版社 1991 年版。

194. 严中平著：《中国棉纺织史稿》，科学出版社 1955 年版。
195. 杨公朴、夏大慰主编：《产业经济学教程》，上海财经大学出版社 1998 年版。
196. 杨建文主编：《产业经济学》，上海社会科学院出版社 2008 年 8 月第一版。
197. 杨建文、周冯琦、胡晓鹏：《产业经济学》，学林出版社 2004 年 9 月第一版。
198. 姚顺增著：《云南少数民族价值观的历史和发展》，云南美术出版社 1997 年版。
199. 虞和平著：《商会与中国早期现代化》，上海人民出版社 1993 年 6 月第一版。
200. 赵德馨原著，瞿商、张连辉改编：《中国近现代经济史》，高等教育出版社 2016 年 2 月第一版。
201. 《爪哇蔗种植法》，广东新会天成印刷馆 1935 年印。
202. 曾健、张一方著：《社会协同学》，科学出版社 2000 年 6 月第一版。
203. 翟虎渠主编，《农业概论》，高等教育出版社 1999 年 9 月第一版。
204. 翟虎渠主编：《农业概论》，高等教育出版社 2006 年 5 月第二版。
205. 章帆著：《分工协同网络与产业组织演进》，科学出版社 2010 年 8 月第一版。
206. 章有义编著：《明清及近代农业史论集》，中国农业出版社 1997 年 10 月第一版。
207. 章有义编：《中国近代农业史资料》（第二辑），北京生活·读书·新知三联书店 1957 年 12 月第一版。
208. 章有义编：《中国近代农业史资料》（第三辑），北京生活·读书·新知三联书店 1957 年 10 月第一版。
209. 张培刚著：《农业与工业化》，华中科技大学出版社 2009 年版。
210. 《中国大百科全书·政治学》，中国大百科全书出版社 1992 年版。
211. 《中国古代社会经济史诸问题》，福建人民出版社 1990 年 3 月版。
212. 中国科学院《自然辩证法通讯》杂志社编：《科学传统与文化》，陕西科学技术出版社 1983 年版。
213. 中国科学院自然科学史研究所主编：《中国古代科技成就》，中国青年出版社 1995 年第二版。
214. 中国社会科学院历史研究所经济史研究组编：《中国古代社会经济史诸问题》，福建人民出版社 1990 年 3 月版。
215. 中华人民共和国国家统计局编：《中国统计年鉴—2005》，中国统计出版社 2005 年 9 月第一版。
216. 朱新予等编著：《浙江丝绸史》，浙江人民出版社 1985 年版。

四、学位论文

217. 陈晓涛：《产业演进论》，四川大学政治经济学博士学位论文，2007 年 3 月。
218. 杜红：《亚里士多德的物理学哲学思想研究》，重庆大学科学技术哲学硕士学位论文，2011 年。
219. 李晓明：《企业环境、环境因子互动与企业演化研究》，天津大学管理学院博士学位论文，2006 年 6 月。
220. 潘德重：《近代工业社会合理性的理论支撑：斯宾塞社会进化思想研究》，华东师范大学历史学博士学位论文，2004 年。

221. 钱辉:《生态位、因子互动与企业演化》,浙江大学管理学院博士学位论文,2004年12月。
222. 杨芳:《马克思的社会分工理论及其当代意义》,武汉大学哲学博士学位论文,2010年10月。

图书在版编目(CIP)数据

螺网理论:经济与社会的动力结构及演化图景/甘润远著. —上海:复旦大学出版社,2016.9(2021.8 重印)
ISBN 978-7-309-12533-7

Ⅰ. 螺… Ⅱ. 甘… Ⅲ. 经济理论-理论研究 Ⅳ. F01

中国版本图书馆 CIP 数据核字(2016)第 206996 号

螺网理论:经济与社会的动力结构及演化图景
甘润远 著
责任编辑/徐惠平 陆俊杰

复旦大学出版社有限公司出版发行
上海市国权路 579 号 邮编:200433
网址: fupnet@ fudanpress.com http://www.fudanpress.com
门市零售:86-21-65102580 团体订购:86-21-65104505
出版部电话:86-21-65642845
江苏句容市排印厂

开本 787×1092 1/16 印张 28.75 字数 700 千
2021 年 8 月第 1 版第 2 次印刷

ISBN 978-7-309-12533-7/F・2301
定价:88.00 元

如有印装质量问题,请向复旦大学出版社有限公司出版部调换。
版权所有 侵权必究